TESTUNIVERSITARI

LE COLLANE ALPHA TEST

GLI SPILLI

Oltre 180 tascabili a colori, per fissare le idee sulle materie fondamentali, di attualità, cultura e lingue straniere. Ideali per la maturità e i primi anni di università.

STRUMENTI DIDATTICI

Guide per l'aggiornamento e l'attività didattica di insegnanti, orientatori e psicologi sui temi dell'orientamento e dei test a risposta multipla.

MATURITÀ

Volumi che raccolgono i temi d'esame della prova scritta dei licei scientifici, risolti e commentati.

ORIENTAMENTO

Guide aggiornate per la scelta degli studi post-diploma e per l'inserimento nel mondo del lavoro.

TESTUNIVERSITARI

Manuali ed eserciziari specifici per la preparazione ai test di ammissione di tutte le facoltà universitarie.

PASSEPARTOUT

Volumi monodisciplinari utili per la preparazione ai test di concorsi pubblici, selezioni aziendali, concorsi dell'Unione Europea, concorsi militari, ammissione all'università e ai master.

TESTPROFESSIONALI

Oltre 40 manuali ed eserciziari per prepararsi alle prove di selezione previste per l'accesso e l'abilitazione a specifiche professioni (promotore finanziario, vigile urbano, fisioterapista, infermiere ecc.).

LAVORO&CARRIERA

Guide pratiche su temi di informatica e sales management utili per svolgimento delle professioni aziendali: ideali per direttori e manager di impresa.

CONCORSI&ESAMI

Volumi completi con teoria ed esercizi per prepararsi alle prove scritte e orali dei concorsi pubblici e degli esami di Stato (commercialista, psicologo, avvocato, architetto ecc.).

STUDI PROFESSIONALI

La prima collana pensata per i professionisti (avvocati, commercialisti, notai), dedicata alla comunicazione e al marketing, al management, alla gestione delle relazioni.

TESTMILITARI

Manuali ed eserciziari specifici per la preparazione alle prove di ammissione alle Accademie militari e alle Forze Armate.

I NUOVI CODICI

Mini-codici di comoda consultazione in udienza, in ufficio e durante le lezioni universitarie, aggiornati alla legislazione di riferimento.

METEO

Collana curata dal colonnello Mario Giuliacci e realizzata da meteorologi professionisti. I volumi coniugano l'approccio divulgativo con il rigore scientifico.

UPPA

Piccoli volumi dedicati ai genitori che vogliono approfondire gli aspetti più delicati della crescita dei propri bambini (0-6 anni): dall'alimentazione ai principali disturbi.

S.O.S. LINGUE

Piccoli volumi per un soccorso immediato quando ci si trova all'estero: dialoghi modello, frasari per le situazioni più comuni e per gli imprevisti, indicazioni per la pronuncia e agili glossari.

AlphaTest Chimica

PER I TEST DI AMMISSIONE ALL'UNIVERSITÀ

edizioni
Alpha Test

Via Mercalli, 14 – 20122 – Milano (Italy)
Tel. 02 5845981 – fax 02 58459896
servizi@alphatest.it
www.alphatest.it

ISBN: 978-88-483-1860-0

Seconda ristampa della quarta edizione: agosto 2017
Quarta edizione: aprile 2016
Prima edizione: maggio 2003

Grafica della copertina di Andrea Morando
Copertina e illustrazioni interne a cura dell'Ufficio Grafico Alpha Test

Stampato da L.E.G.O. S.p.a. Lavis (TN)
per conto di Alpha Test S.r.l.
nell'agosto 2017

Indice

INTRODUZIONE

Per molti giovani l'iscrizione all'università è, da diversi anni, subordinata al superamento di un esame che ha lo scopo di valutare la potenzialità dei singoli studenti nel frequentare con profitto il corso di laurea prescelto.

Per molti giovani di tutto il mondo l'iscrizione all'università è da diversi anni subordinata al superamento di una selezione preliminare che ha lo scopo di valutare le potenzialità dei singoli studenti di frequentare con profitto il corso di laurea prescelto.

Attualmente in Italia, molti corsi di alcune importanti università private, alcuni corsi di laurea magistrale a ciclo unico a livello nazionale (Medicina e Chirurgia, Odontoiatria e Protesi dentaria, Medicina Veterinaria, Scienze della Formazione primaria e Architettura) e molti corsi di laurea triennali sono caratterizzati dalla presenza del **numero programmato**: il numero di matricole di questi corsi non può superare il numero di posti programmati annualmente in ogni ateneo.

In generale, la selezione dei candidati che desiderano accedere a un corso universitario a numero programmato viene effettuata sulla base di una prova a test, composta da domande a risposta multipla che valuta il possesso di determinate attitudini e conoscenze. Il risultato di tale prova – predisposta in alcuni casi a cura del ministero dell'Università e della Ricerca (come, per esempio, le prove di accesso ai corsi di Medicina/Odontoiatria e Veterinaria) e in altri casi dalle singole università – determina un **punteggio** in base al quale viene stabilita la **graduatoria dei candidati.** In alcuni casi, alla formazione della graduatoria finale contribuiscono anche i risultati conseguiti dai singoli candidati negli ultimi anni della scuola superiore; il risultato del test è comunque in generale il fattore di gran lunga più importante ai fini dell'ammissione.

Oltre alle prove selettive, sono ormai in uso in molte sedi universitarie le **prove valutative** per i corsi ad accesso libero il cui scopo è misurare il possesso di conoscenze e attitudini necessarie per frequentare con profitto il corso prescelto; tali prove attribuiscono – in caso di valutazione negativa – un "debito" formativo che lo studente dovrà "saldare" entro il primo anno di corso dimostrando di aver colmato le lacune rilevate. Anche chi sceglie di frequentare un corso universitario ad accesso libero deve quindi spesso affrontare una prova a test.

La presenza dei test di pre-immatricolazione, selettivi o "orientativi", impone quindi agli studenti seriamente motivati di prepararsi in modo mirato al test che dovranno sostenere.

Alpha Test è la prima e la più importante organizzazione in Italia che da 30 anni offre agli studenti tutti gli strumenti necessari per affrontare con successo i test selettivi. Opera a livello nazionale con sedi nelle principali città universitarie e si avvale della collaborazione di decine di esperti. Per le diverse prove di ammissione, Alpha Test organizza in tutta Italia dei corsi specifici di preparazione (www.alphatest.it/Corsi) e pubblica la collana *TestUniversitari* composta da oltre settanta tra manuali ed eserciziari, specifici per ogni facoltà o area di studi (www.alphatest.it/Libri-Alpha-Test).

Per ciò che riguarda gli argomenti su cui vertono le domande dei test di ammissione all'università, va detto subito che la chimica è una delle materie maggiormente ricorrenti per non dire costanti e questo non risulta in realtà sorprendente visto che la stragrande maggioranza dei corsi ad accesso regolamentato è di natura scientifica. Più in dettaglio, si può dire che delle domande che compongono le prove di ammissione (generalmente in numero compreso tra 60 e 100), quelle di chimica rappresentano una percentuale compresa tra il 10 e il 30%.

In generale, le conoscenze e i programmi di chimica su cui vertono i test rientrano in quelli propri della scuola superiore ma esiste evidentemente una certa variabilità a seconda dei corsi di laurea e, in alcuni casi, anche della sede universitaria. Per alcune facoltà, prime tra tutte Medicina, Odontoiatria, Veterinaria e Architettura, il programma è unico in tutta Italia perché stabilito a livello ministeriale.

Il presente volume, partendo dall'analisi di decine di prove ufficiali di diverse facoltà svolte negli ultimi anni e tenendo conto dei programmi ufficiali comunicati dal Ministero dell'Università o dai singoli Atenei, prende in esame tutti gli argomenti di chimica che possono essere oggetto delle prove di ammissione.

Sulla base di quanto sopra esposto, appare evidente l'utilità del presente volume, che affronta tutti i principali concetti della chimica, accompagnati da un gran numero di esercizi svolti e commentati: è un testo chiaro, completo ed esauriente per il ripasso e lo studio mirato.

I principali argomenti trattati sono:

- composizione della materia;
- struttura dell'atomo;
- il concetto di mole;
- la tavola periodica degli elementi;
- legami chimici;
- stati di aggregazione e passaggi di stato;
- principali elementi e loro composti;
- reazioni chimiche;
- soluzioni;
- termodinamica e cinetica chimica;
- acidi e basi;
- chimica organica: idrocarburi e derivati;
- composti organici di importanza biologica.

Il parere dei lettori è importante

Per continuare a migliorare la qualità delle proprie pubblicazioni, Alpha Test considera estremamente prezioso il parere dei propri lettori ai quali chiede la cortesia di esprimere un giudizio su questo libro nell'apposita sezione "Valuta un libro" del sito alphatest.it. Per ogni valutazione ricevuta Alpha Test devolverà2 euro alla **Fondazione Francesca Rava–NPH Italia Onlus** che aiuta i bambini orfani, abbandonati, ammalati in Italia e nei paesi più poveri del mondo (www.nphitalia.org).

Per informazioni aggiornate sui libri di Alpha Test i lettori possono visitare il sito internet www.alphatest.it o richiedere il catalogo gratuito a:

Alpha Test S.r.l.
via Mercalli, 14 – 20122 Milano
tel. 02 58 45 981 – fax 02 58 45 98 96
servizi@alphatest.it

Suggerimenti per prepararsi al test

La **prima cosa** da fare è procurarsi le informazioni sul test che si dovrà affrontare: le fonti più autorevoli e aggiornate sono il sito del ministero dell'Istruzione, dell'Università e della Ricerca (MIUR), i siti delle singole università e alphatest.it. Nel primo è riportata la normativa di interesse per gli studenti mentre negli altri vengono pubblicati i bandi di concorso che integrano le indicazioni del ministero con le specifiche proprie di ciascuna sede universitaria. Su **alphatest.it/Test-di-ammissione** sono pubblicate le date dei test, tutte le principali leggi e normative sulle prove di ammissione, i test ufficiali degli ultimi anni risolti e commentati e gli aggiornamenti e approfondimenti per i diversi corsi di studio.

Il metodo Alpha Test: libri, Alpha Test Academy e corsi

Il primo passo per il conseguimento di una preparazione completa è costituito dallo studio individuale da compiere sui libri. Per un lavoro di preparazione completo e mirato al superamento delle prove di ammissione, si ricordano, nella collana *TestUniversitari*, gli altri volumi monotematici (*Biologia, Fisica, Matematica, Logica, Cultura Generale* ed *Inglese*), i volumi specifici per le singole facoltà (*Manuale di preparazione, Esercizi commentati* e *Prove di verifica*).

L'acquisto di ogni libro della collana *TestUniversitari* dà anche diritto a svolgere gratuitamente numerose simulazioni del test ufficiale sul sito **testonline.it** Per questo si rimanda alle istruzioni riportate nell'apposita pagina in fondo al volume.

Alpha Test Academy

Alpha Test Academy è il nuovo sistema di assistenza on line personalizzata che guida e aiuta lo studente nella preparazione ai test per Medicina/Odontoiatria e Veterinaria. Per ciascuna delle materie e degli argomenti previsti al test, il programma valuta il livello di preparazione dello studente, propone in modo adattivo numerose batterie di domande con difficoltà differenziata e offre migliaia di spiegazioni e commenti multimediali (link, video, tutorial e rimandi a specifici richiami di teoria). Il materiale e l'assistenza offerti da Alpha Test Academy consentono di chiarire via via ogni quesito e dubbio individuale anche attraverso un canale diretto con i docenti Alpha Test e di migliorare progressivamente le proprie conoscenze e capacità in vista del test ufficiale. Alpha Test Academy assiste in ogni momento lo studente in un lavoro di preparazione mirato e specifico e rappresenta quindi un'utile integrazione al manuale di preparazione o a un corso Alpha Test in aula. Alpha Test Academy è un ambiente interattivo, con gruppi di studio virtuali e forum di discussione per un confronto diretto. Inoltre, fornisce un costante aggiornamento sulle novità normative e sui test ufficiali.

Per l'acquisto di Alpha Test Academy è previsto uno sconto importante per chi già possiede questo volume o è iscritto a un corso Alpha Test.

Per maggiori informazioni o per provare la demo gratuita: **alphatest.it**

Corsi

Per la preparazione alle prove di ammissione, oltre ai volumi della collana *TestUniversitari* e ad Alpha Test Academy, Alpha Test organizza per gli studenti più motivati numerosi **corsi** di durata differenziata (da pochi giorni di corso ad alcuni mesi). Frequentare un corso Alpha Test consente di completare, perfezionare e consolidare la propria preparazione grazie ai seguenti punti di forza:

1. **la didattica interattiva.** Ciascun corso prevede cicli di lezioni e di esercitazioni dedicate al ripasso di tutti gli argomenti oggetto d'esame. Gli studenti possono beneficiare della professionalità di docenti con un'esperienza d'insegnamento unica in Italia, maturata in 30 anni di attività di Alpha Test nel campo specifico della preparazione ai test universitari;

2. **il materiale supplementare consegnato ai corsi.** Durante le lezioni, a ciascun partecipante viene fornito materiale di studio e di esercitazione aggiuntivo rispetto ai volumi consegnati al momento dell'iscrizione. Si tratta di materiale estremamente aggiornato e specifico per la struttura e i contenuti del test che si deve affrontare;
3. **l'esperienza "sul campo".** In ciascun corso vengono svolte più simulazioni d'esame per mettersi alla prova e per confrontare la propria preparazione con quella di altri candidati. I docenti Alpha Test sono in grado inoltre di indicare a ogni candidato il punteggio orientativo che occorre conseguire per accedere al corso universitario prescelto.

Infine, chi desidera prepararsi al test di ammissione senza rinunciare a divertimento e nuove amicizie può partecipare a una delle **vacanze-studio Alpha Test** (per informazioni: **alphatest.it/Corsi**).

Test di autovalutazione online

Su **alphatest.it/Test-di-ammissione** è possibile misurare il proprio livello di preparazione; il test gratuito prevede 20 domande tratte dai test ufficiali degli ultimi anni da risolvere in 20 minuti ed è finalizzato ad aiutare il candidato a impostare al meglio il percorso di studio.

Test ufficiali commentati e ultimi aggiornamenti disponibili su alphatest.it

Sul sito **alphatest.it** si possono scaricare gratuitamente i test ufficiali degli ultimi anni con tutte le soluzioni e i **commenti esplicativi dei singoli quesiti**. In particolare nella sezione "approfondimenti" all'indirizzo **alphatest.it/Test-di-ammissione** sono disponibili i test ufficiali dei corsi di laurea in Medicina/Odontoiatria e Veterinaria.

Sulla stessa pagina vengono costantemente pubblicati gli aggiornamenti normativi sui test con le eventuali integrazioni agli argomenti e ai programmi d'esame.

App per iPhone e iPad

Per coloro che possiedono i dispositivi mobili iPhone e iPad sono disponibili le App di esercitazione del test d'ammissione per tutti i corsi a numero programmato. Ciascuna App contiene oltre 580 quesiti tratti dalle prove ufficiali, con soluzioni commentate dagli esperti Alpha Test. È possibile comporre un numero illimitato di prove simulate e analizzare i risultati anche in forma grafica.

Segui Alpha Test anche sui social network

Diventare fan della pagina Alpha Test su Facebook o seguire l'account @alpha_test su Twitter significa essere informati in tempo reale su tutto quello che riguarda i test, confrontarsi con migliaia di fan e ricevere aggiornamenti e consigli dai docenti. Alpha Test è anche su Google+, LinkedIn, Youtube.

Mailing list

Ti segnaliamo infine che, registrandoti su alphatest.it, puoi entrare a far parte della nostra mailing list: potrai così ricevere aggiornamenti in tempo reale sui test, suggerimenti su come prepararti al meglio e approfittare di sconti e promozioni esclusive.

Indicazioni per i partecipanti ai corsi Alpha Test

Alpha Test:

- è **la prima** società in Italia specializzata nel preparare gli studenti ai test di ammissione all'università;
- è **l'unica** organizzazione che può vantare un'esperienza di 30 anni e migliaia di corsi già organizzati su tutto il **territorio nazionale**;
- i risultati di chi sceglie Alpha Test sono gli unici attestati da una primaria società di indagini di mercato da cui risulta che l'**84%** degli ammessi a medicina si è preparato con Alpha Test;
- dal 1987 a oggi ha **preparato con successo** ai test universitari **decine di migliaia di studenti** che si sono trovati in vantaggio rispetto alle altre aspiranti matricole;
- propone **corsi** con durata, programmi e costi differenziati a seconda della prova di selezione e delle esigenze dei singoli studenti, comprese **vacanze-studio** e **corsi residenziali**;
- vanta un corpo docente composto da oltre 160 esperti rigorosamente selezionati e costantemente formati: docenti e ricercatori universitari, professionisti e insegnanti con un'**esperienza didattica unica** e **specifica** nel campo della preparazione ai test universitari;
- ha sviluppato, per prima in Italia, una **metodologia didattica innovativa** e specifica per affrontare le prove a test;
- effettua l'analisi e la discussione in aula delle **prove ufficiali** utilizzate dalle università negli anni passati;
- sottopone ai partecipanti ai corsi numerose **prove simulate** che vengono corrette individualmente mediante l'uso di **lettori ottici** simili a quelli per le correzioni dei test ufficiali; ciò consente ai partecipanti di verificare in tempo reale il proprio livello di preparazione e di apprendimento;
- ha sviluppato una collana di volumi specifici per i diversi test di ammissione, già scelti da oltre due milioni di studenti e **forniti ai partecipanti ai corsi** all'atto dell'iscrizione;
- mette a disposizione degli studenti un servizio di esercitazione *on line* – all'indirizzo **testonline.it** – dove è possibile simulare i test di ammissione ai singoli corsi di studio.

Quanto premesso, unitamente ai risultati conseguiti dai partecipanti alle passate edizioni, ci consente di affermare che prepararsi a un test di ammissione frequentando lo specifico corso Alpha Test rappresenta la scelta migliore per chi è veramente motivato ad accedere al corso universitario desiderato e aumenta fino a sette volte la probabilità di ammissione rispetto a quella degli altri candidati.

Alpha Test e il suo corpo docente mettono a disposizione l'esperienza maturata e forniscono tutto l'aiuto necessario affinché i propri studenti possano prepararsi nel modo più rapido, completo ed efficace alla prova di selezione. Per accrescere ulteriormente la probabilità di successo **è essenziale anche l'impegno** degli studenti sotto forma di studio e di esercitazione **prima** e **durante** lo svolgimento del corso. Per facilitare la preparazione preliminare, Alpha Test consegna, già all'atto dell'iscrizione, i volumi Manuale di preparazione, Esercizi commentati e Prove di verifica. Consigliamo di leggere questi libri (o almeno il manuale) prima dell'inizio del corso con l'obiettivo di acquisire almeno una conoscenza di base degli argomenti trattati. Questa raccomandazione vale in particolar modo per chi sceglie di frequentare uno dei corsi Alpha Test di durata minore.

Sempre al momento dell'iscrizione al corso, Alpha Test fornisce una guida operativa con istruzioni e consigli utili per avviare la preparazione anche prima dell'inizio delle lezioni e con importanti informazioni sul test di ammissione di interesse dello studente.

Durante il corso l'attenzione viene focalizzata in modo specifico sulle tipologie di quesiti previsti nella prova di ammissione di interesse. Viene inoltre esaminato e discusso con i docenti un consistente numero di esercizi diversi da quelli presenti nei libri e contenuti in apposite dispense aggiornate ogni anno e distribuite durante il corso esclusivamente ai partecipanti.

Informazioni e modalità di iscrizione ai corsi Alpha Test

Le iscrizioni ai corsi Alpha Test per la preparazione ai test di ammissione universitari sono sempre aperte sino all'esaurimento dei posti disponibili (i corsi sono riservati a un numero limitato di partecipanti per garantire le migliori condizioni di apprendimento); le informazioni aggiornate relative al calendario e alla quota di partecipazione di ciascun corso sono disponibili su alphatest.it o chiamando il numero verde 800 017 326.

Per chi ha già acquistato **presso un centro Alpha Test** l'ultima edizione dei libri in dotazione al corso, è prevista una riduzione della quota di iscrizione al corso pari al 100% del prezzo di copertina dei libri; se i libri sono stati acquistati **in libreria** tale riduzione è invece pari al 50% del prezzo di copertina.

L'iscrizione ai corsi e l'acquisto dei libri Alpha Test possono essere effettuati:

- **su Internet** all'indirizzo **alphatest.it/Corsi**;
- **telefonicamente**, chiamando il numero verde 800 017 326;
- presso uno dei **centri Alpha Test** (per conoscere il più vicino visitare il sito **alphatest.it/Corsi** o chiamare il numero verde 800 017 326);
- **compilando l'apposito modulo** di iscrizione scaricabile da alphatest.it, o richiedendolo al numero verde 800 017 326 o scrivendo a servizi@alphatest.it.

I libri Alpha Test si possono acquistare anche presso le **migliori librerie** di tutta Italia.

Chi desidera ricevere, gratuitamente e senza impegno, materiale informativo relativo ai corsi e/o ai libri Alpha Test, può visitare il sito internet **alphatest.it** o richiedere il catalogo gratuito a:

Alpha Test S.r.l.
via Mercalli, 14 – 20122 Milano
tel. 02 58 45 981 – fax 02 58 45 98 96
servizi@alphatest.it

Suggerimenti per affrontare la prova a test

Per affrontare al meglio un test a risposta multipla è importante conoscere preventivamente le modalità di svolgimento e la natura delle diverse tipologie di esercizi, nonché le opportune "strategie" per valorizzare al massimo le proprie conoscenze e potenzialità.

I criteri adottati dalle università italiane per selezionare i candidati ai corsi universitari sono di tipo **comparativo**. Cioè per superare la selezione, **lo studente deve figurare tra i migliori** nella graduatoria dei candidati. In altre parole, per superare la selezione occorre svolgere il test di ammissione meglio di un certo numero di altri candidati. Dal 2011 i test di ammissione a base nazionale prevedono anche una soglia minima qualificante di 20 punti.

Prima di addentrarsi nell'analisi dei contenuti dei test e degli esercizi che li compongono, è opportuno considerare alcuni suggerimenti apparentemente banali, ma utili al fine di ottimizzare il risultato nella prova di ammissione.

Bando di concorso e informazioni sulla selezione

Il primo suggerimento di carattere generale è quello di **prestare grande attenzione a tutte le informazioni fornite dall'università e contenute nel bando di concorso**: esse sono infatti, insieme alle disposizioni del Ministero, le uniche informazioni **ufficiali** relative alle norme, alle modalità di selezione, alla struttura e ai contenuti della prova che regola l'ammissione al corso di studi scelto.

Regolamento e istruzioni

In sede d'esame, prima ancora dell'inizio della prova, vengono consegnate ai candidati le **norme alle quali attenersi durante l'intero svolgimento del test**. Tali norme riguardano, per esempio, il tempo a disposizione per lo svolgimento della prova, le modalità con cui indicare le risposte sull'apposita scheda e altre indicazioni su come comportarsi in sede d'esame e al termine del test. È necessario attenersi a tali informazioni per evitare di commettere errori banali (quale, per esempio, la compilazione errata della scheda per le risposte), che potrebbero compromettere l'esito della prova e quindi l'ammissione all'università.

In alcuni casi, all'interno del test gli esercizi sono preceduti da **istruzioni circa le modalità di risoluzione** dei quesiti e a volte anche da un esempio risolto. È importante in questi casi non aver fretta di cominciare a risolvere i quesiti, ma dedicare la massima attenzione alla lettura di queste istruzioni, indispensabili per capire la logica degli esercizi e per rispondere correttamente alle domande.

Domande a risposta multipla

I test che vengono utilizzati per l'ammissione all'università sono costituiti da domande **chiuse**, le cui risposte sono cioè predefinite: il candidato deve individuare la sola risposta esatta tra le alternative proposte. Per rispondere a una domanda *aperta* (non corredata da risposte prefissate) come per esempio "Qual è la capitale della Colombia?", occorre conoscere le informazioni necessarie alla formulazione della risposta. Nel caso di *domande a scelta multipla* è invece possibile procedere anche in maniera diversa.

Si ipotizzi, per esempio, di dover rispondere al medesimo quesito, però a risposta multipla.

---

1 **Qual è la capitale della Colombia?**

A Delhi
B Buenos Aires
C Bogotá
D Brasilia
E Santiago

In questo caso è possibile determinare la risposta corretta procedendo in due modi distinti:

1. ragionando come se si trattasse di una domanda aperta: sapendo che la capitale della Colombia è Bogotá, si individua direttamente la risposta corretta (C) senza valutare le altre risposte proposte;
2. se, al contrario, non si conosce la risposta alla domanda, ma si ricordano gli altri accoppiamenti Paese/capitale, è possibile individuare la risposta corretta eliminando le alternative: sapendo che Delhi è la capitale dell'India, Buenos Aires dell'Argentina, Santiago del Cile e Brasilia del Brasile, per esclusione si può concludere che la risposta esatta è la C.

In altre parole, per rispondere correttamente a una domanda a scelta multipla non è sempre strettamente necessario conoscere la risposta esatta: a volte la soluzione può essere individuata indirettamente, escludendo le alternative errate.

Nel caso in cui, procedendo per esclusione, il candidato non riesca a eliminare tutte le alternative errate, il metodo di risposta per eliminazione permette comunque di aumentare le probabilità di individuare la risposta corretta: l'esclusione di una o più risposte riduce il numero delle alternative tra cui si rimane incerti e quindi incrementa la probabilità di individuare l'alternativa corretta anche rispondendo in modo casuale.

Un altro aspetto che caratterizza le prove a test è il fatto che l'assegnazione dei punteggi si basa solo ed esclusivamente sulle risposte indicate sull'apposita scheda: non hanno quindi alcuna rilevanza eventuali spiegazioni o giustificazioni alle risposte date e questo rappresenta un'ulteriore differenza importante rispetto ad altri tipi di valutazione.

Nei test di ammissione il tempo a disposizione risulta spesso appena sufficiente per rispondere a tutti i quesiti. È dunque molto importante gestirlo nel modo più conveniente.

Valore dei quesiti e gestione del tempo

Nei test di ammissione ai quali questo libro si rivolge **tutti gli esercizi hanno lo stesso valore**: è dunque necessario evitare di dedicare eccessivi sforzi e tempo per risolvere un quesito particolarmente complesso.

Poiché ogni risposta giusta fa "guadagnare" lo stesso punteggio, a parità di tempo impiegato conviene risolvere due esercizi semplici piuttosto che uno complesso.

Come i partecipanti ai corsi Alpha Test hanno modo di sperimentare durante lo svolgimento delle prove simulate, il tempo rappresenta uno dei fattori critici per affrontare con successo un test di ammissione. Infatti, le prove sono spesso progettate e formulate in modo tale da permettere solo ai più preparati e ai più veloci di terminare nel tempo concesso la totalità dei quesiti.

È dunque fondamentale impiegarlo razionalmente, calcolando, prima di iniziare la prova, il tempo medio a disposizione per ogni quesito (dato ovviamente dal tempo complessivo diviso per il numero di esercizi), ed evitando di dedicare ai singoli quesiti un tempo eccessivamente superiore a quello medio. Il suggerimento generale è di non superare il tempo medio nello svolgimento di un singolo esercizio, per più del 20%. Questa dilazione per i quesiti complessi viene infatti facilmente compensata dalla presenza di numerosi quesiti di natura nozionistica di veloce risoluzione.

Se dunque il tempo complessivo per il test è di 100 minuti e il numero di esercizi da risolvere è pari a 60, il tempo medio per quesito è pari a 1 minuto e 40 secondi (100 secondi). Bisogna quindi cercare di non dedicare più di due minuti allo svolgimento del singolo quesito. Avvicinandosi a tale tempo limite, se non si è prossimi alla soluzione, è opportuno passare alla domanda successiva.

L'obiettivo da raggiungere è rispondere correttamente al maggior numero possibile di esercizi; si consiglia quindi, compatibilmente con i vincoli imposti dalle modalità di svolgimento della prova, di affrontare prima gli esercizi che si ritiene di saper risolvere più facilmente e velocemente, per passare poi a quelli più complessi che richiedono un dispendio di tempo maggiore.

Il consiglio, ove possibile, è di evidenziare con un opportuno segno di riconoscimento tali quesiti sul fascicolo contenente il test: sarà così possibile ritrovarli velocemente in un secondo momento. Lo stesso consiglio vale per le domande a cui si è data una risposta che, compatibilmente con il tempo a disposizione, si vorrebbe verificare prima del termine della prova.

Scelta casuale della risposta?

La valutazione dei test avviene mediante l'attribuzione di un punteggio positivo per le risposte corrette (generalmente un punto per ogni risposta esatta) e, in molti casi, l'attribuzione di un punteggio negativo per ogni risposta errata (generalmente quantificato in una frazione di punto). Ai quesiti omessi, a cui cioè non si è risposto, viene di solito attribuito un punteggio nullo. L'edizione 2016 dei test ai quali questo volume si rivolge prevede quesiti con 5 alternative e la seguente attribuzione di punteggi:

- risposta esatta: +1,5
- risposta errata: −0,4
- risposta omessa: 0

La penalità sulle risposte errate ha lo scopo di annullare il punteggio positivo che, statisticamente, il candidato potrebbe conseguire rispondendo a caso in assenza di tale penalità. Ma è allora conveniente o no rispondere a caso ai quesiti che non si sanno risolvere?

Si supponga di non conoscere le risposte di 60 quesiti (con 5 risposte alternative ciascuno) della prova. Scegliendo a caso (e ragionando statisticamente) si risponderebbe in modo corretto a un esercizio ogni 5, ossia in totale a 12 esercizi (60/5 ossia 60 diviso 5) e si sbaglierebbero i restanti 48 quesiti. Il punteggio totalizzato sarebbe dunque:

- Risposte esatte: $12 \times (+1{,}5) = +18$
- Risposte errate: $48 \times (-0{,}4) = -19{,}2$
- Risposte nulle: $0 \times 0 = 0$
- Punteggio totale: $18 - 19{,}2 = -1{,}2$

Si otterrebbe quindi un punteggio negativo: è quindi **sconsigliato rispondere a caso quando si è indecisi tra cinque alternative**.

È evidente però che il punteggio totalizzato rispondendo casualmente potrà essere tanto maggiore quanto minore sarà il numero di alternative tra cui si è indecisi e quanto minore è la penalità attribuita alle risposte errate. Il numero delle alternative tra cui si è indecisi non coincide necessariamente con quello delle alternative esistenti. Se, per esempio, le alternative proposte sono 5, ma si riesce a sempre a scartarne una perché si sa che è errata, il numero da considerare per il confronto con la penalizzazione è 4 (cioè 5 − 1). In questo circostanza rispondendo a caso si si risponderebbe in modo corretto a 15 esercizi (60/4) e si sbaglierebbero i restanti 45 quesiti:

- Risposte esatte: $15 \times (+1{,}5) = +22{,}5$
- Risposte errate: $45 \times (-0{,}4) = -18$
- Risposte nulle: $0 \times 0 = 0$
- Punteggio totale: $22{,}5 - 18 = +4{,}5$

Quindi, con le regole in uso nel 2016, è sufficiente scartare almeno una alternativa per rendere statisticamente conveniente rispondere a caso al quesito.

Scheda per le risposte e correzioni

Una volta individuata la risposta corretta a un quesito, il candidato deve segnarla su un'apposita *scheda per le risposte* (si veda l'esempio riportato nella pagina seguente), distinta dal fascicolo contenente gli esercizi. Si tratta cioè di segnare la risposta esatta in corrispondenza del numero dell'esercizio appena risolto.

Per la correzione delle schede vengono utilizzati *elaboratori elettronici* dotati di *lettori ottici*, il candidato deve quindi rispondere contrassegnando in modo opportuno lo spazio (un "cerchietto" o "quadratino") corrispondente all'alternativa ritenuta esatta.

Nelle prove per l'accesso a Medicina, Odontoiatria e Veterinaria degli ultimi anni era consentito effettuare correzioni sulla scheda delle risposte. È comunque consigliabile **limitare al minimo le correzioni**.

Sia la scheda sia il metodo di correzione potrebbero cambiare in futuro ed è quindi importante leggere e seguire attentamente le istruzioni e le procedure di svolgimento della prova. Sulle schede per le risposte sono solitamente presenti aree (con cerchi neri, codici a barre o altro) indispensabili al corretto funzionamento del sistema ottico di lettura e correzione. All'interno di tali aree è importante non apporre alcun segno di scrittura che potrebbe pregiudicare il corretto funzionamento del lettore.

Si raccomanda quindi di non apporre alcun segno al di fuori delle caselle previste e di non sgualcire o piegare la scheda.

M.I.U.R. — Ministero dell'Istruzione, dell'Università e della Ricerca

Modulo risposte

ATTENZIONE: NON piegare o sgualcire questa scheda

0 0 0 0 0 2 5 8 1 B

N° domanda	Cultura generale e ragionamento logico					N° domanda	Biologia					N° domanda	Chimica					N° domanda	Fisica e Matematica				
	A	B	C	D	E		A	B	C	D	E		A	B	C	D	E		A	B	C	D	E
○ 1	□	□	□	□	□	○ 23	□	□	□	□	□	○ 41	□	□	□	□	□	○ 53	□	□	□	□	□
○ 2	□	□	□	□	□	○ 24	□	□	□	□	□	○ 42	□	□	□	□	□	○ 54	□	□	□	□	□
○ 3	□	□	□	□	□	○ 25	□	□	□	□	□	○ 43	□	□	□	□	□	○ 55	□	□	□	□	□
○ 4	□	□	□	□	□	○ 26	□	□	□	□	□	○ 44	□	□	□	□	□	○ 56	□	□	□	□	□
○ 5	□	□	□	□	□	○ 27	□	□	□	□	□	○ 45	□	□	□	□	□	○ 57	□	□	□	□	□
○ 6	□	□	□	□	□	○ 28	□	□	□	□	□	○ 46	□	□	□	□	□	○ 58	□	□	□	□	□
○ 7	□	□	□	□	□	○ 29	□	□	□	□	□	○ 47	□	□	□	□	□	○ 59	□	□	□	□	□
○ 8	□	□	□	□	□	○ 30	□	□	□	□	□	○ 48	□	□	□	□	□	○ 60	□	□	□	□	□
○ 9	□	□	□	□	□	○ 31	□	□	□	□	□	○ 49	□	□	□	□	□						
○ 10	□	□	□	□	□	○ 32	□	□	□	□	□	○ 50	□	□	□	□	□						
○ 11	□	□	□	□	□	○ 33	□	□	□	□	□	○ 51	□	□	□	□	□						
○ 12	□	□	□	□	□	○ 34	□	□	□	□	□	○ 52	□	□	□	□	□						
○ 13	□	□	□	□	□	○ 35	□	□	□	□	□												
○ 14	□	□	□	□	□	○ 36	□	□	□	□	□												
○ 15	□	□	□	□	□	○ 37	□	□	□	□	□												
○ 16	□	□	□	□	□	○ 38	□	□	□	□	□												
○ 17	□	□	□	□	□	○ 39	□	□	□	□	□												
○ 18	□	□	□	□	□	○ 40	□	□	□	□	□												
○ 19	□	□	□	□	□																		
○ 20	□	□	□	□	□																		
○ 21	□	□	□	□	□																		
○ 22	□	□	□	□	□																		

1. Ogni domanda ammette **una e una sola** risposta esatta. Si risponde barrando la relativa casella, ad esempio con una crocetta ben marcata, avendo cura di rimanere entro i bordi della casella stessa.

   ○ 1 ☒ □ □ □ □

2. Per correggere una risposta errata è necessario **annerire completamente** la casella e barrare quella corretta. Per ogni domanda **è ammessa una sola** correzione.

   ○ 2 ■ □ □ □ ☒

3. Se si intende annullare una risposta già data o non rispondere a una domanda occorre annerire la casella circolare a sinistra del numero progressivo.

   ⊗ 3 ■ □ □ □ ☒

   ⊗ 4 □ □ □ □ □

Esempio di scheda delle risposte con possibilità di correzione ed estratto di istruzioni per la corretta compilazione della scheda.

1| Il linguaggio della chimica

L'oggetto di studio della chimica è la materia. La chimica è infatti la disciplina che studia:

- la struttura e la composizione della materia;
- le trasformazioni che la materia subisce;
- l'energia coinvolta in queste trasformazioni.

1.1 | La composizione della materia

La materia è fatta di **atomi**, particelle piccolissime che possono combinarsi tra loro in modo diverso. Riguardo alla composizione chimica la materia può essere sotto forma di **sostanze** (o sostanze pure) oppure di **miscele** (o miscugli).

1.1.1 | Miscele

✔ Una miscela è un insieme fisico di due o più sostanze e ha composizione variabile.
Un composto chimico si può indicare con una specifica formula chimica, una miscela no.

L'acqua e il sale sono sostanze pure, ma quando il sale è sciolto in acqua si ottiene una miscela la cui composizione chimica è variabile e dipende da quanto sale è stato sciolto nell'acqua.

In base alla possibilità di distinguerne i componenti, le miscele (trattate in modo più approfondito al 8.1) vengono divise in:

- **eterogenee:** non hanno composizione uniforme in tutti i punti del campione e i componenti sono facilmente distinguibili. Le miscele eterogenee sono formate da due o più *fasi* (una fase è una porzione di un sistema in cui le proprietà fisiche intensive sono identiche in ogni punto o variano con continuità, separata dal resto da superfici limitanti), che differiscono nelle proprietà fisiche, come accade per esempio in una miscela di acqua e olio in cui l'olio galleggia sull'acqua. Esempi di miscele eterogenee sono il sangue e il latte.
- **omogenee:** hanno composizione uniforme in tutti i punti del campione e i componenti non sono distinguibili. Esempi di miscele omogenee sono l'acqua di mare, il vino e l'aria. Le miscele omogenee sono chiamate anche *soluzioni*.

Metodi di separazione

✔ Separando una miscela nei suoi componenti con metodi fisici (quali per esempio distillazione o filtrazione) si ottengono sostanze pure.

La scelta del metodo di separazione dipende dallo stato fisico dei componenti e dalle loro proprietà chimiche e fisiche. Sono elencati di seguito i metodi di separazione più utilizzati.

- **Filtrazione**: permette di separare i componenti di una miscela eterogenea costituita da un liquido e un solido sfruttando la diversa dimensione delle particelle.

  Si realizza facendo passare la miscela attraverso un imbuto contenente un agente filtrante (carta, vetro poroso, cotone): il solido (normalmente indicato come "precipitato") rimane sul filtro, mentre il liquido (normalmente indicato come "filtrato", o "acque madri") lo attraversa.
- **Distillazione**: permette di separare i componenti di una miscela sfruttandone la diversa temperatura di ebollizione.

Si realizza riscaldando la soluzione in modo sufficiente a far evaporare il solvente. Questo vapore viene costretto a passare attraverso un sistema di raffreddamento in cui viene di nuovo condensato e raccolto come liquido. Aumentando gradualmente la temperatura si separano prima i componenti a punto di ebollizione più basso e via via quelli a punto di ebollizione più alto.

La distillazione può essere:

- *semplice*: quando si separa un liquido da una soluzione solido-liquido;
- *frazionata*: quando si separa un liquido da una soluzione di due o più liquidi.

- **Cromatografia**: permette di separare i componenti della miscela sfruttando la diversa velocità con cui questi migrano su un materiale di supporto (detto *fase fissa*), spinti da un fluido di trasporto (detto *eluente*, o *fase mobile*). Il componente della miscela più affine alla fase stazionaria avrà una velocità di migrazione minore, mentre il componente più affine alla fase mobile avrà una velocità di migrazione maggiore Tra le fasi stazionarie più comuni vi sono la silice, l'allumina e vari polimeri (poliacrilammide, resine a scambio ionico, cellulosa). Esistono varie tecniche cromatografiche: a scambio ionico, di adsorbimento, di esclusione, gascromatografia, HPLC ecc., che si differenziano per il modo in cui le sostanze da separare interagiscono con la fase stazionaria.
- **Centrifugazione**: permette di separare rapidamente i componenti della miscela grazie alla loro differenza di densità. La forza centrifuga viene utilizzata per ottenere la sedimentazione di un solido sospeso in un liquido o la stratificazione di due liquidi immiscibili a diversa densità.
- **Estrazione con solventi**: si realizza sfruttando la solubilità di una sola delle sostanze della miscela in un determinato solvente.

  In una estrazione solido-liquido una miscela viene lavata con un opportuno solvente in modo da sciogliere solamente la sostanza che si vuole isolare. In una estrazione liquido-liquido la miscela viene disciolta in un solvente (per esempio acqua) e posta a contatto con un secondo solvente, immiscibile con il primo (per esempio etere, cloroformio), in cui il prodotto da isolare ha una buona solubilità.

Tecnica di separazione	Proprietà interessata
filtrazione	dimensione delle particelle
centrifugazione	densità
cromatografia	capacità di aderire alle superfici
distillazione	volatilità

1.1.2 | Sostanze pure

Una sostanza pura è una porzione di materia che ha **composizione uniforme e ben definita**.

Un campione di ossigeno è formato solamente da molecole di ossigeno (O_2), un campione di sale da cucina (NaCl) è formato dagli elementi sodio (Na) e cloro (Cl) presenti sempre nella stessa proporzione.

Una sostanza pura è formata da un solo tipo di unità fondamentale: un atomo (gas nobili), una molecola (sostanze covalenti) o la cella elementare di un reticolo cristallino tridimensionale (composti ionici).

In base alla possibilità di scindere o meno una sostanza in componenti più semplici si distinguono due tipi di sostanze:

- **composti:** possono essere scissi (con procedimenti chimici) in due o più sostanze più semplici, perché formati da atomi di tipo diverso (diversi elementi) legati tra loro a formare *reticoli cristallini tridimensionali*, come il cloruro di sodio (NaCl), o particelle chiamate *molecole*, come l'acqua (H_2O) o l'ammoniaca (NH_3);
- **sostanze elementari** (o **elementi**): non possono essere scomposte in sostanze più semplici, perché formate da atomi uguali. Esempi di elementi sono l'idrogeno (H_2), il ferro (Fe) e l'ossigeno (O_2).

  I termini "elemento" e "sostanza elementare" sono di solito utilizzati in modo indifferente; anche se nella maggior parte dei casi questa approssimazione è accettabile, è importante avere chiaro che un elemento è un insieme di atomi con identiche caratteristiche (numero atomico, peso atomico ecc.), mentre una sostanza elementare è una sostanza pura formata da atomi dello stesso elemento (per esempio O_2, H_2, C, S_8). Gli unici elementi presenti in natura come atomi singoli sono i gas nobili, quindi in tutti gli altri casi, quando si parla di un elemento, come l'ossigeno o il ferro, non ci si riferisce a un insieme di atomi singoli bensì a una sostanza formata da atomi dello stesso elemento legati tra loro attraverso i legami chimici. L'ossigeno, per esempio, allo stato elementare si trova come molecola biatomica, O_2, mentre gli atomi che formano un campione di ferro sono legati tra loro tramite legame metallico (si veda § 4.10).

Quanto appena visto ci aiuta a comprendere che:

- un **atomo** è la minima frazione di materia che conserva le caratteristiche chimiche ma non quelle fisiche (a eccezione dei gas nobili) dell'elemento, in quanto incapace di esistenza fisica indipendente;
- una **molecola** è la porzione più piccola di una sostanza pura che ne mantiene le proprietà chimiche e fisiche ed è capace di esistenza indipendente.

Le sostanze pure in natura non sono frequenti.
La materia è costituita per lo più da miscele.

Schema riassuntivo della composizione della materia

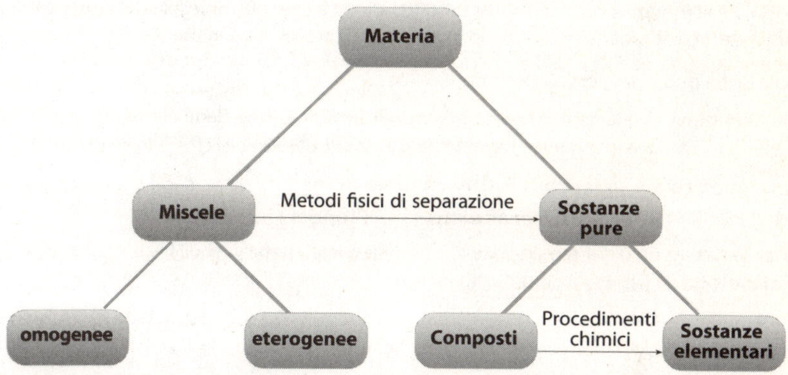

È corretto dire che l'atomo è la più piccola parte di un composto che ne mantiene le caratteristiche chimiche?

No: un composto è formato dalla combinazione di diversi elementi chimici e possiede proprietà differenti da quelle degli elementi che lo compongono. Così per esempio l'ammoniaca, NH_3, è formata da atomi di azoto (N) e di idrogeno (H), in rapporto 1 : 3, e possiede caratteristiche chimiche diverse da quelle dell'azoto e dell'idrogeno. Analogamente il cloruro di sodio, NaCl, è formato dagli elementi sodio (Na) e cloro (Cl) in rapporto 1 : 1 e ha caratteristiche diverse da quelle del sodio e del cloro. Possiamo dire che la più piccola parte di un composto che ne mantiene le caratteristiche chimiche

Indicare cosa sono, dal punto di vista chimico, i seguenti alimenti: latte, zucchero, acqua minerale, gelato, olio d'oliva e sale da cucina.

Il latte è una miscela eterogenea: un'emulsione formata da goccioline di grassi disperse in una soluzione acquosa contenente carboidrati, proteine, vitamine e sali minerali. Lo zucchero (saccarosio) è una sostanza pura. L'acqua minerale è una miscela omogenea di acqua e sali disciolti (una *soluzione*). Il gelato è una miscela eterogenea di acqua, zuccheri, proteine, gocce di grasso e bolle d'aria. L'olio d'oliva è una miscela omogenea di grassi. Il sale da cucina, cloruro di sodio, è una sostanza pura, di formula NaCl.

1.2 | Simboli e formule chimiche

Ogni elemento viene rappresentato con un **simbolo** formato da una o due lettere, corrispondente in genere alla parte iniziale del nome latino o inglese.

> Il rame, per esempio, è indicato con il simbolo Cu, dal latino *cuprum*; il potassio con K, dal latino *kalium*; l'oro con Au, dal latino *aurum*.

Ogni sostanza può essere rappresentata nel modo più semplice attraverso una **formula chimica**, formata dai simboli degli elementi costituenti, che ne indica la composizione qualitativa (quali elementi fanno parte della sostanza) e quantitativa (il rapporto di combinazione tra gli elementi).

Esistono diversi tipi di formule. La formula **bruta** (o **grezza)**, indica esclusivamente il tipo e il numero di atomi che compongono la molecola, senza mostrare come questi sono legati tra loro. La formula viene scritta ponendo uno dopo l'altro, generalmente in ordine crescente di elettronegatività (§ 3.2), i simboli degli elementi che formano il composto. Il rapporto quantitativo (stechiometrico) tra di essi si evidenzia associando a ogni simbolo un *indice* numerico che rappresenta il numero di atomi di un dato elemento contenuti in una molecola (o in una formula minima) del composto, con la convenzione che il numero 1 non si indica.

> H_2SO_4 è la formula bruta dell'acido solforico e indica che una molecola del composto è formata da 2 atomi di idrogeno (H), 1 atomo di zolfo (S) e 4 atomi di ossigeno (O).

La formula bruta può essere espressa come:

- formula **minima** → indica il rapporto minimo di combinazione degli elementi, quella del butano, per esempio, composto organico formato da 4 atomi di carbonio e 10 di idrogeno, è C_2H_5;
- formula **molecolare** → indica l'effettivo rapporto di combinazione degli elementi nella molecola; così per esempio quella del butano è C_4H_{10}.

È importante notare fin d'ora che, in base al tipo di legame chimico, si distinguono **composti ionici** e **composti molecolari** (si veda il Capitolo 4|).

I composti molecolari sono formati da *molecole*; i composti ionici sono formati da *ioni positivi e negativi* organizzati in modo tale da formare reticoli cristallini tridimensionali.

L'ammoniaca, per esempio, di formula NH_3, è un composto molecolare, quindi la più piccola unità che ne mantiene le caratteristiche chimiche è una *molecola* formata da un atomo di azoto e tre atomi di idrogeno.

Il cloruro di magnesio, invece, è un composto ionico, formato dagli ioni Mg^{2+} e Cl^-, in questo caso non si parla di molecole $MgCl_2$, bensì di *unità formula*.

> La formula di un composto molecolare è generalmente espressa come formula molecolare, quella di un composto ionico è sempre una formula minima.

> Il *butano* è un composto molecolare e per indicarlo si utilizza sempre la formula molecolare, C_4H_{10}, piuttosto che la formula minima C_2H_5.
> Il *cloruro di magnesio* è un composto ionico la cui formula bruta è $MgCl_2$. Questa formula è una formula minima e indica che nel composto gli atomi sono combinati secondo un rapporto di un atomo di Mg ogni 2 atomi di Cl.

La **formula di struttura** indica la disposizione spaziale degli atomi nella molecola, mostrando come gli atomi sono legati tra loro e con quale tipo di legame.

> La formula di struttura del butano è: 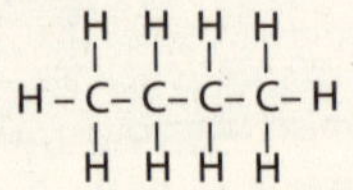

Stabilire quanti atomi di ciascun tipo sono presenti nelle formule: $KHCO_3$, $Ca(OH)_2$ e $(NH_4)_2SO_4$.

La formula $KHCO_3$ (idrogenocarbonato, o bicarbonato di potassio) contiene 1 atomo di potassio, 1 atomo di idrogeno, 1 atomo di carbonio e 3 atomi di ossigeno.

La formula $Ca(OH)_2$ rappresenta un composto (l'idrossido di calcio) formato da calcio (Ca), ossigeno (O) e idrogeno (H). La parentesi indica che il gruppo OH è presente due volte, quindi la formula comprende 1 atomo di Ca, 2 atomi di O e 2 atomi di H.

La formula $(NH_4)_2SO_4$ indica un composto (il solfato di ammonio) formato da azoto (N), idrogeno (H), zolfo (S) e ossigeno (O). Poiché il gruppo NH_4, posto fra parentesi, è presente due volte, possiamo dire che questa formula contiene 2 atomi di N, 8 atomi di H (= 4 x 2), 1 atomo di S e 4 atomi di O.

Stabilire quali sono le formule minime del benzene, con formula molecolare C_6H_6, del glucosio, $C_6H_{12}O_6$ e del saccarosio, che ha formula molecolare $C_{12}H_{22}O_{11}$.

La formula minima del benzene, composto di formula molecolare C_6H_6, è CH e indica che questo composto è formato da carbonio e ossigeno in rapporto 1 : 1.

La formula minima del glucosio è CH_2O.

La formula molecolare del saccarosio, $C_{12}H_{22}O_{11}$, non può essere semplificata dividendo i pedici per uno stesso numero, rappresenta quindi anche la formula minima.

1.3 | Reazioni chimiche

Una reazione chimica è la trasformazione di una o più sostanze chimiche, i *reagenti*, in una o più sostanze diverse, i *prodotti*.

Le reazioni chimiche saranno trattate in modo approfondito al capitolo 7; per ora è sufficiente chiarire alcuni concetti di base.

Le reazioni chimiche sono descritte dalle **equazioni chimiche**, in cui nella parte sinistra compaiono le formule dei **reagenti** e nella parte destra le formule dei **prodotti**, separate da una freccia.

Nelle reazioni chimiche la massa dei reagenti è uguale alla massa dei prodotti, quindi il numero di atomi di ogni elemento deve essere uguale nei reagenti e nei prodotti. Per ottenere questo l'equazione deve essere **bilanciata** utilizzando i **coefficienti stechiometrici** numeri che precedono le formule e indicano quante molecole (o unità formula) di una certa sostanza sono coinvolte nella reazione.

Data la reazione: $CaCl_2 + 2\ AgNO_3 \rightarrow Ca(NO_3)_2 + 2\ AgCl$

stabilire quanti atomi di ogni elemento vi partecipano.

È possibile calcolare il numero di atomi coinvolti tenendo conto dei pedici e dei coefficienti stechiometrici:

- calcio (Ca): 1 nei reagenti come $CaCl_2$, 1 nei prodotti come $Ca(NO_3)_2$
- cloro (Cl): 2 nei reagenti come $CaCl_2$, 2 nei prodotti come 2 AgCl
- argento (Ag): 2 nei reagenti come 2 $AgNO_3$ 2 nei prodotti come 2 AgCl
- azoto (N): 2 nei reagenti come 2 $AgNO_3$ 2 nei prodotti come $Ca(NO_3)_2$
- ossigeno (O): 6 nei reagenti come 2 $AgNO_3$ 6 nei prodotti come $Ca(NO_3)_2$

Alla reazione partecipano 2 atomi di cloro, 2 di argento, 2 di azoto, 6 di ossigeno e 1 di calcio.

Data la reazione: $SO_2 + O_2 \rightarrow SO_3$

indicare se è bilanciata oppure no.

La reazione proposta non è bilanciata, infatti nei reagenti compaiono 1 atomo di zolfo (S) e 4 di ossigeno, mentre nei prodotti sono presenti 1 atomo di zolfo e 3 di ossigeno.

Per bilanciare l'equazione è necessario utilizzare i coefficienti stechiometrici senza modificare le formule dei composti; l'equazione bilanciata ha quindi la forma seguente:

$$2\ SO_2 + O_2 \rightarrow 2\ SO_3$$

1.4 | Leggi delle combinazioni chimiche

Il concetto di atomo è molto antico: già Democrito nel 400 a.C. aveva proposto una teoria atomica che conteneva tutte le idee fondamentali esposte poi nella teoria atomica di Dalton, la prima dotata di valore scientifico perché impostata su un sistema di misure, spiegazioni e previsioni.

Le prove della reale esistenza degli atomi furono fornite (alla fine del XVIII secolo) dall'osservazione che la materia coinvolta nelle trasformazioni chimiche segue due leggi fondamentali: la legge di conservazione della massa e la legge delle proporzioni definite.

Legge di conservazione della massa (Lavoisier, 1783)

In una reazione chimica, la somma delle masse delle sostanze reagenti è uguale alla somma delle masse delle sostanze prodotte.

$$C + O_2 \rightarrow CO_2$$

$$12\ g + 32\ g \rightarrow 44\ g$$

12 grammi di carbonio (C) reagiscono con 32 grammi di ossigeno molecolare (O_2) per ottenere 44 grammi di anidride carbonica (CO_2).

Legge delle proporzioni definite (Proust, 1799)

In una sostanza pura, gli elementi che la costituiscono sono combinati secondo un rapporto in peso definito e costante.

L'anidride carbonica ha sempre una composizione costante (un atomo di carbonio e due atomi di ossigeno), pertanto il rapporto in peso tra carbonio e ossigeno deve essere anch'esso costante (ovvero 1: 2,67).

$$C + O_2 \rightarrow CO_2$$

$$24\ g + 64\ g \rightarrow 88\ g$$

24 grammi di carbonio (C) reagiscono con 64 grammi di ossigeno molecolare (O_2) per ottenere 88 grammi di anidride carbonica (CO_2)

Grazie alla legge delle proporzioni definite di Proust si stabilisce una differenza fondamentale tra **composti** e **miscugli**: nei composti gli elementi costituenti sono sempre presenti nelle stesse proporzioni, indipendentemente dalla tecnica preparativa e dalla loro origine; i miscugli, invece, hanno una composizione variabile che dipende proprio dalla preparazione e dall'origine delle sostanze costituenti.

Per spiegare il comportamento della materia esposto da queste leggi, Dalton elaborò la teoria atomica che porta il suo nome.

1.5 | Teoria atomica di Dalton

La teoria di Dalton (presentata nel 1802) si basa su tre postulati:

1. tutti gli elementi sono fatti di particelle piccolissime chiamate atomi:
   - gli atomi di un elemento sono uguali tra loro e hanno le stesse proprietà chimiche;
   - gli atomi di elementi diversi sono diversi e hanno proprietà diverse;
2. nelle reazioni chimiche gli atomi conservano la loro identità;
3. gli atomi di elementi diversi si combinano tra loro formando composti. In un dato composto, il numero relativo e il tipo di atomi di ogni elemento sono costanti.

Le leggi quantitative della chimica, dedotte da osservazioni di tipo macroscopico sul comportamento della materia, possono essere spiegate alla luce della teoria di Dalton:

- la legge della conservazione della massa si spiega in base al postulato 2: se gli atomi si conservano, anche la loro massa si conserva;
- la legge delle proporzioni definite si spiega facendo riferimento al postulato 3: se il rapporto tra gli atomi degli elementi presenti in un composto è fisso, lo è anche il loro rapporto in peso.

Legge delle proporzioni multiple (Dalton, 1803)

Conseguenza della teoria atomica di Dalton è la legge delle proporzioni multiple secondo la quale: quando due elementi si combinano tra loro per dare più di un composto, le quantità in peso di uno che si combinano con una quantità fissa dell'altro, stanno tra loro in rapporti semplici esprimibili mediante numeri interi piccoli. Questa legge è correlata al postulato 2 secondo cui gli atomi si combinano mantenendo la propria individualità.

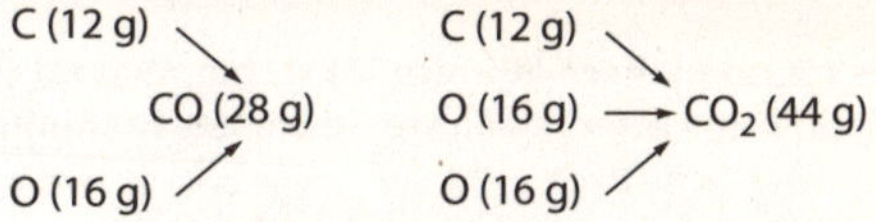

$$\frac{\text{Massa di O in } CO_2}{\text{Massa di O in } CO} = \frac{32\ g}{16\ g} = \frac{2}{1} = 2$$

La teoria di Dalton non era completamente corretta, per esempio l'idea che l'atomo fosse indivisibile si è rivelata sbagliata; tuttavia si dimostrò valida sperimentalmente perché i processi che permettono la "rottura" dell'atomo non si verificano durante le reazioni chimiche ma nelle reazioni nucleari.

Durante le reazioni chimiche infatti vengono condivisi, ceduti oppure acquistati elettroni, nel corso di scambi che non influenzano le relazioni di massa individuate da Dalton.

1.6 | Costituzione dell'atomo

L'atomo non è una particella compatta, piena e indivisibile, bensì risulta costituito da:

- un **nucleo** centrale formato da particelle cariche positivamente, dette **protoni**, e particelle neutre, dette **neutroni**. Protoni e neutroni sono detti **nucleoni**; nel nucleo risiede la quasi totalità della massa dell'atomo;
- particelle cariche negativamente, dette **elettroni**, in movimento intorno al nucleo in numero uguale a quello dei protoni: l'atomo isolato è elettricamente neutro.

Raggio atomico: 10^{-10} m = 1 Å

Raggio nucleare: 10^{-14} m = 10^{-4} Å

	Carica (coulomb)	Massa (chilogrammi)
Protone	$+1{,}6 \cdot 10^{-19}$ C	$1{,}67 \cdot 10^{-27}$ kg
Elettrone	$-1{,}6 \cdot 10^{-19}$ C	$9{,}11 \cdot 10^{-31}$ kg
Neutrone	0	$1{,}67 \cdot 10^{-27}$ kg

Il rapporto fra la massa di un nucleone e quella di un elettrone è pari a 1833.
Il rapporto fra il raggio atomico e il raggio nucleare è pari a 10.000.

Se il nucleo dell'atomo di idrogeno fosse una Fiat Cinquecento (con il raggio di circa 1 metro) parcheggiata in centro a Milano, l'elettrone sarebbe in orbita intorno a essa alla distanza di circa 10.000 metri cioè praticamente fuori città! Se la Cinquecento pesa circa una tonnellata, l'elettrone peserebbe circa 0,5 chilogrammi!

Ogni atomo è caratterizzato da:

- **Z, numero atomico**: numero di protoni contenuti nel nucleo (è generalmente indicato in basso a sinistra del simbolo dell'elemento);
- **A, numero di massa**: numero di neutroni e protoni contenuti nel nucleo cioè numero di nucleoni del nucleo (è generalmente indicato in alto a sinistra del simbolo dell'elemento).

L'atomo di ossigeno $^{16}_{8}O$ ha Z = 8 e A = 16.

Tutti gli atomi con lo stesso numero atomico (Z) si comportano chimicamente nello stesso modo e sono classificati come atomi dello stesso elemento chimico.

1.6.1 | Ioni

Un atomo (o una molecola) può cedere o acquistare uno o più elettroni (processo di ionizzazione), perdendo così la propria neutralità elettrica e trasformandosi in uno ione.

Un **catione** (ione positivo) è un atomo che ha perso uno o più elettroni esterni (per esempio H^+).

Un **anione** (ione negativo) è un atomo che ha acquistato uno o più elettroni esterni (per esempio Cl^-).[1]

Nei processi chimici sono coinvolti solo gli elettroni.
I protoni e i neutroni non partecipano.

1.6.2 | Isotopi

Gli isotopi sono atomi aventi lo **stesso numero atomico** (atomi dello stesso elemento), ma diverso numero di massa perché contenenti un **diverso numero di neutroni**.

Un determinato isotopo si rappresenta scrivendo in alto a sinistra il numero di massa e in basso a sinistra il numero atomico vicino al simbolo dell'elemento.

$^{18}_{8}O$ e $^{16}_{8}O$ sono due isotopi dell'ossigeno e vengono chiamati rispettivamente ossigeno-18 e ossigeno-16;

$^{12}_{6}C$, $^{13}_{6}C$ e $^{14}_{6}C$ sono tre isotopi del carbonio e sono chiamati rispettivamente carbonio-12, carbonio-13 e carbonio-14.

Gli isotopi di un elemento occupano lo stesso posto nella tavola periodica (si veda § 3.1) e hanno lo stesso nome.

L'unico elemento i cui isotopi hanno un nome proprio è l'idrogeno che ne ha tre:

$^{1}_{1}H$ o H	$^{2}_{1}H$ o D	$^{3}_{1}H$ o T
idrogeno o prozio	deuterio	trizio
1 protone; 0 neutroni	1 protone; 1 neutrone	1 protone; 2 neutroni

La maggior parte degli elementi naturali possiede due o più **isotopi stabili**.

Gli **isotopi instabili** sono **radioattivi** ed emettono radiazioni α, β e γ per stabilizzarsi.

Avendo lo stesso numero di protoni, e quindi di elettroni, gli isotopi di un dato elemento hanno le stesse proprietà chimiche.
Avendo diverso numero di massa, gli isotopi di un dato elemento hanno diversa massa atomica.

---

1. La definizione si riferisce agli ioni monoatomici; esistono però anche ioni poliatomici (per esempio NH_4^+ e OH^-), costituiti da aggregati di atomi dotati di carica positiva o negativa.

Si indica come **abbondanza isotopica** la percentuale in cui ciascun isotopo di un dato elemento è presente in natura.

elemento	isotopo	% in natura
carbonio	^{12}C	98,9%
	^{13}C	1,1%
	^{14}C	0,01%
idrogeno	^{1}H	99,985%
	^{2}H (D, deuterio)	0,015%
	^{3}H (o T, trizio)	tracce
ossigeno	^{16}O	99,8%
	^{17}O	0,04%
	^{18}O	0,2%

Nella tavola periodica, il peso atomico di un elemento è una media ponderata delle masse atomiche relative dei suoi isotopi, in particolare è la sommatoria del prodotto fra la massa atomica relativa di ciascun isotopo e la sua abbondanza isotopica.

Il peso atomico del carbonio, si ricava nel modo seguente:

$$PA_C = 12 \cdot 0{,}989 + 13 \cdot 0{,}011 + 14 \cdot 0{,}0001 = 11{,}868 + 0{,}143 + 0{,}0014 = 12{,}012$$

Completa la tabella indicando di quanti protoni, neutroni ed elettroni è formata ognuna delle specie chimiche proposte.

specie chimica	protoni	neutroni	elettroni
Al^{3+} (Z = 13; A = 27)	....	....	....
Cl^- (Z = 17; A = 35)	....	....	....
U-238 (Z = 92)	....	....	....
K-41 (Z = 19)	....	....	....

Per rispondere correttamente è necessario ricordare che Z indica il numero dei protoni, mentre con la sottrazione A – Z si ricava il numero di neutroni. Se l'atomo considerato è neutro, il numero di elettroni è uguale a quello dei protoni (Z), mentre la presenza di una o più cariche positive (+) o negative (–), indica che l'atomo ha, rispettivamente, perso oppure acquistato, uno o più elettroni.

Al^{3+} è lo ione alluminio, che si forma quando questo elemento cede 3 elettroni. Al^{3+} è formato da 13 protoni (Z = 13), 14 neutroni (A – Z = 27 – 13 = 14) e 10 elettroni: le tre cariche positive indicano infatti che sono presenti 3 elettroni in meno rispetto ai protoni.

Lo ione cloruro, Cl^-, è formato da 17 protoni (Z = 17), 18 neutroni (A – Z = 35 – 17 = 18) e 18 elettroni, la carica negativa indica infatti che possiede un elettrone in eccesso rispetto ai protoni.

L'uranio-238, indicato anche come ^{238}U, è il più comune isotopo dell'uranio. Il numero 238 indica il numero di massa (A), quindi si calcola che è formato da 92 protoni (Z = 92), 146 neutroni (238 – 92 = 146) e 92 elettroni.

Il potassio-41, indicato anche come ^{41}K, è uno degli isotopi del potassio presenti in natura. Se 41 è il numero di massa (A), sarà formato da 19 protoni (Z = 19), 22 neutroni (41 – 19 = 22) e 19 elettroni.

1.7 | Massa atomica e massa molecolare

Si definisce **unità di massa atomica** (indicata con u.m.a. o, semplicemente, u) la quantità di materia pari a 1/12 della massa di un atomo dell'isotopo 12 del carbonio ($^{12}_{6}C$), a cui è stata attribuita per convenzione una massa pari a 12.

$$1 \text{ u.m.a.} = 1{,}67 \cdot 10^{-27} \text{ Kg} = 1{,}67 \cdot 10^{-24} \text{ g}$$

L a **massa atomica relativa** di un elemento (detta anche, semplicemente, massa atomica) è pari al rapporto fra la massa assoluta dell'atomo e l'unità di massa atomica. Questa grandezza, nei quesiti, si trova spesso, anche se impropriamente, indicata come peso atomico, notazione che useremo anche in questo testo. La massa atomica si può trovare abbreviata in modi diversi, fra cui MA, PA e m_r.

I valori di massa atomica di ciascun elemento sono riportati sulla tavola periodica degli elementi (si veda pagina 360). Questi valori sono il risultato della media della massa dei diversi isotopi di un elemento, tenuto conto dell'abbondanza relativa di ogni isotopo in natura.

Il cloro ha due isotopi con masse atomiche relative di 35 u e 37 u. Un campione di CH_2Cl_2 ha una massa molecolare relativa di 86 u. Quale/i tra questi di seguito potrebbe/ro essere il campione?

1. **Una miscela 50% di $CH_2(^{35}Cl)_2$ e 50% di $CH_2(^{37}Cl)_2$**
2. **100% di $CH_2{}^{35}Cl^{37}Cl$**
3. **Una miscela 25% di $CH_2(^{35}Cl)_2$ e 75% di $CH_2{}^{35}Cl^{37}Cl$**

[Massa atomica relativa: H = 1 u, C = 12 u]

A Solo 1
B Solo 2
C Solo 3
D Solo 1 e 2
E Solo 1 e 3

Si inizia verificando l'affermazione 2. La massa molecolare relativa delle molecole contenute in una miscela costituita al 100% da $CH_2{}^{35}Cl^{37}Cl$ è:

$$PM = PA_C + 2 \cdot PA_H + PA_{^{35}Cl} + PA_{^{37}Cl} = 12u + 2u + 35u + 37u = 86u$$

per cui si possono escludere subito le risposte A, C ed E e si passa a verificare l'affermazione 1. La massa molecolare relativa delle molecole contenute in una miscela costituita da 50% di $CH_2(^{35}Cl)_2$ e 50% di $CH_2(^{37}Cl)_2$ è pari alla media ponderale delle masse molari dei due composti:

$$\overline{PM} = PM_{CH_2(^{35}Cl)_2} \cdot \frac{50}{100} + PM_{CH_2(^{37}Cl)_2} \cdot \frac{50}{100} =$$

$$= (12u + 2u + 2 \cdot 35u) \cdot \frac{1}{2} + (12u + 2u + 2 \cdot 37u) \cdot \frac{1}{2} = 86u$$

Anche l'affermazione 1 è corretta, quindi si può escludere la B: la risposta corretta è la D.

La **massa molecolare relativa** è uguale alla somma delle masse atomiche degli atomi che costituiscono la molecola, ognuna moltiplicata per il rispettivo indice. Si trova spesso, seppur impropriamente, indicata come peso molecolare. In forma abbreviata si trova M, MM o PM.

$$PM_{H_2O} = PA_O + 2 \cdot PA_H = 15{,}99994 + 2 \cdot 1{,}008 = 18{,}015 \approx 18$$

Se si considerano composti ionici, che non sono costituiti da molecole distinte (§ 4.9), si utilizza il **peso formula** (**PF**), corrispondente alla somma dei pesi atomici degli atomi che compaiono nella formula minima, ognuno moltiplicato per il rispettivo indice. Generalmente però, anche se sarebbe corretto utilizzare il peso formula, il termine *massa molecolare* o *peso molecolare* viene utilizzato per tutte le sostanze chimiche.

$$PM_{MgCl_2} = (PA_{Mg} + 2 \cdot PA_{Cl}) = 24{,}305 + 2 \cdot 35{,}453 = 95{,}211 \approx 95$$

Calcola il peso molecolare di H_2SO_4 (acido solforico), CO_2 (anidride carbonica), C_3H_8 (propano) e $(NH_4)_2SO_4$ (solfato di ammonio), sapendo che $PA_H = 1{,}008$, $PA_{Cl} = 35{,}45$, $PA_C = 12{,}01$, $PA_O = 16{,}00$, $PA_S = 32{,}06$ e $PA_N = 14{,}01$.

I pesi atomici di idrogeno, zolfo e ossigeno sono, rispettivamente, 1,008, 32,06 e 16,00; per calcolare il peso molecolare di H_2SO_4 è necessario moltiplicare i pesi atomici degli elementi per gli indici numerici con cui compaiono nella formula e sommare i risultati, nel modo seguente:

$$PM_{H_2SO_4} = 2 \cdot PA_H + PA_S + 4 \cdot PA_O = 2 \cdot 1{,}008 + 32{,}06 + 4 \cdot 16{,}00 = 98{,}08$$

Poiché i pesi atomici di carbonio e ossigeno sono, rispettivamente, 12,01 e 16,00, il peso molecolare dell'anidride carbonica (CO_2) sarà:

$$PM_{CO_2} = PA_C + 2 \cdot PA_O = 12{,}01 + 2 \cdot 16{,}00 = 44{,}01$$

Poiché il peso atomico del carbonio è 12,01 e quello dell'idrogeno è 1,008, il peso molecolare del propano, C_3H_8, sarà:

$$PM_{C_3H_8} = 3 \cdot PA_C + 8 \cdot PA_H = 3 \cdot 12{,}01 + 8 \cdot 1{,}008 = 44{,}09$$

Dato che il peso atomico dell'azoto è 14,01, quello dell'idrogeno è 1,008, quello dello zolfo è 32,06, e quello dell'ossigeno è 16,00, il peso molecolare del solfato di ammonio, $(NH_4)_2SO_4$, si calcola nel modo seguente:

$$PM_{(NH_4)_2SO_4} = 2 \cdot PA_N + 2 \cdot 4 \cdot PA_H + PA_S + 4 \cdot PA_O =$$

$$2 \cdot 14{,}01 + 8 \cdot 1{,}008 + 32{,}06 + 4 \cdot 16{,}00 = 132{,}1$$

Il peso molecolare dell'acido solforico è 98,0, il peso molecolare dell'anidride carbonica è 44,01, quello del propano è 44,09 e quello del solfato di ammonio è 132,1.

1.8 | Il concetto di mole

La mole è la quantità di materia che contiene un numero di entità elementari pari al numero di atomi presenti in 12 grammi di carbonio-12.
Una mole di qualsiasi sostanza contiene **$6{,}02 \cdot 10^{23}$** unità elementari di quella sostanza; il numero $6{,}02 \cdot 10^{23}$ è detto **numero di Avogadro**.

Nel caso particolare di una mole di atomi, il peso di questa quantità corrisponde alla massa atomica (o peso, PA) espresso in grammi. Utilizzando la massa molecolare in senso generico, per tutti i tipi di composti, possiamo dire che la massa di una mole di una sostanza, indicata come **massa molare** (o **peso molare**), corrisponde numericamente alla massa molecolare, può essere indicato con la stessa simbologia (MM o PM) ed espresso in g/mol.

- Una mole di $^{12}_{6}C$ (PA = 12) pesa 12 g e contiene $6{,}02 \cdot 10^{23}$ atomi di carbonio.
- Una mole di acqua (H_2O, PM = 18) pesa 18 g e contiene $6{,}02 \cdot 10^{23}$ molecole di acqua.
- Una mole di cloruro di magnesio ($MgCl_2$, PF = 95) pesa 95 g e contiene $6{,}02 \cdot 10^{23}$ formule minime di cloruro di magnesio.

Alla luce della definizione di mole, si può dire anche che C ha PA = 12 g/mol; H_2O ha PM = 18 g/mol; $MgCl_2$ ha PF = 95 g/mol.

Il termine mole oggi viene utilizzato per qualsiasi tipo di unità elementare: atomo, molecola, ione o formula minima. In alcuni casi si possono trovare formule ormai in disuso, per esempio grammoatomo per indicare una mole di atomi.

Calcolo del numero di moli

Mediante una semplice formula è possibile calcolare a quante moli corrisponde una data massa di sostanza (in grammi) e viceversa. Il numero di moli (*n*) si calcola dividendo la massa data (*m*) per la massa di una mole della sostanza considerata, indicata genericamente come peso molare, PM, ed espressa in g/mol.

La formula da applicare è quindi:

$$n = \frac{m\ (\text{g})}{\text{PM(g/mol)}}$$

Viceversa, la massa *m* di un certo numero di moli *n* di una sostanza si ricava dalla formula:

$$m = n \cdot \text{PM}$$

Il numero di moli corrispondenti a 90 g di acqua, il cui peso molare è 18 g/mol $(\text{PM}_{H_2O} \approx 18)$, è pari a:

$$n = \frac{90\ \text{g}}{18\ \text{g/mol}} = 5\ \text{moli}$$

Sapendo che $PA_{Na} = 22{,}99$, $PA_H = 1{,}008$ e $PA_O = 16{,}00$, calcolare a quanti grammi corrispondono 2,5 moli di NaOH (idrossido di sodio).

Calcoliamo innanzitutto il peso molecolare di NaOH:

$$PM_{NaOH} = PA_{Na} + PA_H + PA_O = 22{,}99 + 1{,}008 + 16{,}00 = 40{,}0$$

Una mole di idrossido di sodio pesa 40 g; per calcolare quanto pesano 2,5 moli è sufficiente utilizzare la formula:

$$m = n \cdot \text{PM}$$

Dato che $n = 2{,}5$ mol e PM = 40 g/mol avremo:

$$m = 2{,}5\ \text{mol} \cdot 40\ \text{g/mol} = 100\ \text{g}$$

2,5 moli di NaOH corrispondono quindi a 100 g di questo composto.

Se $PA_C = 12$, considerando che il diamante è carbonio allo stato puro e che 1 carato equivale a 0,20 g; a quante moli di C corrisponde un carato?

Dato che $PA_C = 12{,}01$, il peso di una mole di diamante è pari a 12,01 g; considerando che 1 carato corrisponde a 0,20 g, è possibile calcolare a quante moli corrisponde 1 carato utilizzando la formula:

$$n = \frac{m\ (\text{g})}{\text{PM(g/mol)}}$$

Poiché $m = 0{,}20$ g e PM = 12,01 g/mol avremo:

$$n = \frac{0{,}20\text{g}}{12{,}01\text{g/mol}} = 0{,}017\text{mol}$$

Un diamante di un carato corrisponde quindi a 0,017 moli di carbonio.

Indicare quanti atomi di ferro sono contenuti in una mole di ferro, in una mole di pirite, FeS_2, e in una mole di ossido ferrico, Fe_2O_3.

Una mole di ferro (sostanza elementare) contiene $6{,}02 \cdot 10^{23}$ atomi di ferro.
Una mole di pirite, composto di formula FeS_2, contiene una mole di ferro e due di zolfo; quindi $6{,}02 \cdot 10^{23}$ atomi di ferro.
Una mole di ossido ferrico, Fe_2O_3, contiene invece 2 moli di ferro e 3 di ossigeno; $1{,}204 \cdot 10^{24}$ atomi di ferro.

1.8.1 | Legge di Avogadro

La legge di Avogadro stabilisce che a parità di condizioni di pressione e temperatura, volumi uguali di gas diversi contengono un ugual numero di molecole (e quindi anche un ugual numero di moli).

In condizioni di temperatura = **0 °C** e pressione = **1 atm,**[1] **una mole di qualsiasi gas** occupa un volume di **22,4 litri.**

1. Le condizioni di temperatura = 0 °C e pressione = 1 atm sono indicate generalmente come condizioni *standard*; in alcuni casi però queste stesse condizioni sono indicate come *normali*, e questo genera una notevole confusione.

1.8.2 | Calcolo della composizione percentuale di un composto

Nota la formula molecolare di un composto è possibile calcolarne la composizione percentuale, ovvero la percentuale in peso di ogni elemento X presente nel composto.

Per fare questo occorre applicare la formula seguente:

$$\%\ \text{elemento X} = \frac{\text{massa di X in una mole di composto}}{\text{massa molare del composto}} \cdot 100$$

Considerando $PA_N = 14$ e $PA_O = 16$, calcolare la composizione percentuale dell'anidride nitrosa, N_2O_3.

La percentuale in peso di un elemento in un composto si calcola dividendo il peso atomico dell'elemento per il peso molecolare del composto.
Dato che $PA_N = 14$ e $PA_O = 16$, il peso molecolare di N_2O_3 risulta:

$$PM_{N_2O_3} = 2 \cdot 14 + 3 \cdot 16 = 28 + 48 = 76$$

Possiamo dire quindi che una mole di N_2O_3, pari a 76 g, contiene due moli di atomi di azoto, pari a 28 g e tre moli di atomi di ossigeno, pari a 48 g.
La percentuale dell'azoto nel composto è dunque pari a:

$$\%N = \frac{28 \cdot 100}{76} = 36{,}8\%$$

La percentuale dell'ossigeno nel composto è invece pari a:

$$\%O = \frac{48 \cdot 100}{76} = 63{,}2\%$$

Nel composto N_2O_3, N rappresenta il 63,2% e O il 36,8%.

1.9 | Cenni di chimica nucleare

La chimica nucleare riguarda le reazioni nucleari, cioè quelle che coinvolgono il nucleo degli atomi.

- In una reazione chimica sono coinvolti solo gli elettroni di valenza (§ 4.1); reagenti e prodotti contengono gli stessi elementi.
- In una reazione nucleare sono coinvolti i nuclei dei reagenti; i prodotti sono costituiti da elementi diversi da quelli di partenza, quindi varia la massa.
  Viene consumata o prodotta una grande quantità di energia.

Nel corso di una reazione di decadimento radioattivo, il nucleo di un isotopo instabile si trasforma in un nucleo stabile emettendo allo stesso tempo particelle α, o β, oppure radiazioni γ.

Nel corso di una reazione nucleare indotta, un nuclide stabile, bombardato con protoni, neutroni, elettroni o positroni si trasforma in altro nuclide, stabile o instabile. Per esempio:

$$^{238}_{92}U \rightarrow \, ^{206}_{82}Pb + 8\,^{4}_{2}\alpha + 6\,^{0}_{-1}\beta$$

Una reazione nucleare è bilanciata quando:

$$\Sigma\,(Z)\text{reagenti} = \Sigma\,(Z)\text{prodotti} \quad e \quad \Sigma\,(A)\text{reagenti} = \Sigma\,(A)\text{prodotti}$$

La massa di un nuclide è sempre di poco inferiore alla somma delle masse dei vari costituenti (elettroni e nucleoni). L'energia prodotta è data da:

$$E = 931{,}5\ (\text{MeV u.m.a.}^{-1}) \cdot \Delta m\ (\text{u.m.a.})$$

Nella tabella seguente sono riepilogate le caratteristiche delle particelle coinvolte nelle reazioni nucleari.

nome	**simbolo**	**massa (uma)**	**carica**	**ΔA a seguito di emissione**	**ΔZ a seguito di emissione**	**nuclide prodotto**
protone	$^{1}_{1}p$	1,0073	+1	–1	–1	isotopo dell'elemento precedente nella tavola periodica
neutrone	$^{0}_{1}n$	1,0087	0	–1	0	isotopo dello stesso elemento
elettrone	$^{0}_{-1}\beta$	0,00055	–1	0	+1 (neutrone → protone)	isotopo dell'elemento successivo nella tavola periodica
positrone (elettrone positivo)	$^{0}_{+1}\beta$	0,00055	+1	0	–1 (protone → neutrone)	isotopo dell'elemento precedente nella tavola periodica
particella α (elione)	$^{4}_{2}\alpha$ $^{4}_{2}He$	4,0015	+2	–4	–2	isotopo dell'elemento che precede di 2 caselle nella tavola periodica

Test di verifica

1 **La distillazione è un metodo per separare due o più liquidi che si basa su:**
- A il differente peso specifico
- B il differente punto di ebollizione
- C la differente densità
- D la differente energia cinetica
- E la differente massa

2 **Quale tra le seguenti sostanze NON è un composto?**
- A Metano
- B Calcite
- C Calce viva
- D Silice
- E Diamante

3 **Indica quale delle seguenti sostanze ha il peso molecolare minore:**
- A ossigeno
- B acqua
- C azoto
- D monossido di carbonio
- E anidride carbonica

4 **Quanto pesa una mole di boro (numero di massa 11, numero atomico 5)?**
- A Una quantità in g pari al numero di Avogadro
- B 5 g
- C 11 kg
- D 11 g
- E 16 g

5 **Il peso molecolare del saccarosio $C_{12}H_{22}O_{11}$ è 342 u.m.a.; ciò implica che in 34,2 g di questa sostanza le molecole sono circa:**
- A 342
- B sessantamila miliardi di miliardi
- C 3420
- D seicentomila miliardi di miliardi
- E 34,2 miliardi

6 **La differenza fra gli isotopi 127 e 131 dello iodio consiste nel fatto che:**
- A il primo possiede due protoni e due neutroni in meno
- B il primo possiede quattro protoni in meno
- C il primo possiede quattro neutroni in meno
- D il primo possiede quattro elettroni in meno
- E il secondo possiede quattro protoni in più

7 **Un elemento è costituito da atomi:**

A tutti diversi tra loro
B aventi tutti lo stesso numero di protoni
C aventi uguale numero di massa
D aventi lo stesso numero di nucleoni
E aventi lo stesso numero di neutroni

8 **Il numero di massa di un atomo è 18, il numero atomico è 8; i neutroni contenuti nel nucleo sono:**

A 10
B 8
C 18
D 26
E 16

9 **Quanti grammi pesano 11,2 litri di CH_4 in condizioni standard?**

A 11
B 10
C 16
D 8
E 4

10 **Il rapporto fra una mole e una micromole è:**

A 1:1
B 10:1
C 1:1000
D 1:1.000.000
E 1.000.000:1

11 **Quanti elettroni, protoni e neutroni ha, nell'ordine, lo ione H^-?**

A	2	1	0
B	0	1	1
C	2	1	1
D	1	1	0
E	1	1	2

12 **Tra le seguenti affermazioni riguardanti il numero atomico (Z) del ^{12}C, individuare quella FALSA.**

A È numericamente uguale al numero dei neutroni del ^{12}C
B È numericamente uguale al numero degli elettroni del ^{12}C
C È uguale alla metà del suo numero di massa (A)
D È uguale al numero atomico del ^{14}C
E È dato dalla media ponderata delle masse di tutti gli isotopi del C

13 **Quanti grammi pesano 2 moli di acqua?**

A 2 B 8 C 18 D 24 E 36

14 **In una mole di ossigeno molecolare sono contenuti:**

A $6{,}022 \cdot 10^{23}$ atomi di ossigeno

B $6{,}022 \cdot 10^{-23}$ molecole di ossigeno

C $12{,}044 \cdot 10^{23}$ moli di ossigeno molecolare

D $12{,}044 \cdot 10^{23}$ atomi di ossigeno

E $6{,}022 \cdot 10^{46}$ atomi di ossigeno

15 **Una mole di un gas alla temperatura di 0 °C e alla pressione di 1 atm occupa un volume di 22,414 litri. Calcolare quante moli di gas occupano 1,12 litri.**

A 0,1

B 0,001

C 0,5

D 0,05

E 1,0

16 **Uno ione Mg^{2+} differisce da un atomo di Mg in quanto lo ione Mg^{2+} ha:**

A un protone in più

B un elettrone in meno

C due protoni in più

D due elettroni in più

E due elettroni in meno

17 **La simbologia 5 N_2, rappresenta:**

A 5 molecole di azoto

B $5 \cdot 6{,}02 \cdot 10^{23}$ atomi di azoto

C 5 atomi di azoto

D $6{,}02 \cdot 10^{23}$ molecole di azoto

E 10 atomi di azoto

18 **Qual è il numero di massa di uno ione formato da 16 protoni, 14 elettroni e 18 neutroni?**

A 32

B 30

C 34

D 16

E 18

19 **Qual è la massa corrispondente a 0,051 moli di un composto la cui massa molare è pari a 181,1 g/mol?**

A 0,051 g

B 92,4 g

C 18,11 g

D 4,618 g

E 9,236 g

20 **Indicare cosa hanno in comune l'isotopo ^{58}Fe e l'isotopo ^{59}Co.**

A Il numero di elettroni
B Il numero di massa
C Il numero di neutroni
D Il numero di protoni
E Il peso atomico

21 **Approssimando i pesi atomici e considerando per l'idrogeno PA = 1, per l'ossigeno PA = 16, per lo zolfo PA = 32, per il cloro PA = 35,5, per il carbonio PA = 12 e per il sodio PA = 23, indicare in quale delle seguenti quantità di composti è contenuto il maggior numero di molecole:**

A 100 g di acido solforico
B 100 g di etanolo
C 100 g di acido cloridrico
D 100 g di idrossido di sodio
E 100 g d'acqua

Soluzioni e commenti

1 La distillazione è una tecnica che permette di separare i componenti di una miscela di liquidi sfruttandone la diversa temperatura di ebollizione; risposta B.

2 Il metano, di formula CH_4, è un composto formato da carbonio (C) e idrogeno (H); la calcite è un minerale di formula $CaCO_3$ (carbonato di calcio); la calce viva è ossido di calcio, di formula CaO; la silice è biossido di silicio, di formula SiO_2. Tutte le sostanze appena viste sono composti, mentre il diamante è una delle forme in cui si presenta il carbonio, quindi è formato solamente di atomi di carbonio legati fra loro. La risposta corretta è la E.

3 Il peso molecolare (PM) è dato dalla somma dei pesi atomici (PA) degli elementi che formano un composto. L'ossigeno è presente in natura come molecola biatomica O_2, quindi:

$$PM_{O_2} = PA_O \cdot 2 = 16 \cdot 2 = 32$$

L'acqua ha formula H_2O, quindi: $PM_{H_2O} = PA_O + PA_H \cdot 2 = 16 + 2 = 18$.

L'azoto è presente in natura come molecola biatomica N_2, quindi:

$$PM_{N_2} = PA_N \cdot 2 = 14 \cdot 2 = 28$$

Il monossido di carbonio ha formula CO, quindi: $PM_{CO} = PA_C + PA_O = 12 + 16 = 28$.

L'anidride carbonica ha formula CO_2, quindi:

$$PM_{CO_2} = PA_C + PA_O \cdot 2 = 12 + 16 \cdot 2 = 44$$

Il composto con peso molecolare minore, fra quelli proposti, è l'acqua; risposta B.

4 Il boro (B) ha Z = 5 e A = 11, il suo peso atomico è quindi 11 u.m.a. e una mole di boro pesa 11 g; risposta **D**.

5 Poiché il peso di una molecola del saccarosio è 342 u.m.a., una mole di saccarosio pesa 342 g, quindi la quantità di 34,2 g, proposta dal quesito, corrisponde a 0,1 moli. Dato che una mole di una sostanza molecolare corrisponde a $6{,}02 \cdot 10^{23}$ di molecole, 34,2 g di saccarosio contengono $6{,}02 \cdot 10^{22}$ molecole, corrispondenti a circa sessantamila miliardi di miliardi; risposta **B**.

6 Due isotopi sono atomi dello stesso elemento (quindi con lo stesso numero di protoni) caratterizzati da diverso numero di massa, dunque da un diverso numero di neutroni. Lo iodio-127 possiede quattro neutroni in meno dello iodio-131; risposta **C**.

7 Un elemento è costituito da atomi tutti dello stesso tipo, cioè aventi tutti lo stesso numero di protoni (quindi lo stesso numero atomico); risposta **B**.

8 Il numero atomico indica quanti protoni sono presenti in un atomo, in questo caso 8; il numero di massa rappresenta invece la somma di protoni e neutroni, in questo caso 18. Il numero di neutroni presenti è quindi pari alla differenza fra il numero di massa e il numero atomico, in questo caso 18 – 8 = 10. Sono presenti 10 neutroni, pertanto la risposta corretta è la **A**.

9 In condizioni standard, cioè alla temperatura di 0 °C e alla pressione di 1 atm, una mole di qualsiasi gas occupa un volume di 22,4 litri; 11,2 litri quindi corrispondono a 0,5 moli di metano (CH_4). Poiché il peso molecolare del metano è pari a:

$$PM_{CH_4} = PM_C + 4 \cdot PM_H = 12 + (4 \cdot 1) = 16$$

una mole di metano pesa 16 g e 0,5 moli pesano 8 g. La risposta esatta è quindi la **D**.

10 Il prefisso *micro-*, anteposto a un'unità di misura, indica un sottomultiplo di questa unità secondo il fattore moltiplicativo 10^{-6}. Una micromole quindi corrisponde a 10^{-6} moli, e il rapporto fra una mole e una micromole è $1 : 10^{-6}$, cioè 10^6; risposta **E**.

11 L'idrogeno neutro è costituito semplicemente da un protone attorno cui ruota un elettrone; lo ione idruro, H^-, possiede una carica negativa dovuta alla presenza di un elettrone in più, sarà formato quindi da 2 elettroni, 1 protone e 0 neutroni; risposta **A**.

12 Per rispondere al quesito è necessario individuare l'affermazione falsa. Il nuclide ^{12}C, ha Z = 6 e A = 12, quindi allo stato neutro è formato da un nucleo contenente 6 neutroni e 6 protoni, e da 6 elettroni disposti negli orbitali intorno al nucleo. È vero che, considerando l'isotopo ^{12}C, il numero atomico (Z = 6) è numericamente uguale al numero dei neutroni e a quello degli elettroni, le alternative **A** e **B** posso quindi essere escluse. Analogamente l'affermazione **C**, corretta, può essere scartata. È vero anche che il numero atomico di ^{12}C è uguale a quello di ^{14}C; mentre l'affermazione falsa è la **E**: il numero atomico di un elemento è una caratteristica intrinseca dell'elemento; la media ponderata delle masse degli isotopi ci fornisce invece il peso atomico dell'elemento.

13 Approssimando a 1 il peso atomico di H e a 16 il peso atomico di O, possiamo dire che $PM_{H_2O} = 18$. Una mole di H_2O pesa 18 g, quindi 2 moli pesano 36 g; risposta **E**.

14 Una mole di ossigeno molecolare (O_2) contiene $6{,}023 \cdot 10^{23}$ molecole di O_2 e quindi un numero doppio di atomi di ossigeno, cioè $12{,}046 \cdot 10^{23}$, che possiamo anche indicare come $1{,}205 \cdot 10^{24}$; risposta **D**.

15 Se una mole di gas alla temperatura di 0 °C e alla pressione di 1 atm occupa 22,414 litri, il numero di moli che occupano 1,12 litri si ricava dalla proporzione seguente:

$$1 \text{ mol} : 22{,}414 \text{ l} = x \text{ mol} : 1{,}12 \text{ l}$$

da cui:

$$x = \frac{1 \text{ mol} \cdot 1,12 \text{ l}}{22,414 \text{ l}} = 0,05 \text{ mol}$$

Il volume di 1,12 litri è occupato da 0,05 moli; risposta **D**.

16 Uno ione Mg^{2+} ha due cariche positive perché ha ceduto due elettroni, quindi ha due elettroni in meno dell'atomo di magnesio neutro; risposta corretta: **E**.

17 La simbologia N_2 indica l'azoto molecolare, cioè la sostanza azoto, formata da molecole ognuna delle quali è costituita di due atomi di azoto legati. La simbologia 5 N_2 può indicare 5 molecole di azoto oppure 5 moli di azoto, quantità che corrisponde a $5 \cdot 2 \cdot 6{,}02 \cdot 10^{23}$ atomi di azoto. la risposta corretta è quindi la **A**.

18 Il numero di massa di un atomo, o di uno ione, è dato dalla somma dei protoni e dei neutroni. Uno ione formato da 16 protoni, 14 elettroni e 18 neutroni avrà quindi numero di massa pari a 34; risposta **C**.

19 La massa (m) di un composto si calcola moltiplicando il numero di moli (n) per la massa di una mole (PM):

$$m = \text{PM} \cdot n = 181{,}1 \text{ g/mol} \cdot 0{,}051 \text{ mol} = 9{,}236 \text{ g}$$

0,051 moli di un composto la cui massa molare è 181,1 g/mol hanno una massa pari a 9,236 g; risposta **E**.

20 Il numero indicato in alto a sinistra del simbolo dell'elemento è il numero di massa e indica la somma dei protoni e dei neutroni presenti nel nucleo di un certo isotopo. Fe (ferro) e Co (cobalto) sono due elementi diversi quindi non hanno lo stesso numero di protoni, né lo stesso numero di elettroni; possiamo quindi escludere le risposte **D** e **A**. Il numero di massa non è lo stesso, e neppure il peso atomico, che dipende essenzialmente dal numero di massa; anche la **B** e la **E** sono errate; si deduce che la risposta corretta è la **C**.

21 A parità di peso (100 g), contiene un maggior numero di molecole il campione del composto che ha il peso molecolare minore.
Per l'acido solforico, di formula H_2SO_4

$$PM_{H_2SO_4} = 2 \cdot PM_H + PM_S + 4 \cdot PM_O = 2 \cdot 1 + 32 + 4 \cdot 16 = 98$$

per l'etanolo, di formula C_2H_6O:

$$PM_{C_2H_6O} = 2 \cdot PM_C + 6 \cdot PM_H + PM_O = 2 \cdot 12 + 6 \cdot 1 + 16 = 46$$

per l'acido cloridrico, di formula HCl:

$$PM_{HCl} = PM_H + PM_{Cl} = 1 + 35,5 = 36,5$$

per l'idrossido di sodio, di formula NaOH:

$$PM_{NaOH} = PM_{Na} + PM_O + PM_H = 23 + 16 + 1 = 40$$

per l'acqua, di formula H_2O:

$$PM_{H_2O} = 2 \cdot PM_H + PM_O = 2 \cdot 1 + 16 = 18$$

L'acqua è la sostanza con il peso molecolare minore quindi nel campione di acqua sarà contenuto un numero di molecole maggiore rispetto agli altri campioni; risposta esatta: **E**.

Test di approfondimento

1 **Supponendo che l'abbondanza relativa dei diversi isotopi del cloro sia: 75% cloro-35 (34,96 u.m.a.) e 25% cloro-37 (36,96 u.m.a.), la massa del cloro risulterebbe:**

A 34,96 u.m.a.

B 39,96 u.m.a.

C 35,96 u.m.a.

D 35,46 u.m.a.

E 71,92 u.m.a.

2 **A quante moli corrispondono 4,0 ml di un composto avente massa molecolare pari a 50 u.m.a. e densità 1,25 g/ml?**

A 0,1

B 0,01

C 0,2

D 0,5

E 0,003

3 **Quale delle seguenti affermazioni, a proposito dell'emissione di particelle beta meno, NON è CORRETTA?**

A In seguito all'emissione di una particella beta meno, la massa del nucleo diminuisce di una unità

B In seguito all'emissione di una particella beta meno, la massa del nucleo resta praticamente costante

C La particella beta meno viene emessa dal nucleo

D La particella beta meno ha massa trascurabile e carica unitaria negativa

E In seguito all'emissione di una particella beta meno, la carica positiva del nucleo aumenta di una unità

4 **L'isotopo radioattivo del carbonio usato per la datazione archeologica è costituito da:**

A 6 protoni, 7 neutroni, 6 elettroni

B 7 protoni, 7 neutroni, 7 elettroni

C 6 protoni, 8 neutroni, 6 elettroni

D 7 protoni, 6 neutroni, 7 elettroni

E 8 protoni, 6 neutroni, 6 elettroni

5 **Che cosa misura lo spettrometro di massa?**

A Il peso delle specie ioniche

B Il rapporto massa/carica delle specie ioniche

C Il volume delle specie ioniche

D La lunghezza d'onda di assorbimento delle specie ioniche

E La carica elettrica delle specie ioniche

6 **Un composto ha la seguente composizione percentuale in massa:**

40,2% K 26,9% Cr 32,9% O

Qual è la formula empirica di tale composto?

[Massa atomica relativa: K = 39 u; Cr = 52 u; O = 16 u]

A $KCrO_2$

B K_2CrO_4

C $KCrO_4$

D $K_2Cr_2O_4$

E $K_2Cr_2O_7$

7 **22,0 g di un gas occupano 5,60 dm^3 a temperatura e pressione standard (STP). Qual è la massa molare del gas? [Volume molare del gas = 22,4 dm^3 a STP]**

A 44,0 g mol^{-1}

B 108 g mol^{-1}

C 5,50 g mol^{-1}

D 176 g mol^{-1}

E 88,0 g mol^{-1}

8 **Il cloro ha due isotopi con masse atomiche relative di 35 u e 37 u. Un campione di CH_2Cl_2 ha una massa molecolare relativa di 86 u. Quale/i tra questi di seguito potrebbe/ro essere il campione?**

1. **Una miscela 50% di $CH_2(^{35}Cl)_2$ e 50% di $CH_2(^{37}Cl)_2$**
2. **100% di $CH_2{}^{35}Cl^{37}Cl$**
3. **Una miscela 25% di $CH_2(^{35}Cl)_2$ e 75% di $CH_2{}^{35}Cl^{37}Cl$**

[Massa atomica relativa: H = 1 u, C = 12 u]

A Solo 1

B Solo 2

C Solo 3

D Solo 1 e 2

E Solo 1 e 3

9 **Quale/i delle seguenti affermazioni su elementi, miscele e composti è/sono corretta/e?**

1. Le miscele devono contenere almeno due composti.

2. I composti devono contenere almeno due elementi.

3. Due elementi diversi reagiscono tra di loro per dare sempre lo stesso composto binario.

A Solo 2

B Solo 3

C Solo 1 e 2

D Solo 2 e 3

E Solo 1

10 **Stabilire quale riga della tabella descrive correttamente la composizione in particelle subatomiche delle specie chimiche proposte. Quando non specificamente indicato, si consideri l'isotopo più abbondante.**

	Specie	N. protoni	N. neutroni	N. elettroni
1	^{14}C	6	14	6
2	O_2^-	16	16	17
3	H_2	2	2	2
4	He	2	1	2
5	O_3	24	22	24

A 1 B 2 C 3 D 4 E 5

Soluzioni e commenti

1 La massa atomica del cloro (PA_{Cl}) si calcola tenendo conto della massa dei diversi isotopi e della loro abbondanza relativa.

$$PA_{Cl} = (34,96 \text{u.m.a.} \cdot 0,75) + (36,96 \text{ u.m.a.} \cdot 0,25) = 35,46 \text{ u.m.a.}$$

I dati proposti dal quesito permettono di calcolare per il cloro la massa di 35,46 u.m.a.; risposta D.

2 Una mole di un composto di massa molecolare 50 u.m.a. pesa 50 g. Se la densità di tale composto è pari a 1,25 g/ml, significa che 1 ml pesa 1,25 g. Possiamo calcolare a quanti grammi corrispondono 4,0 ml con una semplice moltiplicazione:

$$4{,}0 \text{ ml} \cdot 1{,}25 \text{ g/ml} = 5{,}0 \text{ g}$$

Ora per calcolare a quante moli corrisponde questa quantità è sufficiente risolvere la proporzione seguente:

$$1 \text{ mol} : 50 \text{ g} = x \text{ mol} : 5{,}0 \text{ g}$$

da cui:

$$x = \frac{1 \text{ mol} \cdot 5,0 \text{ g}}{50 \text{ g}} = 0,10 \text{ mol}$$

Si conclude che 4,0 ml del composto proposto corrispondono a 0,1 moli; risposta A.

3 Il quesito chiede di individuare quella NON corretta fra le affermazioni proposte, riguardanti la radioattività. Dato che un nucleo con neutroni in eccesso può comportarsi da emettitore di particelle β^-, la risposta **C** è corretta e pertanto va scartata. Le particelle β^- hanno la stessa natura dell'elettrone e^-, ossia massa trascurabile rispetto all'unita di massa atomica e carica negativa unitaria: ciò risulta in accordo con la risposta **D**, che va quindi scartata. La loro emissione da parte del nucleo comporta la conversione di un neutrone n in un protone p^+, secondo la reazione nucleare $n \rightarrow p^+ + \beta^-$ che fa aumentare la carica nucleare positiva di una unità, come previsto dalla risposta **E** che può dunque essere esclusa.

In seguito a emissione β^- si ha quindi la trasmutazione del nucleo dell'elemento instabile nel nucleo di un altro elemento che ha la caratteristica di avere il numero atomico più alto di una unità (un protone in più), ma uguale numero di massa (il protone ha sostituito un neutrone di massa pressoché uguale). L'affermazione errata, quindi, la risposta esatta al quesito è la **A**.

4 La datazione tramite isotopi radioattivi si basa sul fatto che questi atomi, nel corso del tempo, emettono radiazioni e si trasformano in atomi diversi. Ogni isotopo radioattivo ha un caratteristico tempo di dimezzamento, così, noto questo parametro, andando a misurare in un campione la quantità di uno specifico isotopo radioattivo, è possibile stabilire a quando risale il campione considerato. Per la datazione di reperti archeologici si utilizza un isotopo con un tempo di dimezzamento breve: il carbonio-14 (^{14}C), isotopo radioattivo del carbonio che si trasforma in azoto (^{14}N) con un tempo di dimezzamento di 5730 anni. Il ^{14}C ha Z = 6 e A = 14, è quindi formato da 6 protoni, 8 neutroni (14 – 6 = 8) e 6 elettroni; risposta **C**.

5 Lo spettrometro di massa è uno strumento che permette di misurare la massa di ioni, più precisamente separa gli ioni che hanno rapporto di carica su massa diverso, come sono, per esempio, gli isotopi. La risposta corretta è quindi la **B**.

6 Dalle percentuali in massa date, considerando 100 g di composto, risulta che contiene 40,2 g di K, 26,9 g di Cr e 32,9 g di O. Dividendo le masse ottenute per le relative masse atomiche si ottiene il numero di moli di ciascun atomo:

$$K \rightarrow 40{,}2 \text{ g} : 39 \text{ g/mol} = 1{,}03 \text{ mol}$$

$$Cr \rightarrow 26{,}9 \text{ g} : 52 \text{ g/mol} = 0{,}52 \text{ mol};$$

$$O \rightarrow 32{,}9 \text{ g} : 16 \text{ g/mol} = 2{,}06 \text{ mol}.$$

Il rapporto sarebbe quindi K:Cr:O = 1:0,5:2, nelle formule chimiche però non si possono inserire frazioni di atomi, quindi moltiplichiamo tutto per 2 e otteniamo la formula empirica del bicromato di potassio: K_2CrO_4 (risposta **B**).

7 Come viene ricordato nel testo del quesito, una mole di gas in condizioni STP occupa un volume di 22,4 l (si ricorda che 1 dm^3 = 1 l), quindi per calcolare il numero di moli corrispondenti a 5,60 dm^3 sarà sufficiente risolvere la seguente proporzione:

$$1 \text{ mol} : 22{,}4 \text{ l} = x \text{ mol} : 5{,}60 \text{ l}$$

da cui si ricava:

$$x = \frac{5,60 \text{ l} \cdot 1 \text{ mol}}{22,4 \text{ l/mol}} = 0,25 \text{ mol}$$

5,6 l di gas corrispondono a 0,25 mol di gas. Ricordando che $m = PM \cdot n$ (dove m è la massa, PM la massa molecolare, o anche massa molare, e n il numero di moli) da questa si ricava la formula che permette di calcolare la massa molare del gas:

$$PM = m/n = 22{,}0 \text{ g} / 0{,}25 \text{ mol} = 88{,}0 \text{ g mol}^{-1}$$

La risposta corretta è la **E**.

8 Si inizia verificando l'affermazione 2. La massa molecolare relativa delle molecole contenute in una miscela costituita al 100% da $CH_2{}^{35}Cl^{37}Cl$ è:

$$PM = PA_C + 2 \cdot PA_H + PA_{^{35}Cl} + PA_{^{37}Cl} = 12u + 2u + 35u + 37u = 86u$$

per cui si possono escludere subito le risposte A, C ed E e si passa a verificare l'affermazione 1. La massa molecolare relativa delle molecole contenute in una miscela costituita da 50% di $CH_2(^{35}Cl)_2$ e 50% di $CH_2(^{37}Cl)_2$ è pari alla media ponderale delle masse molari dei due composti:

$$\overline{PM} = PM_{CH_2(^{35}Cl)_2} \cdot \frac{50}{100} + PM_{CH_2(^{37}Cl)_2} \cdot \frac{50}{100} =$$

$$= (12u + 2u + 2 \cdot 35u) \cdot \frac{1}{2} + (12u + 2u + 2 \cdot 37u) \cdot \frac{1}{2} = 86u$$

Anche l'affermazione 1 è corretta: quindi si può escludere la risposta B e la risposta corretta è la D.

9 Una miscela può essere *omogenea*, cioè formata da una sola fase, o *eterogenea* se costituita da fasi diverse; ad esempio una miscela di acqua e ghiaccio è formata da una fase liquida e da una fase solida ma ambedue le fasi sono costituite dello stesso composto, l'acqua. Quindi l'affermazione 1 non è sempre vera. L'affermazione 2 è sempre vera perché la *"conditio sine qua non"* per distinguere un composto da un elemento chimico è proprio la formazione di una nuova specie frutto della combinazione di almeno due elementi attraverso la formazione di un legame chimico. Due elementi diversi non reagiscono sempre a formare lo stesso elemento chimico; ad esempio l'ossigeno e l'azoto si combinano a formare diversi ossidi d'azoto quali ad esempio N_2O_3 e N_2O_5 nei quali l'azoto a diversi numeri di ossidazione, +3 e +5 rispettivamente. Anche l'affermazione 3 non è sempre vera. L'unica risposta possibile è quindi la A.

10 Un atomo neutro di carbonio-14 possiede un nucleo formato da 6 protoni e 8 neutroni attorno al quale ruotano 6 elettroni; la riga 1 è quindi errata.

La notazione O_2^- indica lo ione superossido, formato dalla molecola O_2 quando questa possiede un elettrone in più rispetto al numero di protoni. Dato che per l'ossigeno Z = 8, la molecola O_2, formata da due atomi di O, contiene 16 protoni e 16 elettroni, mentre nello ione O_2^- gli elettroni sono 17; ricordando che l'isotopo più comune di O contiene 8 neutroni (A = 16), si può stabilire che la riga 2 è corretta e la risposta esatta è la B.

Per verificare che le altre alternative sono errate dobbiamo considerare che H (nel suo isotopo più comune) è formato da un protone e un elettrone, quindi la molecola H_2 contiene 2 protoni, 2 elettroni e nessun neutrone (la riga 3 è errata).

La riga 4 è errata perché un atomo di elio è formato da 2 protoni, 2 neutroni e 2 elettroni; anche la riga 5, infine, è errata perché una molecola di ozono, formata da 3 atomi di ossigeno, contiene 24 protoni, 24 neutroni e 24 elettroni.

2| Struttura dell'atomo

2.1 | Modelli atomici

2.1.1 | Modello di Rutherford (1911)

Il primo modello di atomo prevalentemente "vuoto" fu quello di Rutherford, chiamato anche *modello planetario*, perché gli elettroni che ruotano intorno al nucleo ricordano i pianeti in rotazione intorno al Sole.

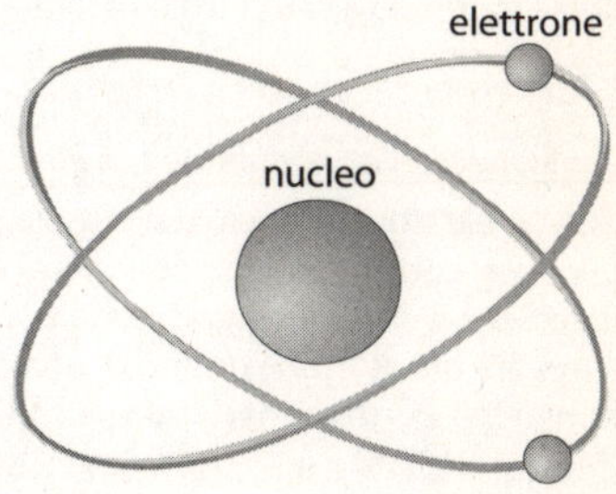

In questo modello infatti l'atomo, rappresentato nella figura a lato, è costituito da un piccolissimo nucleo centrale, in cui sono concentrate la carica positiva e quasi tutta la massa dell'atomo, e da elettroni che gli ruotano intorno a grande distanza su *orbite circolari*. Tale modello risulta però in disaccordo con la teoria elettromagnetica classica, secondo la quale una carica elettrica in movimento come l'elettrone, dovrebbe perdere gradualmente energia, descrivendo orbite di raggio sempre più piccolo, fino a cadere sul nucleo.

2.1.2 | Modello di Bohr (1913)

Bohr si basò sul modello di Rutherford e sulla teoria quantistica, proposta da Max Planck agli inizi del secolo scorso, per proporre un nuovo modello in cui ipotizzava l'esistenza di *orbite stazionarie* (o *stati stazionari*) nelle quali gli elettroni si muovono senza irradiare energia.

Secondo questo modello ogni orbita è posta a una distanza dal nucleo specifica e determinata (dipendente dal valore di n, che è un numero intero), ovvero le orbite sono *quantizzate*. Un elettrone appartiene a un'orbita stazionaria (cioè non emette energia) se il valore del suo momento angolare mvr è un multiplo intero di $h/2\pi$ (dove h è la costante di Planck e vale $6{,}625 \cdot 10^{-34}$ J · s).

Un elettrone appartiene quindi a un'orbita stazionaria, ovvero può muoversi indefinitamente senza emettere energia, se vale la relazione seguente:

$$mvr = n \cdot \frac{h}{2\pi}$$

dove n assume valori interi e prende il nome di *numero quantico principale*.

È importante ricordare che:

- l'energia di un elettrone in un atomo cresce al crescere di n;
- la posizione dell'elettrone dipende dal suo contenuto energetico: più un elettrone è lontano dal nucleo, maggiore è la sua energia quindi gli elettroni più lontani dal nucleo sono quelli con n maggiore;
- un atomo può scambiare energia con l'esterno solo se un suo elettrone passa da un'orbita stazionaria a un'altra. Se ciò avviene, l'energia scambiata è pari alla differenza di energia tra i due stati coinvolti nella transizione.

Gli scambi di energia tra un atomo e l'ambiente che lo circonda avvengono per assorbimento, o emissione, di un fotone con energia pari a $h\nu$.

Come mostrato nella figura a lato se un elettrone passa dallo stato $n = 2$ allo stato $n = 1$ si ha l'emissione di un *fotone* di energia pari a: $E_2 - E_1 = h\nu$.

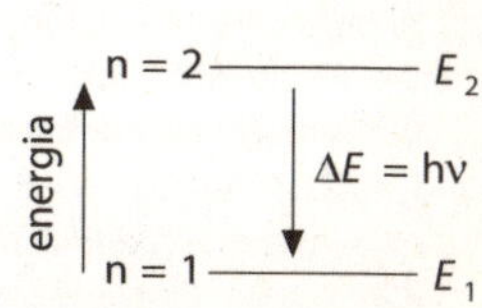

2.1.3 | Modello ondulatorio dell'atomo (1930)

Come nel modello di Bohr, nel modello ondulatorio l'atomo è costituito da un nucleo (contenente protoni e neutroni) e da elettroni. In questo modello però, il movimento degli elettroni intorno al nucleo può essere rappresentato solo ricorrendo al concetto di *probabilità*. Dentro l'atomo l'elettrone si trova confinato in regioni di spazio (chiamate *orbitali*) nelle quali non è identificabile come particella fisica poiché si comporta come se fosse una "nuvola elettronica" più o meno densa.

Principio di indeterminazione di Heisenberg

Il principio di indeterminazione di Heisenberg afferma che è impossibile conoscere simultaneamente e con una precisione grande a piacere la *posizione* e la *velocità* (o equivalentemente la *quantità di moto*) di una particella. Una conseguenza di tale principio è che per un elettrone in un atomo non si può parlare di traiettoria, ma solo di regione di spazio in cui è diversa da zero la probabilità di trovare l'elettrone in un dato istante; ciò a causa della naturale incertezza nella determinazione della sua posizione.

2.1.4 | Il concetto di orbitale

Con la meccanica ondulatoria, al concetto di orbita di un elettrone si sostituisce quello di orbitale.

Dato un elettrone di energia prefissata, si definisce orbitale la regione di spazio intorno al nucleo ove esiste un'alta probabilità (almeno del 90%) di trovare l'elettrone dato. Ogni orbitale è identificato da una funzione matematica, detta funzione d'onda ψ, che assegna alle regioni di spazio attorno al nucleo la probabilità di trovare un elettrone dotato di una certa energia. Nella funzione d'onda ψ compaiono alcune costanti numeriche, dette **numeri quantici**. In generale si può affermare che:

- ogni orbitale è univocamente determinato dai tre numeri quantici *n*, *l*, *m*;
- ogni orbitale può ospitare al massimo due elettroni (§ 2.2), che differiscono l'uno dall'altro nel valore del quarto numero quantico, m_s;
- orbitali che ospitano elettroni di pari energia si dicono isoenergetici, o degeneri (n ed l uguali);
- lo stato di un elettrone in un atomo è univocamente determinato dai valori dei suoi quattro numeri quantici *n*, *l*, *m*, m_s.

Valori numerici e significato fisico dei numeri quantici

- *n* = *numero quantico principale*, indica la *dimensione dell'orbitale* e quindi l'energia dell'elettrone, il *livello energetico*. *n* assume valori interi e positivi (1, 2, 3 ecc.): un più elevato valore di *n* corrisponde a una maggior energia dell'orbitale.
  Lo strato con $n = 1$ veniva detto anche strato K.
  Lo strato con $n = 2$ veniva detto anche strato L.
  Lo strato con $n = 3$ veniva detto anche strato M.
- *l* = *numero quantico secondario*, indica la *forma dell'orbitale* (quindi il momento angolare dell'elettrone) e rappresenta il *sottolivello* energetico. Gli orbitali con lo stesso l appartengono allo stesso sottostrato o sottolivello. Per un certo valore di *n*, *l* può assumere valori da 0 a $(n - 1)$, così, per esempio, per $n = 3$, *l* può avere i valori di 0, 1 e 2. Ai diversi valori di *l* corrispondo orbitali di forma diversa; i sottolivelli (e quindi gli orbitali) sono denominati con lettere nel modo seguente:
  - $l = 0$ sottolivello *s*;
  - $l = 1$ sottolivello *p*;
  - $l = 2$ sottolivello *d*;
  - $l = 3$ sottolivello *f*.
- *m* = *numero quantico magnetico*, indica l'*orientamento dell'orbitale* nello spazio.
  m può assumere valori compresi fra $-l$ e $+l$, così, per esempio, per $l = 1$ i possibili valori di *m* sono: −1, 0 e +1, questo significa che il sottolivello *p* comprende tre orbitali di pari energia, orientati in modo differente. Analogamente il sottolivello *s* ($l = 0$) comprende un solo orbitale (sferico), il sottolivello *d* ($l = 2$) cinque orbitali, il sottolivello *f* ($l = 3$) 7 orbitali.
- m_s = *numero quantico di spin*, indica il senso di rotazione dell'elettrone intorno al proprio asse; può assumere i valori +1/2 e −1/2

Tabella riepilogativa dei valori numerici e significato fisico dei numeri quantici

	Numero quantico	Simbolo	Significato fisico	Valori possibili
1	principale	n	Dimensione dell'orbitale. Indica l'energia dell'elettrone.	1, 2, 3,...
2	secondario (o angolare)	l	Forma dell'orbitale. Indica il momento angolare dell'elettrone. A parità di *n*, è discriminante per l'energia dell'elettrone.	numero intero $0 \leq l \leq n - 1$
3	magnetico	m	Orientamento dell'orbitale nello spazio.	$0, \pm 1, ..., \pm l$
4	di spin	m_s	Senso di rotazione dell'elettrone intorno al proprio asse.	+ 1/2; – 1/2

Dato che ogni orbitale può ospitare al massimo 2 elettroni si ha che:

- sottolivello *s* → al massimo 2 elettroni;
- sottolivello *p* → al massimo 6 elettroni;
- sottolivello *d* → al massimo 10 elettroni;
- sottolivello *f* → al massimo 14 elettroni.

Nomenclatura degli orbitali

Gli orbitali di un atomo aventi lo stesso *n* appartengono allo stesso *strato* (*guscio*) o *livello energetico*:

- lo strato con $n = 1$ —veniva detto anche→ strato K
- lo strato con $n = 2$ —veniva detto anche→ strato L
- lo strato con $n = 3$ —veniva detto anche→ strato M

Gli orbitali con lo stesso *l* appartengono allo stesso *sottostrato* o *sottolivello*:

- gli orbitali con $l = 0$ —si chiamano→ orbitali *s*
- gli orbitali con $l = 1$ —si chiamano→ orbitali *p*
- gli orbitali con $l = 2$ —si chiamano→ orbitali *d*
- gli orbitali con $l = 3$ —si chiamano→ orbitali *f*

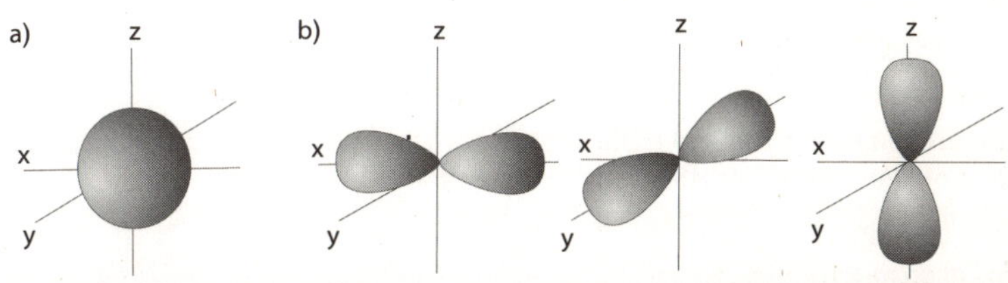

Forma e disposizione spaziale degli orbitali più semplici: a) orbitale di tipo s, b) orbitali di tipo p

Tabella riassuntiva della correlazione tra numeri quantici e orbitali

0	I			II	III	IV
	n	*l*	*m*			
K	1	0	0	1 orbitale 1*s*	1	2
L	2	0	0	1 orbitale 2*s*	4	8
		1	−1, 0, +1	3 orbitali 2*p* ($2p_x$, $2p_y$, $2p_z$) degeneri		
M	3	0	0	1 orbitale 3*s*	9	18
		1	−1, 0, +1	3 orbitali 3*p* degeneri		
		2	−2, −1, 0, +1, +2	5 orbitali 3*d* degeneri		

0 → simbolo dello strato
I → valori dei numeri quantici
II → numero e tipo di orbitali possibili per ciascun valore di *n*
III → numero totale di orbitali possibili per ciascun valore di *n*
IV → numero massimo di elettroni per ciascun valore di *n*

Il livello energetico con numero quantico principale *n* contiene n^2 orbitali (fino a $n = 4$) e può ospitare al massimo $2n^2$ elettroni.

2.2 | Disposizione degli elettroni negli atomi

La distribuzione degli elettroni nei vari livelli e sottolivelli energetici di un atomo si rappresenta con una notazione indicata come **configurazione elettronica**.

L'ossigeno (Z = 8) ha configurazione elettronica $1s^2\,2s^2\,2p^4$, dove i numeri 1 e 2 che precedono le lettere sono i valori del numero quantico principale, *s* e *p* sono i simboli dei sottolivelli (cioè del tipo di orbitale) e gli esponenti rappresentano il numero di elettroni presenti nell'orbitale (o orbitali).

Per scrivere correttamente la configurazione elettronica occorre conoscere l'ordine con cui sono riempiti i vari orbitali. L'ordine di riempimento è basato su tre regole:

- principio di Aufbau;
- principio di esclusione di Pauli;
- principio della massima molteplicità (o regola di Hund).

Principio di Aufbau

Gli elettroni si dispongono in un atomo occupando prima gli orbitali liberi con energia minore. L'energia di un orbitale dipende in prima istanza dal suo numero quantico principale n e in secondo luogo dal suo numero quantico secondario l.
L'energia di un orbitale aumenta all'aumentare di n; a parità di n l'energia degli orbitali cresce al crescere di l. L'ordine di energia crescente per i primi otto sottolivelli è il seguente:

1*s*, 2*s*, 2*p*, 3*s*, 3*p*, 4*s*, 3*d*, 4*p*,...

Si noti che il riempimento del quarto livello inizia prima del completamento del terzo. L'energia degli orbitali *nd* è infatti superiore a quella degli orbitali $(n + 1)s$. L'energia degli orbitali *nf* è superiore a quella degli orbitali $(n + 1)p$ e $(n + 2)s$.
La figura a fianco rappresenta l'ordine di riempimento degli orbitali, per tutti gli elementi della tavola periodica.

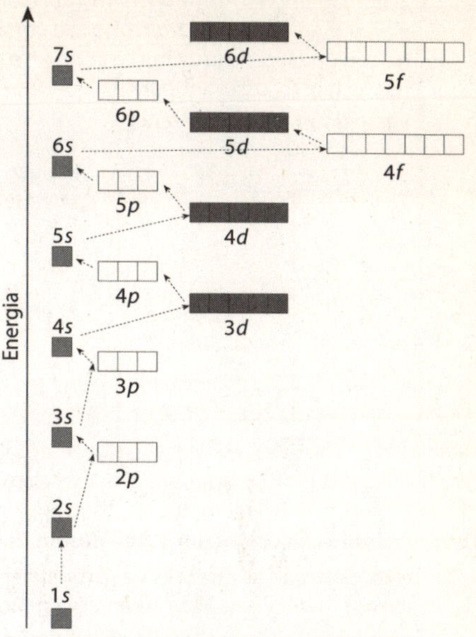

Diagramma di Aufbau che mostra la sequenza di riempimento degli orbitali

Principio di esclusione di Pauli
In un atomo non possono coesistere due o più elettroni che abbiano i quattro numeri quantici uguali. Ogni orbitale può quindi ospitare al massimo due elettroni, che devono avere spin opposto.

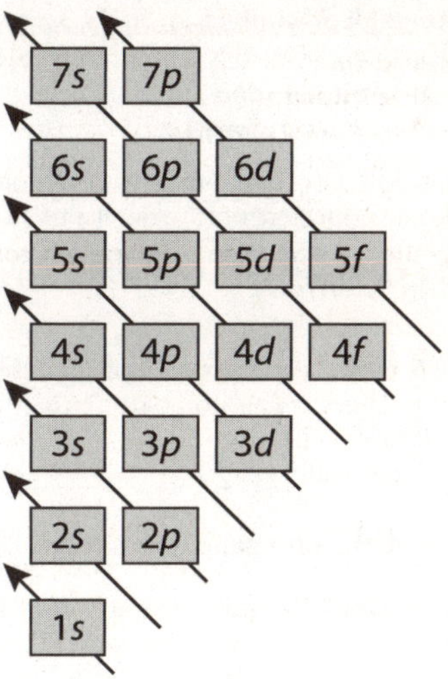

Ordine di riempimento dei sottolivelli

Principio della massima molteplicità (regola di Hund)
Se sono disponibili orbitali di pari energia (degeneri), gli elettroni si distribuiscono singolarmente, con spin paralleli (cioè tutti con $m_s = + 1/2$ oppure tutti con $m_s = - 1/2$), sul numero massimo possibile di questi.

La configurazione elettronica dell'ossigeno (Z = 8) è: $1s^2\ 2s^2\ 2p^4$.

Si immagini di costruire tale struttura elettronica partendo dal solo nucleo dell'atomo di ossigeno e aggiungendo gli elettroni uno alla volta. Ogni orbitale si indica con un quadratino, ogni elettrone con una freccia (due frecce con verso opposto indicano due elettroni con numero quantico di spin opposto, ossia antiparalleli).

Passo dopo passo si ottiene:

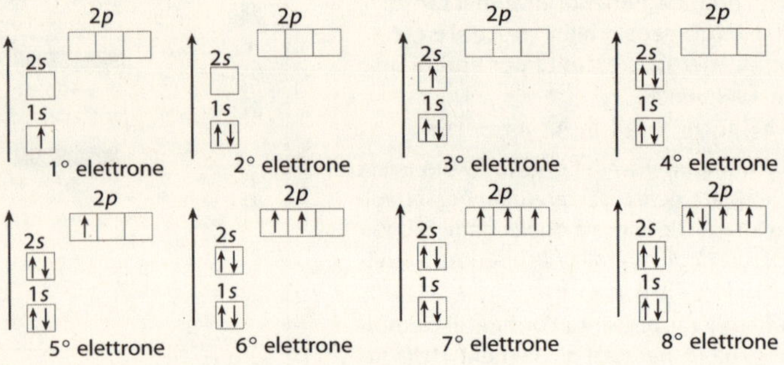

Osservazioni sulla costruzione dell'atomo di ossigeno

- Il terzo elettrone si dispone nell'orbitale sferico perché questo, tra i quattro orbitali del secondo livello energetico, è quello con energia minore.
- Il sesto elettrone non si accoppia all'elettrone già presente in uno dei tre orbitali di tipo *p* ma ne occupa uno dei due liberi, in accordo con il principio della massima molteplicità.

Per ricavare la configurazione elettronica di un atomo di cui sia noto il numero atomico (e quindi il numero di elettroni) è importante tenere presente i seguenti aspetti:

- **ordine di riempimento degli orbitali**: 1*s*, 2*s*, 2*p*, 3*s*, 3*p*, 4*s*, 3*d*, 4*p*, 5*s*, 4*d*,5*p*, 6*s*…
- ricordare che in ogni livello energetico è presente **un solo orbitale *s*, gli orbitali *p* sono 3, gli orbitali *d* sono 5** e **gli orbitali *f* sono 7**;
- **ogni orbitale ospita al massimo 2 elettroni.**

Ricordando queste regole, e seguendo il procedimento visto per l'atomo di ossigeno dell'esempio precedente, si possono ricavare le configurazioni elettroniche degli altri atomi.

Indicare la configurazione elettronica del kripto (Kr), sapendo che per questo elemento Z = 36.

Ricordando che ogni orbitale ospita al massimo 2 elettroni, che gli orbitali *p* sono 3 e gli orbitali *d* sono 5, la configurazione elettronica dell'atomo di cripto, che possiede 36 elettroni, avrà configurazione elettronica:

$$1s^2\ 2s^2\ 2p^6\ 3s^2\ 3p^6\ 4s^2\ 3d^{10}\ 4p^6$$

Indicare la configurazione elettronica dello ione cloruro, Cl^-, sapendo che per Cl Z = 17.

L'atomo di cloro neutro possiede 17 elettroni; lo ione cloruro, Cl^-, con una carica negativa, possiede un elettrone in più rispetto al numero dei protoni (17), quindi 18 elettroni, e la configurazione elettronica è:

$$1s^2\ 2s^2\ 2p^6\ 3s^2\ 3p^6$$

La tabella seguente riporta la configurazione elettronica dei primi 18 elementi della tavola periodica. L'ultima colonna fa riferimento a una notazione "sintetica" utilizzata recentemente nei quesiti delle prove di ammissione: ogni numero indica gli elettroni contenuti in un dato livello energetico (quelli corrispondenti a un certo valore di *n*).

Configurazione elettronica dei primi elementi della tavola periodica degli elementi.

Elemento	Z	Configurazione elettronica	Configurazione elettronica "sintetica"
H	1	$1s^1$	1
He	2	$1s^2$	2
Li	3	$1s^2\,2s^1$	2, 1
Be	4	$1s^2\,2s^2$	2, 2
B	5	$1s^2\,2s^2\,2p^1$	2, 3
C	6	$1s^2\,2s^2\,2p^2$	2, 4
N	7	$1s^2\,2s^2\,2p^3$	2, 5
O	8	$1s^2\,2s^2\,2p^4$	2, 6
F	9	$1s^2\,2s^2\,2p^5$	2, 7
Ne	10	$1s^2\,2s^2\,2p^6$	2, 8
Na	11	$1s^2\,2s^2\,2p^6\,3s^1$	2, 8, 1
Mg	12	$1s^2\,2s^2\,2p^6 3s^2$	2, 8, 2
Al	13	$1s^2\,2s^2\,2p^6\,3s^2\,3p^1$	2, 8, 3
Si	14	$1s^2\,2s^2\,2p^6\,3s^2\,3p^2$	2, 8, 4
P	15	$1s^2\,2s^2\,2p^6\,3s^2\,3p^3$	2, 8, 5
S	16	$1s^2\,2s^2\,2p^6 3s^2\,3p^4$	2, 8, 6
Cl	17	$1s^2\,2s^2\,2p^6\,3s^2\,3p^5$	2, 8, 7
Ar	18	$1s^2\,2s^2\,2p^6\,3s^2\,3p^6$	2, 8, 8

Test di verifica

1 **Due elettroni al terzo livello energetico non possono avere:**

A numero quantico secondario uguale a 2
B lo stesso numero quantico di spin
C numero quantico magnetico uguale a 3
D numero quantico magnetico uguale a –2
E numero quantico secondario uguale a 0

2 **Sapendo che $Z_{Mg} = 12$; $Z_{Na} = 11$; $Z_{Ne} = 10$; $Z_F = 9$; $Z_O = 8$; quale di questi elementi possiede la seguente configurazione elettronica: $1s^2\,2s^2\,2p^6$?**

A Mg
B Na
C Ne
D F
E O

3 **Il numero quantico di spin:**

A ha sempre valore (n–1), dove n rappresenta il numero quantico principale
B può assumere tutti i valori interi da n a $-n$, zero compreso
C fornisce indicazioni sulla distanza dell'elettrone dal nucleo
D fornisce indicazioni sul verso della rotazione dell'elettrone intorno al proprio asse
E fornisce indicazioni sul tipo di orbitale in cui l'elettrone è contenuto

4 **Tra i seguenti orbitali, quale è occupato preferenzialmente da un elettrone?**

A 5*p*
B 5*s*
C 5*d*
D 6*s*
E 6*p*

5 **Quanti elettroni possono essere contenuti al massimo negli orbitali di tipo 4*d*?**

A 4
B 8
C 10
D Non esistono tali orbitali
E 18

6 **L'energia di un orbitale:**

A aumenta al crescere del numero quantico principale (*n*)

B diminuisce al crescere del numero quantico principale (*n*)

C è indipendente dal valore del numero quantico principale (*n*)

D è inversamente proporzionale al numero quantico secondario (*l*)

E è indipendente dal valore del numero quantico secondario (*l*)

---

7 **Gli orbitali di tipo: *p, d, f* hanno numero quantico secondario rispettivamente:**

A −1, −2, −3

B 2, 4, 6

C 1, 2, 3

D 0, 1, 2

E −1, 0, +1

---

8 **Quale tra le seguenti configurazioni elettroniche è corretta?**

A $1s^2\ 2s^2 2p^6\ 2d^4$

B $1s^2\ 2s^2 2p^6\ 3s^4 3p^2$

C $1s^2\ 2s^2 2p^6\ 3s^2 3p^7$

D $1s^2\ 2s^2 2p^6\ 3s^2 3p^6\ 4s^2$

E $1s^2\ 2s^2 2p^8\ 3s^2$

---

9 **La configurazione elettronica del cloro (Z = 17) è la seguente:**

A $1s^2\ 2s^2\ 2p^3\ 3s^2\ 3p^3\ 3d^5$

B $1s^2\ 2s^3\ 2s^2\ 2p^3\ 3s^2\ 3p^5$

C $1s^2\ 2s^2\ 2p^3\ 3s^2\ 3p^7$

D $1s^2\ 2s^2\ 2p^3\ 3s^2\ 4s^2\ 3p^3$

E $1s^2\ 2s^2\ 2p^6\ 3s^2\ 3p^5$

---

10 **Quale delle seguenti configurazioni elettroniche rende l'atomo neutro che la possiede più facilmente ionizzabile?**

A $1s^2 2s^2 2p^3$

B $1s^2 2s^2 2p^4$

C $1s^2 2s^2 2p^6$

D $1s^2 2s^2 2p^5$

E $1s^2 2s^2 2p^2$

---

11 **Un atomo ha la configurazione elettronica che termina in s^2. Qual è il suo numero atomico?**

A 3

B 6

C 8

D 12

E 10

Soluzioni e commenti

1 Due elettroni appartenenti al terzo livello energetico hanno $n = 3$, quindi l può assumere i valori 0, 1 e 2; mentre m può assumere tutti i valori compresi fra −2 e +2. Dato che il quesito chiede quale delle alternative proposte NON si può verificare, le risposte **A**, **D** ed **E** possono essere scartate, infatti fanno riferimento a situazioni possibili. Anche la **B** può essere scartata, perché è vero che due elettroni posti nello stesso orbitale non possono avere lo stesso numero di spin, ma questo può accadere se si trovano in due orbitali diversi appartenenti allo stesso livello energetico.

L'alternativa che non si può verificare, e quindi la risposta esatta al quesito è la **C**, infatti il numero quantico magnetico di un elettrone con $n = 3$ può essere 0, 1 o 2, ma non 3.

2 Poiché i numeri che compaiono come esponenti nella configurazione elettronica rappresentano il numero di elettroni contenuti in ogni sottolivello, calcolando la somma degli esponenti si ricava il numero di elettroni posseduti dall'atomo, in questo caso 10. Dato che in un atomo neutro il numero degli elettroni coincide col numero dei protoni e quindi col numero atomico, l'elemento cercato ha $Z = 10$ e si tratta perciò del neon; risposta **C**.

3 Il numero quantico di spin (il quarto numero quantico) può assumere solamente due valori: +1/2 o −1/2, ed è correlato al senso di rotazione dell'elettrone attorno al proprio asse. La risposta corretta è quindi la **D**.

4 Gli elettroni si dispongono in un atomo occupando prima gli orbitali liberi con energia minore. L'energia di un orbitale dipende prima di tutto dal numero quantico principale n e in secondo luogo dal numero quantico secondario l. Per quanto riguarda il riempimento dei diversi sottolivelli di ogni livello energetico, vengono riempiti prima gli orbitali s (con $l = 0$), poi i p (con $l = 1$), poi i d (con $l = 2$). All'aumentare del numero quantico principale, però, questa regola non vale in modo assoluto, per cui risulta per esempio che gli orbitali 4s sono riempiti prima dei 3d, e gli orbitali 5s sono riempiti prima dei 4d.

Fra gli orbitali proposti dal quesito, il primo a essere occupato, è l'orbitale 5s (risposta **B**).

5 La denominazione 4d indica gli orbitali del quarto livello energetico ($n = 4$) caratterizzati da numero quantico secondario $l = 2$. Poiché con $l = 2$ il numero quantico magnetico (m) può assumere cinque diversi valori (−2, −1, 0, +1, +2), gli orbitali di tipo d sono cinque. Dato che ogni orbitale può ospitare al massimo due elettroni, gli orbitali di tipo 4 d possono contenere al massimo 10 elettroni. La risposta esatta è la **C**.

6 L'energia di un orbitale dipende direttamente dal numero quantico principale n, quindi aumenta al crescere di n. A parità di n l'energia degli orbitali cresce al crescere di l; l'alternativa corretta è quindi la **A**.

7 Il numero quantico secondario l indica la forma dell'orbitale e, per un certo livello energetico n, può assumere tutti i valori interi compresi fra 0 e n−1. Gli orbitali p hanno $l = 1$, gli orbitali d hanno $l = 2$ e gli orbitali f hanno $l = 3$. La risposta corretta è la **C**.

8 La configurazione elettronica rappresenta la disposizione nei diversi orbitali degli elettroni di un atomo. Per rispondere al quesito è necessario ricordare che gli orbitali *s* ospitano al massimo 2 elettroni (la **B** è errata) e gli orbitali *p* ospitano al massimo 6 elettroni (la **C** e la **E** sono errate). Bisogna ricordare inoltre l'ordine con cui gli orbitali vengono riempiti, che per i primi 8 sottolivelli energetici è il seguente: 1*s*, 2*s*, 2*p*, 3*s*, 3*p*, 4*s*, 3*d*, 4*p*; si può quindi stabilire che anche l'alternativa **A** è errata e la risposta corretta è la **D**.

---

9 Per rispondere al quesito è necessario ricordare che ogni orbitale ospita al massimo 2 elettroni, e l'ordine di riempimento dei primi sottolivelli energetici.

Se il cloro ha Z = 17, allo stato neutro un atomo di questo elemento possiede 17 elettroni: Distribuendo 17 elettroni negli orbitali, e ricordando che gli orbitali *p* sono 3 e quindi ospitano 6 elettroni, si ottiene la seguente configurazione elettronica:

$$1s^2, 2s^2, 2p^6, 3s^2, 3p^5$$

La risposta corretta è quindi la **E**.

---

10 La ionizzabilità di un atomo dipende da quanti elettroni deve cedere o acquistare per raggiungere l'ottetto: gli atomi più facilmente ionizzabili sono quelli cui basta acquistare o cedere un elettrone per raggiungere questa configurazione particolarmente stabile.

La risposta esatta è $1s^2\ 2s^2\ 2p^5$ (risposta **D**) perché a questo atomo basta acquistare un solo elettrone per raggiungere l'ottetto, diventando un anione monovalente.

---

11 Un atomo che ha configurazione elettronica esterna s^2 appartiene necessariamente al gruppo 2. Il primo elemento del gruppo è il Be e ha numero atomico 4. Il successivo elemento, scendendo lungo il gruppo, ha otto protoni in più (pari a un ottetto) quindi numero atomico 12 ed è il Mg. La risposta corretta è quindi la **D**.

3| Tavola periodica degli elementi

3.1 | Principio di costruzione della tavola periodica

Abbiamo già visto che ogni elemento chimico è individuato tramite un nome e un simbolo. Tutti gli elementi noti sono ordinati nella tavola periodica (riportata al termine del volume), disposti in file orizzontali in ordine di numero atomico crescente, andando a capo quando inizia il riempimento di un nuovo livello energetico. Ogni riga orizzontale è detta **periodo** e corrisponde al riempimento degli orbitali di un certo livello energetico. Ogni colonna è detta **gruppo**. Gli elementi di uno stesso gruppo hanno la stessa configurazione elettronica esterna, ovvero lo stesso numero di elettroni nel livello energetico esterno, questo viene definito *livello* o *guscio di valenza* e gli elettroni che vi risiedono sono detti *elettroni di valenza*. Gli elettroni esterni sono quelli che vengono coinvolti nella formazione di ioni o nei legami con altri atomi.

I periodi sono 7 (corrispondenti ai sette livelli energetici) e sono indicati con numeri arabi. I gruppi sono invece indicati con numeri romani e con la lettera A (8 gruppi) o B (10 gruppi). Gli elementi dei gruppi A sono chiamati *elementi rappresentativi* e hanno gli elettroni più esterni negli orbitali *s* o *p*. Gli elementi dei gruppi B sono detti *elementi di transizione* e hanno il sottolivello *d* parzialmente riempito. Nel sesto e nel settimo periodo sono inserite due file di elementi chiamati *elementi di transizione interna* (lantanidi e attinidi) e caratterizzati dal sottolivello *f* parzialmente riempito.

Per evitare equivoci causati dal fatto che nella tavola periodica esistono gruppi "A" e gruppi "B" la IUPAC ha proposto una numerazione dei gruppi basata su un numero progressivo da 1 a 18: così I A e II A diventano 1 e 2; III B, IV B, V B, VI B, VII B, VIII B, I B e II B vanno da 3 a 12; III A, IV A, V A, VI A, VII A e VIIIA (o gruppo 0) da 13 a 18. Attualmente sono in uso entrambi i sistemi.

La tavola periodica può essere suddivisa anche in blocchi:

blocco *s*	→	gruppi 1 (I A) e 2 (II A); elementi che hanno l'ultimo elettrone in un orbitale *s*
blocco *p*	→	gruppi 13-18 (III A - VIII A); elementi che hanno l'ultimo elettrone in un orbitale *p*
blocco *d*	→	gruppi 3-12 (gruppi B); elementi che hanno l'ultimo elettrone in un orbitale *d*
blocco *f*	→	elementi che hanno l'ultimo elettrone in un orbitale *f*

Diagramma a blocchi della tavola periodica.

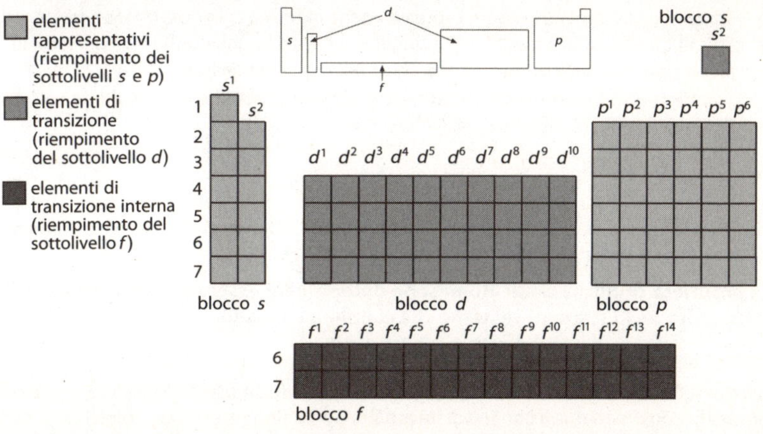

A quale gruppo appartiene l'elemento con configurazione elettronica esterna $3s^2 3p^4$?

La configurazione elettronica esterna $3s^2$ $3p^4$ appartiene a un elemento che possiede 6 elettroni nel livello di valenza, e in cui sono in via di riempimento gli orbitali *p*.

Si tratta dello zolfo (S), elemento del gruppo VI A (o gruppo 16); è importante notare che il numero di elettroni di valenza corrisponde, per gli elementi rappresentativi, al numero del gruppo di appartenenza nella tavola periodica.

Come si determina la configurazione elettronica esterna

La configurazione elettronica esterna corrisponde alla disposizione dei soli elettroni di valenza.

Per rispondere correttamente ai quesiti riguardanti questo argomento, è importante distinguere due casi: gli elementi rappresentativi e gli elementi di transizione

Il numero di elettroni di valenza degli elementi rappresentativi appartenenti ai gruppi I A-VIII A corrisponde al gruppo di appartenenza.

Il livello di valenza, nei **gruppi rappresentativi**, è caratterizzato dal progressivo riempimento degli orbitali *s* e *p* (il primo tipo ospita al massimo due elettroni e il secondo sei elettroni).

Gli elementi del gruppo I A avranno un elettrone di valenza disposto nel sottolivello *s*, gli elementi del gruppo II A avranno due elettroni di valenza disposti nel sottolivello s, dal gruppo III A al gruppo VIII A inizia il progressivo riempimento del sottolivello *p*. Pertanto, per esempio, gli elementi del gruppo VII A avranno in tutto sette elettroni di valenza: due disposti nel sottolivello *s* e i cinque rimanenti nel sottolivello *p*.

Il bromo (Br), con Z = 35, appartiene al gruppo VII A (o gruppo 17) e ha configurazione elettronica $1s^2\ 2s^2\ 2p^6\ 3s^2\ 3p^6\ 4s^2\ 3d^{10}\ 4p^5$.

Questa configurazione può essere espressa anche in forma contratta [Ar] $4s^2$ $4p^5$: [Ar] indica che gli orbitali interni sono equivalenti a quelli dell'argon (il gas nobile che precede il bromo) e $4s^2$ $4p^5$corrisponde alla configurazione elettronica esterna del bromo.

Nella configurazione esterna si esclude $3d^{10}$ (appartenente ad un livello energetico n inferiore) poiché gli elementi rappresentativi sono caratterizzati dal riempimento dei sottolivelli *s* e *p*.

I **metalli di transizione** costituiscono, nella tavola periodica, un blocco di elementi posto, a partire dal 4° periodo, fra il gruppo II A e il III A; sono suddivisi in gruppi indicati con la lettera B (I B, II B ecc.)

Mentre il livello di valenza, nei gruppi rappresentativi, è caratterizzato dal riempimento degli orbitali *s* e *p*, nei metalli di transizione è in via di riempimento il sottolivello *d*.

Lo zirconio (Zr), con Z = 40, appartiene al gruppo IV B (gruppo 4, con la nomenclatura IUPAC) e ha configurazione elettronica $1s^2\ 2s^2\ 2p^6\ 3s^2\ 3p^6\ 4s^2\ 3d^{10}\ 4p^6\ 5s^2\ 4d^2$.

Questa configurazione può essere espressa anche in forma contratta [Kr] $5s^2$ $4d^2$: [Kr] si indica che gli orbitali interni sono equivalenti a quelli del cripto (il gas nobile che precede lo zirconio) e $5s^2$ $4d^2$corrisponde alla configurazione elettronica esterna dello zirconio.

Nella configurazione esterna dei metalli di transizione si include quindi l'ultimo sottolivello *d* contenente gli elettroni (in questo caso $4d^2$).

3.2 | Proprietà periodiche degli elementi

La base logica del sistema periodico risiede nella periodicità della configurazione elettronica esterna degli atomi, che si riflette nella periodicità delle loro proprietà chimiche.

Le proprietà chimiche degli atomi sono determinate essenzialmente dalla configurazione elettronica dello strato più esterno che contiene elettroni.

Dimensione atomica

Secondo il modello ondulatorio, la nube elettronica non ha un confine ben definito; non è quindi possibile determinare con precisione il confine di un atomo. Generalmente, i raggi atomici sono dedotti da misure di distanza tra i centri di atomi adiacenti: per convenzione, infatti, il *raggio atomico* è definito come la metà della distanza tra i nuclei di due atomi dello stesso elemento in una molecola biatomica (raggio covalente).

La dimensione atomica aumenta lungo i gruppi dall'alto verso il basso, perché in un gruppo, dall'alto verso il basso, aumenta il valore di n, quindi il guscio orbitalico in corso di riempimento è più distante dal nucleo. La dimensione atomica diminuisce da sinistra a destra lungo i periodi, perché procedendo da sinistra a destra aumenta il numero di protoni nel nucleo e quindi la capacità di attrazione del nucleo nei confronti del guscio che è in corso di riempimento.

Ossigeno (O) e zolfo (S), appartenenti al gruppo VI A, occupano rispettivamente il 2° e il 3° periodo, quale dei due è più grande?

Le dimensioni di un atomo dipendono dal bilanciamento fra le forze di attrazione presenti fra elettroni e nucleo e le forze di repulsione che agiscono fra gli elettroni. La dimensione dell'atomo aumenta nel gruppo e diminuisce nel periodo, quindi, dato che O appartiene al 2° periodo e S al 3°, il più grande fra i due atomi è quello di zolfo.

Potenziale (o energia) di ionizzazione (EI)

Il potenziale di ionizzazione è l'energia necessaria per sottrarre un elettrone a un atomo, ottenendo un catione. Si definisce:

- *energia di prima ionizzazione* → energia necessaria per strappare l'elettrone più esterno a un atomo neutro (allo stato gassoso);
- *energia di seconda ionizzazione* → energia necessaria per strappare un elettrone da un catione con carica + 1 e così di seguito, finché il numero di elettroni lo consente: energia di terza ionizzazione, di quarta ionizzazione ecc.

L'energia di ionizzazione cui si fa normalmente riferimento è l' energia di prima ionizzazione, questo valore è inversamente proporzionale a quello della dimensione atomica: **cresce quindi lungo i periodi e decresce lungo i gruppi**.

Considerando la seconda, la terza e le successive ionizzazioni, togliere elettroni a un atomo diventa sempre più difficile, perché occorre allontanare cariche negative da un corpo la cui carica positiva aumenta a ogni successiva ionizzazione. Per ciascun elemento, l'energia di prima ionizzazione presenta il valore più basso, mentre le energie delle successive ionizzazioni aumentano come previsto, ma gli incrementi mostrano salti bruschi in corrispondenza di particolari elettroni.

Consideriamo per esempio il **carbonio** (Z = 6), con configurazione elettronica $1s^2\ 2s^2\ 2p^2$. L'atomo neutro contiene 6 protoni e sei elettroni, quindi potrà avere al massimo sei energie di ionizzazione.

Energia prima ionizzazione	Energia seconda ionizzazione	Energia terza ionizzazione	Energia quarta ionizzazione	Energia quinta ionizzazione	Energia sesta ionizzazione
1086,5 kJ/mol	2352,6 kJ/mol	4620,5 kJ/mol	6222,7 kJ/mol	37.830,7 kJ/mol	47.277,2 kJ/mol

brusco aumento del valore dell'energia di ionizzazione

L'aumento delle energie di ionizzazione è regolare per i primi 4 elettroni, ma nel passaggio dall'energia di quarta a quella di quinta ionizzazione l'incremento è molto maggiore. I primi 4 elettroni ($2s^2\ 2p^2$), posti nel livello n=2, si trovano più lontani dal nucleo e sono estratti con relativa facilità. La notevole difficoltà a estrarre il quinto e il sesto elettrone (posti nel livello n=1) deriva dalla maggiore vicinanza al nucleo che fa aumentare la forza di attrazione che occorre vincere. Come risultato si nota "un salto" tra le energie di quarta e di quinta ionizzazione del carbonio.

Affinità elettronica (AE)

L'affinità elettronica è l'energia che si libera quando un atomo neutro acquista un elettrone, trasformandosi in un anione. Aumenta lungo i periodi e diminuisce lungo i gruppi.

Elettronegatività

L'elettronegatività è definita come la tendenza dell'atomo ad attirare su di sé gli elettroni di legame. L'elettronegatività è una grandezza adimensionale il cui valore si esprime mediante una scala che va da 0 a 4. Aumenta lungo i periodi e diminuisce lungo i gruppi. L'elettronegatività dei gas nobili è 0 per definizione. Tra gli altri elementi, il più elettronegativo è il fluoro (F) con 4,0 e il meno elettronegativo è il cesio (Cs) con 0,7.

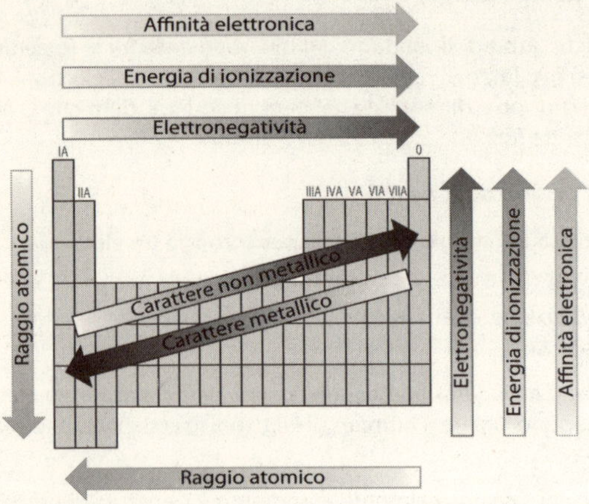

3.3 | Classificazione degli elementi

In base alle proprietà chimiche gli elementi della tavola periodica sono classificati in tre gruppi.

Metalli

I metalli sono localizzati a sinistra della linea spezzata che va dal boro all'astato nella tavola periodica (si veda a pagina 360). I metalli hanno pochi elettroni nel livello esterno, bassa EI, bassa AE, bassa elettronegatività e formano facilmente ioni positivi.

A temperatura ambiente i metalli sono generalmente solidi, hanno punti di fusione e densità elevati, sono duttili, malleabili, lucenti e hanno alta conducibilità termica ed elettrica (il carattere metallico diminuisce lungo un periodo da sinistra e destra e aumenta lungo un gruppo dall'alto verso il basso). L'idrogeno (H) è un caso particolare: pur avendo una configurazione elettronica da metallo, possiede le caratteristiche di un non metallo.

Non metalli

I non metalli sono localizzati a destra della linea spezzata che va dal boro all'astato nella tavola periodica. Ai non metalli mancano pochi elettroni per completare il livello esterno, per questo motivo hanno alta EI, alta AE e alta elettronegatività, e formano quindi facilmente ioni negativi. Non sono né duttili, né malleabili, né lucenti e hanno bassa conducibilità termica ed elettrica.

Semimetalli

I semimetalli sono localizzati a cavallo della linea spezzata che divide i metalli dai non metalli e hanno proprietà intermedie tra quelle degli altri due gruppi. La loro reattività chimica dipende dall'atomo con cui si legano; il boro (B), per esempio, si comporta come un non metallo reagendo con il sodio (Na) e come un metallo reagendo con il fluoro (F). Gli elementi classificati come semimetalli sono: boro (B), silicio (Si), germanio (Ge), arsenico (As), antimonio (Sb) e tellurio (Te).

Denominazioni dei gruppi della tavola periodica

Alcuni gruppi della tavola periodica hanno denominazioni proprie:

- I A o 1: metalli alcalini.
- II A o 2: metalli alcalino-terrosi.
- VII A o 17: alogeni.
- VII A o 0, o 18: gas nobili.

Proprietà dei metalli, dei non metalli e dei gas nobili

	Potenziale di ionizzazione	Affinità elettronica	Elettronegatività
Metalli	basso	bassa	bassa
Non metalli	alto	alta	alta
Gas nobili	molto alto	nulla	nulla

Per quanto riguarda le proprietà degli elementi più comuni e dei loro composti principali si veda anche § 6.4.

Test di verifica

1 **Gli elementi del settimo gruppo della tavola periodica degli elementi sono:**

A fortemente elettronegativi
B forti riducenti
C tipicamente metallici
D sempre allo stato solido
E semimetalli

2 **"Il radio è l'elemento radioattivo naturale che più comunemente si riesce a ottenere allo stato puro in quantità apprezzabili; infatti quasi tutti gli altri nuclidi radioattivi hanno vita assai breve, e risultano di difficile, e a volte pericoloso, isolamento; i nuclidi radioattivi a vita lunga, quali ad esempio l'isotopo 230 del torio, hanno attività specifica assai limitata; inoltre il radio, metallo alcalino-terroso simile al bario, presenta caratteristiche chimiche che ne facilitano notevolmente l'isolamento".**
Quale delle seguenti affermazioni può essere dedotta dalla lettura del brano precedente?

A Il radio è l'unico nuclide radioattivo che si sia riusciti finora a isolare
B Uno degli isotopi radioattivi del torio ha vita assai breve
C È più facile isolare un nuclide radioattivo a vita breve piuttosto che uno a vita lunga
D Le caratteristiche chimiche del radio sono simili a quelle del bario in quanto i due elementi appartengono allo stesso gruppo del sistema periodico
E L'attività specifica di un nuclide radioattivo a vita breve è notevolmente limitata

3 **Quale delle seguenti configurazioni elettroniche è tipica di un elemento di transizione?**

A $1s^2 2s^2 2p^6 3s^2 3p^6 3d^{10} 4s^2 4p^2$
B $1s^2 2s^2 2p^6 3s^2 3p^6 3d^{10} 4s^2 4p^3$
C $1s^2 2s^2 2p^6 3s^2 3p^6 3d^{10} 4s^2 4p^6$
D $1s^2 2s^2 2p^6 3s^2 3p^6 3d^{10} 4s^2 4p^2 4d^{10} 5s^2 5p^4$
E $1s^2 2s^2 2p^6 3s^2 3p^6 3d^{10} 4s^2$

4 **Gli elementi con configurazione elettronica s^2p^5 sono:**

A gas nobili
B metalli alcalino-terrosi
C metalli di transizione
D alogeni
E metalli alcalini

5 **Litio e potassio:**

A possiedono lo stesso numero di elettroni nell'ultimo livello
B sono entrambi non metalli
C appartengono entrambi al secondo gruppo del sistema periodico
D possiedono lo stesso numero di protoni nel nucleo
E appartengono allo stesso periodo del sistema periodico

6 **Tra l'atomo neutro Ne e lo ione Na^+ è:**

A più piccolo l'atomo Ne
B impossibile prevedere chi è più piccolo
C più piccolo Ne ma ha massa maggiore
D più piccolo lo ione Na^+
E più piccolo Ne ma ha massa minore

7 **L'affinità elettronica:**

A è maggiore nel potassio che nel litio
B è maggiore nel fluoro che nell'ossigeno
C è maggiore nel fosforo che nell'azoto
D è minore nel carbonio che nel litio
E è minore nell'ossigeno che nello zolfo

8 **Lo iodio è un:**

A alogeno
B gas nobile
C metallo alcalino
D metallo alcalino-terroso
E semi-metallo

9 **Nel sistema periodico degli elementi, gli atomi Be, Mg, e Ca appartengono al secondo gruppo (2A) e quindi tutti:**

A possono dare uno ione con carica negativa
B hanno due elettroni nell'orbitale *p* più esterno
C sono fortemente elettronegativi
D possono dare un catione con 3 cariche positive
E hanno due elettroni nell'orbitale *s* più esterno

10 **Quale delle seguenti terne di elementi presenta un comportamento semimetallico?**

A C, F, Na
B Si, B, As
C F, As, Fe
D Ca, Al, B
E Si, Na, K

11 **Il numero di elettroni nello strato esterno dell'atomo di carbonio nello stato fondamentale è:**

A zero B due C quattro D tre E sei

12 **Quale delle seguenti affermazioni sull'ossigeno è ERRATA?**

A L'ossigeno ha comportamento semimetallico
B L'ossigeno ha $Z = 8$
C L'ossigeno ha 3 isotopi
D L'ossigeno allo stato elementare è sotto forma di molecole biatomiche
E L'ossigeno ha massa media pari a circa 16 u.m.a.

13 **Il cesio è l'elemento con elettronegatività:**

- **A** analoga a quella del potassio
- **B** a metà tra quella del rutenio e quella dello zirconio
- **C** più elevata dell'idrogeno
- **D** più bassa tra tutti gli elementi della tavola periodica
- **E** più alta tra tutti gli elementi della tavola periodica

14 **Ordinare in ordine crescente di elettronegatività i seguenti elementi: F, Fe, Na.**

- **A** Fe < F < Na
- **B** F < Fe < Na
- **C** Na < Fe < F
- **D** Na < F < Fe
- **E** F < Na < Fe

Soluzioni e commenti

1 Gli elementi del settimo gruppo della tavola periodica, chiamati anche *alogeni*, sono caratterizzati da configurazione elettronica esterna $s^2 p^5$, hanno una forte elettronegatività e caratteristiche di non metalli. La risposta esatta è la **A**.

2 Secondo quanto si legge nel brano, la maggior parte dei nuclidi radioattivi presenti in natura sono difficili da isolare perché hanno vita molto breve oppure, quando sono a vita lunga, hanno attività specifica molto limitata. Il radio è l'elemento radioattivo che si ottiene più facilmente in quantità apprezzabili; questo elemento appartiene al gruppo II A e presenta caratteristiche chimiche simili al bario, che ne facilitano l'isolamento. Fra le alternative proposte dal quesito, l'unica affermazione che si può dedurre dal brano è la **D**.

3 Gli elementi di transizione sono quelli dei gruppi B della tavola periodica, caratterizzati dall'avere i sottolivelli energetici *d* o *f* parzialmente riempiti. Fra le configurazioni elettroniche proposte dal quesito, quelle che terminano con p^2, p^3, p^4 oppure p^6 sono tipiche di elementi rappresentativi, nel cui livello energetico esterno gli orbitali parzialmente riempiti sono di tipo *p*, questi elementi appartengono rispettivamente al IV, al V, al VI gruppo e a quello dei gas nobili. L'unica configurazione che può essere attribuita a un elemento di transizione è la **E**, configurazione elettronica dello zinco.

4 Gli elementi con configurazione elettronica s^2p^5 possiedono 7 elettroni nel livello energetico esterno e hanno gli orbitali *p* in via di riempimento; appartengono quindi al gruppo VII A, quello degli alogeni; risposta **D**.

5 Litio (Li) e potassio (K) sono due metalli (la **B** è errata) appartenenti al gruppo I A del sistema periodico (la **C** è errata). Il litio, con numero atomico Z = 3 e configurazione elettronica $1s^2\,2s^1$, appartiene al secondo periodo, mentre il potassio, con Z = 19 e configurazione elettronica $1s^2\,2s^2\,2p^6\,3s^2\,3p^6\,4s^1$, appartiene al quarto periodo (la **D** e la **E** sono errate). Come è evidente dalla configurazione elettronica, questi due elementi possiedono lo stesso numero di elettroni nell'ultimo livello; risposta **A**.

6 Il numero atomico del neon (Ne) è 10, mentre quello del sodio (Na) è 11; il neon è un gas nobile ed è l'elemento in cui si completa il riempimento del secondo livello energetico, mentre il sodio è l'elemento con cui ha inizio il riempimento del terzo livello energetico. L'atomo neutro Na è quindi certamente più grande di Ne; quando Na si trasforma nello ione Na^+, perde l'elettrone presente nel terzo livello energetico e si ritrova con la stessa configurazione elettronica del neon, dato però che nel nucleo di Na^+ sono presenti 11 protoni anziché 10, gli elettroni sono attratti verso il nucleo più fortemente che non in Ne, e lo ione Na^+ risulta più piccolo dell'atomo Ne. La risposta corretta è la D.

7 L'affinità elettronica è l'energia che si libera quando un atomo neutro acquista un elettrone, trasformandosi in un anione; è una proprietà periodica degli elementi e il suo valore aumenta lungo i periodi e diminuisce nei gruppi. Litio e potassio, appartenenti al gruppo I A, fanno parte rispettivamente del secondo e del quarto periodo, quindi l'affinità elettronica è maggiore nel litio che nel potassio, e la risposta A è da scartare.

Litio e carbonio, del secondo periodo, appartengono rispettivamente al gruppo I A e IV A, quindi l'affinità elettronica è maggiore nel carbonio che nel litio, e la risposta D è sbagliata.

Azoto e fosforo, del gruppo V A, e ossigeno e zolfo del gruppo VI A sono due coppie di elementi di cui il primo (N e O) appartiene al secondo periodo e il secondo (P e S) al terzo periodo, quindi l'affinità elettronica è maggiore nell'azoto che nel fosforo, ed è maggiore nell'ossigeno che nello zolfo, dunque anche le risposte C ed E sono da scartare.

La risposta corretta è la B, infatti ossigeno e fluoro, entrambi del primo periodo, appartengono rispettivamente al gruppo VI A e VII A, quindi l'affinità elettronica è maggiore nel fluoro che nell'ossigeno.

8 Lo iodio, appartenete al gruppo VII A, è un non-metallo; come abbiamo già visto, gli elementi di questo gruppo sono detti alogeni; risposta A.

9 Gli elementi del secondo gruppo (indicato anche come II A) hanno due elettroni nell'orbitale *s* più esterno, sono metalli, sono poco elettronegativi e formano facilmente ioni con due cariche positive. La risposta corretta è la E.

10 I semimetalli sono gli elementi posti a cavallo della linea spezzata che va dal boro all'astato: boro (B), silicio (Si), germanio (Ge), arsenico (As), antimonio (Sb), tellurio (Te) e polonio (Po). L'unica terna che contiene solo semimetalli è la B.

11 L'atomo di carbonio ha 12 elettroni che si dispongono negli orbitali secondo la configurazione elettronica $1s^2\ 2s^2\ 2p^2$; nello strato esterno sono quindi presenti 4 elettroni: due nell'orbitale *s* e due negli orbitali *p*. Risposta esatta: C.

12 Il numero atomico (Z) dell'ossigeno è 8 e sono noti tre isotopi con numero di massa 16, 17 e 18; dato che l'isotopo ^{16}O rappresenta il 99,76 % degli atomi presenti in natura, la massa atomica (ricavata dalla media delle masse degli isotopi) è pari a circa 16 u.m.a. Appartiene al gruppo VI A della tavola periodica, è un non metallo e come elemento si trova in natura sotto forma di molecole biatomiche. L'affermazione errata, risposta corretta al quesito, è la A.

13 L'elettronegatività è una proprietà periodica che aumenta nel periodo da sinistra verso destra e diminuisce nel gruppo, andando dall'alto verso il basso. Il cesio, pesto nell'angolo in basso a sinistra della tavola periodica, è l'elemento con la più bassa elettronegatività; risposta D.

14 Abbiamo già visto che l'elettronegatività aumenta nei periodi da sinistra a destra e diminuisce nei gruppi, dall'alto verso il basso, quindi gli elementi più elettronegativi sono quelli in alto a destra nella tavola periodica. Per rispondere correttamente al quesito, indicando l'alternativa C, è sufficiente ricordare che il fluoro (F) è l'elemento più elettronegativo.

Test di approfondimento

1 **Quale delle seguenti affermazioni relative allo ione Ca^{2+} è corretta?**

A Il numero di protoni, neutroni ed elettroni è lo stesso

B Ha la configurazione elettronica del neon

C Lo ione Ca^{2+} ha un raggio maggiore dell'atomo di Ca

D Ha un solo elettrone nella sua orbita esterna

E Ha 8 elettroni nell'ultimo livello energetico

2 **Il sodio (Na) precede il potassio (K) nel Gruppo 1 della tavola periodica. Quale/i delle seguenti affermazioni è/sono corretta/e relativamente a questi due elementi?**

1. Un atomo di sodio è più grande di un atomo di potassio

2. Il potassio è più reattivo del sodio

3. Entrambi formano ioni 2^+ in composti presenti in natura

4. Entrambi hanno una configurazione elettronica esterna s^2p^1

A Solo la 1

B Solo la 2

C Solo la 3

D Solo la 4

E 1 e 2

3 **Qual è l'affermazione corretta relativa al Periodo 3 della Tavola Periodica andando da sinistra a destra, da Na a Cl?**

A I raggi atomici diminuiscono

B Il carattere metallico aumenta

C Vengono progressivamente riempiti gli orbitali 3d

D Il numero di livelli elettronici occupati aumenta

E L'elettronegatività diminuisce

4 **La tabella riporta le energie di ionizzazione successive di un elemento del Periodo 3 della Tavola Periodica degli Elementi.**

	1ª	2ª	3ª	4ª	5ª	6ª
Energia di attivazione (kJ mol^{-1})	790	1600	3200	4400	16000	20000

A quale gruppo della Tavola Periodica appartiene questo elemento?

A Gruppo 1

B Gruppo 14

C Gruppo 2

D Gruppo 13

E Gruppo 15

5 **Si assuma che i valori delle prime sei energie di ionizzazione (espresse in kJ mol^{-1}) di un elemento siano: 738, 1450, 7730, 10500, 13600 e 18000. Quale/i delle seguenti affermazioni è/sono corretta/e?**

1. **L'elemento appartiene al Gruppo 2 della Tavola Periodica**
2. **Il valore 7730 kJ mol^{-1} corrisponde al processo: $X^{3+}(g) - e^{-} \rightarrow X^{4+}(g)$**
3. **L'elemento appartiene al Periodo 2 della Tavola Periodica**

A Solo 1
B Solo 2
C Solo 3
D Solo 1 e 2
E Solo 1 e 3

---

6 **L'isotopo di un elemento è $^{27}_{13}X$.**

Qual è la posizione dell'elemento X nella Tavola Periodica?

A Periodo: 2; Gruppo: 13
B Periodo: 3; Gruppo: 9
C Periodo: 4; Gruppo: 9
D Periodo: 5; Gruppo: 1
E Periodo: 3; Gruppo: 13

---

7 **Il sodio ha numero atomico 11 e il magnesio 12. Lo ione Na^{+} è più grande dello ione Mg^{2+}. Quale delle seguenti affermazioni spiega la differenza di grandezza tra gli ioni?**

A Lo ione sodio ha più elettroni dello ione magnesio
B L'atomo di magnesio ha una carica nucleare maggiore dell'atomo di sodio
C Lo ione magnesio ha meno orbitali dello ione sodio
D L'atomo di sodio è più elettronegativo dell'atomo di magnesio
E L'atomo di sodio acquista un solo elettrone

---

8 **Un atomo ha configurazione elettronica 2, 8, 18, 7.**

Quale delle opzioni sottostanti riporta la posizione corretta di questo elemento nella Tavola Periodica (Periodo e Gruppo) e la carica dello ione nel suo composto ionico binario (Carica)?

A Periodo: 4; Gruppo: 15; Carica: 1–
B Periodo: 4; Gruppo: 15; Carica: 2–
C Periodo: 4; Gruppo: 17; Carica: 1–
D Periodo: 3; Gruppo: 17; Carica: 1–
E Periodo: 4; Gruppo: 17; Carica: 1+

---

9 **Un elemento ha un numero di massa pari a 40 e un numero atomico pari a 20. Si analizzino le seguenti affermazioni e si decida quali sono corrette.**

1. **Il nucleo ha una massa relativa pari a 20**
2. **È un gas nobile**
3. **Forma uno ione negativo**
4. **È nel gruppo 2 della tavola periodica**
5. **È un elemento non metallico**

A 1, 4 e 5 B 5 C 4 D 2, 3 e 5 E 1, 3 e 4

Soluzioni e commenti

1 Il calcio appartiene al secondo gruppo nel quarto periodo quindi ha configurazione elettronica [Ar] $4s^2$. Trasformandosi in ione Ca^{2+}, il calcio cede i due elettroni dell'orbitale *s*, si esclude così la risposta **A**, e ha la stessa configurazione elettronica dell'argon (Ar) e non del neon (Ne) escludendo la risposta **B**. Avendo la stessa configurazione del gas nobile argon ha 8 elettroni nell'ultimo livello energetico, la risposta corretta è quindi la **E**.

2 La risposta esatta è la **B** e può essere ricavata per esclusione: l'affermazione 1 è scorretta perché il sodio precede il potassio quindi è più piccolo; l'affermazione 3 è scorretta perché appartenendo al gruppo 1 i due atomi possono trasformarsi solo in ioni con un'unica carica positiva; infine la 4 è scorretta perché tutti i metalli alcalini (quelli appartenenti al gruppo 1) hanno configurazione elettronica esterna ns^1.

3 Muovendosi lungo un periodo si riempie sempre lo stesso livello elettronico n ($n = 3$ nel terzo periodo). Quando si passa dal metallo Na al non-metallo Cl il carattere metallico diminuisce mentre l'elettronegatività, ovvero la tendenza ad accettare elettroni, aumenta: il Na ha la tendenza a cedere l'unico elettrone diventando Na^+ mentre il Cl ha la tendenza a diventare Cl^- cioè ad accettare un elettrone. Si escludono così le risposte **D**, **B** ed **E**.

Gli atomi del terzo periodo della tavola periodica inoltre non hanno a disposizione gli orbitali 3*d* che infatti cominciano a essere riempiti per $n = 4$; anche la risposta **C** è quindi da escludere. La risposta corretta è la **A**; infatti il raggio atomico subisce una leggera contrazione spostandosi lungo il periodo.

4 Il quesito ci dice che l'elemento considerato appartiene al terzo periodo ($n = 3$) quindi non può avere orbitali *d* (presenti per $n = 4$). Le energie di ionizzazione proposte dal quesito sono sei. Queste energie di ionizzazione possono essere divise in due gruppi: le prime quattro sono dell'ordine dei 10^3 kJ mol^{-1} mentre le ultime due dell'ordine dei 10^4 kJ mol^{-1}. Le ultime due energie appartengono quindi a elettroni di un sottolivello non di valenza ($n = 2$), mentre le prime quattro appartengono al livello di valenza ($n = 3$). Il livello di valenza è infatti più facilmente ionizzabile di un sottolivello. Quindi l'elemento interessato ha quattro elettroni nel livello di valenza: si può concludere che appartiene al gruppo 14 (è il Si) e la risposta corretta è la **B**.

5 Si inizia verificando l'affermazione 1. Osservando come variano i valori dell'energia di ionizzazione, si nota immediatamente che la differenza di energia esistente tra il secondo e il terzo valore è molto più grande rispetto a quella esistente tra il primo e il secondo. Questo significa che l'elemento in questione può perdere più facilmente il primo e il secondo elettrone, mentre per perdere il terzo occorre fornire molta più energia. Quindi l'elemento in questione è un elemento che appartiene al secondo gruppo, cioè ai metalli alcalino terrosi e possiede pertanto due elettroni di valenza. Una volta che ha perduto i suoi due elettroni di valenza, raggiungendo così una configurazione elettronica stabile, tipica di un gas nobile, la sottrazione di ulteriori elettroni richiede molta più energia. L'affermazione 1 è pertanto corretta.

Si passa poi a verificare l'affermazione 2. Il primo valore dell'energia di ionizzazione, 738 kJ · mol^{-1}, corrisponde al processo $X(g) - e^- \rightarrow X^+(g))$, il secondo valore, 1450 kJ · mol^{-1}, corrisponde al processo $X^+(g) - e^- \rightarrow X^{2+}(g)$ e il terzo valore, 7730 kJ · mol^{-1} corrisponde al processo $X^{2+}(g) - e^- \rightarrow X^{3+}(g)$. L'affermazione 2 è quindi errata.

Infine, poiché dai dati forniti dal quesito non si può dedurre il periodo a cui appartiene l'elemento in questione, la risposta esatta è la **A**.

6 In un isotopo il numero in alto indica il numero di massa (il numero di protoni e neutroni) mentre il numero in basso indica il numero atomico (il numero dei soli protoni) necessario per identificare l'elemento in questione. L'elemento appartiene sicuramente al terzo periodo perché il primo periodo finisce con l'He di numero atomico 2 mentre il secondo periodo finisce con l'Ar di numero atomico 10. Rimanendo da allocare solo tre altri elettroni nel 3 periodo (che ricordiamo non ha elementi di transizione) si arriva all'Al che si trova nel gruppo 13. Risposta corretta **E**

---

7 Il sodio e il magnesio appartengono allo stesso periodo e quindi hanno lo stesso numero quantico $n = 3$. I loro ioni quindi Na^+ e Mg^{2+} non hanno i due elettroni più esterni, appartengono infatti al primo e al secondo gruppo rispettivamente, e quindi gli elettroni rimanenti dei due ioni sono allocati negli stessi orbitali in ambedue gli ioni ma lo ione magnesio ha un protone in più rispetto allo ione sodio e quindi l'attrazione coulombiana è lievemente maggiore che nello ione sodio e quindi si osserva una lieve riduzione del raggio atomico. La risposta corretta è la **B**. Questa è la ragione per la quale il raggio atomico diminuisce lungo i periodi.

---

8 Sommando il numero di elettroni della configurazione elettronica proposta si ricava che il numero atomico dell'atomo considerato è 35. Per il principio di Aufbau sul riempiento orbitalico, per allocare 35 elettroni si segue il seguente ordine:

$$1s^2\ 2s^2\ 2p^6\ 3s^2\ 3p^6\ 4s^2\ 3d^{10}\ 4p^5$$

Questa è la configurazione elettronica del bromo (simbolo Br) che appartiene al periodo 4, gruppo 17 e nei suoi composti ionici binari ha carica –1 come ad esempio nel NaBr, il bromuro di sodio. La risposta corretta è quindi la **C**.

---

9 Per l'elemento proposto $Z = 20$ e $A = 40$, il nucleo è quindi formato da 20 protoni e 20 neutroni e la sua massa relativa è pari a 40; l'affermazione 1 è quindi errata.

Il primo periodo della tavola periodica comprende solamente H ed He, elementi che hanno rispettivamente $Z = 1$ e $Z = 2$; il secondo periodo comprende 8 elementi, con numero atomico crescente, l'ultimo dei quali avrà quindi $Z = 10$. Anche il terzo periodo comprende 8 elementi e l'ultimo ha $Z = 18$. L'elemento proposto è quindi il secondo del quarto periodo e fa parte del gruppo 2. Gli elementi di questo gruppo sono metalli e tendono a cedere i due elettroni del livello elettronico esterno per formare cationi bivalenti. Si conclude che le affermazioni 2, 3 e 5 sono errate, mentre la 4 è corretta. La risposta esatta è la **C**.

4 | Legami chimici

Solamente i gas nobili si trovano in natura allo stato monoatomico. Per tutti gli altri elementi, gli atomi isolati sono estremamente instabili e tendono a legarsi tra loro attraverso i legami chimici formando sostanze elementari (o elementi) oppure composti.

I composti chimici sono sostanzialmente di due tipi, *molecolari* o *ionici*.
I composti molecolari sono formati da molecole, quelli ionici da aggregati di ioni positivi e negativi, organizzati in reticoli cristallini tridimensionali (§ 4.9).

4.1 | Elettroni di valenza e simboli di Lewis

Nella formazione dei legami chimici sono coinvolti solo gli elettroni, in particolare gli elettroni contenuti nel livello energetico più esterno, chiamati *elettroni di valenza*.

Per gli elementi rappresentativi (quelli dei gruppi A), **il numero di elettroni di valenza è uguale al numero del gruppo cui un elemento appartiene**.

Gli elettroni di valenza di un elemento possono essere rappresentati graficamente mediante il *simbolo di Lewis*, costituito dal simbolo chimico dell'elemento circondato da un numero di punti pari al numero di elettroni di valenza.

Nella tabella seguente sono riportati i simboli di Lewis degli elementi dei primi tre periodi.

Gruppo	I A-1	II A-2	III A-13	IV A-14	V A-15	VI A-16	VII A-17	VIII A-18
Configurazione elettronica esterna	s^1	s^2	s^2p^1	s^2p^2	s^2p^3	s^2p^4	s^2p^5	s^2p^6 (vedi nota)
I periodo	H·							He:
II periodo	Li·	·Be·	·B· (3 punti)	·C· (4 punti)	·N: (5 punti)	:O: (6 punti)	:F: (7 punti)	:Ne: (8 punti)
III periodo	Na·	·Mg·	·Al· (3 punti)	·Si· (4 punti)	·P: (5 punti)	:S: (6 punti)	:Cl: (7 punti)	:Ar: (8 punti)

Tranne He, che ha configurazione s^2, perché ha solo 2 elettroni.

4.2 | Regola dell'ottetto

La configurazione elettronica esterna dei gas nobili ($s^2\ p^6$) è chiamata *ottetto*. Tale configurazione è estremamente stabile ed è responsabile dell'inerzia chimica dei gas nobili.

La **regola dell'ottetto** afferma che gli atomi, nella formazione di legami (siano essi covalenti, dativi o ionici), tendono a raggiungere tale configurazione elettronica in due possibili modi:

- **perdita o acquisto di elettroni** → **formazione di un legame ionico;**
- **condivisione di elettroni** → **formazione di un legame covalente.**

La regola dell'ottetto non è però valida universalmente; non vale, per esempio, per gli elementi di transizione.

In base alla regola dell'ottetto, qual è la formula del più semplice composto che si può formare da magnesio (Mg) e fluoro (F)?

Il magnesio (Mg) appartiene al gruppo II A, possiede quindi due elettroni di valenza; il fluoro (F) appartiene al gruppo VII A e possiede sette elettroni di valenza.
Poiché il magnesio è un metallo, poco elettronegativo (1,2) e il fluoro un non metallo a elevata elettronegatività (4), fra i due elementi si forma un legame di tipo ionico. In accordo con la regola dell'ottetto, Mg cede i due elettroni di valenza trasformandosi in Mg^{2+}, mentre ogni atomo di F può completare l'ottetto acquistando un elettrone, trasformandosi in F^-.
Per bilanciare le cariche positive e negative sono necessari due ioni F^- per ogni ione Mg^{2+}; la formula del composto (fluoruro di magnesio) sarà quindi MgF_2

4.2.1 | Energia di legame

La formazione di un legame chimico è un fenomeno spontaneo che avviene in accordo con il principio fisico secondo il quale ogni sistema tende a raggiungere uno stato di minima energia potenziale a cui corrisponde la massima stabilità. Una molecola generica A–B si forma se la sua energia è minore dell'energia totale dei due atomi A e B isolati. Quando i due atomi si legano si libera quindi una certa quantità di energia, pari alla differenza di energia tra lo stato iniziale e quello finale.

L'energia che si libera all'atto della formazione di un legame, o che bisogna fornire dall'esterno per romperlo, è detta energia di legame.

La forza di un legame è proporzionale al valore dell'energia di legame.

4.3 | Legame covalente

Un legame covalente si forma quando due atomi con elettronegatività uguale o simile (§ 3.2) mettono in comune uno o più elettroni spaiati ciascuno, in modo da raggiungere entrambi l'ottetto o, secondo una visione più moderna, una configurazione elettronica stabile. La coppia condivisa appartiene simultaneamente a entrambi gli atomi

Un legame covalente è costituito da una coppia di elettroni condivisa tra due atomi; si forma fra atomi la cui differenza di elettronegatività sia inferiore a 1,7.

Perché il legame si formi, due atomi devono avvicinarsi a sufficienza. Man mano che i due atomi si avvicinano, gli elettroni dell'uno iniziano a risentire anche della forza di attrazione elettrostatica esercitata dal nucleo dell'altro, e viceversa. Contemporaneamente, però, iniziano a esercitare il loro effetto anche la forza di repulsione tra i due nuclei, carichi positivamente, e la forza di repulsione tra le due nuvole elettroniche dei due atomi. La distanza tra i due nuclei in corrispondenza della quale si instaura un equilibrio tra le forze attrattive nucleo-elettroni e le forze repulsive nucleo-nucleo ed elettroni-elettroni rappresenta la *lunghezza del legame*, si misura in Å e si determina sperimentalmente.

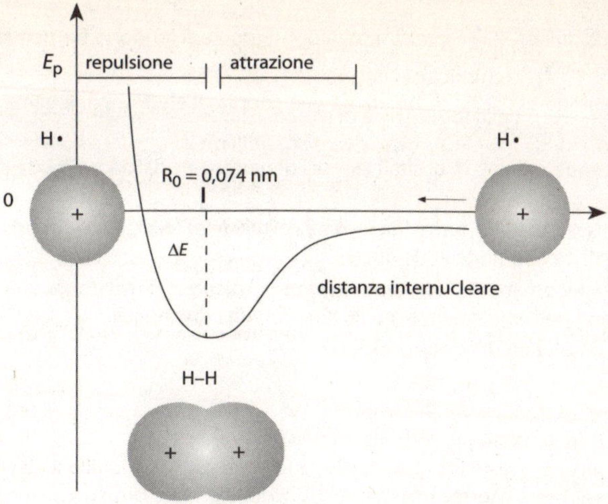

Andamento dell'energia potenziale in funzione della distanza tra i nuclei di due atomi di idrogeno. L'ascissa del punto di minimo della curva (R_0) rappresenta la lunghezza del legame H – H nella molecola H_2. ΔE (differenza fra l'energia degli atomi isolati e quella della molecola) rappresenta invece l'energia di legame.

La lunghezza del legame è proporzionale al raggio degli atomi legati, e inversamente proporzionale alla forza (e quindi all'energia) del legame.
Il legame covalente è direzionale.

La distribuzione delle coppie di elettroni condivisi (doppietti di legame) e non condivisi (doppietti non partecipanti al legame, chiamati anche *doppietti solitari*) in una molecola può essere rappresentata mediante la sua *struttura di Lewis*.

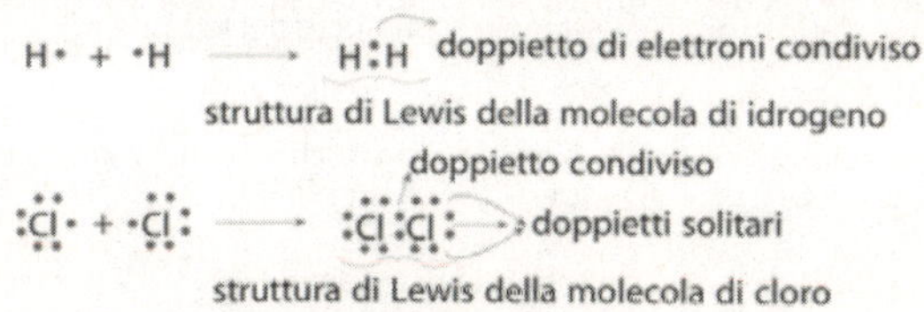

indicata anche come H – H

indicata anche come Cl – Cl

4.3.1 | Legami covalenti semplici e multipli

In base al numero di coppie condivise (o *doppietti condivisi*) il legame covalente tra due atomi può essere:

semplice → formato da una coppia di elettroni condivisi;

doppio → formato da due coppie di elettroni condivisi;

triplo → formato da tre coppie di elettroni condivisi.

La struttura elettronica esterna dell'azoto è $2s^2\,2p^3$. Ogni atomo d'azoto possiede quindi nel livello di valenza un doppietto e tre elettroni spaiati, nei tre orbitali *p*. Nell'azoto molecolare (N ≡ N) i due atomi sono uniti da un legame covalente triplo che si forma grazie alla condivisione dei tre elettroni spaiati di un atomo di azoto con i tre elettroni dell'altro, in modo che ciascuno dei due atomi raggiunga l'ottetto.

Il numero di coppie di elettroni di legame viene detto *ordine di legame*.

Maggiore è l'ordine di legame, maggiore è la forza che tiene uniti gli atomi e quindi maggiore l'energia di legame e più breve la lunghezza di legame.

4.3.2 | Orbitali molecolari, legame σ e legame π

Quando si forma un legame covalente, due orbitali atomici si sovrappongono e si fondono formando un *orbitale molecolare*, di energia e forma diversa rispetto agli orbitali di partenza.

Un orbitale molecolare è la regione di spazio occupata da una coppia di elettroni di legame che circonda entrambi i nuclei dei due atomi legati.

La forma dell'orbitale molecolare dipende dal tipo di orbitali atomici di partenza e dalla loro modalità di sovrapposizione:

- se la sovrapposizione è *frontale* (testa/testa) si forma un *legame covalente* σ, formato da un orbitale che circonda da ogni parte l'asse che congiunge i due nuclei;
- se la sovrapposizione è *laterale* (fianco/fianco) si forma un *legame covalente* π, formato da un orbitale a due lobi giacente su un piano perpendicolare a quello contenente i due nuclei.

La figura seguente illustra le diverse possibilità di sovrapposizione:

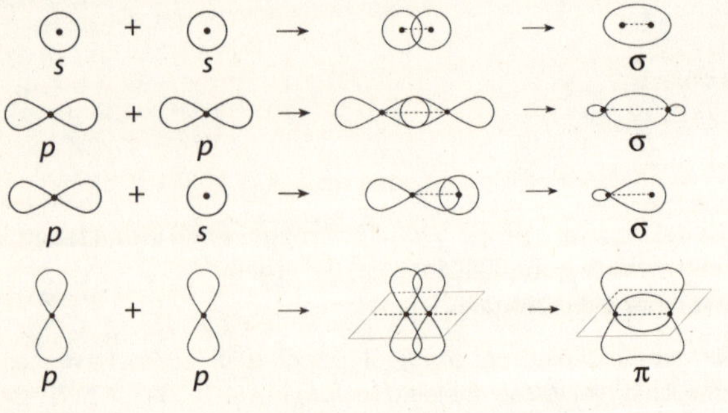

Il legame π si forma solo per sovrapposizione laterale di orbitali *p*.

A causa della maggiore sovrapposizione degli orbitali il legame σ è più forte del legame π.

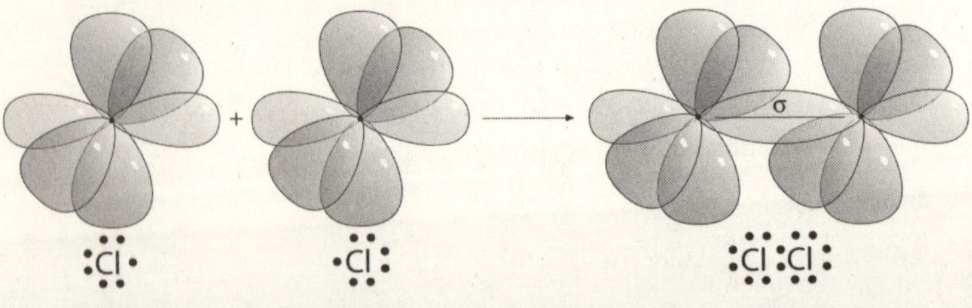

Nella molecola del cloro (Cl_2) i due atomi sono uniti da un legame covalente semplice di tipo σ formatosi per sovrapposizione frontale di due orbitali *p*.

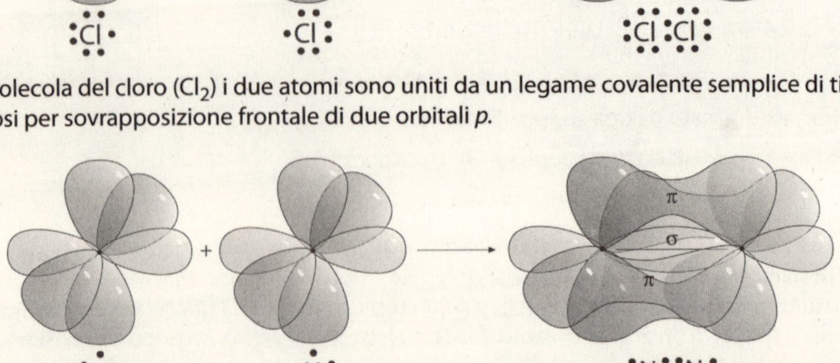

Nella molecola dell'azoto (N_2) i due atomi sono uniti da un legame covalente triplo, formato da un legame σ, originato dalla sovrapposizione frontale dei due orbitali p_x, e da due legami π, originati dalla sovrapposizione laterale dei due orbitali p_y, e dei due orbitali p_z

Un legame covalente semplice è sempre di tipo σ.
Il legame doppio è formato da un legame σ e un legame π.
Il legame triplo è formato da un legame σ e due legami π.

4.3.3 | Polarità del legame covalente

In base alla differenza di elettronegatività tra gli atomi legati, il legame covalente può essere *puro*, cioè *apolare* (detto anche *omopolare*) oppure *polare* (o *eteropolare*).

Legame covalente puro

- Si forma tra atomi con elettronegatività uguale o che differisce non più di 0,4.
- È caratterizzato da una condivisione equa della coppia di elettroni di legame, quindi la nuvola elettronica dell'orbitale molecolare è simmetrica e non si ha nessuna separazione di carica elettrica.

In H_2 i due atomi di idrogeno sono uniti da un legame covalente puro.

Legame covalente polare

- Si forma tra atomi diversi, con piccola differenza di elettronegatività (generalmente tra 0,4 e 1,7).
- È caratterizzato da una condivisione non equa della coppia di elettroni di legame quindi la nuvola elettronica dell'orbitale molecolare è distorta e più densa verso l'elemento più elettronegativo; si ha infatti un parziale trasferimento del doppietto di legame dall'atomo meno elettronegativo, che acquista una carica parziale positiva (δ^+), a quello più elettronegativo, che acquista una carica parziale negativa (δ^-).

Nella molecola HCl i due atomi sono uniti da un legame covalente polare. L'elettronegatività di H è infatti uguale a 2,1, mentre quella di Cl è pari a 3. La nuvola elettronica ha quindi densità maggiore sul cloro, che acquista una carica parziale negativa, e minore sull'idrogeno, che acquista una carica parziale positiva.

$\overset{\delta+}{H} - \overset{\delta-}{Cl}$

4.4 | Legame dativo (o di coordinazione)

Il *legame dativo* è un tipo particolare di legame covalente e, come tale, è costituito da due elettroni condivisi tra due atomi.

Mentre nel legame covalente i due elettroni del doppietto sono forniti ciascuno da un atomo, nel legame dativo i due elettroni provengono entrambi dallo stesso atomo (*donatore*) che li condivide con l'altro atomo (*accettore*). Il legame si forma tra un atomo (atomo donatore) che dispone di almeno un *doppietto solitario* (detto anche coppia solitaria o doppietto non condiviso o coppia di non legame) e una specie chimica che ha (o può ottenere) un orbitale vuoto (accettore). Il legame si indica graficamente con una freccia diretta dal donatore verso l'accettore.

Lo ione ammonio (NH_4^+) si ottiene grazie alla formazione di un legame dativo tra l'atomo di azoto dell'ammoniaca, sul quale è presente un doppietto solitario, e lo ione idrogeno, che ha l'orbitale 1*s* vuoto.

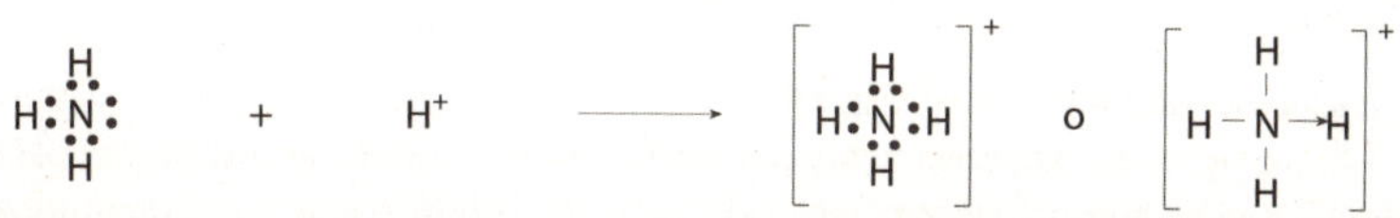

ammoniaca — ione idrogeno — ione ammonio

4.5 | Ibridazione e orbitali ibridi

In natura vi sono atomi che formano un numero di legami covalenti superiore al numero di elettroni spaiati che possiedono; questo fatto si può spiegare ammettendo l'esistenza del processo di ibridazione che porta alla formazione degli orbitali ibridi.

L'**ibridazione** consiste nella combinazione degli orbitali atomici esterni, a diversa energia, di un atomo, con formazione di un ugual numero di orbitali atomici isoenergetici (a pari energia), detti appunto **orbitali ibridi**.

Il carbonio ha la configurazione elettronica esterna indicata a fianco.

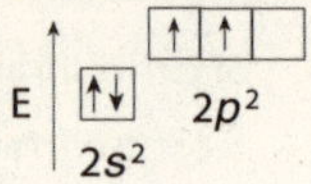

Avendo solo due elettroni spaiati dovrebbe poter formare solo due legami covalenti (tre se si considera anche il legame dativo). Nel metano (CH_4), invece, un atomo di C lega quattro atomi di H mediante quattro legami covalenti. La formazione dei quattro legami è possibile grazie alla formazione di quattro orbitali ibridi isoenergetici, contenenti ciascuno un elettrone spaiato.

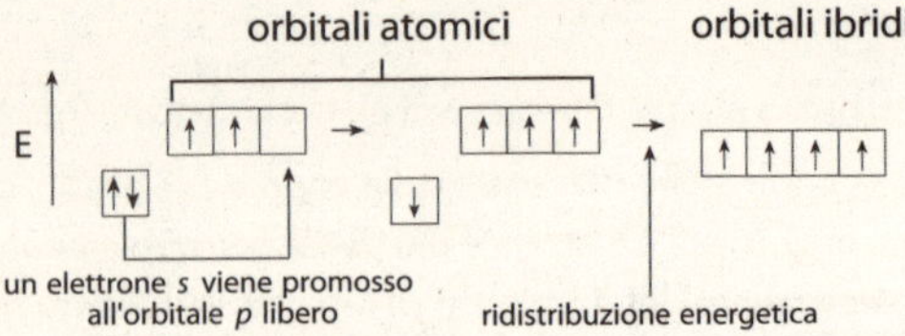

Lo schema rappresenta il processo in base al quale la combinazione dell'orbitale *s* con i tre orbitali *p* permette la formazione di quattro orbitali ibridi di pari energia

4.5.1 | Ibridazione sp^3

Si ha ibridazione sp^3 quando un orbitale *s* e tre orbitali *p* di uno stesso atomo si combinano formando quattro orbitali ibridi isoenergetici sp^3 diretti verso i vertici di un tetraedro regolare con angoli di circa 109°.

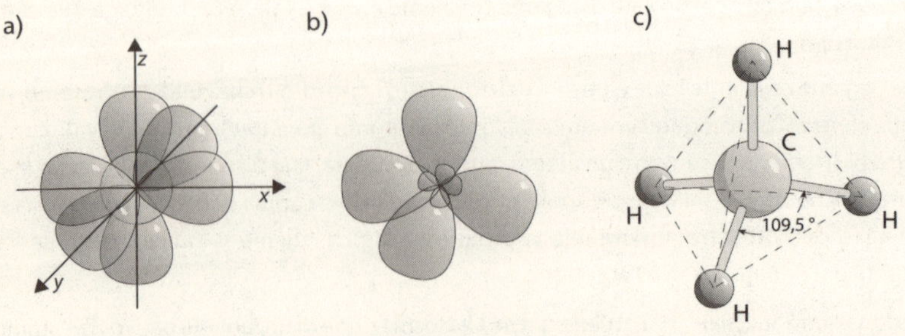

a) Un orbitale s e tre orbitali p non ibridati; b) i quattro orbitali ibridati sp^3; c) rappresentazione della molecola di metano nella quale il carbonio è ibridato sp^3

Nell'ammoniaca (NH_3) e nell'acqua (H_2O) l'azoto e l'ossigeno sono ibridati sp^3. Gli angoli di legame di NH_3 e H_2O sono rispettivamente di circa 108° e 105°. Questo accade perché per minimizzare la repulsione fra le coppie di elettroni condivisi e non condivisi esse si dispongono verso i vertici di un tetraedro regolare (si veda anche § 4.7).

4.5.2 | Ibridazione sp^2

Si ha ibridazione sp^2 quando due orbitali *p* e un orbitale *s* di uno stesso atomo si combinano formando tre orbitali ibridi isoenergetici sp^2 disposti a 120° gli uni dagli altri.

Il boro ha configurazione elettronica $1s^2\,2s^2\,2p^1$. Possedendo un solo elettrone spaiato dovrebbe poter formare un solo legame covalente. L'esistenza della molecola BH_3, nella quale un atomo di boro lega tre atomi di idrogeno mediante tre legami covalenti, si può spiegare ipotizzando che il boro possegga tre orbitali ibridi sp^2 complanari, contenenti un elettrone spaiato ciascuno (si noti che la molecola non obbedisce alla regola dell'ottetto).

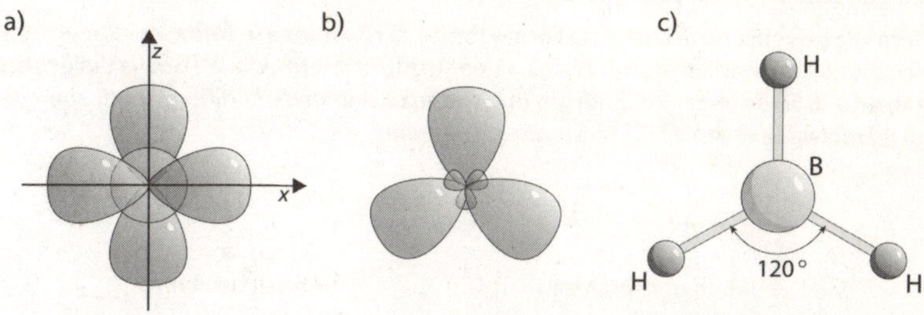

a) un orbitale s e due orbitali p, non ibridati; b) i tre orbitali ibridati sp^2; c) rappresentazione della molecola dell'idruro di boro nella quale il boro (BH_3) è ibridato sp^2

In HNO_3 l'atomo di N è ibridato sp^2.

4.5.3 | Ibridazione *sp*

L'ibridazione *sp* coinvolge un orbitale di tipo *p* e un orbitale di tipo *s* e porta alla formazione di due orbitali ibridi isoenergetici *sp* disposti a 180°.

a) un orbitale s e un orbitale p; b) i due orbitali ibridati sp; c) rappresentazione della molecola dell'idruro di berillio nella quale il berillio è ibridato sp

In CO_2, C è ibridato *sp*: l'angolo di legame è 180°.

La spontaneità del processo di ibridazione deriva dal fatto che, in tutti i casi, comporta un aumento della stabilità delle molecole ottenibili da atomi ibridati poiché rende possibile la formazione di un maggior numero di legami e una distribuzione ottimale nello spazio delle cariche e delle masse.

Gli orbitali ibridi sono orbitali atomici e NON molecolari.

4.6 | Risonanza e delocalizzazione elettronica

Per alcune sostanze (ioni o molecole) è possibile scrivere più di una formula di struttura; questo fenomeno prende il nome di *risonanza*.

Per lo ione nitrito (NO_2^-) è possibile scrivere due formule di struttura:

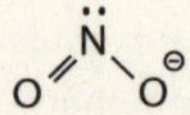 e 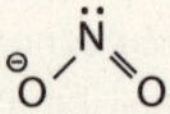

Nessuna delle due formule rappresenta però la struttura reale della molecola: un doppio legame è infatti più corto di un legame semplice, eppure si è osservato sperimentalmente che in NO_2^- i due legami hanno uguale lunghezza.

Le diverse formule possibili sono chiamate **forme limite di risonanza** (o forme mesomere) e si separano con una freccia a due punte; la sostanza reale ha una struttura intermedia tra quella delle forme limite ed è chiamata **ibrido di risonanza.** Per **energia di risonanza** si intende la differenza di energia tra l'ibrido di risonanza (la molecola reale) e la forma limite più stabile.

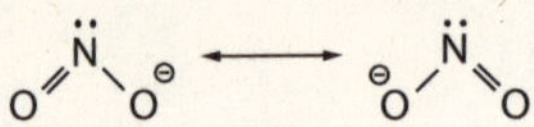

formule limite di risonanza

equivalenti a

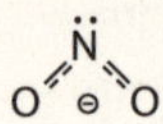

ibrido di risonanza

La risonanza è dovuta al fatto che gli elettroni del legame π, anziché essere condivisi, nel caso di NO_2^-, solo dall'atomo di N e da un atomo di O, sono delocalizzati su tutta la molecola: formano cioè un orbitale molecolare π delocalizzato, esteso a tutti e tre gli atomi. Il benzene (§ 12.9) è un idrocarburo ciclico avente formula bruta C_6H_6; i sei atomi di carbonio si trovano ai vertici di un esagono e sono ibridati sp^2, ciascun atomo di carbonio possiede quindi tre orbitali ibridi sp^2 e un orbitale p puro.

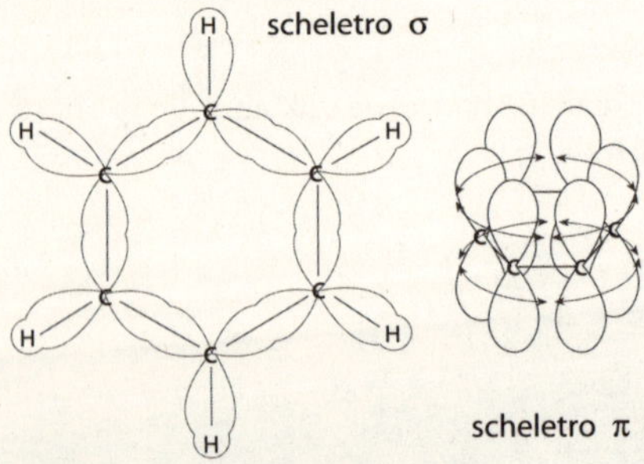

Dei tre orbitali ibridi, due vengono utilizzati per formare legami σ con i due atomi di carbonio adiacenti, mentre il terzo viene impiegato per legare l'atomo di idrogeno.

I sei elettroni presenti nei sei orbitali p sono delocalizzati in due nubi elettroniche cicliche che si trovano una sopra e l'altra sotto il piano formato dai sei atomi di carbonio. In termini di formula di struttura il benzene è quindi un ibrido di risonanza tra due forme limite, rappresentabile nel modo indicato sotto.

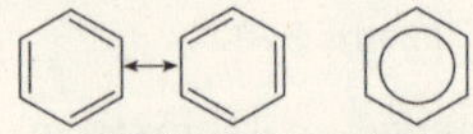

formule limite di risonanza — ibrido di risonanza

Ibridazione e delocalizzazione degli elettroni π (risonanza) concorrono ad aumentare la stabilità della molecola.

4.7 | Geometria molecolare (teoria VSEPR)

La geometria di una molecola (o di uno ione poliatomico) dipende dal numero e dal tipo di doppietti elettronici (di legame o solitari) che circondano l'atomo centrale; tale geometria può essere prevista in base alla teoria della repulsione tra le coppie di elettroni del livello di valenza, o *teoria VSEPR* (dall'inglese *Valence Shell Electron Pair Repulsion*).

✔ La teoria VSEPR stabilisce che i doppietti elettronici del livello di valenza si dispongono alla massima distanza possibile gli uni dagli altri, in modo da minimizzare la repulsione elettrostatica tra di essi.

Per applicare il metodo VSEPR per prevedere la geometria delle molecole è necessario contare il numero di doppietti di elettroni solitari e il numero di atomi (quindi di doppietti condivisi) intorno all'atomo centrale; il numero totale di doppietti solitari + atomi è detto *numero sterico* (*NS*). A differenti valori di *NS* corrispondono diverse geometrie molecolari, come illustrato nella tabella seguente.

Ogni molecola può essere rappresentata con la **formula generica** AX_mE_n, dove A rappresenta l'atomo centrale, X il numero di atomi legati all'atomo centrale ed E le coppie di elettroni solitarie presenti sull'atomo centrale. Il numero sterico corrisponde a (n+m). La formula generica indicata nella tabella seguente si riferisce agli esempi illustrati nella colonna a fianco.

La presenza di **coppie di elettroni solitarie** (chiamate anche coppie non condivise) ha l'effetto di schiacciare l'**angolo di legame** come conseguenza delle forze di repulsione in gioco. Quindi, per esempio, l'angolo di legame di NH_3 (formula generica AX_3E) è 107,5°, mentre l'angolo di legame di H_2O (formula generica AX_2E_2) è 105°.

NS	Forma	Angolo di legame	Formula generica	Esempi	
2	lineare	180°	AX_2	CO_2, HCN	O═C═O H—C≡N
3	trigonale planare	120°	AX_3 AX_2E	BH_3 SO_2	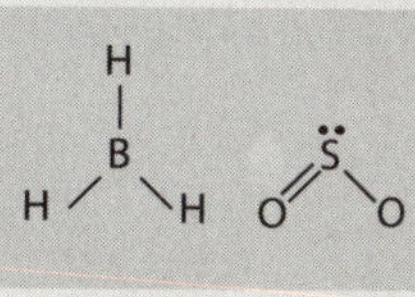
4	tetraedrica	109,5°	AX_2E_2 AX_4 AX_3E	H_2O CH_4 NH_3	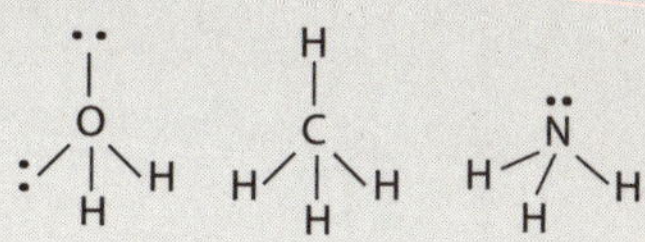
5	trigonale bipiramidale	90° 120° 180°	AX_5	PCl_5	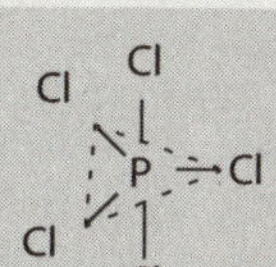
6	ottaedrica	90° 180°	AX_6	SF_6	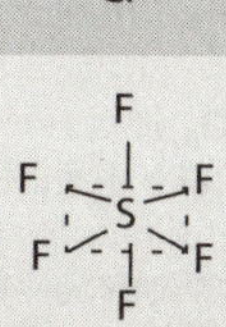

4.8 | Polarità delle molecole

Una molecola è polare se possiede un momento dipolare netto. Il momento dipolare è una grandezza vettoriale che si indica con μ, la cui unità di misura è debye (D).

Il vettore momento dipolare ha:

- *direzione*: quella data dal legame in questione;
- *verso*: per convenzione, il verso va dall'atomo meno elettronegativo all'atomo più elettronegativo;
- *modulo* (o *intensità*): dato dalla differenza di elettronegatività tra gli atomi che partecipano al legame.

Il fatto che una molecola sia polare, dipende dalla polarità dei legami chimici in essa presenti e dalla geometria molecolare.

- Molecole contenenti solo legami covalenti puri sono sempre non polari (o *apolari*).
- Molecole contenenti legami covalenti polari possono essere polari o non polari.

  Dato che il momento dipolare netto di una molecola è la somma vettoriale dei singoli momenti dipolari, caratterizzati, oltre che dall'intensità (o modulo), anche dal verso e dalla direzione:

  - una molecola formata da *due atomi* legati da un legame covalente polare è *sempre polare*.

    In $\overset{\delta+}{H}$–$\overset{\delta-}{Cl}$ i due atomi sono legati da un legame covalente polare. La molecola è quindi polare e si comporta come un dipolo elettrico.

  - una molecola formata da più di due atomi legati da legami polari è polare solo se i singoli dipoli non si annullano a vicenda. Occorre quindi applicare le regole della somma vettoriale per stabilire se la sommatoria dei momenti dipolari di tutti i legami della molecola risulta diverso da zero (in questo caso la molecola è polare poiché vi è un momento dipolare totale), oppure se la sommatoria risulta nulla (in questo caso la molecola è apolare)

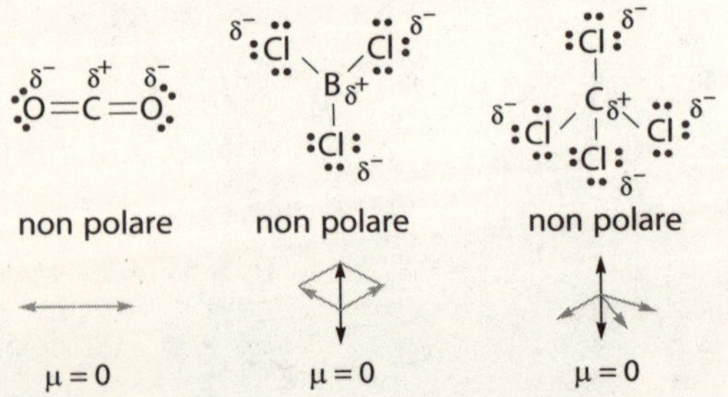

CO_2. Poiché la molecola CO_2 è lineare, i vettori momenti dipolari dei due legami polari C–O hanno stessa direzione, versi opposti, moduli uguali, pertanto si annullano reciprocamente rendendo il composto apolare.

BCl_3. Applicando la regola del parallelogramma ai due vettori corrispondenti a due dei legami si ricava un vettore che sommato al terzo si annulla. I tre momenti dipolari si annullano (molecola apolare) a causa della geometria trigonale planare della molecola ($\alpha = 120°$).

CCl_4. Si fa la somma vettoriale applicando la regola del parallelogramma tra due legami C–Cl e si applica la stessa regola coi due legami C–Cl rimanenti. Si esegue poi la somma vettoriale dei due vettori risultanti che avranno lo stesso modulo, stessa direzione, ma verso opposto a causa della geometria molecolare tetraedrica. I quattro dipoli dei legami C–Cl si annullano (molecola apolare).

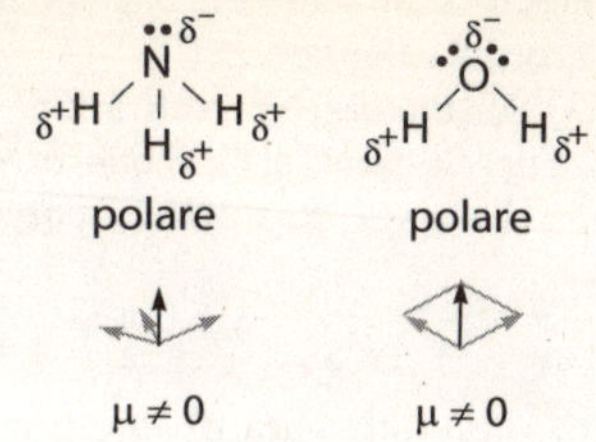

NH_3. Nel caso dell'ammoniaca, vi sono tre vettori (uno per ogni legame N–H) con verso H→N poiché l'azoto è tra i due l'elemento più elettronegativo. In questo caso i tre vettori si traslano in modo da ottenere un'origine comune (i tre vettori in rosso della figura sopra). Il doppietto elettronico schiaccia l'angolo di legame della molecola ($\alpha = 107°$), quindi la sommatoria dei tre momenti dipolari, indicata con un vettore nero nella figura) risulta diversa da zero rendendo la molecola polare

H_2O. I legami covalenti sono polari e la forma piegata non consente loro di annullarsi, quindi la molecola è polare.

Date le molecole: CH_4, CO_2 e HBr, quale di queste è polare?

Nelle sostanze proposte dal quesito gli atomi sono uniti da legami covalenti; poiché in tutti i casi gli atomi coinvolti non hanno uguali valori di elettronegatività, si tratta di *legami covalenti polari*. Una molecola in cui siano presenti legami di questo tipo può risultare polare, oppure no, a seconda della forma della molecola stessa, infatti i dipoli associati ai singoli legami possono annullarsi in conseguenza della forma della molecola. I composti proposti dal quesito, per quanto riguarda la polarità hanno le caratteristiche seguenti:

- la molecola del metano, CH_4, ha struttura tetraedrica, quindi i quattro dipoli si annullano e la molecola, illustrata a fianco, non è polare;

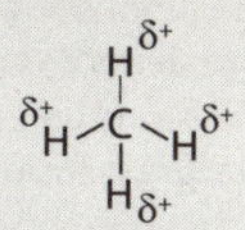

- la molecola di anidride carbonica, CO_2, ha struttura lineare e anche in questo caso i due dipoli, orientati in verso opposto, si annullano;

$$\overset{\delta^-}{O}=C=\overset{\delta^-}{O}$$

- la molecola di acido bromidrico, HBr, è polare per la presenza di una parziale carica negativa su Br e una parziale carica positiva su H.

$$\overset{\delta^+}{H}-\overset{\delta^-}{Br}$$

L'unica molecola polare è quindi l'acido bromidrico, HBr.

4.9 | Legame ionico

Il *legame ionico* si forma tra due atomi con elevata differenza di elettronegatività (> 1,7) in seguito al trasferimento di uno o più elettroni di valenza dall'atomo meno elettronegativo a quello più elettronegativo, con formazione di due ioni di carica elettrica opposta.

Tipicamente il legame ionico si forma tra un metallo (poco elettronegativo) e un non metallo (o un'altra specie poliatomica contenente un atomo molto elettronegativo) quando gli atomi del metallo cedono uno o più elettroni al non metallo, trasformandosi rispettivamente in ioni positivi (cationi) e ioni negativi (anioni).

Na è un metallo del gruppo I A e ha un elettrone di valenza, mentre Cl è un non metallo del gruppo VII A e ha sette elettroni di valenza.
Nel composto NaCl, tra i due atomi si ha un'attrazione elettrostatica dovuta al trasferimento dell'elettrone di valenza del Na dal Na al Cl. In questo modo, Na si trasforma in catione sodio Na^+, Cl si trasforma in anione cloruro Cl^- ed entrambi raggiungono l'ottetto.

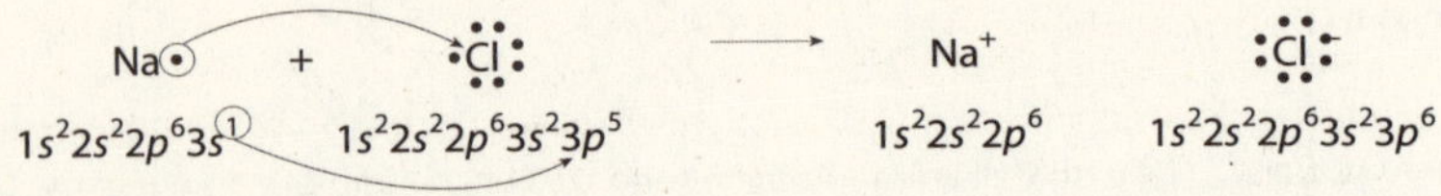

Nel caso del legame ionico non si formano né orbitali molecolari, né molecole; la forza del legame ionico è puramente elettrostatica. Il legame ionico è adirezionale.

I composti ionici sono formati da un insieme di ioni di carica opposta, disposti in modo tale da formare un *reticolo cristallino* tridimensionale, in cui sono minime le forze di repulsione tra ioni della stessa carica e massime le forze attrattive tra ioni di carica opposta. I composti ionici, per questo motivo, sono invariabilmente solidi (si veda § 5.4).
La formula bruta di un composto ionico non rappresenta la composizione di una molecola, ma è semplicemente una *formula minima* (§ 5.4) che indica il rapporto minimo secondo cui si combinano i cationi e gli anioni che lo costituiscono.
L'energia liberata all'atto della formazione del reticolo cristallino per effetto dell'interazione elettrostatica degli ioni positivi con tutti gli ioni negativi del cristallo, e viceversa, prende il nome di *energia reticolare*.

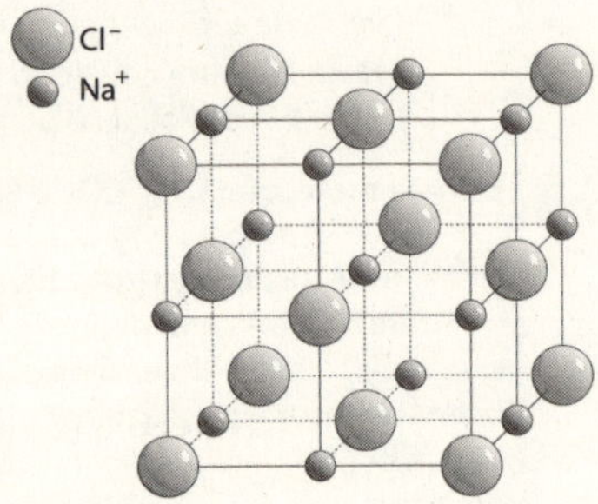

Struttura cristallina del cloruro di sodio

L'energia reticolare dipende dalla natura degli ioni che compongono il cristallo: aumenta all'aumentare della carica degli ioni e al diminuire delle loro dimensioni.
I composti ionici hanno alta temperatura di fusione ed ebollizione e conducono la corrente elettrica allo stato fuso e in soluzione acquosa. La temperatura di fusione di un solido cristallino è tanto più alta quanto più alta è la sua energia reticolare.

Confronto tra legame ionico e legame covalente

Esempio	Differenza di elettronegatività	Tipo di legame	Forza del legame dovuta a:
H – H	0	covalente puro	orbitale molecolare
H – Cl	0,9	covalente polare	orbitale molecolare e attrazione elettrostatica
NaCl	2,2	ionico	attrazione elettrostatica

Per convenzione, il legame fra due atomi diversi si considera ionico quando la differenza di elettronegatività è maggiore di 1,7, covalente polare quando la differenza è minore. In realtà il passaggio da un tipo di legame all'altro è graduale e quando la differenza di elettronegatività è compresa fra 1,7 e 1,9 la definizione del legame è incerta.

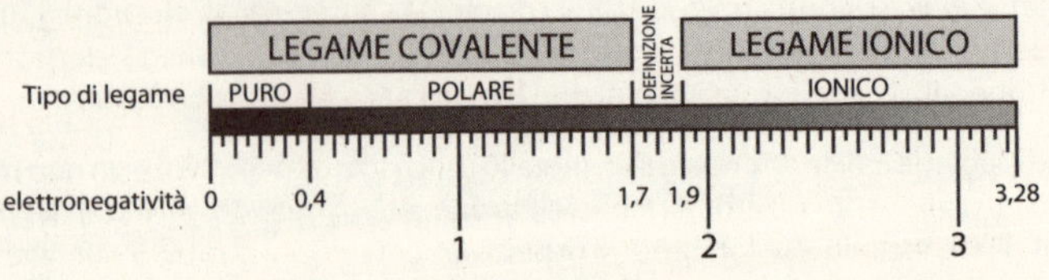

4.10 | Legame metallico

A temperatura ambiente tutti i metalli, tranne il mercurio, sono solidi in cui gli atomi sono disposti in modo ordinato nelle tre dimensioni dello spazio a formare un reticolo cristallino. Il legame tra gli atomi del metallo nel cristallo non è né ionico, né covalente.

Si ricordi che i metalli hanno bassa elettronegatività e bassa energia di ionizzazione; tendono quindi a cedere con facilità i loro elettroni di valenza, trasformandosi in cationi. Un pezzo di metallo non viene considerato un insieme di atomi neutri, bensì un insieme di cationi che hanno espulso i loro elettroni di valenza; gli **elettroni** perduti, messi in comune fra tutti gli ioni e **delocalizzati su un orbitale esteso a tutto il metallo**, possono muoversi liberamente in tutto il campione.

Le proprietà fisiche dei metalli, tra cui l'elevata conduttività elettrica e termica, la duttilità e la malleabilità, sono giustificate dalla mobilità degli elettroni. L'attrazione che si esercita tra i cationi del reticolo cristallino e gli elettroni di valenza delocalizzati costituisce il legame metallico. Il legame ha quindi carattere sia elettrostatico che covalente ed è adirezionale.

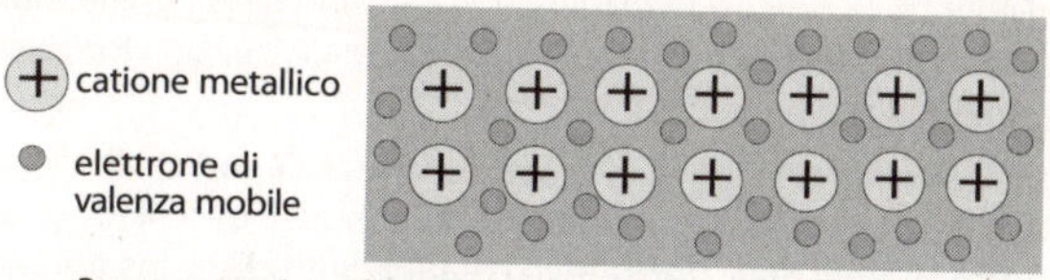

Rappresentazione del reticolo cristallino metallico in sezione

Tabella riepilogativa dei legami forti

Elementi coinvolti	Tipo di legame
metallo + non metallo	ionico
non metallo + non metallo	covalente
metallo + metallo	metallico

4.11 | Legami intermolecolari

Le molecole in un solido o in un liquido interagiscono tra loro attraverso i *legami intermolecolari*: forze attrattive di tipo elettrostatico molto più deboli dei legami che uniscono gli atomi nelle molecole

I legami intermolecolari comprendono:

- le interazioni dipolo-dipolo;
- le forze di dispersione (dette anche forze di London);
- il legame a idrogeno;
- le interazioni ione-dipolo (§ 8.3).

Con *forze di Van der Waals* si indicano in senso generico interazioni di natura elettrostatica molto deboli tra molecole (sono infatti legami intermolecolari). A differenza del legame ionico, legame forte di natura elettrostatica, che avviene fra un catione e un anione, le forze di Van der Waals avvengono principalmente fra molecole neutre (polari o apolari). Alcuni testi includono tra queste solo le forze di dispersione (in questo caso coincidono con le forze di London), per altri invece le forze di Van der Waals comprendono anche le altre deboli interazioni intermolecolari.

Lo **stato di aggregazione di una sostanza** molecolare è determinato proprio dalla forza e dal numero dei legami intermolecolari (si veda § 5.1). Il calore assorbito da una sostanza come l'acqua per fondere o per evaporare permette la rottura di questi legami.

Quando si fonde un composto ionico si rompe il reticolo cristallino. Quando si fonde un composto molecolare si rompono forze di dispersione, interazioni dipolo-dipolo o legami a idrogeno, quindi nel primo caso è necessario un maggiore dispendio di energia; infatti, i composti ionici hanno generalmente temperature di fusione molto alte.

4.11.1 | Interazioni dipolo-dipolo

Le interazioni dipolo-dipolo sono forze di attrazione che si instaurano *tra molecole polari*. Tali molecole si comportano come *dipoli elettrici spontanei* e *permanenti* e si attirano reciprocamente, orientandosi con l'estremità positiva di un dipolo vicina all'estremità negativa di un dipolo vicino.

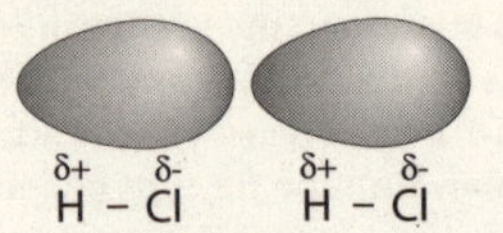

4.11.2 | Forze di dispersione

Le forze di dispersione sono forze di attrazione estremamente deboli legate alla formazione di *dipoli temporanei*, anche in molecole di per sé non polari, causati dal rapido moto degli elettroni intorno al nucleo. Nelle molecole apolari è infatti la posizione *media* degli elettroni a rendere la molecola apolare. Nei singoli istanti, invece, la nuvola elettronica può essere spostata ora verso un atomo, ora verso l'altro, trasformando la molecola in un dipolo temporaneo.

I dipoli temporanei interagiscono con le nuvole elettroniche delle molecole vicine polarizzandole (provocando cioè la formazione di *dipoli indotti*) e stabilendo con esse deboli forze attrattive. Le forze di dispersione sono dunque interazioni di tipo attrattivo (stabilizzanti) che si instaurano tra un dipolo temporaneo e i dipoli indotti circostanti. Le forze di dispersione si instaurano *tra tutti i tipi di molecole*, sia polari che apolari, e sono tanto più intense quanto più facilmente la nube elettronica dell'orbitale molecolare può essere distorta.

L'intensità delle forze di dispersione cresce all'aumentare del PM e del numero di elettroni presenti nella molecola.

La molecola di cloro ha PM = 71	→	Cl_2 è gassoso;
la molecola di bromo ha PM = 160	→	Br_2 è liquido;
la molecola di iodio ha PM = 254	→	I_2 è solido.

4.11.3 | Legame a idrogeno

Il legame a idrogeno è un'interazione elettrostatica tra un atomo di idrogeno legato con legame covalente a un atomo molto elettronegativo (F, O o N) e il doppietto solitario di un atomo molto elettronegativo (F, O o N) di una molecola adiacente (legame a idrogeno intermolecolare) o della stessa molecola (legame a idrogeno intramolecolare). Il legame a idrogeno è un particolare tipo di interazione dipolo-dipolo ed è la più forte tra le forze di attrazione intermolecolari. Si presenta nelle molecole contenenti raggruppamenti del tipo: H–F, H–O, H–N; quindi esiste legame a idrogeno nell'acido fluoridrico (HF), nell'ammoniaca (NH_3) e nell'acqua (H_2O).

Le molecole unite da legami a idrogeno hanno punti di ebollizione notevolmente superiori a quelli di molecole di analoga massa molecolare che non formano però legami a idrogeno. Il legame a idrogeno è un legame *direzionale*.

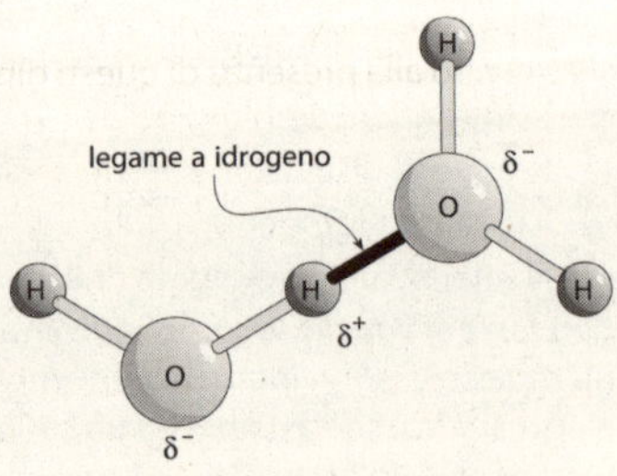

Rappresentazione del legame a idrogeno fra due molecole di H_2O

La presenza del legame a idrogeno in H_2O determina importanti conseguenze:

- a temperatura ambiente, l'acqua è liquida e non gassosa, perché il legame a idrogeno è più forte dei legami dipolo-dipolo presenti nelle molecole di simile massa molecolare in cui questo legame non si forma (come per esempio H_2S, composto gassoso a temperatura ambiente);
- l'acqua aumenta di volume nel passaggio da liquido a solido e la massima densità è a 4 °C.

Generalmente la densità di una sostanza aumenta al diminuire della temperatura perché si formano un maggior numero di legami intermolecolari, con il risultato di una struttura più compatta. Per l'acqua questo è vero fino alla temperatura di 4 °C, mentre, raffreddandola ulteriormente, la densità diminuisce; inoltre l'acqua solida (ghiaccio) ha volume maggiore (e densità minore) dell'acqua liquida. Questo si spiega osservando la struttura cristallina del ghiaccio (fig. a).

Allo stato solido, più molecole di acqua, legate insieme con legami a idrogeno, si dispongono secondo un anello esagonale caratteristico dei cristalli di ghiaccio (fig. b).

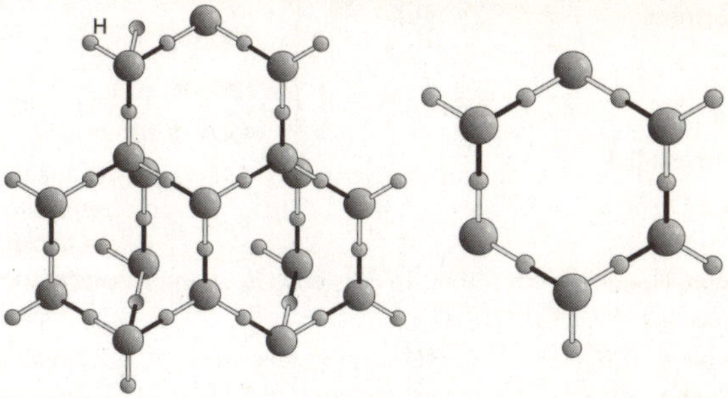

a) b)

Questa struttura, ricca di spazi vuoti e poco compatta, spiega l'anomala diminuzione della densità dell'acqua (aumento di volume) nel passaggio da stato liquido a stato solido.

A cosa sono dovute le forze di Van der Waals presenti fra le molecole dei gas biatomici come N_2, O_2, Cl_2?

Le molecole considerate sono molecole biatomiche, ognuna formata da due atomi uguali uniti da un legame covalente puro. Poiché la nuvola elettronica di legame è equamente condivisa, non vi è in media alcuna separazione parziale di carica elettrica e le molecole non possono essere *dipoli permanenti*. A causa dell'estrema mobilità degli elettroni di legame intorno ai due nuclei, può però accadere che la nuvola elettronica sia spostata per brevissimi istanti verso una delle due estremità della molecola formando un *dipolo temporaneo*. Nell'istante infinitesimo della sua esistenza, il dipolo temporaneo formatosi può esercitare la sua influenza su altre molecole vicine, inducendone la polarizzazione e determinando così la formazione di *dipoli indotti*. Proprio alla presenza di questi dipoli indotti sono dovute quelle forze attrattive debolissime indicate anche come forze di dispersione.

La tabella riporta alcuni esempi dei legami intermolecolari presenti in sostanze diverse

Molecola	Polare/ non polare	Interazione dipolo-dipolo	Legame a idrogeno	Forze di dispersione	PM	P. ebollizione °C
N_2	non polare	no	no	sì	34,08	–210,03
NH_3	polare	sì	sì	sì	16,04	–33,43
CO	polare	sì	no	si	119,38	–191,5
CO_2	non polare	no	no	sì	34,08	–78,5
HCl	polare	si	no	sì	16,04	–85,05
H_2O	polare	sì	sì	sì	119,38	100,0
H_2S	polare	sì	no	sì	34,08	–60,2
CH_4	non polare	no	no	sì	16,04	–161,7
$CHCl_3$	polare	sì	no	sì	119,38	61,26

CLASSIFICAZIONE DEI LEGAMI CHIMICI

Legami con formazione di orbitali molecolari	**covalente**	**apolare** **polare** **dativo** **a elettroni delocalizzati (risonanza)**
Legami intermedi		**metallico** *a idrogeno*
Legami elettrostatici		**ionico** *forze di dispersione* *dipolo-dipolo* *ione-dipolo*

In grassetto sono indicati i legami interatomici, in corsivo le forze intermolecolari.

4.12 | Allotropia e polimorfismo

Quando uno stesso elemento presenta due forme che differiscono per la struttura molecolare o per il modo in cui sono concatenati gli atomi, queste due forme hanno caratteristiche fisiche e chimiche diverse: si parla allora di *allotropia*.

Quando, invece, un elemento si presenta in forme che differiscono solo per la struttura cristallina, si parla di *dimorfismo* o, più in generale, di *polimorfismo*. In questo caso le forme differiscono solo in alcune proprietà fisiche come il punto di fusione e la densità.

Diamante e grafite, ossigeno (O_2) e ozono (O_3) sono esempi di allotropia.
Le due forme in cui si cristallizza lo zolfo, monoclina e rombica, contengono entrambe molecole S_8 e sono un esempio di dimorfismo.

Test di verifica

1 **L'energia di legame è maggiore in:**

A un legame semplice
B un legame doppio
C un legame triplo
D un legame a idrogeno
E un'interazione dipolo-dipolo

2 **Il legame tra l'ossigeno e l'idrogeno in una molecola d'acqua è:**

A ionico
B a idrogeno
C dativo
D di coordinazione
E covalente

3 **Tra i seguenti legami, qual è il più lungo?**

A Legame doppio tra due atomi di C
B Legame doppio tra un atomo di C e uno di O
C Legame semplice tra due atomi di C
D Legame triplo tra due atomi di C
E Legame triplo tra un atomo di C e uno di N

4 **Nella molecola NH_3, l'atomo di azoto mette in compartecipazione con ciascun atomo di H:**

A un elettrone
B due elettroni
C tre elettroni
D quattro elettroni
E nessun elettrone

5 **Cl-Cl rappresenta la molecola biatomica del cloro; il legame che caratterizza tale sostanza è:**

A covalente puro
B dativo
C metallico
D covalente polare
E ionico

6 **Quale tra i seguenti legami si riscontra nella molecola HBr?**

A Di coordinazione
B Ionico
C Covalente non polare
D Covalente dativo
E Covalente polare

7 **Quale dei seguenti composti contiene un legame ionico?**

- A H_2S
- B CO_2
- C $CaCl_2$
- D NH_3
- E O_2

8 **Indicare quale tra le seguenti molecole è apolare:**

- A H_2O
- B CO_2
- C HCl
- D NO
- E NH_3

9 **Un atomo di carbonio ibridato *sp*^{3} può fare al massimo:**

- A 3 legami covalenti
- B 4 legami covalenti
- C 4 legami, di cui uno dativo
- D 4 legami covalenti, di cui 2 dativi
- E 1 legame

10 **Quale tra i seguenti elementi può formare 3 legami covalenti semplici con 3 atomi di cloro?**

- A Na
- B F
- C Ba
- D B
- E Kr

11 **Il legame a ponte di idrogeno:**

- A è un legame forte
- B è un legame covalente debole
- C esiste tra molecole di acido solfidrico
- D è presente nell'acqua sia allo stato liquido che a quello solido
- E è presente nell'idrogeno molecolare

12 **Le molecole di HCl possono legarsi tra loro mediante:**

- A interazioni dipolo-dipolo
- B legami a ponte idrogeno
- C legami covalenti
- D legami ionici
- E legami dativi

Soluzioni e commenti

1 L'energia di legame corrisponde all'energia che si deve spendere per rompere un legame chimico. Per individuare il legame più forte possiamo innanzitutto scartare il legame a idrogeno (risposta **D**) e l'interazione dipolo-dipolo (risposta **E**), legami intermolecolari, decisamente più deboli dei legami covalenti. Quello caratterizzato dalla maggiore energia di legame è il legame triplo; risposta **C**.

2 La differenza di elettronegatività tra ossigeno e idrogeno è 1,4 (= 3,5 – 2,1), il legame che li unisce nella molecola dell'acqua è perciò covalente e non ionico. La risposta **A** è pertanto sbagliata, mentre è corretta la risposta **E**.

Il legame a idrogeno (risposta **B**) è invece il tipo di legame intermolecolare che tiene unite le molecole d'acqua tra loro allo stato liquido e allo stato solido.

3 La lunghezza di un legame covalente, pari alla distanza tra i nuclei dei due atomi legati, è direttamente proporzionale al loro raggio atomico e inversamente proporzionale al numero dei legami tra i due atomi. Ne consegue che il legame covalente più lungo, fra quelli proposti, è il legame semplice tra due atomi di C; risposta **C**.

4 L'ammoniaca, di formula NH_3, è formata da un atomo di azoto (N) che lega tre atomi di idrogeno (H), mettendo in compartecipazione un elettrone con ognuno dei tre atomi di idrogeno.

Risposta **A**.

5 I due atomi di cloro che formano la molecola biatomica di questo elemento sono legati da un legame covalente puro, in cui ogni atomo mette in compartecipazione un elettrone; i due elettroni condivisi sono equamente distribuiti sui due atomi, che essendo identici hanno lo stesso valore di elettronegatività. La risposta corretta è quindi la **A**.

Il legame covalente polare si forma invece fra atomi di elettronegatività simile ma non identica; in questo caso gli elettroni condivisi sono attratti maggiormente dall'atomo più elettronegativo e si forma una molecola polare.

6 L'elettronegatività dell'idrogeno è pari a 2,1, quella del bromo a 2,8. La differenza di elettronegatività fra i due elementi, pari a 0,8 unità, fa sì che fra loro si formi un legame covalente polare, in cui gli elettroni in comune sono attratti maggiormente del bromo piuttosto che dall'idrogeno.

Risposta **E**.

7 Per stabilire che tipo di legame è presente nei composti proposti dal quesito è necessario valutare le differenze di elettronegatività fra gli elementi costituenti. Possiamo innanzitutto scartare l'alternativa **E** (O_2), perché due atomi uguali sono certamente uniti da un legame covalente. La differenza di elettronegatività fra H e S è 0,4, quindi H_2S è un composto covalente, e l'alternativa **A** può essere scartata. Lo stesso vale per CO_2, in cui la differenza di elettronegatività è 1,0 e per NH_3, in cui tale differenza è 0,9. Anche le alternative **B** e **D** sono quindi errate. La risposta corretta è la **C**, infatti la differenza di elettronegatività fra Ca e Cl è pari a 2,0, $CaCl_2$ è quindi un composto ionico, formato dagli ioni Ca^{2+} e Cl^-.

8 La polarità di una molecola dipende dalla *polarità dei legami* chimici in essa presenti e dalla *geometria* della molecola.

Nelle molecole formate da atomi uguali sono presenti solo legami covalenti puri quindi queste sono sempre apolari. Nelle molecole formate da atomi diversi, invece, l'atomo più elettronegativo tende ad attirare verso di sé gli elettroni di legame, creando in tal modo una separazione di carica che viene indicata con il simbolo δ^- per l'atomo più elettronegativo e con il simbolo δ^+ per l'altro atomo. Questa separazione di carica dà luogo alla formazione di un *dipolo elettrico* e di un conseguente *momento dipolare* permanente. Nel caso siano presenti legami polari, la polarità della molecola dipende dalla sua geometria.

Nel caso proposto dal quesito, le molecole H_2O, HCl, NO e NH_3 sono polari:

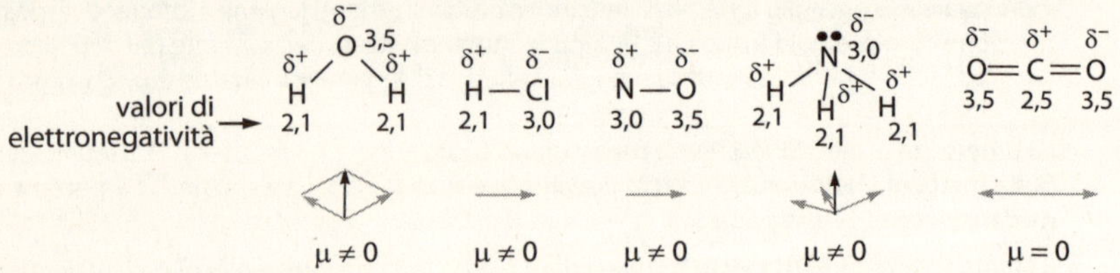

La molecola CO_2 è invece apolare, infatti i dipoli che si formano in corrispondenza dei due legami C=O si annullano perché hanno pari intensità e stessa direzione ma verso opposto. La risposta esatta è quindi la **B**.

9 Il carbonio ha configurazione elettronica esterna $2s^2\ 2p^2$; quando forma orbitali ibridi di tipo sp^3, un elettrone viene promosso dall'orbitale *s* saturo all'orbitale *p* vuoto, poi l'orbitale *s* e i 3 orbitali *p* si combinano dando origine a 4 orbitali ibridi (gli orbitali sp^3), diversi da quelli di partenza, e aventi uguale forma e uguale energia. Attraverso l'ibridizzazione il carbonio ottiene quattro elettroni spaiati e può dunque formare un massimo di quattro legami covalenti; risposta **B**.

10 A causa della grande differenza di elettronegatività, il cloro forma composti ionici con il sodio (Na) e con il bario (Ba); non forma invece composti con il fluoro (F), né con il gas nobile cripto (Kr); le risposte **A**, **B**, **C** ed **E** sono quindi errate. La risposta corretta è la **D**: il boro (B) è un semi metallo e forma composti in cui lega altri atomi con tre legami covalenti, nel nostro caso il cloruro di boro, BCl_3; si noti anche che l'elettronegatività del boro è 2,0 e quella del cloro 3,0, la differenza quindi è compatibile con la formazione di legami covalenti polarizzati.

11 Il legame a ponte di idrogeno (detto anche semplicemente legame a idrogeno) è un'interazione elettrostatica che si forma tra un atomo di idrogeno legato con legame covalente a un atomo molto elettronegativo (F, O o N) e un altro atomo molto elettronegativo (F, O o N); possiamo quindi escludere l'alternativa **B**. Possiamo dire inoltre che nell'idrogeno molecolare non è presente questo tipo di legame, e neppure nell'acido solfidrico, infatti in quest'ultimo composto, di formula H_2S, H non è legato a un atomo sufficientemente elettronegativo da permettere la comparsa del legame a idrogeno. Anche le alternative **C** ed **E** possono quindi essere scartate. Il legame a idrogeno è considerato il più forte dei legami deboli, quindi anche la risposta **A** è errata. L'alternativa corretta è la **D**, infatti il legame idrogeno è la forza intermolecolare presente fra le molecole di H_2O, sia allo stato solido che a quello liquido.

12 Nelle molecole di HCl idrogeno e cloro sono legati da un legame covalente polare, sono quindi molecole polari e si comportano come *dipoli elettrici permanenti*. In queste condizioni si instaurano forze di attrazione dette *interazioni dipolo-dipolo*; risposta **A**.

Test di approfondimento

1 **Una sola delle seguenti affermazioni a proposito del legame covalente NON è corretta. Quale?**

A Si instaura tra elementi con piccole differenze di elettronegatività
B Può essere polarizzato o non polarizzato
C Può essere semplice, doppio o triplo
D Non è direzionale
E È presente nelle molecole degli alcani

2 **"La struttura dello ione ammonio può essere compresa mediante due schematizzazioni; nella prima un idrogenione si lega al doppietto elettronico non condiviso presente nell'ibrido *sp*^{3} dell'atomo di azoto dell'ammoniaca (legame dativo); nella seconda schematizzazione la formazione dallo ione può essere supposta come risultato della combinazione di un ipotetico ione N^+, isoelettronico con il carbonio, con quattro atomi di idrogeno; in entrambi i casi, comunque, l'atomo di azoto si trova nello stato di ibridazione *sp*^{3}, e la struttura dello ione è perfettamente tetraedrica". Quale delle seguenti informazioni non può essere dedotta dalla lettura del brano precedente?**

A L'atomo di carbonio e l'atomo di azoto hanno ugual numero di elettroni nell'ultimo livello
B L'ammoniaca può utilizzare un doppietto elettronico per formare un legame dativo
C L'ipotetico ione N^+ possiede 4 elettroni nell'ultimo livello
D L'azoto presenta la stessa ibridazione, sia nell'ammoniaca che nello ione ammonio
E Nella formazione dell'NH_4^+ dall'NH_3, l'H^+ è l'accettore del doppietto elettronico

3 **Tra quali delle seguenti coppie di elementi si stabilisce un legame prevalentemente ionico?**

A H e C
B S e O
C Fe e Fe
D K e Cl
E Si e I

4 **Nella Tavola Periodica l'elemento R appartiene al Gruppo 17, l'elemento X al Gruppo 1 e l'elemento T al Gruppo 16. Se questi elementi reagiscono tra loro formando dei composti binari, quale combinazione descrive il carattere più probabile di ciascun legame?**

A R + X = ionico; R + T = covalente; X + T = covalente
B R + X = covalente; R + T = ionico; X + T = ionico
C R + X = ionico; R + T = covalente; X + T = ionico
D R + X = covalente; R + T = ionico; X + T = covalente
E R + X = ionico; R + T = ionico; X + T = covalente

5 **Il fosforo (Gruppo 15) e il cloro (Gruppo 17) reagiscono per formare il composto PCl_3. In una molecola di PCl_3 quanti doppietti elettronici non condivisi (NC) e quante coppie di elettroni di legame (EL) ci sono nel livello di valenza del fosforo?**

A NC=1 EL=1
B NC=1 EL=2
C NC=1 EL=3
D NC=2 EL=2
E NC=2 EL=3

6 **Quale/i delle seguenti affermazioni è/sono corretta/e relativamente ai legami carbonio–carbonio?**

1. **L'energia di legame cresce nell'ordine C–C, C=C, C≡C**
2. **La lunghezza del legame C–C è doppia rispetto a quella del legame C=C**
3. **Nel legame C=C gli atomi di carbonio condividono quattro elettroni**

A Solo 1 e 3
B Solo 3
C Solo 1 e 2
D Solo 2 e 3
E Solo 1

7 **Perché CCl_4 non è una molecola polare?**

A C e Cl hanno uguali valori di elettronegatività
B Cl è più elettronegativo di C
C CCl_4 è una molecola tetraedrica
D Le dimensioni dell'atomo di C sono inferiori rispetto a quelle dell'atomo di Cl
E C forma quattro legami e Cl solo due

8 **La tabella sottostante mostra a quale gruppo della Tavola Periodica appartengono i singoli elementi:**

Elemento	Gruppo
B	13
Br	17
C	14
F	17
H	1
N	15
O	16
P	15

Quale delle seguenti molecole o ioni ha la stessa forma della fosfina (PH_3)?

A H_3O^+
B BrF_3
C CO_3^{2-}
D BF_3
E NO_3^-

9 **Quali sono l'angolo di legame e la struttura tridimensionale dello ione ammonio? [Secondo la teoria VSEPR]**

A struttura = planare quadrata	angolo di legame = 90°
B struttura = tetraedrica	angolo di legame = 109,5°
C struttura = piramidale a base quadrata	angolo di legame = 107°
D struttura = piramidale a base quadrata	angolo di legame = 109,5°
E struttura = tetraedrica	angolo di legame = 90

Soluzioni e commenti

1 Il legame covalente si forma tra due atomi con elettronegatività uguale (legame covalente apolare) o simile (legame covalente polare); le risposte **A** e **B** si possono quindi scartare. Dato che i due atomi coinvolti in un legame covalente possono condividere anche due o tre elettroni, formando legami doppi o tripli, possiamo escludere anche l'alternativa **C**. Gli alcani sono composti organici formati da atomi di carbonio e idrogeno, che hanno valori di elettronegatività simile, quindi i legami presenti in questi composti sono di tipo covalente e la risposta **E** può essere esclusa. La risposta esatta è la **D**, infatti il legame covalente ha densità elettronica lungo l'asse internucleare ed è quindi direzionale, al contrario del legame ionico che è di natura elettrostatica.

2 Per rispondere correttamente a questo quesito è necessario individuare l'informazione che NON può essere dedotta dalla lettura del brano proposto. Secondo quanto appena letto l'atomo di azoto si trova nello stato di ibridazione sp^3 sia nell'ammoniaca (NH_3) che nello ione ammonio (NH_4^+), quindi l'informazione **D** è corretta e la risposta **A** è sbagliata. Secondo lo stesso brano, possiamo immaginare che lo ione NH_4^+ si formi grazie a un legame dativo fra il doppietto elettronico non condiviso di NH_3 (donatore) e lo ione H^+, privo di elettroni (accettore), anche le affermazioni **B** ed **E** sono quindi deducibili dal brano. Ricordiamo infine che il carbonio appartiene al gruppo IV A e possiede 4 elettroni nel livello energetico esterno, mentre l'azoto appartiene al gruppo V A e possiede 5 elettroni nello stesso livello; l'ipotetico ione N^+ proposto dal quesito (isoelettronico con il carbonio), possiede 4 elettroni nell'ultimo livello, quindi anche la risposta **C** è da scartare. La risposta corretta, cioè l'informazione non deducibile dal brano è quella proposta in **A**, secondo la quale gli atomi di azoto e di carbonio hanno ugual numero di elettroni nell'ultimo livello; abbiamo visto infatti che l'azoto possiede, nel livello più esterno, un elettrone in più del carbonio.

3 Per stabilire quale coppia di elementi può formare un legame ionico si può considerare la differenza di elettronegatività. Sapendo che l'elettronegatività aumenta nei periodi della tavola periodica, da sinistra verso destra, e diminuisce nei gruppi, dall'alto verso il basso, è possibile valutare quale delle coppie proposte avrà la massima differenza di elettronegatività. Gli atomi in alto a destra (come il cloro) sono i più elettronegativi e quindi se accoppiati a elementi in basso a sinistra (come il potassio) tenderanno a formare legami ionici vista la forte disparità di elettronegatività. Il legame ionico si forma sicuramente tra potassio e cloro (risposta **D**).

4 Per rispondere correttamente alla domanda bisogna identificare i gruppi di appartenenza degli atomi indicati genericamente con le lettere R, X e T. Il legame ionico si forma quando la differenza di elettronegatività è maggiore di 1,7 mentre se è inferiore il legame è covalente.

Il gruppo 17 è quello degli alogeni (gruppo VII A secondo la "vecchia" numerazione) e quindi l'elemento R potrebbe essere Cl (cloro), il gruppo 1 (gruppo I A) è quello degli alcalini e quindi l'elemento X potrebbe essere Na (sodio) mentre il gruppo 16 (gruppo VI A) è quello dei calcogeni e quindi l'elemento T potrebbe essere O (ossigeno).

Utilizzando gli atomi considerati si avranno i seguenti composti:

- R + X = NaCl (cloruro sodico)
- R + T = Cl_2O (anidride ipoclorosa)
- X + T = Na_2O (ossido di sodio)

Il cloruro sodico è formato da legami ionici perché la differenza di elettronegatività tra Cl e Na è 2,1. L'anidride ipoclorosa è formata da legami covalenti in quanto la differenza di elettronegatività tra O e Cl è 0,5. Infine l'ossido di sodio è formato da legami ionici perché la differenza di elettronegatività tra Na e O è 2,6. La risposta corretta al quesito è quindi la **C**.

5 La molecola di PCl_3 ha geometria tetraedrica ed ibridazione sp^3, poiché il P, atomo centrale, è un atomo del gruppo 15 (il V gruppo della numerazione "tradizionale") ha quindi 5 elettroni esterni, e il Cl, atomo periferico, può dare solo legami semplici. La molecola avrà quindi 3 coppie di elettroni condivisi (3 legami semplici) e una coppia di elettroni non condivisi: risposta **C**.

6 L'energia e la forza del legame covalente aumentano al crescere dell'ordine di legame, quindi l'energia di legame è minima nel legame semplice, più alta nel legame doppio e ancora maggiore nel legame triplo; poiché la prima affermazione è corretta, possiamo escludere le risposte **B**, **D** ed **E**.

Nel legame C=C i due atomi condividono 4 elettroni; anche l'affermazione 3 è quindi corretta. L'unica risposta possibile è dunque la **A** perché ambedue le affermazioni indicate nella risposta sono vere.

L'affermazione 2 è sbagliata infatti il legame semplice fra atomi di C ha lunghezza 1,54 Å, il legame doppio 1,34 Å mentre il legame triplo 1,20 Å.

7 La polarità di una molecola dipende dalla presenza di dipoli interni alla molecola e dalla sua simmetria. Nel caso del CCl_4 i legami C–Cl sono polarizzati ma, dato che la molecola ha geometria tetraedrica, i quattro dipoli si annullano reciprocamente e quindi complessivamente è non polare. La risposta corretta è dunque la **C**.

8 Nella fosfina il P è ibridato sp^3 infatti appartenendo al gruppo 15 ha 5 elettroni di valenza dei quali tre formano un legame covalente con l'H, usando tre degli orbitali ibridi sp^3, mentre due sono doppietti non condivisi allocati nel quarto orbitale ibrido sp^3. L'ossigeno, appartenente al gruppo 16, ha sei elettroni nell'ultimo livello e nella molecola H_3O^+ è ibridato sp^3. Due elettroni in due orbitali sp^3 sono impegnati in due legami con l'idrogeno come nella molecola d'acqua mentre un doppietto, sempre allocato in un orbitale sp^3, forma un legame dativo con l'H^+. Il secondo doppietto non condiviso giace così nel quarto orbitale sp^3. Concludendo la fosfina e lo ione idronio hanno ambedue struttura tetraedrica con un doppietto non condiviso. Riposta **A**.

9 Lo ione ammonio ha formula NH_4^+ dove l'azoto è ibridato sp^3 e quindi ha struttura tetraedrica caratterizzata da angolo di legame di 109,5°. La risposta corretta è quindi la **B**.

5 | Stati di aggregazione e passaggi di stato

Gli stati di aggregazione della materia in natura sono tre: **aeriforme**, **liquido** e **solido**.

- **Aeriforme** → non ha né volume né forma propri; si distribuisce uniformemente in tutto il volume a disposizione.
- **Liquido** → ha volume proprio e assume la forma del recipiente che lo contiene.
- **Solido** → ha volume e forma propri.

5.1 | Passaggi di stato

Lo stato di aggregazione di un composto è determinato dal numero e dalla forza dei legami presenti fra le particelle di cui è costituito.

Fornendo o sottraendo calore a una sostanza è possibile portarla a un diverso stato di aggregazione. Queste trasformazioni sono dette **cambiamenti di stato** o **passaggi di stato**. Nella figura seguente sono riportati tutti i possibili passaggi.

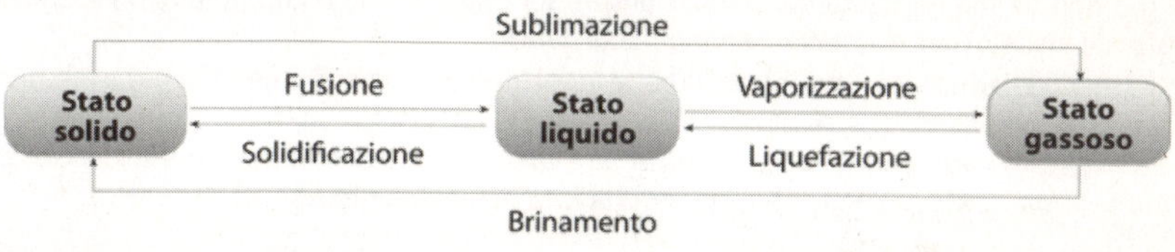

Nelle trasformazioni da sinistra a destra (→) occorre fornire calore al sistema mentre in quelle da destra a sinistra (←) il sistema cede calore all'esterno.

La liquefazione viene detta anche condensazione, mentre la vaporizzazione comprende l'evaporazione e l'ebollizione.

- Ogni passaggio di stato è caratterizzato dalla **rottura** o dalla **formazione di legami chimici** intermolecolari o ionici.
- Durante i cambiamenti di stato **la temperatura del sistema rimane costante**: il calore fornito al sistema (o ceduto dal sistema) è interamente consumato nella rottura (o nella formazione) dei legami chimici e non produce un aumento dell'agitazione termica delle molecole.
- Ogni sostanza per cambiare il suo stato ha bisogno di una precisa quantità di calore per unità di massa, detta **calore latente** del cambiamento di stato.

Il calore (Q) acquistato o ceduto da una massa m di una sostanza affinché questa cambi il suo stato di aggregazione è pari a:

$$Q = m \cdot \lambda$$

dove λ è il calore latente del cambiamento, espresso generalmente in cal/g.

Nel grafico viene analizzato il **riscaldamento di una mole di acqua** (a pressione atmosferica $P = P_0$) da T = – 20 °C a T > 100 °C.

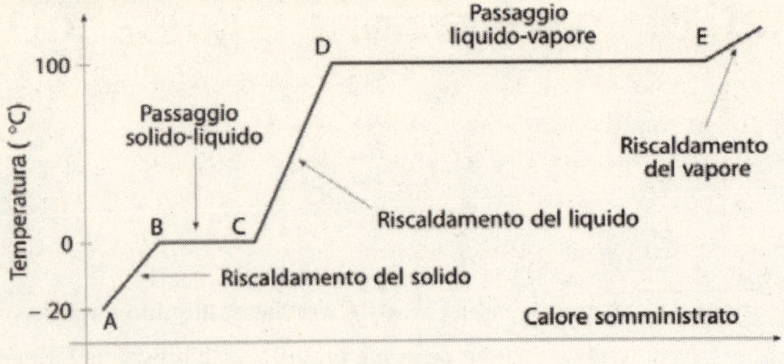

- La lunghezza del tratto BC corrisponde al *calore latente molare di fusione* λ_f: energia necessaria per fondere una mole di acqua.
- Lunghezza del tratto DE corrisponde al *calore latente molare di evaporazione* λ_e: energia necessaria per far evaporare una mole di acqua.

  Si ha che:

$$\lambda_e > \lambda_f \Leftrightarrow \overline{DE} > \overline{BC}$$

Il calore latente di fusione dell'acqua vale $\lambda_f = 79{,}7$ cal/g;
il calore latente di evaporazione dell'acqua vale $\lambda_e = 540$ cal/g.

5.2 | Stato gassoso (o aeriforme)

I gas non hanno né forma, né volume propri; sono facilmente comprimibili; si espandono con grande facilità. I gas in generale hanno bassa densità.
Lo stato aeriforme viene raggiunto da tutte le sostanze, ma solo alcune sono gas a temperatura e pressione ambiente.
Tra i tre stati di aggregazione, quello gassoso è caratterizzato dal massimo grado di disordine, dato che le particelle possiedono la massima libertà di movimento.

I parametri che caratterizzano un gas sono:

- volume (V) = volume del recipiente che contiene il gas (l o cm^3);
- pressione (P) = forza esercitata per unità di superficie (mmHg, atm, kPa);
- temperatura (T) = misura dell'energia cinetica media delle particelle del gas (K o °C, dove K = °C + 273,15);
- quantità (n) = numero di moli (mol).

5.2.1 | Gas perfetti

È *perfetto* (o *ideale*) un gas che soddisfa le seguenti condizioni:

- le particelle che costituiscono il gas hanno volume proprio (*covolume*) nullo;
- fra le particelle non esistono interazioni a distanza;
- gli urti tra le particelle sono perfettamente elastici.

I gas perfetti ubbidiscono alle seguenti **leggi** sperimentali:

- **legge di Boyle** o **legge isoterma**: a temperatura costante, il volume di una data massa di gas varia in modo inversamente proporzionale alla pressione; quindi:

$$P \cdot V = \text{costante}$$

- **legge di Charles** o **legge isobara**: a pressione costante, il volume di una data massa di gas varia in modo direttamente proporzionale alla temperatura; quindi:

$$V_t = V_0 \cdot (1+\alpha \cdot t)$$

che si può indicare anche con: $V_i/T_i = V_f/T_f$

dove: V_i = volume iniziale, V_f = volume finale, T_i = temperatura iniziale e T_f = temperatura finale;

- **legge di Gay-Lussac** o **legge isocora**: a volume costante, la pressione di una data massa di gas varia in modo direttamente proporzionale alla temperatura assoluta; quindi:

$$P_t = P_0 \cdot (1+\alpha \cdot t)$$

dove $\alpha = 1/273,15\ °C^{-1}$; t è la temperatura espressa in °C; V_0 e P_0 sono rispettivamente il volume e la pressione del gas quando $t = 0$ °C.

La legge isocora si può indicare anche con: $P_i/T_i = P_f/T_f$

dove: P_i = volume iniziale, P_f = volume finale, T_i = temperatura iniziale e T_f = temperatura finale.

Se la temperatura viene misurata in kelvin, la legge di Charles e quella di Gay-Lussac assumono la forma:

- **legge di Charles**: $V_T = \alpha \cdot V_0 \cdot T$
- **legge di Gay-Lussac**: $P_T = \alpha \cdot P_0 \cdot T$

Le leggi viste si riassumono nell'**equazione di stato dei gas perfetti** che lega tra loro i valori delle funzioni di stato di un gas perfetto:

$$P \cdot V = n \cdot R \cdot T$$

dove:

- T è la temperatura espressa in kelvin;
- n è il numero di moli;
- P è la pressione espressa in atmosfere;
- R è la costante di stato dei gas perfetti e ha un valore di:

$$R = 8,318 \frac{J}{K \cdot mole} = 0,082 \frac{litri \cdot atm}{K \cdot mole}$$

5.2.2 | Legge di Dalton delle pressioni parziali

Data una miscela di gas, la pressione totale di tale miscela è pari alla somma delle pressioni parziali esercitate dai singoli gas componenti la miscela stessa. Si ha:

$$P_{TOT} = P_1 + P_2 + \dots P_z \qquad \text{dove} \begin{cases} P_1 = \text{pressione parziale del gas 1} \\ P_2 = \text{pressione parziale del gas 2} \\ P_z = \text{pressione parziale del gas z} \end{cases}$$

La pressione parziale di un gas in un miscuglio è uguale alla pressione che il gas eserciterebbe se occupasse da solo il volume occupato dall'intera miscela gassosa.

La pressione parziale di un gas si calcola moltiplicando la pressione totale della miscela per la frazione molare del gas in questione; per il gas z si ha:

$$P_z = P_{TOT} \cdot X_z \qquad \text{dove} \begin{cases} P_{TOT} = \text{pressione totale della miscela} \\ X_z = \dfrac{\text{numero di moli del gas z}}{\text{numero di moli totali}} = \text{frazione molare del gas z} \end{cases}$$

5.2.3 | Principali risultati della teoria cinetica dei gas

La pressione di un gas ideale è determinata dal trasferimento di energia cinetica delle singole molecole del gas per urto contro le pareti del recipiente che lo contiene. La temperatura di un gas ideale è l'espressione macroscopica dell'agitazione delle molecole del gas, chiamata *agitazione termica*.

Fornendo calore a una sostanza, le sue molecole acquistano energia cinetica: vibrano quindi più velocemente e possono così vincere le forze di coesione che le tengono unite e che determinano lo stato di aggregazione.

5.2.4 | Gas reali

I gas reali, a differenza dei gas ideali, sono caratterizzati da:

- sensibili interazioni tra le molecole;
- urti non perfettamente elastici;
- covolume non trascurabile.

Per i gas reali l'equazione di stato è sostituita dall'**equazione di Van der Waals**:

$$(P + an^2/V^2) \cdot (V - nb) = n \cdot RT \qquad \text{dove} \begin{cases} P + an^2/V^2 = \text{pressione reale;} \\ an^2/V^2 = \text{forza di interazione;} \\ V - nb = \text{volume reale;} \\ nb = \text{volume proprio delle particelle;} \\ a, b = \text{costanti.} \end{cases}$$

Si tratta di una legge empirica (ricavata sperimentalmente); i parametri in essa contenuti sono fortemente variabili in relazione al gas che si considera.

A quanti torricelli corrisponde una pressione di 750 mmHg? E a quante atmosfere?

I *torricelli* (torr), i *millimetri di mercurio* (mmHg) e le *atmosfere* (atm) sono unità di misura utilizzate per la pressione. L'*atmosfera* rappresenta la forza esercitata da una colonna di mercurio alta 760 mm, alla temperatura di 0 °C, al livello del mare; poiché è un'unità piuttosto grande vengono spesso utilizzati i mmHg, oppure i torricelli, dove 1 torr rappresenta la pressione esercitata da una colonna di mercurio alta 1 mm. Avremo quindi che:

$$1 \text{ atm} = 760 \text{ mmHg} = 760 \text{ torr}$$

I 750 mmHg proposti dal quesito, quindi corrispondono a 750 torr, mentre per convertirli in atm è necessario risolvere la seguente proporzione:

$$760 \text{ mmHg} : 1 \text{ atm} = 750 \text{ mmHg} : x \quad \rightarrow \quad x = \frac{1 \text{ atm} \cdot 750 \text{mmHg}}{760 \text{ mmHg}} = 0,987 \text{atm}$$

La pressione esercitata da 750 mmHg corrisponde a 750 torr e a 0,987 atm.

Data una miscela gassosa contenente il 60% di O_2 e il 40% di CO_2, qual è la pressione parziale di O_2, se la pressione esercitata dalla miscela è pari a 800 torr?

Per risolvere il quesito è necessario applicare la legge delle pressioni parziali (legge di Dalton) secondo la quale la pressione esercitata da una miscela di gas (P_{TOT}) è uguale alla somma delle pressioni parziali, quindi:

$$P_{TOT} = P_1 + P_2 + P_3 + ...P_z$$

Ricordiamo che si definisce pressione parziale di un gas in una miscela la pressione che questo eserciterebbe se occupasse, da solo, l'intero volume. Nel caso proposto P_{TOT} = 800 torr quindi, poiché O_2 costituisce il 60% della miscela e CO_2 il 40%:

$$P_{O_2} = 0{,}60 \cdot P_{TOT} = 0{,}60 \cdot 800 \text{ torr} = 480 \text{ torr} \qquad P_{CO_2} = 0{,}40 \cdot P_{TOT} = 0{,}40 \cdot 800 \text{ torr} = 320 \text{ torr}$$

Quindi P_{O_2} corrisponde a 480 torr, mentre P_{CO_2} è di 320 torr.

Un recipiente d'acciaio contenente idrogeno ha il volume di 10,0 litri; a 30 °C la pressione è di 100 atm. Quante moli di idrogeno sono contenute nel recipiente?

Per rispondere a questo quesito è necessario applicare la legge dei gas ideali, che mette in relazione pressione, volume, temperatura e numero di moli di un gas.
Dato che:

$$PV = nRT$$

se *P* è espressa in atm, *V* in litri e *T* in kelvin, *n* rappresenta il numero di moli del gas e la costante universale dei gas, è: R = 0,0821 l·atm/(mol·K).
Nel nostro caso:

$$V = 10{,}0\ \text{l} \quad T = 30\ °\text{C} + 273 = 303\ \text{K} \quad P = 100\ \text{atm}$$

dalla legge dei gas ricavo che:

$$n = \frac{PV}{RT}$$

quindi:

$$n = \frac{100\text{atm} \cdot 10{,}0\text{l}}{303\text{K}} \cdot \frac{1}{0{,}0821} \cdot \frac{\text{mol} \cdot \text{K}}{\text{l} \cdot \text{atm}} = 40{,}2\text{mol}$$

Il recipiente contiene 40,2 moli di idrogeno.

5.3 | Stato liquido

Nei liquidi, contrariamente a quanto accade per i gas, le molecole sono condizionate dalle *forze di attrazione intermolecolari* che le tengono vicine le une alle altre.
I liquidi occupano un volume proprio; sono pressoché incomprimibili; non hanno forma propria; diffondono ed evaporano; sono caratterizzati dalla *tensione superficiale*.

La tensione superficiale è una proprietà dei liquidi che si manifesta lungo le superfici di separazione; in base a questa proprietà il liquido si comporta come se fosse racchiuso da una membrana elastica che gli permette di variare la sua forma mantenendo la minima superficie esterna di separazione rispetto al mezzo in cui si trova. Per questo motivo le gocce d'acqua e le bolle di sapone hanno forma sferica.

5.3.1 | Equilibrio liquido - vapore: evaporazione ed ebollizione

La vaporizzazione di un liquido è detta evaporazione o ebollizione a seconda che il passaggio di stato coinvolga solo la parte superficiale o l'intera massa del liquido.

L'energia cinetica media delle molecole di un liquido è proporzionale alla temperatura assoluta del liquido. A causa dell'agitazione termica, alcune molecole in prossimità della superficie del liquido possono acquistare un'energia cinetica leggermente superiore alla media, sufficiente a spezzare i legami che le tengono unite al liquido: tali molecole possono quindi sfuggire al liquido e passare allo stato aeriforme. È questo il fenomeno dell'**evaporazione**. Nello stato aeriforme che sovrasta il liquido, si trovano sempre delle molecole di liquido evaporate. Tali molecole formano il **vapore**.

Vapore: parte dell'aeriforme che sovrasta un liquido.
Fase: porzione omogenea di materia (cioè con caratteristiche fisiche costanti), limitata da una superficie di discontinuità fisicamente definibile.
Sistema liquido-vapore: sistema bifasico.

Si consideri un liquido in un recipiente chiuso, all'interno del quale è stato praticato il vuoto: alcune molecole del liquido (quelle con maggior energia cinetica) sfuggono ai legami con le altre molecole e passano allo stato di vapore incrementandone il contenuto e quindi la pressione. Contemporaneamente alcune molecole di vapore tornano allo stato liquido. Questo fenomeno continua fino al raggiungimento dell'equilibrio fra le due fasi, cioè fino a quando il numero di molecole che passano allo stato di vapore nell'unità di tempo è uguale al numero di molecole che passano da vapore a liquido nell'unità di tempo.

L'equilibrio liquido-vapore è dinamico.

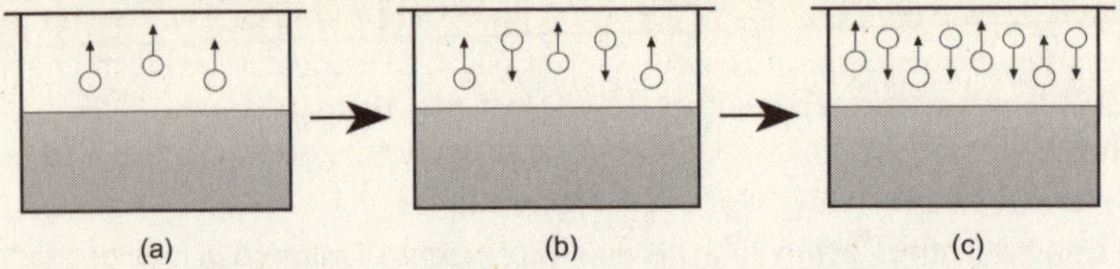

Evoluzione temporale di un sistema liquido-vapore: in (a) il numero di molecole che passano allo stato di vapore è decisamente maggiore del numero di molecole che passano da vapore a liquido; in (c) i due numeri sono uguali e il sistema è in equilibrio.

All'equilibrio il vapore si dice **saturo**. La **tensione** o **pressione di vapore saturo** di un liquido a una data temperatura è la pressione del vapore saturo a quella temperatura.

La **tensione di vapore** dipende solo dalla temperatura e dalla natura del liquido: **aumenta all'aumentare della temperatura**.

Il **punto di ebollizione** (o temperatura di ebollizione) di un liquido è la temperatura alla quale la tensione di vapore del liquido è pari al valore della pressione della fase gassosa che sovrasta il liquido (pressione esterna).

Nell'*ebollizione*, diversamente da quanto accade nell'evaporazione, si ha formazione di vapore in tutta la massa liquida.

La *temperatura di ebollizione* di un liquido dipende solo dalla natura del liquido e dalla pressione a cui è sottoposto: cresce al crescere della pressione esterna.

Nella pentola a pressione vengono raggiunte pressioni superiori a quella atmosferica e la temperatura di ebollizione dell'acqua è maggiore di 100 °C. Infatti, maggiore è la pressione esterna, maggiore deve essere la tensione di vapore perché abbia inizio l'ebollizione e ciò si realizza grazie a un aumento della temperatura.

In montagna, al contrario, la pressione esterna è inferiore a 1 atm e la temperatura di ebollizione dell'acqua è minore di 100 °C.

5.4 | Stato solido

Nei solidi le forze di attrazione tra le particelle sono ancora più intense che nei liquidi. Le particelle non sono infatti libere di muoversi le une rispetto alle altre e occupano posizioni fisse e ben determinate. L'unico movimento compiuto dalle particelle è quello di vibrazione intorno alle proprie posizioni e l'energia cinetica del solido è quindi unicamente di tipo vibrazionale (nel caso dei gas e dei liquidi, invece, l'energia cinetica è anche di traslazione e di rotazione).

I solidi occupano un volume proprio; hanno forma propria; sono incomprimibili; sono rigidi e scarsamente dilatabili.

Le proprietà che caratterizzano i solidi esistenti in natura si possono riassumere in:

- **elasticità**: proprietà di riprendere forma e volume iniziali dopo una deformazione;
- **durezza**: proprietà di intaccare o scalfire un altro corpo;
- **malleabilità**: proprietà di ridursi in fogli sottili;
- **duttilità**: proprietà di ridursi in fili sottili;
- **tenacità**: resistenza alla rottura;
- **plasticità**: proprietà di modellarsi sotto l'azione di una forza che agisce per un tempo lungo.

Un solido è tale se dotato di **reticolo cristallino**. Il vetro, che non è un solido perché non ha una struttura cristallina, viene detto solido amorfo in virtù della sua consistenza.

Si distinguono quattro tipi di solidi a seconda del tipo di legame che li caratterizza:

- **Solidi covalenti:** i nodi reticolari sono occupati da atomi legati con legami covalenti.
  Sono durissimi, hanno temperatura di fusione molto elevata e sono pessimi conduttori.

  Diamante (C), quarzo (SiO_2), silicio (Si) solfuro di zinco (ZnS) sono solidi covalenti.

- **Solidi ionici**: i nodi reticolari sono occupati da cationi e anioni (semplici o complessi) legati attraverso legami ionici. Questi generalmente derivano da un elemento metallico e uno non metallico.
  Sono duri ma fragili, hanno un'elevata temperatura di fusione e sono cattivi conduttori.

  Il cloruro di sodio (NaCl) è un solido ionico la cui temperatura di fusione è 800 °C.

- **Solidi molecolari**: i nodi reticolari sono occupati da molecole legate fra loro da legami deboli (legami a idrogeno, forze di dispersione, interazioni dipolo-dipolo). Questi solidi sono formati prevalentemente da non metalli (posti alla destra nella tavola periodica).
  Sono teneri, hanno una bassa temperatura di fusione e sono cattivi conduttori.

  Il ghiaccio, il ghiaccio secco (CO_2 solida), la naftalina e lo iodio (I_2) sono solidi molecolari.

- **Solidi metallici**: i nodi reticolari sono occupati da ioni positivi immersi in una nube di elettroni in movimento.
  Sono lucenti, malleabili e duttili; hanno una buona conducibilità elettrica e termica, grazie alla notevole mobilità degli elettroni.

5.4.1 | Equilibrio liquido-solido

Anche se gli atomi o le molecole di un solido sono confinati in posizioni fisse, il loro moto vibrazionale aumenta quando si somministra calore al solido.

Se gli atomi o le molecole assorbono abbastanza calore, la struttura tridimensionale del solido può rompersi e la sostanza può passare allo stato liquido. Il processo prende il nome di *fusione*. Il passaggio inverso, dallo stato liquido allo stato solido, è chiamato *solidificazione*.

La temperatura a cui si verifica il fenomeno è specifica per ogni sostanza ed è detta *temperatura di fusione* o *di solidificazione* (a seconda della direzione della transizione).

Mentre i solidi cristallini hanno temperature di fusione fisse, i solidi amorfi (che non sono solidi veri e propri) tendono a fondere in un certo intervallo di temperatura, a causa della loro struttura meno ordinata.

Test di verifica

1 **Quale di queste sostanze, allo stato solido, è il migliore conduttore?**

- A Zucchero
- B Rame
- C Cloruro di sodio
- D Diamante
- E Acqua

2 **Il passaggio da stato liquido a gassoso, è un esempio di trasformazione:**

- A isoterma
- B isobara
- C isocora
- D isotopa
- E isodensa

3 **La temperatura normale di ebollizione dell'acqua è pari a 100 °C. Che valore assume questo parametro sulla vetta del monte bianco (4800 m), dove la pressione atmosferica è di circa 425 torr?**

- A Circa 85 °C
- B Circa 120 °C
- C Circa 150 °C
- D Rimane 100 °C
- E Circa 20 °C

4 **Il diossido di carbonio, a temperatura e pressione ordinarie, è:**

- A liquido
- B solido
- C aeriforme
- D una miscela in equilibrio solido-liquido
- E una miscela in equilibrio solido-aeriforme

5 **Quando la tensione di vapore diventa uguale alla pressione esterna, un liquido:**

- A smette di evaporare
- B congela
- C si raffredda
- D bolle
- E è alla temperatura critica

6 **Quante sono le fasi di un sistema costituito da un cubetto di ghiaccio, che galleggia in una soluzione acquosa di cloruro di calcio, in presenza del sale solido e di aria in cui sono state immesse notevoli quantità di gas ossido di carbonio e di gas acido solfidrico?**

A 6 B 5 C 3 D 7 E 4

7 **A parità di temperatura, l'energia cinetica posseduta dalle particelle di un gas rispetto a quelle di un liquido è:**

A molto più bassa
B pressoché uguale
C poco più alta
D molto più alta
E poco più bassa

8 **"L'equazione di stato dei gas è una *legge limite*; cioè essa è verificata con buona approssimazione in certe condizioni, con approssimazione eccellente in altre, ma, in ogni caso, mai in modo assoluto. Un gas che segua perfettamente l'equazione di stato non esiste nella realtà; esso è stato chiamato *gas perfetto*, o *gas ideale*".**

Quale delle seguenti affermazioni NON può essere dedotta dalla lettura del brano precedente?

A Nessun gas reale segue esattamente l'equazione di stato
B Anche i gas ideali non seguono perfettamente l'equazione di stato
C Un gas perfetto non esiste nella realtà
D In alcune condizioni l'approssimazione con cui i gas reali seguono l'equazione di stato è sicuramente accettabile
E Una legge limite è valida solo in condizioni ideali.

9 **"Il vetro è una miscela di silicati, la cui caratteristica principale è quella di non possedere una struttura cristallina; per questo motivo il vetro non può essere considerato come una sostanza solida, in quanto manca delle caratteristiche fondamentali dello stato solido; inoltre a differenza dei solidi, che presentano ben nette e determinate temperature di fusione, il vetro reagisce all'aumento di temperatura diventando via via più fluido, senza che si possa peraltro individuare una vera e propria temperatura di fusione. Più che un solido, il vetro può essere pertanto considerato come una sostanza amorfa, oppure, anche, come un liquido che, a temperatura ordinaria, presenta una elevatissima viscosità".**

Quale delle seguenti affermazioni NON può essere dedotta dal brano precedente?

A Tutti i solidi presentano struttura cristallina
B Tutti i solidi presentano determinate e caratteristiche temperature in cui passano dallo stato solido a quello liquido
C Il vetro non presenta una netta temperatura di fusione
D La viscosità del vetro, assai elevata a temperatura ordinaria, diminuisce se il vetro viene riscaldato
E Tutti i solidi possono essere considerati come liquidi a elevatissima viscosità

10 **Un gas perfetto sottoposto inizialmente a una pressione *P*, passa, in seguito a una trasformazione isocora, dalla temperatura di 27 °C a 54 °C. Dunque:**

A il volume raddoppia
B la pressione finale è $P/2$
C la pressione finale è $2P$
D la pressione non varia
E nessuna delle precedenti

11 **2 kg di ossigeno sono introdotti in una bombola della capacità di 10 dm^3. Il volume occupato dal gas è di:**

A 10 dm^3 B 2 dm^3 C 8 dm^3 D 20 dm^3 E 5 dm^3

12 **Un palloncino di gomma viene gonfiato a 20 °C e posto in un frigorifero a –5 °C. Ci si può aspettare che:**

- A il palloncino mantenga inalterato il suo volume
- B il palloncino diminuisca il suo volume
- C l'aria fuoriesca dal palloncino
- D il palloncino esploda
- E il volume del palloncino raddoppi

13 **Aprendo una lattina di bibita gassata si forma, nelle immediate vicinanze dell'apertura, una "nebbiolina". Ciò è dovuto:**

- A alla CO_2 che si libera e si rende evidente
- B all'espansione improvvisa del vapore d'acqua, che condensa
- C alla formazione di un aerosol della bibita, dovuto allo scuotimento della lattina e all'improvvisa apertura
- D all'espansione della CO_2, che produce un abbassamento della temperatura con condensazione del vapore d'acqua
- E all'aumento della temperatura

14 **L'ammoniaca (NH_3) ha un punto di ebollizione pari a –33 °C. La fosfina (PH_3) ha invece un punto di ebollizione pari a –88 °C. Quale delle seguenti affermazioni spiega perché hanno punti di ebollizione così differenti?**

- A La NH_3 forma ponti idrogeno intermolecolari più facilmente della PH_3
- B La NH_3 è una molecola più grande della PH_3
- C La NH_3 è un composto ionico. La PH_3 è un composto molecolare
- D La NH_3 ha una massa inferiore alla PH_3
- E La NH_3 ha una struttura molto grande. La PH_3 ha una struttura molecolare semplice

15 **A temperatura ambiente le sostanze sottostanti sono tutte dei gas. Quale di queste sostanze avrà il più alto punto di ebollizione?**

A CO B H_2S C CH_4 D NH_3 E NF_3

16 **L'acqua può bollire a 70 °C?**

- A Sì, quando se ne scalda una quantità piccolissima
- B Sì, aumentando la pressione del sistema
- C Sì, diminuendo la pressione del sistema
- D No, l'acqua bolle solamente a 100 °C
- E No, l'acqua può bollire anche a temperature diverse, ma sempre maggiori di 100 °C

17 **Quale affermazione tra le seguenti è CORRETTA?**

- A La temperatura influenza il volume e la pressione di un gas, non la sua quantità
- B Il volume di un gas non dipende dalla sua temperatura e pressione
- C La pressione esercitata da un gas dipende dalla sua quantità e dal suo volume, non dalla sua temperatura
- D La quantità di un gas influenza soltanto il suo volume, non la sua pressione e temperatura
- E La quantità di un gas influenza soltanto la sua temperatura, non il suo volume e pressione

Soluzioni e commenti

1 Lo zucchero (saccarosio) e il ghiaccio (acqua allo stato solido) sono solidi molecolari costituiti da molecole distinte che interagiscono tramite legami deboli. Sono cattivi conduttori perché tutti gli elettroni sono utilizzati per i legami covalenti intramolecolari, e non ne resta alcuno libero di muoversi per condurre l'elettricità; le risposte A ed E sono quindi errate. Per lo stesso motivo possiamo scartare la risposta D, infatti il diamante è un solido covalente in cui ogni atomo di carbonio lega altri quattro atomi con legame covalente. Il cloruro di sodio è un buon conduttore allo stato fuso ma non allo stato solido poiché gli ioni Na^+ e Cl^- di cui è costituito sono disposti secondo posizioni fisse nel reticolo cristallino del sale, quindi non possono condurre la corrente elettrica; anche la C è quindi errata.La risposta esatta è la B: i metalli (fra cui il rame) sono buoni conduttori perché nel legame metallico gli elettroni sono delocalizzati a formare un "gel" di cariche negative in cui sono immersi i nuclei degli atomi; questa delocalizzazione fa sì che siano relativamente liberi di muoversi attraverso la struttura cristallina.

2 Durante i cambiamenti di stato la temperatura del sistema rimane costante: durante il processo di vaporizzazione di un liquido il calore fornito al sistema è interamente dedicato alla rottura dei legami chimici intermolecolari e non comporta un aumento dell'agitazione termica delle molecole. La trasformazione è dunque isoterma; risposta A.

3 La temperatura di ebollizione di un liquido corrisponde alla temperatura alla quale la pressione di vapore del liquido è pari alla pressione esterna. La temperatura di ebollizione normale, che per l'acqua corrisponde a 100 °C, è riferita alla pressione atmosferica di 1 atm (760 mmHg); sulla vetta del Monte Bianco la pressione atmosferica è inferiore a 760 mmHg, quindi l'acqua bolle a una temperatura inferiore a 100 °C, a circa 85 °C. La risposta corretta è la A.

4 Il diossido di carbonio, o anidride carbonica, a pressione atmosferica si trova allo stato solido a temperature inferiori a –78 °C, a questa temperatura sublima, passando allo stato aeriforme. A pressione e temperatura ambiente quindi il diossido di carbonio è un gas; risposta C.

5 Riscaldando un liquido, la tensione di vapore aumenta; quando questa diventa uguale alla pressione esterna il liquido bolle; risposta D.

6 Per rispondere al quesito è necessario ricordare che il termine *fase* indica una porzione omogenea di materia, limitata da una superficie di discontinuità fisicamente definibile, ed individuare quante fasi diverse sono presenti nel sistema proposto dal quesito.

Una soluzione è una miscela omogenea, costituita da un'unica fase; nel caso proposto dal quesito un cubetto di ghiaccio, solido, galleggia in una soluzione acquosa di cloruro di calcio con corpo di fondo, in presenza di una miscela di gas diversi. Questo sistema è composto da quattro fasi: la soluzione di cloruro di calcio (liquida), il corpo di fondo (solido), il cubetto di ghiaccio (solido) e la miscela di gas (gassosa). La risposta corretta è la E.

7 Le particelle di un gas sono unite da interazioni molto più deboli di quelle che uniscono fra loro le particelle che formano un liquido o addirittura un solido. Le particelle che formano un gas quindi si muovono molto più liberamente e possiedono, a parità di temperatura, un'energia cinetica molto più elevata rispetto alle particelle di un liquido; risposta D.

8 Il quesito chiede di individuare quale delle affermazioni elencate NON PUÒ essere dedotta dalla lettura del brano proposto.

Secondo quanto appena letto, nessun gas reale segue perfettamente l'equazione di stato dei gas, perché questa è una legge limite, verificata in modo più o meno accettabile dai gas reali, ma valida in modo assoluto solamente in condizioni ideali. Queste condizioni si verificano in presenza di un gas perfetto, o gas ideale, che non esiste nella realtà ma rappresenta un modello astratto di ciò che realmente accade. Possiamo quindi dire che le affermazioni A, C, D ed E sono in sintonia con quanto riportato nel brano, mentre la B contrasta con quanto letto. La B è quindi la risposta corretta.

9 Secondo quanto si legge nel brano proposto, tutti i solidi hanno struttura cristallina e sono caratterizzati da una determinata e specifica temperatura di fusione. Il vetro non ha struttura cristallina e non presenta una netta temperatura di fusione, bensì reagisce all'aumento di temperatura diventando via via più fluido; piuttosto che un solido quindi dovrebbe essere considerato un liquido a elevatissima viscosità. Tenendo presente che per rispondere correttamente è necessario individuare l'affermazione che non può essere dedotta dal brano proposto, possiamo scartare la A, la B, la C e la D, tutte in sintonia con quanto si legge nel brano.

L'affermazione in contrasto con il brano, e quindi la risposta corretta, è la E, infatti non abbiamo letto che tutti i solidi possono essere considerati come liquidi a elevatissima viscosità bensì che il vetro, non avendo le caratteristiche di un solido, dovrebbe essere considerato come un liquido a elevatissima viscosità.

10 Dalla relazione $PV = nRT$ si deduce che il primo membro (PV) è direttamente proporzionale alla temperatura (n e R sono infatti costanti); se la temperatura raddoppia, il prodotto PV raddoppia. Poiché la trasformazione seguita dal gas è isocora, il volume si mantiene costante, quindi se la temperatura raddoppia, raddoppia la pressione.

Sembra dunque che la risposta C sia esatta; l'equazione di stato dei gas ideali vale però solo se la temperatura è espressa in kelvin (scala assoluta).

Quando la temperatura passa da 27 °C a 54 °C è raddoppiata nella scala centigrada, ma nella scala assoluta passa da 300,16 K a 327,16 K e dunque non è affatto raddoppiata. La risposta esatta è quindi la E.

11 In condizioni standard (alla temperatura di 0 °C e alla pressione di 1 atm) una mole di qualsiasi gas occupa un volume pari a 22,4 litri. Dato che una mole di O_2 pesa 32 g, 2 kg di questo gas, se non è compresso, occupano un volume ben più grande dei 10 litri di capienza della bombola. Si può quindi concludere che 2 kg di ossigeno, introdotti in una bombola della capacità di 10 dm^3 occupano tutto lo spazio a disposizione, cioè 10 dm^3; risposta A.

12 Come abbiamo visto al quesito precedente, il prodotto PV è proporzionale alla temperatura. Se un palloncino gonfiato a 20 °C viene messo a –5 °C la temperatura diminuisce, e quindi anche il valore di questo prodotto. Dato che il palloncino è elastico e la pressione al suo interno si mantiene pari a quella esterna, ne consegue che il volume diminuisce; risposta B.

13 Quando si apre una bibita gassata, la "nebbiolina" che si forma sulla lattina, intorno all'apertura, è dovuta al fatto che parte della CO_2 contenuta nella bibita fuoriesce e si espande, provocando un raffreddamento che ha come conseguenza la condensazione del vapor d'acqua e la formazione di minuscole goccioline. Risposta D.

14 Il punto di ebollizione dipende dall'intensità dei legami intermolecolari. L'N legato all'idrogeno è in grado di formare dei legami a idrogeno mentre il P, meno elettronegativo, ha maggiori difficoltà a formarli. La risposta esatta è la A.

15 Come dice il testo le molecole proposte sono tutte dei gas con punti di ebollizione diversi. La molecola col più alto punto di ebollizione sarà quella in grado di formare legami intermolecolari più forti. I legami intermolecolari possono essere di tipo van der Waals o a idrogeno. È noto che i legami a idrogeno sono molto più forti dei legami van der Waals. Il legame a idrogeno si forma solo quando l'idrogeno è legato all'ossigeno, all'azoto o al fluoro. Tra le molecole proposte l'NH_3 è l'unica in grado di formare legami a idrogeno in quanto l'H è legato all'azoto. Risposta **D**.

16 La temperatura di ebollizione di un liquido dipende dalla pressione e si abbassa quando la pressione diminuisce; la risposta corretta è quindi la **C**.

17 I parametri che caratterizzano un gas sono: volume, pressione, temperatura e quantità, cioè numero di moli.

In condizioni di temperatura = 0 °C e pressione = 1 atm, una mole di qualsiasi gas occupa un volume di 22,4 litri. I gas sono sempre posti all'interno di contenitori in cui si trovano più o meno compressi, cioè esercitano una certa forza sulle pareti del recipiente.

A temperatura costante, il volume di una data massa di gas varia in modo inversamente proporzionale alla pressione. A pressione costante, il volume di una data massa di gas varia in modo direttamente proporzionale alla sua temperatura assoluta.

A volume costante, la pressione di una data massa di gas varia in modo direttamente proporzionale alla sua temperatura assoluta.

Queste relazioni sono riassunte dall'equazione di stato dei gas perfetti:

$$P \cdot V = n \cdot \mathrm{R} \cdot T$$

dove n = numero di moli, T = temperatura assoluta e R = costante universale dei gas.

Si deduce che l'unica affermazione corretta è la **A**, secondo la quale la temperatura di un gas ne influenza la pressione e il volume ma non la quantità.

6 | Composti inorganici e nomenclatura

6.1 | Numero di ossidazione

È importante calcolare il numero di ossidazione di un atomo per comprendere i processi che si verificano durante le reazioni chimiche, in particolare nel corso delle reazioni di ossidoriduzione (si veda § 7.5).

Dato un atomo legato ad altri atomi (uguali o diversi) in una sostanza, il suo stato di ossidazione o **numero di ossidazione** (N.O.) corrisponde al **numero delle cariche che l'atomo assumerebbe se gli elettroni di legame venissero assegnati formalmente all'atomo più elettronegativo tra quelli coinvolti**.

Nella molecola HCl il cloro è l'atomo più elettronegativo, i due elettroni di legame vengono quindi assegnati al cloro che assume carica formale – 1.

numero di ossidazione	→	+1 –1
		H – Cl
elettronegatività	→	2,1 3

Il termine **valenza** è utilizzato per indicare gli elettroni di un atomo impegnati nella formazione di legami e assume gli stessi valori numerici del numero di ossidazione. Mentre la valenza è sempre un numero positivo, il numero di ossidazione può avere segno positivo oppure negativo a seconda della diversa tendenza ad attrarre gli elettroni di legame.

Per determinare il numero di ossidazione degli atomi in una sostanza si può ricorrere alle formule di struttura, in base alle quali è possibile assegnare gli elettroni di legame agli elementi più elettronegativi.

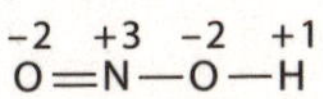

Acido nitroso HNO_2

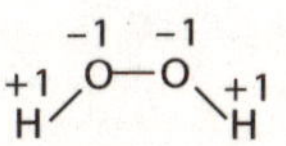

Perossido di idrogeno - H_2O_2

Metano CH_4

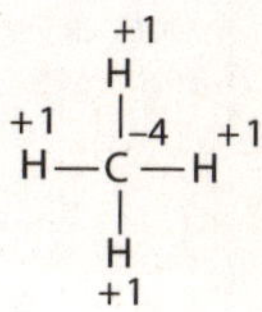

Questo però è un metodo piuttosto complesso, mentre è possibile, più semplicemente, assegnare il numero di ossidazione di un atomo in un composto rispettando le seguenti **regole**:

- tutte le sostanze allo stato elementare hanno numero di ossidazione nullo;
- il numero di ossidazione di uno ione monoatomico è uguale alla carica dello ione;
- la somma dei numeri di ossidazione di tutti gli atomi presenti in una molecola neutra è pari a 0, mentre in uno ione poliatomico è pari alla carica dello ione;
- il N.O. dell'idrogeno è +1, tranne che nei composti con i metalli (idruri) in cui è – 1;
- nella maggior parte dei composti il N.O. dell'ossigeno è –2. Nei perossidi, in cui vi è un legame O – O, il N.O. è –1; in OF_2 il N.O. è +2;
- il N.O. degli elementi del gruppo I A è + 1, il N.O. degli elementi del gruppo II A è +2; il N.O. degli elementi del gruppo III A è +3.

In H_2SO_4:

- H ha N.O. = +1;
- O ha N.O.= −2;
- carica del composto = 0.

Si può così calcolare il N.O. di S, infatti si ha:

$$0 = 2 \cdot (+1) + 4 \cdot (-2) + N.O._S \rightarrow N.O._S = -2 + 8 = +6$$

In NO_3^-:

- O ha N.O.= −2;
- carica dello ione = −1.

Si può così calcolare il N.O. di N, infatti si ha:

$$-1 = 3 \cdot (-2) + N.O._N \rightarrow N.O._N = -1 + 6 = +5$$

Qual è il numero di ossidazione di N in N_2? E quello dello ione K^+?

N_2 indica la molecola di azoto come elemento, in questo caso, come per tutte le sostanze allo stato elementare, il numero di ossidazione dell'azoto è pari a 0.
Poiché il numero di ossidazione di uno ione monoatomico è pari alla carica dello ione, il N.O. dello ione potassio, K^+, sarà +1.

Qual è il numero di ossidazione degli atomi che compongono Fe_2O_3, CH_4 e CO_2?

Poiché la somma dei N.O. degli elementi che formano Fe_2O_3 deve essere pari a zero, e poiché N.O. $_O$ = −2, avremo:

$$2 \cdot N.O._{Fe} + 3 \cdot N.O._O = 0 \rightarrow N.O._{Fe} = -\frac{3 \cdot N.O._O}{2} = -\frac{3 \cdot (-2)}{2} = \frac{6}{2} = 3$$

Data la formula CH_4 (metano), avremo:

$$N.O._C + 4 \cdot N.O._H = 0 \rightarrow N.O._C = -4 \cdot N.O._H = -4 \cdot 1 = -4$$

Data la formula CO_2, avremo:

$$2 \cdot N.O._O + N.O._C = 0 \rightarrow N.O._C = -2 \cdot N.O._O = -2 \cdot (-2) = +4$$

Il N.O. di Fe nel composto Fe_2O_3 è +3; il N.O. di C nel metano è −4; il N.O. del carbonio nell'anidride carbonica è +4.

Qual è il numero di ossidazione di N in NO_2, in NO_2^- e in NH_4^+?

Data la formula NO_2, in cui sono presenti due atomi di ossigeno ogni atomo di azoto, ricordando che $N.O._O = -2$, avremo:

$$N.O_N + 2 \cdot N.O._O = 0 \rightarrow N.O._N = -2 \cdot N.O._O = -2 \cdot (-2) = +4$$

Dato lo ione NO_2^-, ricordando che la somma dei N.O. deve essere pari alla carica dello ione, cioè −1, avremo:

$$N.O_N + 2 \cdot N.O._O = -1 \rightarrow N.O_N = -2 \cdot N.O._O - 1 = -2 \cdot (-2) - 1 = +4 - 1 = +3$$

Dato lo ione NH_4^+, poiché la somma dei N.O. degli atomi che compongono uno ione poliatomico deve essere pari alla carica dello ione, avremo:

$$N.O._N + 4 \cdot N.O._H = +1 \rightarrow N.O._N = -4 \cdot N.O._H + 1 = -4 \cdot (+1) + 1 = -3$$

Il N.O. dell'azoto nel composto NO_2 (biossido di azoto) è +4, in NO_2^- (ione nitrito) è +3 e nello ione ammonio, NH_4^+, è −3.

6.2 | Composti binari

I composti binari sono quelli formati dalla combinazione di due soli elementi diversi, per esempio $CaCl_2$ o H_2O.

In generale possiamo dire che i metalli reagiscono con i non metalli per formare composti ionici; i non metalli reagiscono fra loro per formare composti covalenti.

Per scrivere correttamente la **formula** di un generico composto binario si seguono alcune regole precise:

- il catione o l'elemento meno elettronegativo (con numero di ossidazione positivo) deve essere scritto prima dell'anione o dell'elemento più elettronegativo (con numero di ossidazione negativo);
- gli indici al piede degli elementi devono produrre un'unità formula elettricamente neutra;
- gli indici al piede devono essere i numeri interi più piccoli possibile.

Per costruire la formula di un composto formato da alluminio (Al, metallo) e cloro (Cl, non metallo) si scrivono innanzitutto gli ioni coinvolti:

$$Al^{3+} \text{ e } Cl^-$$

Ora, per costruire una formula elettricamente neutra si pone al piede di ciascuno ione il numero di cariche (o numero di ossidazione) dell'altro:

$$Al_1Cl_3$$

poiché l'indice 1 non deve essere indicato, la formula di questo composto è $AlCl_3$.

Il **nome** di un composto di questo tipo si ottiene indicando prima l'unità negativa e poi quella positiva. Il nome dell'unità negativa si assegna aggiungendo la desinenza *-uro* alla radice del nome dell'elemento più elettronegativo. Fanno eccezione i composti con O, indicati come *ossidi*, e non ossigen-uri. Al nome dell'unità negativa si fa seguire il nome dell'elemento scritto per primo nella formula, preceduto dalla preposizione *di*.

LiH → idruro di litio;
KCl → cloruro di potassio;
ZnS → solfuro di zinco;
AgI → ioduro d'argento;
NaBr → bromuro di sodio;
AlF_3 → fluoruro d'alluminio.

L'unità positiva è rappresentata da un metallo che spesso può presentare due diversi numeri di ossidazione (la maggior parte dei metalli di transizione e alcuni dei gruppi IV A e V A).

Per distinguerli, le regole di nomenclatura stabilite dalla **IUPAC** (*International Union of Pure and Applied Chemistry*) prevedono l'utilizzo dei prefissi numerali greci, *mono-*, *bi-* (o *di-*), *tri-*, ecc., per indicare i rapporti numerici fra gli atomi.

Molto usata anche la **notazione di Stock**, secondo la quale il numero di ossidazione del catione viene indicato fra parentesi, utilizzando i *numeri romani*; per esempio lo ione Cu^+ è indicato come rame(I) (si legge rame-uno).

Secondo il sistema di **nomenclatura tradizionale**, infine, i due casi si distinguono aggiungendo la desinenza *-oso*, quando il metallo presenta il numero di ossidazione minore, o la desinenza *-ico*, quando presenta il numero di ossidazione maggiore.

Le tabelle seguenti riportano i nomi di alcuni ioni con diverso numero di ossidazione e i nomi di alcuni composti derivanti da questi ioni.

Elemento	Ione	Nomenclatura tradizionale	Notazione di Stock
Rame	Cu^+	rameoso	rame (I)
	Cu^{2+}	rameico	rame (II)
Ferro	Fe^{2+}	ferroso	ferro (II)
	Fe^{3+}	ferrico	ferro (III)
Piombo	Pb^{2+}	piomboso	piombo (II)
	Pb^{4+}	piombico	piombo (IV)
Manganese	Mn^{2+}	manganoso	manganese (II)
	Mn^{3+}	manganico	manganese (III)

Elemento	Composto	Nomenclatura tradizionale	Nomenclatura IUPAC	Notazione di Stock
Rame	Cu_2S	solfuro rameoso	solfuro di dirame	solfuro di rame (I)
	CuS	solfuro rameico	solfuro di rame	solfuro di rame (II)
Ferro	$FeCl_2$	cloruro ferroso	dicloruro di ferro	cloruro di ferro (II)
	$FeCl_3$	cloruro ferrico	tricloruro di ferro	cloruro di ferro (III)

6.2.1 | Ossidi basici e acidi

Gli ossidi sono composti binari formati dalla combinazione di uno dei vari elementi (tranne i gas nobili e il fluoro) con l'ossigeno. Si preparano per reazione diretta dell'elemento con l'ossigeno. La formula si scrive anteponendo al simbolo dell'ossigeno quello dell'elemento con cui è combinato e attribuendo gli indici opportuni in base al numero di ossidazione di quest'ultimo, ricordando che negli ossidi il numero di ossidazione dell'ossigeno è pari a –2.

Esistono due tipi di ossidi: ossidi dei metalli (ossidi basici o semplicemente ossidi) e ossidi dei non metalli (ossidi acidi o anidridi).

Ossidi basici

Gli ossidi basici sono composti ionici binari formati da un catione metallico (M^{x+}) e dallo ione ossido (O^{2-}). Se il metallo presenta un solo numero di ossidazione, il nome del composto è *ossido di* seguito dal nome del metallo. Se il metallo (presente in forma ionica) può presentare due numeri di ossidazione diversi, viene indicato secondo la *nomenclatura IUPAC* con i prefissi numerali greci, oppure, più spesso, con la notazione di Stock. La *nomenclatura tradizionale*, invece, distingue i diversi numeri di ossidazione con le desinenze, come visto per i cationi nel paragrafo precedente.

Catione	Formula generale	Formula esempio	Nomenclatura tradizionale	Notazione di Stock	Nomenclatura IUPAC
M^+	M_2O	Na_2O	ossido di sodio	ossido di sodio	ossido di sodio
M^{2+}	MO	FeO	ossido ferroso	ossido di ferro (II)	ossido di ferro
		PbO	ossido piomboso	ossido di piombo (II)	ossido di piombo
M^{3+}	M_2O_3	Al_2O_3	ossido di alluminio	ossido di alluminio	ossido di alluminio
		Fe_2O_3	ossido ferrico	ossido di ferro (III)	triossido di diferro
M^{4+}	MO_2	PbO_2	ossido piombico	ossido di piombo (IV)	biossido di piombo

Ossidi acidi (anidridi)

Gli ossidi acidi sono composti binari formati da un non metallo (o da un metallo di transizione con alto numero di ossidazione, per esempio Cr con N.O. = + 6) e ossigeno.

Secondo la *nomenclatura IUPAC*, il nome del composto è *ossido di* seguito dal nome dell'elemento, utilizzando prefissi numerali (*mono-*, *bi-*, *tri-*, *tetra-*, *penta-*, ecc.) per indicare quanti atomi di ossigeno e quanti del non metallo sono contenuti nella molecola considerata; per gli ossidi acidi non viene utilizzata la notazione di Stock. In base alla *nomenclatura tradizionale* se il non metallo forma un solo ossido acido (un solo stato di ossidazione), il nome del composto è *anidride*, seguito dalla radice del nome del non metallo a cui va aggiunta la desinenza *-ica*. Se il non metallo forma anidridi con due diversi numeri di ossidazione, quando presenta il N.O. minore viene indicato con la desinenza *-osa*, altrimenti *-ica*. In presenza di tre o quattro diversi possibili numeri di ossidazione, i prefissi e desinenze utilizzati sono: *ipo-...-osa*, per il minore,*-osa* per il secondo N.O.,*-ica* per il terzo, ed eventualmente *per-...-ica*, per il più elevato fra quattro possibili numeri di ossidazione, come indicato nella tabella seguente.

Numero di ossidazione	**Prefisso e desinenza**		**Esempi**	
			Formula	**Nome**
+1 o +2	ipo-	-osa	Cl_2O	anidride ipoclorosa
+3 o +4		-osa	Cl_2O_3	anidride clorosa
+5 o +6		-ica	Cl_2O_5	anidride clorica
+7	per-	-ica	Cl_2O_7	anidride perclorica

Nella tabella sono riportati i nomi e le formule di alcuni ossidi acidi.

Formula	**Numero di ossidazione**	**Nomenclatura tradizionale**	**Nomenclatura IUPAC**
CO	+2	anidride carboniosa	ossido di carbonio
CO_2	+4	anidride carbonica	biossido di carbonio
N_2O_3	+3	anidride nitrosa	triossido di biazoto
N_2O_5	+5	anidride nitrica	pentossido di biazoto
P_2O_3	+3	anidride fosforosa	triossido di bifosforo
P_2O_5	+5	anidride fosforica	pentossido di bifosforo
SO_2	+4	anidride solforosa	biossido di zolfo
SO_3	+6	anidride solforica	triossido di zolfo

6.2.2 | Idracidi

Con l'unica eccezione dell'acido cianidrico (HCN), gli idracidi sono composti binari formati da H e uno dei seguenti non metalli: S, F, Cl, Br e I. Allo stato puro queste sostanze sono composti molecolari; sciolte in acqua, però, si comportano come acidi liberando ioni H^+ (§ 10.1.1). Quando sono in soluzione acquosa si preferisce perciò chiamarli *idracidi*. La nomenclatura degli idracidi deriva dagli anioni monoatomici corrispondenti, a cui si sostituisce la desinenza *-uro*, con la desinenza *-idrico*, preceduta dalla parola *acido*.

Cl^- è chiamato ione clor-uro
$HCl_{(gas)}$ è chiamato clor-uro di idrogeno;
$HCl_{(acquoso)}$ è chiamato acido clor-idrico.

6.3 | Composti ternari

I composti ternari sono composti formati dalla combinazione di tre elementi.

6.3.1 | Idrossidi

Gli idrossidi sono composti ionici ternari formati da un catione metallico (M^{x+}) e da tanti ioni idrossido (OH^-) quanti ne occorrono per neutralizzare la carica del catione. Nella formula si scrive prima il catione M^{x+} e poi l'anione OH^-; la formula generale è quindi $M(OH)_x$, dove x è la carica del catione metallico. Si preparano facendo reagire gli ossidi basici con l'acqua.

$CaO + H_2O \rightarrow Ca(OH)_2$

Generalmente per questa classe di composti si utilizza la nomenclatura tradizionale e il nome si ottiene sostituendo la parola *idrossido* a quella dell'ossido corrispondente.

Catione	Formula generale	Esempi	
		Formula	Nome
M^{+}	MOH	NaOH	idrossido di sodio
M^{2+}	$M(OH)_2$	$Ca(OH)_2$ $Fe(OH)_2$ $Pb(OH)_2$	idrossido di calcio idrossido ferroso idrossido piomboso
M^{3+}	$M(OH)_3$	$Al(OH)_3$ $Fe(OH)_3$	idrossido di alluminio idrossido ferrico
M^{4+}	$M(OH)_4$	$Pb(OH)_4$	idrossido piombico

Sciolti in acqua, gli idrossidi idrosolubili si dissociano e si comportano come basi liberando ioni OH^- (§ 10.1.1).

6.3.2 | Ossiacidi (acidi ossigenati)

Gli ossiacidi sono composti ternari molecolari formati da idrogeno, un non metallo (NM) oppure un metallo di transizione con alto numero di ossidazione e ossigeno, scritti nella formula in quest'ordine. La formula generale è dunque H_xNMO_y.

Si preparano facendo reagire gli ossidi acidi (anidridi) con l'acqua.

La *formula* di un ossiacido si può ricavare sommando H_2O all'anidride corrispondente e semplificando, se necessario, gli indici.

Il *nome* deriva da quello delle anidridi corrispondenti, sostituendo alla parola anidride la parola *acido* e mantenendo invariati prefissi e desinenze che, anche in questo caso, dipendono quindi dal numero di ossidazione del non metallo.

$N_2O_5 + H_2O \rightarrow 2\,HNO_3$
anidride nitrica acqua acido nitrico

$CO_2 + H_2O \rightarrow H_2CO_3$
anidride carbonica acqua acido carbonico

Numero di ossidazione	Prefisso e desinenza		Esempi	
			Formula	Nome
+1 o +2	ipo-	-oso	HClO	acido ipocloroso
+3 o +4		-oso	$HClO_2$	acido cloroso
+5 o +6		-ico	$HClO_3$	acido clorico
+7	per-	-ico	$HClO_4$	acido perclorico

Nella tabella sono riportati i nomi e le formule di alcuni ossiacidi rappresentativi.

Formula	Nome	Formula	Nome
H_3BO_3	acido borico	$H_4P_2O_7$	acido pirofosforico
H_2CO_3	acido carbonico	H_3PO_4	acido ortofosforico
HNO_2	acido nitroso	H_2SO_3	acido solforoso
HNO_3	acido nitrico	H_2SO_4	acido solforico
HPO_2	acido metafosforoso	H_2CrO_4	acido cromico
H_3PO_3	acido ortofosforoso	H_2MnO_4	acido manganico
HPO_3	acido metafosforico	$HMnO_4$	acido permanganico

Sciolti in acqua, gli ossiacidi si ionizzano e si dissociano (§ 8.5 e § 10.2) liberando x ioni H^+ e anioni poliatomici NMO_y^{x-}.

Gli acidi mono- e poliprotici

Gli acidi che contengono un solo atomo di idrogeno dissociabile sono detti *monoprotici*, perché dissociandosi possono cedere un solo ione H^+ formando un solo tipo di anione. Gli acidi che contengono più atomi di idrogeno dissociabili (per esempio H_2CO_3 e H_3PO_4) sono invece detti *poliprotici*, perché dissociandosi possono cedere più di uno ione H^+ formando diversi tipi di anioni.

$H_2CO_3 \rightarrow H^+ + HCO_3^-$

$HCO_3^- \rightarrow H^+ + CO_3^{2-}$

Nomenclatura degli anioni derivanti dagli acidi

La nomenclatura degli anioni derivanti dagli acidi si ottiene trasformando le desinenze *-ico* e *-oso* dei corrispondenti acidi, mentre i prefissi rimangono invariati:

-ico → *-ato*

-oso → *-ito*

Naturalmente è valido anche l'inverso, per risalire dal nome di un sale all'acido corrispondente:

-ato → *-ico*

-ito → *-oso*

Per gli idracidi si sostituisce la desinenza *-idrico* con la desinenza *-uro*.

$HClO$	→	acido ipo-clor-oso	→	ClO^-	→	ione ipo-clor-ito;
$HClO_2$	→	acido clor-oso	→	ClO_2^-	→	ione clor-ito;
$HClO_3$	→	acido clor-ico	→	ClO_3^-	→	ione clor-ato;
$HClO_4$	→	acido per-clor-ico	→	ClO_4^-	→	ione per-clor-ato;
HCl	→	acido clor-idrico	→	Cl^-	→	ione clor-uro.

Se l'anione deriva da un acido poliprotico e contiene ancora atomi di idrogeno, la nomenclatura prevede di anteporre al nome dell'anione i prefissi *idrogeno-* o *diidrogeno-*, in base al numero di atomi di idrogeno presenti nell'anione.

La tabella seguente riepiloga i più comuni ossianioni.

Formula	Nome	Formula	Nome
$CH_3CO_2^-$	ione acetato	OH^-	ione idrossido
CO_3^{2-}	ione carbonato	SO_3^{2-}	ione solfito
HCO_3^-	ione idrogenocarbonato	SO_4^{2-}	ione solfato
NO_2^-	ione nitrito	HSO_4^-	ione idrogenosolfato
NO_3^-	ione nitrato	HSO_3^-	ione idrogenosolfito
PO_4^{3-}	ione fosfato	CrO_4^{2-}	ione cromato
HPO_4^{2-}	ione idrogenofosfato	$Cr_2O_7^{2-}$	ione dicromato
$H_2PO_4^-$	ione diidrogenofosfato	MnO_4^-	ione permanganato
PO_3^{3-}	ione fosfito	MnO_4^{2-}	ione manganato
HPO_3^{2-}	ione idrogenofosfito	$H_2PO_3^-$	ione diidrogenofosfito

6.3.3 | Sali

I sali sono composti ionici formalmente derivati dagli acidi per sostituzione totale (nei *sali neutri*) o parziale (nei *sali acidi*) degli atomi di idrogeno con uno o più cationi metallici, tanti quanti ne occorrono per neutralizzare la carica dell'anione. I sali neutri degli idracidi sono ovviamente composti binari e non ternari. I sali acidi sono invece composti ternari, se derivati da idracidi, e quaternari, se derivati da ossiacidi. Analogamente agli altri composti ionici, per scrivere correttamente la formula bisogna indicare prima il catione e poi l'anione.

Il nome del composto si ottiene invece indicando prima il nome dell'anione e poi quello del catione.

$LiCl$ → cloruro di litio;
$NaHS$ → idrogenosolfuro di sodio (sale acido);
K_2CO_3 → carbonato di potassio;
$Ca(NO_3)_2$ → nitrato di calcio;
$NaHCO_3$ → idrogenocarbonato (o bicarbonato) di sodio (sale acido);
Na_2SO_3 → solfito di sodio;
$Al(H_2PO_4)_3$ → diidrogenofosfato di alluminio (sale acido);
$FePO_4$ → fosfato ferrico o fosfato di ferro (III);
Cu_2SO_4 → solfato rameoso o solfato di rame (I).

Reazioni di preparazione dei sali

I sali possono essere preparati in molteplici modi. Di seguito alcuni esempi dei principali.

a) Acido + base → sale + acqua
$H_2SO_4 + Ca(OH)_2 \rightarrow CaSO_4 + 2\ H_2O$ (reazione di neutralizzazione, § 10.5)

b) Acido + metallo → sale + idrogeno
$H_2SO_4 + Zn \rightarrow ZnSO_4 + H_2$

c) Anidride + ossido → sale
$CO_2 + CaO \rightarrow CaCO_3$

d) Anidride + idrossido → sale + acqua
$CO_2 + 2\ NaOH \rightarrow Na_2CO_3 + H_2O$

e) Acido + ossido → sale + acqua
$2\ HCl + Na_2O \rightarrow 2\ NaCl + H_2O$

f) Acido1 + sale1 → sale2 + acido2
$2\ HCl + CaCO_3 \rightarrow CaCl_2 + H_2CO_3$ (doppio scambio tra un acido e un sale)

g) Sale1 + sale2 → sale3 + sale4
$BaCl_2 + Na_2SO_4 \rightarrow BaSO_4 + 2\ NaCl$ (doppio scambio tra due sali)

Spesso, a causa di una resa troppo bassa o dell'eccessiva violenza della reazione, non tutti questi metodi sono applicabili e per la preparazione di un dato sale è necessario ricorrere a una reazione specifica.

Qual è il numero di ossidazione del rame nel composto $Cu(NO_3)_2$?

Il composto $Cu(NO_3)_2$, è un sale formato dall'anione nitrato NO_3^- e da rame (Cu) in forma cationica; poiché lo ione nitrato possiede una carica negativa, si ricava dalla formula che il rame è presente come ione rameico Cu^{2+}, il sale proposto, nitrato rameico, contiene infatti due ioni NO_3^- ogni ione Cu^{2+}. Il N.O del rame è quindi +2.

Qual è l'anione nel sale K_2HPO_4?

Il sale K_2HPO_4 (*idrogenofosfato di potassio*), è formato da due ioni potassio, K^+, e da uno ione idrogenofosfato, HPO_4^{2-}. L'anione è quindi HPO_4^{2-}, derivato dall'acido fosforico H_3PO_4, in seguito a perdita di due ioni H^+.

Schema generale delle reazioni di preparazione dei principali composti inorganici

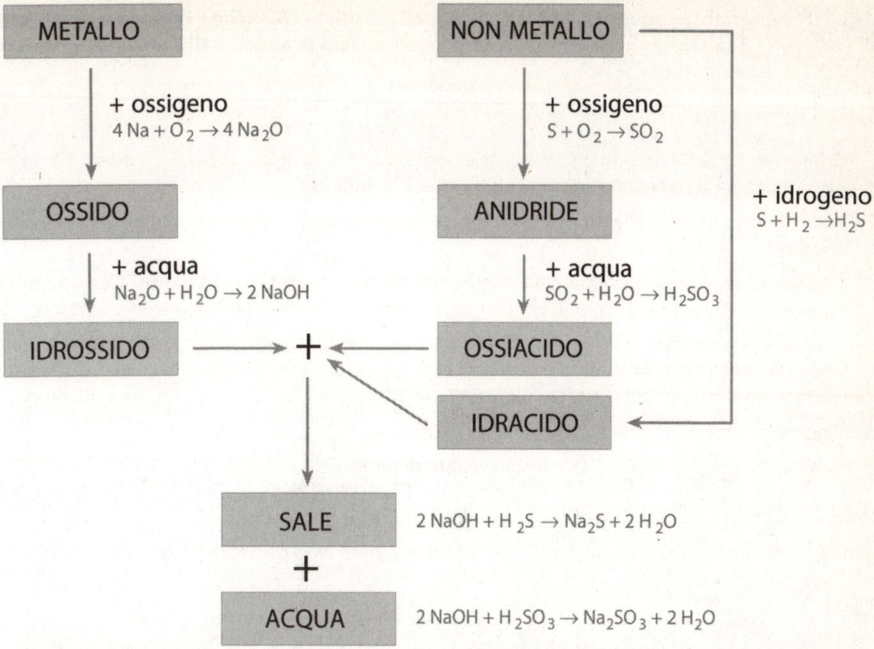

Quali prodotti si formano dalla reazione di CuO con H_2O?

Quando l'acqua reagisce con un ossido basico, come l'ossido rameico, o ossido di rame (II), si forma un idrossido. In questo caso il prodotto è l'*idrossido rameico*, secondo l'equazione:

$$CuO + H_2O \rightarrow Cu(OH)_2$$

È importante notare che, poiché nell'ossido in esame Cu compare con N.O. = +2, si formano ioni Cu^{2+}, quindi sono necessari due ioni OH^- ogni ione Cu^{2+}, come indicato dalla formula $Cu(OH)_2$.

Indicare quali prodotti si formano dalla reazione di SO_3 con H_2O.

Il quesito propone la reazione con acqua del triossido di zolfo, o anidride solforica (un ossido acido); il prodotto di questa reazione è l'ossiacido corrispondente, *acido solforico*, la cui formula si ottiene sommando gli atomi di SO_3 e quelli di H_2O, secondo l'equazione:

$$SO_3 + H_2O \rightarrow H_2SO_4$$

Indicare quali prodotti si formano dalla reazione di P_2O_3 (anidride fosforosa) con H_2O?

Alcune anidridi (anidridi di elementi quali fosforo, silicio, boro, arsenico, antimonio) possono combinarsi con l'acqua in diversi rapporti, come ad esempio l'anidride fosforosa:

- $P_2O_3 + H_2O \rightarrow 2\ HPO_2$ acido metafosforoso
  il prefisso *meta* si usa per gli acidi meno idratati;
- $P_2O_3 + 2\ H_2O \rightarrow H_4P_2O_5$ acido pirofosforoso
  il prefisso *piro* si usa per l'idratazione intermedia;
- $P_2O_3 + 3\ H_2O \rightarrow 2\ H_3PO_3$ acido ortofosforoso, o più comunemente acido fosforoso
  il prefisso *orto* si usa per gli acidi più idratati.

6.4 | Gli elementi più comuni: proprietà e composti principali

In questo paragrafo vengono illustrati le principali proprietà chimiche e i composti più comuni degli elementi chimici che compaiono più spesso nei quesiti proposti nelle prove di ammissione ai corsi di laurea a numero chiuso.

6.4.1 | Idrogeno

- L'idrogeno, (H), è l'elemento più semplice essendo costituito, nell'isotopo più leggero, da un protone e un elettrone; la sua configurazione elettronica è quindi $1s^1$;
- è l'elemento più abbondante nell'universo; sulla Terra è presente principalmente come costituente dell'acqua;
- è caratterizzato da elettronegatività intermedia, forma composti con numerosi elementi, può avere numero di ossidazione +1 (per in HCl), –1 (per esempio in NaH) o 0 (idrogeno elementare);
- l'idrogeno elementare è un gas costituito da molecole biatomiche H_2, poco reattivo a condizioni ambiente, anche se è sufficiente una scintilla perché reagisca violentemente con l'ossigeno atmosferico; ad alta temperatura reagisce con alcuni metalli dando i composti corrispondenti, gli *idruri*.

L'idrogeno e i suoi principali composti

Z	PA	E.N.	N.O.	Composti	Tipo di legame	Caratteristiche chimiche
1	1,008	2,1	1,–1	NaH KH CaH_2	ionico (H^-)	proprietà basiche
				HF HBr HCl HI H_2S	covalente	proprietà acide
				NH_3	covalente	base debole
				H_2O	covalente	anfotero[1]

1. Una sostanza *anfotera* è una specie chimica che si comporta da base in presenza di acidi e da acido in presenza di basi.

Simboli utilizzati nelle tabelle:

Z = numero atomico

PA = peso atomico

E.N. = elettronegatività

N.O. = numeri di ossidazione

6.4.2 | Gruppo I A (gruppo 1): metalli alcalini

- Tutti i metalli alcalini hanno configurazione elettronica esterna ns^1;
- l'unico elettrone presente nello strato esterno può essere perduto facilmente, hanno quindi bassa elettronegatività e formano ioni monovalenti positivi (Na^+, K^+, Li^+, in cui hanno sempre numero di ossidazione +1) e originano composti ionici, la maggior parte dei quali solubili in acqua;

- sono molto reattivi (in particolare reagiscono violentemente con l'acqua) pertanto non si trovano mai in natura allo stato elementare bensì sotto forma di composti con ossigeno, cloro e altri elementi. Sodio e potassio sono elementi abbondanti sulla Terra, dove si trovano, per esempio, come NaCl, Na_2NO_3, Na_2CO_3;
- allo stato elementare sono solidi duttili e malleabili (caratterizzati dalla presenza del legame metallico), a basso punto di fusione e di ebollizione;
- gli ossidi dei metalli alcalini hanno carattere basico e reagendo con H_2O formano i corrispondenti idrossidi, che in soluzione acquosa si dissociano completamente (basi forti).

Elemento	Simbolo	Z	PA	E.N.	N.O.	Ossidi	Composti con H e O	Sali
Litio	Li	3	6,941	1,0	1	Li_2O	LiOH	Li_2CO_3 carbonato di Li
Sodio	Na	11	22,99	0,9	1	Na_2O	NaOH	Na_2CO_3 carbonato di Na NaCl cloruro di Na
Potassio	K	19	39,1	0,8	1	K_2O	KOH	KCl cloruro di K KNO_3 nitrato di K

6.4.3 | Gruppo II A (gruppo 2): metalli alcalino-terrosi

- I metalli alcalino-terrosi hanno configurazione elettronica esterna ns^2;
- hanno bassa elettronegatività e formano ioni bivalenti positivi (Mg^{2+}, Ca^{2+}, Ba^{2+}); hanno sempre numero di ossidazione +2, formano composti ionici, la maggior parte dei quali solubili in acqua, anche se meno solubili dei composti dei metalli alcalini;
- sono molto reattivi e non si trovano mai in natura allo stato elementare; calcio e magnesio, i più abbondanti, si trovano principalmente come carbonati, solfati e alogenuri;
- allo stato elementare sono solidi costituiti da atomi legati nel reticolo con legame metallico;
- gli ossidi hanno carattere basico e reagiscono con H_2O formando i corrispondenti idrossidi, solo parzialmente solubili in acqua.

Elemento	Simbolo	Z	PA	E.N.	N.O.	Ossidi	Composti con H e O	Sali
Magnesio	Mg	12	24,31	1,2	2	MgO	$Mg(OH)_2$	$MgCO_3$ carbonato di Mg $MgCl_2$ cloruro di Mg
Calcio	Ca	20	40,08	1,0	2	CaO (calce viva)	$Ca(OH)_2$ (calce spenta)	$CaCO_3$ carbonato di Ca
Bario	Ba	56	137,3	0,9	2	BaO	$Ba(OH)_2$	$BaSO_4$ solfato di Ba

6.4.4 | Metalli di transizione

- La configurazione elettronica esterna di questi elementi è caratterizzata dal riempimento degli orbitali *d*;
- a eccezione del mercurio (Hg, liquido), sono solidi duri, con alti punti di fusione, caratterizzati dalla presenza del legame metallico;
- hanno bassa elettronegatività e tendenza a trasformarsi in cationi, formano in genere composti ionici in cui possono assumere diversi numeri di ossidazione, di cui i più comuni sono +2 e +3;
- il *ferro* (Fe) è un elemento molto abbondante in natura, infatti si trova in numerosi minerali costituenti della crosta terrestre, come ematite Fe_2O_3, magnetite Fe_3O_4 e pirite FeS_2. Gli ossidi sono solidi duri, e gli idrossidi non sono solubili in H_2O;
- il *rame* (Cu) è presente in natura anche allo stato elementare ma principalmente sotto forma di minerali in cui forma legami con zolfo o ossigeno, come calcosina (Cu_2S) e cuprite (Cu_2O); forma composti soprattutto come Cu (II), l'idrossido più importante è $Cu(OH)_2$;
- lo *zinco* (Zn) è presente in natura come costituente di diversi minerali, fra cui ricordiamo ZnS, *blenda* (solfuro di zinco); l'ossido di zinco (ZnO) è un composto poco solubile che in acqua mostra comportamento anfotero.

Elemento	Simbolo	Z	PA	E.N.	N.O.	Ossidi	Composti con H e O	Sali
Ferro	Fe	26	55,85	1,8	3, 2	FeO Fe_2O_3	$Fe(OH)_2$	FeS solfuro ferroso
Rame	Cu	29	63,55	1,9	2, 1	Cu_2O CuO	$Cu(OH)_2$	CuS solfuro rameico $CuSO_4$ solfato rameico
Zinco	Zn	30	65,38	1,6	2	ZnO	$Zn(OH)_2$	ZnS solfuro di zinco

6.4.5 | Gruppo III A (gruppo 13)

- Gli elementi appartenenti a questo gruppo hanno configurazione elettronica esterna $ns^2\ np^1$; il numero di ossidazione è +3;
- nel gruppo troviamo elementi con caratteristiche chimiche molto diverse: il boro (B) è un semimetallo, e dà luogo a composti contenenti legami covalenti, l'alluminio (Al) è un metallo;
- l'ossido di boro B_2O_3 è un ossido acido e reagisce con H_2O formando acido borico (H_3BO_3); l'ossido di alluminio, Al_2O_3 è anfotero.

Elemento	Simbolo	Z	PA	E.N.	N.O.	Ossidi	Composti con H e O	Sali
Boro	B	5	10,81	2,0	3	B_2O_3	H_3BO_3	KBO_2 metaborato di K $NaBO_2$ metaborato di Na
Alluminio	Al	13	26,98	1,5	3	Al_2O_3	$Al(OH)_3$	$Al_2(SO_4)_3$ solfato di Al $Na_2(SO_4)$ solfato di Na

6.4.6 | Gruppo IV A (gruppo 14)

- Gli elementi appartenenti al gruppo IV A possiedono configurazione elettronica esterna $ns^2\ np^2$;
- presentano valori di elettronegatività e caratteristiche chimiche molto diverse: il carbonio (C) è un non metallo, il silicio (Si) è un semimetallo, il piombo (Pb) è un metallo;
- allo stato elementare sono tutti solidi, caratterizzati da legame covalente (C e Si) o metallico (Pb);
- il *carbonio* si trova in natura allo stato elementare come grafite, diamante, e carboni fossili, (forme microcristalline di carbonio grafitico, con quantità variabili di impurezze), oltre che come carbonato; costituisce assieme all'idrogeno lo scheletro di tutti i composti organici; la combustione del C porta alla formazione di ossidi a carattere acido (CO e CO_2);
- il *silicio* è molto abbondante in natura, non si trova mai allo stato elementare bensì in un gran numero di minerali, principalmente nei silicati, dove compare come ione SiO_4^{4-}; l'ossido, SiO_2 (silice), è un composto solido e ha carattere acido; gli acidi silicici presentano numerosi diversi livelli di idratazione;
- il *piombo* è un metallo, presente in natura come componente di diversi minerali; forma ossidi basici.

Elemento	Simbolo	Z	PA	E.N.	N.O.	Ossidi	Composti con H e O	Sali
Carbonio	C	6	12,01	2,5	±4, 2	CO CO_2	H_2CO_2 H_2CO_3	K_2CO_3 carbonato di K
Silicio	Si	14	28,09	1,8	±4	SiO_2	$SiO_2 \cdot 2H_2O$ acido ortosilicico	Na_2SiO_3 metasilicato di Na $(Mg,Fe,Mn)_2SiO_4$ olivina
Piombo	Pb	82	207,2	1,8	2, 4	PbO PbO_2	$Pb(OH)_2$ $Pb(OH)_4$	$PbSO_4$ solfato piomboso

6.4.7 | Gruppo V A (gruppo 15)

- Gli elementi appartenenti a questo gruppo sono caratterizzati da configurazione elettronica esterna $ns^2\ np^3$;
- l'azoto (N) e il fosforo (P) sono non metalli, i numeri di ossidazione più comuni sono –3, +3 e +5; formano ossidi acidi;
- l'arsenico (As) è un semimetallo e forma ossidi anfoteri;
- l'azoto allo stato elementare è un gas costituito da molecole biatomiche N_2; il fosforo e l'arsenico sono solidi caratterizzati da legami covalenti ed esistono in diverse forme allotropiche.

Elemento	Simbolo	Z	PA	E.N.	N.O.	Ossidi	Composti con H e O	Sali
Azoto	N	7	14,01	3,0	±3, +2, +4, +5	NO NO_2	HNO_2 HNO_3	$Ca(NO_3)_2$ nitrato di Ca NH_4NO_3 nitrato di ammonio
Fosforo	P	15	30,97	2,1	+5, 4, ±3, +1	P_2O_3 P_2O_5	HPO_2 HPO_3 ecc.	Na_3PO_4 fosfato di Na $Ca_3(PO_4)_2$ fosfato di Ca
Arsenico	As	33	74,92	2,0	±3, +5	As_2O_3 As_2O_5		

6.4.8 | Gruppo VI A (gruppo 16)

- Gli elementi del gruppo VI A possiedono configurazione elettronica esterna $ns^2\,np^4$;
- sono non metalli, caratterizzati da valori elevati di elettronegatività;
- il numero di ossidazione più comune è −2;
- l'*ossigeno* in natura si trova allo stato elementare, come gas costituito da molecole biatomiche (O_2, ricordiamo che costituisce il 21% dell'aria), e combinato in numerosi composti;
- lo *zolfo* in natura si trova specialmente come solfuro di metalli pesanti (PbS, CuS), e anche allo stato elementare.

Elemento	Simbolo	Z	PA	E.N.	N.O.	Ossidi	Composti con H e O	Sali
Ossigeno	O	8	15,99	3,5	−2		H_2O H_2O_2	
Zolfo	S	16	32,06	2,5	+6,+4, ±2	SO_2 SO_3	H_2SO_3 H_2SO_4	$Al_2(SO_3)_3$ solfito di Al $CaSO_4$ solfato di Ca Na_2S solfuro di Na

6.4.9 | Gruppo VII A (gruppo 17): alogeni

- Gli alogeni possiedono configurazione elettronica esterna $ns^2\,np^5$;
- sono tutti non metalli caratterizzati da elettronegatività molto elevata;
- il numero di ossidazione più comune è −1, ma possono presentare (tranne F) anche +1, +3, +5 e +7;
- i composti più comuni sono quelli con gli elementi meno elettronegativi, in cui gli alogeni compaiono come anioni monovalenti (F^-, Cl^- ecc.), come ad esempio NaCl, KI;
- gli ossidi reagendo con H_2O formano gli ossiacidi corrispondenti, molti dei quali sono acidi forti; l'unico ossiacido contenente F che sia mai stato isolato è HFO (acido ipofluoroso);
- allo stato elementare sono costituiti da molecole biatomiche; F_2 e Cl_2 sono gas, Br_2 è liquido, I_2 è solido a temperatura ambiente;
- formano composti con l'idrogeno detti alogenuri di idrogeno o acidi alogenidrici: acido fluoridrico (HF), acido cloridrico (HCl), acido bromidrico (HBr) e acido iodidrico (HI).

Elemento	Simbolo	A	PA	E.N.	N.O.	Ossidi	Composti con H e O	Sali
Fluoro	F	9	18,99	4,0	−1	OF_2	HFO	NaF fluoruro di Na MgF_2 fluoruro di Mg
Cloro	Cl	17	35,45	3,0	±1, 3, 5, 7	Cl_2O Cl_2O_3 Cl_2O_5 Cl_2O_7	HClO $HClO_2$ $HClO_3$ $HClO_4$	$NaClO_2$ clorito di Na $Ba(ClO_3)_2$ clorato di Ba NH_4Cl cloruro di ammonio

Elemento	Simbolo	A	PA	E.N.	N.O.	Ossidi	Composti con H e O	Sali
Bromo	Br	35	79,90	2,8	±1, 3, 5, 7	Br_2O Br_2O_3 Br_2O_5 Br_2O_7	HBrO $HBrO_2$ $HBrO_3$ $HBrO_4$	NaBrO ipobromito di Na $NaBrO_3$ bromato di Na AgBr bromuro di Ag
Iodio	I	53	126,9	2,5	±1, 3, 5,7	I_2O I_2O_3 I_2O_5 I_2O_7	HIO HIO_2 HIO_3 HIO_4	KIO_3 iodato di K CuI ioduro rameoso

6.4.10 | Gas nobili

- I gas nobili possiedono configurazione elettronica esterna $ns^2\ np^6$ (tranne l'elio, che ha $1s^2$);
- la configurazione elettronica otteziale conferisce loro particolare stabilità, l'energia di ionizzazione è quindi molto elevata;
- non formano composti di alcun tipo, in natura si trovano allo stato elementare come gas monoatomici.

Elemento	Elio	Neon	Argon	Cripto	Xeno
Simbolo	He	Ne	Ar	Kr	Xe
Z	2	10	18	36	54
P.A.	4,003	20,18	39,95	83,80	131,3

Test di verifica

1 **Si è osservato che spesso gli elementi presentano nei loro composti, oltre al numero di ossidazione massimo, corrispondente al numero d'ordine del gruppo cui appartengono, anche un valore del numero di ossidazione inferiore di due unità a quello massimo. Pertanto i numeri di ossidazione del fosforo (che si comporta in conformità all'osservazione sovraesposta) sono:**

A 3 e 1 | B 1 e –1 | C 5 e 3 | D 4 e 2 | E 6 e 4

2 **Il valore minimo del numero di ossidazione del carbonio è:**

A +4 | B –1 | C 0 | D +2 | E –4

3 **Indicare lo ione ipoclorito:**

A HClO | B ClO^- | C ClO^{-2} | D ClO_2^- | E ClO_3^-

4 **Il numero di ossidazione del manganese nel composto $HMnO_4$ è:**

A +8 | B –3 | C +3 | D –7 | E +7

5 **"Esiste una netta differenza tra il fluoro e gli altri alogeni per quanto concerne i composti ossigenati. Infatti, mentre il F, che presenta struttura elettronica $1s^2\ 2s^2\ 2p^5$, può combinarsi con l'ossigeno solo per dare ossido di difluoro, in cui l'alogeno presenta numero di ossidazione –1, gli altri elementi del settimo gruppo possono formare vari composti ossigenati, nei quali presentano numeri di ossidazione positivi (tutti i valori dispari da +1 a +7). Questo comportamento va messo in relazione con la presenza di orbitali *d* vuoti negli alogeni a numero atomico superiore; in tali orbitali vuoti si possono sistemare elettroni degli orbitali *s* oppure *p*; si determina così la formazione di strutture con elettroni spaiati, ciascuno dei quali può dare origine a un legame covalente".**

Quale delle seguenti informazioni può essere dedotta dalla lettura del brano precedente?

A Può esistere un composto di formula F_2O_5

B Tutti gli alogeni posseggono orbitali *d* vuoti

C Esiste un composto di formula Br_2O_5

D Esiste un composto di formula Cl_2O_4

E Solo il fluoro possiede orbitali *d* vuoti

6 **Negli ossiacidi inorganici:**

A l'atomo centrale ha carattere spiccatamente metallico

B il legame tra idrogeno e ossigeno è un legame a ponte di idrogeno

C gli atomi di idrogeno acidi sono legati sempre all'atomo centrale

D gli atomi di idrogeno acidi presentano legami ionici con gli atomi di ossigeno

E gli atomi di idrogeno acidi sono legati in modo covalente agli atomi di ossigeno

7 **In quale dei seguenti composti il carbonio presenta un numero di ossidazione negativo?**

A C_2H_6 | B $C_6H_{12}O_6$ | C CCl_4 | D $CHCl_3$ | E CO

4 Per calcolare il numero di ossidazione del manganese nel composto $HMnO_4$ è necessario ricordare che la somma dei numeri di ossidazione degli elementi che costituiscono la molecola è pari a zero, che il numero di ossidazione di H è +1 e che il numero di ossidazione di O è –2.

Avremo quindi: $+1 + N.O._{Mn} + (-2 \cdot 4) = 0$

da cui si ricava: $N.O._{Mn} = +8 - 1 = +7$

La risposta esatta è la **E**.

---

5 Secondo quanto si legge nel brano proposto dal quesito, tutti gli alogeni tranne il fluoro, quindi cloro, bromo, iodio e astato, possiedono orbitali *d* vuoti, grazie ai quali possono formare composti con l'ossigeno in cui compaiono con i numeri di ossidazione +1, +3, +5 e +7. Le affermazioni **B** ed **E** sono quindi errate. Il fluoro forma con l'ossigeno un unico composto, l'ossido di difluoro, di formula F_2O; il composto di formula F_2O_5, quindi non può esistere, e anche l'affermazione **A** è da scartare. Considerando le formule proposte dalle alternative **C** e **D**, dato che il bromo (Br) e il cloro (Cl) nei composti con l'ossigeno compaiono con i numeri di ossidazione +1, +3, +5 e +7, dato che il numero di ossidazione dell'ossigeno negli ossidi è sempre –2 (tranne che in F_2O, in cui è +2), il composto Cl_2O_4 non può esistere, perché i numeri di ossidazione non sono combinati correttamente, mentre esiste il composto Br_2O_5. La risposta esatta è quindi la **C**.

---

6 Un ossiacido inorganico è un composto ternario costituito da un non metallo, idrogeno e ossigeno; gli atomi di idrogeno sono legati covalentemente ad atomi di ossigeno a loro volta legati covalentemente a quelli del non metallo.

Per esempio la formula di struttura dell'acido solforico H_2SO_4 mostra legami di questo tipo:

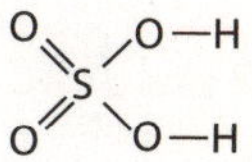

La presenza di due elementi fortemente elettronegativi, come l'ossigeno e un non metallo (in questo caso lo zolfo), determina una distribuzione asimmetrica delle nuvole elettroniche con formazione di una parziale carica negativa sul gruppo non metallo-ossigeno e di una parziale carica positiva sull'idrogeno. In soluzione acquosa, le interazioni di queste cariche con quelle dell'acqua determinano la rottura del legame O–H e la liberazione dello ione H^+.

Da quanto esposto la risposta esatta risulta essere la **E**.

---

7 Ricordando le regole già viste, che permettono di calcolare il numero di ossidazione (N.O.) di un elemento, tenendo presente inoltre che Cl (alogeno) è più elettronegativo di C, e il suo numero di ossidazione più comune (e così anche nei composti CCl_4 e $CHCl_3$) è –1, si può dire che:

in C_2H_6	$N.O._C = -3$
in $C_6H_{12}O_6$	$N.O._C = 0$
in CCl_4	$N.O._C = +4$
in $CHCl_3$	$N.O._C = +2$
in CO	$N.O._C = +2$

Fra i composti proposti dal quesito, l'unico in cui il carbonio presenta numero di ossidazione negativo è l'etano (C_2H_6); risposta **A**.

---

8 L'acido ortofosforico deriva dalla reazione con acqua dell'anidride fosforica, composto formato da ossigeno e fosforo in cui questo elemento ha il numero di ossidazione più elevato fra quelli possibili, cioè +5. L'anidride fosforica (o pentossido di difosforo) ha quindi formula P_2O_5.

Le anidridi di alcuni non metalli, tra cui il fosforo, possono reagire con l'acqua in proporzioni stechiometriche diverse, formando diversi tipi di acidi che vengono identificati con i prefissi *meta-*, *piro-* e *orto-* secondo lo schema seguente:

$$\text{anidride} + 1\ H_2O \rightarrow \text{acido } \textit{meta-}$$

$$\text{anidride} + 2\ H_2O \rightarrow \text{acido } \textit{piro-}$$

$$\text{anidride} + 3\ H_2O \rightarrow \text{acido } \textit{orto-}$$

Nel caso del fosforo, dall'anidride fosforica si possono ottenere tre tipi di acidi secondo le seguenti reazioni:

$P_2O_5 + H_2O \rightarrow 2\ HPO_3$ *acido metafosforico*

$P_2O_5 + 2\ H_2O \rightarrow H_4P_2O_7$ *acido pirofosforico*

$P_2O_5 + 3\ H_2O \rightarrow 2\ H_3PO_4$ *acido ortofosforico*

La formula dell'acido ortofosforico è quindi H_3PO_4; risposta **B**.

---

9 Il fluoro appartiene al gruppo degli alogeni, elementi che hanno 7 elettroni nel guscio di valenza; questo significa che al massimo possono impegnare 7 elettroni nella formazione di legami. Data la loro elevata elettronegatività, il numero di ossidazione più comune è –1, ma possono presentare anche i numeri di ossidazione positivi +1, +3, +5 e +7, come per esempio negli ossiacidi del cloro ($HClO$, $HClO_2$, $HClO_3$, $HClO_4$). Per il fluoro però il valore di elettronegatività è così alto da non consentire composti con numero di ossidazione positivo, per questo motivo il numero di ossidazione del fluoro è sempre pari a –1. Risposta **E**.

---

10 Per calcolare il N.O. di Cr nel composto $K_2Cr_2O_7$, tenendo presenti le regole già viste, avremo:

$$2 \cdot \text{N.O.}_K + 2 \cdot \text{N.O.}_{Cr} + 7 \cdot \text{N.O.}_O = 0$$

quindi:

$$\text{N.O.}_{Cr} = \frac{-(7 \cdot \text{N.O.}_O)-(2 \cdot \text{N.O.}_K)}{2} = \frac{-(7 \cdot -2)-(2 \cdot 1)}{2} = \frac{14-2}{2} = +6$$

Il numero di ossidazione di Cr in $K_2Cr_2O_7$ è +6; risposta **C**.

---

11 Il numero di ossidazione dell'ossigeno nell'acqua ossigenata è –1; risposta **B**.

L'ossigeno assume questo numero di ossidazione in tutti i perossidi, cioè i composti dove è presente un legame O–O. Questo si spiega ricordando che il numero di ossidazione è la carica che un atomo impegnato in un legame acquista quando gli elettroni di legame vengono attribuiti al più elettronegativo. La formula di struttura dell'acqua ossigenata è:

H–O–O–H

osservando questa formula si nota che ogni atomo di O forma un legame con l'altro O e con un H.

Gli elettroni del legame O–O sono equamente distribuiti sui due atomi; i doppietti elettronici dei legami con gli atomi di H devono invece essere attribuiti ai rispettivi atomi di O, che in tal modo acquistano carica –1.

---

12 I possibili valori del numero di ossidazione del cloro sono: ±1, +3, +5 e +7; il valore minimo è quindi –1; risposta **E**.

---

13 Il composto P_2O_5 è un ossido di fosforo in cui P compare con N.O. = +5, secondo la nomenclatura tradizionale si tratta quindi dell'*anidride fosforica*. Il nome ufficiale di questo composto, secondo le regole IUPAC, è *pentossido di difosforo*; risposta **E**.

14 Gli elementi proposti sono alogeni, appartenenti al gruppo VII A della tavola periodica. Tutti sono presenti in natura come molecole biatomiche, ma il loro stato fisico è diverso perché le forze di dispersione, che si instaurano fra molecole apolari come F_2, Cl_2, Br_2 e I_2, sono tanto più intense quanto più grandi sono le molecole interessate. Il fluoro e il cloro hanno molecole più piccole e in condizioni "normali", (pressione di 1 bar e temperatura di 25 °C) si trovano allo stato gassoso; il bromo forma molecole di dimensioni maggiori e lo iodio ancora maggiori, per questo motivo il bromo (Br_2), in condizioni normali è un liquido e lo iodio (I_2) è un solido; la **C** è la risposta corretta.

15 La formula del solfato ferrico indica che questo sale è formato dalla combinazione dello ione solfato SO_3^{2-} e dello ione ferrico Fe^{3+}, in proporzione 3 : 2. L'unica affermazione corretta, fra quelle proposte dal quesito, è la **C**: sono presenti 2 atomi di ferro ogni 3 atomi di zolfo.

16 Il bicarbonato di calcio (denominato anche, più correttamente, idrogenocarbonato di calcio) è un sale acido risultante dalla combinazione dello ione bicarbonato con lo ione calcio (Ca^{2+}). Lo ione bicarbonato deriva formalmente dalla perdita di un solo atomo di idrogeno da parte dell'acido carbonico (H_2CO_3), che è un acido biprotico. La formula dello ione è pertanto HCO_3^-. Dato che la formula scritta deve corrispondere a un insieme elettricamente neutro e quindi il numero globale delle cariche positive deve essere uguale a quello delle cariche negative, il rapporto di combinazione tra gli ioni Ca^{2+} e gli ioni HCO_3^- è pari a 1:2 e la formula esatta del composto è $Ca(HCO_3)_2$; risposta **B**.

17 Un metallo alcalino-terroso appartiene al gruppo II A della tavola periodica, possiede 2 elettroni nel livello energetico esterno, è poco elettronegativo e tende a cedere i propri elettroni esterni per trasformarsi in uno ione con carica +2 (raggiungendo così una configurazione otteziale). Il cloro appartiene al gruppo VII A, possiede 7 elettroni nel livello energetico esterno, è molto elettronegativo, e acquista facilmente un elettrone trasformandosi nello ione cloruro, Cl^-, e completando in questo modo l'ottetto elettronico. Per bilanciare le cariche positive e negative, un composto formato da un metallo alcalino-terroso con il cloro comprende due ioni cloruro ogni catione metallico e la formula sarà MCl_2; risposta **B**.

18 Per valutare se una formula chimica è corretta o meno, è necessario considerare i possibili numeri di ossidazione (N.O.) degli elementi che la compongono. $BaCl_2$ e BrRb sono sali binari in cui l'anione è un alogeno (rispettivamente Cl e Br) e ha N.O. = −1, mentre il catione è un metallo: il bario (Ba) appartiene al gruppo II e ha sempre n.o. = +2, mentre il rubidio (Rb) appartiene al gruppo I e ha sempre N.O. = +1. La formula $BaCl_2$ è quella del cloruro di bario, mentre RbBr è il bromuro di rubidio. $KMnO_4$ è il permanganato di potassio, un sale ternario formato dal catione K^+ e dall'anione MnO_4^-, derivante dall'acido permanganico $HMnO_4$ (già visto all'esercizio 4). Il manganese (Mn) è un elemento di transizione che può avere diversi numeri di ossidazione; nel composto $KMnO_4$, K ha N.O. = +1, O ha N.O. = −2 e per Mn N.O. = +7. CaO è la formula dell'ossido di calcio, l'ossigeno infatti ha N.O. = −2 e per il calcio N.O. = +2. La formula errata è la **D**, infatti l'alluminio ha sempre N.O. = +3 e il fluoro sempre N.O. = −1; il composto che si forma da questi due elementi è un composto ionico di formula AlF_3 e non Al_2F_3.

19 Il nome solfuro acido di ammonio indica un sale formato dal catione ammonio, NH_4^+, e dall'anione solfuro acido, HS^-, che deriva dall'acido solfidrico (H_2S), quando questo cede uno ione H^+. Il solfuro acido ha una carica negativa e lo ione ammonio ha una carica positiva, quindi la formula sarà NH_4HS; risposta **E**.

20 Il bicarbonato utilizzato per neutralizzare l'acidità gastrica è bicarbonato di sodio o, secondo la nomenclatura IUPAC, idrogenocarbonato di sodio, e ha formula $NaHCO_3$. La risposta corretta è quindi la **C**.

Test di approfondimento

1 Quale delle sequenze sottoindicate è ordinata secondo numeri di ossidazione crescenti per l'azoto?

A N_2O_4 HNO_3 HNO_2
B NO N_2O_4 HNO_2
C HNO_3 HNO_2 N_2O_4
D N_2H_4 NO HNO_2
E HNO_3 N_2O_4 HNO_2

2 Quanti atomi di magnesio, fosforo, ossigeno sono presenti nel fosfato di magnesio?

A 1: 1: 3
B 3: 1: 4
C 3: 1: 8
D 3: 2: 6
E 3: 2: 8

3 Indicare quale delle seguenti formule è errata.

A $NH_4H_2PO_4$
B H_2ClO_4
C K_2SO_4
D $KHSO_4$
E KH_2PO_4

4 Quanti atomi di idrogeno sono presenti in una molecola di solfato d'ammonio?

A 8
B 10
C 9
D 12
E 6

5 Quale è la formula bruta del solfito d'ammonio?

A $(NH_4)_2SO_3$
B $(NH_3)_2SO_4$
C NH_3SO_4
D NH_3SO_3
E $(NH)_4SO_4$

6 Quanti atomi di ossigeno sono presenti in una molecola di fosfato calcico?

A 10 B 9 C 12 D 6 E 8

7 **Qual è il numero minimo di atomi di idrogeno necessario per costituire una molecola di fosfato d'ammonio?**

A 4 B 6 C 8 D 9 E 12

8 **Qui di seguito vengono elencati alcuni composti del cloro:**

$NaClO$, $HClO_2$, ClO_2, ClF_3, $HClO_3$

Quali numeri di ossidazione del cloro sono presenti in questi composti?

A +1, +3, +4, +5

B +1, +2, +3, +4, +5

C +1, +2, +3, +4, +6

D +2, +3, +4, +5

E +2, +3, +4, +6

9 **Qual è il numero di ossidazione del cromo nel composto $Al_2(CrO_4)_3$?**

A +2

B +4

C −4

D +6

E −6

10 **Il calcio e lo stronzio sono entrambi elementi del Gruppo 2 della Tavola Periodica. Il calcio ha numero atomico 20 e lo stronzio ha numero atomico 38.**

Quale delle seguenti affermazioni è corretta?

A Entrambi i metalli reagiscono con l'ossigeno per formare ossidi basici con formula MO (dove M sta per Ca o Sr)

B Il primo potenziale di ionizzazione del calcio è inferiore a quello dello stronzio

C Lo stronzio ha un raggio atomico più piccolo del calcio

D Entrambi gli elementi reagiscono con il cloro per formare composti covalenti con formula MCl_2 (dove M sta per Ca o Sr)

E Lo stronzio è più elettronegativo del calcio

11 **Quale/i tra le seguenti formule chimiche NON è/sono corretta/e?**

1. CaH_2PO_4

2. LiS

3. Al_2O_3

4. NaH_2PO_4

A Solo 1

B Solo 2 e 4

C Solo 1 e 2

D Solo 2, 3 e 4

E Solo 4

12 **Cosa hanno in comune CCl_4 e CO_2?**

1. Lo stato di ossidazione di C

2. L'ibridazione dell'atomo di C

3. La struttura spaziale della molecola

4. Sono entrambe molecole apolari

A Solo 2 e 3

B Solo 1 e 4

C Solo 1

D Solo 2

E Solo 3 e 4

13 **Stabilire quale/i riga/righe della tabella descrive/ono correttamente la composizione delle specie chimiche proposte.**

	Specie	N. atomi O	N. atomi H	N. atomi N
1	Solfato di ammonio	4	8	2
2	Bicarbonato di sodio	3	1	1
3	Nitrato di calcio	6	0	2
4	Cloruro di ammonio	0	4	1

A Solo 1 e 4

B Solo 3 e 4

C Solo 1

D Solo 2 e 3

E Solo 1, 3 e 4

14 **Si assuma che, per gli elementi proposti, i numeri di ossidazione siano i seguenti:**

N = –3 H = +1 Cr = +6 O = –2

Quale delle formule indicata è corretta?

A NH_4CrO_7

B $[(NH_4)_2CrO_4]^+$

C $(NH_4)_3CrO_4$

D $(NH_4)_2CrO_4$

E $[(NH_4)_3CrO_4]^-$

15 **Gli atomi X e Y formano un composto ionico di formula XY_2. Quale delle opzioni seguenti può indicare i numeri atomici di X e Y?**

A X = 3; Y = 17

B X = 6; Y = 16

C X = 11; Y = 16

D X = 14; Y = 8

E X = 12; Y = 9

Soluzioni e commenti

1 Per rispondere al quesito è necessario calcolare il N.O. con cui l'azoto è presente nei diversi composti proposti.

in N_2O_4	$N.O._N = +4$	in HNO_3	$N.O._N = +5$
in NO	$N.O._N = +2$	in HNO_2	$N.O._N = +3$
in N_2H_4	$N.O._N = -2$		

Si deduce che la sequenza ordinata secondo i numeri di ossidazione crescenti è la **D**: N_2H_4, NO, HNO_2.

2 Il fosfato di magnesio è un sale formato dall'anione fosfato (PO_4^{3-}) e dal catione magnesio (Mg^{2+}). Per neutralizzare le cariche positive e negative sono necessari due ioni fosfato ogni tre ioni magnesio; la formula di questo sale sarà quindi $Mg_3(PO_4)_2$. Ogni unità formula contiene tre atomi di Mg, due atomi di P e otto atomi di O, come indicato dall'alternativa **E**.

3 L'unica formula errata, fra quelle proposte, è la **B**. Questa è la formula di un acido ossigenato che deriva dalla reazione con H_2O dell'anidride perclorica (Cl_2O_7) in cui il cloro ha numero di ossidazione +7 e l'ossigeno −2:

$$Cl_2O_7 + H_2O \rightarrow 2\ HClO_4$$

La formula corretta dell'acido perclorico infatti è $HClO_4$.
Per quanto riguarda le altre formule, $NH_4H_2PO_4$ e KH_2PO_4 sono il diidrogenofosfato di ammonio e il diidrogenofosfato di potassio. Lo ione diidrogenofosfato (o fosfato biacido), $H_2PO_4^-$, deriva dall'acido fosforico (H_3PO_4) in seguito alla cessione di uno ione H^+ secondo la reazione:

$$H_3PO_4 \rightarrow H^+ + H_2PO_4^-$$

Lo ione $H_2PO_4^-$ ha una carica negativa e si combina in rapporto 1:1 con lo ione ammonio (NH_4^+) nel composto $NH_4H_2PO_4$ e con lo ione K^+ in KH_2PO_4, le formule **A** ed **E** sono quindi corrette.
K_2SO_4 è il solfato di potassio, formato dal catione potassio (K^+) e dall'anione solfato (SO_4^{2-}) che deriva formalmente dalla perdita di due ioni H^+ da parte dell'acido solforico (H_2SO_4) secondo la reazione:

$$H_2SO_4 \rightarrow 2\ H^+ + SO_4^{2-}$$

Dato che SO_4^{2-} ha due cariche negative e K^+ una carica positiva, uno ione solfato si combina con due ioni potassio nella formula, corretta, K_2SO_4.
$KHSO_4$, infine, è il solfato acido di potassio (o idrogenosolfato di potassio) formato dal catione potassio (K^+) e dall'anione solfato acido (HSO_4^-) che deriva formalmente dalla perdita di uno ione H^+ da parte dell'acido solforico (H_2SO_4) secondo la reazione:

$$H_2SO_4 \rightarrow H^+ + HSO_4^-$$

Dato che HSO_4^- ha una carica negativa e K^+ una carica positiva, uno ione solfato acido si combina con uno ione potassio nella formula $KHSO_4$, che risulta corretta.

4 Il solfato di ammonio è un sale formato dal catione ammonio (NH_4^+) e dall'anione solfato (SO_4^{2-}). Dato che ogni ione ammonio ha una carica positiva e ogni ione solfato due cariche negative, sono necessari due ioni ammonio per bilanciare la carica di un anione solfato; la formula sarà quindi $(NH_4)_2SO_4$. Si deduce che una unità formula di solfato di ammonio contiene 8 atomi di idrogeno; risposta **A**.

5 Il solfito d'ammonio è un sale formato dallo ione ammonio, NH_4^+ (catione), e dallo ione solfito SO_3^{2-} (anione). La desinenza *-ito* indica che tale anione deriva dall'acido solforoso (H_2SO_3) cioè quello in cui lo zolfo ha il numero di ossidazione +4 (mentre nell'acido solforico, H_2SO_4, ha N.O. = +6). Dato che SO_3^{2-} ha due cariche negative e NH_4^+ una carica positiva, sono necessari due ioni ammonio per ogni ione solfito, e la formula corretta è $(NH_4)_2SO_3$; risposta **A**.

6 Il fosfato calcico è un sale formato dall'anione fosfato, PO_4^{3-}, (derivante dall'acido fosforico) e dal catione Ca^{2+}. Dato che PO_4^{3-} ha tre cariche negative e Ca^{2+} ha due cariche positive, per neutralizzare le cariche sono necessari due ioni PO_4^{3-} ogni tre ioni Ca^{2+} e la formula è $Ca_3(PO_4)_2$. In un'unità formula (termine più appropriato di molecola, perché riferito a un composto ionico) di fosfato calcico sono presenti otto atomi di ossigeno; risposta **E**.

7 La formula dell'ammonio è NH_4^+ e quella del fosfato PO_4^{3-}. Per bilanciare le cariche positive e negative sono necessari 3 ioni ammonio per ogni ione fosfato, quindi la formula del fosfato d'ammonio è $(NH_4)_3PO_4$ e il numero di atomi di idrogeno risulta essere $4 \cdot 3 = 12$.
La risposta esatta è la **E**.

8 Il numero di ossidazione del cloro in NaClO è +1, in $HClO_2$ è +3, in ClO_2 è +4, in ClF_3 è +3, e infine in $HClO_3$ è +5; perciò la risposta esatta è la **A**, che riporta i corretti numeri di ossidazione: +1, +3, +4, +5.

9 Si ricorda che la somma dei numeri di ossidazione di un composto neutro è 0 mentre se il composto è uno ione poliatomico la somma è pari alla carica dello ione; nel caso dello ione CrO_4^{2-} la somma dei numeri di ossidazione sarà quindi −2.

Partendo dagli elementi di cui si conosce il numero di ossidazione si può ricavare per sottrazione il valore dell'elemento incognito. L'allumino ha sempre numero di ossidazione +3, mentre l'ossigeno ha numero di ossidazione −2 eccetto che nei perossidi (in cui ha valenza −1) e nel OF_2 (in cu ha valenza +2). Considerando lo ione CrO_4^{2-} avremo quindi:

$$N.O._{Cr} + 4 \times N.O._{O} = -2$$

da cui si ricava: $$N.O._{Cr} = -2 - 4 \times (-2) = +6$$

La risposta corretta è la **D**.

10 Come tutti gli elementi alcalino terrosi (gruppo 2) i due atomi formano composti ionici col cloro e non covalenti: si elimina quindi la risposta **D**. Il potenziale di ionizzazione decresce lungo un gruppo quindi lo Sr ha potenziale di ionizzazione inferiore rispetto al Ca che si trova sopra di lui nella tavola periodica: si elimina così anche la risposta **B**. Lo stesso andamento del potenziale di ionizzazione lo si ritrova nell'elettronegatività che infatti decresce lungo un gruppo: si elimina così la risposta **E**. Lungo un gruppo il raggio atomico aumenta e quindi lo Sr ha raggio atomico maggiore del Ca: si elimina così anche la risposta **C**.
La risposta corretta è quindi la **A**.

11 Il quesito propone un ossido (Al_2O_3) e tre sali. Dato che Al, appartenente al gruppo 13 (III A) ha N.O. = +3 e O ha N.O. = +2, si può stabilire che la formula Al_2O_3 è corretta.

CaH_2PO_4 è un sale formato dal catione Ca^{2+} (Ca appartiene al gruppo 2 e forma cationi bivalenti) e dall'anione $H_2PO_4^-$ (che deriva dall'acido fosforico H_3PO_4); siccome Ca^{2+} ha due cariche positive e $H_2PO_4^-$ una sola carica negativa, si deduce che la formula CaH_2PO_4 è errata perché non permette la neutralità. LiS è un sale formato dal catione Li^+ (Li appartiene al gruppo 1 e forma cationi monovalenti) e dall'anione solfuro S^{2-} (che deriva dall'acido solfidrico H_2S), anche la formula LiS è errata perché non garantisce la neutralità. NaH_2PO_4, infine, è un sale formato dal catione Na^+ (Na appartiene al gruppo 1) e dall'anione $H_2PO_4^-$ (che deriva dall'acido fosforico H_3PO_4); questa formula, in cui i due ioni compaiono in rapporto 1:1, è corretta.

Le formule errate, che dobbiamo individuare, sono la 1 e la 2, la risposta cercata è quindi la **C**.

12 CCl_4 (tetracloruro di carbonio) è un composto in cui C è ibridato sp^3 e forma quattro legami semplici con al trettanti atomi di Cl. I legami sono orientati verso i vertici di un tetraedro, la molecola ha forma tetraedrica e proprio per questo i momenti dipolari dovuti alla differenza di elettronegatività fra C e Cl, si annullano. Lo stato di ossidazione di C è +4.

CO_2 (diossido di carbonio) è un composto in cui C è ibridato *sp* e forma due legami doppi con altrettanti atomi di O. La molecola ha forma lineare e non è polare, perché i momenti dipolari, dovuti alla differenza di elettronegatività fra C e O, si annullano. Lo stato di ossidazione di C è +4.

Possiamo stabilire che nelle due molecole C ha lo stesso stato di ossidazione (la 1 è corretta), l'ibridazione dell'atomo di C e la struttura spaziale sono diverse nelle due molecole (2 e 3 sono errate), ma entrambe sono apolari (la 4 è corretta). La risposta esatta è la **B**.

13 La formula del solfato di ammonio, $(NH_4)_2SO_4$, contiene 2 atomi di N, 8 atomi di H e 4 di O. La formula del bicarbonato di sodio, $NaHCO_3$, contiene 1 atomo di H, 3 atomi di O e nessun atomo di N. La formula del nitrato di calcio, $Ca(NO_3)_2$, contiene 2 atomi di N, 6 atomi di O e nessun atomo di H. La formula del cloruro di ammonio, NH_4Cl, contiene 1 atomo di N, 4 atomi di H e nessun atomo di O. Le righe 1, 3 e 4 sono corrette, mentre la 2 è errata; risposta esatta **E**.

14 Per rispondere correttamente dobbiamo individuare la specie cationica e la specie anionica che formano il sale proposto, tenendo conto dei numeri di ossidazione (N.O.). Il catione è lo ione ammonio, NH_4^+; l'anione, se il cromo ha N.O. = +6, deriva dall'acido cromico H_2CrO_4, in cui Cr ha questo numero di ossidazione. H_2CrO_4 può formare gli ioni $HCrO_4^-$ e CrO_4^{2-}; possiamo quindi escludere l'alternativa **A** e notare che nella formula proposta non compare lo ione idrogenocromato ($HCrO_4^-$) ma lo ione cromato CrO_4^{2-}. Dato che NH_4^+ ha una carica positiva e CrO_4^{2-} due cariche negative, gli ioni NH_4^+ e CrO_4^{2-} saranno presenti in rapporto 2:1. La formula corretta è quindi la **D**.

15 Per rispondere al quesito è utile considerare i numeri atomici proposti, risalire alle configurazioni elettroniche e stabilire quale può essere la combinazione compatibile con la formula XY_2.

L'ordine di riempimento degli orbitali è: 1*s* 2*s* 2*p* 3*s* 3*p*...

Gli orbitali *s* ospitano al massimo due elettroni, i tre orbitali *p* in totale 6 elettroni. Ora possiamo stabilire quale configurazione elettronica corrisponde a ognuno dei numeri atomici proposti e quindi a quale gruppo della tavola periodica appartiene:

X=3	$\rightarrow 1s^2\, 2s^1$	$\rightarrow$ gruppo 1
X=6	$\rightarrow 1s^2\, 2s^2\, 2p^2$	$\rightarrow$ gruppo 14
X=11	$\rightarrow 1s^2\, 2s^2\, 2p^6\, 3s^1$	$\rightarrow$ gruppo 1
X=12	$\rightarrow 1s^2\, 2s^2\, 2p^6\, 3s^2$	$\rightarrow$ gruppo 2
X=14	$\rightarrow 1s^2\, 2s^2\, 2p^6\, 3s^2\, 3p^2$	$\rightarrow$ gruppo 14
Y=8	$\rightarrow 1s^2\, 2s^2\, 2p^4$	$\rightarrow$ gruppo 16
Y=9	$\rightarrow 1s^2\, 2s^2\, 2p^5$	$\rightarrow$ gruppo 17
Y=16	$\rightarrow 1s^2\, 2s^2\, 2p^6\, 3s^2\, 3p^4$	$\rightarrow$ gruppo 16
Y=17	$\rightarrow 1s^2\, 2s^2\, 2p^6\, 3s^2\, 3p^5$	$\rightarrow$ gruppo 17

L'alternatIva **A** propone un composto formato da X del gruppo 1 e Y del gruppo 17. Siccome gli elementi del gruppo 1 hanno sempre valenza 1 e quelli del gruppo 17 possono avere valenza 1, 3, 5 e 7, un composto formato da questi due non può avere formula XY_2; la risposta **A** è quindi errata.

La **B** propone una formula in cui X appartiene al gruppo 17 (con valenza 1, 3, 5 o 7) e Y al gruppo 16, con valenza 2, 4 o 6. Anche la **B** si può scartare perché due elementi di questo tipo non possono formare un composto di formula XY_2.

La **C** propone una formula in cui X è del gruppo 1 (e ha valenza 1) e Y del gruppo 16 (con valenza 2, 4 o 6); un composto fra questi due potrebbe avere formula X_2Y ma non XY_2, quindi anche la **C** è errata.

La **D** propone una formula in cui X è del gruppo 14 (e ha valenza 2 o 4) e Y del gruppo 16 (con valenza 2, 4 o 6); un composto fra questi due potrebbe avere formula XY ma non XY_2, e anche la **D** si può scartare.

La risposta corretta è la **E**: se X appartiene al gruppo 2 (e ha valenza 2) e Y al gruppo 17 (e ha valenza 1, 3, 5 o 7), un composto formato da questi due può avere formula XY_2 (come potrebbe essere il calcio dicloruro CCl_2).

7 | Reazioni chimiche

7.1 | Definizioni

Una reazione chimica è una trasformazione in cui si rompono e si formano legami chimici. Il modo più sintetico per rappresentarla consiste nella scrittura di un'*equazione chimica*, in cui le formule delle sostanze reagenti, scritte a sinistra, sono separate da una freccia dalle formule delle sostanze prodotte, scritte a destra.

$\alpha A + \beta B \rightarrow \gamma C + \delta D$

- A e B si dicono *reagenti*
- C e D si dicono *prodotti*
- α, β, γ e δ sono numeri interi e si dicono *coefficienti stechiometrici*

Per scrivere un'equazione nella forma più completa occorre indicare lo stato fisico dei reagenti e dei prodotti con dei simboli posti dopo la formula della sostanza:

(g) = gas; (l) = liquido; (s) = solido; (aq) = specie chimica in soluzione acquosa.

$C(s) + O_2(g) \rightarrow CO_2(g)$ $\qquad$ $2\,H_2(g) + O_2(g) \rightarrow 2\,H_2O(l)$

Si definisce reazione *omogenea* una reazione in cui i reagenti si trovano in un'unica fase.

Si definisce reazione *eterogenea* una reazione in cui i reagenti si trovano in fasi diverse.

7.2 | Bilanciamento delle reazioni chimiche

Nelle reazioni chimiche, la massa dei reagenti deve essere uguale alla massa dei prodotti; perciò un'equazione chimica deve essere *bilanciata*. Per bilanciare un'equazione si devono anteporre alle formule dei reagenti e dei prodotti i *coefficienti stechiometrici* tali per cui il numero di atomi per ogni elemento sia uguale nei reagenti e nei prodotti, in modo da rispettare la legge di conservazione della massa.

$H_2 + O_2 \rightarrow H_2O$	reazione non bilanciata
$2\,H_2 + O_2 \rightarrow 2\,H_2O$	reazione bilanciata

Per bilanciare un'equazione è opportuno rispettare le seguenti **regole**:

1. contare il numero di atomi di un dato elemento presente nel lato reagenti e nel lato prodotti, se il numero non è lo stesso aggiungere i coefficienti stechiometrici tali da renderlo uguale in entrambi i lati dell'equazione;
2. ripetere questa operazione per ogni elemento che compare nell'equazione;
3. è opportuno iniziare a bilanciare da un elemento diverso da O e H perché questi elementi compaiono spesso in più di due composti;
4. uno ione poliatomico che compare sia tra i reagenti che tra i prodotti va contato come un tutto unico;
5. il coefficiente 1 non si indica;
6. tutti i coefficienti devono avere il minimo valore intero possibile.

Bilanciare l'equazione $N_2H_4(g) + N_2O_4(g) \rightarrow N_2(g) + H_2O(l)$.

si bilancia N:	$N_2H_4(g) + N_2O_4(g) \rightarrow 2\,N_2(g) + H_2O(l)$
si bilancia H	$N_2H_4(g) + N_2O_4(g) \rightarrow 2\,N_2(g) + 2\,H_2O(l)$
si bilancia O:	$N_2H_4(g) + N_2O_4(g) \rightarrow 2\,N_2(g) + 4\,H_2O(l)$
si bilancia H:	$2\,N_2H_4(g) + N_2O_4(g) \rightarrow 2\,N_2(g) + 4\,H_2O(l)$
si bilancia N:	$2\,N_2H_4(g) + N_2O_4(g) \rightarrow 3\,N_2(g) + 4\,H_2O(l)$

7.3 | Classificazione delle reazioni chimiche

Esistono diversi tipi di reazioni chimiche. Spesso una reazione può appartenere a più classi tra quelle che seguono; il nome che si utilizza per descriverla serve per evidenziare un determinato aspetto.

Reazione di sintesi: $A + B \rightarrow AB$

Due o più sostanze (elementi o composti) reagiscono tra loro formando una sostanza unica (necessariamente un composto).

$H_2 + I_2 \rightarrow 2\ HI$

Reazione di decomposizione (o scissione): $AB \rightarrow A + B$

Un composto si scinde in due o più sostanze più semplici (elementi o composti).

$CaCO_3 \rightarrow CaO + CO_2$

Reazione di dissociazione: $AB \rightarrow A^+ + B^-$

Un composto si dissocia liberando ioni.

$MgCl_2 \rightarrow Mg^{2+} + 2\ Cl^-$

Reazione di ionizzazione: $HA + H_2O \rightarrow A^- + H_3O^+$

Un composto molecolare reagisce con l'acqua formando ioni positivi e negativi.

$HCl + H_2O \rightarrow H_3O^+ + Cl^-$

Reazione di spostamento (o scambio semplice): $A + BC \rightarrow AC + B$

Gli atomi di un elemento sostituiscono gli atomi di un altro in un composto.

$Fe + 2\ HCl \rightarrow FeCl_2 + H_2$

Reazione di doppio scambio (o metatesi): $AB + CD \rightarrow AC + BD$

Reazione che comporta scambio di ioni tra due composti.

$BaCl_2 + Na_2SO_4 \rightarrow BaSO_4 + 2\ NaCl$

Le reazioni di doppio scambio avvengono quando uno dei prodotti è:

- una sostanza che precipita;
- un gas;
- un elettrolita debole.

Reazione di neutralizzazione: $AB + CD \rightarrow AC + BD$

Un acido reagisce con una base formando un sale e acqua (§ 10.5).

$NaOH + HNO_3 \rightarrow NaNO_3 + H_2O$

Reazione di condensazione: $HA + BOH \rightarrow AB + H_2O$

Unione di due molecole mediante l'eliminazione di una molecola d'acqua (si veda § 13.3)

$CH_3OH + CH_3OH \rightarrow CH_3OCH_3 + H_2O$
metanolo metanolo dimetiletere

Reazione di idrolisi: $AB + H_2O \rightarrow HA + BOH$

Rottura di una molecola per ingresso di acqua, con formazione di due molecole.

$CH_3OCH_3 + H_2O \rightarrow CH_3OH + CH_3OH$
dimetiletere metanolo metanolo

Reazione di addizione

Reazione tipica dei composti organici, in cui un nuovo elemento si aggiunge alla molecola di partenza (si veda § 12.7).

$$\underset{\text{2-butene}}{CH_3-CH=CH-CH_3} + H_2 \longrightarrow \underset{\text{butano}}{H-CH-\overset{\overset{H}{|}}{C}H-\overset{\overset{H}{|}}{C}H_2-CH_3}$$

Reazione di ossidoriduzione

Reazione che comporta trasferimento di elettroni da una specie chimica a un'altra (§ 7.5).

$2\ AgNO_3 + Cu \rightarrow Cu(NO_3)_2 + 2\ Ag$

Reazione di combustione

È una reazione di ossidoriduzione in cui una sostanza (*combustibile*) si ossida a opera di una seconda sostanza (*comburente*), di solito ossigeno, con sviluppo di energia termica.

Tipica reazione di combustione è: $CH_4 + 2\ O_2 \rightarrow CO_2 + 2\ H_2O$ + calore

7.4 | Equazioni ioniche

L'equazione:

$$CaCl_{2\,(aq)} + 2\ AgNO_{3\,(aq)} \rightarrow Ca(NO_3)_{2\,(aq)} + 2\ AgCl_{(s)}$$

è un'*equazione molecolare* perché i reagenti e i prodotti sono scritti come se fossero molecole, indipendentemente dal fatto che lo siano realmente o no. Alcune reazioni sono rappresentate meglio dall'*equazione ionica*, in cui gli elettroliti forti sono scritti sotto forma di ioni separati mentre i solidi, i gas e gli elettroliti deboli sono scritti in forma molecolare (per il concetto di elettrolita si veda § 8.5).

Per la reazione sopra riportata, l'equazione ionica è:

$$Ca^{2+}_{(aq)} + 2\ Cl^-_{(aq)} + 2\ Ag^+_{(aq)} + 2\ NO_3^-{}_{(aq)} \rightarrow Ca^{2+}_{(aq)} + 2NO_3^-{}_{(aq)} + 2AgCl_{(s)}$$

In questa reazione gli ioni Ca^{2+} e NO_3^- non partecipano alla reazione; la reazione effettiva è quella tra gli ioni Ag^+ e Cl^-, perché il sale AgCl è insolubile e precipita. Gli ioni che non partecipano alla reazione, ma sono presenti nella miscela di reazione, sono detti *ioni spettatori*. L'equazione ionica può essere scritta anche come *equazione ionica netta* omettendo gli ioni spettatori e riportando solo le specie chimiche che partecipano davvero alla reazione:

$$Cl^-_{(aq)} + Ag^+_{(aq)} \rightarrow AgCl_{(s)}$$

7.5 | Reazioni di ossidoriduzione (redox)

Le reazioni di ossidoriduzione sono accompagnate dal **cambiamento del numero di ossidazione degli elementi coinvolti**; comportano cioè un trasferimento di *densità elettronica* da un atomo a un altro.

Una reazione *redox* è il risultato della somma di due reazioni che avvengono contemporaneamente:

- una **semireazione di riduzione**, in cui una specie chimica *acquista elettroni* e il suo *numero di ossidazione diminuisce;*
- una **semireazione di ossidazione**, in cui una specie chimica *cede elettroni* e il suo *numero di ossidazione aumenta.*

La specie che si ossida cede elettroni alla specie che si riduce ed è detta *agente riducente.*

La specie che si riduce acquista elettroni dalla specie che si ossida ed è detta *agente ossidante*.

Ossidazione: $Na \rightarrow Na^+ + e^-$
il sodio ha perso un elettrone e il suo N.O. è passato da 0 a + 1 ⇒ si è ossidato.
riduzione: $Cl + e^- \rightarrow Cl^-$
il cloro ha acquistato un elettrone e il suo N.O. è passato da 0 a –1 ⇒ si è ridotto.
La reazione complessiva è: $2\,Na + Cl_2 \rightarrow 2\,NaCl$
Na si ossida e riduce Cl → Na è l'agente riducente;
Cl si riduce e ossida Na → Cl è l'agente ossidante.

Elemento	Numero di ossidazione	Elettroni	Capacità
Na: si ossida	aumenta	li cede	riducente
Cl: si riduce	diminuisce	li acquista	ossidante

Come varia il N.O. del cromo (Cr) quando l'anione cromato $CrO_4{}^{2-}$ si trasforma nel catione Cr^{3+}?
Quando il cromo passa dalla forma $CrO_4{}^{2-}$ alla forma Cr^{3+}, il suo numero di ossidazione diminuisce, passando da +6 a +3; questo elemento quindi si riduce.

Data la reazione $Zn + FeCl_2 \rightarrow ZnCl_2 + Fe$ indicare quale elemento si ossida e quale si riduce.
Nella reazione $Zn + FeCl_2 \rightarrow ZnCl_2 + Fe$, i numeri di ossidazione degli elementi si comportano come indicato di seguito:
Zn: 0 → +2
Fe: +2 → 0
Cl: –1 → –1
Lo zinco passa dallo stato elementare (N.O. = 0) alla forma ionica Zn^{2+}, ossidandosi, mentre il ferro si riduce, trasformandosi da ione Fe^{2+} in ferro elementare (N.O. = 0); il cloro, d'altra parte, si comporta da ione *spettatore*, infatti non partecipa allo scambio di elettroni ed è presente sia nei reagenti che nei prodotti come Cl^-.
Quella proposta dal quesito è una reazione di scambio in cui lo zinco reagisce con il cloruro ferroso sostituendosi allo ione Fe^{2+} per formare cloruro di zinco; si dice anche che *lo zinco sposta il ferro*, questo accade perché lo Zn si ossida più facilmente del Fe (si veda § 7.5.3 e pagina 358).

7.5.1 | Bilanciamento di reazioni redox

Bilanciare una reazione redox significa trovare i valori dei coefficienti stechiometrici tali da garantire, oltre alla conservazione della massa, anche quella della carica.

In qualsiasi reazione redox il numero di elettroni ceduti complessivamente dal riducente deve essere necessariamente uguale al numero di elettroni acquistati dall'ossidante (principio di elettroneutralità).

Per bilanciare una reazione redox si deve seguire il procedimento esposto di seguito.

1. Calcolare i numeri di ossidazione di tutti gli elementi che compaiono nell'equazione chimica;
2. identificare, quindi, in base alla variazione dei numeri di ossidazione, la specie che si ossida (quella che aumenta il proprio N.O.) e la specie che si riduce (quella che diminuisce il proprio N.O.);
3. scrivere le due semireazioni;
4. bilanciare le cariche elettriche moltiplicando ciascuna delle due semireazioni per un coefficiente stechiometrico tale per cui il numero di elettroni ceduto dal riducente sia uguale a quello degli elettroni acquistati dall'ossidante;
5. scrivere i coefficienti così calcolati nell'equazione di reazione e verificare che sia completamente bilanciata;
6. se necessario, completare il bilanciamento delle masse procedendo come per le normali reazioni non redox.

$$? \overset{+2-2}{CuO} + \overset{-3+1}{NH_3} \rightarrow ? \overset{0}{Cu} + ? \overset{0}{N_2} + ? H_2O$$

Cu si riduce perché il suo N.O. diminuisce passando da + 2 a 0;
N si ossida perché il suo N.O. aumenta passando da – 3 a 0.
Le due semireazioni sono:

$$\overset{+2}{Cu} + 2e^- \rightarrow \overset{0}{Cu} \text{ riduzione} \quad \text{e} \quad \overset{-3}{N} - 3e^- \rightarrow \overset{0}{N} \text{ ossidazione}$$

Occorre quindi moltiplicare per 3 la semireazione di riduzione e per 2 la semireazione di ossidazione:

$$3 \cdot (\overset{+2}{Cu} + 2e^- \rightarrow \overset{0}{Cu}) \quad \text{e} \quad 2 \cdot (\overset{-3}{N} - 3e^- \rightarrow \overset{0}{N})$$

$$3\,CuO + 2\,NH_3 \rightarrow 3\,Cu + N_2 + H_2O$$

L'equazione scritta è bilanciata solo per quanto riguarda la carica, ma non per la massa: il numero di atomi di ossigeno e idrogeno è infatti diverso nei reagenti e nei prodotti.

$$3\,CuO + 2\,NH_3 \rightarrow 3\,Cu + N_2 + 3H_2O$$

In questa forma l'equazione è bilanciata sia per la carica che per la massa.

7.5.2 | L'ossigeno come ossidante

In passato il termine ossidazione era utilizzato esclusivamente per indicare reazioni in cui uno dei reagenti era l'ossigeno elementare (O_2); successivamente questo termine ha acquisito il significato di reazione accompagnata da un trasferimento di elettroni. Numerose reazioni di ossidazione coinvolgono comunque l'ossigeno; una delle più importanti è la **combustione**, una reazione di ossidazione rapida che interessa principalmente gli *idrocarburi*, libera luce e calore, cioè è esoergonica ed esotermica (si veda § 9.1 e § 9.2). L'ossigeno reagisce con i lipidi, i carboidrati e le proteine per produrre energia negli organismi viventi. Questo elemento inoltre si comporta da ossidante nei confronti di numerosi metalli; si tratta in questo caso di un fenomeno detto *corrosione*. Un esempio è la reazione con il ferro, per cui si dice che il ferro *arrugginisce*.

Bilanciare la reazione $C_4H_{10} + O_2 \rightarrow CO_2 + H_2O$.

Gli atomi di C sono quattro nei reagenti e uno nei prodotti, quindi si pone un coefficiente 4 davanti all'anidride carbonica, CO_2, nei prodotti:

$$C_4H_{10} + O_2 \rightarrow 4\,CO_2 + H_2O$$

Gli atomi di O sono due nei reagenti e nove nei prodotti; per bilanciare l'ossigeno è necessario un coefficiente 5 davanti a O_2, nei reagenti, e, poiché in questo modo gli atomi di ossigeno nei reagenti sono 10, un coefficiente 2 davanti a H_2O, nei prodotti:

$$C_4H_{10} + 5\,O_2 \rightarrow 4\,CO_2 + 2\,H_2O$$

contando gli atomi di H, risultano dieci nei reagenti e quattro nei prodotti; si può provare a bilanciare mettendo un coefficiente 5 davanti a H_2O, ma in questo caso gli atomi totali di O nei prodotti diventano 13, un numero dispari che non è possibile bilanciare con le molecole di O_2 presenti nei reagenti. Per bilanciare l'equazione sono quindi necessarie due molecole di butano, C_4H_{10}; in questo modo, poiché sono presenti otto atomi di C e 20 di H, si formeranno 8 molecole di CO_2 e dieci di H_2O; mentre l'ossigeno necessario (26 atomi) è fornito da 13 molecole di O_2, come indicato dall'equazione bilanciata:

$$2\,C_4H_{10} + 13\,O_2 \rightarrow 8\,CO_2 + 10\,H_2O$$

Quella proposta è la reazione di *combustione* del butano: questo idrocarburo reagisce con ossigeno producendo anidride carbonica, CO_2, e acqua.

7.5.3 | La pila elettrica

Una pila elettrica (o cella elettrochimica o cella voltaica) è un dispositivo che permette di trasformare l'energia chimica liberata da una reazione di ossidoriduzione (esoergonica, o spontanea, si veda § 9.2) in energia elettrica. L'energia può essere sfruttata facendo avvenire le semireazioni di ossidazione e riduzione in due comparti distinti, chiamati *semicelle* o *semielementi*; le due semicelle sono separate da un ponte salino (o da un setto poroso) e collegate da un conduttore metallico esterno in modo tale che gli elettroni ceduti durante la reazione di ossidazione che avviene in una semicella fluiscono attraverso il circuito esterno all'altra semicella, dove avviene la reazione di riduzione. Una semicella è costituita da una lamina di un metallo (*elettrodo*) immerso in una soluzione di un suo sale. Il ponte salino è costituito da un tubo a U contenente un elettrolita e chiuso alle estremità da due setti porosi; ha la funzione di mantenere il contatto elettrico tra le due soluzioni senza che esse si mescolino.

L'**anodo** è l'**elettrodo negativo** della pila ed è quello su cui avviene la **semireazione di ossidazione**.

Il **catodo** è l'**elettrodo positivo** della pila ed è quello su cui avviene la **semireazione di riduzione**.

I potenziali di riduzione

Ogni specie chimica ha una specifica tendenza ad acquistare elettroni, e quindi a ridursi, misurata dal suo *potenziale di riduzione*.

> Maggiore è il potenziale di una specie chimica, maggiore è la sua tendenza a ridursi e, di conseguenza, maggiore è il suo potere ossidante.

La conoscenza dei potenziali di riduzione delle due semicelle di una pila permette di stabilire in quale delle due si verificherà la reazione di ossidazione (anodo) e in quale la reazione di riduzione (catodo).

> Si ha **riduzione** nella **semicella con potenziale di riduzione maggiore**.
> Si ha **ossidazione** nella **semicella con potenziale di riduzione minore**.

Accoppiando quindi due semicelle, il flusso di elettroni avviene dalla semicella con potenziale di riduzione minore, in cui si ha ossidazione (anodo), a quella con potenziale di riduzione maggiore, in cui si ha riduzione (catodo). Il potenziale di una semicella si misura in volt (V) ed è calcolato come differenza di potenziale rispetto a un elettrodo scelto come standard (l'elettrodo a idrogeno), a cui è stato attribuito arbitrariamente un potenziale di 0,00 volt. Il *potenziale di riduzione standard* ($E°$) è misurato a 25 °C, in condizioni di concentrazione degli ioni che partecipano alla reazione pari a 1 M e pressione parziale dei gas pari a 1 atm.

> La pila più comune è la **pila Daniell** (pila rame-zinco), costituita da una lamina di zinco immersa in una soluzione acquosa di $ZnSO_4$ 1 M e una lamina di rame immersa in una soluzione di $CuSO_4$ 1 M, opportunamente collegate.

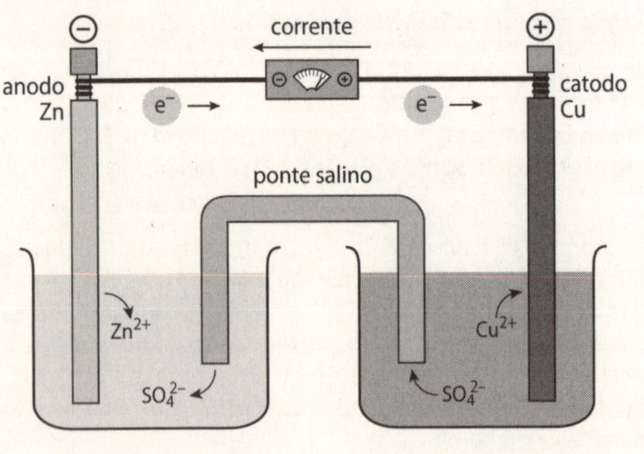

> Per la coppia Zn^{2+} / Zn, $E° = -0,76$ V, per Cu^{2+}/Cu, $E° = +0,34$ V, poiché la coppia Cu^{2+}/Cu possiede il potenziale di riduzione standard più elevato, accoppiando le due semireazioni quella di Cu procede nel senso della riduzione, mentre quella di Zn procede nel senso dell'ossidazione.

Nella pila di Daniell la coppia Cu^{2+}/Cu possiede il potenziale di riduzione standard più elevato (si veda la tabella a pagina 358) e accoppiando le due semireazioni quella di Cu procede nel senso della riduzione, mentre quella di Zn procede nel senso dell'ossidazione.

- Al catodo si svolge la reazione di riduzione: $Cu^{2+} + 2\,e^- \rightarrow Cu$
- All'anodo si svolge la reazione di ossidazione: $Zn \rightarrow Zn^{2+} + 2\,e^-$
- Complessivamente avviene la reazione: $Cu^{2+} + Zn \rightarrow Cu + Zn^{2+}$

Il risultato finale del processo è la trasformazione di energia chimica in energia elettrica, sotto forma di corrente che percorre il filo che collega i due elettrodi.

7.5.4 | Elettrolisi

Una cella elettrolitica è un dispositivo in cui, al contrario di ciò che accade in una pila, si trasforma energia elettrica in energia chimica.

L'energia elettrica erogata nella cella elettrolitica permette di far avvenire una reazione endoergonica (si veda § 9.2) di ossidoriduzione. L'elettrolisi si realizza immergendo due conduttori metallici ai quali sia stata applicata una differenza di potenziale elettrico nella massa liquida di un elettrolita fuso (si veda § 8.5) o in una soluzione acquosa elettrolitica. Sottoposti al campo elettrico, gli ioni migrano verso i rispettivi elettrodi, sulla superficie dei quali reagiscono: gli anioni migrano verso l'anodo a cui cedono elettroni, ossidandosi, mentre i cationi migrano verso il catodo da cui acquistano elettroni, riducendosi.

In una cella elettrolitica quindi:

- come in una pila, si ha *ossidazione all'anodo e riduzione al catodo*;
- al contrario della pila, l'*anodo* è l'*elettrodo positivo*, il *catodo* l'*elettrodo negativo*.

Gli oggetti dorati sono ricoperti da un sottilissimo strato di oro, depositato sfruttando il fenomeno dell'elettrolisi. In che modo viene effettuata la doratura di un oggetto?

L'oggetto da sottoporre a doratura, che rappresenta il catodo, viene posto in una vasca contenente una soluzione di cloruro d'oro ($AuCl_3$); l'anodo è costituito da una lamina d'oro. La corrente erogata mantiene il catodo carico negativamente e l'anodo carico positivamente: l'anodo si consuma e l'oro si trasforma in ioni Au^+ che migrano verso il catodo, dove si riducono a oro metallico, formando un sottile strato di oro sull'oggetto da dorare.

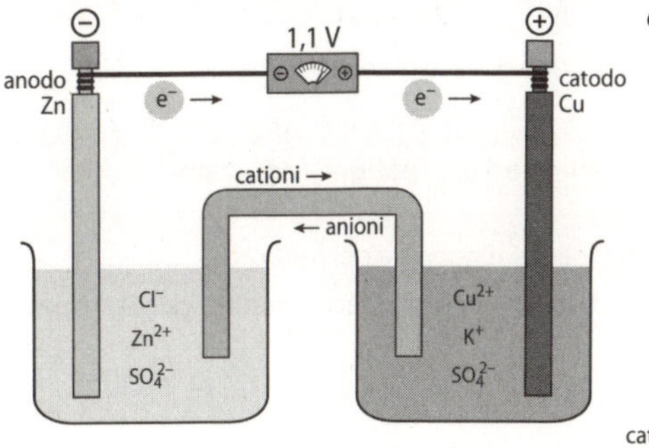

Cella elettrochimica (pila)

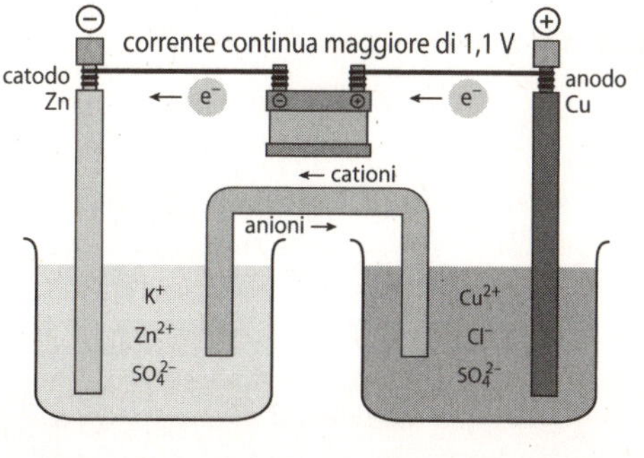

Cella elettrolitica

7.5.5 | Stechiometria

La stechiometria è la **descrizione quantitativa** delle relazioni esistenti tra le sostanze coinvolte in una reazione chimica.

La stechiometria riguarda cioè i rapporti ponderali fra reagenti e prodotti nelle reazioni chimiche. La quantità di una specie chimica che partecipa a una reazione può essere espressa in termini di massa o di volume, ma i rapporti stechiometrici devono sempre essere riferiti al **numero di moli**.

Dato che una mole rappresenta sempre lo stesso numero di molecole ($6{,}02 \cdot 10^{23}$), ciò che viene riferito a una molecola può essere riferito, con i necessari fattori moltiplicativi, a una mole.

Tutti i calcoli stechiometrici si basano sull'**osservazione dell'equazione chimica bilanciata**, che può essere letta in quattro modi diversi:

- numero di unità elementari;
- numero di moli;
- massa;
- volume, solo se reagenti e prodotti sono gas e la reazione avviene in condizioni standard o se i gas sono nelle stesse condizioni di temperatura e pressione

I coefficienti stechiometrici che compaiono nell'equazione chimica indicano infatti il numero di unità elementari di ogni specie chimica che partecipano alla reazione (molecole, ioni, atomi), ma indicano anche il numero di moli.

Quindi, noto il peso molare delle diverse specie chimiche, è possibile convertire il numero di moli in grammi e, se i reagenti e i prodotti sono gas, e si trovano nelle stesse condizioni di temperatura e pressione, è possibile convertirlo anche in unità di volume (litri).

L'equazione chimica seguente può essere letta in almeno tre modi diversi:

$N_{2(g)}$	+	$3\,H_{2(g)}$	$\rightleftarrows$	$2\,NH_{3(g)}$
1 molecola		3 molecole		2 molecole
1 mole		3 moli		2 moli
28 g		3 × 2 g		2 × 17 g
22,4 l		3 × 22,4 l		2 × 22,4 l

7.5.6 | Calcoli stechiometrici

Nota la quantità di almeno una delle sostanze che partecipano a una reazione, l'equazione chimica bilanciata permette di calcolare le quantità di tutte le altre.

- I coefficienti stechiometrici indicano il numero di moli dei reagenti e dei prodotti.
- I grammi corrispondenti si ricavano moltiplicando i coefficienti stechiometrici per le rispettive masse molari.

Calcolare il numero di moli di NH_3 prodotte dalla reazione di 6,33 moli di H_2.

La reazione di sintesi dell'ammoniaca è:

$$N_2 + 3\,H_2 \rightarrow 2\,NH_3$$

Per risolvere il problema si imposta una semplice proporzione:

$$3 \text{ mol } H_2 : 2 \text{ mol } NH_3 = 6{,}33 \text{ mol } H_2 : x \text{ mol } NH_3$$

da cui:

$$x = \frac{2 \text{ mol } NH_3 \cdot 6{,}33 \text{ mol } H_2}{3 \text{ mol } H_2} = 4{,}22 \text{ mol } NH_3$$

Calcolare i grammi di H_2 (PM = 2 g/mol) necessari per formare 45 g di NH_3.

La prima operazione da compiere consiste nel convertire in grammi le quantità indicate in moli nell'equazione bilanciata. Perciò:

$$m_{H_2} = 3\ \text{mol} \cdot 2\ \text{g/mol} = 6\ \text{g}$$

$$m_{NH_3} = 2\ \text{mol} \cdot 17\ \text{g/mol} = 34\ \text{g}$$

Si imposta ora la proporzione:

$$6g_{H_2} : 34g_{NH_2} = xg_{H_2} : 45\ \text{g}\ NH_3$$

da cui:

$$x = \frac{45\ g_{NH_3} \cdot 6\ g_{H_2}}{34\ g_{NH_3}} = 7{,}94\ g_{H_2}$$

Il problema si risolve alternativamente convertendo i grammi in numero di moli:

$$n_{H_2} = \frac{45\ \text{g}}{17\ \text{g/mol}} = 2{,}647$$

Basandosi sul rapporto molare indicato dall'equazione bilanciata, si imposta una proporzione per ricavare il numero di moli di H_2 necessario per formare la quantità indicata di NH_3:

$$3\ \text{mol}\ H_2 : 2\ \text{mol}\ NH_3 = x\ \text{mol}\ H_2 : 2{,}647\ \text{mol}\ NH_3$$

da cui:

$$x = \frac{3\ \text{mol}\ H_2 \cdot 2,647\ \text{mol}\ NH_3}{2\ \text{mol}\ NH_3} = 3{,}97\ \text{mol}\ H_2$$

Si converte ora in grammi il numero di moli di H_2 calcolato:

$$m_{H_2} = 3{,}97\ \text{mol} \cdot 2\ \text{g/mol} = 7{,}94\ \text{g}\ H_2$$

Nei calcoli stechiometrici si possono utilizzare anche unità diverse dalla mole o dalla massa, purché tali unità possano essere messe in relazione con il numero di moli.

Calcolare quanti grammi di H_2 occorrono per formare 6,8 l di NH_3 in condizioni standard.

Si calcola innanzitutto il numero di moli di NH_3 contenuto in 6,8 l di gas in condizioni standard:

$$n_{NH_3} = \frac{7{,}84\ \text{l}}{22{,}4\ \text{l/mol}} = 0{,}35\ \text{mol}$$

Si calcola ora il numero di moli di H_2 necessarie per formare la quantità indicata di NH_3 attraverso la proporzione:

$$3\ \text{mol}\ H_2 : 2\ \text{mol}\ NH_3 = x\ \text{mol}\ H_2 : 0{,}35\ \text{mol}\ NH_3$$

da cui:

$$x = \frac{3\ \text{mol}\ H_2 \cdot\ 0{,}35\ \text{mol}\ NH_3}{2\ \text{mol}\ NH_3} = 0,525\ \text{mol}\ H_2$$

Si converte ora in grammi il numero di moli di H_2 calcolato:

$$m_{H_2} = 0{,}525\ \text{mol} \cdot 2\ \text{g/mol} = 1{,}05\ \text{g}\ H_2$$

Reagente limitante

Talora i reagenti di una reazione sono presenti in un rapporto stechiometrico diverso da quello previsto dall'equazione bilanciata. In questo caso, le quantità di prodotti formati dipendono dalla quantità della specie in difetto, chiamata *reagente limitante*; il reagente presente in quantità superiore a quella necessaria per reagire col reagente limitante è detto *reagente in eccesso.*

La reazione avviene rispettando il principio di conservazione della massa, cioè secondo la stechiometria della reazione bilanciata: il reagente in eccesso non troverà però una quantità di "partner" sufficienti per convertirsi completamente.

Considerando l'equazione chimica:

$$2\,H_2 + O_2 \rightarrow 2\,H_2O$$

dato che 2 moli di idrogeno reagiscono stechiometricamente con una mole di ossigeno, se poniamo a reagire 3 moli di idrogeno e 3 moli di ossigeno, H_2 è il reagente limitante e O_2 il reagente in eccesso.

Data la reazione seguente:

$$2\,K + 2\,H_2O \rightarrow 2\,KOH + H_2$$

stabilire qual è il reagente limitante se si pongono a reagire 39 g di potassio metallico (PA = 39) e 100 g di acqua.

L'equazione chimica bilanciata descrive una reazione in cui 2 moli di potassio reagiscono con 2 moli di acqua per produrre 2 moli di idrossido di potassio (KOH) e una mole di idrogeno gassoso. Il peso molare di K è 39, quindi 39 g corrispondono a una mole. Dato che per H_2O PM = 18, il numero di moli cui corrispondono 100 g di acqua si ricava nel modo seguente:

$$n = \frac{m}{PM} = \frac{50\,g}{39\,g/mol} = 2{,}78\,mol$$

50 g di acqua corrispondono a 2,78 moli, questo reagente è quindi in eccesso rispetto al potassio, che risulta essere il reagente limitante.

Il ferro reagisce con l'acido cloridrico formando cloruro ferroso e idrogeno secondo la reazione:

$$Fe + 2\,HCl \rightarrow FeCl_2 + H_2$$

Calcolare quanti grammi di H_2 si ottengono facendo reagire 23 g di HCl (PM = 36,5 g/mol) con 16 g di Fe (PM = 56 g/mol) e quante sono le moli rimaste di reagente in eccesso.

Si calcola innanzitutto il numero di moli di ciascun reagente:

$$n_{Fe} = \frac{16\,g}{56\,g/mol} = 0{,}268\,mol \text{ e } n_{HCl} = \frac{23\,g}{36{,}5\,g/mol} = 0{,}63\,mol$$

Basandosi sull'equazione bilanciata si calcolano quindi le moli di uno dei reagenti necessarie per reagire con la quantità data dell'altro reagente:

$$1\,mol\,Fe : 2\,mol\,HCl = 0{,}268\,mol\,Fe : x\,mol\,HCl \quad \rightarrow \quad x = 0{,}572\,mol\,HCl$$

Confrontando la quantità di HCl necessario con la quantità disponibile, si nota che HCl è il reagente in eccesso, mentre Fe è il reagente limitante. Il numero di moli di reagente limitante coincide con il numero di moli di idrogeno sviluppato, avente una massa pari a:

$$m_{H_2} = 0{,}268\,mol \cdot 2\,g/mol = 0{,}572\,g$$

A fine reazione saranno rimaste:

$$0{,}63\,mol - 0{,}572\,mol = 0{,}058\,mol \text{ di HCl}$$

7.5.7 | Resa di una reazione

Spesso una reazione chimica non procede fino al completo esaurimento dei reagenti. In tal caso la *resa effettiva* (o rendimento) di una reazione non coincide con la *resa teorica*.

La *resa percentuale* è data dal rapporto, moltiplicato per 100, tra la quantità di prodotto formato (resa effettiva) e la quantità che si otterrebbe se la reazione procedesse fino all'esaurimento dei reagenti (resa teorica), ovvero:

$$\text{resa \%} = \frac{\text{resa effettiva}}{\text{resa teorica}} \cdot 100$$

Calcolare la resa percentuale della reazione che ha fornito 27 g di Cu (PM = 63,5 g/mol) facendo reagire 32,5 g di Zn (PM = 65 g/mol) con un eccesso di $CuSO_4$ secondo la reazione:

$$\mathbf{Zn + CuSO_4 \rightarrow Cu + ZnSO_4}$$

Si calcola innanzitutto il numero di moli corrispondenti a 32,5 g di Zn:

$$n_{Zn} = \frac{32{,}5\ \text{g}}{65\ \text{g/mol}} = 0{,}5\ \text{mol}$$

Questa quantità equivale anche al numero di moli di Cu che si dovrebbe ottenere (resa teorica), avente una massa pari a:

$$m_{Cu} = 0{,}5\ \text{mol} \cdot 63{,}5\ \text{g/mol} = 31{,}8\ \text{g}$$

La resa percentuale è dunque uguale a:

$$\frac{27\ \text{g}}{31{,}8\ \text{g}} \cdot 100 = 85\%$$

La resa della reazione è un indice dell'efficienza con cui i reagenti si trasformano in prodotti.

Test di verifica

1 **Quale dei seguenti NON può essere considerato un fenomeno chimico?**

- A Esplosione di un candelotto di dinamite
- B Digestione del cibo
- C Crescita di un filo d'erba
- D Evaporazione di una massa d'acqua
- E Arrugginimento di una sbarra di ferro

2 **Il bilanciamento di una reazione chimica è imposto dalla legge di:**

- A Lavoisier
- B Proust
- C Dalton
- D Gay-Lussac
- E Dannon

3 **Quale delle seguenti reazioni è CORRETTAMENTE bilanciata stechiometricamente?**

- A $Na_2SO_3 + AgNO_3 \rightarrow Ag_2SO_3 + NaNO_3$
- B $2Na_2SO_3 + 2AgNO_3 \rightarrow Ag_2SO_3 + 2NaNO_3$
- C $Na_2SO_3 + 2AgNO_3 \rightarrow Ag_2SO_3 + 2NaNO_3$
- D $2Na_2SO_3 + 2AgNO_3 \rightarrow 2Ag_2SO_3 + 2NaNO_3$
- E $Na_2SO_3 + 2AgNO_3 \rightarrow 2Ag_2SO_3 + 2NaNO_3$

4 **Quali sono i prodotti di una reazione tra un ossido metallico e un acido?**

- A Due sali
- B Un idrossido
- C Un altro ossido e un sale più debole
- D Sale più acqua
- E Un acido e una base

5 **Nelle reazioni di ossidoriduzione avviene sempre un passaggio di:**

- A ioni tra un metallo e un non metallo
- B elettroni tra specie chimiche diverse
- C ioni tra specie chimiche diverse
- D elettroni tra un metallo e un non metallo
- E elettroni tra ioni di elementi diversi

6 **In una reazione una specie si ossida se:**

- A accetta elettroni da un ossidante
- B accetta elettroni da un riducente
- C cede elettroni a un ossidante
- D cede elettroni a un riducente
- E dissocia protoni

7 **In genere un composto inorganico a carattere riducente possiede:**

- A carattere acido
- B uno o più elementi a numero di ossidazione piuttosto elevato
- C numerosi atomi di ossigeno
- D carattere basico
- E uno o più elementi a numero di ossidazione piuttosto basso

8 **Quando, in una reazione di ossidoriduzione, un elemento perde elettroni, si dice che il suo numero di ossidazione:**

- A diminuisce
- B è minore di zero
- C è maggiore di zero
- D aumenta di una unità
- E aumenta

9 **Nella reazione:**

$$CO_2 + H_2O \rightarrow H_2CO_3$$

il carbonio:

- A si riduce
- B si ossida
- C non cambia numero di ossidazione
- D cambia numero di ossidazione
- E nessuna delle precedenti risposte è corretta

10 **Data la reazione:**

$$Fe + Cu^{2+} \rightarrow Fe^{2+} + Cu$$

si può dire che:

- A Fe è l'agente ossidante
- B Fe si è ossidato
- C Cu^{2+} è l'agente riducente
- D Fe acquista elettroni
- E Cu^{2+} si è ossidato

11 **Un ossidante è una sostanza contenente almeno un atomo che nella reazione considerata:**

- A perde elettroni
- B dà luogo a un ossido
- C acquista elettroni
- D sviluppa ossigeno
- E acquista carica negativa

12 **La reazione del propano C_3H_8 con ossigeno O_2 (combustione) avviene con formazione di CO_2 e H_2O; per bruciare una mole di propano, le moli di ossigeno necessarie sono:**

A 4 B 5 C 8 D 7 E 6

13 **Se reagiscono 2 moli di acido cloridrico con 1 mole di idrossido di bario, quante moli di cloruro di bario si formano?**

A 2 B 0,5 C 3 D 1 E 6

14 **Quanti grammi di $CaCO_3$ si devono far reagire con acido cloridrico in eccesso per produrre una mezza mole di CO_2? (masse atomiche: Ca = 40; Cl = 35,5)**

A 88 B 44 C 200 D 50 E 100

15 **Nella reazione: $2\ Ca_3(PO_4)_2 + 10\ C + 6\ SiO_2 \rightarrow P_4 + 6\ CaSiO_3 + 10\ CO$:**

A il fosforo si riduce, e calcio e carbonio si ossidano
B il fosforo si riduce e il silicio si ossida
C il fosforo si ossida e il carbonio si riduce
D il fosforo si riduce, e carbonio e silicio si ossidano
E il fosforo si riduce e il carbonio si ossida

16 **Indicare quanti grammi di CO_2 si ottengono dalla combustione completa di una mole di glucosio ($C_6H_{12}O_6$) nella reazione:**

glucosio + ossigeno molecolare → acqua + anidride carbonica.

A 1 B 264 C 12 D 150 E 6

17 **Per ottenere un metallo allo stato di elemento da un minerale che lo contiene sotto forma di ossido, quale tra le seguenti trasformazioni si deve effettuare?**

A Ossidazione
B Neutralizzazione
C Acidificazione
D Riduzione
E Sublimazione

18 **Le pressioni gassose, a parità di volume e di temperatura, sono direttamente proporzionali al numero di moli dei gas. Pertanto, se si fa avvenire, in un recipiente chiuso e a temperatura costante, la sintesi del gas NO a partire da N_2 e O_2 e gassosi, secondo la reazione:**

$N_2 + O_2 \rightarrow 2NO$, la pressione iniziale:

A è maggiore di quella finale
B è il doppio di quella finale
C è uguale a quella finale
D è la metà di quella finale
E è minore di quella finale

19 **La pila è un dispositivo normalmente utilizzato per:**

A trasformare energia chimica in energia elettrica
B trasformare energia termica in energia elettrica
C trasformare energia chimica in calore
D trasformare energia potenziale in energia chimica
E utilizzare energia elettrica per effettuare una reazione chimica

20 **In una pila Daniell il ponte salino serve a:**

A garantire che le due soluzioni abbiano la stessa temperatura
B calcolare la f.e.m. (forza elettromotrice)
C garantire l'apertura del circuito mediante una corrente ionica
D garantire la chiusura del circuito mediante una corrente ionica
E garantire che le due soluzioni abbiano valori costanti di pressione

Soluzioni e commenti

1 I fenomeni chimici sono caratterizzati dalla trasformazione di una o più sostanze in una o più sostanze diverse: una reazione chimica è accompagnata dalla rottura di legami chimici e dalla formazione di nuovi legami. Per rispondere al quesito, è necessario individuare quale dei processi indicati NON possiede queste caratteristiche. Un'esplosione è una reazione in cui un composto chimico subisce una combustione a velocità estremamente elevata, liberando una grande quantità di energia chimica sotto forma di calore e un grande numero di molecole di sostanze gassose; l'alternativa A può quindi essere scartata, perché fa riferimento a un fenomeno chimico. La digestione del cibo consiste nella demolizione enzimatica di molecole di grande dimensione (proteine, carboidrati ecc.) per ottenere molecole più piccole; anche l'alternativa B indica quindi un fenomeno chimico, e può essere scartata. La crescita di un filo d'erba è un fenomeno biologico complesso permesso dallo svolgimento di tutte quelle reazioni biochimiche che permettono la conversione dell'energia, la costruzione di nuovo materiale cellulare ecc.; si tratta quindi di un fenomeno chimico, e anche la C è errata. L'arrugginimento di una sbarra di ferro è dovuto alla lenta ossidazione del ferro per opera degli agenti atmosferici; anche la E può quindi essere scartata. La risposta corretta è la D, infatti l'evaporazione di una massa d'acqua non è un fenomeno chimico, perché non si ha trasformazione di una sostanza in un'altra: l'acqua che evapora subisce un cambiamento di stato di aggregazione, ma non diventa una sostanza diversa, infatti non si rompono i legami che tengono uniti O e H nella molecola H_2O, ma solamente le interazioni fra le molecole di H_2O.

2 Il bilanciamento di una reazione chimica è necessario per soddisfare la legge della conservazione della massa, o legge di Lavoisier; risposta A.

3 Per bilanciare la reazione proposta è necessario considerare tutte le alternative e per ognuna calcolare quanti atomi di sodio (Na), di zolfo (S), di ossigeno (O), di argento (Ag) e di azoto (N) si trovano fra i reagenti (nella parte sinistra dell'equazione chimica) e quanti fra i prodotti (nella parte destra).
L'alternativa corretta è la C. In questa equazione chimica, infatti, compaiono 2 atomi di Na nei reagenti e 2 nei prodotti, 1 atomo di S nei reagenti e 1 nei prodotti, 9 atomi di O nei reagenti e 9 nei prodotti, gli atomi di Ag sono 2 sia nei reagenti che nei prodotti, infine N compare con 2 atomi nei reagenti e 2 nei prodotti.

4 Gli acidi inorganici sono composti che contengono un non metallo e reagiscono con l'acqua cedendo ioni H^+ ad H_2O. La reazione fra un ossido metallico e un acido porta alla formazione di un sale e acqua; la componente cationica del sale deriva dal metallo e la componente anionica deriva dall'acido. Per esempio la ruggine (Fe_2O_3, triossido di diferro, o anidride ferrica) reagisce con acido solforico H_2SO_4 nel modo seguente:

$$Fe_2O_3 + 3\,H_2SO_4 \rightarrow Fe_2(SO_4)_3 + 3\,H_2O$$

Il sale $Fe_2(SO_4)_3$ (solfato ferrico) è formato da due ioni Fe^{3+} ogni tre ioni solfato SO_4^{2-}.
La risposta corretta è la D.

5 Le ossidoriduzioni sono reazioni che comportano uno scambio di elettroni tra due reagenti, uno dei quali acquista gli elettroni ceduti dall'altro. Spesso, ma non sempre, i reagenti sono un metallo e un non metallo, la risposta corretta è quindi la B.

6 Si dice che una specie chimica si ossida nel corso di una reazione se cede elettroni a un'altra specie che in tal modo si riduce e si comporta da ossidante; risposta **C**.

7 Un composto a carattere riducente contiene un elemento con una forte tendenza a cedere elettroni; nelle reazioni di ossidoriduzione, infatti, il riducente è l'elemento che, ossidandosi, cede elettroni a un altro elemento, il quale accettandoli si riduce. Nel corso di questa trasformazione il numero di ossidazione dell'elemento che si riduce diminuisce, mentre quello dell'elemento che si ossida aumenta. Per avere una notevole tendenza a cedere elettroni il riducente deve avere numero di ossidazione piuttosto basso, la risposta esatta è quindi la **E**.

8 Quando un elemento che partecipa a una reazione di ossidoriduzione perde elettroni, cioè si ossida, il suo numero di ossidazione aumenta; risposta **E**.

9 Nella reazione $CO_2 + H_2O \rightarrow H_2CO_3$ il carbonio compare con numero di ossidazione +4 sia nei reagenti (in CO_2) che nei prodotti (in H_2CO_3); questo elemento non cambia numero di ossidazione; la risposta esatta è quindi la **C**.

10 La reazione proposta è una reazione di ossidoriduzione nella quale bisogna individuare la specie che si ossida e quella si riduce. Poiché nel corso della reazione il numero di ossidazione del rame passa da + 2 a 0 in seguito all'acquisto di due elettroni, il rame si riduce ed è quindi l'agente ossidante. Il numero di ossidazione del ferro passa invece da 0 a + 2 in seguito alla cessione di due elettroni: il ferro dunque si ossida ed è perciò l'agente riducente; risposta **B**.

11 Una specie chimica si ossida quando cede elettroni e aumenta quindi il suo numero di ossidazione, si riduce quando acquista elettroni e il suo numero di ossidazione diminuisce. Le due reazioni sono sempre accoppiate, infatti la specie che si ossida cede elettroni alla specie che si riduce e rappresenta quindi l'agente riducente. Viceversa la specie che si riduce acquista elettroni dalla specie che si ossida ed è quindi l'agente ossidante. La risposta esatta è pertanto la **C**.

12 L'equazione bilanciata della combustione del propano è:

$$C_3H_8 + 5\,O_2 \rightarrow 3\,CO_2 + 4\,H_2O$$

quindi per bruciare una mole di propano sono necessarie 5 moli di ossigeno. Risposta **B**.

13 La reazione cui fa riferimento il quesito coinvolge l'acido cloridrico, HCl, e l'idrossido di bario, $Ba(OH)_2$, e si forma il sale cloruro di bario, $BaCl_2$. La reazione bilanciata è rappresentata dalla seguente equazione:

$$2\,HCl + Ba(OH)_2 \rightarrow BaCl_2 + 2\,H_2O$$

Se 2 moli di HCl reagiscono con 1 mole di $Ba(OH)_2$ si forma 1 mole di $BaCl_2$; risposta **D**.

14 Il quesito propone la reazione del carbonato di calcio con acido cloridrico, che produce anidride carbonica, cloruro di calcio e acqua, con i rapporti stechiometrici descritti dall'equazione chimica seguente:

$$CaCO_3 + 2\,HCl \rightarrow CO_2 + CaCl_2 + H_2O$$

Dall'equazione chimica si osserva che una mole di $CaCO_3$ reagendo con HCl produce una mole di CO_2. Quindi per avere 0,5 moli di CO_2 si dovranno far reagire 0,5 moli di $CaCO_3$. Il peso molecolare di $CaCO_3$ si ricava nel modo seguente:

$$PM_{CaCO_3} = PA_{Ca} + PA_C + PA_O \cdot 3 = 40 + 12 + (16 \cdot 3) = 100$$

Se il peso molecolare di $CaCO_3$ è 100, una mole di questo composto pesa 100 g e 0,5 moli corrispondono a 50 g; risposta **D**.

15 Nella reazione proposta Ca compare nei reagenti e nei prodotti come ione Ca^{2+} (con numero di ossidazione +2), Si compare nei reagenti e nei prodotti con numero di ossidazione +4, C compare

in forma elementare nei reagenti e come CO nei prodotti, mentre P compare come ione fosfato (PO_4^{3-}) nei reagenti e in forma elementare nei prodotti. Possiamo dire che i numeri di ossidazione di Ca e di Si non cambiano, quello di C passa da 0 a –2, mentre quello di P passa da +5 a 0; nel corso della reazione, quindi, il carbonio si ossida e il fosforo si riduce, risposta **E**.

---

16 L'equazione bilanciata della combustione completa del glucosio è:

$$C_6H_{12}O_6 + 6\,O_2 \rightarrow 6\,CO_2 + 6\,H_2O$$

la combustione di una mole di glucosio produce quindi 6 moli di CO_2. Il quesito però chiede il peso in grammi della CO_2 prodotta nel corso di questa reazione e per calcolarlo è necessario tenere conto del peso molecolare di questa sostanza.

Poiché i pesi atomici approssimati di carbonio e ossigeno sono, rispettivamente, 12 e 16, il peso molecolare dell'anidride carbonica (CO_2) sarà:

$$PM_{CO_2} = PA_C + 2 \cdot PA_O = 12 + 2 \cdot 16 = 44$$

Una mole di CO_2 pesa 44 g, e il peso totale della CO_2 prodotta dalla combustione di una mole di glucosio si calcola utilizzando la formula $m = n \cdot PM$.

$$m_{CO_2} = n_{CO_2} \cdot PM_{CO_2} = 6\text{ mol} \cdot 44\text{ g/mol} = 264\text{ g}$$

La combustione completa di una mole di glucosio produce 264 g di CO_2; risposta **B**.

---

17 Un metallo M contenuto in un minerale sotto forma di ossido è legato all'ossigeno per dare la specie M_xO_y. Dato che il numero di ossidazione dell'ossigeno è –2, il numero di ossidazione del metallo è senz'altro positivo. Supponendo, per esempio, che il numero di ossidazione del metallo sia +2, per portarlo allo stato elementare, in cui il numero di ossidazione è pari a 0, è necessario compiere la seguente trasformazione:

$$\overset{+2}{M}\overset{-2}{O} \rightarrow \overset{0}{M} + \frac{1}{2}\overset{0}{O_2}$$

Nel corso della reazione il numero di ossidazione del metallo diminuisce: la trasformazione subita dal metallo è dunque una riduzione (risposta **D**).

---

18 Per capire se la variazione del numero di moli è positiva ($\Delta n > 0$) o negativa ($\Delta n < 0$) bisogna guardare i coefficienti stechiometrici della reazione bilanciata e fare la differenza tra la somma dei coefficienti dei prodotti e la somma dei coefficienti dei reagenti: $\Delta n = (\gamma + \delta) - (\alpha + \beta)$. Nel caso riportato si ha:

$$1\,N_2 + 1\,O_2 \rightleftarrows 2\,NO$$

da cui $\Delta n = (2) - (1 + 1) = 0$, quindi la pressione rimane invariata e la risposta corretta è la **C**.

---

19 La pila elettrica è un dispositivo che permette di trasformare l'energia chimica, liberata da una reazione spontanea di ossidoriduzione, in energia elettrica; risposta corretta: **A**.

---

20 Una pila è formata da due comparti distinti, chiamati semicelle (o semielementi), in cui avvengono separatamente la reazione di ossidazione e quella di riduzione. Le due semicelle sono separate da un ponte salino e collegate da un conduttore metallico esterno in modo tale che gli elettroni ceduti durante la reazione di ossidazione che avviene in una semicella fluiscono attraverso il circuito esterno all'altra semicella, dove avviene la reazione di riduzione. In una pila elettrica, il ponte salino, costituito da un tubo a U contenente un elettrolita e chiuso alle estremità da due setti porosi, ha la funzione di garantire la chiusura del circuito mediante una corrente di ioni, senza che le soluzioni presenti nelle due semicelle si mescolino. La risposta corretta è la **D**.

Test di approfondimento

1 **"Il monossido di carbonio, di formula CO, si può ottenere per combustione del carbonio in difetto di ossigeno, a circa 1000 °C; inoltre la combustione incompleta di molte sostanze organiche dà luogo alla formazione di CO. Il monossido di carbonio, in cui il C manifesta numero di ossidazione +2, è un gas incolore, inodore, insapore; brucia all'aria formando gas biossido di carbonio (composto in cui il C ha numero di ossidazione +4). A differenza del biossido di carbonio, il CO è praticamente insolubile in acqua".**
Quale delle seguenti affermazioni NON è in accordo con il contenuto del brano precedente?

- A Nella trasformazione da monossido a biossido il carbonio si ossida
- B La combustione incompleta del carbonio in difetto di ossigeno non è l'unico metodo per ottenere il CO
- C Se il carbonio brucia a temperatura inferiore a 1000°C, si forma sempre e solo biossido il carbonio
- D Il monossido di carbonio non manifesta apprezzabile solubilità in acqua
- E Il biossido di carbonio è solubile in acqua

---

2 **Calcolare quante moli di K_2O si ottengono a partire da 39 grammi di potassio metallico (39 u.m.a.), per reazione con eccesso di ossigeno, dopo aver bilanciato la seguente reazione:**

$$K + O_2 \rightarrow K_2O$$

- A 0,5
- B 1,0
- C 2,0
- D 0,25
- E 0,14

---

3 **Assegnare gli opportuni coefficienti stechiometrici alla seguente reazione:**

$$KClO_3 + H_2SO_4 \rightarrow KHSO_4 + HClO_4 + ClO_2 + H_2O$$

- A 2;2 → 2; 1;1;1
- B 3;3 → 3; 1;2;1
- C 1;1 → 1; 1;1;1
- D 4;2 → 3; 1;2;1
- E 2;4 → 1; 2;1;3

---

4 **Un campione di roccia contenente ferro (55,8 u.m.a.) viene triturato e disciolto in una soluzione di HCl concentrato. Dalla reazione, da bilanciare, si liberano 4 g di H_2. Calcolare la quantità di ferro presente inizialmente nel campione.**

$$Fe + HCl \rightarrow FeCl_2 + H_2$$

A 55,8 g B 223,2 g C 5,58 g D 4,0 g E 111,6 g

---

5 **Quale sale si ottiene per reazione dello zinco metallico con acido perclorico?**

A $Zn(ClO_4)_2$ B $Zn(ClO_2)_2$ C $ZnCr_2O_7$ D $Zn(OH)_2$ E Zn_2Cl_2

6 **Se nella reazione $3NO_2 + H_2O \rightarrow 2HNO_3 + NO$ si formano 1,80 mol di NO, allora nella stessa reazione:**

A si formano anche 3,60 mol di HNO_3

B si consumano 3,60 mol di H_2O

C si formano anche 5,40 mol di NO_2

D si formano anche 1,80 mol di HNO_3

E si consumano 3,60 mol di HNO_3

---

7 **Individua la successione numerica che indica correttamente i coefficienti della seguente reazione chimica: $C_6H_6 + O_2 \rightarrow CO_2 + H_2O$**

A 1, 6 = 3, 3

B 2, 15 = 12, 6

C 1, 6 = 6, 3

D 2, 9 = 12, 6

E 2, 7 = 3, 1

---

8 **Quale dei seguenti è un radicale?**

A HO^-

B HOO^-

C HO•

D H_3O^+

E $R\text{–}COO^-$

---

9 **Indicare l'unica affermazione errata tra quelle riferite alla seguente equazione chimica:**

$$2\,Ca + O_2 \rightarrow 2\,CaO$$

A 2 g di Ca reagiscono con 1 g di O_2 per dare 2 g di CaO

B 2 moli di Ca reagiscono con 22,41 litri di O_2 (STP) per dare 2 moli di CaO

C 2 atomi di Ca reagiscono con 1 molecola di O_2 per dare 2 molecole di CaO

D 6 moli di Ca reagiscono con 3 moli di O_2 per dare 6 moli di CaO

E 1 mole di Ca reagisce con 0,5 mole di O_2 per dare 1 mole di CaO

---

10 **Data la seguente reazione chimica:**

$$4\,NH_3\,(g) + 5\,O_2\,(g) \rightarrow 4\,NO\,(g) + 6\,H_2O\,(g)$$

Individuare quante moli di ossigeno sono necessarie affinché 200 moli di ammoniaca reagiscano completamente.

A 250 mol B 300 mol C 200 mol D 100 mol E 160 mol

---

11 **Nella reazione di ossidoriduzione $HBrO_3 + H_2S \rightarrow Br_2 + S + H_2O$ i coefficienti stechiometrici sono rispettivamente:**

A 2:3 = 1:3:4 B 1:2 = 1:2:5 C 2:2 = 1:2:3 D 1:2 = 2:1:2 E 2:5 = 1:5:6

---

12 **La seguente equazione mostra la reazione tra un composto organico e l'ossigeno.**

$$a\,C_2H_5SH + b\,O_2 \rightarrow c\,CO_2 + 2SO_2 + d\,H_2O$$

Per quale valore di *b* l'equazione è bilanciata?

A 7 B 9 C 10 D 11 E 12

13 **Considerando il numero di ossidazione dei reagenti coinvolti, quali delle seguenti reazioni sono ossidoriduzioni?**

1. $Cl_2 + 2\,KBr \rightarrow 2\,KCl + Br_2$
2. $Na + H_2 \rightarrow 2\,NaH$
3. $2\,CrO_4^{2-} + 2\,H^+ \rightarrow Cr_2O_7^{2-} + H_2O$
4. $MnO_2 + 4\,HCl \rightarrow MnCl_2 + Cl_2 + 2\,H_2O$

A 1, 2 e 3　B 1, 2 e 4　C 1, 3 e 4　D 1, 2, 3 e 4　E 2, 3 e 4

14 **Qual è il volume minimo di ossigeno necessario per la combustione completa di 400 ml di propano? Si assuma che entrambi i gas siano ideali e che abbiano la stessa pressione e temperatura.**

A 2000 ml
B 2600 ml
C 2800 ml
D 3600 ml
E 4000 ml

15 **Qual è il volume di idrogeno prodotto quando 2,5 g di calcio reagiscono con un eccesso di acqua? [Il volume molare del gas, nelle condizioni dell'esperimento, è di 24 litri per mole] [La massa atomica relativa del calcio è 40]**

A 1000 ml
B 1200 ml
C 1500 ml
D 1800 ml
E 2000 ml

16 **Quale/i delle seguenti reazioni è/sono delle ossidoriduzioni?**

1. $Cl_2(aq) + 2\,Br^-(aq) \rightarrow Br_2(aq) + 2\,Cl^-(aq)$
2. $Cl_2(aq) + H_2O(l) \rightarrow H{+}Cl^-(aq) + HOCl(aq)$
3. $H{+}Cl^-(aq) + H_2O(l) \rightarrow H_3O^+(aq) + Cl^-(aq)$

A Solo 1 e 2
B Solo 2
C Solo 3
D Solo 1 e 3
E Solo 2 e 3

17 **Date le seguenti reazioni:**

1. $C_2H_5Br + OH^- \rightarrow C_2H_5OH + Br^-$
2. $Ba^{2+}(aq) + SO_4^{2-}(aq) \rightarrow BaSO_4(s)$
3. $Mg(s) + Cu^{2+}(aq) \rightarrow Mg^{2+}(aq) + Cu(s)$

Quale tra i seguenti tipi di reazione non è incluso nella lista precedente?

A Sostituzione
B Precipitazione
C Ossidoriduzione
D Spostamento
E Eliminazione

18 **Quante delle seguenti reazioni sono solo ossidazioni (Ox), quante solo riduzioni (Red), quante ossidoriduzioni (Redox)?**

$2\,H^+ + 2e^- \rightarrow H_2$

$Ag^+ + Cl- \rightarrow AgCl$

$Cu^+ \rightarrow Cu^{2+} + e^-$

$2\,Cu^+ \rightarrow Cu + Cu^{2+}$

$Mg \rightarrow Mg^{2+} + 2\,e^-$

A Ox: 1; Red: 1; Redox: 2

B Ox: 2; Red: 1; Redox: 1

C Ox: 1; Red: 2; Redox: 1

D Ox: 2; Red: 1; Redox: 2

E Ox: 2; Red: 2; Redox: 1

---

19 **Data la seguente reazione di ossidoriduzione tra ioni ossalato ($C_2O_4^{2-}$) e ioni permanganato (MnO_4^-) in soluzione acquosa acida:**

$$5\ C_2O_4^{2-}\,(aq) + 2\ MnO_4^-\,(aq) + 16\ H^+(aq) \rightarrow 10\ CO_2(g) + 2\ Mn^{2+}(aq) + 8\ H_2O(l)$$

Quale delle seguenti affermazioni è corretta?

A Il carbonio viene ridotto

B L'idrogeno viene ridotto

C Il carbonio viene ossidato

D L' idrogeno viene ossidato

E Il manganese viene ossidato

---

20 **Data l'equazione:**

$$a\,NH_3 + b\,O_2 \rightarrow 4\,NO + c\,H_2O$$

Quale valore deve avere il coefficiente *b* affinché l'equazione sia bilanciata?

A 5 B 4 C 10 D 8 E 3

---

21 **Il propano reagisce con l'ossigeno secondo la reazione indicata di seguito:**

$$C_3H_8(g) + 5\,O_2(g) \rightarrow 3\,CO_2(g) + 4\,H_2O(g)$$

Se 100 cm^3 di propano vengono miscelati con 900 cm^3 di ossigeno, qual è il volume di gas totale che rimarrà alla fine della reazione, assumendo che i volumi di tutti i gas siano misurati alla stessa temperatura e pressione?

A 700 cm^3 B 300 cm^3 C 1300 cm^3 D 1100 cm^3 E 1700 cm^3

---

22 **Data l'equazione:**

$$3\,Cu + x\,HNO_3 \rightarrow y\,Cu(NO_3)_2 + z\,H_2O + 2\,NO$$

Quale valore devono avere i coefficienti *x* e *z* affinché l'equazione sia bilanciata?

A $x = 4; z = 2$ B $x = 8; z = 4$ C $x = 6; z = 3$ D $x = 10; z = 5$ E $x = 2; z = 1$

23 **Quando 1,2 g di magnesio reagiscono completamente con acido solforico diluito e in eccesso, il magnesio solfato prodotto viene separato, disidratato e ha un peso finale di 5,5 g. La reazione è:**

$$Mg + H_2SO_4 \rightarrow MgSO_4 + H_2$$

Qual è la resa di magnesio solfato in percentuale?
[Si assuma massa atomica relativa: Mg = 24; S = 32; O = 16]

A 22%
B 71%
C 80%
D 8%
E 92%

24 **Stabilire quale/i riga/righe della tabella descrive/ono correttamente le reazioni redox proposte.**

	Reazione	Riducente	Ossidante
1	$2\ HBr + I_2 \rightarrow 2\ HI + Br_2$	I_2	Br^-
2	$2\ NaF + Cl_2 \rightarrow 2\ NaCl + F_2$:	F^-	Cl_2
3	$Zn + 2\ HCl \rightarrow ZnCl_2 + H_2$	Zn	H^+
4	$Zn + 2\ HNO_3 \rightarrow Zn(NO_3)_2 + H_2$	Zn	NO_3^-

A Solo 1 e 3 B Solo 2 C Solo 3 e 4 D Solo 1 e 2 E Solo 2 e 3

25 **La seguente reazione viene utilizzata per produrre acido nitrico:**

$$3\ NO_2(g) + H_2O(l) \rightarrow 2\ HNO_3(l) + NO(g)$$

Facendo reagire 69 g di diossido di azoto con acqua in eccesso, quanti grammi di HNO_3 si formano considerando la reazione completa?
[A_r: N = 14,0; H = 1,0; O = 16,0]

A 69
B 63
C 126
D 31
E 47

26 **Nella reazione**

$$C_3H_7Br + KOH \rightarrow C_3H_7OH + KBr$$

24,6 g di 1bromopropano reagiscono con idrossido di potassio in eccesso per produrre 8,00 g di 1-propanolo.
M_r : C_3H_7Br = 123
A_r : H = 1,0; C = 12,0; O = 16,0
Qual è la resa percentuale di questa reazione?

A 66,7%
B 32,5%
C 33,3%
D 57,1%
E 93,0%

Soluzioni e commenti

1 Per rispondere correttamente al quesito è necessario individuare quale delle affermazioni proposte non è in accordo con il brano appena letto.

Secondo questo brano, il monossido di carbonio (CO) si forma dalla combustione del carbonio in difetto di ossigeno, ma viene prodotto anche dalla combustione parziale di un gran numero di sostanze organiche, l'affermazione B è in accordo con quanto appena visto, quindi non rappresenta la risposta corretta, e può essere scartata. Il monossido di carbonio, insolubile in acqua, brucia formando biossido di carbonio (CO_2) solubile in acqua, anche le affermazioni D ed E sono in accordo con il brano e possono quindi essere scartate. Nella reazione che trasforma CO in CO_2 il numero di ossidazione del carbonio passa da +2 a +4, quindi questo elemento si ossida, e anche l'alternativa A è da scartare.

L'unica affermazione che non è in accordo con il brano letto, e rappresenta la risposta corretta al quesito, è la C, infatti il monossido di carbonio si forma per combustione del carbonio a circa 1000 °C e non a temperatura inferiore.

2 L'equazione chimica bilanciata della reazione proposta è la seguente:

$$4\,K + O_2 \rightarrow 2\,K_2O$$

Da questa si vede che 4 moli di potassio metallico (K) reagiscono con 1 mole di ossigeno (O_2) per formare 2 moli di ossido di potassio (K_2O). Dato che il peso di una mole di qualsiasi sostanza corrisponde al peso molecolare (o al peso atomico) espresso in grammi, si deduce che 39 grammi di potassio metallico corrispondono a 1 mole di questo elemento. Dalla reazione bilanciata si ricava che il rapporto molare fra potassio metallico e ossido di potassio è 2:1, quindi da 1 mole di potassio si otterranno 0,5 moli di ossido di potassio; risposta A.

3 Per bilanciare una reazione è necessario mettere gli opportuni coefficienti stechiometrici davanti alle specie chimiche che compaiono nella reazione, in modo che ogni elemento sia presente con lo stesso numero di atomi nei reagenti e nei prodotti. Per rispondere al quesito è sufficiente provare a sostituire nell'equazione chimica le diverse combinazioni di coefficienti proposte. In questo modo si stabilisce che la risposta corretta è la B, da cui risulta:

$$3\,KClO_3 + 3\,H_2SO_4 \rightarrow 3\,KHSO_4 + HClO_4 + 2\,ClO_2 + H_2O$$

4 L'equazione chimica bilanciata della reazione proposta è la seguente:

$$Fe + 2HCl \rightarrow FeCl_2 + H_2$$

Da questa si ricava che 1 mole di ferro reagisce con 2 moli di acido cloridrico (HCl) per produrre 1 mole di cloruro ferroso ($FeCl_2$) e 1 mole di idrogeno (H_2). Dato che il peso molecolare di H_2 è pari a 2, 1 mole di questa sostanza corrisponde a 2 g, quindi 4 g corrispondono a 2 moli. Dall'equazione chimica bilanciata si vede che il rapporto stechiometrico fra ferro e idrogeno è 1:1, quindi se nel corso della reazione si formano 2 moli di idrogeno, questo significa che nel campione erano presenti 2 moli di ferro. Il peso atomico del ferro è 55,8 u.m.a., quindi 1 mole di ferro pesa 55,8 g e per calcolare quanti grammi di ferro erano presenti nel nostro campione è sufficiente moltiplicare il numero di moli (2) per il peso di una mole:

$$2\text{ mol} \cdot 55{,}8\text{ g/mol} = 111{,}6\text{ g}$$

Il campione di roccia conteneva 111,6 g di ferro; risposta E.

5 L'acido perclorico, ossiacido in cui il cloro ha il massimo numero di ossidazione, cioè +7, ha formula $HClO_4$ e l'anione perclorato, che si forma quando questo acido reagisce con un metallo formando un sale, ha formula $HClO_4^-$. Questo anione compare solamente nell'alternativa **A**, che rappresenta quindi la risposta corretta.

6 La reazione proposta è già bilanciata, per rispondere al quesito è quindi necessario basarsi sulla stechiometria della reazione. L'equazione chimica ci dice che, a partire da 3 moli di NO_2 e 1 mole di H_2O si formano 2 moli di HNO_3 e 1 mole di NO. Nel caso in cui, come indicato dal testo, si formano 1,80 moli di NO, si formerà un numero doppio di moli di HNO_3, cioè 3,60; l'alternativa è corretta è quindi la **A**.

7 In un'equazione chimica bilanciata ogni elemento compare con lo stesso di numero di atomi sia nei reagenti che nei prodotti. Prendendo in considerazione le combinazioni di coefficienti proposte, si deduce che questa condizione è soddisfatta solo dall'alternativa **B**, secondo la quale:

$$2\,C_6H_6 + 15\,O_2 \rightarrow 12\,CO_2 + 6\,H_2O$$

In questa equazione compaiono infatti, sia nei reagenti che nei prodotti, 12 atomi di carbonio, 30 atomi di ossigeno e 12 atomi di idrogeno.

8 Un radicale (o radicale libero) è un atomo o una molecola che presenta un elettrone spaiato e questo lo rende estremamente reattivo, infatti può legarsi a un altro radicale, oppure sottrarre un elettrone a una molecola. Tutti gli ioni proposti dal quesito non hanno elettroni spaiati, mentre la formula HO• non rappresenta uno ione bensì un radicale libero. La **C** è la risposta corretta.

9 L'equazione chimica proposta indica che due moli di calcio reagiscono con una mole di ossigeno per dare due moli di ossido di calcio; si può quindi stabilire che le affermazioni **D** ed **E**, corrette, non costituiscono risposte esatte al quesito. L'equazione può anche essere letta in termini molecolari: due atomi di calcio reagiscono con una molecola di ossigeno per dare due unità formula (è un composto ionico) di ossido di calcio; anche l'affermazione **C**, corretta, può essere scartata. Dato che una mole di qualsiasi gas, in condizioni standard, occupa un volume pari a 22,41 litri, si può scartare anche l'affermazione **B**, corretta. L'unica affermazione errata (risposta corretta al quesito) è la **A**: due moli di calcio non corrispondono a due grammi, una mole di O_2 non corrisponde a un grammo di questo gas, e due moli di CaO non corrispondono a due grammi.

10 L'equazione chimica proposta indica che quattro moli di ammoniaca (NH_3) reagiscono con cinque moli di ossigeno (O_2) per produrre quattro moli di monossido di azoto (NO) e sei moli di acqua (H_2O). Per calcolare quante moli di ossigeno sono necessarie per fare reagire 200 moli di ammoniaca è necessario risolvere la proporzione seguente:

$$4 \text{ mol} : 5 \text{ mol} = 200 \text{ mol} : x$$

da cui:

$$x = \frac{5 \text{ mol} \cdot 200 \text{ mol}}{4 \text{ mol}} = 250 \text{ mol}$$

Per fare reagire completamente 200 moli di ammoniaca sono necessarie 250 moli di ossigeno; la **A** è quindi la risposta corretta.

11 In un'equazione chimica bilanciata ogni elemento compare con lo stesso numero di atomi nei reagenti e nei prodotti (per la legge di conservazione della massa). Per rispondere al quesito è sufficiente provare le diverse combinazioni di coefficienti proposte, e individuare quella che soddisfa la legge di conservazione della massa.
La risposta corretta è la **E**, infatti con questa combinazione di coefficienti si ottiene l'equazione:

$$2\,HBrO_3 + 5\,H_2S \rightarrow Br_2 + 5\,S + 6\,H_2O$$

Possiamo verificare che sia nei reagenti che nei prodotti, H compare con 12 atomi, O con 6 atomi, Br con 2 atomi e S con 5 atomi.

12 L'equazione bilanciata della reazione data è la seguente:

$$2\,C_2H_5SH + 9\,O_2 \rightarrow 4\,CO_2 + 2\,SO_2 + 6\,H_2O$$

I coefficienti stechiometrici sono quindi:

$$a = 2; b = 9; c = 4; d = 6$$

La risposta corretta al quesito è la B.

13 Nella prima reazione il cloro passa da cloro elementare (NO = 0) a ione cloruro Cl^- (NO = –1) nel KCl, riducendosi, mentre lo ione bromuro Br^- del KBr diventa bromo elementare (NO = 0) ossidandosi. Nella seconda reazione il Na (NO = 0) si ossida diventando Na^+ (NO = +1) mentre l'idrogeno elementare (NO = 0) si riduce a ione idruro H^- (NO = –1). Si possono quindi scartare le risposte C ed E.

Nella terza reazione nessuno degli atomi coinvolti cambia il proprio numero di ossidazione e quindi non è una reazione di ossidoriduzione: anche le risposte A e D possono così essere scartate. La risposta corretta è la B infatti la quarta reazione proposta è una ossidoriduzione in quanto il NO di Mn passa da +4 a +2 e questo elemento si riduce, mentre il Cl si ossida e il suo NO passa da –1 a 0.

14 L'equazione chimica bilanciata della combustione del propano è:

$$C_3H_8 + 5\,O_2 \rightarrow 3\,CO_2 + 4H_2O$$

Si può vedere che il rapporto stechiometrico tra propano e ossigeno è 1:5, quindi per bruciare una mole di propano sono necessarie 5 moli di ossigeno.

Trovandosi alle medesime condizioni di temperatura e pressione, il numero di moli di ciascun gas è direttamente proporzionale al rispettivo volume, quindi possiamo dire che per bruciare un litro di propano sono necessari 5 litri di ossigeno.

La quantità di ossigeno necessaria per bruciare 400 ml di propano si ricava moltiplicando per 5 questa quantità:

$$5 \cdot 400 \text{ ml} = 2000 \text{ ml}$$

La risposta cercata è la A: per bruciare 400 ml di propano sono necessari 2000 ml di ossigeno.

15 La reazione considerata è la seguente:

$$Ca + 2\,H_2O \rightarrow Ca(OH)_2 + H_2$$

per ogni mole di calcio che reagisce si produce una mole di idrogeno molecolare.

Nel caso proposto dal quesito, il numero di moli di calcio che reagiscono si può ricavare dividendo il peso del calcio posto a reagire per il peso di una mole:

$$2{,}5 \text{ g} : 40\text{g/mol} = 0{,}0625 \text{ mol}$$

dato che una mole di gas, nelle condizioni dell'esperimento, occupa un volume di 24 litri (V_m), il volume (V) di gas prodotto sarà:

$$V = V_m \cdot \text{mol} = 24 \text{ l/mol} \cdot 0{,}0625 \text{ mol} = 1{,}5 \text{ l} = 1500 \text{ ml}$$

La reazione con acqua di 2,5 g di calcio produce 1500 ml di idrogeno; risposta esatta: C.

16 Nella reazione 1 il Cl_2 si riduce passando da numero di ossidazione (N.O.) 0 a N.O. = –1 mentre il Br^- passa da N.O. = –1 a N.O. = 0 nel bromo elementare. La reazione è, quindi, una redox, o ossidoriduzione, e così si possono escludere le alternative B, C ed E.

La reazione 2 è un caso particolare di redox, chiamato disproporzionamento, nel quale la stessa specie chimica, in questo caso il cloro elementare, si ossida e si riduce assumendo N.O. = –1 nell'acido cloridrico (HCl) e N.O. = +1 nell'acido ipocloroso (HOCl).

La reazione 3 non è una redox, ma una reazione acido-base, dove il N.O. degli atomi non varia. La risposta corretta è quindi la A.

17 La reazione 1 è sia una reazione di spostamento (del tipo AB + C → AC + B), che una reazione di sostituzione in cui l'alogeno Br (gruppo funzionale degli alogenuri alchilici) viene sostituito con il gruppo ossidrile OH (gruppo funzionale degli alcoli). La 2 è una reazione di precipitazione poiché da due reagenti in soluzione acquosa (indicati con "aq" tra parentesi), si ottiene un prodotto insolubile (indicato con "s" tra parentesi). La 3 è una reazione di ossidoriduzione poiché il magnesio (Mg) si ossida passando da numero di ossidazione (N.O.) 0 a +2 perdendo quindi due elettroni, mentre il rame (Cu) si riduce passando da N.O. +2 a 0 acquistando due elettroni. L'unico tipo di reazione non incluso nella lista fornita è l'eliminazione, la risposta corretta è dunque la **E**.

18 La prima reazione proposta rappresenta l'unico esempio di riduzione: il catione idrogeno acquista elettroni diventando idrogeno allo stato elementare. Nella seconda reazione non cambiano i numeri di ossidazione delle specie chimiche coinvolte (argento e cloro), quindi non viene considerata. La terza e la quinta reazione sono due esempi di ossidazione: il catione rame e il magnesio si ossidano perdendo uno o più elettroni. Vi è un unico esempio di ossidoriduzione: lo stesso catione rame (I) si ossida a catione rame (II) e si riduce a rame metallico avente numero di ossidazione zero.

Abbiamo in tutto due reazioni di ossidazione, una di riduzione e una di ossidoriduzione, la risposta corretta è quindi la **B**.

19 La reazione proposta è una reazione redox nella quale il permanganato è l'ossidante e l'ossalato il riducente infatti se si calcola il numero di ossidazione del carbonio nello ione ossalato il suo valore è +3 mentre nella CO_2 i l suo valore è +4 e quindi si è ossidato. Risposta **C**.

20 La reazione proposta è una reazione redox nella quale l'azoto dell'ammoniaca si ossida passando da −3 a +2 nell'NO e l'ossigeno si riduce passando da 0 allo stato elementare a −2 nell'acqua. Siccome il quesito propone già il coefficiente stechiometrico per l'NO non è necessario usare le tecniche di bilanciamento delle redox ma è sufficiente bilanciare le masse. Gli elettroni infatti saranno bilanciati grazie al suggerimento dato dall'autore: si assegna $a = 4$ per bilanciare l'azoto nell'ammoniaca quindi $c = 6$ per bilanciare l'idrogeno dell'acqua e quindi $b = 5$ per bilanciare l'O. Risposta **A**.

21 Dalla legge di Avogadro si deduce che volumi uguali di gas diversi misurati alla stessa temperatura e pressione (cioè le condizioni proposte nel quesito) occupano lo stesso volume. La reazione proposta è bilanciata, dalla legge di Avogadro e dai coefficienti stechiometrici si evince quindi che 100 cm^3 di propano reagiscono con 500 cm^3 di ossigeno limitando la reazione e lasciando non reagiti 400 cm^3 dei 900 cm^3 di ossigeno iniziali. Dalla reazione si producono 300 cm^3 di anidride carbonica e 400 cm^3 di acqua. La somma totale dei volumi al termine della reazione è quindi 1100 cm^3 pari ai 700 cm^3 di prodotti della reazione più 400 cm^3 di ossigeno non reagito.

Risposta **D**.

22 La reazione proposta è una reazione di ossido-riduzione nella quale il rame si ossida passando dallo stato elementare Cu a Cu^{+2} mentre l'azoto di una parte di molecole di acido nitrico si riduce passando da N^{+5} nell'HNO_3 ad N^{+2} nell'NO.

Per risolvere questo esercizio però non è necessario ricorrere alle tecniche di bilanciamento usate nelle reazioni redox in quanto è sufficiente notare che i coefficienti stechiometrici delle specie redox sono parzialmente già forniti dal testo e quindi gli elettroni sono già bilanciati assegnando $y = 3$ che assicura anche il bilanciamento di massa del Cu. A questo punto nei prodotti ci sono 8 atomi di azoto e quindi $x = 8$. L'unica risposta possibile è quindi la **B**. Per completezza si può bilanciare l'ossigeno assegnando $z = 4$ ma per la soluzione dell'esercizio non è necessario.

23 Il quesito chiede di calcolare la resa di una reazione. La resa si esprime in % confrontando il numero di moli di prodotto ottenute con il numero di moli teoriche di reagente usando la formula:

$$\text{resa (\%)} = n_{prodotto}/n_{reagente} \times 100$$

Il numero n di moli si calcola dalla formula $n = M/PM$ dove M è la massa e PM il peso molecolare o atomico della specie allo stato elementare.

Siccome l'acido solforico è in eccesso, il reagente limitante è il magnesio che reagirà completamente.

Il peso molecolare del solfato di magnesio è:

$$PM_{MgSO4} = 24 + 32 + 4 \times 16 \text{ g/mol} = 120 \text{ g/mol}$$

Il numero di moli di solfato di magnesio prodotte sono:

$$n_{MgSO4} = 5{,}5 \text{ g}/120 \text{ g mol}^{-1} = 4{,}6 \times 10^{-2} \text{ mol}$$

Il numero di moli di Mg teoriche iniziali:

$$n_{Mg} = 1{,}2\text{g} \times 24 \text{ g mol}^{-1} = 5{,}0 \times 10^{-2} \text{ mol}$$

La resa della reazione è quindi:

$$\text{resa(\%)} = 4{,}6 \times 10^{-2} \text{ mol} \times 5{,}0 \times 10^{-2} \text{ mol} \times 100 = 92\%$$

La risposta corretta è quindi la **E**.

24 Nella reazione 1 il N.O. di Br passa da –1 a 0 (si ossida), mentre quello di I passa da 0 a –1 (si riduce): Br^- è la specie riducente, mentre I_2 è la specie ossidante. La riga 1 è quindi errata.

Nella reazione 2 il N.O. di F passa da –1 a 0 (si ossida), mentre quello di Cl passa da 0 a –1 (si riduce): F^- è la specie riducente, mentre Cl_2 è la specie ossidante. La riga 2 è corretta.

Nella reazione 3 il N.O. di Zn passa da 0 a +2 (si ossida), mentre il N.O di H passa da +1 a 0 (si riduce) e quello di Cl non cambia: Zn è la specie riducente e H^+ è la specie ossidante. La riga 3 è corretta.

Nella reazione 4 il N.O. di Zn passa da 0 a +2 (si ossida), mentre il N.O di H passa da +1 a 0 (si riduce) e quello di N non cambia: Zn è la specie riducente e H^+ è la specie ossidante. La riga 4 è errata.

Solo le righe 2 e 3 descrivono correttamente le reazioni proposte; risposta esatta **E**.

25 L'equazione della reazione bilanciata indica che facendo reagire completamente 3 moli di NO_2 si formano 2 moli di HNO_3. Per rispondere al quesito dobbiamo, innanzitutto, trasformare le quantità proposte in grammi, in numero di moli:

Il peso molecolare di NO_2 è:

$$PM_{NO_2} = 2 \cdot PM_O + PM_N = 2 \cdot 16 + 14 = 48$$

Una mole di diossido di azoto pesa 48 g e, per calcolare a quante moli (n) corrispondono i 69 g (m) proposti dal quesito, è sufficiente applicare la formula $n = \frac{m}{PM}$.

Avremo quindi: $n = 69 \text{ g} : 48 \text{ g/mol} = 1{,}48 \text{ mol}$

La quantità indicata dal testo del quesito corrisponde a circa 1,5 moli; se facendo reagire 3 moli di NO_2 si formano 2 moli di HNO_3, da 1,5 moli di diossido di azoto si formerà una mole di acido nitrico. Per rispondere al quesito è necessario infine trasformare in grammi la quantità ricavata e per far questo è necessario calcolare il PM di HNO_3:

$$PM_{HNO_3} = PM_H + 3 \cdot PM_O + PM_N = 1 + 3 \cdot 16 + 14 = 63$$

Una mole di HNO_3 corrisponde a 63 g ed è questa la quantità cercata; risposta esatta **B**.

26 Come abbiamo già visto, la resa di una reazione si esprime in % confrontando il numero di moli di prodotto ottenute con il numero di moli di prodotto teoriche.

$$\text{resa (\%)} = n_{\text{prodotto}}/n_{\text{prodotto teoriche}} \times 100$$

Dalla stechiometria della reazione si osserva che le moli teoriche di prodotto sono equivalenti alle moli di bromopropano usate nella reazione (i coefficienti stechimetrici bromopropano : 1-propanolo infatti sono in rapporto 1:1).
Le moli teoriche possono quindi essere calcolate usando la formula:

$$\text{resa (\%)} = n_{\text{prodotto}}/n_{\text{reagente}} \times 100$$

Il numero n di moli si calcola dalla formula $n = m / PM$ dove m è la massa e PM il peso molecolare o atomicodella specie allo stato elementare.
Siccome l'idrossido di potassio è in eccesso, il reagente limitante è l'1-bromopropano.
Il peso molecolare dell'1-propanolo è:

$$PM_{C_3H_7OH} = (12{,}0 \times 3) + (1{,}0 \times 8) + 16{,}0 = 60{,}0$$

Il numero di moli di 1-propanolo si ricavano nel modo seguente:

$$n = m/PM = 8{,}00\ \text{g} : 60{,}0\ \text{gmol}^{-1} = 0{,}133\ \text{mol}$$

Il numero di moli di 1-bromopropano teoriche iniziali è:

$$n = m/PM = 24{,}6\ \text{g} : 123\ \text{gmol}^{-1} = 0{,}2\ \text{mol}$$

La resa della reazione è quindi:

$$\text{resa(\%)} = 0{,}133\ \text{mol}/0{,}2\ \text{mol} \times 100 = 67\ \%$$

La risposta corretta è la **A**.

8 | Soluzioni

8.1 | Tipi di miscele

La gran parte della materia che ci circonda è costituita da miscele di sostanze piuttosto che da sostanze pure (con una composizione chimica definita). In base alle dimensioni delle particelle costituenti si distinguono tre tipi principali di miscele: *sospensioni*, *dispersioni colloidali* e *soluzioni*.

8.1.1 | Sospensioni

Le sospensioni sono *miscele eterogenee* (cioè costituite da più di una fase fisica) formate da un fluido contenente particelle solide di **diametro maggiore di 1 μm** (= milionesimo di metro = 1000 nm). Queste particelle tendono a depositarsi e possono essere separate tramite *filtrazione* o *centrifugazione*.

Il sangue, per esempio, è una sospensione in cui cellule e frammenti cellulari, solidi, sono sospesi nel plasma, liquido.

8.1.2 | Dispersioni colloidali

Le dispersioni colloidali sono *miscele eterogenee* costituite da particelle di **dimensioni comprese fra 1 nm e 1000 nm**; attraversate da un raggio luminoso producono un effetto di diffusione della luce detto *effetto Tyndall*. Osservando all'ultramicroscopio una dispersione colloidale si nota che le particelle disperse si muovono continuamente in modo disordinato a causa degli urti con le molecole del mezzo disperdente in continua agitazione termica. Questo moto è detto *moto Browniano*.

A seconda delle caratteristiche delle particelle colloidali (*fase dispersa*) e della materia in cui queste sono disperse (*mezzo disperdente*), si distinguono alcuni tipi di dispersioni:

- **schiuma**: dispersione di un gas in un liquido o un solido in cui piccole bolle del gas sono separate da un sottile film di liquido o solido; i gelati, per esempio, sono schiume liquide;
- **aerosol**: dispersione di un liquido in un gas; per esempio la nebbia;
- **emulsione**: dispersione di un liquido in un altro liquido, in cui non è solubile, per esempio la miscela olio-aceto;
- **fumo**: dispersione di particelle solide in un gas; per esempio le polveri in atmosfera;
- **sol**: dispersione di un solido in un liquido; per esempio le vernici o le gelatine. Quando le molecole costituenti si organizzano in filamenti intrecciati, conferendo al sol una struttura semisolida, questo è chiamato *gel*; per esempio le gelatine di frutta.

8.2 | Caratteristiche delle soluzioni

Una soluzione è una *miscela omogenea* (§ 1.1.1) costituita da almeno due componenti (*solvente* e *soluto*) le cui quantità relative possono essere variate con continuità.
Le particelle dei componenti di una soluzione sono rappresentate da atomi, molecole o ioni, e hanno un diametro medio di 0,05-0,25 nm.

Il **solvente** è il componente che si presenta nello stesso stato di aggregazione della soluzione ed è la specie chimica presente nella soluzione in quantità maggiore.

Il **soluto** è la sostanza che viene sciolta dal solvente ed è presente nella soluzione in quantità minore.

In base allo stato fisico in cui si presentano, si distinguono soluzioni:

- gassose → miscele di gas in cui non si fa distinzione tra soluto e solvente;
- liquide → il solvente è liquido, il soluto può essere solido, liquido o gassoso;
- solide → il solvente è solido, il soluto può essere solido, liquido o gassoso.

L' acqua di mare, per esempio, è una soluzione liquida, mentre l'aria è una soluzione gassosa.

La tabella seguente riporta i componenti dell'aria secca con le rispettive concentrazioni espresse in percentuale di volume.

Componenti	Simbolo	% in volume
Azoto	N_2	78,03
Ossigeno	O_2	20,99
Argon	Ar	0,94
Anidride carbonica	CO_2	0,03
Idrogeno	H_2	0,01
Neon	Ne	0,0012
Elio	He	0,0004

Consideriamo il latte, una miscela di argilla finemente suddivisa in acqua e una bevanda gassata. Che tipo di miscele sono?

Il latte è una *dispersione colloidale* di grassi, proteine e altre sostanze, in acqua.
Le particelle di argilla hanno dimensioni superiori a 1000 nm, una miscela acqua-argilla rappresenta quindi una *sospensione*. Se una miscela di questo tipo non viene continuamente agitata, le particelle, che risentono della gravità, tendono a depositarsi, separandosi dal mezzo liquido.
Una bevanda gassata contiene anidride carbonica (CO_2) in soluzione; si tratta quindi di una *soluzione* di un gas in un liquido.

In relazione ai problemi di inquinamento si sente parlare spesso di PM_{10}; cosa indica questa sigla?

L'aria atmosferica è una miscela di gas in cui, solitamente, si trovano in sospensione particelle di polveri e altri microframmenti. Filtrata da queste particelle l'aria è una soluzione gassosa. La sigla PM10 indica particelle microscopiche, presenti nell'aria atmosferica, di diametro medio non superiore a 10 mm. Sono considerate pericolosi inquinanti perché possono contenere sostanze nocive e, per le loro dimensioni molto ridotte, riescono a raggiungere le vie aeree più profonde.

8.3 | Il processo di dissoluzione

Il processo di dispersione delle particelle del soluto tra le molecole del solvente prende il nome di *dissoluzione* o *solvatazione*. Alla fine del processo tutte le particelle del soluto sono state separate le une dalle altre e sono state circondate dalle molecole del solvente; si dice allora che le particelle sono solvatate. La solvatazione è possibile se le forze attrattive che si instaurano tra le particelle del soluto e del solvente sono sufficienti a controbilanciare quelle tra le particelle del solvente da un lato e quelle tra le particelle del soluto dall'altro.

Quando il solvente è l'acqua il processo prende il nome di idratazione e si dice che le particelle sono idratate. L'idratazione è un caso particolare di solvatazione.

L'acqua è un buon solvente per la maggior parte dei composti ionici in quanto, grazie alla sua polarità, è in grado di solvatare sia cationi che anioni (interazioni ione-dipolo).

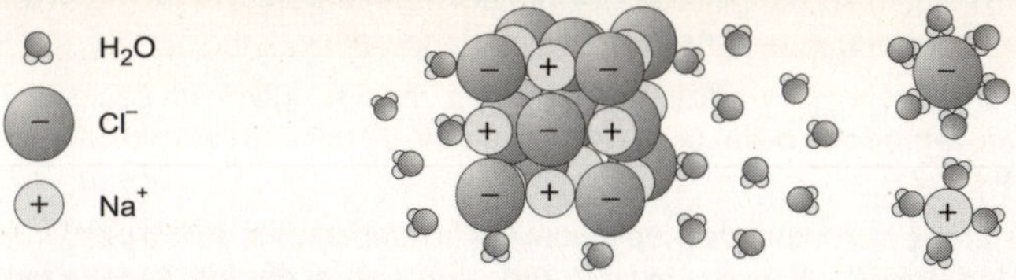

Rappresentazione schematica del processo di dissoluzione del cloruro di sodio in acqua

8.3.1 | Solubilità

La quantità di soluto che si può sciogliere in una data quantità di solvente non è illimitata.

Una soluzione **satura** è una soluzione contenente la massima quantità di un dato soluto che un certo volume di solvente è in grado di sciogliere a una data temperatura. Se si aggiunge un'ulteriore quantità di soluto a una soluzione satura, il soluto aggiunto non si scioglie più e precipita come *corpo di fondo*.

La *solubilità* di un soluto è la *concentrazione della soluzione satura*.
Di solito si esprime in moli/l, ma si può trovare anche in g/l o nelle altre forme in cui viene espressa la concentrazione.

Una soluzione che contiene una quantità di soluto inferiore a quella presente in una soluzione satura è una soluzione **insatura**. Una soluzione che contiene una quantità di soluto maggiore di quella della soluzione satura è detta **sovrassatura**. Una soluzione contenente una concentrazione di soluto relativamente bassa è detta **diluita**; una soluzione in cui la concentrazione del soluto è relativamente alta è detta **concentrata**. È opportuno tenere presente che i termini diluito e concentrato non hanno un preciso significato quantitativo.

8.3.2 | Fattori che influenzano la solubilità

Natura del solvente e del soluto e interazioni tra di essi

Le sostanze in cui le particelle sono unite da forze intermolecolari simili tendono a essere solubili le une nelle altre. In generale si può affermare che *"il simile scioglie il simile".* Pertanto:

- le sostanze non polari sono solubili in solventi non polari, così lo iodio (non polare) è solubile in esano (non polare);
- le sostanze ioniche e quelle molecolari polari sono solubili nei solventi polari, per esempio il cloruro di sodio (ionico) e il glucosio (polare) sono solubili in acqua (polare);
- le sostanze non polari e quelle polari sono insolubili le une nelle altre, in questo modo l'esano (non polare) non è solubile in acqua (polare).

Temperatura

La solubilità delle sostanze la cui dissoluzione è un processo endotermico aumenta all'aumentare della temperatura, in accordo con il principio di Le Chatelier (§ 9.4.2).

La dissoluzione di un solido ionico e della maggior parte dei solidi molecolari polari è endotermica: queste sostanze sono quindi più solubili ad alta temperatura.

$$\text{calore} + KNO_3(s) + H_2O(l) \rightleftarrows K^+(aq) + NO_3^-(aq)$$

La solubilità delle sostanze la cui dissoluzione è un processo esotermico diminuisce all'aumentare della temperatura. La dissoluzione di un gas in un liquido è un processo esotermico; i gas sono di conseguenza meno solubili ad alta temperatura.

$$NH_3\,(g) + H_2O\,(l) \rightleftarrows NH_3\,(aq) + \text{calore}$$

Pressione

Questo parametro influenza la solubilità dei gas nei liquidi. **La solubilità di un gas in un liquido è infatti proporzionale alla pressione parziale del gas** sopra la soluzione.

Secondo la *legge di Henry*, la concentrazione (C) di un gas che si scioglie in un liquido in determinate condizioni corrisponde al prodotto della sua pressione parziale (P) per una costante (K) caratteristica per ciascun gas: $C = K \cdot P$

Il valore della costante è inversamente proporzionale alla temperatura, quindi possiamo dire che, **a parità di pressione, la solubilità di un gas in un liquido aumenta al diminuire della temperatura**.

Quando si stappa una bottiglia di acqua minerale gasata la pressione del gas in superficie cala bruscamente e con essa si riduce anche la solubilità dell'anidride carbonica che abbandona il liquido con la conseguente formazione di bollicine.

8.3.3 | Fattori che influenzano la velocità di dissoluzione

Agitazione

Agitando la soluzione si aumenta la velocità di dissoluzione del soluto nel solvente.

Temperatura

Aumentando la temperatura, aumenta la velocità della reazione di dissoluzione.

Grado di suddivisione del soluto

Maggiore è la suddivisione del soluto, maggiore è la superficie di contatto tra il solvente e il soluto e maggiore è quindi la velocità della reazione di dissoluzione.

8.3.4 | Soluzioni acquose e regole di solubilità

Le soluzioni più comuni sono le soluzioni acquose ovvero nelle quali il solvente è l'acqua. L'acqua è un ottimo solvente: è infatti un dipolo e può formare legami a idrogeno o legami ione-dipolo con il soluto.

- I solidi covalenti e i solidi metallici (si veda § 5.4) sono insolubili in acqua;
- la solubilità in acqua di un solido molecolare dipende dalla sua polarità e dalla possibilità di formare legami a idrogeno con le molecole del solvente;
- i solidi ionici sono generalmente solubili in acqua perché gli ioni del solido possono formare legami ione-dipolo con il solvente. Esistono però anche solidi ionici insolubili in acqua. Genericamente, sono considerate insolubili le sostanze che precipitano quando si mescolano volumi uguali di soluzioni 0,1 M dei corrispondenti ioni.

È utile tener presenti le seguenti **regole di solubilità in acqua**.

Composti solubili	Composti insolubili
Tutti i cloruri (Cl^-), i bromuri (Br^-) e gli ioduri (I^-) sono solubili, tranne quelli di Ag^+, Pb^{2+} e Hg^{2+}. Tutti i solfati (SO_4^{2-}) sono solubili, tranne quelli di Ca^{2+}, Sr^{2+}, Ba^{2+}, Pb^{2+} e Hg_2^{2+}. Tutti i sali contenenti NO_3^-, ClO_3^-, ClO_4^-, e $C_2H_3O_2^-$ sono solubili con poche eccezioni. Tutti i composti dei metalli alcalini sono solubili, tranne alcuni composti del litio.	Tutti i composti contenenti gli ioni CO_3^{2-}, PO_4^{3-}, SO_3^{2-} e S^{2-} sono insolubili, tranne quelli di NH_4^+ e dei metalli alcalini (gruppo IA). Tutti gli ossidi metallici e gli idrossidi sono insolubili, tranne quelli dei metalli alcalini; quelli di Ca^{2+}, Sr^{2+} e Ba^{2+} sono debolmente solubili.

8.4 | Concentrazione delle soluzioni

La concentrazione di una soluzione esprime il rapporto tra la quantità di soluto e la quantità di soluzione o di solvente.

La concentrazione di una soluzione può essere espressa con diverse modalità e unità di misura.

8.4.1 | Composizione percentuale peso/peso (% p/p)

La composizione percentuale peso/peso indica il numero di grammi di soluto contenuti in 100 grammi di soluzione. Si calcola con la formula:

$$\%\ p/p = \frac{\text{massa soluto (g)}}{\text{massa soluzione (g)}} \cdot 100$$

Quante moli di saccarosio (PM = 342) sono contenute in 100 g di una soluzione al 5% p/p di questo composto in acqua?

100 g di una soluzione di saccarosio al 5% contengono 5 g di soluto. Dato che il PM di questo composto è 342 possiamo dire che una mole pesa 342 g e ricavare il numero di moli contenute in 5 g tramite la relazione $n = \frac{m}{PM}$

Dato che $m = 5\ g$ e $PM = 342\ g/mol$

Avremo quindi: $n = \frac{5\ g}{342\ g/mol} = 0,015\ mol$

100 g di una soluzione di saccarosio al 5% contengono 0,015 moli di saccarosio.

8.4.2 | Composizione percentuale peso/volume (% p/v)

La composizione percentuale peso/volume indica il numero di grammi di soluto contenuti in 100 millilitri di soluzione. Si calcola con la formula:

$$\%\ p/v = \frac{\text{massa soluto (g)}}{\text{volume soluzione (ml)}} \cdot 100$$

La salinità media dell'acqua di mare è pari al 35% p/v. Se mettiamo in una stufa a 60 °C 200 ml di acqua di mare, quanto sale pesiamo una volta che l'acqua sia evaporata completamente?

Una salinità del 3,5% corrisponde a 3,5 grammi di sale per 100 millilitri di soluzione, quindi 35 grammi per litro. Dato che:

$$35\ g/l \cdot 0,2\ l = 7,0\ g$$

dopo la completa evaporazione dell'acqua potremo raccogliere 7,0 g di sale.

Un vino moscato passito di Pantelleria ha un contenuto alcolico indicato in etichetta come 15,5% vol. Cosa significa? Quanto alcol contiene un bicchiere di vino da 150 ml?

L'etichetta del vino riporta il titolo alcolometrico, cioè il numero di millilitri di alcol puro contenuti in 100 ml di bevanda (misurati alla temperatura di 20 °C). Per calcolare la quantità di alcol contenuta in 150 ml è sufficiente risolvere la proporzione seguente:

$$100\ ml_{vino} : 15,5\ ml_{alcol} = 150\ ml_{vino} : x\ ml_{alcol}$$

quindi:

$$x = \frac{15,5 ml_{alcol} \cdot 150 ml_{vino}}{100 ml_{vino}} = 23,2 ml_{alcol}$$

Un bicchiere di passito da 150 ml contiene 23,3 ml di alcol.

8.4.3 | Molarità (M)

La molarità indica il numero di moli di soluto contenute in un litro di soluzione, secondo la relazione:

$$M = \frac{n \text{ (mol)}}{V \text{ (l)}}$$

Da questa deriva che il numero di moli (n) di soluto contenute in un dato volume (V) di una soluzione a molarità (M) nota si ricava mediante la formula:

$$n = M \cdot V$$

La concentrazione molare viene indicata ponendo fra parentesi quadre la formula della sostanza cui si fa riferimento; per esempio la notazione [HCl] = 0,5 M indica una soluzione contenente 0,5 moli di HCl per litro di soluzione.

Quanti grammi di acido solforico (PM = 98 g/mol) occorrono per preparare 800 ml di soluzione di H_2SO_4 0,05 M?

Una soluzione 0,05 M di H_2SO_4 contiene 0,05 moli di H_2SO_4 per litro di soluzione; è possibile calcolare quante moli sono contenute in 800 ml di questa soluzione ricordando che $n = V \cdot M$.
Dato che:

$$M = 0{,}05 \text{ mol/l} \quad \text{e} \quad V = 800 \text{ ml} = 0{,}8 \text{ l}$$

avremo:

$$n = 0{,}8 \text{ l} \cdot 0{,}05 \text{ mol/l} = 0{,}04 \text{ mol}$$

Per preparare 800 ml della soluzione proposta sono quindi necessarie 0,04 moli di H_2SO_4.
Il quesito però chiede la quantità di acido solforico in grammi; per determinare tale quantità, sapendo che il peso molecolare di H_2SO_4 è 98 g/mol, è necessario utilizzare la relazione

$$m = n \cdot PM$$

Dato che

$$n = 0{,}04 \text{ mol} \quad \text{e} \quad PM = 98 \text{ g/mol}$$

avremo:

$$m = 0{,}04 \text{ mol} \cdot 98 \text{ g/mol} = 3{,}9 \text{ g}$$

Per preparare 800 ml di soluzione di H_2SO_4 0,05 M sono necessari 3,9 g di composto.

Quante millimoli (mmol) di soluto sono contenute in 1 ml di una soluzione di glucosio 5 millimolare (mM)?

La dicitura *millimolare*, indicata con mM, indica un'unità di misura pari alla millesima parte della molarità, nello stesso modo in cui, per esempio, mg (milligrammo) indica la millesima parte del grammo.
Una soluzione 1 mM contiene 1 *millimole* per litro, dove la millimole (mmol) è la millesima parte della mole. Analogamente una soluzione 1 μM contiene 1 *micromole* per litro, dove la micromole è la milionesima parte della mole.

soluzione 1 M	→	1 mol/litro
soluzione 1 mM = 1 M$\cdot 10^{-3}$	→	1 mmol/litro = $1 \cdot 10^{-3}$ mol/litro
soluzione 1 μM = 1 M$\cdot 10^{-6}$	→	1 μmol/litro = $1 \cdot 10^{-6}$ mol/litro

La soluzione di glucosio 5 mM proposta dal quesito contiene 5 mmol di glucosio per litro; poiché 1 litro comprende 10^3 millilitri, un millilitro contiene $5 \cdot 10^{-3}$ mmol di HCl.

8.4.4 | Molalità (m)

La molalità indica il numero di moli di soluto disciolte in 1 kg di solvente. Si calcola con la formula:

$$m = \frac{n \text{ (mol)}}{\text{massa solvente (kg)}}$$

Per soluzioni acquose molto diluite, i valori della molarità e della molalità sono praticamente coincidenti.

Indicare la molalità di una soluzione acquosa di acido bromidrico (HBr) al 25% in peso ($PM_{HBr} = 81$).

Una soluzione di HBr al 25% p/p contiene 25 g di HBr in 100 g di soluzione; contiene quindi 25 g di HBr e 75 g (= 100 – 25) di H_2O.
Dato che la molalità indica il numero di moli per kg di solvente, è opportuno innanzitutto trasformare i 25 g di soluto nel corrispondente numero di moli, ricordando che $n = m/PM$.
Poiché

$$PM_{HBr} = 81 \text{ g/mol} \quad \text{e} \quad m_{HBr} = 25 \text{ g}$$

avremo:

$$n_{HBr} = \frac{m_{HBr}}{PM_{HBr}} = \frac{25 \text{ g}}{81 \text{ g/mol}} = 0,31 \text{ mol}$$

25 g di HBr contengono 0,31 moli. Ora, ricordando che la molalità rappresenta il numero di moli disciolte in 1000 g di solvente, e dato che si considera una soluzione in cui 0,31 moli di soluto sono disciolti in 75 g di solvente, la molalità può essere calcolata risolvendo da seguente proporzione:

$$x\text{mol}_{soluto} : 1000 \text{ g}_{solvente} = 0,31 \text{ mol}_{soluto} : 75 \text{ g}_{solvente}$$

da cui si ricava:

$$x = \frac{0,31 \text{ mol} \cdot 1000 \text{ g}}{75 \text{ g}} = 4,1 \text{ mol}$$

La soluzione considerata contiene 4,1 moli di soluto per kg di solvente, è quindi 4,1 molale (4,1 m).

8.4.5 | Frazione molare (χ)

La frazione molare esprime il rapporto fra il numero di moli di un componente e il numero di moli totali di tutti i componenti la soluzione. Si calcola con la formula:

$$\chi_A = \frac{n \text{ componente A (mol)}}{n \text{ totali (mol)}}$$

La frazione molare è un numero sempre compreso fra 0 e 1. La somma delle frazioni molari di tutti i componenti del sistema è sempre uguale a 1.

Qual è la frazione molare dell'acqua in una soluzione acquosa di glucosio in cui la frazione molare del soluto è pari a 0,05?

Dato che la somma delle frazioni molari di tutti i componenti una soluzione è sempre uguale a 1, la frazione molare dell'acqua, in una soluzione acquosa di glucosio, si ricava sottraendo a 1 il valore della frazione molare del glucosio:

$$\chi_{H_2O} = 1 - \chi_{glucosio} = 1 - 0,05 = 0,95$$

In una soluzione di glucosio in cui la frazione molare del soluto è 0,05, la frazione molare dell'acqua è 0,95.

8.4.6 | Equivalente chimico, massa equivalente e normalità

Mentre la *mole* rappresenta una quantità definita e costante di materia (contenente $6{,}02 \cdot 10^{23}$ particelle), l'*equivalente* è una quantità variabile, la cui definizione dipende dal tipo di sostanza considerata e dalla reazione a cui questa partecipa.

In generale si può affermare che un equivalente di una specie chimica reagisce sempre con un equivalente di un'altra, formando un equivalente di prodotto.

Per comprendere il concetto di equivalente e di normalità di una soluzione è utile fare riferimento alle *reazioni acido-base* (trattate al § 10.1).

Un equivalente di acido è la frazione di mole che, dissociandosi, cede una mole di ioni H^+, mentre **un equivalente di base** corrisponde alla frazione di mole che dissociandosi cede una mole di ioni OH^-.

Un equivalente di un composto coinvolto in una *reazione di ossidoriduzione*, d'altra parte, corrisponde alla quantità di sostanza che può cedere oppure acquistare una mole di elettroni.

In una reazione redox, **un equivalente di riducente** è la frazione di mole che cede una mole di elettroni, mentre **un equivalente di ossidante** è la frazione di mole che acquista una mole di elettroni.

Il numero di equivalenti che partecipa a una reazione è sempre un multiplo intero (1, 2, 3 ecc.) del numero di moli.

La massa in grammi di un equivalente è detta **massa equivalente** (**ME**) o **peso equivalente** (**PE**) e si esprime in g/eq. Il valore del PE di un composto si calcola attraverso il rapporto tra il suo peso molecolare (PM) e il numero di equivalenti contenuti in una mole.

$$\text{PE (g/eq)} = \frac{\text{PM (g/mol)}}{\text{n° di equivalenti contenuti in una mole di sostanza}}$$

Il numero di equivalenti (n_{eq}) corrispondenti a una data massa di composto si calcola dividendo la massa data (m) per il peso equivalente del composto: $n_{eq} = \frac{m\text{ (g)}}{\text{PE (g/eq)}}$

Nella reazione:

$$2\,HCl + Ca(OH)_2 \rightarrow CaCl_2 + 2\,H_2O$$

- una mole di HCl scambia una mole di H^+, perciò una mole di HCl contiene un equivalente di HCl, ovvero un equivalente di HCl equivale a 1/1 di mole di HCl;
- una mole di $Ca(OH)_2$ scambia due moli di OH^-, perciò una mole di $Ca(OH)_2$ contiene due equivalenti di $Ca(OH)_2$, ovvero un equivalente di $Ca(OH)_2$ equivale a 1/2 mole di $Ca(OH)_2$.

Nella reazione:

$$H_2SO_4 + 2\,NaOH \rightarrow Na_2SO_4 + 2\,H_2O$$

una mole di H_2SO_4 scambia due moli di ioni H^+ e corrisponde quindi a due equivalenti di H_2SO_4. Il peso equivalente dell'acido è dunque pari a:

$$\text{PE} = \frac{98\text{ g/mol}}{2\text{ eq/mol}} = 49\text{ g/eq}$$

Nella reazione:

$$H_2SO_4 + NaOH \rightarrow NaHSO_4 + H_2O$$

invece, una mole di H_2SO_4 scambia una mole di ioni H^+ e corrisponde quindi a un equivalente di H_2SO_4. In questo caso, allora, il peso equivalente dell'acido corrisponde al suo peso molare (PE = PM).

Lo ione permanganato (MnO_4^-) può ridursi a ione Mn^{2+} acquistando 5 elettroni secondo la semireazione:

$$MnO_4^- + 8\,H^+ + 5\,e^- \rightarrow Mn^{2+} + 5\,H_2O$$

Una mole di MnO_4^- contiene in questo caso 5 equivalenti di MnO_4^-, il suo PE è quindi pari a:

$$PE = \frac{119\ g/mol}{5\ eq/mol} = 23,8\ g/eq$$

Lo stesso ione può ridursi anche a MnO_2 acquistando 3 elettroni secondo la semireazione:

$$MnO_4^- + 4\,H^+ + 3\,e^- \rightarrow MnO_2 + 2\,H_2O$$

Una mole di MnO_4^- contiene in questo caso 3 equivalenti di MnO_4^-, il suo PE è quindi pari a:

$$PE = \frac{119\ g/mol}{3\ eq/mol} = 39,67\ g/eq$$

Il numero di equivalenti contenuti in una mole di un sale che si dissocia in ioni corrisponde al numero di cariche unitarie positive o negative che il sale libera dissociandosi.
Dato che NaCl in acqua si dissocia in Na^+ e Cl^-, si ha che:

$$PE_{NaCl} = \frac{58,45 g/mol}{1\ eq/mol} = 58,45\ g/eq;$$

Dato che $CuSO_4$ in acqua si dissocia in Cu^{2+} e SO_4^{2-}, si ha che:

$$PE_{CuSO_4} = \frac{159,6\ g/mol}{2\ eq/mol} = 79,8\ g/eq$$

Normalità (N)

La normalità indica il numero di equivalenti di soluto contenuti in un litro di soluzione. Si calcola dividendo il numero di equivalenti di soluto (n_{eq}) per il volume della soluzione espresso in litri, secondo la relazione:

$$N = \frac{n_{eq}(eq)}{V\,(l)}$$

Per ricavare la normalità di una soluzione a molarità nota e viceversa valgono le relazioni:

$$N = M \cdot n_{eq}/mol \quad e \quad M = \frac{N}{n_{eq}/mol}$$

La normalità di una soluzione è sempre superiore o tutt'al più uguale alla sua molarità, mai inferiore.

Qual è la molarità di una soluzione di $Al(OH)_3$ 0,15 N?

Dato che una mole di $Al(OH)_3$ sciolta in acqua libera 3 moli di ioni OH^-, una mole corrisponde a 3 equivalenti, avremo quindi:

$$N = 0,15\ eq/l \quad e \quad n_{eq}/mol = 3$$

dato che:

$$M = \frac{N}{n_{eq}/mol}$$

si ricava:

$$M = \frac{0,15\ eq/l}{3\ eq/mol} = 0,05\ mol/l$$

Una soluzione di idrossido di alluminio 0,15 N è 0,05 M.

8.4.7 | Diluizione

Una soluzione diluita può essere preparata aggiungendo acqua a una soluzione concentrata. Diluendo la soluzione il numero di moli, o di equivalenti di soluto non varia, vale quindi la relazione:

num. moli soluto nella soluzione concentrata = num. moli soluto nella soluzione diluita

ovvero: $$M_{conc} \cdot V_{conc} = M_{dil} \cdot V_{dil}$$

Analogamente, se la concentrazione è espressa in termini di normalità, avremo:

$$N_{conc} \cdot V_{conc} = N_{dil} \cdot V_{dil}$$

Indicare la molarità di una soluzione ottenuta aggiungendo 50 ml di acqua a 100 ml di una soluzione di Na_2CO_3 0,50 M.

Quando si diluisce una concentrazione, il numero di moli di soluto presenti nella soluzione iniziale (concentrata) è uguale al numero di moli contenute nella soluzione finale (diluita).
Dato che il numero di moli (n) è correlato al volume della soluzione (V) e alla sua concentrazione molare (M) dalla formula $n = M \cdot V$, avremo:

$$M_1 \cdot V_1 = M_2 \cdot V_2$$

dove: M_1 = concentrazione iniziale M_2 = concentrazione finale
V_1 = volume iniziale V_2 = volume finale

Dato che: $M_1 = 0{,}50$ mol/l, $V_1 = 100$ ml $= 0{,}10$ l e $V_2 = 0{,}15$ l

avremo:

$$0{,}50 \text{ mol/l} \cdot 0{,}10 \text{ l} = M_2 \cdot 0{,}15 \text{ l}$$

da cui si ricava:

$$M_2 = \frac{0{,}50 \text{ mol/l} \cdot 0{,}10 \text{ l}}{0{,}15 \text{ l}} = 0{,}33 \text{ mol/l}$$

La concentrazione della soluzione ottenuta aggiungendo 50 ml di acqua a 100 ml di una soluzione di Na_2CO_3 0,50 M è di 0,33 moli per litro, o 0,33 M.

8.5 | Ionizzazione e dissociazione ionica

I soluti che sciolti in acqua liberano ioni, rendendo la soluzione conduttrice di elettricità, sono detti *elettroliti* e le loro soluzioni sono chiamate *soluzioni elettrolitiche*.

Le sostanze che sciolte in acqua non si dissociano e formano quindi soluzioni che non conducono la corrente elettrica sono invece chiamate *non elettroliti*.

La formazione di ioni può verificarsi secondo due distinte modalità:

- si parla di **dissociazione ionica** quando un composto ionico si dissocia negli ioni positivi e negativi che lo compongono; questo processo si verifica per tutti i sali solubili.

Il cloruro di magnesio, $MgCl_2$, si dissocia in ioni, secondo la reazione seguente:

$$MgCl_2 \rightarrow Mg^{2+} + 2\,Cl^-$$

- si parla di **ionizzazione** quando un composto molecolare in soluzione reagisce con l'acqua formando ioni positivi e negativi. L'acqua trasforma il composto molecolare in un composto ionico che quindi si dissocia. Questo processo è tipico delle sostanze con carattere acido oppure basico (si veda il capitolo 10|)

L'acido nitrico, HNO_3, reagendo con H_2O forma ioni H_3O^+ e NO_3^-, secondo la reazione:

$$HNO_3 + H_2O \rightarrow H_3O^+ + NO_3^-$$

La dissociazione può essere totale o parziale.

Se l'elettrolita si dissocia solo parzialmente si può definirne il *grado di dissociazione*, α:

$$\alpha = \frac{\text{n° di moli dissociate}}{\text{n° di moli totale}}$$

- *Elettrolita forte*: sostanza che in acqua si dissocia *totalmente* ($\alpha = 1$).
- *Elettrolita debole*: sostanza che in acqua si dissocia *parzialmente* ($\alpha < 1$).

I sali solubili, gli acidi forti e le basi forti sono elettroliti forti.
Gli acidi e le basi deboli sono elettroliti deboli

8.6 | Proprietà colligative delle soluzioni

Le proprietà colligative sono proprietà delle soluzioni formate da un soluto non volatile in un solvente volatile che dipendono esclusivamente dal numero (concentrazione) delle particelle di soluto in soluzione (molecole o ioni) e NON dalla loro natura chimica.

Quando si aggiunge un soluto non volatile a un solvente, le proprietà fisiche della soluzione che si forma sono diverse da quelle del solvente puro. Alcune proprietà, per esempio la densità e il pH, dipendono oltre che dalla concentrazione del soluto, anche dalla natura chimica dei componenti della soluzione; non è così per le proprietà colligative che dipendono solamente dalla concentrazione del soluto. Queste sono: abbassamento della tensione di vapore, innalzamento ebullioscopico, abbassamento crioscopico e il fenomeno della pressione osmotica.

8.6.1 | Abbassamento della tensione di vapore: legge di Raoult

La *tensione di vapore* (si veda § 5.3.1) di una soluzione contenente un soluto non volatile è sempre inferiore a quella del solvente puro.

Questo fenomeno è una conseguenza della *legge di Raoult*, secondo la quale la tensione di vapore di una soluzione ideale (P_{sol}) è pari alla somma delle tensioni di vapore dei componenti, ciascuna moltiplicata per la rispettiva frazione molare nella fase liquida.

Se una soluzione contiene un soluto non volatile, questo componente non partecipa alla definizione della tensione di vapore che risulta, quindi, inferiore a quella del solvente puro.

8.6.2 | Innalzamento ebullioscopico e abbassamento crioscopico

L'aggiunta di un soluto non volatile a un solvente dà luogo a una soluzione il cui punto di ebollizione è maggiore (*innalzamento ebullioscopico*) e il cui punto di congelamento è minore (*abbassamento crioscopico*) di quello del solvente puro. L'entità dell'effetto è proporzionale alla concentrazione molale (m) della soluzione secondo le relazioni:

T_{eb} soluzione – T_{eb} solvente = $\Delta T_{eb} = K_{eb} \cdot \text{m}$

T_c solvente – T_c soluzione = $\Delta T_c = K_c \cdot \text{m}$

dove: K_{eb} = *costante ebullioscopica molale* del solvente;

K_c = *costante crioscopica molale* del solvente.

K_{eb} e K_c sono costanti caratteristiche per ogni solvente.

L'acqua salata bolle a una temperatura superiore a 100°C e ghiaccia a una temperatura inferiore a 0°C. È questo il motivo per cui d'inverno, sulle strade ghiacciate, si usa spargere del sale (soluto non volatile) per sciogliere il ghiaccio.

8.6.3 | Osmosi e pressione osmotica

Separando due soluzioni a diversa concentrazione (o una soluzione e il suo solvente) con una membrana semipermeabile, cioè permeabile solo al solvente e non al soluto (fig. a), si verifica il fenomeno dell'*osmosi* che consiste nel movimento netto del solvente attraverso la membrana dalla soluzione più diluita a quella più concentrata (o dal solvente puro verso la soluzione), fino al raggiungimento di una situazione di equilibrio (fig. b). Il risultato di ciò è l'innalzamento del livello della soluzione più concentrata rispetto a quella più diluita (o al solvente puro).

La pressione che occorre applicare sulla soluzione più concentrata per riportarla al livello di quella più diluita, è detta *pressione osmotica* (fig. c).

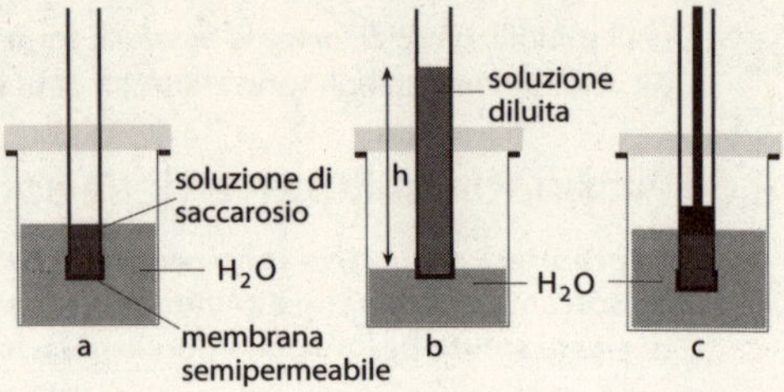

La pressione osmotica (π) di una soluzione in cui il soluto è un non elettrolita si calcola mediante una relazione molto simile a quella dell'equazione di stato dei gas ideali:

$$\pi \cdot V = n \cdot RT$$

da cui: $$\pi = \frac{n}{V} \cdot RT = M \cdot RT$$

A temperatura costante la pressione osmotica è quindi direttamente proporzionale alla concentrazione molare della soluzione (M).

Calcolare la pressione osmotica a 23 °C di una soluzione contenente 64,0 g di metanolo (PM = 32) in 500 ml d'acqua.

$$\pi = \frac{\frac{64{,}0\ g}{32\ g/mol}}{0{,}500\ l} \cdot 0,082\ l \cdot atm/K \cdot mol \cdot 296\ K = 97,1\ atm$$

Confrontando la pressione osmotica di due soluzioni:

se $\pi_A = \pi_B$ $\Leftrightarrow$ le due soluzioni sono *isotoniche* l'una rispetto all'altra;

se $\pi_A >$ $\Leftrightarrow$ la soluzione A è *ipertonica* rispetto alla soluzione B; la soluzione B è *ipotonica* rispetto alla soluzione A.

Se due soluzioni aventi diversa pressione osmotica sono separate da una membrana semipermeabile si ha passaggio netto di solvente dalla soluzione ipotonica (meno concentrata) a quella ipertonica (più concentrata) fino al raggiungimento di una condizione di equilibrio.

Una soluzione allo 0,9%p/v di NaCl è chiamata *soluzione fisiologica* perché ha la stessa pressione osmotica dei fluidi corporei (π = 7,8 bar) ed è quindi isotonica rispetto a questi.

Per tale motivo, nelle banche del sangue, i globuli rossi vengono conservati in soluzione fisiologica; se i globuli rossi vengono immersi in una soluzione più diluita di quella fisiologica (a minor pressione osmotica, e quindi ipotonica rispetto al contenuto cellulare), l'acqua entra nella cellula per diluirne il contenuto, rigonfiandola fino a farla eventualmente scoppiare.

Se invece i globuli rossi sono immersi in una soluzione ipertonica rispetto al contenuto cellulare, l'acqua fuoriesce dalle cellule che diminuiscono di volume e si raggrinziscono.

8.6.4 | Proprietà colligative nelle soluzioni elettrolitiche

Dato che un elettrolita in soluzione si dissocia in ioni (§ 8.5), una mole di un elettrolita in soluzione libera più particelle di una mole di un non elettrolita e ha quindi maggior effetto sulle proprietà colligative.

Per calcolare l'effetto sulle proprietà colligative indotto dalla presenza di un elettrolita è necessario considerare il numero di particelle in cui l'elettrolita si dissocia, introducendo nella formula un *coefficiente* detto *di Van't Hoff (i)*.

Assumendo che gli ioni siano indipendenti gli uni dagli altri:

i = numero di ioni in cui l'elettrolita è dissociato.

Nel caso in cui il soluto sia un elettrolita, l'innalzamento ebullioscopico (ΔT_{eb}) e l'abbassamento crioscopico (ΔT_c) si calcolano tramite le formule seguenti:

$$\Delta T_{eb} = K_{eb} \cdot m \cdot i$$

$$\Delta T_c = K_c \cdot m \cdot i$$

Analogamente, per il calcolo della pressione osmotica per soluzioni di elettroliti, vale la relazione:

$$\pi = M \cdot RT \cdot i$$

Calcolare il punto di congelamento di una soluzione acquosa 0,15 molale di NaCl, sapendo che K_c = 1,86 °C/m.

La reazione di dissociazione di NaCl è:

$$NaCl_{(s)} \rightarrow Na^+_{(aq)} + Cl^-_{(aq)}$$

Dato che una mole di NaCl libera, dissociandosi, due moli di ioni, la molalità effettiva della soluzione è due volte maggiore e i = 2; si ha pertanto:

$$\Delta T_c = 1{,}86\ °C/m \cdot 0{,}15\ m \cdot 2 = 0{,}56\ °C$$

Dato che l'acqua congela a 0 °C, la soluzione di NaCl congela a – 0,56 °C.

In modo alternativo, per calcolare la pressione osmotica si può utilizzare l'espressione della *osmolarità*.

Osmolarità

L'osmolarità (OSM) è un'espressione della concentrazione di una soluzione che sottolinea il *numero di particelle* di soluto presenti nella soluzione stessa.

L'osmolarità esprime il numero di *osmoli* di soluto contenute in un litro di soluzione, dove il numero di osmoli si calcola moltiplicando il numero di moli per il coefficiente i; si ha quindi:

$$OSM = \frac{n_{osm}}{(V)\ (l)} \quad ma \quad n_{osm} = n \cdot i \quad quindi \quad OSM = M \cdot i$$

1. In una soluzione di glucosio ($C_6H_{12}O_6$) 0,5 M poiché $C_6H_{12}O_6$ non è un elettrolita, i = 1, quindi: OSM = M = 0,5
2. In una soluzione di KCl 0,5 M, una mole di KCl si dissocia liberando due moli di particelle:
$$KCl \rightarrow K^+ + Cl^-$$
i = 2, quindi OSM = M·2 = 0,5 · 2 = 1
3. In una soluzione di $BaCl_2$ 0,5 M, una mole di sale si dissocia liberando 3 moli di particelle:
$$BaCl_2 \rightarrow Ba^{2+} + 2\ Cl^-$$
i = 3, quindi OSM = M·3 = 0,5 · 3 = 1, 5

Ricordando che R, la costante dei gas, ha il valore di 0,0821 l atm K^{-1} mol^{-1},
alla temperatura di 25°C (298 K) la pressione osmotica delle due soluzioni, sarà pari a:

1. $\pi_{glucosio} = M \cdot RT \cdot i = 0{,}5 \cdot 0{,}0821 \cdot 298 \cdot 1 = 12{,}23$ atm.
2. $\pi_{NaCl} = M \cdot RT \cdot i = 0{,}5 \cdot 0{,}0821 \cdot 298 \cdot 2 = 24{,}47$ atm.
3. $\pi_{BaCl_2} = M \cdot RT \cdot i = 0{,}5 \cdot 0{,}0821 \cdot 298 \cdot 3 = 36{,}70$ atm.

La pressione osmotica della soluzione di glucosio è pari alla metà della pressione osmotica di una soluzione di NaCl e a un terzo di una soluzione di $BaCl_2$ di pari concentrazione.

Analogamente l'innalzamento ebullioscopico e l'abbassamento crioscopico nella soluzione di NaCl 0,5 M e nella soluzione di $BaCl_2$ saranno di entità rispettivamente doppia e tripla rispetto a quelli che della soluzione di glucosio di pari concentrazione.

Si considerino una soluzione 0,15 m di glucosio e una soluzione 0,15 m di KNO_3, quale delle due congela alla temperatura più bassa?

Il glucosio ($C_6H_{12}O_6$) è un composto molecolare che non si comporta come un elettrolita, quindi una soluzione di glucosio 0,15 m contiene 0,15 moli di molecole di glucosio per kg di solvente. Diversamente il nitrato di potassio, KNO_3, in soluzione si dissocia negli ioni K^+ e NO_3^-, secondo la reazione:

$$KNO_3 \rightarrow K^+ + NO_3^-$$

Ogni mole di KNO_3 produce 1 mole di K^+ e 1 mole di NO_3^-, cioè 2 moli di ioni. Una soluzione di KNO_3 0,15 m contiene quindi $2 \cdot 0,15 = 0,30$ moli di ioni per kg di solvente; per KNO_3 il coefficiente di Van t'Hoff, è $i = 2$.
Sia il glucosio che KNO_3 in soluzione determinano un abbassamento del punto di congelamento, ma poiché l'entità di questo effetto dipende solamente dal numero di particelle in soluzione, l'abbassamento sarà più pronunciato nella soluzione di KNO_3 (più precisamente sarà di entità doppia); la soluzione che congela alla temperatura più bassa è la soluzione di KNO_3.

Test di verifica

1 **Il vino è:**

A una sostanza
B un sistema eterogeneo
C una soluzione
D un'emulsione
E una sospensione

2 **Nell'acqua, solvente polare, si scioglie meglio:**

A un olio
B un grasso
C il benzene
D la benzina
E NaCl

3 **Quale delle seguenti affermazioni riguardanti la solubilità dell'azoto è vera?**

A La solubilità dell'azoto in acqua è maggiore a 0 °C rispetto a 50 °C
B La solubilità dell'azoto in acqua è indipendente dalla temperatura
C Aumentando la pressione la solubilità dell'azoto in un liquido cala
D L'azoto è solubile in un solvente apolare ma non in acqua
E Una volta sciolto in acqua l'azoto ionizza e quindi dissocia quasi completamente

4 **Una soluzione 2 M di NaCl (PM = 58) in acqua è formata da:**

A 232 mg di NaCl in 2 ml di soluzione
B 116 mg di NaCl in 1 litro di soluzione
C 29 g di NaCl in 1 litro di soluzione
D 2 moli di NaCl in 1 ml di acqua
E 1 mole di NaCl in 100 ml di soluzione

5 **La frazione molare del solvente è il rapporto tra:**

A le moli di solvente e i grammi di soluzione
B le moli di solvente e i grammi di soluto
C le moli di solvente e le moli di soluto
D i grammi di solvente e le moli totali
E le moli di solvente e le moli totali

6 **Una soluzione acquosa di acido solforico 0,1 M contiene:**

A 0,1 mol di acido in 100 ml di soluzione
B 0,001 mol di soluto in 1 litro di soluzione
C 0,1 mol di acido in 10 litri di acqua
D 1 ml di acido in 1 ml di soluzione
E 0,0001 mol di acido in 1 ml di soluzione

7 **Calcolare la quantità di ammoniaca (17 u.m.a.) contenuta in 500 ml di una soluzione acquosa 0,02 M.**

A 0,34 g
B 0,17 g
C 0,17 mg
D 0,085 g
E 0,34 mg

8 **In 500 ml di soluzione sono disciolti 90 g di glucosio (PM = 180). Pertanto la soluzione è:**

A 0,25 M
B 0,5 M
C 1 M
D 2 M
E 4 M

9 **Quanti grammi di $MgSO_4$ (PM = 120) occorrono per preparare 2000 ml di una soluzione 3 M?**

A 360 g
B 500 g
C 120 g
D 720 g
E 480 g

10 **In 2000 ml di una soluzione acquosa sono presenti 3,65 g di HCl (p.m. = 36,5 u.m.a.); la concentrazione della soluzione è:**

A 0,5 M
B 0,05 M
C 0,1 M
D 0,05 m
E 3,65 M

11 **Dato il composto chimico A, di peso molecolare 50, quale tra le seguenti soluzioni, preparate sciogliendo A in acqua, contiene una maggiore quantità di A per litro di soluzione?**

A Soluzione 1 molare
B Soluzione al 10% peso/volume
C Soluzione al 5% peso/volume
D Soluzione 0,5 molale
E Soluzione contenente 20 grammi di A per litro di soluzione

12 **A quale volume bisogna diluire 10 ml di HCl 8 M per ottenere HCl 0,4 M?**

A 200 ml
B 40 m
C 80 ml
D 400 ml
E 32 ml

13 **La temperatura di ebollizione di una soluzione acquosa 1 molale di KCl (assumendo $K_{eb} = 0,5$) è:**

- A 101 °C
- B 99 °C
- C 102 °C
- D 100,5 °C
- E 100 °C

14 **Quale delle seguenti soluzioni esercita la pressione osmotica maggiore, a parità di temperatura?**

- A Cloruro di sodio 0,1 M
- B Acido acetico 0,1 M
- C Glucosio 0,1 M
- D Cloruro di bario 0,1 M
- E Acido formico 0,2 M

15 **Se due soluzioni acquose hanno la stessa concentrazione espressa in osmolarità esse hanno anche:**

- A lo stesso pH
- B la stessa conducibilità elettrica
- C la stessa densità
- D la stessa temperatura di congelamento
- E la stessa concentrazione espressa in molarità

16 **Raddoppiando il volume di una soluzione di cloruro di sodio mediante aggiunta di acqua pura, il punto di congelamento della nuova soluzione:**

- A diminuisce
- B non varia
- C diminuisce di 2° C
- D aumenta
- E aumenta di 2° C

17 **Una soluzione A è ipertonica rispetto a una soluzione B se:**

- A la soluzione A congela a temperatura più alta rispetto alla soluzione B
- B la soluzione A congela a temperatura più bassa rispetto alla soluzione B
- C la soluzione A bolle a temperatura più bassa rispetto alla soluzione B
- D alla stessa temperatura la pressione osmotica di A è minore della pressione osmotica di B
- E alla stessa temperatura la tensione di vapore di A è maggiore della tensione di vapore di B

18 **Un elettrolita debole:**

- A può dissociarsi completamente se la soluzione acquosa è molto concentrata
- B può dissociarsi completamente se la soluzione acquosa è molto diluita
- C non si dissocia mai completamente in soluzione acquosa, ma la dissociazione aumenta se si concentra la soluzione
- D non si dissocia mai completamente in soluzione acquosa, ma la dissociazione aumenta se si diluisce la soluzione
- E è sempre indissociato in soluzione acquosa

Soluzioni e commenti

1 Il vino è un sistema omogeneo, più precisamente si tratta una soluzione acquosa contenente principalmente alcol etilico e zuccheri; risposta **C**.

2 In generale si può affermare che "il simile scioglie il simile", quindi soluti polari (come l'alcol etilico) oppure ioniche (come il sale da cucina) si sciolgono in solventi polari e soluti apolari (come gli idrocarburi e i grassi) si sciolgono in solventi apolari. Fra quelle proposte dal quesito, la sostanza che si scioglie meglio in acqua è il sale da cucina, NaCl; risposta **E**.

3 La solubilità di un gas in un liquido è direttamente proporzionale alla pressione parziale del gas e inversamente proporzionale alla temperatura. La risposta corretta è quindi la **A**.

4 La molarità, indicata con M, è una delle principali modalità utilizzate per indicare la concentrazione di una soluzione; in particolare indica il numero di moli di soluto contenute in 1 litro di soluzione. Una soluzione 2 M di NaCl, sale con PM = 58, contiene 2 moli per litro di soluzione, cioè 116 g di NaCl per litro di soluzione. Si deduce che l'alternativa corretta è la **A**: 116 g in 2 litri equivale a dire 232 mg in 2 ml.

5 La frazione molare esprime il rapporto fra il numero di moli di un componente e il numero di moli totali di tutti i componenti la soluzione. La frazione molare del solvente corrisponde quindi al rapporto fra le moli di solvente e le moli totali; risposta **E**.

6 Per rispondere correttamente al quesito è sufficiente ricordare il significato della molarità, e procedere per esclusione. Una soluzione 0,1 M (0,1 molare) contiene 0,1 moli di soluto in un litro di soluzione. Si possono così escludere sia le risposte **A** e **C** (il volume indicato è sbagliato) che la risposta **B** (in questo caso è sbagliata la quantità di soluto). Anche l'alternativa **D** è da escludere perché fa riferimento ai ml di acido anziché alle moli. Ne consegue che la risposta corretta è la **E**, a cui si può risalire in modo diretto con una semplice equivalenza. Poiché 1 l =1000 ml, la soluzione data contiene 0,1 moli in 1000 ml e quindi 0,1/1000 = 0,0001 moli di soluto in 1 ml di soluzione.

7 Una soluzione di ammoniaca (NH_3) 0,02 M contiene 0,02 moli di ammoniaca in 1 litro di soluzione, quindi in 500 ml saranno contenute 0,01 moli di questa sostanza. Dato che per l'ammoniaca P.M. = 17, una mole pesa 17 g, per calcolare a quanti grammi corrispondono 0,01 moli è sufficiente risolvere la proporzione seguente:

$$1\ \text{mol} : 17\ \text{g} = 0{,}01\ \text{mol} : x$$

da cui:

$$x = \frac{17\ \text{g} \cdot 0{,}01\ \text{mol}}{1\ \text{mol}} = 0{,}17\ \text{g}$$

500 ml di una soluzione 0,02 M di ammoniaca contengono 0,17 g di questa sostanza; risposta **B**.

8 La molarità di una soluzione rappresenta il numero di moli di soluto per litro di soluzione, secondo l'espressione:

$$\text{M} = \frac{n(\text{mol})}{V(\text{l})}.$$

Nel caso proposto dal quesito 90 g di glucosio sono disciolti in 0,5 l di soluzione. Dato che per il glucosio PM = 180, una mole di glucosio pesa 180 g, quindi 90 g corrispondono a 0,5 moli.

L'espressione appena vista permette di calcolare la molarità della soluzione; dato che:

$$n = 0{,}5 \text{ mol} \quad \text{e} \quad V = 0{,}5 \text{ l}$$

sarà:

$$M = \frac{n(\text{mol})}{V(\text{l})} = \frac{0{,}5 \text{ mol}}{0{,}5 \text{ l}} = 1 \text{ mol/l}$$

La soluzione proposta dal quesito è 1 M; risposta C.

---

9 Una soluzione 3 M di solfato di magnesio ($MgSO_4$) contiene 3 moli per litro di questo sale; per prepararne 2000 ml sono necessarie quindi 6 moli di $MgSO_4$.

Dato che il peso molecolare di questo sale è pari a 120, una mole pesa 120 g e per rispondere al quesito è sufficiente moltiplicare questo peso per 6:

$$120 \text{ g} \cdot 6 = 720 \text{ g}$$

Per preparare 2000 ml di una soluzione 3 M di $MgSO_4$ sono necessari 720 g di sale; risposta D.

---

10 Per rispondere al quesito è opportuno innanzitutto calcolare a quante moli corrisponde la quantità di HCl proposta dal quesito in termini di peso. Poiché il peso molecolare di HCl è pari a 36,5, una mole di questa sostanza pesa 36,5 g; ora per calcolare a quante moli corrisponde la quantità proposta dal quesito è sufficiente applicare la formula che mette in relazione peso in grammi (m) e numero di moli (n): $n = m/\text{PM}$. Avremo quindi:

$$n_{HCl} = \frac{m_{HCl}}{PM_{HCl}} = \frac{3{,}65 \text{ g}}{36{,}5 \text{ g/mol}} = 0{,}1 \text{ mol}$$

2000 ml della soluzione proposta contengono 0,1 moli di HCl; a questo punto la molarità della soluzione si può ricavare utilizzando la formula $M = \frac{n\ (\text{mol})}{V\ (\text{l})}$; dato che:

$$n = 0{,}1 \text{ mol} \quad \text{e} \quad V = 2000 \text{ ml} = 2 \text{ l}$$

avremo:

$$M = \frac{0{,}1 \text{ mol}}{2 \text{ l}} = 0{,}05 \text{ mol/l}$$

La concentrazione di questa soluzione è di 0,05 mol/litro, cioè 0,05 M; risposta B.

---

11 È importante non confondere molarità (M) e molalità (m), quest'ultima è espressione delle moli di soluto per chilogrammo di solvente, poiché il quesito non fa riferimento al peso del solvente ma al volume della soluzione la risposta D è certamente da scartare.Dato un composto A, con PM = 50, una soluzione 1 M contiene 50 g di A in un litro di soluzione, una soluzione 0,5 molale contiene 0,5 moli di A in un kg, ma dato che il solvente è l'acqua, 1 kg si avvicina molto a 1 litro, quindi si può dire che contiene circa 25 g in un litro. Una soluzione al 5% peso/volume contiene 5 g in 100 ml, quindi 50 g in 1 litro; infine una soluzione al 10% peso/volume contiene 10 g in 100 ml, quindi 100 g in 1 litro. La soluzione che contiene la maggiore quantità del composto A per litro di soluzione è quindi la B.

---

12 Quando una soluzione viene diluita il numero di moli totale non cambia. Quindi, dato che il numero di moli si ricava dal prodotto fra molarità (M) e volume (V), vale la relazione:

$$M_{conc} \cdot V_{conc} = M_{dil} \cdot V_{dil}$$

dove:

M_{conc} = concentrazione della soluzione concentrata

M_{dil} = concentrazione della soluzione diluita

V_{conc} = volume della soluzione concentrata

V_{dil} = volume della soluzione diluita

Nel nostro caso: $M_{conc} = 8$ mol/l

$V_{conc} = 10$ ml

$M_{dil} = 0{,}4$ mol/l

quindi:

$$V_{dil} = \frac{M_{conc} \cdot V_{conc}}{M_{dil}} = \frac{8 \text{ mol/l} \cdot 10 \text{ ml}}{0{,}4 \text{ mol/l}} = 200 \text{ ml}$$

Per ottenere una soluzione 0,4 M, 10 ml di soluzione 8 M devono essere diluiti fino a 200 ml; risposta **A**.

---

13 L'aggiunta di un soluto non volatile a un solvente dà luogo a una soluzione con punto di ebollizione maggiore rispetto al solvente puro (fenomeno noto come *innalzamento ebullioscopico*). L'entità dell'innalzamento è proporzionale alla concentrazione molale (m) della soluzione secondo la relazione:

$$T_{eb}\text{ soluzione} - T_{eb}\text{ solvente} = \Delta T_{eb} = K_{eb} \cdot \text{m}$$

dove K_{eb} è la *costante ebullioscopica molale* specifica del solvente.

Se il soluto è un elettrolita, dato che si dissocia in ioni, il suo effetto sulle proprietà colligative sarà maggiore, perché ogni mole di soluto darà origine a 2, 3, o più moli di particelle, a seconda della formula del soluto stesso. In questo caso è quindi necessario considerare il numero di particelle in cui l'elettrolita si dissocia, introducendo nella formula il *coefficiente di Van't Hoff* (i), dove i = numero di ioni in cui l'elettrolita è dissociato. La formula diventa allora.

$$\Delta T_{eb} = K_{eb} \cdot \text{m} \cdot i$$

Nel caso proposto dal quesito: $K_{eb} = 0{,}5$, $\quad \text{m} = 1 \quad$ e $\quad i = 2$

avremo quindi: $\Delta T_{eb} = K_{eb} \cdot \text{m} \cdot i = 0{,}5 \cdot 1 \cdot 2 = 1$

L'innalzamento ebullioscopico della soluzione considerata è pari a 1 °C, questa soluzione quindi bolle a 101 °C; risposta **A**.

---

14 La pressione osmotica di una soluzione (π) è proporzionale al numero di particelle presenti in soluzione, secondo la formula:

$$\pi = \text{M} \cdot RT$$

Se il soluto è un elettrolita è necessario usare la formula seguente:

$$\pi = \text{M} \cdot RT \cdot i$$

dove i è un coefficiente che rappresenta il numero di ioni in cui si dissocia il composto considerato.

Per individuare fra quelle proposte la soluzione che esercita la maggior pressione osmotica, considerato che il fattore RT è costante, è sufficiente confrontare il valore che si ottiene moltiplicano da concentrazione molare di ogni soluzione per il valore di i.

Il cloruro di sodio (NaCl) è un elettrolita forte e in soluzione si dissocia secondo la reazione:

$$NaCl \rightarrow Na^+ + Cl^-$$

liberando complessivamente due ioni. In questo caso, quindi $i = 2$ e dunque:

$$\pi = 0{,}1 \cdot RT \cdot 2 = RT \cdot 0{,}2$$

L'acido acetico è un acido debole e si dissocia solo parzialmente, quindi il valore di i sarà di poco superiore a 1 e in una sua soluzione 0,1 M avremo:

$$\pi = RT \cdot 0{,}1$$

Il glucosio non è un elettrolita, quindi per una sua soluzione 0,1 M avremo:

$$\pi = RT \cdot 0{,}1$$

Il cloruro di bario ($BaCl_2$) in soluzione si dissocia invece nel modo seguente:

$$BaCl_2 \rightarrow Ba^{2+} + 2\ Cl^-$$

liberando complessivamente tre ioni. In questo caso si ha quindi $i = 3$ e dunque, in una sua soluzione 0,1 M avremo:

$$\pi = 0{,}1 \cdot RT \cdot 3 = RT \cdot 0{,}3$$

L'acido formico è un acido debole e si dissocia solo parzialmente, quindi il valore di i sarà di poco superiore a 1 e in una sua soluzione 0,2 M avremo:

$$\pi = RT \cdot 0{,}2$$

La soluzione che esercita la maggiore pressione osmotica è dunque quella di $BaCl_2$; risposta **D**.

15 L'osmolarità esprime la concentrazione di una soluzione sottolineando il numero di particelle di soluto presenti nella soluzione stessa. Due soluzioni con la stessa osmolarità hanno la stessa concentrazione in termini di numero di particelle, e sono equivalenti per quanto riguarda le *proprietà colligative*. Hanno quindi la stessa pressione osmotica, oltre alla stessa temperatura di congelamento e di ebollizione. In base a quanto appena visto si deduce che la risposta esatta è la **D**, infatti due soluzioni con la stessa osmolarità hanno lo stesso punto di congelamento, mentre il pH, la conducibilità elettrica e la densità non dipendono solamente dal numero di particelle ma anche dalla natura chimica della sostanza in soluzione.

16 Il punto di congelamento di una soluzione è più basso del punto di congelamento del solvente puro e l'entità della variazione non dipende dalla natura chimica del soluto ma solo dalle caratteristiche del solvente e dal numero di particelle in soluzione. Raddoppiando il volume di una soluzione di cloruro di sodio (NaCl), nella nuova soluzione gli ioni che formano questo sale saranno meno concentrati, quindi il punto di congelamento della nuova soluzione sarà più alto di quello della prima soluzione; risposta **D**. La risposta **E** è da scartare perché l'entità della variazione, dipendente dalle caratteristiche del solvente e dalla concentrazione delle particelle, non può essere determinata in base ai dati forniti dal testo del quesito.

17 Le soluzioni contenenti un soluto non volatile, rispetto all'acqua pura (o rispetto a una soluzione meno concentrata), mostrano un abbassamento della tensione di vapore, un abbassamento del punto di congelamento, un innalzamento del punto di ebollizione e un certo valore di pressione osmotica. L'entità di queste variazioni dipende esclusivamente dalla concentrazione della soluzione. Una soluzione A è detta *ipertonica* rispetto a una soluzione B quando (a parità di temperatura) ha pressione osmotica maggiore; possiamo quindi scartare l'alternativa **D**. Da quanto appena visto si deduce che se una soluzione A è ipertonica rispetto a una soluzione B, avrà anche tensione di vapore più bassa (la **E** è errata), temperatura di congelamento più bassa (la **A** è errata) e temperatura di ebollizione più elevata (la **C** è errata). La risposta corretta è quindi la **B**.

18 Sono detti elettroliti quei composti che in soluzione acquosa si dissociano negli ioni da cui sono formati. Gli elettroliti forti si dissociano completamente, mentre gli elettroliti deboli si dissociano solo in parte; per questi ultimi, quindi, l'equilibrio di dissociazione in soluzione acquosa non è completo, quindi si possono scartare le risposte **A**, **B** ed **E**. Inoltre si può dimostrare che il grado di dissociazione è maggiore per soluzioni più diluite, pertanto la risposta esatta è la **D**.

Test di approfondimento

1 **In 100 ml di una soluzione 2 M sono presenti 6 grammi di soluto. Qual è il peso molecolare del soluto in u.m.a.?**

A 3

B 12

C 30

D 120

E 60

2 **Attraverso una membrana semipermeabile vengono messe a contatto due soluzioni acquose di glucosio, $C_6H_{12}O_6$. La soluzione *(a)* è 0,325 M, la soluzione *(b)* è 0,0325 M. Quale delle seguenti affermazioni NON è corretta?**

A L'acqua passa dalla soluzione *(b)* alla soluzione *(a)*

B La soluzione *(a)* ha una pressione osmotica maggiore di quella della soluzione *(b)*

C Si verifica il fenomeno dell'osmosi

D Il solvente si sposta dalla soluzione più diluita alla più concentrata

E Il glucosio passa dalla soluzione *(a)* alla soluzione *(b)*

3 **Per elettroliti forti, in soluzione sufficientemente diluita ($m < 10^{-2}$), la concentrazione attiva ai fini delle proprietà colligative è data dal prodotto della concentrazione analitica dell'elettrolita per l'indice di dislocazione ν; questo è definito come il numero di ioni in cui l'elettrolita si dissocia; così, per esempio, per NaCl si ha $\nu = 2$. L'abbassamento crioscopico Δt_c di una soluzione acquosa 0,002 m di NaCl può essere calcolato pertanto dall'espressione $\Delta t_c = K_c \cdot 0{,}002 \cdot 2$, dove K_c è la costante crioscopica dell'acqua, che ha il valore 1,86. Quindi l'abbassamento crioscopico di una soluzione acquosa 0,0001 m di solfato di alluminio è dato da:**

A $\Delta t_c = 1{,}86 \cdot 10^{-4} \cdot 6$

B $\Delta t_c = 1{,}86 \cdot 10^{-3} \cdot 5$

C $\Delta t_c = 1{,}86 \cdot 10^{-4} \cdot 5$

D $\Delta t_c = 1{,}86 \cdot 10^{-4} \cdot 3$

E $\Delta t_c = 1{,}86 \cdot 10^{-4} \cdot 2$

4 **Vengono chiamate colligative le proprietà il cui valore dipende solo dal numero, e non dalla natura, delle particelle che le determinano. La forza ionica di una soluzione è definita come la semisomma dei prodotti della concentrazione di ciascuno ione presente nella soluzione per il quadrato della valenza dello ione stesso.**

Si può pertanto affermare che la forza ionica:

A è una proprietà colligativa
B è direttamente proporzionale alla semisomma della valenza degli ioni presenti
C è tanto minore quanto maggiore è il numero degli ioni presenti
D è tanto minore quanto maggiore è la valenza degli ioni presenti
E non è una proprietà colligativa

5 **Con il termine "acqua dura" si indica:**

A acqua non potabile
B ossido di deuterio
C perossido di idrogeno
D acqua ricca di sali
E acqua pesante

6 **La solubilità in acqua del nitrato di potassio è pari a 120 g in 100 g di acqua a 80 °C e a 50 g in 100 g di acqua a 25 °C.**

50 g di acqua sono stati scaldati fino a 80 °C ed è stato aggiunto nitrato di potassio fino a saturazione. La soluzione è poi stata raffreddata a 25 °C e si è separato nitrato di potassio solido.

Usando le informazioni fornite, stabilire qual è la massa minima di acqua che deve essere aggiunta alla miscela per disciogliere il nitrato a 25 °C.

A 20 g
B 120 g
C 70 g
D 140 g
E 190 g

7 **Calcolare qual è la concentrazione percentuale in massa (m/m) di una soluzione ottenuta sciogliendo 5,4 g di NaCl in 535,6 g di acqua.**

A 10%
B 20%
C 40%
D 0,10%
E 1,0%

8 **Date due soluzioni, la prima contenente 0,50 mol di NaCl in 250 ml di acqua e la seconda contenente 0,20 mol di NaCl in 100 ml di acqua, si può affermare che:**

A le due soluzioni hanno la stessa concentrazione
B la prima soluzione è più concentrata della seconda
C la prima soluzione è più diluita della seconda
D le due soluzioni hanno la stessa molalità, ma la prima ha una molarità maggiore
E la seconda soluzione ha concentrazione più che doppia rispetto alla prima

9 **Calcolare la molarità di una soluzione ottenuta sciogliendo 49 g di H_2SO_4 (98 u.m.a.) in 250 ml di acqua.**

A 1,0 M   B 0,2 M   C 4,0 M   D 2,0 M   E 0,1 M

10 **Qual è la concentrazione, espressa in moli dm^{-3}, di una soluzione ottenuta sciogliendo 2,0 g di idrossido di sodio in 25,0 cm^3 d'acqua? [masse atomiche relative: Na = 23; O = 16; H = 1]**

A 0,25 mol dm^{-3} B 2,00 mol dm^{-3} C 0,50 mol dm^{-3} D 1,00 mol dm^{-3} E 2,50 mol dm^{-3}

11 **A 400 ml di una soluzione acquosa 2,5 M è stata aggiunta dell'acqua per diluirla alla concentrazione di 2 M. Quale volume di acqua è stato aggiunto?**

A 100 ml
B 200 ml
C 500 ml
D 800 ml
E 1000 ml

12 **2 g di idrossido di sodio sono sciolti in 200 ml di acqua.**
Qual è la molarità dell'idrossido di sodio nella soluzione risultante?
[masse atomiche relative: H = 1 u; O = 16 u; Na = 23 u]

A 0,05 M
B 0,10 M
C 0,25 M
D 0,50 M
E 0,18 M

13 **Quanto idrossido di potassio è presente in 25 cm^3 di una soluzione di idrossido di potassio 1,5 M?**
[Si assuma massa atomica relativa: H = 1; O = 16; K = 39]

A 2,1 g
B 2,7 g
C 1,7 g
D 3,3 g
E 3,7 g

14 **Un campione d'aria è chiuso in un contenitore a temperatura ambiente (20 °C) e viene portato a una temperatura di –100 °C alla quale sia l'acqua che l'anidride carbonica sono allo stato solido. Quale delle seguenti righe mostra il tipo di miscuglio che si ottiene a 20 °C e a –100 °C in questo esperimento?**

Riga	20 °C	–100 °C
1	Omogeneo (gas)	Eterogeneo (solido + gas)
2	Eterogeneo (gas)	Omogeneo (solido + gas)
3	Omogeneo (gas)	Eterogeneo (liquido + gas)
4	Eterogeneo (gas)	Omogeneo (liquido + gas)
5	Omogeneo (gas)	Omogeneo (solido)

A Riga 2   B Riga 4   C Riga 3   D Riga 5   E Riga 1

Soluzioni e commenti

1 La concentrazione molare indica il numero di moli presenti in un litro di una soluzione. Un litro di una soluzione 2M (cioè 2 molare) contiene 2 moli di soluto, quindi 100 ml contengono 0,2 moli di soluto.

Del soluto incognito possiamo dunque dire che 6 g corrispondono a 0,2 moli; dato che il peso in grammi di una mole di qualsiasi sostanza corrisponde numericamente al peso molecolare, potremo ricavare quest'ultimo con la proporzione seguente:

$$6\text{ g} : 0{,}2\text{ mol} = x\text{ g} : 1\text{ mol} \quad \text{da cui: } x = \frac{1\text{ mol} \cdot 6\text{ g}}{0,2\text{ mol}} = 30\text{ g}$$

Una mole del soluto proposto pesa 30 g, quindi il suo peso molecolare corrisponde a 30 u.m.a.; risposta **C**.

2 Nel caso proposto dal quesito, la soluzione *(a)* è 10 volte più concentrata della soluzione *(b)*, quindi la *(a)* ha maggior pressione osmotica della *(b)* e il solvente si sposta dalla *(b)* alla *(a)*; tutte le affermazioni proposte sono corrette, a eccezione della **E**, che è la risposta esatta al quesito.

3 Secondo quanto si legge nel testo del quesito, l'abbassamento crioscopico (Δt_c) si ottiene moltiplicando la costante crioscopica (K_c), caratteristica di ogni solvente, per la concentrazione molale (m) e per il coefficiente ν, definito come il numero di ioni in cui l'elettrolita si dissocia. Il solfato di alluminio $Al_2(SO_4)_3$ si dissocia nel modo seguente:

$$Al_2(SO_4)_3 \rightarrow 2\, Al^{3+} + 3\, SO_4^{2-}$$

Data una soluzione acquosa di solfato di alluminio 0,0001 m, sarà:

- $K_c = 1{,}86$
- $m = 0{,}0001 = 10^{-4}$
- $\nu = 5$

L'abbassamento crioscopico si ricaverà quindi nel modo seguente:

$$K_c = 1{,}86 \cdot 10^{-4} \cdot 5$$

La risposta corretta è la **C**.

4 Sono definite proprietà colligative le proprietà delle soluzioni che non dipendono dalla natura del soluto ma solo dal numero di particelle di quest'ultimo che sono presenti in soluzione. La forza ionica di una soluzione dipende, oltre che dal numero, anche dalla carica delle particelle in soluzione, quindi non è indipendente dalla natura di queste ultime. Si può pertanto concludere che la forza ionica non è una proprietà colligativa, quindi la risposta corretta è la **E**.

5 Un'acqua è definita "dura" quando è ricca di sali, in particolare sali di calcio e di magnesio; risposta **D**.

6 Per rispondere al quesito è necessario stabilire quanto nitrato di potassio è presente nella soluzione. Se la solubilità del nitrato di potassio, a 80°C è pari a 120 g in 100 g di acqua, nel caso proposto, in 50 g di acqua, portata a questa temperatura, per arrivare a saturazione saranno stati disciolti 60 g di sale.

Una volta raffreddata la soluzione, possiamo calcolare quanta acqua dobbiamo aggiungere, ricordando che a 25 °C la solubilità è pari a 50 g in 100 g di acqua:

$$50\ g_{sale} : 100\ g_{\ acqua} = 60\ g : x$$

$$x = \frac{100g \cdot 60g}{50g} = 120g$$

Per disciogliere il nitrato di potassio sono necessari 120 g di acqua, dato che la prima soluzione è stata preparata in 50 g di acqua dovrò aggiungerne 70 g (120–50=70); risposta esatta **C**.

7 Sciogliendo 5,4 g di NaCl in 535,6 g di acqua, si ottengono 541 g di soluzione. La concentrazione percentuale in massa indica il numero di grammi di soluto contenuti in 100 grammi di soluzione. Si calcola con la formula:

$$\%\ m/m = \frac{\text{massa soluto (g)}}{\text{massa soluzione (g)}} \cdot 100$$

Nel caso proposto sarà:

$$\%\ m/m = \frac{5{,}4\ g}{541\ g} \cdot 100 = 1$$

La risposta corretta è la **E**.

8 La concentrazione molare (M) indica il numero di moli contenute in un litro di soluzione e si calcola con la formula seguente:

$$M = \frac{n\ (\text{mol})}{V\ (\text{l})}$$

dove *n* è il numero di moli di soluto e *V* il volume della soluzione.

Nel caso proposto avremo per la prima soluzione:

$$M = \frac{n\ (\text{mol})}{V\ (\text{l})} = \frac{0{,}50\ \text{mol}}{0{,}25\ \text{l}} = 2\ \text{mol/l}$$

e per la seconda

$$M = \frac{n\ (\text{mol})}{V\ (\text{l})} = \frac{0{,}20\ \text{mol}}{0{,}10\ \text{l}} = 2\ \text{mol/l}$$

Le due soluzioni hanno la stessa concentrazione; la **A** è la risposta esatta.

9 La concentrazione molare di una soluzione (spesso indicata come "molarità") indica il numero di moli di soluto contenute in un litro di soluzione e si calcola con la formula:

$$M = \frac{n\ (\text{mol})}{V\ (\text{l})}$$

dove *n* è il numero di moli e *V* il volume della soluzione, in litri.

Per rispondere al quesito è necessario prima di tutto calcolare a quante moli corrispondono 49 g di H_2SO_4: dato che il peso molecolare è 98 u.m.a., una mole pesa 98 g e si calcola facilmente che 49 g corrispondono a 0,5 moli. La soluzione proposta contiene 0,5 moli di H_2SO_4 in 250 ml, quindi la molarità sarà:

$$M = \frac{0{,}50 \text{ mol}}{0{,}25 \text{ l}} = 2 \text{ mol/l}$$

La soluzione proposta è una soluzione 2 molare; risposta esatta: **D**.

---

10 Il quesito proposto richiede di indicare la concentrazione in mol/dm^3 di una soluzione acquosa di idrossido di sodio. Per trovare il numero di moli di soluto si calcola innanzitutto il peso molare dell'unità formula NaOH come somma delle masse atomiche:

$$PM = (23 + 16 + 1) \text{ g/mol} = 40 \text{ g/mol}$$

Il numero *n* di moli si calcola dividendo la massa data (2,0 g) per la massa molare:

$$n = \frac{2{,}0 \text{ g}}{40 \text{ g/mol}} = 5 \cdot 10^{-2} \text{ mol}$$

La concentrazione *C* si ottiene dividendo il numero di moli per il volume espresso in dm^3:

$$C = \frac{5 \cdot 10^{-2} \text{ mol}}{25 \cdot 10^{-3} \text{ dm}^3} = 2{,}0 \text{ mol dm}^{-3}$$

La risposta corretta al quesito è la risposta **B**.

---

11 Quando si diluisce una soluzione il numero di moli totali di soluto non cambia. Dato che il numero di moli si può ricavare come prodotto del volume (V) per la concentrazione molare (M), ponendo V_1 = volume iniziale, V_2 = volume finale, M_1= concentrazione iniziale e M_2 = concentrazione finale, avremo:

$$V_1 \cdot M_1 = V_2 \cdot M_2$$

dato che, nel caso proposto, V_1 = 0,4 l, M_1= 2,5 mol/l e M_2= 2 mol/l, si ricava che:

$$V_2 = \frac{V_1 \cdot M_1}{M_2} = \frac{0{,}4 \text{ l} \cdot 2{,}5 \text{ mol/l}}{2 \text{ mol/l}} = 0{,}5 \text{ l}$$

Il volume finale della soluzione è di 500 ml, quindi per ricavare il volume di acqua aggiunto è sufficiente eseguire la sottrazione seguente:

$$V_2 - V_1 = (500 - 400) \text{ ml} = 100 \text{ ml}$$

Pertanto la risposta corretta è la **A**.

---

12 Per risolvere il quesito è necessario prima di tutto calcolare le moli di idrossido di sodio (NaOH) presenti in 2 grammi. Il numero di moli si ricava dividendo la quantità di NaOH (2 g) per la sua Massa Molare (40 g/mol) e risulta 0,05 mol. La Molarità si ottiene dividendo il numero di moli precedentemente calcolate (0,05 mol) per i litri di soluzione (0,2 litri), quindi il risultato è 0,25 M. La risposta corretta è pertanto la **C**.

13 Ricordandosi che 1 cm^3 = 1 mL e rimaneggiando la definizione di concentrazione molare (C) si ottiene la relazione matematica necessaria alla risoluzione del quesito per calcolare il numero di moli (n) di KOH presente nella soluzione di volume noto (V):

$$n = C\,V = 1{,}5\ M \cdot 25 \times 10^{-3}\ L = 37{,}5 \times 10^{-3}\ mol$$

Il peso molecolare (PM) del KOH è pari alla somma dei pesi atomici, 39 + 16 + 1 g/mol = 56 g/mol, e da questo si ricava la massa (*m*) di *n* moli di KOH presente nella soluzione:

$$m = PM \cdot n = 56\ g/mol \cdot 37{,}5 \times 10^{-3}\ mol = 2{,}1g$$

La risposta **A**

14 Un miscuglio o miscela si definisce *omogenea* quando presenta una fase unica: sia essa gassosa, liquida o solida. Un miscuglio si definisce *eterogeneo* quando presenta fasi distinte. A 20°C l'aria è una miscela omogenea mentre a –100°C, come ci dice il problema, sia la CO_2 sia l'H_2O sono solidi mentre l'N_2, l'O_2 e gli altri gas che la compongono rimangono gassosi. Quindi a –100°C la miscela è eterogenea solido + gas. La risposta corretta è la **E**.

9 | Termodinamica, cinetica delle reazioni ed equilibrio chimico

La **termodinamica** si occupa delle **variazioni energetiche che accompagnano le trasformazioni chimiche** e dei trasferimenti di energia da una sostanza a un'altra.
Una trasformazione chimica è sempre associata a scambi energetici con l'ambiente; l'energia acquistata o ceduta viene misurata in **joule (J)**, oppure **calorie (cal)**, dove:

$$1 \text{ cal} = 4{,}184 \text{ J}.$$

Con **sistema** si indica la porzione di spazio che rappresenta l'oggetto dello studio, l'**ambiente** invece è la parte che circonda il sistema. L'insieme di sistema e ambiente costituisce l'universo termodinamico.
I sistemi termodinamici possono essere classificati in: aperti, chiusi o isolati.
I sistemi **aperti** scambiano sia materia che energia con l'ambiente. Per esempio una bottiglia di acqua col tappo aperto, oppure una cellula. I sistemi **chiusi** scambiano energia con l'ambiente, ma non materia. Per esempio una bottiglia d'acqua chiusa. I sistemi **isolati** non scambiano né materia, né energia con l'ambente. Per esempio un liquido contenuto in un thermos.
L'universo termodinamico è per definizione un sistema isolato.

9.1 | Calore di reazione e variazione di entalpia

Spesso le reazioni chimiche sono accompagnate da sviluppo o assorbimento di energia

Le reazioni che liberano energia sono dette reazioni **esoergoniche** (*En* reagenti > *En* prodotti) .
Le reazioni che assorbono energia sono dette reazioni **endoergoniche** (*En* reagenti < *En* prodotti).

Se la forma di energia in gioco è il calore, si parla di reazioni esotermiche ed endotermiche

Le reazioni che sviluppano calore sono dette reazioni **esotermiche**.
Le reazioni che assorbono calore sono dette reazioni **endotermiche**.

Per esprimere le variazioni termiche che accompagnano una reazione i chimici fanno ricorso a una funzione di stato chiamata *entalpia* (*H*) che indica il contenuto termico del sistema. Il calore (*Q*) assorbito o sviluppato dal sistema a pressione costante (detto *calore di reazione*) è uguale alla variazione di entalpia (ΔH) della reazione, dove:

$$\Delta H = H_{prod} - H_{reag} = Q$$

In una reazione esotermica	$H_{prod} < H_{reag}$	e quindi	$\Delta H < 0$
In una reazione endotermica	$H_{prod} > H_{reag}$	e quindi	$\Delta H > 0$

Reazione esotermica

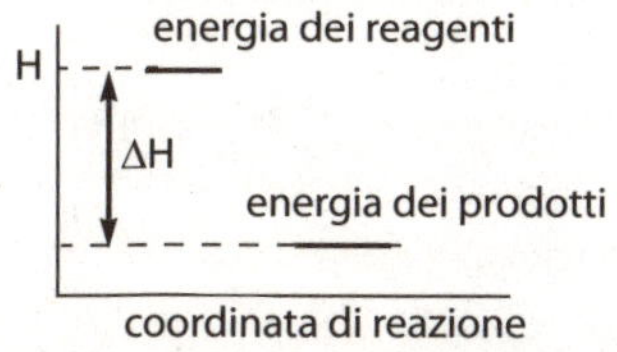

Reazione endotermica

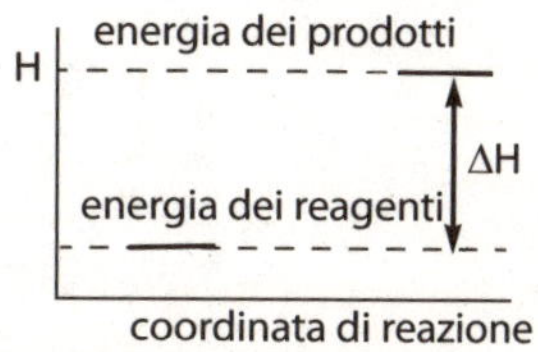

Il ΔH di una reazione ha lo stesso valore, ma segno opposto, rispetto a quello della reazione inversa.

Il calore può essere considerato come un reagente della reazione (nelle reazioni endotermiche) o come un prodotto (nelle reazioni esotermiche); come tale, va indicato nell'equazione di reazione. Un'equazione che riporta anche il dato del calore di reazione è detta *equazione termochimica*.

$N_{2\,(g)} + 3\,H_{2\,(g)} \rightarrow 2\,NH_{3\,(g)} + 92{,}4\text{ kJ}$ oppure $2\,NH_{3\,(g)} + 92{,}4\text{ kJ} \rightarrow N_{2\,(g)} + 3\,H_{2\,(g)}$

In commercio si trovano caffé, tè e altre bevande, in contenitori di plastica, che, esercitando una pressione sul fondo e agitando il contenitore per alcuni secondi, si scaldano. Il riscaldamento della bevanda è dovuto a una reazione esotermica: i contenitori hanno un doppio fondo nel quale si trovano, separati da una membrana, cloruro di calcio e acqua; la pressione sul fondo del contenitore provoca la miscelazione del cloruro di calcio ($CaCl_2$) con l'acqua, che scioglie il sale. La reazione di dissoluzione è esotermica, quindi libera il calore che permette di riscaldare la bevanda

Legge di Hess

Dato che l'entalpia è una funzione di stato, il ΔH di una reazione dipende solo dagli stati iniziale e finale e ha quindi lo stesso valore indipendentemente dal fatto che essa avvenga in un solo stadio o attraverso una serie di passaggi intermedi.

9.2 | Spontaneità delle reazioni chimiche ed energia libera

Spesso le reazioni esotermiche sono reazioni spontanee. Il segno della variazione di entalpia non è però l'unico fattore da cui dipende la spontaneità di una reazione. Gli altri due fattori sono la temperatura T e la variazione di entropia del sistema, ΔS. Tra i tre parametri ΔH, T e ΔS esiste una relazione espressa matematicamente dall'**equazione di Gibbs** che indica l'andamento dell'energia libera, ΔG:

$$\Delta G = \Delta H - T\Delta S$$

dove T è la temperatura assoluta alla quale avviene la reazione.

La spontaneità di una reazione dipende dal segno della variazione di energia libera associata alla reazione stessa: una reazione è spontanea se caratterizzata da una diminuzione di energia libera, ovvero se l'energia libera dei prodotti è minore dell'energia libera dei reagenti. Si possono verificare tre casi:

1. **$\Delta G < 0$** → la reazione è **spontanea.** Generalmente le reazioni esoergoniche sono reazioni spontanee, infatti in alcuni testi questi due termini sono considerati sinonimi;
2. **$\Delta G > 0$** → la reazione **non** è **spontanea**. Le reazioni endoergoniche sono reazioni che richiedono energia, quindi non sono spontanee dal punto di vista termodinamico. Come nel punto precedente, in alcuni testi "reazione non spontanea" e "reazione endoergonica" vengono considerati sinonimi;
3. **$\Delta G = 0$** → la reazione **è all'equilibrio** (§ 9.4).

Gli effetti dei segni di ΔH e di ΔS e l'effetto della temperatura sulla spontaneità di una reazione chimica possono essere così schematizzati:

ΔH	ΔS	ΔG	
–	+	–	reazione spontanea a ogni temperatura
+	–	+	reazione non spontanea a ogni temperatura
+	+	+/–	reazione spontanea solo a elevata temperatura
–	–	+/–	reazione spontanea solo a bassa temperatura

9.3 | Cinetica chimica

La termodinamica non riguarda la *velocità* con cui una reazione avviene. Una reazione termodinamicamente spontanea può richiedere migliaia di anni per avvenire.

La reazione che trasforma il diamante in grafite (il materiale delle matite) è una reazione spontanea. Il valore del diamante è tuttavia garantito dal fatto che la reazione di trasformazione, nonostante sia termodinamicamente permessa, è anche estremamente lenta (miliardi di anni) e, macroscopicamente, è come se non avvenisse.

Il ramo della chimica che si occupa della velocità delle reazioni chimiche e dei fattori che la influenzano prende il nome di *cinetica chimica*. La cinetica chimica poggia sulla teoria delle collisioni.

Teoria delle collisioni

Data la reazione α A + βB $\rightarrow \gamma$ C + δ D, affinché A e B reagiscano è necessario che:

1. A e B si urtino: la teoria delle collisioni afferma che la velocità di una reazione è proporzionale al numero di collisioni per secondo tra le molecole reagenti;
2. l'urto sia *efficace energeticamente e spazialmente*: perché l'urto sia efficace e i legami tra le particelle reagenti possano rompersi, queste, oltre a possedere sufficiente energia cinetica, devono collidere con un *orientamento reciproco opportuno*. Esiste una energia di soglia al di sotto della quale l'urto tra A e B non è seguito dalla formazione dei prodotti di reazione; tale energia prende il nome di *energia di attivazione* (E_a) e corrisponde all'energia minima richiesta per la formazione del *complesso attivato*. Il complesso attivato è un aggregato di atomi a vita infinitesima in cui si stanno rompendo i vecchi legami e si stanno formando i legami nuovi. Il momento della reazione in cui si forma il complesso attivato viene detto *stato di transizione*.

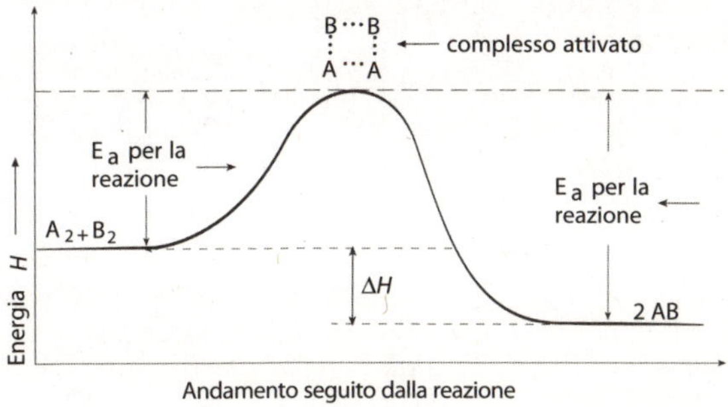

Diagramma dell'energia potenziale per la reazione esoergonica

$$A_2 + B_2 \rightarrow 2\,AB$$

Nonostante i prodotti abbiano energia più bassa dei reagenti, perché la reazione avvenga, i reagenti devono passare attraverso uno stato di transizione chiamato complesso attivato, caratterizzato da un maggior contenuto energetico.

Il valore dell'energia di attivazione E_a è caratteristico per ogni reazione e indipendente dalla temperatura o dalla concentrazione dei reagenti. Maggiore è il valore di E_a, minore è la velocità di reazione.

9.3.1 | Velocità di reazione

Si consideri la reazione A $\rightarrow$ B in cui A è il reagente e B il prodotto della reazione.

Indicando con [A] la concentrazione molare della specie reagente e con v la velocità della reazione, si pone per definizione:

$$v = -\frac{\Delta[A]}{\Delta t}$$

e sperimentalmente si riscontra che $v = k[A]^m$

dove: k = costante di velocità (o costante cinetica) della reazione;

m = ordine di reazione.

- **La velocità di reazione cresce al crescere della concentrazione del reagente.**

In particolare:

- **reazione di ordine zero**: la velocità reazione è indipendente dalla concentrazione di reagente A, quindi la velocità di reazione rimane costante

L'ammoniaca si decompone in presenza di oro quale catalizzatore:

$$2\ NH_3(g) \rightarrow N_2(g) + 3\ H_2(g)$$

In questa reazione $v = k$: la velocità non dipende dalla concentrazione del reagente che, nel corso della reazione, si consuma sempre alla stessa velocità fino alla sua completa scomparsa.

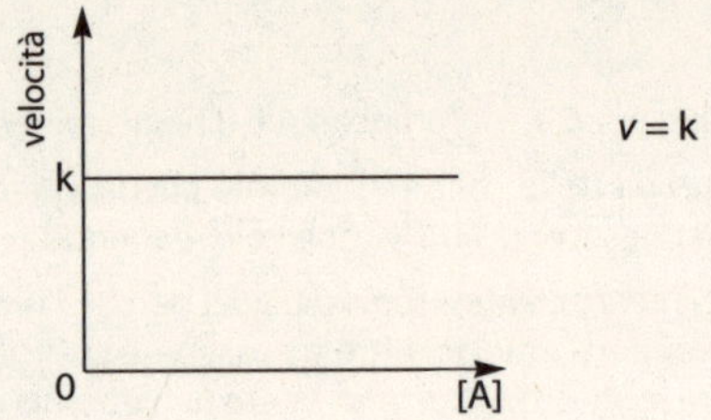

- **reazione di primo ordine**: la velocità di reazione è direttamente proporzionale alla concentrazione del reagente. La velocità di una reazione del primo ordine è direttamente proporzionale al numero di molecole del reagente con energia maggiore o uguale all'energia di attivazione E_a.

L'acetone si decompone secondo l'equazione:

$$CH_3COCH_3 \rightarrow CH_3CH_3 + CO$$

In questa reazione $v = k\ [CH_3COCH_3]$.

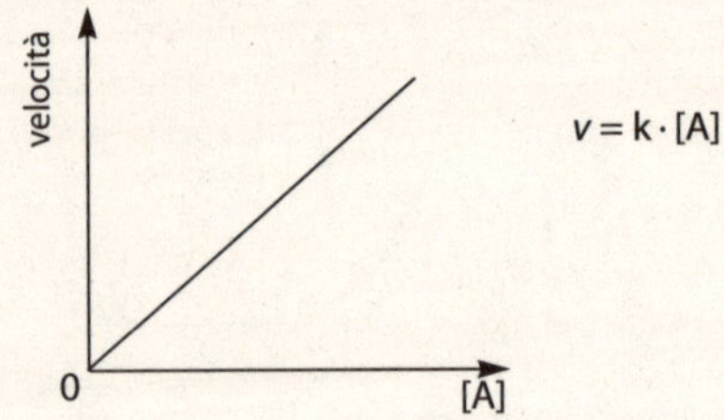

- **reazione di secondo ordine**: la velocità di reazione è direttamente proporzionale al quadrato della concentrazione del reagente.

La decomposizione termica di N_2O procede secondo l'equazione:

$$2\ N_2O(g) \rightarrow 2\ N_2(g) + O_2(g)$$

In cui $v = k\ [N_2O]^2$.

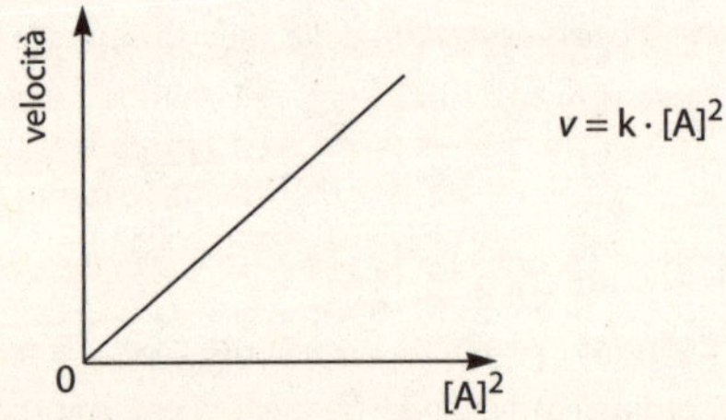

- **La velocità di reazione cresce al crescere della temperatura**; ciò è dovuto al fatto che al crescere della temperatura cresce anche l'energia cinetica media delle molecole del reagente.
- **La velocità di reazione cresce all'aumentare della superficie di contatto**: questo perché all'aumentare della superficie di contatto aumentano le possibilità di avere urti "utili" fra le particelle di reagenti.
- **La velocità di reazione cresce con l'introduzione di un catalizzatore:** un catalizzatore (come illustrato al paragrafo seguente) abbassa l'energia di attivazione.

9.3.2 | Catalizzatori

I catalizzatori sono sostanze che fanno aumentare la velocità di una reazione senza parteciparvi direttamente.

Un catalizzatore è una sostanza che fa aumentare la velocità di reazione abbassandone l'energia di attivazione.

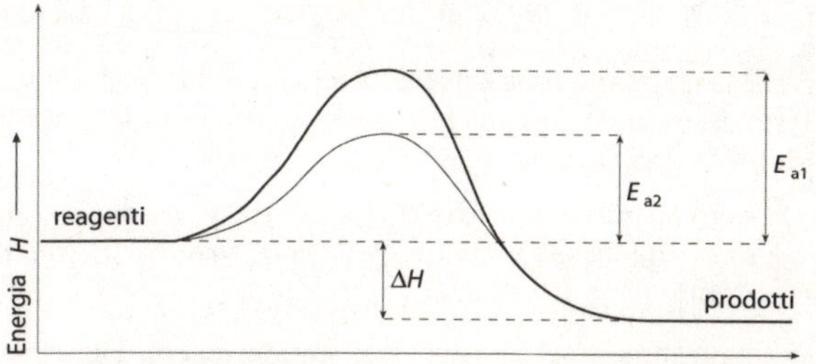

E_{a1} = energia di attivazione SENZA catalizzatore E_{a2} = energia di attivazione CON catalizzatore

I catalizzatori **non fanno variare né il ΔH, né il ΔG** di una reazione quindi non possono rendere esotermica e spontanea una reazione che non lo è.
I catalizzatori **non variano** il valore della costante di equilibrio della reazione K_{eq} (§ 9.4.1) quindi non spostano l'equilibrio della reazione, ma ne accelerano il raggiungimento.

I catalizzatori inoltre:

- fanno sì che la reazione avvenga con un meccanismo diverso da quello della reazione non catalizzata;
- contribuiscono a rendere più efficaci gli urti tra i reagenti;
- si ritrovano chimicamente inalterati alla fine della reazione (non vengono consumati);
- non compaiono nelle equazioni globali di reazione;
- sono selettivi, quindi intervengono solo su una specifica reazione.

La reazione di sintesi dell'acqua ($2\ H_2\ (g) + O_2\ (g) \rightarrow 2\ H_2O\ (l)$) non avviene a temperatura ambiente se non è innescata da una fiamma da o una scintilla; aggiungendo un catalizzatore alla miscela di reazione, invece, la reazione può avvenire senza bisogno di innesco.

Le reazioni biologiche avvengono per azione di specifici catalizzatori: gli **enzimi**.

La combustione della benzina produce gas di scarico inquinanti, come ossidi di azoto e monossido di carbonio. La **marmitta catalitica** contiene una struttura a nido d'ape costellata di particelle micrometriche di platino, palladio, rodio o ossido di cerio. Queste particelle catalizzano reazioni che trasformano i gas di scarico tossici in altri gas, meno dannosi, come anidride carbonica e azoto.

Lo zucchero (saccarosio), quando è assimilato e bruciato dalle cellule del nostro corpo, fornisce una notevole quantità di energia (5605 kJ/mol): la reazione di combustione del saccarosio quindi è esotermica e ha $\Delta H < 0$. D'altra parte, il saccarosio non brucia spontaneamente all'aria e questo significa che l'energia di attivazione, necessaria per innescare la reazione, è molto elevata.

9.4 | Equilibrio chimico

Le reazioni che procedono fino al completo esaurimento dei reagenti sono considerate *irreversibili* e sono dette *reazioni a completamento* (o reazioni complete). Spesso, però, le reazioni (specialmente quelle che avvengono in un sistema chiuso, da cui i prodotti non possono essere allontanati) non sono a completamento perché i prodotti, una volta formati, possono reagire tra loro per riformare i reagenti.

Nella reazione di decomposizione di N_2O_4 in NO_2, oltre alla reazione diretta:

$$N_2O_4\,(g) \rightarrow 2\,NO_2\,(g)$$

man mano che si forma NO_2, avviene anche la reazione inversa:

$$2\,NO_2\,(g) \rightarrow N_2O_4\,(g)$$

Le reazioni che avvengono in entrambe le direzioni sono dette *reversibili*. Una reazione reversibile si rappresenta con due frecce contrapposte tra reagenti e prodotti:

$$N_2O_4\,(g) \rightleftarrows 2\,NO_2\,(g)$$

In una reazione reversibile la reazione diretta e quella inversa procedono con velocità diverse fino al raggiungimento di uno stato di equilibrio. Una volta raggiunto questo stato, la concentrazione dei reagenti e dei prodotti non varia nel tempo.

Questo non significa che non ci siano più molecole di reagenti che si trasformano in prodotti e viceversa: le concentrazioni rimangono costanti perché tante molecole di reagente si trasformano in prodotti quante molecole di prodotti si trasformano in reagenti.

In una reazione all'equilibrio, le velocità delle due reazioni (diretta e inversa) si equivalgono.

Si deve osservare che:

- l'equilibrio di una reazione chimica è, come tutti gli equilibri in natura, un equilibrio dinamico;
- tutte le reazioni sono in realtà reversibili (avvengono cioè in entrambi i sensi);
- le reazioni considerate complete sono quelle in cui l'equilibrio è estremamente spostato verso i prodotti.

In condizioni di equilibrio $\Delta G = 0$.

9.4.1 | Costante di equilibrio

Data una generica reazione chimica:

$$\alpha\,A + \beta\,B \rightleftarrows \gamma\,C + \delta\,D$$

a una certa temperatura, qualunque sia la concentrazione di partenza delle diverse specie chimiche coinvolte, le concentrazioni all'equilibrio si trovano in un rapporto costante descritto dall'espressione:

$$K_{eq} = \frac{[C]^{\gamma} \cdot [D]^{\delta}}{[A]^{\alpha} \cdot [B]^{\beta}}$$

Possiamo quindi dire che, all'equilibrio, il rapporto tra il prodotto della concentrazione molare dei prodotti e quello della concentrazione molare dei reagenti, ciascuna elevata a un esponente uguale al rispettivo coefficiente stechiometrico, è descritto da una costante chiamata *costante termodinamica di equilibrio* della reazione, indicata con il simbolo K_{eq}.

Questa espressione è nota come **legge di azione di massa**.

I valori di concentrazione di reagenti e prodotti che soddisfano la legge di azione di massa NON sono quelli iniziali, ma quelli che si hanno quando il sistema ha raggiunto l'equilibrio.

Poiché l'espressione della legge di azione di massa dipende dalla specifica reazione bilanciata, K_{eq} non ha dimensioni (unità di misura) fisse.

La K_{eq} rappresenta la costante di equilibrio della reazione scritta come sopra. Per la reazione opposta, $\gamma\, C + \delta\, D \rightleftarrows \alpha\, A + \beta\, B$, la costante, è:

$$K_{eq} = \frac{[A]^{\alpha} \cdot [B]^{\beta}}{[C]^{\gamma} \cdot [D]^{\delta}}$$

Proprietà della costante di equilibrio

- K_{eq} è una costante specifica per ogni reazione a una data temperatura, e varia al variare della temperatura.
- Il valore della K_{eq} dà un indicazione diretta di quanto la reazione proceda verso la formazione dei prodotti:
  - se il valore di K_{eq} è molto alto la reazione è spostata verso destra e all'equilibrio la miscela di reazione contiene più prodotti che reagenti;
  - se il valore di K_{eq} è molto basso la reazione è spostata verso sinistra e all'equilibrio la miscela di reazione contiene più reagenti che prodotti;
  - se il valore di K_{eq} è vicino a 1, all'equilibrio la miscela di reazione contiene quantità di reagenti e prodotti approssimativamente uguali.

Un valore elevato di K_{eq} indica che la reazione ha una forte tendenza a procedere verso la formazione dei prodotti.

Indicare l'espressione della costante di equilibrio per la reazione:

$$H_2(g) + I_2(g) \rightleftarrows 2\, HI(g)$$

L'espressione della costante di equilibrio per la reazione data è:

$$K_{eq} = \frac{[HI]^2}{[H_2][I_2]}$$

Le diverse espressioni della costante di equilibrio

La costante di equilibrio può essere espressa in diversi modi:

- in funzione della concentrazione molare. Si indica in tal caso come K_c:

$$K_c = \frac{[C]^{\gamma} \cdot [D]^{\delta}}{[A]^{\alpha} \cdot [B]^{\beta}}$$

- in funzione delle pressioni parziali dei reagenti e dei prodotti (indicata con K_p), se la reazione è omogenea in fase gassosa:

$$K_p = \frac{P_C^{\gamma} \cdot P_D^{\delta}}{P_A^{\alpha} \cdot P_B^{\beta}}$$

pK_{eq}

Moltissime sono le reazioni di cui è stata misurata la costante di equilibrio. Questi valori sono spesso riportati per comodità come pK_{eq}:

$$pK_{eq} = -\text{Log}\, K_{eq}$$

9.4.2 | Principio dell'equilibrio mobile o di Le Chatelier

Il principio di Le Chatelier stabilisce che quando si applica una sollecitazione a un sistema all'equilibrio, le condizioni di equilibrio si spostano in modo da annullare la sollecitazione; se varia uno dei parametri di un sistema all'equilibrio, questo reagisce in modo da controbilanciare tale variazione.

I parametri che possono variare sono essenzialmente la concentrazione di uno dei componenti del sistema, la temperatura e la pressione.

Variazione della concentrazione di uno dei componenti

Variando le concentrazioni di uno o più reagenti, o di uno o più prodotti, le velocità delle reazioni diretta e inversa non saranno più uguali: si osserverà inizialmente una variazione della composizione del sistema, dopodiché si ripristinerà una nuova condizione di equilibrio, caratterizzata da concentrazioni di reagenti e prodotti diverse da quelle del primo equilibrio, ma tali da determinare lo stesso valore di K_{eq}.

- **Aggiunta di un reagente**: il sistema lo consuma per ristabilire il valore della costante di equilibrio. La reazione procede nella direzione della formazione di nuovi prodotti e si dice che l'equilibrio si sposta verso destra.
- **Sottrazione di un reagente**: il sistema lo riforma. La reazione procede nella direzione di formazione di nuovi reagenti e si dice che l'equilibrio si sposta a sinistra.
- **Aggiunta di un prodotto**: il sistema lo consuma. La reazione procede nella direzione di formazione di nuovi reagenti e si dice che l'equilibrio si sposta a sinistra.
- **Sottrazione di un prodotto**: il sistema lo riforma. La reazione procede nella direzione della formazione di nuovi prodotti e si dice che l'equilibrio si sposta verso destra.

il sistema ristabilisce l'equilibrio spostandosi nella direzione in cui si consuma il componente aggiunto o si riforma il componente sottratto.

Aggiungendo un reagente o sottraendo un prodotto l'equilibrio si sposta a destra.
Sottraendo un reagente o aggiungendo un prodotto l'equilibrio si sposta a sinistra.

Se nella reazione $CO + 2\,H_2 \rightleftarrows CH_3OH$ si aumenta la concentrazione del metanolo (CH_3OH), l'equilibrio si sposta a sinistra.

Variazione della temperatura

La variazione della temperatura provoca una variazione del valore della costante di equilibrio. Il principio di Le Chatelier permette di prevedere qualitativamente come varia K_{eq} al variare della temperatura, infatti nelle reazioni endotermiche e in quelle esotermiche il calore può essere considerato rispettivamente come un reagente e come un prodotto della reazione.

Nelle **reazioni endotermiche**, aumentando la temperatura l'equilibrio si sposta a destra e la K_{eq} aumenta. Viceversa, abbassando la temperatura l'equilibrio si sposta a sinistra e la K_{eq} diminuisce.

Nelle **reazioni esotermiche**, aumentando la temperatura l'equilibrio si sposta a sinistra e la K_{eq} diminuisce. Viceversa, abbassando la temperatura l'equilibrio si sposta a destra e la K_{eq} aumenta.

Variazione della pressione

Se la pressione varia, K_{eq} rimane costante (essa infatti dipende solo dalla temperatura), tuttavia l'equilibrio della reazione può essere alterato. La posizione dell'equilibrio si può spostare, variando la pressione nel sistema, solo se l'equilibrio:

- è omogeneo in fase gassosa (tutti i componenti sono allo stato aeriforme);
- comporta una variazione del numero di moli complessive nel passaggio dai reagenti ai prodotti ($\Delta n \neq 0$).

Se $\Delta n > 0$, cioè per le reazioni in cui il numero di moli totali dei prodotti è maggiore di quello dei reagenti valgono le seguenti considerazioni:

- aumento di pressione: il sistema tende a opporsi alla sollecitazione. La reazione procede nella direzione che comporta una diminuzione del numero di moli e quindi della pressione. L'equilibrio si sposta perciò verso sinistra;
- diminuzione di pressione: la reazione procede nella direzione che comporta un aumento del numero di moli e quindi un aumento di pressione. L'equilibrio si sposta perciò verso destra.

Se $\Delta n < 0$, cioè per le reazioni in cui il numero di moli totali dei prodotti è minore di quello dei reagenti si ha:

- aumento di pressione: il sistema si oppone alla sollecitazione evolvendo nella direzione che comporta una diminuzione del numero di moli e della pressione. L'equilibrio si sposta in questo caso verso destra;
- diminuzione di pressione: la reazione procede nella direzione che comporta un aumento del numero di moli e di pressione. L'equilibrio si sposta verso sinistra.

Riepilogando:

- Le reazioni caratterizzate da un aumento del numero di moli ($\Delta n > 0$) sono ostacolate da un aumento di pressione (o da una diminuzione di volume) e favorite da una sua diminuzione.
- Le reazioni caratterizzate da una diminuzione del numero di moli ($\Delta n<0$) sono invece favorite da un aumento di pressione e ostacolate da una sua diminuzione.

Indicare su quali fattori possiamo intervenire per modificare lo stato di equilibrio della reazione esotermica H_2 (g) + I_2 (g) $\rightleftarrows$ 2 HI (g), spostandolo verso la formazione dei prodotti: temperatura, pressione o concentrazione dei reagenti?

Data la reazione H_2 (g) + I_2 (g) $\rightleftarrows$ 2 HI (g), se modifichiamo le concentrazioni delle specie chimiche che compaiono nella reazione modifichiamo sempre l'equilibrio, in particolare per aumentare la quantità di prodotto formato dovremo aumentare la concentrazione dei reagenti (H_2 e I_2) oppure diminuire la concentrazione del prodotto HI. Poiché la reazione è esotermica, possiamo considerare il calore come un prodotto della reazione, quindi una diminuzione della temperatura determina uno spostamento dell'equilibrio verso la formazione del prodotto HI.
Un cambiamento nelle condizioni di pressione invece non ha nessun effetto sull'equilibrio della reazione infatti la reazione non comporta una variazione nel numero complessivo di molecole, infatti

$$\Delta n = 2 - 2 = 0$$

e in questo caso la variazione di pressione non ha alcun effetto.

Data la reazione, esotermica:

$$2\,CO_{(g)} + O_{2(g)} \rightleftarrows 2\,CO_{2(g)}$$

indicare come viene influenzato l'equilibrio nei casi seguenti:
1) aggiunta di CO
2) aggiunta di CO_2

Per il principio di Le Chatelier, se un equilibrio viene turbato il sistema tende a ripristinarlo.
L'equazione chimica:

$$2\,CO_{(g)} + O_{2(g)} \rightleftarrows 2\,CO_{2(g)}$$

descrive la reazione di due moli di monossido di carbonio (CO) con una mole di ossigeno (O_2) per formare due moli di biossido di carbonio (CO_2), tutte le specie chimiche coinvolte sono gas.
Vediamo cosa succede nei due casi proposti dal quesito:

1) l'aggiunta di CO, uno dei reagenti, sposta l'equilibrio verso la formazione del prodotto; dato che il rapporto fra le concentrazioni di reagenti e di prodotti presenti all'equilibrio è descritto dall'espressione

$$K_{eq} = \frac{[CO_2]^2}{[CO]^2[O_2]}$$

l'aggiunta di CO determina un aumento del denominatore, di conseguenza, per ripristinare il valore di K_c è necessario un aumento del numeratore, cioè della concentrazione del prodotto, CO_2;
2) l'aggiunta del prodotto, CO_2, per le stesse ragioni viste al punto precedente, determina un aumento della concentrazione dei reagenti, l'equilibrio quindi si sposta verso sinistra;

Data la stessa reazione del quesito precedente:

$$2\,CO_{(g)} + O_{2(g)} \rightleftarrows 2\,CO_{2(g)}$$

indicare come viene influenzato l'equilibrio nei casi seguenti:

3) diminuzione del volume del recipiente

4) diminuzione della temperatura.

3) nel caso proposto, dato che sono coinvolte specie chimiche allo stato gassoso, anche una modificazione del volume del recipiente altera l'equilibrio, infatti la diminuzione del volume determina un aumento di pressione. La reazione bilanciata prevede tre moli di molecole di gas nei reagenti ($2\,CO + O_2$), e due moli nei prodotti ($2\,CO_2$); poiché una mole di qualsiasi gas occupa (a parità di temperatura e pressione) lo stesso volume, la reazione proposta, quando viene condotta in un recipiente chiuso, procede nel senso della diminuzione della pressione. In queste condizioni una diminuzione del volume del recipiente, responsabile di un aumento di pressione, sposta l'equilibrio verso destra, verso la formazione dei prodotti, e quindi verso una diminuzione della pressione;

4) la reazione proposta è esotermica, cioè libera calore; il calore quindi può essere considerato un prodotto, e la reazione può essere scritta in questa forma:

$$2\,CO_{(g)} + O_{2(g)} \rightleftarrows 2\,CO_{2(g)} + \text{calore}$$

Se consideriamo il calore come un prodotto, la diminuzione della temperatura sottrae un prodotto, quindi la reazione si sposterà verso destra, per formare una maggior quantità di prodotti, fra cui appunto il calore.

9.5 | Equilibrio di solubilità e precipitazione

I sali poco solubili (detti anche *insolubili*), messi in acqua, *precipitano* formando un corpo di fondo in cui il sale si trova allo stato solido mentre, in equilibrio con il corpo di fondo, è presente una piccolissima quantità di ioni in soluzione.

Possiamo quindi dire che in una soluzione di un solido ionico poco solubile contenente corpo di fondo si instaura un *equilibrio eterogeneo* tra il soluto indisciolto e gli ioni idratati.

Se consideriamo il solfato d'argento, avremo:

$$Ag_2SO_{4\,(s)} \rightleftarrows 2\,Ag^+{}_{(aq)} + SO_4^{2-}{}_{(aq)}$$

per cui:

$$K_{eq} = \frac{[Ag^+]^2 \cdot [SO_4^{2-}]}{[Ag_2SO_4]}$$

Dato che Ag_2SO_4 è un solido puro, non esiste in soluzione come tale, ma è presente solo come corpo di fondo, non ha significato parlare della sua concentrazione molare in soluzione.

Questa può quindi essere considerata costante e incorporata insieme alla K_{eq} in una nuova costante, chiamata **prodotto di solubilità** e indicata con $\boldsymbol{K_{ps}}$ (o $\boldsymbol{K_s}$):

$$K_{ps_{(Ag_2SO_4)}} = [Ag^+]^2 \cdot [SO_4^{2-}] = \text{costante}$$

Il valore di K_{ps} indica la tendenza del sale a sciogliersi: minore è il prodotto di solubilità, maggiore è la tendenza del solido a precipitare.

K_{ps} è un valore *costante*, per un composto, a una data *temperatura*; variando la temperatura cambia il valore di K_{ps}.

Ponendo uguale a P il prodotto ionico, ovvero il prodotto della concentrazione degli ioni costituenti il composto, ciascuno elevato al proprio coefficiente stechiometrico:

- se $P = K_s$, la **soluzione** è **satura** e la velocità di dissoluzione del sale eguaglia quella di precipitazione;
- se $P > K_s$, la **soluzione** è **sovrassatura** e il sale precipita finché $P = K_s$;
- se $P < K_s$, la **soluzione** è **insatura**, il solido si scioglie completamente nel solvente e non si ha precipitazione.

Conoscendo la solubilità di un sale si può calcolarne il prodotto di solubilità e viceversa.

Calcolare la solubilità in acqua di $PbBr_2$ a 25 °C sapendo che $K_s = 2{,}1 \cdot 10^{-6}$.

La reazione di dissociazione è:

$$PbBr_{2\,(s)} \rightleftarrows Pb^{2+}{}_{(aq)} + 2\,Br^{-}{}_{(aq)}$$

Dato che per dissociazione di *s* moli di $PbBr_2$ si ottengono *s* moli di ioni Pb^{2+} e 2*s* moli di ioni Br^-, si può scrivere:

$$K_s = 2{,}1 \cdot 10^{-6} = (s) \cdot (2s)^2 = 4s^3$$

da cui si ricava:

$$s = \sqrt[3]{\frac{K_s}{4}} = \sqrt[3]{5{,}25 \cdot 10^{-7}} = 8{,}07 \cdot 10^{-3}$$

Qual è l'espressione di K_{ps} per il fluoruro di calcio, CaF_2?

Il fluoruro di calcio, CaF_2, dà luogo al seguente equilibrio di dissociazione:

$$CaF_2 \rightleftarrows Ca^{2+} + 2\,F^-$$

K_{ps} rappresenta il prodotto delle concentrazioni degli ioni in cui un sale si dissocia, ciascuna concentrazione elevata a una potenza pari al coefficiente stechiometrico con cui lo ione compare nell'equilibrio di dissociazione. Utilizzando le parentesi quadre per indicare la concentrazione molare avremo, quindi:

$$K_{ps} = [Ca^{2+}] \cdot [F^-]^2$$

Effetto dello ione comune

Aggiungendo a una soluzione satura di un solido ionico poco solubile una sostanza solubile che contenga uno ione comune si ha uno spostamento dell'equilibrio nella direzione in cui lo ione si consuma (in base al principio di Le Chatelier): si ha dunque precipitazione di un'ulteriore quantità di soluto in modo tale che il prodotto della concentrazione degli ioni in soluzione rimanga costante. L'aggiunta di uno ione comune a quelli già presenti in soluzione diminuisce quindi la solubilità di un solido ionico.

L'aggiunta di $AgNO_3$ (fonte di Ag^+) o di Na_2SO_4 (fonte di SO_4^{2-}) a una soluzione satura di Ag_2SO_4 porta a un'ulteriore precipitazione di Ag_2SO_4 e quindi a una minor solubilità del sale nella soluzione risultante.

Test di verifica

1 **Indica il motivo per cui ogni trasformazione chimica è accompagnata da effetti energetici:**

A i nuclei degli atomi dei reagenti si trasformano in nuclei più piccoli e quindi diminuisce l'energia interna del sistema

B alcune sostanze reagenti cambiano il proprio stato di aggregazione e quindi devono assorbire o cedere calore

C i legami chimici presenti nei reagenti sono diversi da quelli presenti nei prodotti e quindi cambia l'energia chimica

D gli atomi dei reagenti si trasformano in atomi diversi che formano tra loro legami più stabili nei prodotti

E i prodotti sono sempre sostanze con maggiore stabilità, quindi il sistema finale ha sempre maggiore energia

2 **Se una sostanza passa dallo stato liquido a quello gassoso:**

A la sua entropia diminuisce

B cambia il suo stato di ossidazione

C cambia la sua massa atomica

D la sua entropia aumenta

E cambia la sua composizione

3 **Una reazione esotermica:**

A può essere spontanea o non spontanea

B è sempre spontanea

C è sempre non spontanea

D avviene sempre con diminuzione dell'energia libera

E è favorita da un aumento della temperatura

4 **Un valore nullo di variazione dell'energia libera indica che la reazione è:**

A esoergonica

B all'equilibrio

C endotermica

D spontanea

E esotermica

5 **La velocità di una reazione chimica:**

A è sempre costante dall'inizio alla fine di una reazione

B dipende dalle concentrazioni di reagenti e prodotti

C non dipende dalla concentrazione dei prodotti

D raddoppia raddoppiando la concentrazione di reagenti e prodotti

E è influenzata dalla concentrazione dei prodotti che si accumulano col suo procedere

6 **Al crescere della temperatura, la velocità di una reazione chimica:**

- **A** cresce al crescere della temperatura nelle reazioni endotermiche, decresce al crescere della temperatura in quelle esotermiche
- **B** cresce in ogni caso al crescere della temperatura
- **C** cresce al crescere della temperatura nelle reazioni esotermiche, decresce al crescere della temperatura in quelle endotermiche
- **D** è direttamente proporzionale alla temperatura centigrada
- **E** è direttamente proporzionale alla temperatura assoluta

7 **L'effetto di un catalizzatore su una reazione chimica di equilibrio è quello di:**

- **A** spostare l'equilibrio a destra
- **B** spostare l'equilibrio a sinistra
- **C** accelerare il raggiungimento dell'equilibrio
- **D** aumentare il valore della costante di equilibrio
- **E** far avvenire la reazione in modo non violento

8 **Quali delle seguenti costanti di equilibrio identifica la reazione maggiormente spostata verso sinistra:**

A $K_{eq} = 2 \times 10^5$ **B** $K_{eq} = 2 \times 10^{-5}$ **C** $K_{eq} = 5 \times 10^2$ **D** $K_{eq} = 5 \times 10^{-2}$ **E** $K_{eq} = 2 \times 10^{-2}$

9 **Quale affermazione riguardante la costante di equilibrio è FALSA?**

- **A** Se ha un valore elevato l'equilibrio è spostato verso i prodotti (verso destra nell'equazione chimica)
- **B** Il suo valore non varia al variare della concentrazione iniziale di reagenti e prodotti
- **C** Il suo valore varia al variare della temperatura
- **D** È sempre priva di unità di misura
- **E** Il suo valore non cambia con l'aggiunta di catalizzatori

10 **La costante di equilibrio di una reazione chimica, all'aumentare della temperatura:**

- **A** aumenta sempre
- **B** diminuisce sempre
- **C** resta costante
- **D** aumenta a basse pressioni e diminuisce ad alte pressioni
- **E** può aumentare o diminuire, a seconda della reazione

11 **Una reazione chimica ha raggiunto l'equilibrio quando:**

- **A** le concentrazioni dei reagenti e dei prodotti rimangono costanti
- **B** i reagenti si sono completamente consumati
- **C** le concentrazioni dei reagenti e dei prodotti si equivalgono
- **D** la velocità di reazione rimane costante
- **E** può avvenire in entrambe le direzioni

12 **Gli enzimi catalizzano le reazioni chimiche. Questo significa che:**

- **A** le accelerano aumentando la probabilità di collisione tra i reagenti
- **B** forniscono energia ai reagenti
- **C** sottraggono energia ai reagenti
- **D** le rendono energeticamente possibili
- **E** aumentano la temperatura delle reazioni

13 **Indicare l'affermazione che descrive più accuratamente il comportamento di un catalizzatore:**

- A aumenta il ΔG di una reazione e quindi la velocità di reazione
- B riduce il ΔH e quindi la temperatura necessaria per formare i prodotti
- C aumenta la costante di equilibrio della reazione
- D riduce l'energia di attivazione e quindi aumenta la velocità di reazione
- E diminuisce la costante di equilibrio della reazione

14 **Se si aumenta la pressione, tenendo costante la temperatura, l'equilibrio della reazione in fase gassosa $2\ SO_3 \rightarrow 2\ SO_2 + O_2$:**

- A si sposta a destra
- B si sposta a sinistra
- C rimane inalterato
- D si sposta in modo da produrre un aumento di entropia
- E si sposta in modo da favorire la liberazione dell'ossigeno gassoso

15 **Se a una soluzione satura di cloruro di argento viene aggiunto cloruro di sodio:**

- A lo ione sodio precipita
- B il cloruro di argento precipita
- C il prodotto di solubilità del cloruro di argento diminuisce
- D la temperatura della soluzione aumenta
- E il cloruro di sodio precipita

Soluzioni e commenti

1 Nel corso di una reazione chimica alcune sostanze reagiscono trasformandosi in sostanze diverse. Ogni reazione chimica comporta la rottura e la formazione di nuovi legami chimici; dato che a ogni legame chimico è associata una certa quantità di energia, la rottura e la formazione di legami chimici hanno sempre come risultato una variazione dell'energia chimica associata al sistema. La risposta corretta è quindi la C.

2 Quando una sostanza passa dallo stato liquido a quello gassoso non cambia la sua composizione, né la massa atomica, né il numero di ossidazione; le risposte B, C ed E si possono quindi scartare. Il passaggio dallo stato liquido a quello gassoso è accompagnato dalla rottura di legami intermolecolari, infatti le particelle di un gas sono unite da interazioni molto più deboli di quelle che uniscono fra loro le particelle che costituiscono un liquido. Le particelle che formano un gas quindi si muovono molto più liberamente e possiedono, a parità di temperatura, un'energia cinetica molto più elevata rispetto alle particelle di un liquido. Lo stato gassoso è meno "ordinato" dello stato liquido, quindi questo passaggio di stato è accompagnato da un aumento di entropia; risposta D.

3 Una reazione è detta esotermica quando libera calore verso l'esterno; in un processo esotermico l'energia immagazzinata sotto forma di legami chimici (entalpia) nei prodotti è minore di quella immagazzinata nei reagenti, quindi ΔH assume un valore negativo. Un valore negativo di ΔH favorisce la spontaneità di una reazione ma non è sufficiente a stabilire se una reazione è spontanea oppure no, perché è necessario considerare anche la temperatura e la variazione di entropia. Le alternative B, C e D possono quindi essere scartate. Anche la E è errata, infatti una reazione che libera calore non è favorita da un aumento di temperatura ma piuttosto da una sua diminuzione. La risposta corretta è la A: una reazione esotermica può essere spontanea oppure no.

---

4 Ogni sistema chimico è caratterizzato da un particolare valore di energia libera (*G*), dipendente dall'entalpia (*H*), dall'entropia (*S*) e dalla temperatura (*T*). Una reazione chimica spontanea (o esoergonica) è accompagnata da una diminuzione di energia libera ($\Delta G < 0$); poiché il quesito propone il caso in cui $\Delta G = 0$, le risposte A e D sono da scartare. Sono errate anche al C e la E, riferite alle variazioni entalpia, infatti l'andamento dell'energia libera non dà indicazioni sulle variazioni subite dall'entalpia.

La risposta esatta è la B, infatti quando una reazione è all'equilibrio l'energia libera non varia ($\Delta G = 0$).

---

5 La velocità di una reazione chimica dipende dalle concentrazioni dei reagenti, mentre è indipendente da quelle dei prodotti. La velocità di una reazione aumenta all'aumentare della concentrazione dei reagenti secondo modalità caratteristiche di ogni singola reazione; man mano che i reagenti si trasformano in prodotti diminuisce la loro concentrazione e di conseguenza anche la velocità della reazione. Si deduce che la risposta esatta è la C.

---

6 Per una reazione generica che trasformi un reagente (R) in un prodotto (P), si trova, sperimentalmente, che la velocità di reazione è direttamente proporzionale alla concentrazione istantanea di R elevata a una certa potenza (chiamata ordine di reazione), secondo la relazione

$$v = k[\mathrm{R}]^m$$

dove k è la costante di velocità della reazione considerata, legata alla temperatura secondo l'equazione di Arrhenius $k = \mathrm{A}e^{-\mathrm{B/T}}$, dove A e B sono delle costanti e T è la temperatura assoluta. Da questa relazione si vede che, per qualsiasi reazione, la velocità aumenta con la temperatura assoluta ma non in modo direttamente proporzionale, quindi la risposta esatta è la B.

Si presti attenzione a non farsi ingannare dalle risposte A e C che parlano di reazioni endotermiche o esotermiche: la temperatura influenza in modo diverso la posizione dell'equilibrio di una reazione a seconda che sia esotermica o endotermica, ma non la velocità con cui si raggiunge tale equilibrio.

---

7 Un catalizzatore non è in grado di spostare l'equilibrio di una reazione; le affermazioni A e B sono dunque errate. Anche la D è sbagliata, infatti se l'equilibrio non si sposta non varia neppure il valore della costante di equilibrio. A parità di temperatura, l'effetto del catalizzatore è quello di aumentare il numero di particelle reagenti che possiedono un'energia cinetica sufficiente per superare la barriera energetica della reazione, in questo modo un catalizzatore accelera il raggiungimento dell'equilibrio; risposta C.

---

8 La costante di equilibrio di una reazione ha un valore tanto più elevato quanto più la reazione è spostata a destra. Per rispondere al quesito, individuando la costante della reazione maggiormente spostata a sinistra, dovremo indicare la costate di equilibrio di valore più basso, cioè la B.

---

9 Per rispondere al quesito è necessario individuare, fra quelle proposte, l'affermazione falsa, relativamente alla costante di equilibrio. Questa grandezza è indipendente dalla concentrazione iniziale dei reagenti e un suo valore elevato indica che la reazione è spostata verso destra: le affermazioni A e B sono corrette quindi non rappresentano risposte al quesito. Il valore della costante di equilibrio varia al variare della temperatura, mentre non è modificato dall'aggiunta di catalizzatori; anche la C e la E sono quindi da scartare. La risposta corretta è la D: infatti, la costante di equilibrio può avere o meno un'unità di misura, a seconda della sua formulazione, la quale a sua volta dipende dalle caratteristiche della reazione come è descritta dall'equazione chimica.

10 Il valore della costante di equilibrio indica la tendenza di una reazione a procedere verso la formazione dei prodotti. Questa grandezza è costante a temperatura costante e varia al variare della temperatura, a seconda delle caratteristiche termodinamiche della reazione. Se per esempio si somministra calore a un sistema in cui si svolge una reazione esotermica (che produce calore) l'equilibrio si sposta a sinistra, verso i reagenti, e il valore di K_{eq} diminuisce; viceversa accade considerando una reazione endotermica. La risposta corretta è quindi la **E**.

11 Quando una reazione chimica ha raggiunto l'equilibrio, le concentrazioni dei reagenti e dei prodotti non cambiano. Questo accade non perché la reazione sia "ferma" ma perché la le velocità della reazione diretta e di quella inversa si equivalgono. La risposta corretta è la **A**.

12 Gli enzimi, come tutti i catalizzatori, non forniscono né sottraggono energia al sistema, e neppure ne modificano la temperatura (le risposte **B**, **C** ed **E** sono quindi errate). A parità di temperatura, l'effetto di un enzima è invece quello di modificare il meccanismo di reazione in modo da aumentare la probabilità di collisione fra le particelle di reagenti, aumentando la velocità della reazione; risposta **A**.

13 Per rispondere al quesito è necessario ricordare che la spontaneità di una reazione chimica dipende dalla variazione di energia libera (una reazione è spontanea quando $\Delta G > 0$), mentre la velocità dipende dal meccanismo della reazione e quindi dal valore dell'energia di attivazione. Quando l'energia di attivazione è elevata, anche una reazione spontanea può procedere molto lentamente. Un catalizzatore non modifica l'entità della variazione di energia libera, né della variazione di entalpia, né modifica il valore della costante di equilibrio; le risposte **A**, **B**, **C** ed **E** possono quindi essere escluse. La risposta corretta è la **D**, infatti un catalizzatore fa aumentare la velocità di reazione perché abbassa l'energia di attivazione.

14 Per il principio di Le Chatelier, se vengono modificate le condizioni di un sistema chimico all'equilibrio, la reazione si sposta verso i reagenti o verso i prodotti per ripristinare le condizioni previste dalla costante di equilibrio. Se consideriamo un equilibrio omogeneo in fase gassosa, la posizione dell'equilibrio può essere influenzata da una variazione della pressione quando, nell'equazione bilanciata, il numero di molecole di reagenti è diverso dal numero di molecole di prodotti. Nel caso proposto sono presenti 2 molecole nei reagenti e 3 nei prodotti, quindi un aumento di pressione verrà contrastato da uno spostamento della reazione nella direzione in cui la pressione diminuisce, perché diminuisce il numero di molecole, cioè verso sinistra; risposta **B**.

15 Il cloruro di argento (AgCl) è un sale poco solubile, e dà luogo all'equilibrio:

$$AgCl_{(s)} \rightleftarrows Ag^{+}{}_{(aq)} + Cl^{-}{}_{(aq)}$$

descritto dal prodotto di solubilità: $K_{ps} = [Ag^{+}] \cdot [Cl^{-}]$

il cloruro di sodio (NaCl) invece è un sale solubile. Se si aggiunge NaCl a una soluzione satura di AgCl aumenta la concentrazione di ioni Cl^{-} in soluzione e questo, per il principio di Le Chatelier, fa spostare verso sinistra l'equilibrio di solubilità di AgCl, quindi si forma un precipitato di questo sale. La **B** è la risposta corretta.

Test di approfondimento

1 L'unità di misura della costante di equilibrio di una reazione:

A dipende dalla temperatura

B è sempre moli/litro

C dipende dai valori dei coefficienti di reazione

D è sempre un numero puro, cioè la costante è sempre adimensionale

E è sempre litri/moli

2 L'unità di misura della costante di equilibrio della reazione: $N_2 + O_2 \rightarrow 2\ NO$:

A è $(\text{litri})^2/(\text{moli})^2$

B è un numero puro, cioè adimensionale

C è moli/litri

D è litri/moli

E dipende dalla temperatura

3 Data la seguente reazione chimica all'equilibrio: $C_{(s)} + 2\ H_{2(g)} \rightarrow CH_{4(g)}$
Qual è l'equazione che ne descrive l'equilibrio, secondo la legge dell'azione di massa?

A $K_c = [CH_4] / [H_2]^2$

B $K_c = [CH_4]\ [H_2]\ [C]$

C $K_p = [CH_4]\ [H_2]^2\ [C]$

D $K_p = [CH_4] / [H_2]\ [C]$

E $K_c = [H_2] / 2$

4 "Quando si aggiunge NaF a una soluzione acquosa di CaF_2 (sale poco solubile), si ha un notevole aumento della concentrazione di ioni fluoruro; in tal modo il prodotto della concentrazione degli ioni calcio per il quadrato della concentrazione degli ioni fluoruro cresce, fino a superare il valore del prodotto di solubilità di CaF_2. Per ristabilire l'equilibrio, alcuni degli ioni calcio si uniscono a una quantità stechiometricamente equivalente di ioni fluoruro, per formare fluoruro di calcio solido, che precipita".
Quale delle seguenti affermazioni PUÒ essere dedotta dalla lettura del brano precedente?

A Il fluoruro di sodio è assai poco solubile in acqua

B Se il prodotto di solubilità di CaF_2 viene superato, l'equilibrio si ristabilisce mediante la combinazione di ioni calcio e fluoruro nel rapporto stechiometrico 2:1

C Se il prodotto di solubilità di CaF_2 viene superato, l'equilibrio si ristabilisce mediante la combinazione di ioni calcio e fluoruro nel rapporto stechiometrico 1:2

D L'aggiunta di NaF fa aumentare il valore del prodotto di solubilità di CaF_2

E L'aggiunta di NaF fa diminuire il valore del prodotto di solubilità di CaF_2

5 **La seguente reazione è esotermica:**

$$2\,T(g) + 3\,X(g) \rightarrow 5\,Z(g)$$

Quale delle seguenti affermazioni è corretta?

A All'equilibrio, T e X producono Z alla stessa velocità con cui Z produce T e X
B Un catalizzatore aumenta la quantità di prodotto Z
C Un aumento di pressione causa un aumento della quantità di prodotto Z
D Un aumento di temperatura causa un aumento della quantità di prodotto Z
E L'aggiunta di Z sposta la posizione dell'equilibrio verso destra

6 **Quando un catalizzatore è aggiunto ad una reazione chimica, quale/i dei seguenti eventi accade/ono?**

1. **L'energia di attivazione viene abbassata**
2. **La quantità finale di prodotto aumenta**
3. **Aumenta la velocità di formazione dei prodotti**

A Solo 1
B Solo 2
C Solo 3
D Solo 1 e 2
E Solo 1 e 3

7 **Considerando le reazioni all'equilibrio sottostanti, in quale delle reazioni verrà prodotta una quantità maggiore di X in entrambi i casi in cui si abbia o un aumento della temperatura o un aumento della pressione?**
[Si assuma che non avvenga un cambiamento di stato quando temperatura o pressione vengono cambiate]

A $Q(g) + R(g) \rightleftharpoons 3\,X(g) + T(g)$la reazione diretta è esotermica
B $Q(g) + R(g) \rightleftharpoons 2\,X(g)$la reazione diretta è esotermica
C $Q(g) + R(g) \rightleftharpoons 2\,X(g) + T(g)$la reazione diretta è endotermica
D $Q(g) + R(g) \rightleftharpoons X(g)$la reazione diretta è esotermica
E $2\,Q(g) \rightleftharpoons X(g)$la reazione diretta è endotermica

Soluzioni e commenti

1 K_{eq}, costante di equilibrio di una reazione generica $\alpha\,A + \beta\,B \rightleftarrows \gamma\,C + \delta\,D$, esprime il rapporto fra le concentrazione dei reagenti e dei prodotti presenti all'equilibrio secondo l'espressione:

$$K_{eq} = \frac{[C]^{\gamma} \cdot [D]^{\delta}}{[A]^{\alpha} \cdot [B]^{\beta}}$$

dove le concentrazioni dei reagenti e dei prodotti sono elevate a potenze corrispondenti ai coefficienti stechiometrici della reazione. L'unità misura di K_{eq} può essere un numero puro oppure avere dimensioni diverse a seconda delle unità di misura presenti al numeratore e al denominatore, e quindi dei coefficienti stechiometrici. La risposta esatta è quindi la C. Ricordiamo anche che al variare della temperatura varia il valore di K_{eq}, ma non la sua unità di misura.

2 L' unità di misura della costante di equilibrio di una reazione dipende dalla stechiometria della reazione considerata. L'espressione della costante di equilibrio per la reazione proposta è:

$$K_{eq} = \frac{[NO]^2}{[N_2] \cdot [O_2]}$$

Poiché le concentrazioni sono espresse in moli/litro, l'unità di misura della K_{eq} si ricava semplificando le unità presenti a numeratore e a denominatore:

$$K_{eq} = \frac{(\cancel{mol/l})^2}{(\cancel{mol/l}) \cdot (\cancel{mol/l})}$$

Dato che, semplificando le unità di misura, queste sono completamente eliminate, si deduce che l'unità di misura della K_{eq} di questa reazione è un numero puro, privo di dimensioni; risposta **B**.

3 La reazione considerata, $C(s) + 2\ H_2(g) \rightarrow CH_4(g)$, è una reazione eterogenea, in cui il carbonio, solido, reagisce con idrogeno gassoso per produrre metano, gassoso. Dato che si considera che i reagenti in fase solida abbiano attività costante, questi non compaiono nell'equazione dell'equilibrio (perché si possono "inglobare" nel valore della costante), che nel nostro caso sarà quindi:

$$K_{eq} = \frac{[CH_4]}{[H_2]^2}$$

Per gli equilibri in fase gassosa, spesso piuttosto che di concentrazioni si parla di pressioni parziali; per questo motivo, mentre la notazione K_{eq} è quella con il significato più ampio, nello specifico si utilizza la notazione K_c quando si fa riferimento alle concentrazioni dei reagenti e la notazione K_p quando si fa riferimento alle pressioni parziali. La risposta esatta è quindi la **A**.

4 Nel caso descritto dal quesito, a una soluzione di un sale poco solubile (CaF_2), viene aggiunto un sale solubile contenente uno ione in comune con il primo sale. In questo caso, parte degli ioni disciolti del primo sale precipitano in forma solida, perché lo ione in comune va ad alterare l'equilibrio fra il sale disciolto e il sale non disciolto (corpo di fondo).
In una soluzione di un sale poco solubile si instaura un equilibrio fra gli ioni disciolti e il corpo di fondo, descritto da una costante detta *prodotto di solubilità* (K_{ps}), corrispondente al prodotto delle concentrazioni molari degli ioni, ognuna elevata a un esponente pari al coefficiente stechiometrico. Nel caso proposto, CaF_2 si scioglie solo in parte, dando luogo all'equilibrio:

$$CaF_2(s) \rightleftarrows Ca^{2+}(aq) + 2\ F^-(aq)$$

descritto dal prodotto di solubilità:

$$K_{ps} = [Ca^{2+}] \cdot [F^-]^2$$

Aggiungendo NaF, solubile, aumenta la concentrazione di F^-, quindi per ripristinare il valore di K_{ps}, l'equilibrio si sposta a sinistra, fenomeno che si traduce in una diminuzione del sale disciolto e un aumento del corpo di fondo.
Da quanto appena visto si deduce che le affermazioni **D** ed **E** sono errate, infatti il prodotto di solubilità non varia, bensì è costante a una data temperatura; è errata anche la **A** perché NaF è un sale solubile. Il precipitato che si forma è fluoruro di calcio, CaF_2, sale in cui gli ioni Ca^{2+} e F^- si trovano nel rapporto stechiometrico 1:2; la risposta corretta è quindi la **C**.

5 Un catalizzatore non modifica l'equilibrio della reazione chimica, quindi la sua presenza non può aumentare la quantità di prodotto Z; la risposta **B** è errata. Per il principio di Le Chatelier le risposte **C**, **D** ed **E** sono errate. Visto che la reazione è esotermica, un aumento della temperatura favorisce lo spostamento della reazione verso i reagenti T e X. L'aggiunta dell'unico prodotto comporta lo spostamento della reazione chimica verso sinistra e non verso destra. Un aumento

della pressione non influenza la situazione di equilibrio, in quanto il numero di moli di gas a destra è uguale al numero di moli di gas a sinistra. L'equilibrio chimico è un equilibrio dinamico, in cui la velocità della reazione diretta è uguale alla velocità della reazione inversa; la risposta corretta è quindi la A.

---

6 Un catalizzatore è in grado di influenzare solo la cinetica di una reazione chimica, abbassando l'energia di attivazione e aumentando così la velocità della reazione diretta, cioè quella che porta alla formazione dei prodotti, mentre non è in grado assolutamente di influenzare la termodinamica della reazione (cioè non è in grado di variare né l'entalpia, né l'energia libera), né tantomeno di variare il valore della costante di equilibrio per aumentare o diminuire la quantità finale di prodotto. La risposta corretta è quindi la E.

---

7 In una reazione in equilibrio in fase gassosa per il principio mobile di Le Chatellier un aumento di pressione sposta la reazione verso destra, cioè verso la formazione dei prodotti, quando la differenza di moli tra prodotti e reagenti è negativa come nel caso della risposta A ed E nelle quali si passa da 2 moli di reagenti a una mole di prodotti. Nelle risposte B e D invece avviene il contrario e quindi l'aumento di pressione in questo caso favorisce la formazione dei reagenti; si escludono quindi le risposte B e D. Nel caso della risposta C invece una variazione di pressione non produce nessun effetto sulla formazione dei prodotti e quindi può essere esclusa. Le risposte possibili sono quindi A e E.
Dato che un aumento della temperatura influisce positivamente verso la formazione di prodotti, aumentando il valore della costante di equilibrio nelle reazioni endotermiche, si stabilisce che la risposta corretta è la E.

10 | Acidi e basi

10.1 | Definizioni

10.1.1 | Definizione secondo Arrhenius

Acido: specie chimica che in soluzione acquosa si dissocia liberando uno (monoprotico) o più (poliprotico) ioni idrogeno H^+ (che esistono in realtà solo sotto forma di *ione idronio*, H_3O^+).

> L'acido nitrico (HNO_3) è un acido monoprotico che in soluzione acquosa si dissocia liberando uno ione H^+ secondo la reazione: $HNO_3\ (aq) \rightarrow NO_3^-\ (aq) + H^+\ (aq)$

Base: specie chimica che in soluzione acquosa libera uno o più ioni idrossido OH^-.

> L'idrossido di sodio (NaOH) è una base che in soluzione acquosa si dissocia liberando uno ione OH^- secondo la reazione: $NaOH\ (aq) \rightarrow Na^+\ (aq) + OH^-\ (aq)$

Acido e base reagendo fra loro formano sale e acqua.

> $HNO_3 + NaOH \rightarrow NaNO_3 + H_2O$
> acido base sale acqua

Questa reazione si chiama *reazione di neutralizzazione* e l'energia liberata dalla reazione è detta *calore di neutralizzazione*.

La definizione di Arrhenius presenta alcuni limiti:

- è applicabile solo alle soluzioni acquose;
- restringe il campo delle sostanze acide e basiche a quelle contenenti rispettivamente atomi di idrogeno e gruppi OH dissociabili.

10.1.2 | Definizione secondo Brønsted-Lowry

Il modello di Brønsted-Lowry permette di superare i limiti delle definizioni di Arrhenius, spiegando anche il comportamento acido o basico di sostanze che non contengono ioni H^+ o ioni OH^-.

Acido: specie chimica in grado di trasferire uno o più ioni H^+ accettati da una base.

Base: specie chimica in grado di accettare uno o più ioni H^+ ceduti da un acido.

- Quando un acido cede uno ione H^+ si trasforma nella sua base coniugata.
- Quando una base acquista uno ione H^+ si trasforma nel suo acido coniugato.

Secondo questa teoria non esistono acidi e basi a sé stanti, ma solo **coppie acido/base coniugata**.

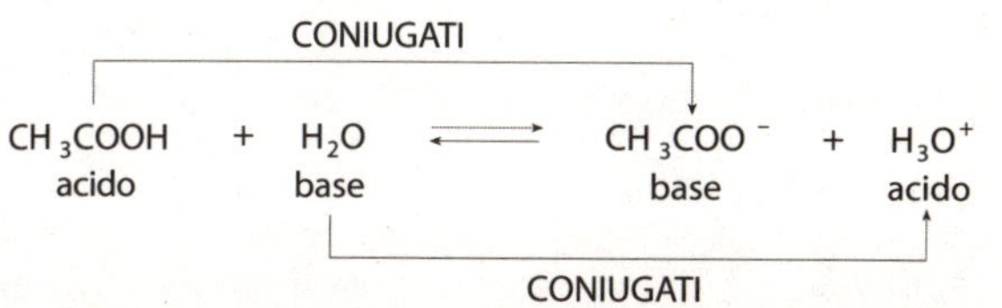

Una coppia acido/base coniugata è una coppia di specie chimiche che differiscono soltanto per uno ione H^+. Qualunque reazione che comporta il trasferimento di uno ione H^+ da un acido a una base è una reazione acido-base secondo Brønsted-Lowry e può essere così schematizzata:

$$\text{acido} + \text{base} \rightleftarrows \text{base coniugata} + \text{acido coniugato}$$

Secondo **Arrhenius** l'acido cloridrico, HCl, in soluzione acquosa, si dissocia liberando uno ione H^+, come indicato dall'equazione:

$$HCl \rightarrow H^+ + Cl^-$$

Secondo **Brønsted-Lowry**, HCl reagisce con l'acqua cedendole uno ione H^+ e trasformandosi nella base coniugata Cl^-, come indicato dall'equazione:

$$HCl + H_2O \rightarrow H_3O^+ + Cl^-$$

HCl si comporta da acido mentre l'acqua si comporta da base e si trasforma nell'acido coniugato, H_3O^+.

Data la reazione $HBr + H_2O \rightarrow H_3O^+ + Br^-$, qual è la base coniugata di HBr?

Nella reazione proposta, l'acido bromidrico (HBr) si ionizza e cede ioni H^+ ad H_2O trasformandosi nella base coniugata (Br^-), come indicato dall'equazione:

$$HBr + H_2O \rightarrow H_3O^+ + Br^-$$

Possiamo quindi dire che lo ione bromuro, Br^-, è la base coniugata di HBr.

Una sostanza può comportarsi da acido oppure da base a seconda delle caratteristiche delle sostanze con cui è posta a reagire (si veda § 10.1.3).

L'acido acetico (CH_3COOH) può anche comportarsi da base in presenza di un acido più forte di lui, come per esempio l'acido perclorico ($HClO_4$). Si ha infatti:

CH_3COOH	+	$HClO_4$	$\rightleftarrows$	$CH_3COOH_2^+$	+	ClO_4^-
base		acido		acido coniugato		base coniugata

In generale, si dice che una sostanza è un acido oppure è una base quando reagisce con l'acqua comportandosi rispettivamente da acido oppure da base.

Gli ioni H^+ non esistono come tali bensì come ioni H_3O^+ (ioni idronio), una volta chiarito questo concetto, possiamo comunque utilizzare per semplicità la notazione H^+ anziché H_3O^+. Analogamente, semplificando, possiamo dire che un acido generico (HA) si *dissocia* in ioni, come indicato da Arrhenius.

10.1.3 | Sostanze anfotere

Una *sostanza anfotera* (o *anfolita*) è una specie chimica che può comportarsi sia da acido che da base, a seconda delle sostanze con cui reagisce.

L'H_2O è un anfotero
- con HNO_3 si comporta da base
- con NH_3 si comporta da acido

Si ha infatti:

HNO_3	+	H_2O	$\rightleftarrows$	NO_3^-	+	H_3O^+
acido		base		base coniugata		acido coniugato

NH_3	+	H_2O	$\rightleftarrows$	NH_4^+	+	OH^-
base		acido		acido coniugato		base coniugata

10.1.4 | Definizione secondo Lewis

La definizione di Lewis rappresenta una generalizzazione dei concetti di acido e di base, fondata sulla capacità di una sostanza di cedere oppure di acquistare doppietti elettronici.

Acido: specie chimica che può accettare un doppietto di elettroni non condivisi.

Base: specie chimica che può fornire un doppietto di elettroni non condivisi.

Sono acidi di Lewis:

- lo ione H^+;
- alcuni cationi metallici;
- le molecole che presentano una lacuna elettronica.

Il trifluoruro di boro (BF_3) è un acido di Lewis perché presenta una lacuna elettronica sul boro che in questo composto è circondato solo da sei elettroni.

Una reazione acido-base secondo Lewis comporta la formazione di un legame dativo tra una base di Lewis (donatore) e un acido di Lewis (accettore).

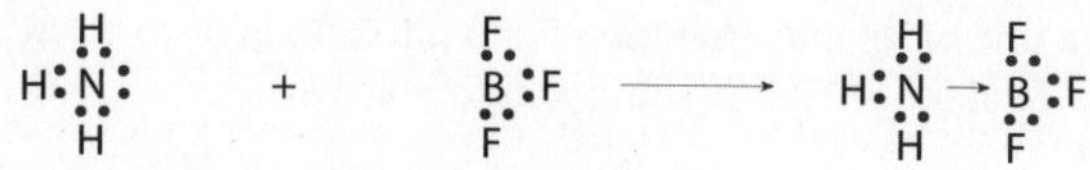

NH_3 (ammoniaca) base di Lewis

BF_3 (trifluoruro di boro) acido di Lewis

Come si spiega la basicità dell'ammoniaca?

La basicità di NH_3 non si spiega con il semplice modello della dissociazione ionica di Arrhenius, infatti non contiene ioni OH^- da liberare in acqua. Si può spiegare invece con il modello di Brønsted. L'ammoniaca è una base più forte di quanto lo sia l'acqua, quindi nella reazione fra queste due sostanze, NH_3 si comporta da base e accetta uno ione H^+ ceduto da H_2O che si comporta da acido e si trasforma in OH^-:

$$NH_3 + H_2O \rightleftarrows NH_4^+ + OH^-$$

Sciogliendo NH_3 in acqua quindi aumenta la concentrazione degli ioni OH^-.

Lo ione ammonio (NH_4^+) è l'acido coniugato della base NH_3; lo ione ossidrile (OH^-) è la base coniugata di H_2O.

10.2 | Forza degli acidi e delle basi

Si consideri il generico composto XOH.

In H_2O tale composto si può dissociare in due modi: $\begin{cases} XOH \rightarrow X^+ + OH^- \\ XOH \rightarrow XO^- + H^+ \end{cases}$

Il fattore determinante per la dissociazione è l'elettronegatività di X. Si vedano, per esempio, i seguenti casi:

1. X ha bassa elettronegatività

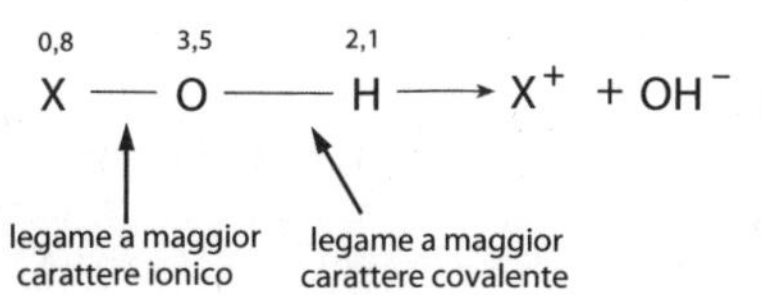

; XOH in questo caso si comporta da base.

Per esempio: $NaOH \rightarrow Na^+ + OH^-$

2. X ha elevata elettronegatività

$$\overset{3}{X} - \underset{\delta^-}{\overset{3,5}{O}} - \underset{\delta^+}{\overset{2,1}{H}} \longrightarrow XO^- + H^+$$; XOH in questo caso si comporta da acido.

legame a maggior carattere covalente — legame a maggior carattere ionico

Per esempio: $Cl-O-H \rightarrow ClO^- + H^+$

3. X ha elettronegatività simile a quella dell'idrogeno

$$\overset{2,1}{X} - \overset{3,5}{O} - \overset{2,1}{H}$$

In questo caso si è in presenza di un anfotero (è anche il caso dell'acqua, con X = H).

Un acido (o una base) di Arrhenius è tanto più forte quanto più si dissocia in H_2O.
Acidi e basi forti sono sostanze che in soluzione acquosa sono totalmente dissociate nei loro ioni costituenti.
Acidi e basi deboli sono sostanze che in soluzione acquosa sono dissociate solo parzialmente.

HCl, HNO_3 e H_2SO_4 sono acidi forti; CH_3COOH e H_2CO_3 sono acidi deboli.
NaOH e KOH sono basi forti; NH_3 è una base debole.

Gli acidi e le basi sono quindi elettroliti caratterizzati da un grado di dissociazione (α, si veda § 8.5) compreso tra 0 e 1.

Tra gli ioni e le molecole non dissociate in soluzione si stabilisce un equilibrio chimico.

Un generico acido HA in soluzione acquosa è soggetto all'equilibrio di dissociazione:

$$HA \rightleftarrows H^+ + A^-$$

a cui corrisponde una costante detta *costante di dissociazione dell'acido* e indicata con simbolo K_a:

$$K_a = \frac{[H^+] \cdot [A^-]}{[HA]}$$

K_a è correlata al grado di dissociazione α ed è una misura della forza di un acido: **maggiore è il valore di K_a, maggiore è la forza dell'acido.**

$K_a < 10^{-4}$ $\Rightarrow$ acido debole

$10^{-4} < K_a < 10^{-1}$ $\Rightarrow$ acido medio

$K_a > 10^{-1}$ $\Rightarrow$ acido forte

Gli acidi deboli in soluzione acquosa sono elettroliti deboli e sono dissociati solo parzialmente. Il pH di una loro soluzione dipende dalla concentrazione dell'acido e dal valore della K_a.

Gli acidi forti in soluzione acquosa sono elettroliti forti ($\alpha = 1$) e sono completamente dissociati. Il pH della soluzione dipende solo dalla concentrazione dell'acido (§ 10.4).

Quando si considera la concentrazione degli ioni H^+ prodotti da un acido bisogna ricordare che un acido **monoprotico** (per esempio HCl) libera una mole di ioni H^+ per ogni mole di acido (la Normalità è uguale alla Molarità, N = M) , mentre un acido **diprotico** (come H_2SO_4) ne libera 2 moli per ogni mole di acido (in questo caso la Normalità è il doppio della Molarità, N = 2M) e un acido **triprotico** (come H_3PO_4) 3 moli ogni mole di acido (N = 3M).

Analogamente, per la generica base XOH in soluzione acquosa vale il seguente equilibrio:

$$XOH(aq) \rightleftarrows X^+(aq) + OH^-(aq)$$

a cui corrisponde una costante detta *costante di dissociazione della base, K_b:*

$$K_b = \frac{[X^+] \cdot [OH^-]}{[XOH]}$$

Maggiore è il valore di K_b, maggiore è la forza della base.

Esiste una importante correlazione fra la forza di un acido (o di una base) e quella della base coniugata (o dell'acido coniugato):

- **un acido forte è sempre coniugato con una base debole (e viceversa);**
- **una base forte è sempre coniugata con un acido debole (e viceversa).**

La tabella sottostante riporta le costanti di dissociazione di alcuni acidi.

	Nome	Modo di dissociazione		K_a
1	Acido perclorico	$HClO_4$	ClO_4^-	$\approx 10^9$
2	Acido cloridrico	HCl	Cl^-	$\approx 10^3$
3	Acido solforico	H_2SO_4	HSO_4^-	$\approx 10^3$
4	Ione ossonio	$[H_3O]^+$	H_2O	≈ 55
5	Acido nitrico	HNO_3	NO_3^-	≈ 20
6	Ione idrogenosolfato	$[HSO_4]^-$	SO_4^{2-}	$\approx 2 \times 10^{-2}$
7	Acido solforoso	H_2SO_3	HSO_3^-	$\approx 1{,}7 \times 10^{-2}$
8	Acido fosforico	H_3PO_4	$H_2PO_4^-$	$\approx 7 \times 10^{-3}$
9	Acido acetico	CH_3COOH	CH_3COO^-	$\approx 1{,}8 \times 10^{-5}$
10	Ione esaaquoalluminio	$[Al(H_2O)_6]^{3+}$	$[Al(OH)(H_2O)_5]^{2+}$	$\approx 1{,}3 \times 10^{-5}$
11	Acido carbonico	H_2CO_3	HCO_3^-	$\approx 3{,}1 \times 10^{-7}$
12	Ione idrogenosolfito	$[HSO_3]^-$	SO_3^{2-}	$\approx 6 \times 10^{-8}$
13	Ione diidrogenofosfato	$[H_2PO_4]^-$	$(HPO_4)^{2-}$	$\approx 6 \times 10^{-8}$
14	Acido ipocloroso	$HClO$	ClO^-	$\approx 10^{-8}$
15	Acido cianidrico	HCN	CN^-	$\approx 7 \times 10^{-10}$
16	Acido borico	H_3BO_3	$H_2BO_3^-$	$\approx 6 \times 10^{-10}$
17	Ione ammonio	$[NH_4]^+$	NH_3	$\approx 5 \times 10^{-10}$
18	Ione idrogenocarbonato	$[HCO_3]^-$	CO_3^{2-}	$\approx 4{,}6 \times 10^{-11}$
19	Perossido di idrogeno	H_2O_2	HO_2^-	$\approx 2 \times 10^{-12}$
20	Ione monoidrogenofosfato	$[HPO_4]^{2-}$	PO_4^{3-}	$\approx 3{,}5 \times 10^{-15}$
21	Acqua	H_2O	OH^-	$\approx 1{,}8 \times 10^{-16}$
22	Ione idrossido	OH^-	O^{2-}	$\approx 10^{-24}$

Si considerino l'acido solforoso (H_2SO_3), con $K_a = 1{,}2 \cdot 10^{-2}$, e l'acido acetico ($CH_3COOH$), con $K_a = 1{,}8 \cdot 10^{-5}$; quale dei due è l'acido più forte?

Dato che il valore di K_a rappresenta la forza di un acido, l'acido solforoso, con $K_a = 1{,}2 \cdot 10^{-2}$ è più forte dell'acido acetico, per il quale $K_a = 1{,}8 \cdot 10^{-5}$.

10.3 | Prodotto ionico dell'acqua: K_w

Utilizzando strumenti ad altissima sensibilità, si può rilevare anche per l'acqua pura una conducibilità elettrica, seppure molto bassa, che dimostra la presenza di ioni in soluzione. La presenza di tali ioni dipende dal fatto che l'acqua si dissocia, anche se in modo estremamente limitato, secondo la seguente *reazione di autoprotolisi* (o *autoionizzazione*):

$$H_2O + H_2O \rightleftarrows H_3O^+ + OH^-$$

per la quale:

$$K_c = \frac{[H_3O^+] \cdot [OH^-]}{[H_2O]^2} = 3,25 \cdot 10^{-18}$$

Dato che la concentrazione dell'acqua indissociata può essere considerata praticamente costante e pari alla concentrazione molare dell'acqua (55,5 mol/l) si può scrivere:

$$K_c \cdot [H_2O]^2 = K_w = [H_3O^+] \cdot [OH^-] = 10^{-14} \qquad \text{(a 25 °C)}$$

dove K_w è una nuova costante chiamata **prodotto ionico dell'acqua**.

È importante notare che l'espressione $[H^+] \cdot [OH^-] = 10^{-14}$ è del tutto equivalente.

A una certa temperatura, in qualsiasi soluzione acquosa, il prodotto della concentrazione degli ioni H^+ per la concentrazione degli ioni OH^- è costante; a 25 °C, $K_w = 1{,}0 \cdot 10^{-14}$.
Il valore di K_w aumenta all'aumentare della temperatura (la reazione di autoprotolisi è endotermica).

La relazione $K_w = 10^{-14}$ (a 25 °C) vale sia per l'acqua pura che per le soluzioni acquose diluite di diversa natura.

La relazione $[H_3O^+] = [OH^-] = \sqrt{K_w} = 10^{-7}$ mol/l vale invece solo in acqua pura o in soluzioni neutre.

In base alle quantità relative di ioni H_3O^+ e OH^- le soluzioni si dividono in tre gruppi:

- soluzioni *acide* ↔ $[H_3O^+] > [OH^-]$
- soluzioni *basiche* ↔ $[H_3O^+] < [OH^-]$
- soluzioni *neutre* ↔ $[H_3O^+] = [OH^-]$

Relazione tra K_a e K_b

Il prodotto della costante di dissociazione di un acido (K_a) per la costante di dissociazione della sua base coniugata (K_b) è uguale al prodotto ionico dell'acqua:

$$K_a \cdot K_b = \frac{[H^+] \cdot [A^-]}{[HA]} \cdot \frac{[HA] \cdot [OH^-]}{[A^-]} = [H^+] \cdot [OH^-] = K_w = 10^{-14}$$

K_a e K_b sono quindi *inversamente proporzionali:* se il valore di K_a è alto (e l'acido è quindi forte) il valore di K_b sarà di conseguenza basso (e la sua base coniugata sarà debole).

Un acido forte (per esempio con $K_a = 10^{-1}$) è sempre coniugato con una base debolissima ($K_b = 10^{-13}$).
Una base forte (per esempio con $K_b = 10^{-2}$) è sempre coniugata con un acido debolissimo ($K_a = 10^{-12}$).
Un acido debole (per esempio con $K_a = 10^{-6}$) è sempre coniugato con una base debole, ma di forza comparabile ($K_b = 10^{-8}$), e viceversa.

Per l'acido ipocloroso, HClO, $K_a \approx 3{,}0 \cdot 10^{-8}$. Indica qual è la base coniugata e quale la K_b di tale base.

La base coniugata dell'acido ipocloroso è lo ione ipoclorito, $HClO^-$, che con l'acqua dà la reazione:

$$HClO^- + H_2O \rightarrow HClO + OH^-$$

Poiché:

$$K_a \cdot K_b = K_w,$$

avremo:

$$K_b = \frac{K_w}{K_a} = \frac{10^{-14}}{3 \cdot 10^{-8}} = 3,3 \cdot 10^{-7}$$

Lo ione ipoclorito, base coniugata dell'acido ipocloroso, ha $K_b \approx 3{,}3 \cdot 10^{-7}$.

10.4 | pH di una soluzione acquosa

La concentrazione degli ioni H^+ (ovvero H_3O^+) viene spesso espressa come pH, dove:

$$pH = coLog\,[H_3O^+] = -Log\,[H_3O^+] = Log\,\frac{1}{[H_3O^+]}$$

In acqua pura:

$$[H_3O^+] = [H^+] = 10^{-7}\,M \rightarrow pH = 7.$$

In base al valore del pH le soluzioni vengono divise in tre gruppi:

soluzioni acide $\rightarrow$ $[H_3O^+] > 10^{-7}\,M$ $\rightarrow$ $pH < 7$
soluzioni neutre $\rightarrow$ $[H_3O^+] = [OH^-] = 10^{-7}\,M$ $\rightarrow$ $pH = 7$
soluzioni basiche $\rightarrow$ $[H_3O^+] < 10^{-7}\,M$ $\rightarrow$ $pH > 7$

Analogamente, la concentrazione degli ioni OH^- si può esprimere come pOH:

$$pOH = coLog\,[OH^-] = -Log\,[OH^-] = Log\,\frac{1}{[OH^-]}$$

Dalla relazione:

$$[H_3O^+] \cdot [OH^-] = 10^{-14}$$

segue che:

$$\mathbf{pH + pOH = 14}$$

Quali sono i valori di pH e pOH in una soluzione acquosa in cui $[OH^-] = 1 \cdot 10^{-4}$?

Per rispondere al quesito è opportuno calcolare innanzitutto il valore di pOH e ricavare da questo il pH della soluzione.

Dato che:

$$[OH^-] = 1 \cdot 10^{-4}$$

e ricordando che $pOH = -Log[OH^-]$ avremo:

$$pOH = -Log\,(1 \cdot 10^{-4}) = 4$$

e:

$$pH = 14 - pOH = 14 - 4 = 10$$

Una soluzione acquosa in cui $[OH^-] = 1 \cdot 10^{-4}$ mol/l ha pH = 10 e pOH = 4.

10.4.1 | Calcolo del pH delle soluzioni acquose

Acidi e basi forti

Un generico **acido forte** (HA) in soluzione acquosa si reagisce completamente nel modo seguente:

$$HA + H_2O \rightarrow H_3O^+ + A^-$$

quindi, considerando un acido monoprotico (si veda § 10.2), la concentrazione degli ioni H^+ in soluzione è uguale alla concentrazione iniziale dell'acido (C_A); si potrà dire allora che:

$$pH = -\text{Log}\,[H_3O^+] = -\text{Log}\,C_A$$

Il pH di una soluzione 0,01 M di HCl è pari a: $pH = -\text{Log}\,0{,}01 = -\text{Log}\,10^{-2} = 2$

Qual è il pH di una soluzione di acido perclorico ($HClO_4$, acido forte) $1 \cdot 10^{-3}$ M?

Per calcolare il pH di una soluzione di $HClO_4$, acido forte, è sufficiente ricordare che la concentrazione di ioni H^+ nella soluzione è pari alla concentrazione iniziale dell'acido (C_A), questo infatti si dissocia completamente secondo la reazione:

$$HClO_4 \rightarrow H^+ + ClO_4^-$$

Poiché $C_A = 1 \cdot 10^{-3}$ mol/l

avremo: $pH = -\text{Log}[H^+] = -\text{Log}\,C_A = -\text{Log}\,(1 \cdot 10^{-3}) = 3$

Una soluzione di $HClO_4$ $1 \cdot 10^{-3}$ M ha pH = 3.

Analogamente una generica **base forte** (BOH) in soluzione acquosa si dissocia completamente secondo la reazione:

$$BOH \rightarrow B^+ + OH^-$$

e la concentrazione degli ioni OH^- in soluzione è pari alla concentrazione della base (C_B); si potrà dire allora che:

$$pOH = -\text{Log}\,C_B$$

e quindi:

$$pH = 14 - pOH \Rightarrow pH = 14 + \text{Log}\,C_B$$

Possiamo dire quindi che per una acido forte (monoprotico), una soluzione $1 \cdot 10^{-3}$ M ha pH = 3, una soluzione $1 \cdot 10^{-4}$ M ha pH = 4 e così via.

Analogamente, per una base forte, una soluzione $1 \cdot 10^{-3}$ M ha pOH = 3 (quindi pH = 11), una soluzione $1 \cdot 10^{-4}$ M ha pOH = 4 (pH = 10) e così via.

Calcolare il pH e il pOH di una soluzione di $Ba(OH)_2$ 0,001 M.

L'idrossido di bario in soluzione acquosa si dissocia secondo la reazione

$$Ba(OH)_2 \rightarrow Ba^{2+} + 2\,OH^-$$

1 mole di $Ba(OH)_2$ produce 1 mole di ioni Ba^{2+} e 2 moli di ioni OH^-; supponendo che questo idrossido si dissoci completamente, la concentrazione degli ioni OH^- sarà pari a 2 volte la concentrazione iniziale di $Ba(OH)_2$.

Data una soluzione 0,001 M di $Ba(OH)_2$, quindi, avremo:

$$[OH^-] = 2 \cdot 0{,}001 \text{ mol/l} = 0{,}002 \text{ mol/l}$$

A questo punto è possibile calcolare il pOH utilizzando l'espressione $pOH = -\text{Log}[OH^-]$

da cui si ricava: $pOH = -\text{Log}\,(0{,}002) = 2{,}7$

La soluzione ha pOH = 2,7; ora è possibile calcolare il pH nel modo seguente:

$$pH = 14 - pOH = 14 - 2{,}7 = 11{,}3$$

Una soluzione di $Ba(OH)_2$ 0,001 M è basica, con pOH = 2,7 e pH = 11,3.

La Coca-Cola ha pH = 2,8. Calcola la concentrazione di ioni H^+ in questa bevanda. È acida o basica?

Un pH = 2,8 indica che questa bevanda è acida. Per ricavare, dal valore del pH, la concentrazione di ioni H^+ si utilizza la relazione $[H^+] = 10^{-pH}$ mol/l. Nel nostro caso:

$$[H^+] = 10^{-2,8} = 1,6 \cdot 10^{-3} \text{ mol/l.}$$

Acidi e basi deboli

Un **acido debole** in soluzione acquosa si dissocia solo parzialmente, quindi la concentrazione degli ioni H_3O^+ all'equilibrio è inferiore alla concentrazione iniziale dell'acido e dipende dalla forza dell'acido, cioè dal valore di K_a. Si ha:

$$HA + H_2O \rightleftarrows H_3O^+ + A^- \qquad \text{e} \qquad [H_3O^+] < C_A$$

Analogamente una **base debole** in soluzione acquosa si dissocia solo parzialmente, quindi la concentrazione degli ioni OH^- all'equilibrio è inferiore alla concentrazione iniziale della base e dipende dal valore di K_b. Si ha:

$$BOH \rightleftarrows B^+ + OH^- \qquad \text{e} \qquad [OH^-] < C_B$$

Per calcolare la $[H_3O^+]$ e la $[OH^-]$, da cui si possono poi ricavare il pH e il pOH, si utilizzano le seguenti relazioni:

$$[H_3O^+] = \sqrt{K_a \cdot C_A} \qquad \text{e} \qquad [OH^-] = \sqrt{K_b \cdot C_B}$$

dove: K_a = costante di dissociazione dell'acido e C_A = concentrazione dell'acido
K_b = costante di dissociazione della base e C_B = concentrazione della base

Calcolare il pH di una soluzione 0,5 M di un acido debole HA sapendo che K_b della sua base coniugata è pari a $2,22 \cdot 10^{-11}$.

Si calcola, innanzitutto, la K_a dell'acido:

$$K_a = \frac{K_w}{K_b} = \frac{10^{-14}}{2,22 \cdot 10^{-11}} = 4,5 \cdot 10^{-4}$$

si ricava quindi $[H_3O^+]$:

$$[H_3O^+] = \sqrt{K_a \cdot C_a} = \sqrt{4,5 \cdot 10^{-4} \cdot 0,5} = 0,015$$

da cui:

$$pH = -\text{Log } 0,015 = 1,8.$$

Si noti che per calcolare il pH di una soluzione di un acido si calcola il pH a partire dalla concentrazione di ioni H^+. Diversamente, per calcolare il pH di una soluzione di una base, è opportuno determinare prima il pOH (cologaritmo della concentrazione di ioni OH^-) e ricavare da questo il pH.

10.4.2 | Misura del pH

Per misurare il pH di una soluzione acquosa si possono utilizzare:

- il **piaccametro**, uno strumento ad alta sensibilità che permette di eseguire la misura immergendo un elettrodo nella soluzione in esame;
- gli **indicatori**, sostanze che assumono colore diverso a seconda del pH della soluzione. Gli indicatori sono acidi o basi deboli nei quali la forma dissociata ha un colore diverso da quella dissociata. Il pH in corrispondenza del quale l'indicatore cambia colore è detto *pH di viraggio*;
- le **cartine indicatrici**, strisce di carta imbevute di una miscela di indicatori. Il pH si determina confrontando il colore assunto da una striscia bagnata nella soluzione da esaminare con una scala cromatica fornita nella confezione.

Il tornasole è rosso a pH < 6 e blu a pH > 8.
Il metilarancio è rosso a pH < 3 e giallo a pH > 4,5.

La tabella seguente riporta le concentrazioni di ioni H_3O^+ e OH^- e i valori di pH di alcuni sistemi acquosi

	$[H_3O^+]$ (mol/l)	$[OH^-]$ (mol/l)	pH	Sistemi acquosi
Acidità crescente ↑	1×10^{0}	1×10^{-14}	0	HCl 1 M (0,0)
	1×10^{-1}	1×10^{-13}	1	HCl 0,1 M (1,0)
	1×10^{-2}	1×10^{-12}	2	Succo gastrico (1,6–1,8)
	1×10^{-3}	1×10^{-11}	3	Succo di limone (2,3), aceto (2,4–3,4)
	1×10^{-4}	1×10^{-10}	4	Acqua di selz (3,8), succo di pomodoro (4,2)
	1×10^{-5}	1×10^{-9}	5	Caffè espresso (5,0)
	1×10^{-6}	1×10^{-8}	6	Latte (6,3–6,6), urina (5,5–7,0)
Neutralità	1×10^{-7}	1×10^{-7}	7	Acqua pura (7,0), saliva (6,2–7,4)
Basicità crescente ↓	1×10^{-8}	1×10^{-6}	8	Sangue (7,35–7,45), bile (7,8–8,6)
	1×10^{-9}	1×10^{-5}	9	Bicarbonato di sodio (8,4), acqua marina (8,4)
	1×10^{-10}	1×10^{-4}	10	Latte di magnesia (10,5)
	1×10^{-11}	1×10^{-3}	11	Ammoniaca per uso domestico (11,5)
	1×10^{-12}	1×10^{-2}	12	Soda per bucato (12,0)
	1×10^{-13}	1×10^{-1}	13	NaOH 0,1 M (13,0)
	1×10^{-14}	1×10^{-0}	14	NaOH 1 M (14,0)

10.5 | Reazioni di neutralizzazione e idrolisi salina

Un acido e una base reagiscono tra loro formando sale e acqua nella reazione di neutralizzazione.

Mescolando quantità equivalenti di una soluzione di HNO_3 (acido) e di una soluzione di NaOH (base) si ha:

$$\underset{\text{acido}}{HNO_3} + \underset{\text{base}}{NaOH} \rightarrow \underset{\text{sale}}{NaNO_3} + \underset{\text{acqua}}{H_2O}$$

La reazione riportata nell'esempio scritta in forma ionica è:

$$H_3O^+(aq) + NO_3^-(aq) + Na^+(aq) + OH^-(aq) \rightarrow 2\,H_2O(l) + NO_3^-(aq) + Na^+(aq)$$

Dato che gli ioni spettatori non reagiscono con l'acqua, la reazione netta è:

$$H_3O^+(aq) + OH^-(aq) \rightarrow H_2O(l)$$

La reazione è detta **neutralizzazione** perché gli ioni H_3O^+ della soluzione acida si combinano con gli ioni OH^- di quella basica cosicché la soluzione risultante è neutra (pH = 7).

La soluzione risultante è neutra solo quando reagiscono un acido e una base di uguale forza (generalmente un acido e una base forti).
Quando la reazione di neutralizzazione ha luogo tra un acido debole e una base forte, oppure tra un acido forte e una base debole, la soluzione finale non è neutra e ha quindi un pH diverso da 7. Ciò è dovuto al fenomeno dell'idrolisi salina.

L'**idrolisi salina** è il fenomeno in base al quale gli ioni derivanti dalla dissociazione del sale reagiscono con le molecole d'acqua, modificando la concentrazione degli ioni H_3O^+.

Agli effetti dell'idrolisi salina, **i sali vanno distinti in quattro classi**.

- Un sale proveniente dalla reazione di un *acido forte* con una *base forte* in soluzione acquosa non si idrolizza e dà una *soluzione neutra* (a pH = 7).

NaCl (cloruro di sodio) deriva dalla seguente reazione di neutralizzazione:

$$NaOH + HCl \rightarrow NaCl + H_2O$$

Questo sale si dissocia in soluzione acquosa secondo l'equazione:

$$NaCl \rightarrow Na^+ + Cl^-.$$

NaOH (base forte) → acido coniugato (Na^+) debole.

HCl (acido forte) → base coniugata (Cl^-) debole.

NaCl in soluzione → pH neutro. I due ioni (Na^+ e Cl^-) sono debolissimi, non reagiscono con l'acqua (non idrolizzano) e il pH della soluzione è neutro

- Un sale proveniente dalla reazione di una *base debole* con un *acido forte*, in soluzione acquosa si idrolizza e dà una *soluzione acida* (pH < 7); si ha *idrolisi acida*.

NH_4Cl (cloruro di ammonio) è il sale di NH_3 (base debole) e HCl (acido forte). Sciolto in acqua il sale si dissocia secondo l'equazione:

$$NH_4Cl \rightarrow NH_4^+ + Cl^-.$$

- NH_3 (base debole) → acido coniugato (NH_4^+) mediamente forte.
- HCl (acido forte) → base coniugata (Cl^-) debole.
- NH_4Cl in soluzione → pH acido.

Gli ioni Cl^- non idrolizzano, mentre gli ioni NH_4^+ reagiscono con l'acqua secondo la reazione:

$$NH_4{}^+ + H_2O \rightleftarrows NH_3 + H_3O^+$$

Si ha dunque produzione di ioni H_3O^+ che rendono acida la soluzione

- Un sale proveniente dalla reazione di una *base forte* con un *acido debole*, in soluzione acquosa si idrolizza e dà una *soluzione basica* (pH > 7); si ha *idrolisi basica*.

CH_3COONa (acetato di sodio) è il sale di NaOH (base forte) e CH_3COOH (acido debole). In acqua il sale si dissocia in Na^+ e CH_3COO^-.

- NaOH (base forte) → acido coniugato (Na^+) debole.
- CH_3COOH (acido debole) → base coniugata (CH_3COO^-) mediamente forte.
- CH_3COONa in soluzione → pH basico.

Gli ioni Na^+ non idrolizzano, mentre gli ioni CH_3COO^- reagiscono con l'acqua:

$$CH_3COO^- + H_2O \rightleftarrows CH_3COOH + OH^-$$

Si ha dunque produzione di ioni OH^- che rendono basica la soluzione.

- Un sale, proveniente dalla reazione di un *acido debole* con una *base debole*, in soluzione acquosa si idrolizza e dà una *soluzione acida*, *neutra* o *basica* a seconda che l'acido sia più forte ($K_a > K_b$), ugualmente forte ($K_a = K_b$) o più debole ($K_a < K_b$) della base.

CH_3COONH_4 (acetato di ammonio) (acetato di ammonio) è il sale di NH_3 (base debole) e CH_3CO-OH (acido debole). In soluzione acquosa si dissocia secondo l'equazione:

$$CH_3COONH_4 \rightarrow NH_4^+ CH_3COO^-$$

Entrambi gli ioni reagiscono con l'acqua secondo le seguenti reazioni:

$$CH_3COO^- + H_2O \rightleftarrows CH_3COOH + OH^-$$

$$NH_4^+ + H_2O \rightleftarrows NH_3 + H_3O^+$$

Lo ione acetato CH_3COO^- tende a dare idrolisi basica, mentre lo ione ammonio NH_4^+ tende a dare idrolisi acida. In questo caso $K_a = K_b$, e la soluzione risultante è neutra (pH = 7).

Calcolo del pH delle soluzioni dei sali che subiscono idrolisi

Il pH di una soluzione di un sale di un acido debole e di una base forte si calcola attraverso la relazione riportata a lato (dove C_S indica la concentrazione del sale); da questa si ricava il pOH e quindi il pH.

$$[OH^-] = \sqrt{\frac{K_w}{K_a} \cdot C_s}$$

Analogamente, il pH di una soluzione di un sale di un acido forte e di una base debole si calcola ricavando la concentrazione degli ioni H_3O^+ attraverso la relazione riportata a lato.

$$[H_3O^+] = \sqrt{\frac{K_w}{K_b} \cdot C_s}$$

10.6 | Titolazioni acido-base

La titolazione è una tecnica di analisi volumetrica che permette di stabilire la **normalità** (si veda § 8.4.6) di una soluzione acida o basica a concentrazione ignota, sfruttando la sua reazione di **neutralizzazione** con una soluzione a concentrazione nota. Per titolare una base (o un acido) a concentrazione ignota si aggiunge goccia goccia alla soluzione ignota una soluzione contenente un acido (o una base) a concentrazione nota, fino al raggiungimento del **punto di equivalenza**, cioè èil punto in cui la concentrazione molare degli ioni H^+ è uguale a quella degli di ioni OH^-. In queste condizioni il **numero di equivalenti** di base è uguale al numero di equivalenti di acido.

Il raggiungimento del punto di equivalenza può essere evidenziato mediante un piaccametro o aggiungendo alla soluzione di cui si deve ricavare il titolo (la normalità) qualche goccia di un indicatore che abbia pH di viraggio più vicino possibile al punto di equivalenza.

- In una titolazione acido forte/base forte il punto di equivalenza si raggiunge a pH = 7.
- In una titolazione acido debole/base forte il punto di equivalenza si raggiunge a pH > 7.
- In una titolazione acido forte/base debole il punto di equivalenza si raggiunge a pH < 7.

Al punto di equivalenza vale la relazione: *n* equivalenti acido = *n* equivalenti base

ovvero: $$V_A \cdot N_A = V_B \cdot N_B$$

per cui: $$N_A = \frac{V_B \cdot N_B}{V_A} \quad \text{oppure} \quad N_B = \frac{V_A \cdot N_A}{V_B}$$

Qual è il volume di NaOH 0,30 M necessario per titolare 40,0 ml di HNO_3 0,15 M?

Per titolare un acido a concentrazione ignota si aggiunge alla soluzione da titolare una soluzione contenente una base a concentrazione nota, goccia goccia, fino al raggiungimento del punto di equivalenza, cioè il punto in cui la concentrazione molare degli ioni H^+ è uguale a quella degli di ioni OH^-. In queste condizioni il numero di equivalenti di base presenti nella soluzione è uguale al numero di equivalenti di acido.

Dato che il numero di equivalenti è pari al prodotto della normalità per il volume, avremo:

$$N_{NaOH} \cdot V_{NaOH} = N_{HNO_3} \cdot V_{HNO_3}$$

Dato che abbiamo un acido monoprotico e una base monoprotica, normalità e molarità coincidono, quindi:

$$V_{NaOH} = \frac{N_{HNO_3} \cdot V_{HNO_3}}{V_{NaOH}} = \frac{0{,}15 \text{ eq/l} \cdot 0{,}04 \text{ l}}{0{,}30 \text{ eq/l}}$$

Per titolare 40,0 ml di HNO_3 0,15 M sono necessari 20 ml di NaOH 0,30 M.

Calcolare la molarità di una soluzione acquosa di HCl sapendo che per titolare 37,4 ml di questa soluzione sono necessari 24,6 ml di una soluzione 0,104 M di $Ba(OH)_2$.

Si calcola, innanzitutto, la normalità della soluzione di $Ba(OH)_2$:

$$N_{Ba(OH)_2} = 0{,}104 \text{ mol/l} \cdot 2 \text{ eq/mol} = 0{,}208 \text{ eq/l}$$

si applica ora la relazione vista:

$$N_{HCl} = \frac{24{,}6 \text{ ml} \cdot 0{,}208 \text{ eq/l}}{37{,}4 \text{ ml}} = 0{,}137 \text{ eq/l}$$

Dato che HCl è un acido monoprotico, la molarità della soluzione coincide con la normalità ed è pertanto pari a 0,137 mol/l.

10.7 | Soluzioni tampone

Una soluzione tampone è costituita da una soluzione acquosa di un acido debole e di un suo sale con una base forte (o di una base debole e di un suo sale con un acido forte) in concentrazioni opportune (abbastanza elevate e circa uguali).

Una miscela equimolecolare di acido acetico (CH_3COOH, acido debole) e di acetato di sodio (CH_3COONa, sale dell'acido acetico con l'idrossido di sodio, che è una base forte) è una soluzione tampone.

Una miscela equimolecolare di ammoniaca (NH_3, base debole) e di cloruro di ammonio (NH_4Cl, sale dell'ammoniaca con l'acido cloridrico, che è un acido forte) è una soluzione tampone.

Una miscela equimolecolare di due sali di un acido poliprotico, come KH_2PO_4 e K_2HPO_4 è una soluzione tampone. Lo ione diidrogenofosfato $H_2PO_4^-$ è un acido debole, mentre lo ione idrogenofosfato HPO_4^{2-} è la sua base coniugata.

Le soluzioni tampone **hanno la proprietà di mantenere il proprio pH quasi invariato anche dopo l'aggiunta di piccole quantità di acidi o di basi.** Il pH inoltre non varia se alla soluzione viene addizionato solvente puro: diluendo una soluzione tampone il suo pH rimane invariato.

In una miscela equimolare di acido acetico (CH_3COOH) e di acetato di sodio (CH_3COONa), si verificano due equilibri:

- l'acido debole CH_3COOH si dissocia solo parzialmente secondo l'equlibrio

$$CH_3COOH \rightleftarrows H^+ + CH_3COO^-$$

- il sale CH_3COONa si dissocia negli ioni Na^+ e CH_3COO^- che si comporta da base debole secondo la reazione

$$CH_3COO^- + H_2O \rightleftarrows CH_3COOH + OH^-$$

Aggiungendo HCl (in concentrazione bassa rispetto a quella del tampone), il pH varia di poco, perché gli ioni H^+ liberati dall'acido forte vengono quasi completamente "catturati" dalla base CH_3COO^-, proveniente dall'acetato di sodio (base molto più forte di Cl^-), per formare CH_3COOH:

$$CH_3COO^- + H^+ \rightleftarrows CH_3COOH$$

Analogamente, l'aggiunta di una piccola quantità di KOH, base forte, viene "tamponata" da CH_3COOH, secondo la reazione:

$$CH_3COOH + OH^- \rightleftarrows CH_3COO^- + H_2O$$

Il sangue umano mantiene un pH costante (compreso fra 7,35 e 7,45) grazie all'esistenza di parecchi sistemi tamponanti.

Il pH di una soluzione costituita da un acido debole e dal suo sale, si può calcolare ricavando la concentrazione degli ioni H_3O^+ dalla relazione:

$$[H_3O^+] = K_a \cdot \frac{C_A}{C_S}$$

oppure applicando l'***equazione di Henderson-Hasselbach***:

$$pH = pK_a - \text{Log}\frac{C_A}{C_S} \quad \text{ovvero} \quad pH = pK_a + \text{Log}\frac{C_S}{C_A}$$

Analogamente, il pOH di una soluzione costituita da una base debole e dal suo sale si può calcolare ricavando la concentrazione degli ioni OH^- dalla relazione:

$$[OH^-] = K_b \cdot \frac{C_B}{C_S}$$

Test di verifica

1 **Secondo Brønsted e Lowry, l'acido coniugato della base HPO_4^{2-} è:**

A $H_2PO_4^-$ B H_2PO_4 C HPO_4^- D HPO_4^{2+} E H_3PO_4

2 **Individuare, tra le seguenti sostanze, l'acido forte:**

A acido acetico
B acido carbonico
C acido oleico
D idrossido di sodio
E acido nitrico

3 **Indicare una coppia coniugata acido-base nella seguente reazione:**

$$CN^- + H_2O \rightarrow HCN + OH^-.$$

A CN^-, H_2O
B H_2O, OH^-
C HCN, OH^-
D H_2O, HCN
E CN^-, OH^-

4 **Una soluzione acquosa 0,0001 M di un acido debole presenta una concentrazione di ioni H^+:**

A 10^{-3} M
B 10^{-4} M
C minore di 10^{-4} M
D maggiore di 10^{-2} M
E 10^{-2} M

5 **Una soluzione acquosa a 25°C in cui la concentrazione di H^+ è uguale a 10^{-5} M e la concentrazione di OH^-è pari a 10^{-8} M:**

A non esiste
B ha pH 5,0
C ha pH 8,0
D ha pH 0,8
E ha pH 0,5

6 **A quale dei seguenti valori del pH si ha la massima concentrazione di ioni H_3O^+?**

A 6,12 B 8,14 C 6,6 D 3,11 E 3,5

7 **Se una soluzione ha pH = 3 la concentrazione di ioni OH^- è:**

A $1 \cdot 10^{-11}$

B 11

C $1 \cdot 10^{-3}$

D $1 \cdot 10^{-8}$

E non ci sono OH^- perché la soluzione è acida

8 **La relazione pH + pOH = 14 è valida:**

A solo per soluzioni basiche

B per tutte le soluzioni, anche non acquose

C per tutte le soluzioni acquose

D solo per soluzioni acide

E solo per soluzioni acquose neutre

9 **Una soluzione 0,001 M di acido acetico (acido debole) ha pH:**

A maggiore di 3 B 3 C minore di 3 D 10^{-3} E 10^3

10 **Il pH di una soluzione acquosa che contiene 10^{-2} moli di HBr in 100 ml è:**

A 3 B 10 C 2 D 11 E 4

11 **Il pH di una soluzione 0,1 M di NaOH è:**

A 1 B 13 C 7 D 5 E 8

12 **La soluzione acquosa A contiene una mole per litro di H_2CO_3, mentre la soluzione acquosa B contiene una mole per litro di H_2SO_4. Il pH della soluzione A è:**

A uguale a quello della soluzione B perché entrambi gli acidi sono diprotici

B uguale a quello della soluzione B perché i due acidi hanno la stessa forza

C minore di quello della soluzione B

D non si può rispondere senza conoscere le rispettive K_a

E maggiore di quello della soluzione B

13 **La soluzione di un acido forte:**

A ha pH maggiore di pOH

B ha pOH molto minore di 7

C ha pOH poco minore di 7

D ha pOH maggiore di quello di una soluzione di un acido debole a uguale concentrazione

E ha pOH minore di quello di una soluzione di un acido debole a uguale concentrazione

14 **In una soluzione a pH = 7 il rapporto tra la concentrazione di H^+ e quella di OH^- è pari a:**

A 14 B 0 C 1 D 10 E 7

15 **Il pH di una soluzione 10^{-8} molare di HCl (acido forte) è:**

A uguale a 7 B uguale a 8 C inferiore a 7 D inferiore a 6 E indeterminabile

16 **Se un litro di soluzione acquosa di HCl a pH = 4 viene diluito con acqua a 10 litri, il pH della soluzione ottenuta è:**

A 0,4 B 10 C 3 D 5 E 14

---

17 **In una soluzione diluita di un acido forte monoprotico, tipo HCl, abbiamo una $[H^+] = 0{,}001$ mol/l. Qual è la concentrazione degli ioni $[OH^-]$ espressa in mol/l?**

A 10^{-14} B 10^{-3} C 10^{-7} D 10^{-12} E 10^{-11}

---

18 **Quante moli di HCl sono presenti in 100 litri di soluzione acquosa di tale sostanza a pH = 5 ?**

A 100
B 0,001
C 0,005
D 0,00001
E 0,000001

---

19 **In una reazione di neutralizzazione si ha sempre che:**

A il pH finale è uguale a quello iniziale
B la concentrazione finale degli ioni idrogeno è nulla
C il pH finale è diverso da quello iniziale
D il pH finale è maggiore di quello iniziale
E il pH finale è minore di quello iniziale

---

20 **Per neutralizzare a solfato di sodio l'acido solforico (PM = 98) contenuto in 100 ml di una soluzione 0,1 molare è necessaria una quantità di idrossido di sodio (PM = 40) pari a:**

A 0,02 moli
B 0,01 moli
C 4 grammi
D 19 grammi
E 9,8 grammi

---

21 **Il pH della soluzione acquosa di un sale:**

A è sempre tra 6 e 8
B è sempre neutro
C dipende dalla natura degli ioni della sostanza
D è sempre basico
E è sempre acido

---

22 **Quale di questi composti, disciolto in acqua, dà una soluzione con pH neutro?**

A NH_4Cl
B Na_2S
C $Ca(OH)_2$
D $BaCl_2$
E $NaHCO_3$

Soluzioni e commenti

1 Nella definizione di Brønsted e Lowry un acido è una sostanza che cede protoni a un'altra sostanza, detta base, che li acquista. Quando l'acido cede il protone alla base, si trasforma nella corrispondente base coniugata; contemporaneamente, la base che accetta il protone si trasforma nel corrispondente acido coniugato.

Nel caso di acidi poliprotici, ossia con più di un protone acido, sono possibili più equilibri di dissociazione acida e quindi sono possibili più coppie coniugate acido-base.

L'acido fosforico è un acido *triprotico* che può cedere 3 ioni H^+ nel corso delle tre seguenti reazioni:

1) $H_3PO_4 + H_2O \rightleftarrows H_2PO_4^- + H_3O^+$
acido 1 — base coniugata 1

2) $H_2PO_4^- + H_2O \rightleftarrows HPO_4^{2-} + H_3O^+$
acido 2 — base coniugata 2

3) $HPO_4^{2-} + H_2O \rightleftarrows PO_4^{3-} + H_3O^+$
acido 3 — base coniugata 3

La specie HPO_4^{2-} si può comportare da base nella reazione:

$$HPO_4^{2-} + H_2O \rightleftarrows H_2PO_4^- + OH^-$$

in questo caso il suo acido coniugato è la specie $H_2PO_4^-$. Risposta **A**.

2 Un acido forte è una sostanza che in soluzione acquosa reagisce completamente cedendo i propri ioni H^+ alla molecola d'acqua, che nella reazione funge da base. Per individuare l'acido forte fra i composti proposti dal quesito, si può innanzitutto scartare l'idrossido di sodio (risposta **D**), perché è una base forte. L'acido acetico e l'acido oleico sono acidi organici e come gli altri composti di questo tipo sono acidi deboli, anche le risposte **A** e **C** sono quindi errate. L'acido carbonico (H_2CO_3) è un acido inorganico debole (anche la **B** è errata), mentre l'acido nitrico è un acido forte. La **E** è quindi la risposta esatta.

3 Nella reazione $CN^- + H_2O \rightarrow HCN + OH^-$ lo ione cianuro, CN^-, si comporta da base e accetta uno ione H^+ dalla molecola H_2O, che si comporta da acido, trasformandosi nella base coniugata OH^-; allo stesso tempo la base CN^- si trasforma nell'acido coniugato HCN. Le coppie coniugate acido-base sono CN^-/HCN e H_2O/OH^-. La risposta corretta è quindi la **B**.

4 Un acido debole, in soluzione acquosa, reagisce solo in parte con H_2O, quindi per conoscere la concentrazione di ioni H^+ all'equilibrio è necessario conoscere il valore della costante di dissociazione acida (K_a), che indica in che misura un dato acido tende a dissociarsi. In ogni caso la concentrazione di ioni H^+ in una soluzione di un acido debole è inferiore alla concentrazione iniziale dell'acido. Nel caso proposto dal quesito, una soluzione acquosa di un acido debole 0,0001 M (10^{-4} M), presenterà quindi una concentrazione di ioni H^+ minore di 10^{-4} M; risposta **C**.

5 In qualsiasi soluzione acquosa, alla temperatura di 25 °C, il prodotto fra la concentrazione molare degli ioni H^+ e quella degli ioni OH^- è pari a 10^{-14}:

$$[H^+] \cdot [OH^-] = 10^{-14}$$

Si deduce che una soluzione con $[H^+] = 10^{-5}$ e $[OH^-] = 10^{-8}$ non può esistere.

La risposta corretta è quindi la **A**.

6 Il pH è il cologaritmo della concentrazione di ioni H_3O^+, quindi valori bassi di pH corrispondono a valori elevati di concentrazione di ioni H_3O^+. Fra i valori di pH proposti dal quesito, quello corrispondente alla massima concentrazione di H_3O^+ sarà pertanto il più basso: 3,11; risposta **D**.

7 Poiché l'esercizio chiede di individuare la concentrazione di ioni OH^-, è utile risalire al pOH della soluzione in questione. Mentre il pH è definito come l'inverso del logaritmo in base 10 della concentrazione molare degli ioni H^+, il pOH è il cologaritmo della concentrazione ioni OH^-:

$$pOH = -\text{Log}\,[OH^-]$$

Dato che, in soluzione acquosa, pH + pOH = 14, si ha pOH = 14þ–þ3 = 11, da cui si ricava che $[OH^-] = 10^{-pOH} = 10^{-11}$. La risposta corretta è quindi la **A**.

8 La relazione pH + pOH = 14 è valida in tutte le soluzioni acquose, a 25 °C, ed è conseguenza del fatto che, a una certa temperatura, in una soluzione acquosa, il prodotto della concentrazione degli ioni H^+ per la concentrazione degli ioni OH^- è costante; in particolare a 25 °C, si ha:

$$[H^+] \cdot [OH^-] = 10^{-14}$$

La risposta corretta è quindi la **C**.

9 Mentre un acido forte in soluzione acquosa si dissocia totalmente, quindi si può dire che per un acido forte monoprotico $pH = -\text{Log}\,C_A$, un acido debole si dissocia solo parzialmente, la concentrazione degli ioni H^+ è minore della concentrazione iniziale dell'acido e per calcolare il pH è necessario conoscere la costante di dissociazione dell'acido (K_a). In ogni caso il pH di una soluzione di acido debole è maggiore di quello di una soluzione di un acido forte di pari concentrazione.

Nel caso proposto dal quesito, data una soluzione 0,001 M (10^{-3} M) di acido acetico, se questo fosse un acido forte avrebbe pH = 3, poiché è un acido debole avrà pH > 3.
La risposta corretta è quindi la **A**.

10 L'acido bromidrico (HBr) è un acido forte e cede completamente gli ioni H^+, quindi in una sua soluzione acquosa la concentrazione degli ioni H^+ corrisponde alla concentrazione dell'acido. Nel caso proposto avremo $[H^+] = 10^{-2}$ M e:

$$pH = -\text{Log}_{10}[H^+] = -\text{Log}_{10}[10^{-2}] = 2$$

La soluzione proposta ha pH = 2; risposta **C**.

11 NaOH (idrossido di sodio) è una base forte e in acqua si dissocia completamente secondo la reazione:

$$NaOH \rightarrow Na^+ + OH^-$$

La concentrazione di ioni OH^- in una soluzione di NaOH è pari alla concentrazione della base, nel caso proposto dal quesito tale concentrazione sarà quindi pari a 0,1 M, o 10^{-1} M.

La concentrazione di ioni OH^- può essere espressa dal pOH, definito come l'inverso del logaritmo della concentrazione di ioni OH^-. Nella soluzione proposta il pOH sarà:

$$pOH = -\text{Log}\,[OH^-] = -\text{Log}\,10^{-1} = 1$$

Dato che in qualsiasi soluzione acquosa:

$$pH + pOH = 14$$

I pH della soluzione proposta sarà:

$$pH = 14 - pOH = 14 - 1 = 13$$

Una soluzione 0,1 M di NaOH ha pH = 13; risposta **B**.

12 H_2CO_3, acido carbonico, è un acido debole, mentre H_2SO_4, acido solforico, è un acido forte. Entrambi gli acidi sono diprotici, cioè ogni molecola di acido può liberare 2 ioni H^+, però il primo in soluzione acquosa cede ad H_2O solo parte dei propri ioni H^+, mentre il secondo si dissocia completamente. Il pH di una soluzione di acido carbonico sarà quindi maggiore di quello di una soluzione di acido solforico di pari concentrazione; risposta **E**.

13 Dato che in una soluzione acquosa si ha che la somma pH + pOH ha valore costante ed è pari a 14, in base ai i valori di pH e di pOH si possono individuare 3 situazioni diverse:

- nell'acqua pura e nelle soluzioni neutre $[H^+] = [OH^-] = 10^{-7}$, quindi pH = pOH = 7;
- nelle soluzioni acide $[H^+] > [OH^-] > 10^{-7}$, quindi e pH < 7 e pOH > 7;
- nelle soluzioni basiche $[H^+] < [OH^-] < 10^{-7}$, quindi pH > 7 e pOH < 7.

Si possono quindi già escludere le alternative **A**, **B** e **C**.
Un acido forte in soluzione acquosa si dissocia completamente quindi, se si considera un acido monoprotico, il pH corrisponde all'inverso del logaritmo della concentrazione dell'acido ($pH = -\text{Log } C_A$). Diversamente, un acido debole si dissocia solo in parte, quindi una soluzione di acido debole ha pH maggiore e pOH minore di una soluzione di acido forte alla stessa concentrazione. La risposta esatta è la **D**.

14 In una soluzione neutra, a pH = 7, abbiamo $[H^+] = [OH^-] = 10^{-7}$ M. Il rapporto tra la concentrazione degli ioni H^+ e quella degli ioni OH^- è quindi pari a 1, come indicato dalla risposta **C**.

15 Applicando la relazione $pH = -\text{Log } [H_3O^+] = -\text{Log } C_A = -\text{Log } 10^{-8}$ e ricavando quindi pH = 8 si commette un grossolano errore. In ogni soluzione acida, infatti, $[H_3O^+] > 10^{-7}$ M e si ha quindi pH < 7.
Per comprendere questa apparente "eccezione" è importante notare che in soluzioni molto diluite, come quella citata, gli ioni provenienti dall'autodissociazione dell'acqua contribuiscono in modo significativo alla concentrazione totale degli ioni H_3O^+. La concentrazione degli ioni H_3O^+ provenienti dalla dissociazione dell'acqua è pari a 10^{-7} M. La concentrazione totale degli ioni H_3O^+, nel caso proposto dal quesito, è quindi uguale a $(10^{-7} + 10^{-8})$ M, ovvero $1{,}1 \cdot 10^{-7}$ M.
Si ha quindi $pH = -\text{Log } 1{,}1 \cdot 10^{-7} = 6{,}9$.
La risposta corretta è la **C**.

16 Poiché il pH è il cologaritmo della concentrazione di ioni H^+, pH = 4 corrisponde ad una concentrazione di ioni H^+ pari a 10^{-4} mol/l; se un litro di soluzione di HCl a pH = 4 viene diluito a 10 litri la concentrazione dell'acido cloridrico diventa 10 volte minore e così quella dello ione H^+, che sarà pari a 10^{-5} mol/l, corrispondente a pH = 5. La risposta corretta è la **D**.

17 Dato che in qualsiasi soluzione acquosa, a 25 °C si ha:

$$K_w = [H_3O^+] \cdot [OH^-] = 10^{-14}$$

è possibile ricavare la concentrazione di ioni OH^- in una soluzione in cui sia $[H^+] = 0{,}001$ M:

$$0{,}001 \text{ mol/l} \cdot [OH^-] = 10^{-14}$$

da cui si ricava: $[OH^-] = 10^{-14} : 0{,}001 \text{ mol/l} = 10^{-14} : 10^{-3} \text{ mol/l} = 10^{-11} \text{ mol/l}$
La risposta corretta è la **E**.

18 Dalla relazione $pH = -\text{Log } [H_3O^+]$ si ricava che, nel caso proposto dal quesito, la concentrazione di ioni H_3O^+ deve essere:

$$[H_3O^+] = 10^{-pH} = 10^{-5} \frac{mol}{l}$$

HCl è un acido forte, quindi la reazione di dissociazione acquosa che porta alla formazione degli ioni H_3O^+ è completa:

$$HCl + H_2O \rightarrow H_3O^+ + Cl^-$$

per cui la concentrazione di ioni H_3O^+ è uguale a quella iniziale di HCl:

$$[HCl] = [H_3O^+] = 10^{-5} \frac{mol}{l}$$

Nel volume di 100 l si avrà:

$$\text{moli} = \text{concentrazione molare} \cdot \text{volume} = 10^{-5} \frac{mol}{l} \cdot 100\ l = 10^{-3}\ \text{mol di HCl}$$

In 100 litri di soluzione di HCl a pH 5 sono contenute 10^{-3} moli di HCl; risposta B.

---

19 Una reazione di neutralizzazione è una reazione fra un acido e una base, così chiamata perché gli ioni H^+ della soluzione acida si combinano con gli ioni OH^- di quella basica, in modo che, se sono coinvolti un acido forte e una base forte, la soluzione risultante è neutra.

Nel caso in cui siano coinvolti un acido e una base di forza differente (acido debole e base forte o viceversa) il pH risultante sarà acido o basico a seconda delle sostanze coinvolte. Il pH della soluzione risultante, al termine di una reazione di neutralizzazione, non è quindi uguale a quello iniziale, e la risposta A può essere scartata. D'altra parte non è possibile stabilire una regola generale per prevedere questo valore, quindi anche le risposte D ed E sono errate.

Poiché la concentrazione degli ioni idrogeno in una soluzione acquosa non è mai nulla, anche la risposta B risulta errata, mentre la risposta esatta è la C: il pH finale è sicuramente diverso da quello iniziale.

---

20 Per definizione della molarità, 1 litro di una soluzione 0,1 M di acido solforico (H_2SO_4) contiene 0,1 moli di acido, quindi 100 ml questa soluzione contengono 0,01 moli di acido. Se a questa soluzione viene aggiunto idrossido di sodio, che è una base forte, si verifica la seguente reazione di neutralizzazione:

$$H_2SO_4 + 2\ NaOH \rightarrow Na_2SO_4 + 2\ H_2O$$

l'equazione chimica bilanciata indica che 1 mole di H_2SO_4 reagisce con 2 moli di NaOH per produrre 1 mole di Na_2SO_4 e 2 moli di H_2O. Per neutralizzare 0,01 moli di H_2SO_4 saranno quindi necessarie 0,02 moli di NaOH; risposta A.

---

21 Quando si scioglie un sale in acqua si ottiene una soluzione che può essere acida, neutra o basica, a seconda delle caratteristiche degli ioni che compongono il sale disciolto; la risposta corretta è quindi la C.

---

22 Per rispondere al quesito è necessario individuare, fra i composti proposti, quello che non dà reazione acida né basica. $Ca(OH)_2$ è un idrossido e in acqua si comporta come una base, la risposta C è quindi errata. Tutti gli altri composti sono sali e per individuare quello che sciolto in acqua dà una soluzione neutra è necessario considerare le caratteristiche degli ioni da cui ogni sale è formato. Na_2S è un sale che possiamo considerare derivante dalla reazione dell'acido debole H_2S con la base forte NaOH e dà una soluzione basica; la stessa cosa vale per $NaHCO_3$, formato dalla reazione fra NaOH e l'acido debole H_2CO_3; le risposte B ed E sono quindi errate. NH_4Cl deriva dalla reazione fra la base debole NH_3 e l'acido forte HCl, quindi dà luogo a una soluzione acida e anche la risposta A è da scartare. L'alternativa corretta è la D, infatti $BaCl_2$ deriva dalla reazione fra l'acido forte HCl e la base forte $Ba(OH)_2$, quindi non si comporta da acido né da base.

Test di approfondimento

1 **Se un litro di soluzione acquosa contiene 360 g di HCl (PM = 36) e 360 g di NaOH (PM = 40), il suo pH è:**

- A neutro
- B 8
- C 12
- D maggiore di 7
- E minore di 7

2 **Indica, tra i seguenti composti, quello che in soluzione acquosa dà idrolisi basica:**

- A NaCl
- B NaBr
- C KCl
- D NH_4Cl
- E CH_3COONa

3 **In una titolazione di 25 ml di una soluzione di HCl (acido cloridrico) sono stati utilizzati 11,5 ml di NaOH (idrossido di sodio) 0,2 M. Qual è la concentrazione della soluzione di HCl?**

- A 0,092 M
- B 1 M
- C 0,2 M
- D 0,02 M
- E 0,0092 M

4 **"Il reagente di Benedict per la ricerca e il dosaggio degli zuccheri riducenti è una soluzione acquosa di citrato rameico e carbonato sodico; quest'ultima sostanza rende la soluzione basica, e gli ioni citrato riducono la tendenza dello ione rameico a precipitare in ambiente basico sotto forma di idrossido. In presenza di zuccheri riducenti, si ottiene un precipitato rosso-mattone di ossido rameoso".**

Quale delle seguenti affermazioni PUÒ essere dedotta dalla lettura del brano precedente?

- A La basicità del reagente di Benedict è dovuta al citrato rameico
- B Gli zuccheri riducenti precipitano in ambiente basico
- C Il carbonato di sodio impedisce la precipitazione dell'idrossido rameico
- D la trasformazione del sale rameico in ossido rameoso è una ossidazione
- E La basicità della soluzione del reattivo è dovuta al sale di sodio

5 **Secondo la definizione di Brønsted-Lowry, quale dei seguenti ioni può comportarsi solo come acido?**

A HPO_3^{2-} B HPO_4^{2-} C NH_4^+ D PO_3^{3-} E HSO_4^-

6 **Il pH di una soluzione tampone di un acido debole corrisponde al p*K* dell'acido quando:**

A la concentrazione dell'acido debole è uguale alla metà della concentrazione del suo sale

B nel tampone è presente anche un acido forte

C nel tampone è presente anche una base forte

D la concentrazione dell'acido debole è uguale alla concentrazione del suo sale

E il rapporto tra la concentrazione dell'acido debole e la concentrazione del suo sale è pari a 10

---

7 **Individuare la successione corretta che ordina, in base al pH crescente, le seguenti soluzioni acquose:**

a) NH_3 0,1 M

b) HNO_3 0,1 M

c) KOH 0,1 M

d) HNO_3 0,001 M

e) HCl 1 M

A e, b, a, c, d

B e, b, d, a, c

C e, b, d, c, a

D c, a, d, e, b

E a, c, d, b, e

---

8 **Quale è la reazione che avviene nello stomaco a seguito della ingestione di bicarbonato di sodio come antiacido?**

A $Na_2CO_3 + HCl \rightarrow Na_2Cl + CO_2 + OH^-$

B $Na_2CO_3 + 2\ HCl \rightarrow 2\ NaClO_3 + CO + HO$

C $NaHCO_3 + HCl \rightarrow NaCl + CO_2 + H_2O$

D $NaH_2CO_3 + HCl \rightarrow NaCl + H_3CO_3$

E $NaHCO_3 + HCl \rightarrow NaClO + CO_2 + H_2$

---

9 **Quante moli di HCl sono necessarie per preparare 500 ml di una soluzione a pH = 3?**

A $5 \cdot 10^{-4}$

B 10^3

C $5 \cdot 10^3$

D $5 \cdot 10^{-2}$

E 10^{-3}

---

10 **Quale delle seguenti soluzioni acquose è la più acida?**

A 1M H_2SO_4

B 2M HCOOH

C 2M HNO_3

D 3M HCl

E 3M CH_3COOH

11 **Quale delle seguenti sostanze può comportarsi sia da acido che da base secondo Brønsted-Lowry?**

A CO_3^{2-}

B NH_4^+

C $H_2PO_4^-$

D H_3O^+

E CH_4

12 **Nella reazione:**

$$H_2SO_4 + H_2O \rightleftarrows H_3O^+ + HSO_4^-$$

Quale delle seguenti combinazioni di specie chimiche è una coppia acido-base coniugata?

A H_2SO_4 e H_3O^+

B H_2O e H_3O^+

C H_2SO_4 e H_2O

D H_3O^+ e HSO_4^-

E H_2O e HSO_4^-

13 **Quale tra i seguenti è l'acido più debole?**

A HCl

B HNO_3

C H_3PO_4

D CH_3COOH

E $(COOH)_2$

14 **Tra i composti elencati qui sotto:**

CO_2 MgO HCl Na_2O HNO_3 NO_2 H_2SO_4 SO_2 K_2O KOH

quanti sono acidi e quanti basici in soluzione acquosa?

A acidi = 4; basici = 6

B acidi = 5; basici = 5

C acidi = 7; basici = 3

D acidi = 6; basici = 4

E acidi = 8; basici = 2

15 **In una soluzione, la concentrazione di ioni H_3O^+ è $1{,}0 \cdot 10^{-8}$ mol dm^{-3}. Qual è la concentrazione di ioni OH^- nella soluzione espressa in mol dm^{-3}?**

A $1{,}0 \cdot 10^{-2}$

B $1{,}0 \cdot 10^{-4}$

C $1{,}0 \cdot 10^{-6}$

D $1{,}0 \cdot 10^{-8}$

E $1{,}0 \cdot 10^{-10}$

16 **Quale/i dei seguenti acidi è/sono monoprotico/i in soluzione acquosa?**

1. **CH_3COOH**
2. **HNO_3**
3. **H_3PO_4**

A Solo 1
B Solo 2
C Solo 3
D Solo 2 e 3
E Solo 1 e 2

17 **Quale/i delle seguenti affermazioni relative a una soluzione tampone acida è/sono corretta/e?**

1. **Il pH non varia qualunque sia la quantità di acido o base aggiunti alla soluzione**
2. **È formata da un sale di un acido disciolto in una soluzione dello stesso acido**
3. **Le soluzioni tampone possono avere solo valori di pH compresi tra 3 e 6**

A Solo 1
B Solo 2
C Solo 3
D Solo 1 e 2
E Solo 2 e 3

18 **20 g di NaOH sono sciolti in 500 ml di acqua.**
Qual è il volume minimo di questa soluzione necessario per neutralizzare 25 ml di una soluzione 1 mol/l di $H_2SO_4(aq)$?

[Si assuma massa atomica relativa: H = 1; O = 16; Na = 23; S = 32]

A 25 ml
B 50 ml
C 12,5 ml
D 75 ml
E 100 ml

19 **Quale delle seguenti coppie di sostanze reagendo dà una soluzione con pH inferiore a 7?**

A $CO_2(g) + H_2O(l)$
B $CaO(s) + H_2O(l)$
C $K_2CO_3(s) + H_2O(l)$
D $Mg(s) + H_2O(l)$
E $NH_3(g) + H_2O(l)$

20 **Tutte le equazioni sottostanti descrivono reazioni acido-base. In quale delle reazioni il composto sottolineato si comporta da acido di Lewis e non da acido di Brønsted-Lowry?**

A $NH_3 + \underline{H_2O} \rightarrow NH_4^+ + OH^-$
B $\underline{CH_3COOH} + NaOH \rightarrow CH_3COONa + H_2O$
C $\underline{[Cu(H_2O)_6]^{2+}} + H_2O \rightarrow [Cu(H_2O)_5OH]^+ + H_3O^+$
D $HNO_3 + \underline{H_2SO_4} \rightarrow H_2NO_3^+ + HSO_4^-$
E $NH_3 + \underline{BCl_3} \rightarrow H_3NBCl_3$

21 **Quale delle seguenti espressioni matematiche mostra come calcolare il pH di una soluzione acquosa di acido solforico 0,002 M?**

A $pH = \log_{10} 0{,}004$

B $pH = -\log_{10} 0{,}001$

C $pH = -\log_{10} 0{,}002$

D $pH = -\log_{10} 0{,}004$

E $pH = \log_{10} 0{,}002$

22 **Le seguenti soluzioni acquose acide hanno diversi valori di pH:**

1. 0,2 mol dm^{-3} HCl

2. 0,1 mol dm^{-3} HNO_3

3. 0,2 mol dm^{-3} H_2SO_4

4. 0,1 mol dm^{-3} CH_3COOH

Quale delle seguenti opzioni rappresenta la sequenza delle soluzioni in ordine crescente di pH (da sinistra a destra)?

A 1, 3, 2, 4

B 2, 4, 1, 3

C 3, 1, 2, 4

D 4, 3, 1, 2

E 4, 2, 1, 3

23 **Qual è il volume minimo di una soluzione acquosa di idrossido di potassio 0,150 mol/l necessario per neutralizzare completamente una soluzione acquosa contenente 5×10^{-3} mol di acido succinico ($HOOCCH_2CH_2COOH$)?**

A 33,3 ml

B 16,7 ml

C 167 ml

D 300 ml

E 66,7 ml

24 **Dell'acqua viene aggiunta a 10 cm^3 di una soluzione acquosa di acido cloridrico 2 mol dm^{-3} in modo da ottenere 1000 cm^3 di acido cloridrico diluito. Di quanto varia il valore del pH della soluzione acida?**

A Il valore del pH aumenta di 2

B Il valore del pH aumenta di 1

C Il valore del pH rimane invariato

D Il valore del pH diminuisce di 1

E Il valore del pH diminuisce di 2

25 **Quale delle seguenti soluzioni acquose 0,01 M ha pH > 7,0?**

A $AlBr_3$

B NH_4Cl

C NaI

D Na_2CO_3

E CH_3CO_2H

Soluzioni e commenti

1 Per rispondere a questo quesito è necessario per prima cosa stabilire qual è la concentrazione di HCl e di NaOH. La molarità si calcola con la formula:

$$M = \frac{n\ (\text{mol})}{V\ (\text{l})}$$

quindi avrò:

$$M_{HCl} = \frac{\frac{360}{36}}{1} = 10\ \text{mol/l} \quad \text{e} \quad M_{NaOH} = \frac{\frac{360}{40}}{1} = 9\ \text{mol/l}$$

HCl, acido forte e NaOH, base forte, si dissociano completamente, in questo modo la concentrazione degli ioni H^+ dovrebbe essere pari a 10 mol/l e quella degli ioni OH^- pari a 9 mol/l. Queste due specie ioniche reagiscono fra loro nella reazione di neutralizzazione formando H_2O, poiché la soluzione contiene una maggior quantità di ioni H^+ piuttosto che OH^-, il pH sarà minore di 7; risposta **E**.

2 NaCl deriva dalla reazione fra l'acido forte HCl e la base forte NaOH; lo ione Cl^-, base coniugata di un acido forte, non dà reazione basica, e lo ione Na^+, acido coniugato della base forte NaOH, non dà reazione acida, la soluzione di NaCl ha quindi pH neutro, e lo stesso vale per il bromuro di sodio, NaBr, che deriva dalla reazione fra idrossido di sodio (NaOH, base forte) e acido bromidrico (HBr, acido forte) e per il cloruro di potassio, KCl, derivante dalla reazione fra idrossido di potassio (KOH, base forte) e acido cloridrico (HCl, acido forte). Il cloruro di ammonio, NH_4Cl, deriva dalla reazione fra l' ammoniaca (NH_3), base debole, e l'acido cloridrico (forte), quindi dà luogo a una soluzione acida. L'acetato di sodio, CH_3COONa, infine, deriva dalla reazione fra acido acetico (debole) e idrossido di sodio (base forte) e dà luogo a soluzioni basiche; la risposta corretta è quindi la **E**.

3 La titolazione di un acido è il procedimento che permette di stabilire la concentrazione (ignota) di una soluzione di acido aggiungendo gradualmente una soluzione di base la cui concentrazione è nota. Durante la titolazione, gli ioni OH^- prodotti dalla base vanno a neutralizzare gli ioni H^+ prodotti dall'acido, quindi il pH via via aumenta, prima gradualmente poi bruscamente. Il momento in cui l'aumento di pH si verifica più rapidamente è quello in cui sono stati aggiunti tanti equivalenti di ioni OH^- quanti erano gli equivalenti di ioni H^+, ed è detto "punto equivalente". Al punto equivalente il numero di equivalenti di base è pari al numero di equivalenti di acido; dato che il numero di equivalenti di sostanza presenti in una soluzione si ricava dal prodotto della normalità per il volume, ponendo:

$$\text{volume della base} = V_B \quad \text{normalità della base} = N_B$$

$$\text{volume dell'acido} = V_A \quad \text{normalità dell'acido} = N_A$$

avremo:

$$N_B \cdot V_B = N_A \cdot V_A$$

Dato che:

$$V_B = 11{,}5\ \text{ml}, \quad N_B = 0{,}2\ \text{mol/l} = 0{,}2\ \text{eq/l} \ \text{ e } \ V_A = 25\ \text{ml}$$

sarà:

$$N_A = \frac{N_B \cdot V_B}{V_A} = \frac{0,2\ \text{eq/l} \cdot 11,5\ \text{ml}}{25\ \text{ml}} = 0,092\ \text{eq/l}$$

La soluzione di HCl titolata è una soluzione 0,092 M, o $9{,}2 \cdot 10^{-2}$ M; risposta **A**.

4 Secondo quanto si legge nel brano proposto, il reagente di Benedict è una soluzione acquosa contenente citrato rameico e carbonato di sodio; la presenza di quest'ultimo composto rende basico l'ambiente, mentre lo ione citrato riduce la tendenza dello ione rameico (Cu^{2+}) a precipitare come idrossido rameico, $Cu(OH)_2$. Le affermazioni A e C possono quindi essere scartate perché in contrasto con quanto appena visto. Il reagente di Benedict viene utilizzato per il dosaggio degli zuccheri riducenti, perché in presenza di questi composti lo ione rameico Cu^{2+} viene ridotto e precipita sotto forma di ossido rameoso, Cu_2O, possiamo scartare quindi anche le affermazioni B e D. L'unica affermazione che può essere dedotta dalla lettura del brano è la E, infatti la basicità del reagente di Benedict è dovuta alla presenza del carbonato di sodio.

5 Fra i composti proposti dal quesito, gli ioni HPO_3^{2-} (risposta A), HPO_4^{2-} (B) e HSO_4^- (E) possono comportarsi sia come acidi che come basi. Questi infatti hanno una carica negativa, quindi possono accettare uno ione H^+ (comportandosi da base); allo stesso tempo, però contengono ancora atomi di H che possono cedere come ioni H^+ (comportandosi da acidi).

Lo ione fosfato PO_3^{3-} (risposta D) non contiene atomi di H dissociabili, quindi si può comportare solamente come base.

Lo ione NH_4^+ infine, acido coniugato dell'ammoniaca, si può comportare solamente come acido, cedendo uno ione H^+ ad H_2O. La risposta corretta è quindi la C.

6 Una soluzione tampone è formata da una acido debole e un suo sale con una base forte (oppure una base debole e un suo sale con un acido forte); la caratteristica di soluzioni di questo tipo è che si oppongono a variazioni del pH, anche in seguito ad aggiunte di quantità non trascurabili di acido o di base. La concentrazione di ioni H^+ in una soluzione di questo tipo si ricava con la formula:

$$[H^+] = K_a \cdot \frac{C_A}{C_S}$$

dove:

K_a = costante di dissociazione acida
C_A = concentrazione nominale dell'acido
C_S = concentrazione nominale del sale

Dalla precedente si ricava che:

$$pH = pK_a + \log\frac{C_A}{C_S}$$

Si deduce che il pH è uguale al pK_a quando la concentrazione del sale è uguale a quella dell'acido, infatti log 1 = 0. Risposta D.

7 Per rispondere al quesito dobbiamo considerare la natura chimica dei composti proposti e la concentrazione delle soluzioni.

NH_3 (ammoniaca) è una base debole, KOH (idrossido di potassio) è una base forte, HNO_3 (acido nitrico) e HCl (acido cloridrico) sono acidi forti. Gli acidi forti in soluzione acquosa si dissociano completamente, possiamo quindi calcolare il pH delle soluzioni acide:

per HNO_3 0,1 M $\quad pH = -\text{Log}\,[H_3O^+] = -\text{Log}\,0{,}1 = 1$
per HNO_3 0,001 M $\quad pH = -\text{Log}\,[H_3O^+] = -\text{Log}\,0{,}001 = 3$
per HCl 1 M $\quad pH = -\text{Log}\,[H_3O^+] = -\text{Log}\,1 = 0$

Per la base forte KOH, che in soluzione acquosa si dissocia completamente liberando ioni OH^-, possiamo in modo analogo calcolare il pOH:

$$pOH = -\text{Log}\,[OH^-] = -\text{Log}\,0{,}1 = 1$$

dato che per una soluzione acquosa pH + pOH = 14, si ricava:

$$pH = 14 - 1 = 13$$

L'ammoniaca è una base debole e reagisce solo parzialmente con H_2O, secondo l'equilibrio:

$$NH_3 + H_2O \rightleftarrows NH_4^+ + OH^-$$

si può quindi dire che in una soluzione di NH_3 0,1 M la concentrazione degli ioni OH^- sarà inferiore a 0,1 M, il pOH sarà maggiore di 1 e il pH certamente minore di 13 e maggiore di 7 (perché è una soluzione basica).

Ora possiamo stabilire che la soluzione con il pH più basso è la soluzione di HCl 1 M (soluzione e); poi, ordinandole in base al pH crescente avremo: HNO_3 0,1 M (soluzione b), HNO_3 0,001 M (soluzione d), NH_3 0,1 M (soluzione a) e infine KOH 0,1 M (soluzione c). La risposta corretta è quindi la **B**.

---

8 I succhi gastrici, prodotti dalle ghiandole presenti nella mucosa gastrica, contengono enzimi digestivi e acido cloridrico e il loro pH è mediamente intorno a 2. Quando l'acidità è eccessiva, l'ingestione di bicarbonato di sodio aiuta a ridurla. Il bicarbonato di sodio ha formula $NaHCO_3$, quindi possiamo escludere le risposte **A**, **B** e **D**, in cui compaiono formule errate.

$NaHCO_3$ è un sale acido che possiamo considerare derivato dalla reazione fra la base forte NaOH (idrossido di sodio) e l'acido debole H_2CO_3 (acido carbonico). In soluzione acquosa questo sale si scompone nel catione Na^+ che, essendo l'acido coniugato di una base forte, non si comporta da acido né da base, e nell'anione HCO_3^- che, essendo la base coniugata di un acido debole, ha comportamento basico e reagisce con HCl, neutralizzando in parte gli ioni H^+. La reazione che ha luogo all'interno dello stomaco sarà quindi la seguente:

$$NaHCO_3 + HCl \rightarrow NaCl + CO_2 + H_2O$$

La **C** è la risposta corretta.

---

9 HCl è un acido forte e in soluzione acquosa si dissocia completamente, quindi la concentrazione molare degli ioni H^+ in soluzione (che possiamo indicare con $[H^+]$) è pari alla concentrazione nominale dell'acido. Dato che il pH rappresenta il cologaritmo della concentrazione di ioni H^+, si ha:

$$[H^+] = 10^{-pH}$$

in una soluzione con pH = 3:

$$[H^+] = 10^{-pH} = 10^{-3} \text{ mol/l}$$

Un litro di una soluzione 10^{-3} M di HCl contiene 10^{-3} moli di questo composto, per prepararne 0,5 litri saranno quindi necessarie un numero di moli pari alla metà, cioè $5 \cdot 10^{-4}$; risposta esatta: **A**.

---

10 L'acido formico (HCOOH) e l'acido acetico (CH_3COOH) sono acidi deboli, parzialmente dissociati, e quindi la concentrazione netta di H^+ ceduti all'acqua è inferiore alla concentrazione nominale degli acidi, < 2 M e < 3 M rispettivamente. L'acido cloridrico (HCl) e l'acido nitrico (HNO_3) sono acidi forti monoprotici completamente dissociati quindi la concentrazione netta di H^+ ceduti all'acqua è pari alla concentrazione nominale dell'acido, 3 M e 2 M rispettivamente. L'acido solforico è un acido forte diprotico che cede 2 H^+ per ogni molecola quindi la concentrazione netta di H^+ ceduti all'acqua è pari al doppio della concentrazione nominale dell'acido, 2 M.

La soluzione più acida sarà quindi quella di HCl, risposta **D**.

---

11 La risposta esatta è $H_2PO_4^-$ (risposta **C**) poiché in soluzione acquosa, dato il comportamento anfotero dell'acqua, può dare luogo a due equilibri.

Lo ione diidrogenofosfato può comportarsi da acido e cedere uno ione H^+ all'acqua formando HPO_3^{2-}:

$$H_2PO_4^- + H_2O \rightarrow HPO_4^{2-} + H_3O^+$$

$H_2PO_4^-$ può comportarsi anche da base e acquistare uno ione H^+ dall'acqua secondo la reazione:

$$H_2PO_4^- + H_2O \rightarrow H_3PO_4 + OH^-$$

12 Secondo la definizione di Brønsted-Lowry una coppia acido-base coniugata è una coppia di specie chimiche che si differenziano solo per la presenza di uno ione H^+, perciò la coppia cercata è la **B**: H_2O (base) e H_3O^+ (acido).

13 Per rispondere al quesito bisogna prendere in esame le K_a degli acidi: l'acido acetico (CH_3COOH), essendo un acido carbossilico è un acido debole con una K_a compresa tra 10^{-4} e 10^{-5}, perciò più debole rispetto ai tre acidi inorganici (HCl, HNO_3 e H_3PO_4) che sono acidi forti. L'acido acetico risulta più debole anche del $(COOH)_2$ perché ha un solo idrogeno acido al contrario del $(COOH)_2$ che ne ha due. La risposta corretta è quindi la **D**.

14 I composti proposti dal quesito comprendono acidi minerali, una base forte e diversi ossidi.

Gli acidi sono acido cloridrico HCl, acido nitrico HNO_3 e acido solforico H_2SO_4; la base forte è l'idrossido di potassio, KOH.

Vi sono poi degli ossidi acidi, ovvero ossidi di non metalli che reagiscono con l'acqua producendo i relativi acidi: l'anidride carbonica CO_2 produce l'acido carbonico H_2CO_3, l'anidride solforosa SO_2 produce l'acido solforoso H_2SO_3 e il diossido di azoto NO_2 produce acido nitrico HNO_3 e acido nitroso HNO_2 secondo la reazione:

$$2\,NO_2 + H_2O \rightarrow HNO_2 + HNO_3$$

Tutti gli altri composti sono invece degli ossidi basici che reagiscono con l'acqua dando gli idrossidi corrispondenti: l'ossido di magnesio MgO produce l'idrossido di magnesio $Mg(OH)_2$, l'ossido di sodio Na_2O produce l'idrossido di sodio NaOH, mentre l'ossido di potassio K_2O produce l'idrossido di potassio KOH.

Si può concludere che i composti acidi sono 6 (HCl, HNO_3, H_2SO_4, CO_2, SO_2 e NO_2) mentre i composti basici sono 4 (KOH, MgO, Na_2O e K_2O) e la risposta corretta è la **D**.

15 Nell'acqua pura e nelle soluzioni acquose diluite vale la relazione fondamentale $[H_3O^+]\,[OH^-] = 10^{-14}$ che permette di calcolare la concentrazione degli ioni ossidrile con i dati forniti dal problema:

$$[OH^-] = 10^{-14} / [H_3O^+] = 10^{-14} / 1{,}0 \times 10^{-8} = 1{,}0 \times 10^{-6} \text{ (risposta C).}$$

16 Un acido monoprotico è un acido che, disciolto in acqua, libera un solo H^+. Dei tre acidi proposti solo l'acido fosforico, il terzo, è poliprotico, mentre CH_3COOH e HNO_3 sono monoprotici; la risposta corretta è quindi la **E**.

È importante notare che i protoni metilici (CH_3) dell'acido acetico non reagiscono con l'acqua, in quanto di natura alifatici; il protone acido dell'acido acetico è quello del gruppo carbossilico –COOH. La reazione con l'acqua è la seguente:

$$CH_3COOH + H_2O \rightarrow CH_3COO^- + H_3O^+$$

17 Le soluzioni tampone sono soluzioni che si oppongono alla variazione del pH per moderate aggiunte di acido o di base, quindi il pH varia se aggiungiamo elevate quantità di acidi o basi forti. Possono essere formate da un sale di acido disciolto in una soluzione dello stesso acido, un esempio di soluzione tampone è data dal sale acetato di sodio (CH_3COONa) e dall'acido acetico (CH_3COOH). Per quanto riguarda il pH delle soluzioni tampone, vi sono sia tamponi acidi che basici. Pertanto le affermazioni 1 e 3 sono errate e l'unica corretta è la numero 2. La risposta corretta al quesito è la **B**.

18 La reazione di neutralizzazione tra acido solforico e idrossido di sodio si rappresenta nella seguente equazione di reazione:

$$H_2SO_4 + 2\,NaOH \rightarrow Na_2SO_4 + 2\,H_2O$$

Sono quindi necessari due moli di idrossido di sodio per neutralizzare una mole di acido solforico. Il volume di acido solforico alla concentrazione 1 M da neutralizzare è di 25 ml e quindi si calcola quante moli di acido sono contenute in questo volume, moltiplicando la concentrazione molare (M) per il volume (V):

$$n = \mathrm{M}\,V = (1\ \mathrm{mol\,l^{-1}}) \cdot (25 \times 10^{-3}\ \mathrm{l}) = 25 \times 10^{-3}\ \mathrm{mol}$$

Le moli di idrossido di sodio da porre a reagire sono quindi $50\ 10^{-3}$mol. Calcolando la concentrazione molare della soluzione di base data dal problema e rimaneggiando la formula appena utilizzata si ottiene il volume di base da utilizzare. Si calcola il numero di moli (n) contenute in 20 g di NaOH calcolando il peso molecolare dell'NaOH e dividendo quest'ultimo per la massa data (m):

$$n = m/\mathrm{PM} = 20\ \mathrm{g}/40\ \mathrm{g\,mol^{-1}} = 0{,}5\ \mathrm{mol}$$

La concentrazione della soluzione di NaOH si ottiene dividendo le moli per il volume:

$$\mathrm{M} = n/V = 0{,}5\ \mathrm{mol}/0{,}5\ \mathrm{l} = 1\ \mathrm{mol\,l^{-1}}$$

Il volume della soluzione da utilizzare si ottiene quindi dalla relazione:

$$V = n/\mathrm{M} = 50 \times 10^{-3}\ \mathrm{mol}/1\ \mathrm{mol\,l^{-1}} = 50 \times 10^{-3}\ \mathrm{l} = 50\ \mathrm{ml}$$

Risposta **B**.

19 Tutte le sostanze proposte danno soluzioni basiche, cioè pH > 7, al di fuori dell'anidride carbonica che dà una reazione all'equilibrio con l'acqua producendo acido carbonico:

$$CO_2 + H_2O \rightleftarrows H_2CO_3$$

La soluzione è debolmente acida e ha pH < 7. Risposta **A**.

20 Secondo la definizione di Brønsted-Lowry un acido è una specie chimica in grado di cedere un protone (H^+) ad un'altra specie chimica, la base, trasformandosi nella sua base coniugata mentre la base si trasforma a sua volta nel suo acido coniugato. Secondo la definizione di Lewis invece un acido è una specie chimica in grado di accettare un doppietto elettronico non condiviso mentre una base è una specie chimica in grado di donare un doppietto elettronico non condiviso. Osservando tutte le risposte proposte dal quesito si osserva un passaggio di protoni in tutte le reazioni fuorché nella risposta **E** nella quale l'ammoniaca dona il suo doppietto elettronico al tricloruro di boro formando un addotto con quest'ultimo. Il legame che si forma è un legame di coordinazione, o dativo, tra i due composti ed è una reazione acido-base secondo Lewis.

21 L'acido solforico (H_2SO_4) è un acido diprotico forte. Il suo numero di equivalenti è pari a 2 perché per ogni molecola reagiscono due ioni H^+. La concentrazione di H^+ nella soluzione data è pari quindi a $2 \cdot 0{,}002$ M = 0,004 M. Risposta **D**.

22 Per risolvere l'esercizio non è necessario calcolare i pH delle soluzioni proposte ma è sufficiente capire quali sono le più acide. L'H_2SO_4 è un acido diprotico fortissimo: il primo protone dissocia completamente mentre il secondo protone solo parzialmente. Quindi nella soluzione 3 la concentrazione netta di $[H_3O^+] > 0{,}2$ M. La soluzione 1 invece, essendo HCl un acido fortissimo monoprotico, ha una concentrazione netta $[H_3O^+] = 0{,}2$ M. Analogamente la soluzione 2 ha una concentrazione netta $[H_3O^+] = 0{,}1$ M. La soluzione 4 di acido acetico ha una concentrazione netta $[H_3O^+] < 0{,}1$ M in quanto acido debole parzialmente deprotonato.

Si può concludere che la soluzione più acida, cioè con il pH più basso, è la 3 seguita dalla 1, la 2 e infine la 4. Risposta corretta **C**.

23 Per calcolare il volume necessario di soluzione di KOH da utilizzare dobbiamo prima conoscere la quantità di H^+ da neutralizzare. Da come si può evincere dalla formula riportata nel quesito l'acido succinico è un acido carbossilico diprotico quindi il numero di moli di protoni acidi da neutralizzare è:

$$n_{H^+} = 2 \times 5 \times 10^{-3} \text{ mol} = 10^{-2} \text{ mol}$$

Il volume della soluzione di base da utilizzare si calcola dividendo il numero di moli (*n*) per la concentrazione molare (M):

$$V = n/M = 10^{-2} \text{ mol}/0{,}150 \text{ mol l}^{-1} = 6{,}67 \times 10^{-2} \text{ l} = 66{,}7 \text{ ml.}$$

La risposta esatta è quindi la **E**.

24 Il pH di una soluzione di un acido forte concentrato è dato dal cologaritmo della concentrazione nominale dell'acido. Essendo il logaritmo una scala in base 10, una variazione positiva di una unità di pH corrisponde a una diluizione di 10 volte. Nel quesito proposto il volume della soluzione viene portata da 10 cm^3 a 1000 cm^3 quindi diluita di 100 volte: di conseguenza il pH è aumentato di 2. Risposta **A**.

25 I composti proposti sono tutti sali tranne CH_3CO_2H, che è un acido organico (acido acetico); una soluzione contenente questo composto ha pH < 7, quindi si può escludere la risposta **E**.

Il pH di una soluzione salina dipende dalla natura chimica degli ioni che formano i diversi sali. $AlBr_3$, bromuro di alluminio, è formato dagli ioni Al^{3+}, che deriva da $Al(OH)_3$ (sostanza anfotera a bassa solubilità in acqua) e da Br^- che deriva dall'acido forte HBr; reagisce con l'acqua formare $Al(OH)_3$ (che precipita) e HBr, quindi produce una soluzione acida. La risposta **A** si può escludere.

NH_4Cl è formato dal catione NH_4^+, acido coniugato della base debole NH_3, e dall'anione Cl^-, base coniugata dell'acido forte HCl. NH_4^+ ha una certa attività come acido, mentre Cl^- non ha attività basica; la soluzione contenente NH_4Cl avrà quindi pH < 7, e anche la risposta **B** è da scartare.

NaI è formato dal catione sodio Na^+, acido coniugato della base forte NaOH e dall'anione I^-, base coniugata dell'acido forte HI; non ha quindi attività acida né basica e una soluzione di NaI ha pH = 7; si può quindi escludere anche la **C**.

Na_2CO_3 è formato dal catione Na^+, acido coniugato della base forte NaOH, e dall'anione CO_3^{2-}, base coniugata dell'acido debole HCO_3^- (che deriva dall'acido carbonico H_2CO_3). Mentre Na^+ non ha comportamento acido né basico, CO_3^{2-} ha un certo carattere basico, una soluzione di Na_2CO_3 ha quindi pH > 7. Risposta esatta **D**.

11 | Chimica organica: aspetti generali

✔ **La chimica organica è la chimica dei composti del carbonio.**

Quasi tutti i composti del carbonio appartengono alla categoria dei composti *organici*.

Oltre al carbonio, i composti organici contengono sempre *idrogeno*, spesso *ossigeno* e *azoto*, più raramente zolfo, alogeni, fosforo e altri elementi.

I composti organici sono milioni, ma il loro studio è facilitato dal fatto che possono essere riuniti in *classi*, ciascuna contraddistinta da proprietà chimico-fisiche tipiche.

L'estrema versatilità del carbonio è legata alle sue particolari caratteristiche:

- unico tra gli elementi della tavola periodica, ha una spiccata tendenza alla *concatenazione*, ovvero a legarsi con altri atomi di carbonio formando catene aperte oppure chiuse ad anello. Le catene aperte possono essere inoltre lineari o ramificate;
- ha configurazione elettronica esterna $2s^2 2p^2$: appartiene dunque al gruppo IV A della tavola periodica e ha quattro elettroni nel livello esterno. Grazie alla sua posizione centrale nella tavola periodica e al suo valore intermedio di elettronegatività tende a raggiungere l'ottetto condividendo elettroni e formando *legami covalenti* con altri atomi;
- il suo *numero di ossidazione* può variare da + 4 a – 4;
- può essere ibridato sp^3, sp^2 o sp (§ 4.5). Si ha:
  - ibridazione sp^3 → l'atomo di carbonio è legato a quattro atomi; i quattro orbitali ibridi degeneri sono orientati verso i vertici di un tetraedro regolare con angoli di 109,5°;
  - ibridazione sp^2 → l'atomo di carbonio è legato a tre atomi; i tre orbitali ibridi degeneri sp^2, si dispongono su un piano passante per il nucleo dell'atomo e sono orientati verso i vertici di un triangolo equilatero con angoli di 120°;
  - ibridazione sp → l'atomo di carbonio è legato a due atomi; i due orbitali ibridi degeneri sp, sono disposti lungo una retta passante per il nucleo dell'atomo, a 180° l'uno dall'altro.
- può formare legami covalenti carbonio-carbonio *semplici*, *doppi* o *tripli*;
  - legami semplici → C – C (atomi di C ibridati sp^3);
  - legami doppi → C = C (atomi di C ibridati sp^2);
  - legami tripli → C ≡ C (atomi di C ibridati sp).

Nei composti organici gli atomi di carbonio sono sempre ibridati e formano sempre quattro legami covalenti.
I composti organici più semplici (idrocarburi) sono catene di atomi di carbonio legati fra loro da legami semplici, doppi o tripli, e a tanti atomi di idrogeno quanti sono necessari per saturare le 4 valenze.

Idrocarburo	Legame	Ibridazione	Geometria	Angolo di legame	Orbitali molecolari	Esempio
Alcano	singolo	sp^3	tetraedrica	109,5°	Tutti σ	CH_4 metano
Alchene	doppio	sp^2	triangolare	120°	$1\,\sigma + 1\,\pi$	C_2H_4 etene
Alchino	triplo	sp	lineare	180°	$1\,\sigma + 2\pi$	C_2H_2 etino

Classificazione degli atomi di carbonio

Un atomo di carbonio può essere classificato in base al numero di atomi di carbonio a esso legati:

atomo di carbonio **primario** → legato a un solo altro atomo di carbonio;
atomo di carbonio **secondario** → legato a due altri atomi di carbonio;
atomo di carbonio **terziario** → legato a tre altri atomi di carbonio;
atomo di carbonio **quaternario** → legato a quattro altri atomi di carbonio.

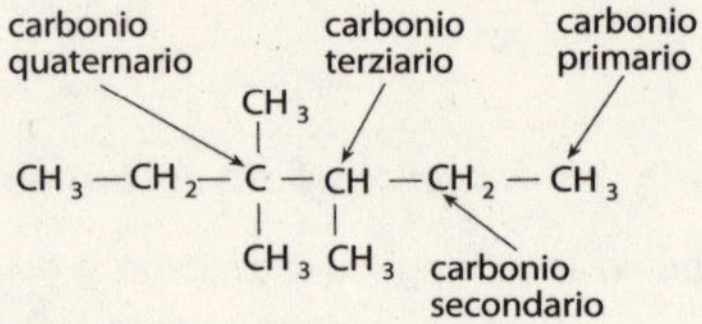

11.1 | Nomenclatura dei composti organici

I composti organici sono denominati in base a precise regole di nomenclatura (nomenclatura sistematica IUPAC). Questo sistema di regole rende possibile attribuire un nome a qualunque composto organico ed è concepito in modo tale da permettere a chi lo legga di "tradurlo" senza ambiguità nella formula di struttura corrispondente. Ogni composto può quindi essere indicato con un nome ottenibile tramite la nomenclatura sistematica: tuttavia, molti composti organici, noti ben prima che queste regole venissero introdotte, continuano a essere indicati con un "nome d'uso" (per esempio: acido acetico, glucosio) che non permette di risalire alla relativa struttura, se non la si conosce in precedenza.

Il nome sistematico di qualunque composto organico è costituito da tre parti che possiamo così schematizzare:

prefisso — radice — desinenza

- la **desinenza** indica la classe di composti organici cui il composto appartiene (si veda § 11.2);
- la **radice** indica il numero di atomi di C nella catena più lunga (principale) che è possibile individuare nel composto (si veda § 12.1.1)
- il **prefisso** (presente nei casi più complessi) indica la posizione nella catena principale dei vari sostituenti e/o gruppi funzionali.

11.2 | Gruppi funzionali

Quando, legati agli atomi di carbonio, sono presenti atomi o gruppi di atomi diversi dall'idrogeno questi sono detti *gruppi funzionali*.

Un gruppo funzionale è un atomo, o un gruppo di atomi che, legato alla catena carboniosa, è responsabile delle proprietà chimico-fisiche del composto.

I più semplici composti organici sono gli *alcani*, formati solo da C e H uniti da legami semplici, contenenti quindi solo legami C – C e C – H. Carbonio e idrogeno hanno elettronegatività molto simile, questi composti quindi non sono polari e le loro molecole sono poco sensibili all'attacco di reagenti polari o ionici (che sono la maggior parte).

La presenza di un gruppo funzionale che sostituisce uno o più atomi di H, generalmente costituisce un sito polare che rende reattiva la molecola. Per questo motivo i composti aventi lo stesso gruppo funzionale (raggruppati nella stessa classe) danno reazioni simili e presentano analoghe proprietà fisiche. Le reazioni caratteristiche della classe avvengono in corrispondenza del gruppo funzionale e non coinvolgono il resto della molecola.

In base al numero di gruppi funzionali presenti nella molecola i composti organici si dividono in:

- *monofunzionali* → contenenti un solo gruppo funzionale;
- *polifunzionali* → contenenti due o più gruppi funzionali (uguali o diversi).

Nella tabella sono riportati la struttura e il nome dei principali gruppi funzionali, la classe di cui sono caratteristici e la formula generale della classe.

Gruppo funzionale	Nome	Classe	Formula generale	Desinenza
$>C=C<$	doppio legame	alcheni	C_nH_{2n}	-ene
$-C\equiv C-$	triplo legame	alchini	C_nH_{2n-2}	-ino
$-X$	alogeno	alogenuri alchilici		
$-OH$	gruppo ossidrilico	alcoli	$R-OH$	-olo
$-O-$	gruppo etere	eteri	$R-O-R'$	-etere
$-C(=O)-$	gruppo carbonilico	aldeidi	$R-C(=O)H$	-ale
		chetoni	$R(R')C=O$	-one
$-C(=O)OH$	gruppo carbossilico	acidi carbossilici	$R-C(=O)OH$	-oico
$-C(=O)OR$	gruppo estere	esteri	$R-C(=O)O-R'$	-ato di -ile
$-C(=O)X$	alogeno	alogenuri acilici	$R-C(=O)X$	
$-C(=O)-O-C(=O)-$		anidridi (organiche)	$R-C(=O)-O-C(=O)-R$	
$-C(=O)NR'R''$	gruppo ammidico	ammidi	$R-C(=O)NR'R''$	-ammide
$-NH_2$	gruppo amminico	ammine (primarie)	$R-NH_2$	
$-C\equiv N$	ciano o nitrile	nitrili	$R-C\equiv N$	
$-NO_2$	gruppo nitro	nitroderivati	$R-NO_2$	
$-SH$	gruppo tiolico	tioli (o mercaptani)	$R-SH$	

Il simbolo R indica un generico gruppo alchilico e il simbolo X indica un generico alogeno (Cl, F, Br o I).

11.3 | Reattività dei composti organici

La reattività, cioè l'*attitudine a trasformarsi*, di un qualunque composto, per azione di un determinato reagente dipende, oltre che dalle condizioni di reazione, dal tipo di legame che deve essere rotto e dal tipo di legame che deve essere formato.

Per comprendere la reattività di un composto organico è utile analizzare la molecola considerandola come un centro di reazione cui siano legati vari sostituenti. La natura del centro reattivo determina il tipo di reazione, la natura dei sostituenti la reattività.

Nella maggior parte delle reazioni, sulla molecola che reagisce si sviluppa a un certo momento una carica positiva (*carbocatione*) o negativa (*carbanione*). Un carbocatione e un carbanione si formano quando si ha una *rottura eterolitica* del legame covalente, in cui uno dei due atomi trattiene il doppietto elettronico e l'altro ne resta privo:

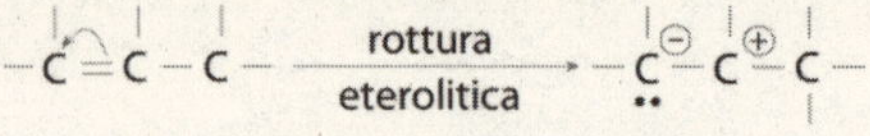

Un atomo di carbonio con un elettrone spaiato è invece un *radicale libero* che si può originare in seguito a *rottura omolitica* del legame covalente, nella quale ciascuno dei due atomi legati mantiene uno dei due elettroni di legame:

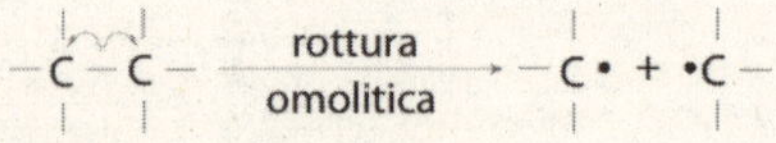

11.3.1 | Reagenti elettrofili e nucleofili

Nelle reazioni chimiche tra composti organici i reagenti vengono divisi in due categorie:

- **reagenti elettrofili** (acidi di Lewis): sostanze con una lacuna elettronica, oppure una carica positiva, totale o parziale, come, per esempio, lo ione H^+, BCl_3, oppure l'atomo di C nel gruppo carbonilico –CO. Sono detti elettrofili perché reagiscono con atomi o molecole ricche di elettroni (nucleofili).
- **reagenti nucleofili** (basi di Lewis): sostanze in grado di fornire elettroni perché dotate di carica negativa (totale o parziale) o di almeno un doppietto solitario, come, per esempio OH^-, CN^- e l'atomo di N nel gruppo amminico $-NH_2$. Sono detti nucleofili perché reagiscono con gli atomi e le sostanze povere di elettroni (elettrofili).

11.4 | Isomeria

I composti organici, dato il loro elevatissimo numero, presentano il fenomeno dell'isomeria, in base al quale alla medesima formula bruta possono corrispondere due o più composti diversi.

Si dicono isomeri due o più composti aventi la stessa formula bruta, ma diversa formula di struttura o diversa disposizione spaziale degli atomi.

Si ricordi che le molecole sono oggetti tridimensionali. Gli isomeri sono composti diversi e hanno quindi (spesso) proprietà chimiche e fisiche diverse. Esistono diversi tipi di isomeria, che saranno ripresi nel corso della trattazione delle diverse classi di composti organici.

Esistono isomeri, definiti **strutturali** o **costituzionali**, che si distinguono per la **diversa concatenazione** degli atomi (isomeria di struttura). Altri invece, detti in generale **stereoisomeri**, pur avendo la stessa concatenazione, si differenziano per una **diversa disposizione** degli atomi **nello spazio**.

11.4.1 | Isomeria di struttura (o di catena)

L'isomeria di struttura è relativa alla forma della catena carboniosa che può essere lineare, ramificata o ciclica. Gli isomeri di catena sono composti che hanno la stessa formula bruta ma *diversa formula di struttura*. Gli isomeri di catena hanno proprietà diverse e sono separabili.

$CH_3-CH_2-CH_2-CH_3$ *n* - butano (catena lineare)

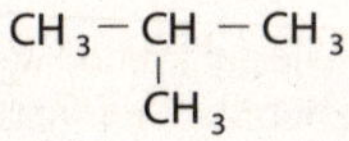
metilpropano (catena ramificata)

L'*n*-butano e il metilpropano (aventi entrambi formula bruta C_4H_{10}) hanno diversa formula di struttura e sono isomeri di catena.

11.4.2 | Isomeria di posizione

Gli isomeri di posizione sono composti che hanno la stessa formula bruta ma *diversa posizione nella catena di un sostituente* (atomo o gruppo funzionale) o di un particolare tipo di legame. Gli isomeri di posizione hanno proprietà diverse e sono separabili.

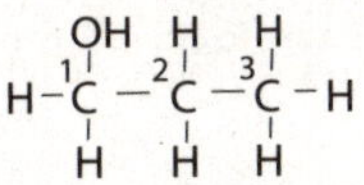
1 - propanolo

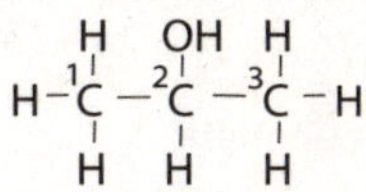
2 - propanolo

I due composti (formula bruta C_3H_8O) sono isomeri di posizione: nel primo il gruppo funzionale –OH è legato all'atomo di C numero 1, nel secondo all'atomo di C numero 2.

11.4.3 | Isomeria di gruppo funzionale

Gli isomeri di gruppo funzionale sono composti che hanno la stessa formula bruta ma *diverso gruppo funzionale*. Gli isomeri di gruppo funzionale hanno proprietà marcatamente diverse e sono facilmente separabili.

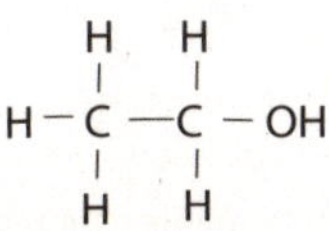
etanolo
(gruppo funzionale: ossidrile)

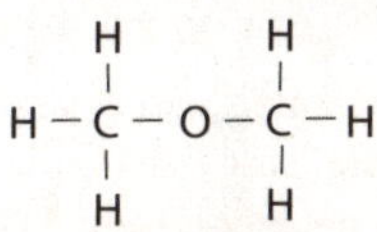
etere dimetilico
(gruppo funzionale: etere)

L'etanolo e l'etere dimetilico (aventi entrambi formula bruta C_2H_6O) sono isomeri di gruppo funzionale.

11.4.4 | Stereoisomeria

Gli stereoisomeri sono composti in cui gli atomi sono legati nello stesso ordine o sequenza ma *disposti in modo diverso nello spazio.* A differenza degli isomeri conformazionali, isomeri ottici e diastereoisomeri NON possono essere convertiti l'uno nell'altro senza rottura di legami chimici (tranne in casi molto particolari).

Si distinguono tre tipi principali di stereoisomeria:

- isomeria conformazionale
- isomeria ottica (o enantiomeria);
- diastereoisomeria.

Isomeria conformazionale

Gli isomeri conformazionali si differenziano per *l'orientamento spaziale relativo dei gruppi di atomi*; possono trasformarsi l'uno nell'altro per rotazione intorno a un legame semplice C – C, senza rottura di alcun legame chimico. I composti contenenti legami doppi e tripli, che non permettono questo tipo di rotazione, non presentano questo tipo di isomeria.

Due isomeri conformazionali, pur avendo in linea di principio proprietà differenti, si interconvertono tra loro con grande rapidità e non sono normalmente separabili.

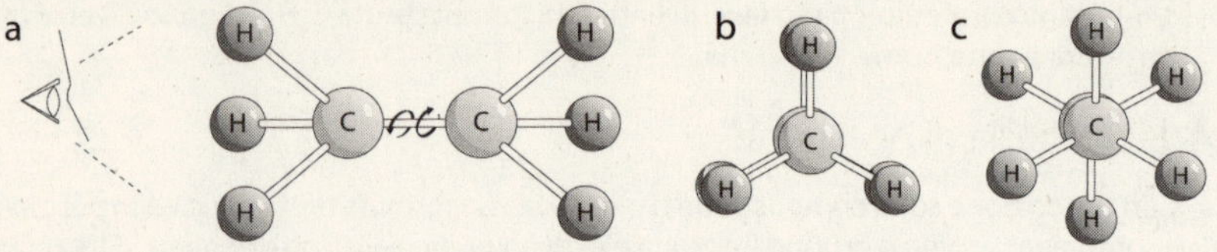

Nell'etano (C_2H_6) la libera rotazione dei due gruppi $-CH_3$ intorno al legame σ C – C dà origine a un numero infinito di isomeri conformazionali (o conformazioni) (a). Si individuano due conformazioni fondamentali: nella conformazione eclissata i legami C – H dei due atomi di C sono allineati (b); la conformazione sfalsata si ottiene facendo ruotare di 60° un atomo di C rispetto all'altro (c).

Isomeria ottica (enantiomeria)

Si dicono enantiomeri (o antipodi ottici) gli stereoisomeri che sono l'immagine speculare uno dell'altro, ma NON sono sovrapponibili, come le nostre mani: speculari con i palmi affacciati ma non sovrapponibili.

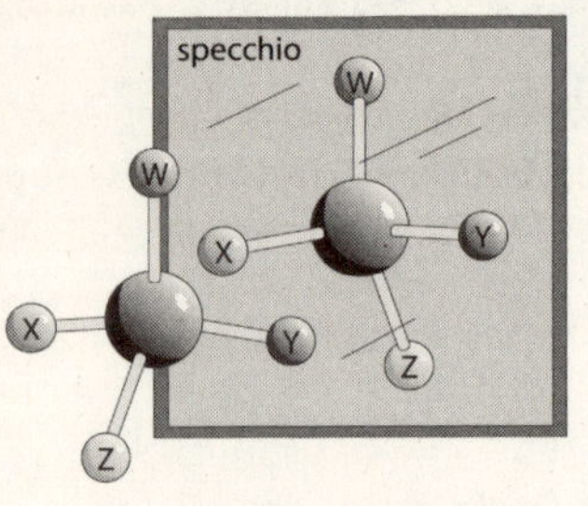

L'esistenza degli enantiomeri è legata alla presenza nella molecola di almeno un atomo di carbonio chirale.

Un atomo di **carbonio chirale** (o atomo di carbonio asimmetrico) è un atomo di carbonio (ibridato sp^3) legato a quattro atomi o gruppi atomici tutti diversi tra loro.

Un composto contenente *n* atomi di carbonio chirali può presentare un numero massimo di stereoisomeri pari a 2^n (*regola di van't Hoff*).

Gli enantiomeri sono sostanze dotate di **attività ottica** (dette perciò *otticamente attive*). Una sostanza otticamente attiva è in grado di far ruotare di un certo angolo il piano di vibrazione della luce piano-polarizzata (una forma di luce che vibra in un unico piano) che abbia attraversato una sua soluzione. Il valore di tale angolo rappresenta il *potere rotatorio* della sostanza in questione. Gli enantiomeri hanno le stesse proprietà chimiche e fisiche, a esclusione del potere rotatorio che è uguale ma di segno opposto.

Due enantiomeri hanno proprietà chimiche, fisiche e biologiche diverse solo quando interagiscono con altre entità (fisiche o chimiche) chirali.

L'enantiomero che ruota verso destra il piano della luce polarizzata è detto *destrogiro* e si indica con il segno (+) davanti al nome del composto, quello che lo fa invece ruotare verso sinistra è detto *levogiro* e si indica con il segno (–).

Una miscela equimolecolare dei due enantiomeri è detta *racemo* ed è otticamente inattiva.

Diastereoisomeria

Si dicono diastereoisomeri (o diastereomeri) gli stereoisomeri che NON sono l'immagine speculare uno dell'altro.

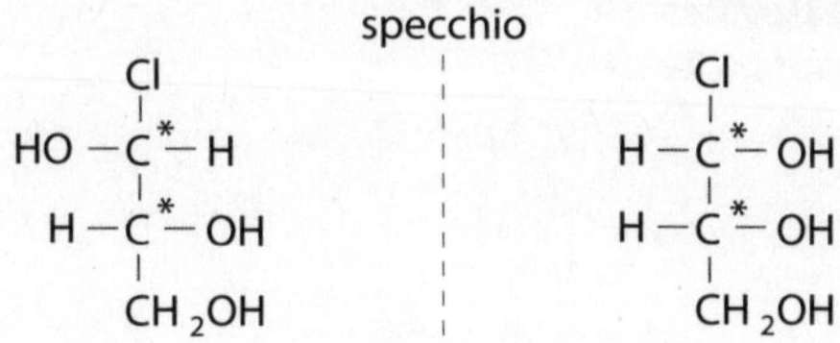

Isomeria geometrica

Un particolare tipo di diastereoisomeria è l'*isomeria geometrica* (o isomeria cis-trans).

Gli isomeri cis-trans sono composti che differiscono per la disposizione spaziale degli atomi, o gruppi atomici, legati a un carbociclo (idrocarburo ciclico) o ad atomi di carbonio uniti da un doppio legame (in posizione non terminale lungo la catena).

Si avrà l'isomero *cis* quando i due sostituenti più ingombranti (e a maggior peso molecolare) sono dalla stessa parte rispetto al doppio legame; si avrà invece l'isomero *trans* quando i due sostituenti più ingombranti sono da parti opposte rispetto al doppio legame.

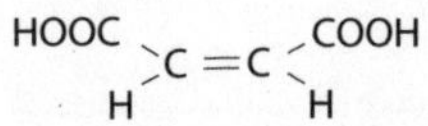

acido maleico (cis)

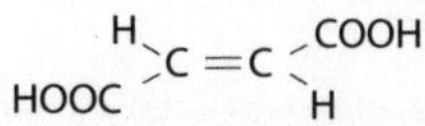

acido fumarico (trans)

L'isomero *cis* ha proprietà chimiche, fisiche e biologiche differenti da quelle del composto *trans*. Per esempio, l'acido fumarico (trans) è presente in tutte le nostre cellule, mentre l'acido maleico (cis) è un veleno.

Non si ha isomeria cis-trans quando allo stesso carbonio sp^2 sono legati due sostituenti uguali.

Riepilogo dei diversi tipi di isomeria

- **Isomeri costituzionali (o strutturali)** – stessa formula bruta ma diversa concatenazione degli atomi
  - i. di catena
  - i. di posizione
  - i. di gruppo funzionale
- **Stereoisomeri** – stessa formula bruta, stessi legami e gruppi funzionali, ma diversa disposizione nello spazio
  - **i.conformazionali** – si convertono uno nell'altro senza rottura di legami
  - **i.configurazionali** – si convertono uno nell'altro per rottura di legami
    - **i. ottici o enantiomeri** – sono immagine speculare, non sovrapponibile, uno dell'altro
    - **diastereoisomeri** – non sono speculari

Test di verifica

1 Nelle molecole organiche:

- **A** è sempre possibile individuare un composto dalla sua formula bruta
- **B** non sempre è possibile individuare un composto dalla sua formula bruta, perché esistono molecole diverse che hanno la stessa formula bruta
- **C** per molte strutture non è possibile scrivere una formula bruta
- **D** non è possibile individuare un composto dalla sua formula bruta solo nel caso dei composti ciclici
- **E** non è possibile individuare un composto dalla sua formula bruta solo nel caso dei polimeri ramificati

2 Un atomo di carbonio viene definito secondario quando:

- **A** è legato ad altri due atomi di carbonio
- **B** è il secondo della catena carboniosa
- **C** fa parte della molecola di una ammina secondaria
- **D** è ibridato sp^2
- **E** presenta due valenze invece di quattro

3 Si definiscono isomeri, composti ...

- **A** con diversa formula molecolare ma stessa disposizione nello spazio
- **B** che appartengono alla stessa serie omologa
- **C** che hanno gli stessi punti di fusione
- **D** che hanno la stessa formula molecolare e diversa disposizione nello spazio
- **E** che non appartengono alla stessa serie omologa

4 Se la soluzione di un composto è in grado di deviare la luce polarizzata:

- **A** non si tratta di un composto aromatico
- **B** il composto presenta almeno un atomo di carbonio con ibridazione tetraedrica
- **C** il composto contiene almeno un doppio legame
- **D** il composto presenta almeno un atomo di carbonio con ibridazione trigonale planare
- **E** il composto è sicuramente a catena chiusa

5 Quali delle sostanze di formule:

A) $CH_3–CH_2Cl$; **B)** $CH_3–CHCl_2$; **C)** $CH_3–CCl_3$; **D)** $CH_2Cl–CH_2Cl$

sono isomere tra loro?

A B e D **B** B e C **C** A e B **D** A e D **E** A e C

6 Che tipo di ibridazione presentano gli atomi di C nel composto di formula indicata qui sotto?

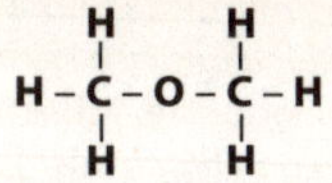

- A sp^2
- B Nessuna ibridazione
- C sp^3d^2
- D sp^3
- E sp

7 Due atomi di carbonio asimmetrici sono entrambi:

- A appartenenti alla serie stereochimica D
- B ibridati sp^3
- C ibridati sp
- D non ibridati
- E legati agli stessi raggruppamenti

8 Quanti isomeri strutturali della molecola C_4H_9Br esistono?

- A 2
- B 3
- C 4
- D 5
- E 6

Soluzioni e commenti

1 Nei composti organici è presente il fenomeno dell'isomeria di struttura, che consiste nell'esistenza di composti diversi aventi la medesima formula bruta, ma diversa formula di struttura. A titolo di esempio, il butano, la cui formula di struttura è:

$$CH_3–CH_2–CH_2–CH_3$$

e il metilpropano, la cui formula di struttura è:

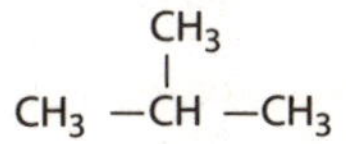

sono due isomeri di struttura aventi entrambi formula bruta C_4H_{10}. La risposta esatta è perciò la B.

2 Un atomo di carbonio è definito secondario quando è legato ad altri due atomi di carbonio; risposta A.

3 Si definiscono isomeri due o più composti che hanno la stessa formula bruta (o molecolare), ma diversa formula di struttura o diversa disposizione spaziale degli atomi; la risposta corretta è quindi la D.

4 Quando una molecola è in grado di deviare il piano di polarizzazione della luce si dice che è *chirale*; una molecola è chirale quando non può essere sovrapposta alla propria immagine speculare. Due isomeri che sono uno l'immagine speculare, non sovrapponibile, dell'altro, si chiamano *enantiomeri*, o *antipodi ottici*, e hanno la peculiarità di far deviare la luce polarizzata dello stesso angolo in direzioni opposte. Affinché un atomo di carbonio sia chirale deve avere tutti e quattro i sostituenti diversi poiché, se tale condizione non si realizza, la molecola può avere un asse di simmetria che la rende sovrapponibile alla propria immagine speculare: è quindi necessaria l'ibridazione sp^3, tetraedrica. Risposta **B**.

5 Per rispondere al quesito è utile individuare le formule brute dei composti proposti, che sono: C_2H_5Cl (composto A), $C_2H_4Cl_2$ (composto B), $C_2H_3Cl_3$ (composto C) e $C_2H_4Cl_2$ (composto D). Dato che gli isomeri sono composti con la stessa formula bruta e diversa formula di struttura, o diversa disposizione degli atomi nello spazio, si deduce che, fra quelle proposte, sono isomere le sostanze B e D. La risposta esatta è la **A**.

6 Nel composto proposto dal quesito (l'etere dimetilico) ogni atomo di C forma 4 legami; questo è possibile utilizzando 4 orbitali ibridi di tipo sp^3; risposta **D**.

7 Un atomo di carbonio è detto asimmetrico quando è legato a quattro gruppi diversi, quindi la risposta **E** deve essere scartata, come pure la **C**, infatti l'ibridazione *sp* è presente quando l'atomo di carbonio lega solamente altri due gruppi. L'alternativa **D** non può essere vera, perché il carbonio utilizza sempre orbitali ibridi per formare legami nei composti organici. La risposta esatta è la **B**, infatti per formare quattro legami questo elemento utilizza orbitali ibridi di tipo sp^3. I composti chirali sono molto frequenti nei sistemi biologici e, dato che i due enantiomeri mostrano proprietà biochimiche differenti, è utile distinguerli. Per questo motivo vengono classificati nelle due serie stereochimiche D ed L; i composti appartenenti alla stessa serie stereochimica hanno i sostituenti disposti nello stesso modo. È evidente che il fatto di essere asimmetrici non implica che due atomi di carbonio appartengano alla stessa serie stereochimica, quindi anche la risposta **A** è errata.

8 Gli isomeri strutturali sono molecole che hanno la stessa formula bruta ma diverse formule di struttura.

Di seguito sono riportati i diversi isomeri di struttura relativi alla formula bruta del quesito:

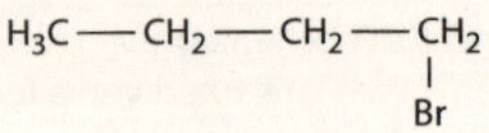

1-bromobutano

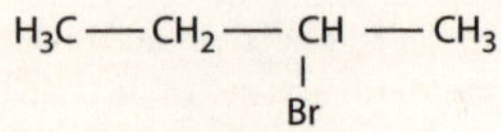

2-bromobutano

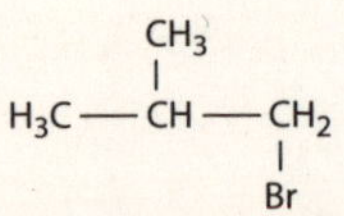

1-bromo-2-metilpropano

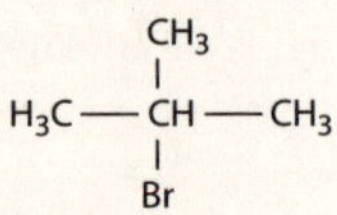

2-bromo-2-metilpropano

La risposta corretta è quindi la risposta **C**.

12 | Idrocarburi

Gli idrocarburi sono i composti organici *più semplici*. Sono composti *binari* costituiti solo da carbonio e idrogeno, suddivisi in *diverse classi* in base alla loro struttura. Una prima importante distinzione viene posta fra idrocarburi **aromatici** e **alifatici**: gli aromatici contengono anelli carboniosi con legami a elettroni delocalizzati (§ 4.6), mentre gli alifatici non contengono legami a elettroni delocalizzati.

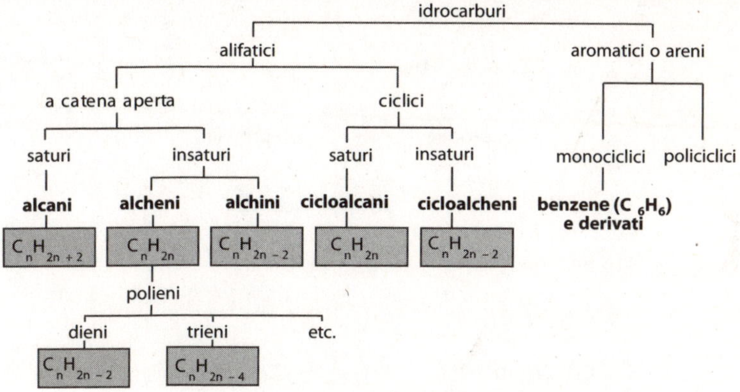

12.1 | Idrocarburi alifatici: alcani, alcheni e alchini

Gli idrocarburi alifatici comprendono alcani, alcheni e alchini, a catena aperta o ciclici.
In base al tipo di legame carbonio-carbonio possono essere suddivisi in:

- *saturi* → contenenti solo legami semplici C – C (ibridazione sp^3): alcani;
- *insaturi* → contenenti uno o più legami multipli C – C; comprendono:
  - alcheni → contenenti uno o più doppi legami C = C (ibridazione sp^2);
  - alchini → contenenti uno o più tripli legami C ≡ C (ibridazione *sp*).

12.1.1 | Nomenclatura degli alcani e regole generali di nomenclatura

Secondo la nomenclatura IUPAC, il nome di un idrocarburo è formato da una radice che indica il numero di atomi di carbonio che costituiscono la molecola, seguito da una desinenza diversa a seconda della classe di appartenenza (alcani, alcheni o alchini), come indicato nella tabella seguente.

Il prefisso indica il numero di atomi di carbonio		**La desinenza indica la classe**
met – un atomo	**es** – sei atomi	– **ano** (alcani)
et – due atomi	**ept** – sette atomi	– **ene** (alcheni)
prop – tre atomi	**ott** – otto atomi	– **ino** (alchini)
but – quattro atomi	**non** – nove atomi	
pent – cinque atomi	**dec** – dieci atomi	

$CH_3 - CH_2 - CH_2 - CH_3$	$CH_3 - CH = CH - CH_3$	$CH_3 - C \equiv C - CH_3$
butano	2-butene	2-butino

Gruppi alchilici

Negli idrocarburi a catena ramificata un gruppo laterale legato alla catena base sostituisce formalmente un atomo di idrogeno ed è indicato genericamente come *sostituente*. Se il sostituente deriva da un idrocarburo è detto *gruppo alchilico* ed è indicato genericamente con il simbolo R–.

Un *gruppo alchilico* è un frammento di molecola derivato formalmente da un idrocarburo per eliminazione di un atomo di idrogeno. La desinenza caratteristica dei gruppi alchilici è *-ile*: il nome del gruppo alchilico si ottiene sostituendo la desinenza dell'idrocarburo con la desinenza *-ile*.

Al crescere del numero di atomi di carbonio si possono avere gruppi alchilici diversi, corrispondenti alla medesima formula bruta; in questo caso, per distinguerli, si usano prefissi che specificano qual è la struttura della catena carboniosa. Il *normal-propile* (*n*-propile) e l'*iso-propile*, per esempio, entrambi a tre atomi di C, hanno le strutture seguenti:

$CH_3-CH_2-CH_2-$

n-propile

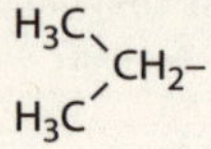

iso-propile

Alcano	Gruppo alchilico
CH_4 metano	CH_3 – metile
CH_3 CH_3 etano	$CH_3 - CH_2$ – etile
CH_3 CH_2 CH_3 propano	$CH_3 - CH_2 - CH_2$ – *n*-propile
CH_3 CH_2 CH_2 CH_3 butano	$CH_3 - CH_2 - CH_2 - CH_2$ – *n*-butile

Regole di nomenclatura dei composti organici

- Nel caso si tratti di un idrocarburo ramificato, oppure se sono presenti gruppi funzionali diversi, il composto viene considerato un derivato dell'idrocarburo corrispondente alla catena di atomi di C più lunga che si riesce a individuare (non necessariamente scritta in orizzontale);
- la posizione dei sostituenti è indicata dal numero dell'atomo di carbonio a cui sono legati, dopo aver numerato la catena dall'estremità più vicina al sostituente;
- se sono presenti due o più sostituenti uguali il loro numero va indicato con il prefisso di-, tri-, ecc., preceduto dai numeri degli atomi di carbonio a cui sono legati, separati da virgole. Il numero va ripetuto anche se i sostituenti uguali sono legati allo stesso atomo;
- se sono presenti gruppi sostituenti diversi, vengono elencati in ordine alfabetico, oppure in ordine di grandezza crescente.

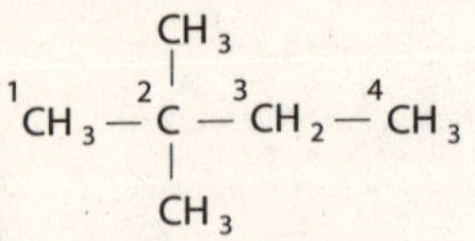

2, 2 - dimetilbutano

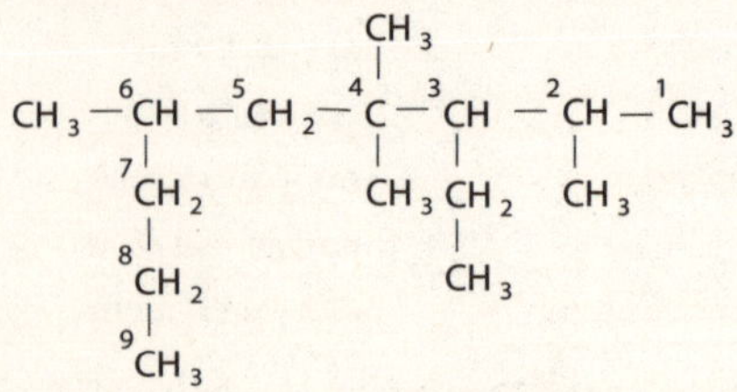

3 - etil - 2, 4, 4, 6 - tetrametilnonano

12.2 | Alcani

- Gli alcani sono idrocarburi alifatici saturi;
- hanno formula generale C_nH_{2n+2} (con n = 1, 2, 3,...);
- la desinenza caratteristica della classe è *-ano*;
- contengono solo legami covalenti semplici C – C (legami σ);
- sono privi di gruppi funzionali.

Il legame semplice

I due atomi di carbonio impegnati in un legame covalente semplice C – C sono sempre ibridati sp^3 e possiedono perciò quattro orbitali ibridi equivalenti sp^3. Quando un orbitale sp^3 di un atomo di carbonio si sovrappone frontalmente a un orbitale sp^3 di un altro atomo di carbonio si origina un legame covalente semplice di tipo σ (§ 4.3.2), intorno al quale i gruppi legati possono ruotare liberamente.

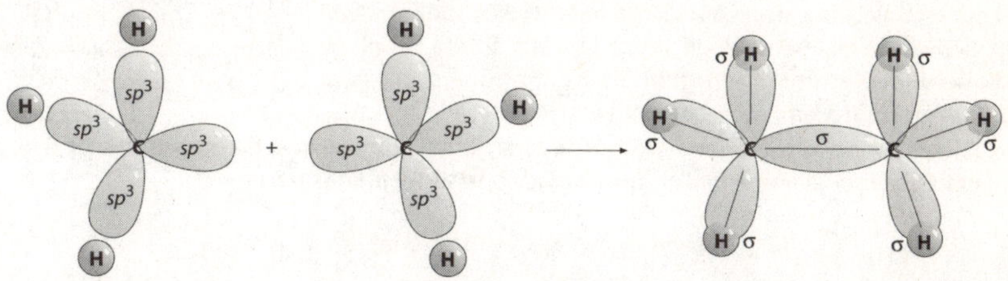

Nell'etano ($CH_3 - CH_3$) ogni atomo di carbonio utilizza uno dei suoi quattro orbitali ibridi sp^3 per legarsi all'altro mediante un legame σ; i sei orbitali ibridi sp^3 rimanenti (tre per ciascun atomo) si sovrappongono a sei orbitali *s* di sei atomi di idrogeno originando altrettanti legami σ C – H.

Il legame semplice carbonio-carbonio è sempre un legame di tipo σ.

L'idrocarburo più semplice è il metano (CH_4) la cui struttura è riportata di seguito.

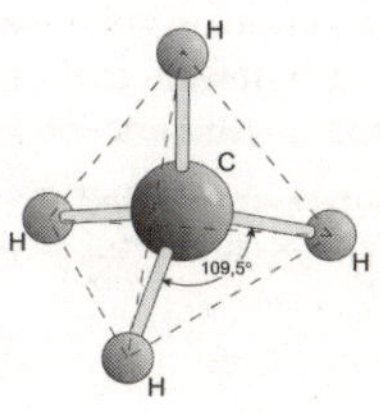

La tabella seguente riporta i primi cinque termini della *serie omologa* degli alcani. Ogni termine si ottiene dal precedente per aggiunta di un gruppo $-CH_2-$.

Nome	Formula
Metano	CH_4
Etano	$CH_3 - CH_3$
Propano	$CH_3 - CH_2 - CH_3$
Butano	$CH_3 - CH_2 - CH_2 - CH_3$
Pentano	$CH_3 - CH_2 - CH_2 - CH_2 - CH_3$

Le formule che compaiono nella tabella sono dette *formule razionali* (o *condensate*); in esse sono evidenziati solo i legami tra gli atomi di carbonio.

12.2.1 | Isomeria negli alcani

Gli alcani possono presentare isomeria *conformazionale*, isomeria *di struttura* e isomeria *ottica*.

Mentre metano, etano e propano non hanno isomeri strutturali, esistono due composti con la formula C_4H_{10}, tre con la formula C_5H_{12} e cinque con la formula C_6H_{14}. Il numero degli isomeri strutturali aumenta notevolmente al crescere del numero di atomi di carbonio della molecola.

Gli alcani presentano:

- isomeria conformazionale (§ 11.4.1): si ha libera rotazione intorno ai legami C – C;
- isomeria di struttura (§ 11.4.1): la catena può essere lineare o ramificata, aperta o chiusa a ciclo (§ 12.2.2);
- isomeria ottica (§ 11.4.4): se la molecola contiene almeno un atomo di carbonio chirale.

12.2.2 | Alcani ciclici (cicloalcani)

La catena carboniosa di un idrocarburo può essere aperta (lineare o ramificata) oppure chiusa a formare un anello (idrocarburi ciclici). I più semplici idrocarburi aliciclici (alifatici ciclici) sono i *cicloalcani*, derivati formalmente dagli alcani a catena aperta per eliminazione di due atomi di idrogeno non contigui e successiva saldatura dei due atomi di carbonio ad essi legati.

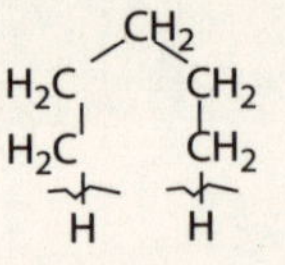

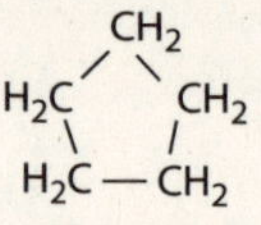

I cicloalcani hanno formula generale C_nH_{2n}, con $n \geq 3$. Il nome di questi idrocarburi si ottiene anteponendo il prefisso *ciclo-* al nome dell'alcano corrispondente a catena aperta.

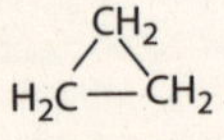

ciclopropano

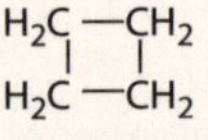

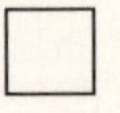

ciclobutano

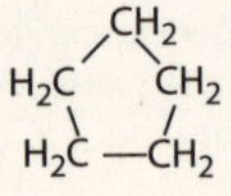

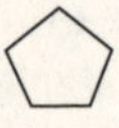

ciclopentano

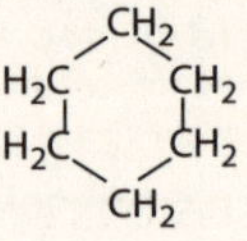

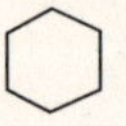

cicloesano

Gli idrocarburi ciclici possono essere rappresentati schematicamente mediante poligoni regolari. Si tenga però presente che tranne il ciclopropano, nessuno di questi composti ha struttura planare; se il cicloesano, per esempio, fosse planare, sarebbe caratterizzato da angoli interni di 120°, anziché di 109,5° come previsto per il C ibridato sp^3, e mostrerebbe quindi una notevole tensione angolare.

I cicloalcani presentano proprietà chimico-fisiche analoghe a quelle degli alcani a catena aperta. Il ciclopropano e il ciclobutano sono piuttosto instabili, danno facilmente reazioni di apertura dell'anello con formazione della corrispondente catena lineare.

I cicloalcani presentano isomeria strutturale, conformazionale, cis-trans e ottica.

a) Isomeria conformazionale

Per il cicloesano si individuano 2 conformazioni fondamentali:

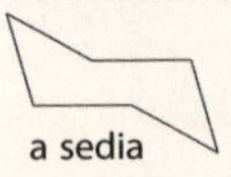

a sedia

a barca

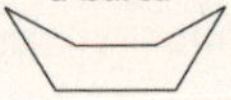

b) Isomeria cis - trans

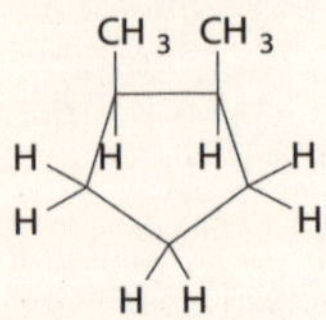

cis - 1,2 - dimetilciclopentano

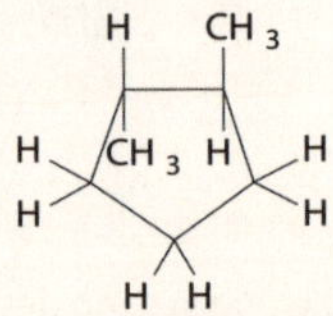

trans - 1,2 - dimetilciclopentano

12.3 | Alcheni

- Gli alcheni sono idrocarburi alifatici insaturi;
- hanno formula generale C_nH_{2n} (con $n \geq 2$);
- la desinenza caratteristica della classe è *-ene*;
- contengono uno o più doppi legami C = C (formati da un legame σ e un legame π);
- il *doppio legame* è considerato il *gruppo funzionale* degli alcheni.

L'idrocarburo più semplice è l'etene ($CH_2 = CH_2$), chiamato comunemente anche etilene.

Il legame doppio

I due atomi di carbonio impegnati in un legame covalente doppio C = C sono sempre ibridati sp^2 e possiedono perciò tre orbitali ibridi equivalenti sp^2 e un orbitale *p* puro. Quando due atomi di carbonio ibridati sp^2 si avvicinano a sufficienza, uno dei tre orbitali ibridi sp^2 di ciascun atomo di carbonio si sovrappone frontalmente all'altro originando un legame σ, mentre l'orbitale *p* puro di uno si sovrappone lateralmente all'orbitale *p* dell'altro originando un legame π.

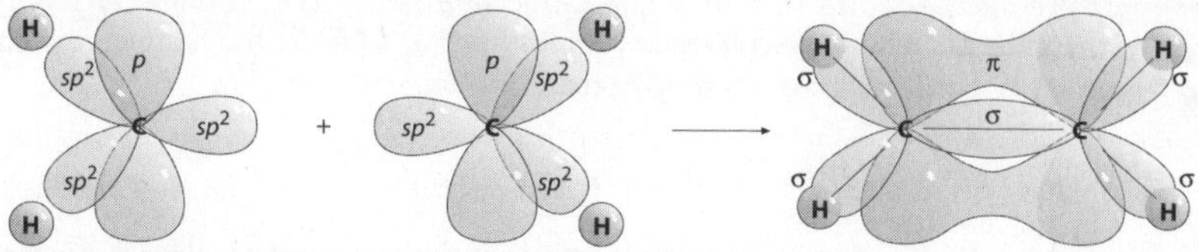

Nell'etene (o etilene, $CH_2 = CH_2$) ogni atomo di carbonio usa uno dei suoi tre orbitali ibridi sp^2 e l'orbitale *p* puro per legarsi all'altro mediante un legame σ e un legame π; gli orbitali ibridi sp^2 rimanenti (due per ogni atomo) si sovrappongono ai quattro orbitali *s* di quattro atomi di idrogeno originando altrettanti legami σ C – H.

Il doppio legame carbonio-carbonio è sempre costituito da un legame di tipo σ e uno di tipo π.

La presenza del legame π impedisce la libera rotazione dei gruppi legati intorno al doppio legame carbonio-carbonio e irrigidisce quindi la struttura.

Nomenclatura

Il nome dell'alchene si ottiene dal nome dell'alcano a ugual numero di atomi di C sostituendo la desinenza *-ano* con la desinenza *-ene*; si numera la catena più lunga dall'estremità più vicina al doppio legame, la posizione di questo si identifica indicando prima del nome il numero dell'atomo di C sul quale inizia il doppio legame.

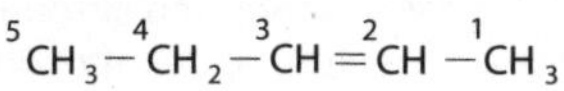

2 - pentene

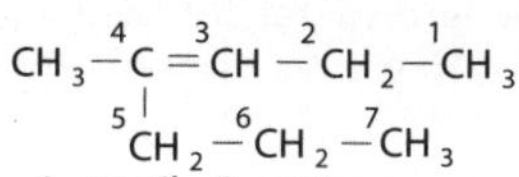

4 - metil - 3 - eptene

12.3.1 | Isomeria negli alcheni

A partire dal butene (C_4H_8) gli alcheni presentano isomeria *di struttura* (§ 11.4.1), isomeria *di posizione* (§ 11.4.2) e isomeria *cis-trans* (§ 11.4.4).

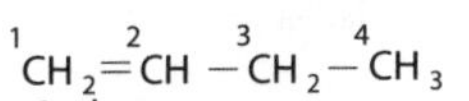

1 - butene

2 - butene

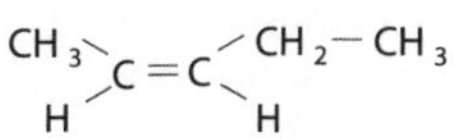

cis - 2 - pentene

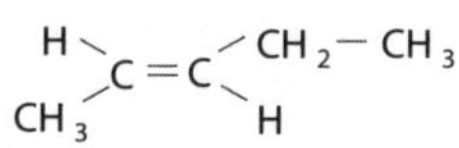

trans - 2 - pentene

L'1-butene e il 2-butene sono isomeri di posizione perché differiscono per la posizione del doppio legame. Il cis-2-pentene e il trans-2-pentene sono isomeri geometrici.

Non si ha isomeria cis-trans quando allo stesso carbonio sp^2 sono legati due sostituenti uguali.

12.3.2 | Alcheni polifunzionali: i dieni

Gli alcheni polifunzionali contengono più di un doppio legame nella molecola. I più semplici sono i *dieni*, contenenti due doppi legami e aventi formula generale C_nH_{2n-2}.
In base alla loro posizione relativa i due doppi legami possono essere:

- *cumulati* (o *alleni*): adiacenti lungo la catena → $-\overset{|}{C}=C=\overset{|}{C}-$
- *isolati*: separati da più di un legame semplice → $-\overset{|}{C}=\overset{|}{C}-\underset{|}{\overset{|}{C}}-\overset{|}{C}=\overset{|}{C}-$
- *coniugati*: separati da un solo legame semplice → $-\overset{|}{C}=\overset{|}{C}-\overset{|}{C}=\overset{|}{C}-$

I composti contenenti doppi legami coniugati presentano il fenomeno della *risonanza*, quindi per ognuno di questi composti si possono scrivere diverse forme limite di risonanza. Nessuna delle forme limite di risonanza descrive completamente la struttura del composto considerato, che è in realtà "intermedia" fra quelle rappresentate dalle diverse forme limite. Ciò accade perché gli elettroni π dei doppi legami coniugati sono delocalizzati, fenomeno che rende la molecola più stabile (meno reattiva; si veda § 4.6).

Per l'1, 3-butadiene si possono scrivere tre forme limite di risonanza:

$$\overset{\oplus}{C}H_2-CH=CH-\overset{\ominus}{C}H_2 \leftrightarrow CH_2=CH-CH=CH_2 \leftrightarrow \overset{\oplus}{C}H_2-CH=CH-\overset{\ominus}{C}H_2$$

La risonanza è determinata dalla delocalizzazione dei quattro elettroni dei due legami π sull'intera molecola.↔

12.4 | Alchini

- Gli alchini sono idrocarburi alifatici insaturi;
- hanno formula generale C_nH_{2n-2} (con $n \geq 2$);
- la desinenza caratteristica della classe è *-ino*;
- contengono uno o più tripli legami $C \equiv C$ (formati da un legame σ e due legami π);
- il *triplo legame* è considerato il *gruppo funzionale* degli alchini.

L'alchino più semplice è l'etino ($CH \equiv CH$), chiamato comunemente anche acetilene.

Il legame triplo

I due atomi di carbonio impegnati in un legame covalente triplo $C \equiv C$ sono sempre ibridati *sp* e possiedono perciò due orbitali ibridi equivalenti *sp* e due orbitali *p* puri.
Quando due atomi di carbonio ibridati *sp* si avvicinano a sufficienza, uno dei due orbitali ibridi *sp* di ciascun atomo di carbonio si sovrappone frontalmente a un orbitale *sp* dell'altro originando un legame σ, mentre i due orbitali *p* puri di uno si sovrappongono lateralmente ai due orbitali *p* dell'altro originando due legami π.

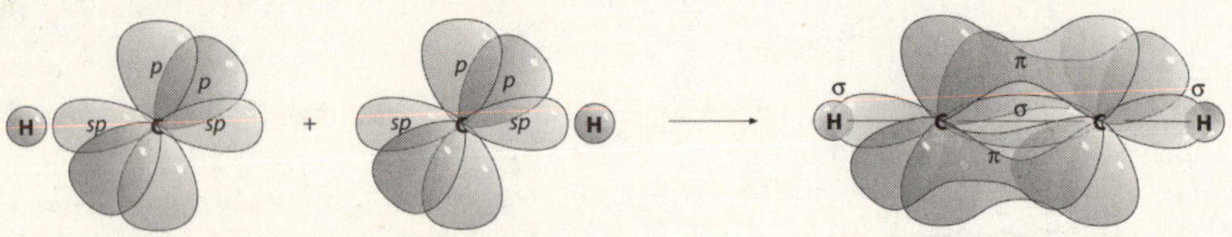

Nell'etino (o acetilene, $CH \equiv CH$) ciascun atomo di carbonio utilizza uno dei due orbitali ibridi *sp* e i due orbitali *p* puri per legarsi all'altro mediante un legame σ e due legami π; gli orbitali ibridi *sp* rimanenti (uno per ciascun atomo) si sovrappongono a due orbitali *s* di due atomi di idrogeno originando altrettanti legami σ C – H.

Il triplo legame carbonio-carbonio è sempre costituito da un legame di tipo σ e due di tipo π.

Nomenclatura e isomeria

Il nome dell'alchino deriva dal nome dell'alcano corrispondente sostituendo la desinenza *-ano* con la desinenza *-ino*; valgono per il resto le regole viste per alcani e alcheni.

Nel caso di composti organici contenenti sia un doppio che un triplo legame vi sono le seguenti regole di priorità:

- scegliere la catena principale contenente sia il doppio che il triplo legame, il composto è un ***-enino***
- numerare la catena seguendo questa scala di priorità: prima il doppio legame, poi il triplo legame e per ultimi eventuali gruppi alchilici (r-).

Stabilire il nome del composto indicato:

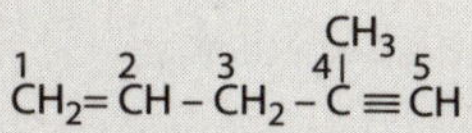

La catena principale è quella che contiene sia il doppio che il triplo legame, numerata, a 5 atomi di C. Dato che si deve numerare considerando prima il doppio legame, poi il triplo, poi il gruppo metilico, questo sarà il 4-metil-1-esen-5-ino.

A partire dal butino gli alchini presentano *isomeria di posizione* e, a partire dal pentino, *isomeria di struttura*.

$$\overset{1}{C}H \equiv \overset{2}{C} - \overset{3}{C}H_2 - \overset{4}{C}H_3$$

1 - butino

$$\overset{1}{C}H_3 - \overset{2}{C} \equiv \overset{3}{C} - \overset{4}{C}H_3$$

2 - butino

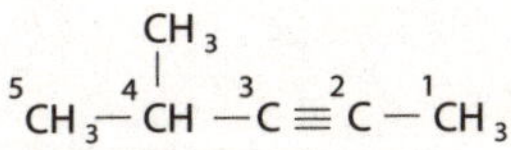

4 - metil - 2 - pentino

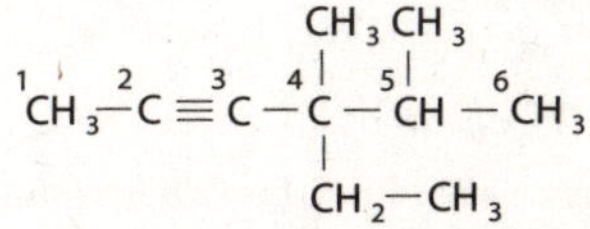

4 - etil - 4, 5 - dimetil - 2 - esino

Quanti isomeri di struttura esistono per l'esano?

L'esano è un idrocarburo formato da 6 atomi di C (prefisso *es-*) uniti da legami semplici (classe degli alcani, desinenza *-ano*). La formula bruta dell'esano è C_6H_{14}, la struttura più semplice fra quelle che si possono scrivere per la formula C_6H_{14} è quella del composto lineare, detto *normal-esano*, o *n*-esano:

$$\overset{1}{C}H_3 - \overset{2}{C}H_2 - \overset{3}{C}H_2 - \overset{4}{C}H_2 - \overset{5}{C}H_2 - \overset{6}{C}H_3$$

n-esano

Isomeri di struttura del *n*-esano sono gli alcani ramificati a 6 atomi di C che si possono ottenere dal pentano e dal butano.

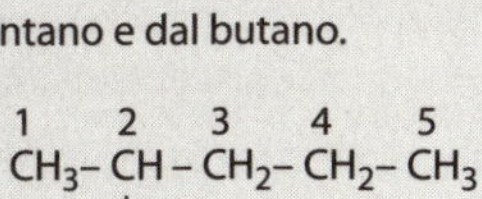

2-metilpentano

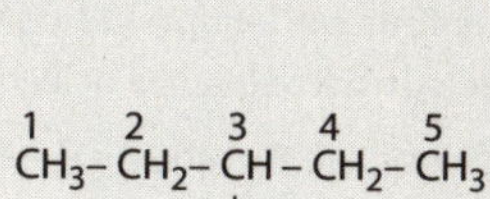

3-metilpentano

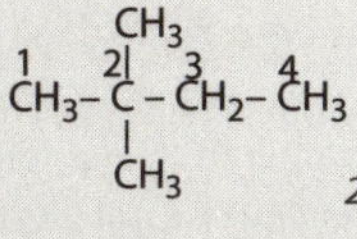

2,2-dimetilbutano

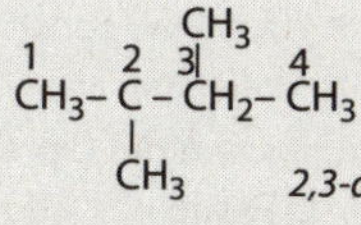

2,3-dimetilbutano

Gli isomeri di struttura dell'esano sono quindi cinque.

Scrivere la formula del 5-metil, 2-eptino.

Per scrivere la formula del *5-metil, 2-eptino* è necessario ricordare che il prefisso *ept-* indica un composto a 7 atomi di C mentre la desinenza *-ino* è propria degli alchini, idrocarburi contenenti almeno un legame triplo C≡C.
In questo composto il legame triplo si trova in corrispondenza del C 2, mentre un gruppo metilico (CH_3–) è legato al C 5, la formula sarà quindi:

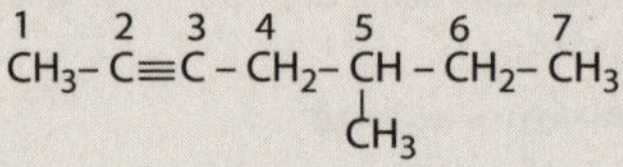

Scrivere le formule *cis* e *trans* del 2-pentene.

Il 2-pentene è un composto a 5 atomi di C contenente un doppio legame C=C in corrispondenza del C 2. A causa della presenza del doppio legame C=C che impedisce la libera rotazione dei gruppi attorno all'asse del legame, negli alcheni esistono gli *isomeri geometrici*, che differiscono per la disposizione dei gruppi sostituenti (o dei gruppi –CH_3) in rapporto al legame C=C.
Nell'isomero *cis-* i due gruppi sostituenti sono adiacenti, mentre nell'isomero *trans-* sono opposti. Nel caso proposto le formule saranno:

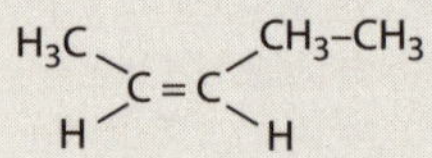

cis-2-pentene

e

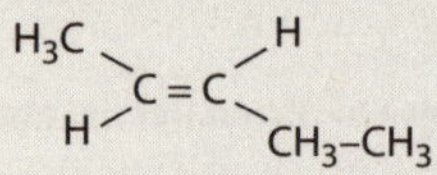

trans-2-pentene

12.5 | Proprietà fisiche degli idrocarburi alifatici

Gli idrocarburi sono composti molecolari apolari, insolubili in acqua.

Poiché H e C hanno valori di elettronegatività simili e intermedi nella scala di elettronegatività, i legami C – C e C – H sono legami covalenti puri. Pertanto le molecole sono apolari e non esistono né interazioni dipolo-dipolo né, tantomeno, legami a idrogeno. Le uniche interazioni intermolecolari possibili sono le forze di Van der Waals. In conseguenza della mancanza di polarità, quindi, gli idrocarburi:

- sono pressoché *insolubili in acqua* e *solubili nei solventi organici apolari* tra cui etere, benzene e cloroformio;
- sono generalmente *meno densi dell'acqua*;
- hanno *basso punto di fusione ed ebollizione*. Poiché all'aumentare del numero degli atomi di carbonio aumenta il numero delle interazioni di Van der Waals, i valori del punto di fusione e di ebollizione aumentano all'aumentare dei C presenti nella molecola. A temperatura ambiente, infatti, i primi quattro alcani (C_1-C_4) sono gas, i dodici seguenti (C_5-C_{16}) sono liquidi e dal diciassettesimo in poi sono solidi.

La tabella seguente mostra i punti di ebollizione di alcuni dei più semplici alcani, alcheni e alchini.

n° C	Alcani	p.eb. (°C)	Alcheni	p.eb. (°C)	Alchini	p.eb. (°C)
1	metano	– 162		–		
2	etano	– 88,5	etene	– 102	etino	– 75
3	propano	– 42	propene	– 48	propene	– 23
4	*n*-butano	0	1-butene	– 6,5	1-butene	9
5	*n*-pentano	36	1-pentene	30	1-pentino	40
6	*n*-esano	69	1-esene	63,5	1-esino	72
10	*n*-decano	174	1-decene	171	1-decino	182

12.6 | Proprietà chimiche e reazioni degli alcani

Gli alcani, detti anche *paraffine* (dal latino *parum affinis* = poco reattivo) sono caratterizzati da una bassissima reattività chimica, non vengono attaccati da acido nitrico bollente, o acido solforico concentrato. Questo è dovuto al fatto che i legami C – C e C – H sono legami forti, assai poco polarizzati per la scarsa differenza di elettronegatività tra H e C (pari a 0,4).

Data la scarsa reattività, tutte le reazioni degli alcani avvengono in condizioni drastiche (presenza di un catalizzatore e/o di calore) e sono inoltre altamente aspecifiche, cioè tutti i legami C – C o C – H sono perfettamente equivalenti e non vi è una posizione della molecola che reagisce preferenzialmente rispetto alle altre.

Le principali reazioni chimiche cui danno luogo gli alcani sono: *alogenazione*, *combustione* e *deidrogenazione*.

Alogenazione radicalica

È una reazione di sostituzione nella quale uno o più atomi di idrogeno vengono sostituiti da altrettanti atomi di alogeno (cloro, bromo o fluoro); i prodotti della reazione sono un *alogenuro alchilico* (indicato con la formula generale R – X, dove R = gruppo alchilico e X = alogeno) e l'acido alogenidrico corrispondente. La reazione generale è:

$$R-H + X_2 \xrightarrow[\text{o calore}]{\text{luce U.V.}} R-X + HX$$

La reazione porta spesso a miscele di prodotti alogenati, a diversi livelli di sostituzione; i prodotti ottenuti hanno punti di ebollizione diversi e possono essere separati per distillazione frazionata.

$$CH_4 + n\,Cl_2 \xrightarrow{\text{calore o luce}} \left\{\begin{array}{ll} CH_3Cl & \text{(clorometano)} \\ CH_2Cl_2 & \text{(diclorometano)} \\ CHCl_3 & \text{(cloroformio)} \\ CCl_4 & \text{(tetracloruro di carbonio)} \end{array}\right. + n\,HCl$$

cloroderivati (dai prodotti alogenati) — acido cloridrico (da $n\,HCl$)

Scrivere la formula di struttura del tetraclorometano.

Il tetraclorometano (chiamato anche tetracloruro di carbonio) appartiene alla classe degli alogenuri alchilici; deriva dal metano (CH_4) per sostituzione di tutti e quattro gli atomi di H con altrettanti atomi di Cl. La formula bruta sarà quindi CCl_4, mentre la formula di struttura è quella a lato.

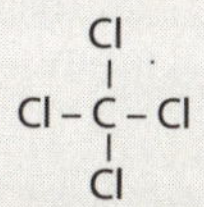

Combustione

È una reazione di ossidazione in cui l'idrocarburo (combustibile) reagisce con l'ossigeno (comburente) a dare anidride carbonica e acqua secondo la reazione generale:

$$C_nH_{2n+2} + \frac{3n+1}{2}\ O_2 \rightarrow n\ CO_2 + (n+1)\ H_2O + \text{calore}$$

La reazione è fortemente esotermica, ma a temperatura ambiente non avviene spontaneamente e deve essere innescata, perché caratterizzata da un'elevata energia di attivazione. Se la combustione avviene in difetto di ossigeno, oltre all'anidride carbonica, si ottengono anche monossido di carbonio (CO), altamente tossico, e altri composti di ossidazione parziale.

Deidrogenazione

Con la reazione di deidrogenazione degli alcani vengono eliminate molecole di idrogeno, producendo composti insaturi (alcheni e alchini), per esempio:

$$\underset{\text{etano}}{CH_3{-}CH_3} \rightarrow H_2 + \underset{\text{etene}}{CH_2{=}CH_2}$$

Cracking

È una reazione di frammentazione di una catena idrocarburica lunga in frammenti più piccoli, condotta ad alta temperatura ed eventualmente in presenza di catalizzatori. Il *cracking* dà luogo a una miscela di prodotti derivanti dalla frammentazione della molecola di partenza in diversi punti.

Il processo si effettua sui residui della distillazione frazionata del petrolio (idrocarburi ad alto PM, § 12.10) per aumentare la resa in benzine e idrocarburi a basso PM.

$$CH_3-(CH_2)_n-CH_2-CH_2-CH_2-(CH_2)_m-CH_3 \xrightarrow{\text{calore (+ cataliz.)}}$$

$$\longrightarrow \underset{\text{alchene}}{CH_3-(CH_2)_n-CH=CH_2} + \underset{\text{alcano}}{CH_3-(CH_2)_m-CH_3}$$

12.7 | Proprietà chimiche e reazioni degli alcheni

Oltre alle reazioni degli alcani, gli alcheni danno reazioni specifiche dovute alla presenza del doppio legame, che ne rappresenta il gruppo funzionale e li rende più reattivi. La fragilità del legame π rende disponibili due elettroni *p* che vengono utilizzati per legare un reagente elettrofilo.

La reazione caratteristica degli alcheni è la reazione di addizione al doppio legame. Si tratta in genere di un'**addizione elettrofila,** che avviene con il seguente meccanismo:

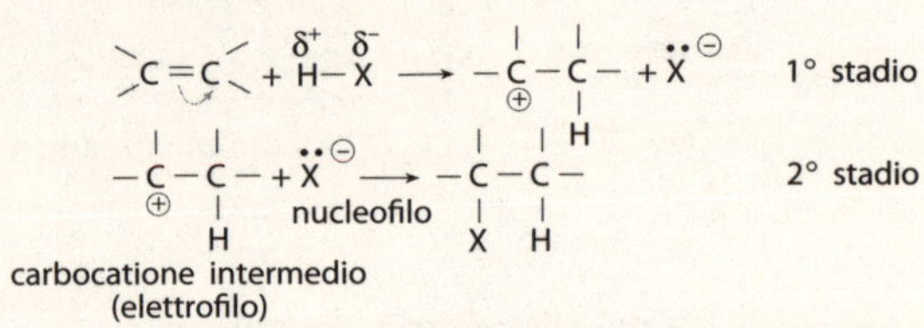

La fragilità del legame ¼ rende disponibili due elettroni p che vengono utilizzati per legare inizialmente un reagente elettrofilo (H^+). Si forma così un carbocatione intermedio (a sua volta elettrofilo) molto reattivo che "aggancia" facilmente un reagente nucleofilo (X^-).

Le reazioni di addizione prendono nomi diversi in base al tipo di reagente addizionato.

- **Idrogenazione**

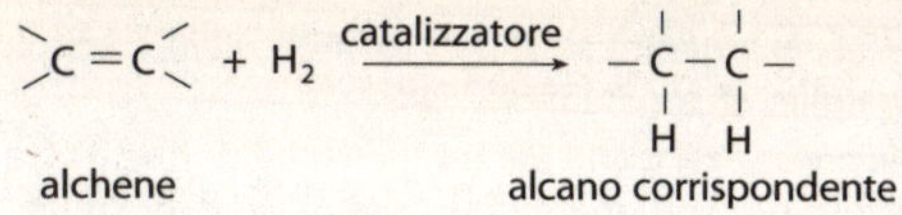

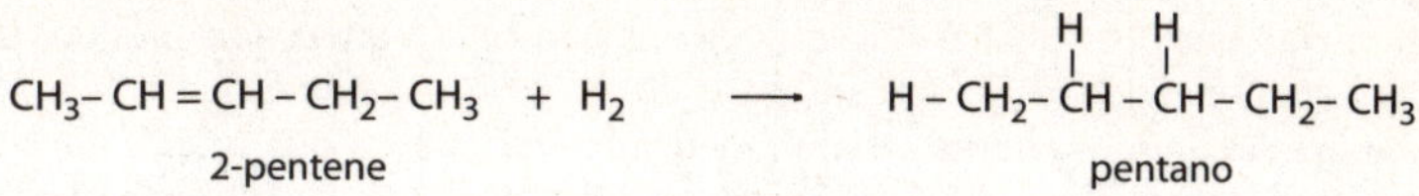

- **Alogenazione**

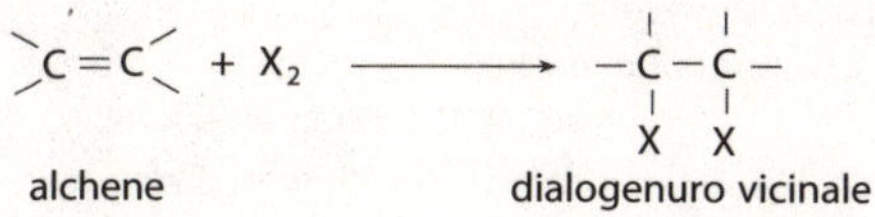

- **Idratazione**

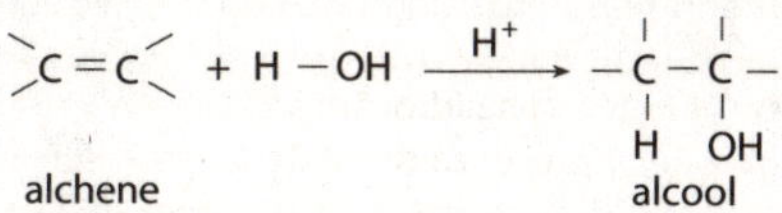

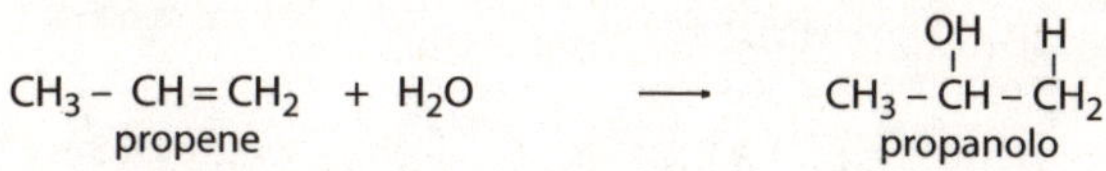

- **Addizione di acidi alogenidrici**

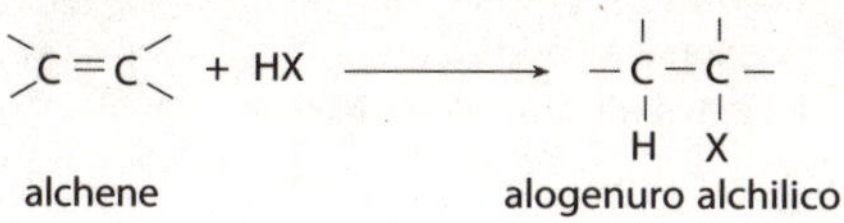

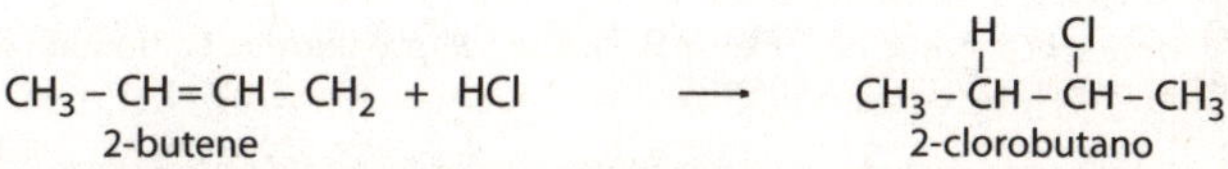

Orientamento dell'addizione: la regola di Markovnikov

Nell'addizione di un reagente $\overset{\delta^-}{A} - \overset{\delta^+}{B}$ a un alchene asimmetrico l'atomo nucleofilo va a legarsi all'atomo di carbonio più sostituito, mentre l'atomo elettrofilo a quello che lega più atomi di idrogeno (meno sostituito). Questo andamento è dovuto al fatto che la reazione comporta la formazione di un intermedio carbocationico e il carbocatione si forma preferibilmente sull'atomo di carbonio più sostituito, poiché esso è stabilizzato dai gruppi alchilici per effetto induttivo.

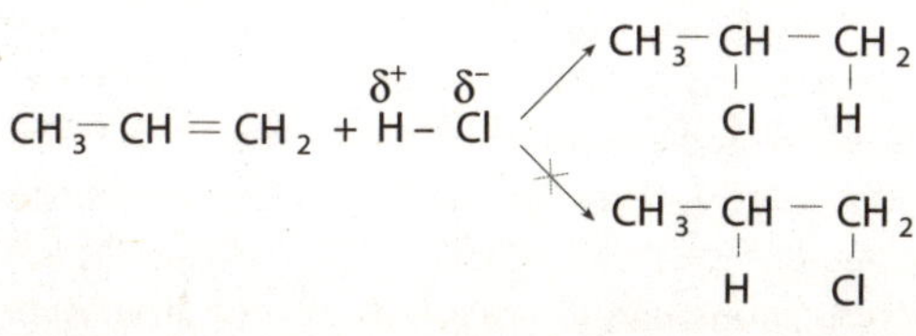

12.7.1 | Polimerizzazione

Un *polimero* è una grossa molecola organica ad alto peso molecolare, costituita dalla ripetizione di un numero enorme di unità più semplici, chiamate *monomeri*.

Attualmente sono disponibili diverse tecniche per ottenere polimeri artificiali di vario tipo. In base al metodo di preparazione si distinguono fondamentalmente due tipi di polimeri:

- **polimeri di addizione**: ottenuti mediante una serie di reazioni di addizione a catena (poliaddizione), ciascuna delle quali è innescata da una particella reattiva e ne produce una simile. La particella reattiva è in genere un radicale libero, un anione o un catione;
- **polimeri di condensazione**: ottenuti mediante reazione tra due gruppi funzionali diversi di due monomeri (che devono essere per lo meno bifunzionali) con eliminazione di una molecola piccola, generalmente acqua.

I polimeri possono essere lineari o ramificati.

In base al tipo di monomero si distinguono inoltre:

- *omopolimeri*: formati da monomeri uguali;
- *copolimeri (o eteropolimeri)*: formati da monomeri diversi.

I copolimeri possono essere a loro volta:

- *alternati*: se i monomeri si ripetono secondo una sequenza regolare;
- *irregolari*: se i monomeri si alternano secondo una sequenza casuale.

— XXXXXX —
omopolimero lineare

— XXX —
|
— XXXXXXX —
omopolimero ramificato

— XYXYXYXYXY —
copolimero alternato

— XXXYXYYXXYX —
copolimero irregolare

Alcheni e alchini, suscettibili di reazioni di addizione, sono ottime materie prime per la sintesi di polimeri attraverso le reazioni di polimerizzazione per addizione.

Una reazione di polimerizzazione viene indicata dall'equazione:

$$R - CH_2CH_2\cdot + nCH_2 = CH_2 \rightarrow R - (CH_2CH_2)n - CH_2CH_2\cdot$$

Esistono sia polimeri naturali (caucciù, gomma) che artificiali (polietilene, PVC), cioè sostanze che non esistono in natura ma sono state "inventate" e prodotte dall'uomo. Questi ultimi (come polietilene e PVC) derivano dalla polimerizzazione di alcheni.

Polimero	Monomero
Naturali	
amido e glicogeno	α-glucosio
cellulosa	β-glucosio
proteine (copolimeri)	amminoacidi
acidi nucleici (copolimeri)	nucleotidi
caucciù (gomma naturale)	isoprene (2-metilbutadiene)
Artificiali	
polietilene (PE)	etilene
polivinilcloruro (PVC)	cloruro di vinile
polistirene (o polistirolo)	stirene
polipropilene	propilene
politetrafluoroetilene (Teflon)	tetrafluoroetilene
neoprene	2-clorobutadiene

La **prima materia plastica sintetica è stata la celluloide**, nome commerciale di un polimero chiamato anche nitrato di cellulosa, ottenuto nel 1869 da John Wesley. La celluloide è stata utilizzata per la fabbricazione di numerosi oggetti (per esempio giocattoli e articoli sanitari) e come supporto per le pellicole cinematografiche. Attualmente è stata in gran parte sostituita da altri materiali, a causa della sua elevata infiammabilità.

La **bakelite** è un materiale plastico che deriva dalla polimerizzazione di fenolo e formaldeide. Molto usata dagli anni Venti agli anni Cinquanta del Novecento, per oggetti come i telefoni, i cruscotti delle auto e anche per bigiotteria, oggi è stata in gran parte sostituita da altri materiali.

12.8 | Proprietà chimiche e reazioni degli alchini

La presenza del triplo legame conferisce agli alchini proprietà chimiche simili a quelle degli alcheni: gli alchini danno infatti reazioni di **addizione**. Se a una mole di alchino viene addizionata una mole di reagente si ottiene un prodotto insaturo (un alchene); se le moli aggiunte sono due si ottiene invece un prodotto saturo (un alcano).

- **Idrogenazione**

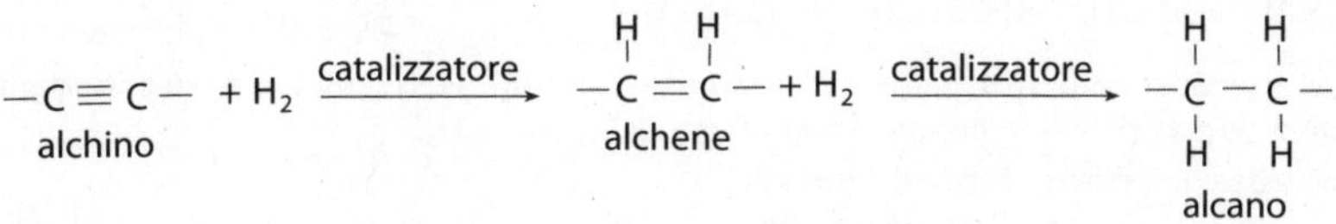

- **Alogenazione**

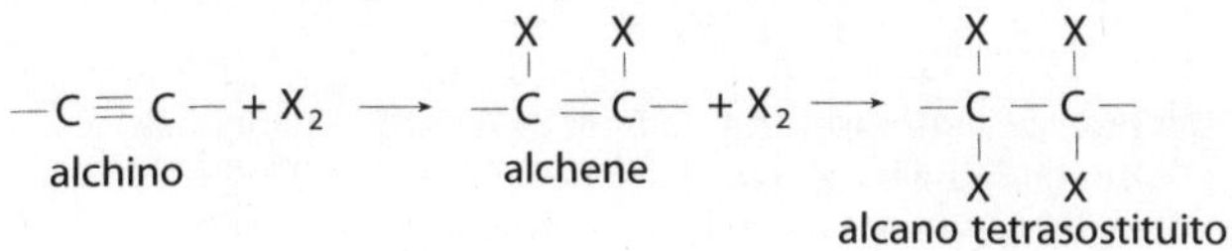

- **Addizione di acidi alogenidrici**

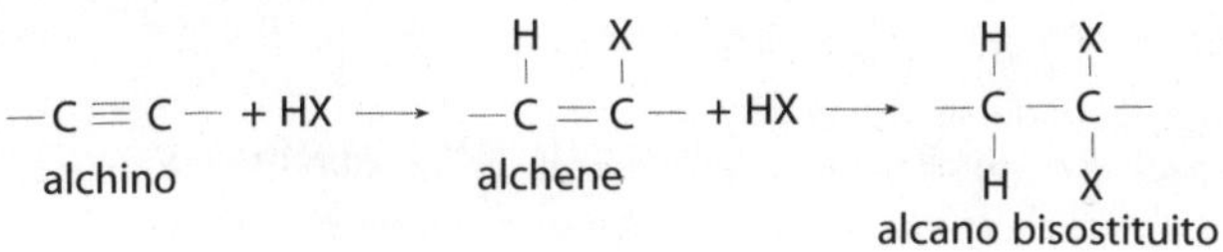

- **Idratazione**[1]

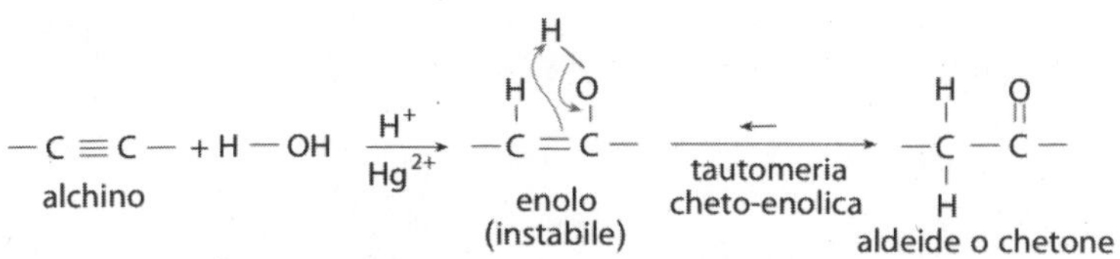

1. La *tautomeria cheto-enolica* è un caso particolare di isomeria strutturale, manifestato da aldeidi e chetoni (si veda § 13.4), in cui due isomeri (detti tautomeri) si interconvertono tra loro attraverso lo spostamento reversibile di un atomo di idrogeno dal carbonio adiacente al carbonile (*forma cheto*) all'ossigeno carbonilico (*forma enolica*). I due *tautomeri* sono due specie chimiche differenti, con proprietà chimiche e fisiche diverse, in equilibrio tra loro.

Interconversioni tra idrocarburi alifatici

ALCANI (Es.: Etano) ⇄ ALCHENI (Es.: Etilene) ⇄ ALCHINI (Es.: Acetilene)

(idrogenazione ←, deidrogenazione →)

Quale prodotto si forma quando una mole di 1-pentino reagisce con una mole di H_2?

L'1-pentino è un alchino a 5 atomi di C, con il legame triplo in corrispondenza del C 1; la reazione di questo composto con H_2 è una reazione di addizione in cui si rompe il legame triplo e si formano legami C – H. La reazione di una mole di pentino con una mole di H_2 produce una mole dell'alchene corrispondente, l'1-pentene, nel modo seguente:

$$\underset{\text{1-pentino}}{H-C\equiv C-CH_2-CH_2-CH_3} + H_2 \rightarrow \underset{\text{1-pentene}}{H-\overset{H}{\overset{|}{C}}=\overset{H}{\overset{|}{C}}-CH_2-CH_2-CH_3}$$

La reazione con un'ulteriore mole di H_2 produrrebbe l'alcano corrispondente, il pentano.

12.9 | Idrocarburi aromatici

I composti aromatici sono particolari idrocarburi ciclici insaturi. Il più semplice e più importante idrocarburo aromatico è il *benzene* (o benzolo) la cui formula bruta è C_6H_6.

Il benzene è un composto ciclico a sei atomi di carbonio in cui l'alternanza di legami semplici e doppi fa si che si realizzi una delocalizzazione degli elettroni di legame π su tutta la molecola (§ 4.6).

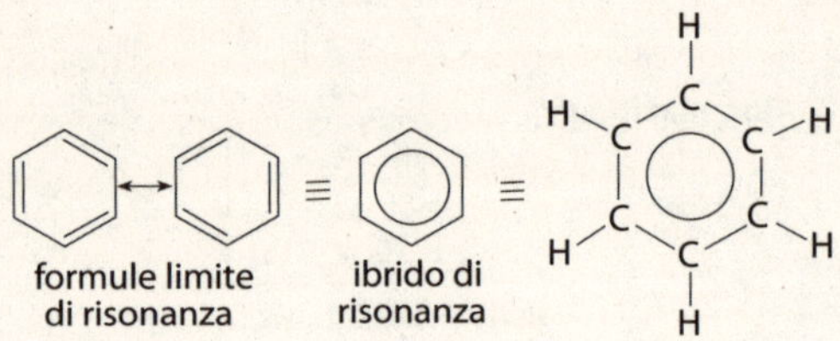

Il benzene viene considerato un ibrido di risonanza tra due forme limite. La delocalizzazione degli elettroni π si rappresenta nella formula con un cerchio interno all'esagono e conferisce alla molecola una particolare stabilità.

Dal punto di vista chimico, infatti, il comportamento del benzene è molto più simile a quello di un idrocarburo saturo che a quello di un triene ciclico: non dà reazioni spontanee di addizione (che determinano la rottura della struttura aromatica), bensì di *sostituzione*.

Un composto è considerato aromatico se:

- presenta sopra e sotto il piano della molecola una nuvola ciclica di elettroni π delocalizzati;
- contiene 4n + 2 elettroni π, dove n = 1, 2, 3 ecc. (**regola di Hückel**).

12.9.1 | Derivati del benzene

Il benzene viene considerato il precursore della serie degli idrocarburi aromatici derivati formalmente sostituendo uno o più atomi di idrogeno dell'anello con altrettanti radicali alchilici o gruppi funzionali. Se il sostituente è un gruppo alifatico (saturo o insaturo) si ottengono gli *areni*.

Derivati monosostituiti

Per la nomenclatura dei derivati monosostituiti è indifferente dove si forma il legame, dato che tutte le posizioni sono equivalenti; di solito non si utilizzano i nomi IUPAC ma i nomi comuni.

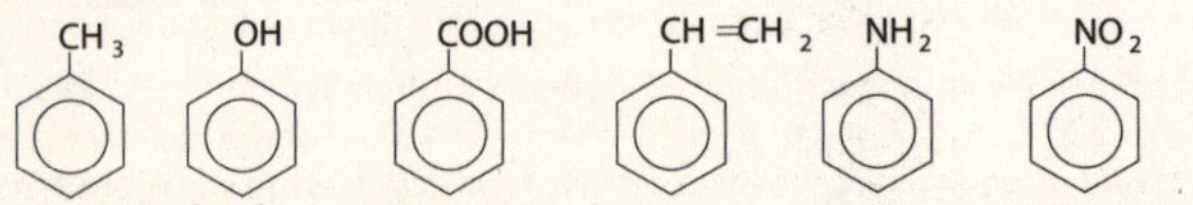

toluene fenolo acido benzoico stirene anilina nitrobenzene

I derivati monosostituiti sono indicati anche con il simbolo Ar– o Ph– (arile o fenile), corrispondente al gruppo C_6H_5–, derivato formalmente dal benzene per perdita di un atomo di idrogeno.

Ar – OH o Ph – OH = fenolo; Ar – NH_2 o Ph – NH_2 = anilina;
Ar – CH_3 o Ph – CH_3 = toluene; Ar – COOH o Ph – COOH = acido benzoico.

Derivati bisostituiti

Quando sono presenti due sostituenti, bisogna indicare la loro posizione reciproca sull'anello. Si possono utilizzare due sistemi:

- indicare la posizione dei sostituenti numerando gli atomi di carbonio dell'anello a partire da uno di quelli che reca un sostituente;
- indicare la posizione del secondo sostituente rispetto al primo con i prefissi *orto* (sostituenti in posizione 1,2), *meta* (sostituenti in 1,3) e *para* (sostituenti in 1,4).

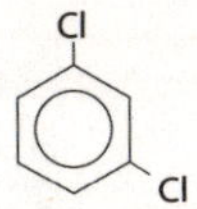

1,3 - diclorobenzene o *meta* - diclorobenzene

1,4 - diclorobenzene o *para* - diclorobenzene

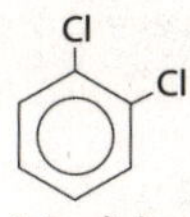

1,2 - diclorobenzene o *orto* - diclorobenzene

Derivati trisostituiti e polisostituiti

Per i derivati polisostituiti la posizione dei sostituenti si indica mediante la numerazione degli atomi di carbonio dell'anello in modo che a uno di essi sia assegnato il numero 1 e che gli altri due ricevano il numero più basso possibile

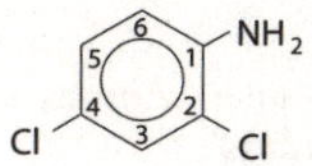

1 - ammino - 2, 4 - diclorobenzene o 2, 4 - dicloroanilina

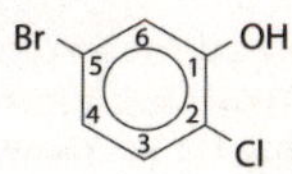

2 - cloro - 5 - bromo fenolo

Idrocarburi aromatici ad anelli condensati

Possono essere considerati derivati del benzene anche i composti aromatici policiclici formati da due o più anelli benzenici condensati o concatenati.

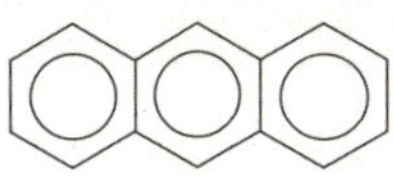
antracene

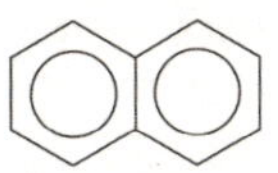
naftalene

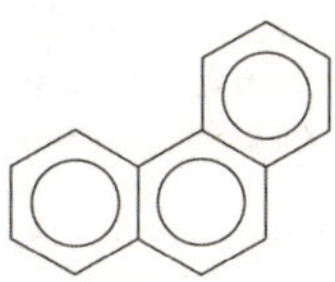
fenantrene

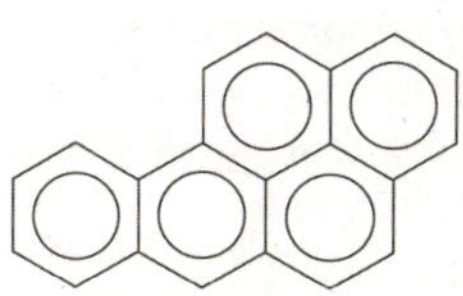
benzopirene

La **naftalina** il cui nome corretto è naftalene, è una sostanza utilizzata come insetticida, in particolare contro le tarme. Si tratta di un idrocarburo aromatico policiclico, la cui formula è riportata nel box precedente.
L'esposizione eccessiva a questa sostanza provoca la distruzione dei globuli rossi e causa sintomi di nausea, vomito e diarrea; è inoltre sospettata di avere effetto cancerogeno.

12.9.2 | Proprietà fisiche degli idrocarburi aromatici

Gli idrocarburi aromatici sono composti apolari e hanno quindi proprietà fisiche analoghe a quelle degli altri idrocarburi:

- sono insolubili in acqua e solubili nei più comuni solventi organici apolari;
- sono meno densi dell'acqua;
- il punto di fusione e quello di ebollizione aumentano all'aumentare del numero di atomi di carbonio della molecola;
- a temperatura ambiente il benzene e i suoi analoghi sono liquidi, mentre i derivati policiclici sono in genere solidi aventi tendenza a sublimare.

12.9.3 | Proprietà chimiche degli idrocarburi aromatici

La presenza della nuvola di elettroni π delocalizzati rende il benzene un centro ricco di elettroni che si comporta come un *reagente nucleofilo (base di Lewis)* e tende quindi a reagire con i reagenti elettrofili (acidi di Lewis). Contrariamente agli idrocarburi insaturi, però, il benzene e i suoi derivati non danno reazioni di addizione elettrofila, bensì di **sostituzione elettrofila**.

Tali reazioni consentono il mantenimento del sestetto aromatico e avvengono secondo il seguente meccanismo:

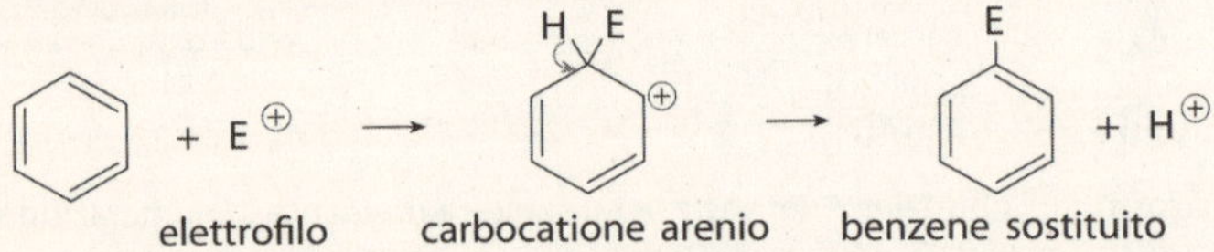

La reazione avviene in due stadi: nel primo si forma un *carbocatione arenio* intermedio, nel secondo l'espulsione dello ione H^+ permette alla coppia elettronica del legame C – H di ripristinare il sestetto aromatico.

La carica positiva nel carbocatione arenio è in realtà delocalizzata sull'intero anello. Tale intermedio è quindi un ibrido di risonanza tra tre forme limite così rappresentabili:

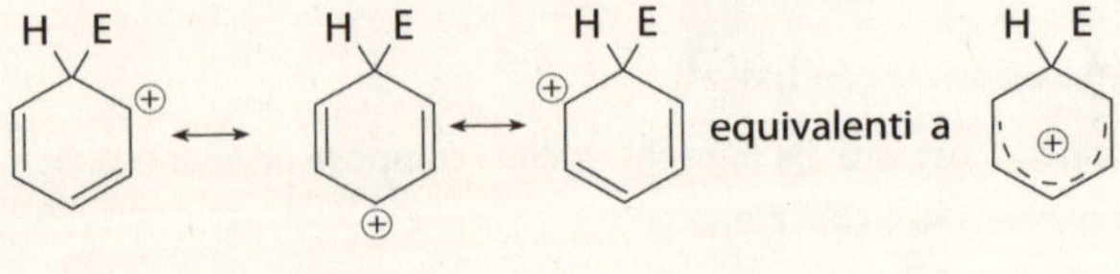

La reazione di sostituzione elettrofila è una delle reazioni di sintesi più importanti della chimica organica e prende nomi diversi a seconda del reagente inserito.

Se il reagente non è di per sé un elettrofilo, occorre utilizzare un catalizzatore in grado di renderlo tale.

Reazioni di questo tipo sono, per esempio, la nitrazione e l'alogenazione. La prima è la reazione con acido nitrico (presente in miscela con acido solforico), che ha come risultato la sostituzione di un atomo di idrogeno con un gruppo NO_2; la seconda è la reazione con un cloruro, che porta alla sostituzione di un atomo di idrogeno del benzene con un atomo di cloro.

Nitrazione e alogenazione

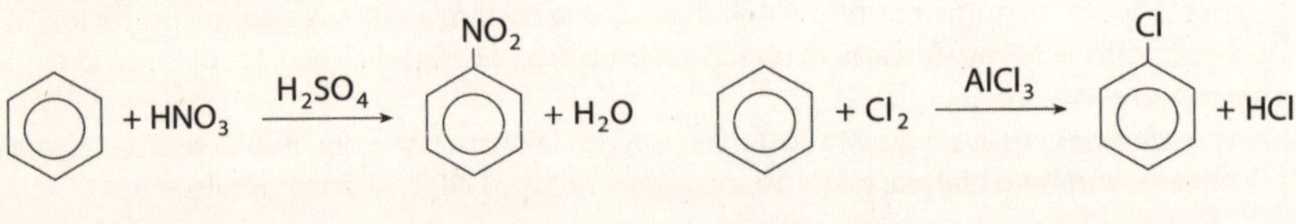

Effetto dei sostituenti sulla reattività e sull'orientamento della sostituzione

Nelle reazioni di sostituzione elettrofila aromatica sul benzene monosostituito non si ottengono tutti e tre gli isomeri possibili perché la natura del primo sostituente influenza molto la posizione in cui si lega il secondo, oltre a influenzare la velocità di reazione.

Si distinguono:

Rispetto all'orientamento	gruppi **orto-para orientanti**
	gruppi **meta orientanti**
Rispetto alla velocità di reazione	gruppi **attivanti**: creano sull'anello benzenico una maggior densità elettronica, aumentandone la reattività (sono in genere gruppi elettrondonatori)
	gruppi **disattivanti**: impoveriscono l'anello di elettroni diminuendone la reattività (in genere elettronattrattori)

In generale, i gruppi orto-para orientanti sono attivanti, mentre quelli meta-orientanti sono disattivanti.

Effetto	Orientamento	Gruppo
attivante forte	orto-para	$-NH_2$; $-OH$
attivante medio	orto-para	$-NHCOCH_3$; $-OR$
attivante debole	orto-para	$-R$; $-Ar$
disattivante forte	meta	$-NO_2$; $-NR_3^+$; $-NH_3^+$
disattivante medio	meta	$-COOH$; $-COOR$; $-CN$; $-CHO$; $-SO_3H$;
disattivante debole	orto-para	$-F$; $-Cl$; $-Br$; $-I$

12.10 | Petrolio

Il petrolio è una miscela di idrocarburi alifatici (alcani lineari e ciclici, alcheni e alchini) e aromatici, mono e policiclici.

Il petrolio greggio estratto dal sottosuolo non è utilizzabile come tale e deve essere sottoposto a *distillazione frazionata* in speciali colonne di distillazione nelle raffinerie. Da tale processo si ottengono varie frazioni a diverso punto di ebollizione e PM, principalmente gas di petrolio (metano, etano, propano e butano), benzina e nafta, cherosene, gasolio e un residuo "pesante" formato da una miscela di idrocarburi ad alto punto di ebollizione.

Frazione	P. eb. (°C)	Numero di atomi di C
gas di petrolio	< 40	1-4
benzina e nafta	40-170	5-10
cherosene	170-250	10-15
gasolio leggero	250-320	15-20
gasolio pesante	300-350	20-25
residuo	oltre 350	oltre 25

Il gasolio pesante viene poi sottoposto a cracking (§ 12.6) per ottenere molecole più semplici (oli leggeri e idrocarburi gassosi) e aumentare la resa in benzina. Sul residuo pesante si effettua invece un processo di distillazione sottovuoto che permette di ottenere oli carburanti, oli lubrificanti e bitumi.

Test di verifica

1 **Il petrolio è:**

A un idrocarburo particolare
B una miscela di composti inorganici
C una miscela di idrocarburi
D una soluzione di benzene
E una miscela di alcani diversi

2 **Quale fra i seguenti composti è l'etano?**

A CH_4
B C_2H_2
C C_2H_4
D C_2H_6
E C_3H_8

3 **Quale, tra i seguenti composti, presenta isomeria cis-trans?**

A 2-butene
B Ciclopentadiene
C Propene
D Etene
E 1-butene

4 **Che tipo di reazione danno gli alcani?**

A Sostituzione nucleofila
B Addizione elettrofila
C Sostituzione elettrofila
D Sostituzione radicalica
E Non danno nessuna reazione

5 **Come si chiama il gruppo alchilico che ha formula $-CH_2CH_2CH_3$?**

A Propano
B Propene
C Propanale
D Propino
E Propile

6 **Un composto organico con formula bruta C_6H_6 può essere:**

A il benzene
B il dimetilciclobutano
C il metilpentano
D il dimetilbutano
E l'esano

7 **Soltanto una delle seguenti affermazioni a proposito del benzene è ERRATA. Quale?**

- A I sei atomi di carbonio si trovano ai vertici di un esagono regolare
- B La molecola contiene quattro elettroni *p* in orbitali non ibridati
- C Gli atomi di carbonio sono ibridati sp^2
- D La molecola contiene sei elettroni *p* in orbitali non ibridati
- E Gli angoli di legame sono di circa 120°

8 **Per quanti atomi di idrogeno il benzene differisce dal cicloesano?**

- A 5
- B 6
- C 4
- D 3
- E 2

9 **Il cicloesene:**

- A possiede atomi di C ibridati *sp*
- B possiede tutti i carboni ibridati sp^2
- C presenta carattere aromatico
- D è costituito da 6 atomi di C e 4 atomi di H
- E dà facilmente reazioni di addizione

10 **Quanti atomi di idrogeno sono presenti in una molecola di ciclopentadiene?**

- A 6
- B 10
- C 8
- D 7
- E 9

11 **Il benzene, in presenza di opportuni catalizzatori, reagisce con l'acido nitrico, con il cloro e con il clorometano; si tratta, in tutti e tre i casi, di reazioni di:**

- A sostituzione nucleofila
- B sostituzione elettrofila
- C sostituzione radicalica
- D addizione elettrofila
- E addizione nucleofila

12 **Tra i seguenti solventi organici, indicare quello più clorurato:**

- A cloroformio
- B clorobenzene
- C diclorometano
- D cloruro di metile
- E para-di-clorobenzene

Soluzioni e commenti

---

1 Il termine petrolio non indica uno specifico idrocarburo, bensì una miscela di idrocarburi alifatici e aromatici, la risposta esatta è quindi la **C**.

---

2 L'etano è un alcano (idrocarburo saturo) a due atomi di carbonio. Poiché la formula generale degli alcani è C_nH_{2n+2}, si deduce che la formula di questo composto è C_2H_6; risposta **D**.

---

3 Gli isomeri cis-trans, o isomeri geometrici, sono composti che hanno la stessa formula bruta, stessa concatenazione degli atomi ma diversa disposizione dei gruppi, non sono speculari e non si possono trasformare uno nell'altro senza rottura di legami.

Generalmente contengono doppi legami (che impediscono la rotazione dei gruppi) e un esempio è il 2-butene, la cui formula è riportata a lato, nei due isomeri, cis e trans. La **A** è la risposta corretta.

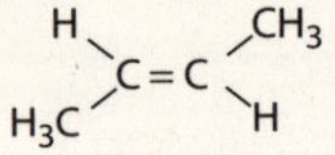

trans-2 butene

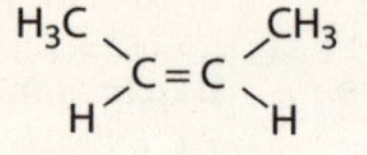

cis-2 butene

---

4 Le reazioni tipiche degli alcani (composti caratterizzati da una bassissima reattività chimica) sono reazioni di sostituzione radicalica in cui uno degli atomi di H viene sostituito da un altro elemento (per esempio un alogeno nelle reazioni di alogenazione). Il meccanismo di queste reazioni passa attraverso la formazione di un radicale libero, cioè un gruppo chimico con un elettrone spaiato, altamente reattivo. la risposta corretta è la **D**.

---

5 Il gruppo $-CH_2CH_2CH_3$ deriva da una molecola di propano ($CH_3CH_2CH_3$), quando questa perde un atomo di idrogeno trasformandosi in un gruppo propile; risposta **E**.

---

6 Per quanto riguarda i composti cui fanno riferimento le altre risposte, il dimetilciclobutano è un cicloalcano con formula bruta C_6H_{12}; il metilpentano è un alcano con formula bruta C_6H_{14}; il dimetilbutano è un alcano con formula bruta C_6H_{14}; l'esano è un alcano con formula bruta C_6H_{14}. La risposta esatta è la **A**: la formula del benzene è C_6H_6.

---

7 La molecola del benzene è formata da 6 atomi di C ibridati sp^2, legati fra loro a formare un anello esagonale, caratterizzata dal fatto che i 6 elettroni contenuti nei 6 orbitali *p* non ibridati sono delocalizzati su tutto l'anello.

In base a queste informazioni si deduce che l'unica affermazione errata (e quindi la risposta esatta al quesito) è la **B**, infatti gli elettroni negli orbitali *p* non ibridati non sono quattro ma sei.

---

8 Il benzene e il cicloesano sono due idrocarburi ciclici a 6 atomi di carbonio. Nel cicloesano però sono presenti solo legami semplici fra gli atomi di C, mentre l'anello carbonioso del benzene è una struttura aromatica, in cui una parte degli elettroni di legame sono delocalizzati su tutta la molecola. La formula bruta del cicloesano è C_6H_{12}, mentre quella del benzene è C_6H_6, i due composti differiscono quindi per 6 atomi di idrogeno; risposta **B**.

---

9 Il cicloesene non è un composto aromatico (la **C** è sbagliata) bensì un alchene ciclico a 6 atomi di carbonio; come il corrispondente composto a catena aperta (esene), il cicloesene è caratterizzato dalla presenza di un doppio legame. Confrontata a quella dell'esene (C_6H_{12}), la formula del cicloesene contiene due atomi di C in meno ed è C_6H_{10}, quindi la risposta **D** è da scartare.

Ricordiamo che il carbonio degli idrocarburi è ibridato *sp* quando forma un triplo legame, è ibridato sp^2 quando forma un doppio legame ed è ibridato sp^3 quando forma solamente legami semplici, il cicloesene quindi contiene due atomi di C ibridati sp^2, e quattro atomi ibridati sp^3, per cui sia la risposta **A** che la **B** sono sbagliate. La risposta corretta è la **E**, infatti il composto considerato, come gli altri alcheni, dà facilmente reazioni di *addizione*, in cui si rompe il doppio legame e due nuovi atomi entrano a far parte della molecola.

---

10 Il ciclopentadiene, la cui formula è indicata a fianco, è un idrocarburo ciclico a 5 atomi di C (*penta-*), con 2 doppi legami (*-diene*). La formula generale di un alchene monoinsaturo è C_nH_{2n}, quindi il pentene avrà formula C_5H_{10}. Nel caso proposto però sono presenti 2 doppi legami e l'idrocarburo è ciclico; nel complesso mancano 4 atomi di H rispetto alla formula del pentene quindi la formula del ciclopentadiene è C_5H_6, risposta **A**.

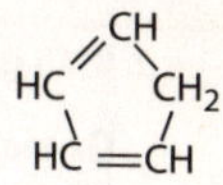

---

11 Il benzene è caratterizzato dalla presenza di elettroni delocalizzati che rendono la molecola più stabile e meno reattiva rispetto a un alchene: mentre la reazione tipica degli alcheni è l'*addizione*, permessa dalla rottura di uno o più doppi legami, il benzene dà luogo a reazioni di *sostituzione*, in cui il gruppo entrante va a sostituire uno degli atomi di idrogeno, senza rompere la struttura aromatica, le risposte **D** ed **E**, sono quindi da scartare. Poiché gli elettroni delocalizzati costituiscono una notevole "ricchezza" di elettroni, il benzene viene attaccato da reagenti di tipo elettrofilo, le reazioni proposte dal quesito sono quindi reazioni di sostituzione elettrofila, risposta **B**.

---

12 Cloroformio è il nome comunemente usato per il triclorometano ($CHCl_3$), derivato del metano in cui l'atomo di carbonio lega tre atomi di cloro; nelle molecole di clorobenzene e cloruro di metile è presente un solo atomo di cloro; nel diclorometano e nel para-di-clorobenzene sono presenti due atomi di cloro. Il composto più clorurato è quindi il cloroformio; risposta **A**.

Test di approfondimento

1 **0,75 g di un composto idrocarburico contengono 0,60 g di carbonio. (A_r: C=12,0; H=1,0)**

Quale può essere la formula molecolare del composto considerato?

A CH_4 B C_3H_8 C C_2H_6 D C_2H_4 E C_2H_3

2 **Gli isomeri di posizione nel nitroclorobenzene ($ClC_6H_4NO_2$) sono:**

A 5 B 1 C nessuno D 3 E 4

3 **Indicare quale/i affermazione/i è/sono errata/e a proposito del cicloesano.**

1. **Tutti gli atomi di C sono ibridati sp^3**
2. **La molecola è planare**
3. **Ha formula C_6H_{12}**
4. **Gli angoli di legame sono di 120 gradi**

A Solo 2

B Solo 1 e 4

C Solo 1 e 3

D Solo 1, 2 e 3

E Solo 2 e 4

Soluzioni e commenti

1 Gli idrocarburi sono formati solamente da idrogeno e carbonio. Se 0,75 g di un idrocarburo contengono 0,60 g di carbonio, i restanti 0,15 g saranno dati da idrogeno. Nota la massa atomica relativa (A_r), possiamo calcolare a quante moli corrispondono 0,60 g di C e 0,15 g di H.

Dato che $n = m/A_r$, dove m = massa, avremo:

$$n_H = 0{,}15 : 1 = 0{,}15 \quad e \quad n_C = 0{,}60 : 12 = 0{,}05$$

Il rapporto fra C e H si ricava dalla divisione seguente:

$$0{,}15 : 0{,}05 = 3$$

Il composto proposto contiene H e C in rapporto 3:1. L'unica formula che soddisfa questa condizione è C_2H_6, formula del propano. Risposta esatta C.

2 Il *nitroclorobenzene* è un composto derivato dal benzene per sostituzione di due atomi di H rispettivamente con un gruppo nitro ($-NO_2$) e un atomo di Cl. I possibili isomeri di questo composto sono tre:

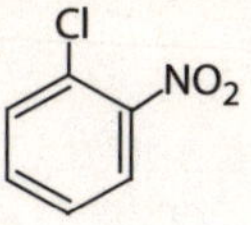

orto nitro-clorobenzene

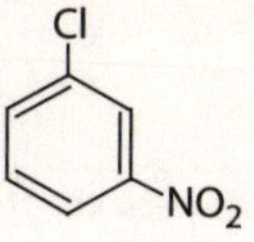

meta nitro-clorobenzene

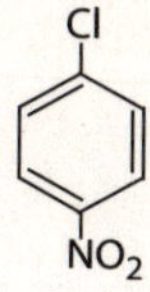

para nitro-clorobenzene

La risposta esatta è quindi la **D**.

3 Il cicloesano è un idrocarburo saturo, con struttura ciclica, a 6 atomi di C; la formula è C_6H_{12} (l'affermazione 3 è corretta). Come in tutti gli alcani, gli atomi di C del cicloesano sono ibridati sp^3 (anche la 1 è corretta) e i legami si dispongono, attorno a ogni C, come verso i vertici di un tetraedro, con angoli di circa 109° (la 4 è errata). Questa disposizione dei legami fa sì che la molecola non sia planare (anche la 3 è errata). Le affermazioni errate sono la 2 e la 4, risposta corretta: **E**.

13 | Derivati degli idrocarburi

13.1 | Alogenuri alchilici e arilici

Hanno formula generale R – X (alchilici) o Ar – X (arilici) dove X = Cl, Br, I.

Nomenclatura

Il nome degli alogenuri alchilici si assegna considerando il composto come l'alogenuro di un radicale alchilico oppure considerando l'alogeno come un normale sostituente in una catena alifatica. Il nome degli alogenuri arilici si ottiene facendo precedere la parola benzene dal nome dell'alogeno.

$CH_3-CH_2-CH_2(Cl)$

1-cloropropano o cloruro di *n*-propile

$CH_2=CH(Br)$

bromoetilene o bromuro di vinile

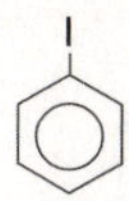

iodobenzene

13.1.1 | Proprietà chimiche degli alogenuri alchilici e arilici

La presenza dell'alogeno, più elettronegativo del carbonio, rende la molecola polare.

Gli **alogenuri alchilici** danno reazioni di sostituzione nucleofila ed eliminazione (deidroalogenazione).

$$CH_3-CH(Br)-CH_2-CH_3 + NaOH \longrightarrow CH_3-CH(OH)-CH_2-CH_3 + NaBr$$

2 - bromobutano → 2 - butanolo

Nella reazione di sostituzione nucleofila, un nucleofilo (in questo caso OH^-) attacca il carbonio sp^3 legato al gruppo X (Br) e rimpiazza quest'ultimo che viene detto *gruppo uscente*.

13.2 | Alcoli

Gli alcoli (o alcoli) hanno formula generale R – OH (alcoli monofunzionali);

- il gruppo funzionale è il gruppo ossidrilico (o ossidrile) –OH;
- la desinenza caratteristica della classe è *-olo*.

In base al tipo di atomo di C a cui è legato il gruppo –OH gli alcoli si suddividono in:

- primari → gruppo –OH legato a un atomo di carbonio primario;
- secondari → gruppo –OH legato a un atomo di carbonio secondario;
- terziari → gruppo –OH legato a un atomo di carbonio terziario.

$R-CH_2-OH$ — alcoli primari

R_2CH-OH — alcoli secondari

R_3C-OH — alcoli terziari

Nomenclatura

- Si numera la catena più lunga contenente il gruppo –OH in modo che esso riceva il numero più basso possibile;
- il nome dell'alcol si ottiene sostituendo la lettera finale dell'idrocarburo corrispondente con la desinenza *-olo* e indicando con un numero la posizione del gruppo –OH;
- nel caso degli alcoli polifunzionali si utilizzano le desinenze *-diolo* e *-triolo*, rispettivamente per gli alcoli contenenti due e tre gruppi OH;
- per alcuni alcoli sono tuttora molto utilizzati anche i nomi d'uso.

$\overset{2}{C}H_3-\overset{1}{C}H_2-OH$

etanolo (primario)
o alcol etilico

$\overset{4}{C}H_2=\overset{3}{C}H-\overset{2}{C}H(OH)-\overset{1}{C}H_3$

3 - buten - 2 - olo (secondario)

$\overset{1}{C}H_3-\overset{2}{C}(CH_3)(OH)-\overset{3}{C}H_3$

2 - metil - 2 - propanolo
o *ter*-butanolo (terziario)

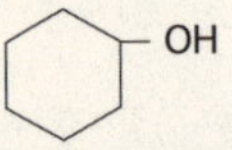

cicloesanolo
(secondario)

$\overset{1}{C}H_2(OH)-\overset{2}{C}H_2(OH)$

1, 2 - etandiolo
o glicole etilenico (terziario)

$\overset{1}{C}H_2(OH)-\overset{2}{C}H(OH)-\overset{3}{C}H_2(OH)$

1, 2, 3 - propantriolo
o glicerolo o glicerina

$\overset{1}{C}H_2(OH)-\overset{2}{C}H_2-\overset{3}{C}H(OH)-\overset{4}{C}H_3$

1, 3 - butandiolo

Alcoli più comuni

Il *metanolo* si utilizza come solvente, come anticongelante e come materia prima per la preparazione della formaldeide e altri composti organici; è tossico per l'organismo. L'*etanolo* si può ottenere mediante fermentazione biologica ad opera di microrganismi (lieviti) oppure per idratazione dell'etilene in ambiente acido. Si usa principalmente come carburante e nell'industria alimentare per la preparazione delle bevande alcoliche (in tal caso non è però consentito l'impiego di etanolo ottenuto per sintesi chimica).

13.2.1 | Proprietà fisiche degli alcoli

Le proprietà fisiche degli alcoli sono determinate sia dal gruppo –OH (a carattere idrofilo) che dalla porzione alchilica della molecola (a carattere idrofobico). La presenza del gruppo –OH rende la molecola polare e fa sì che gli alcoli possano formare legami a idrogeno intermolecolari e legami a idrogeno con l'acqua, di conseguenza:

- hanno punti di fusione ed ebollizione più alti degli idrocarburi a ugual numero di atomi di C;
- gli alcoli inferiori (fino a 3 atomi di C) sono solubili in acqua in tutte le proporzioni; la solubilità via via diminuisce all'aumentare del numero di atomi di C della catena.

13.2.2 | Proprietà chimiche degli alcoli

Le proprietà chimiche degli alcoli sono determinate principalmente dal gruppo ossidrilico. La presenza dell'atomo di ossigeno, molto più elettronegativo dell'atomo di carbonio, provoca infatti una separazione di cariche nella molecola rendendola più reattiva di quella degli idrocarburi.

Come l'acqua, gli alcoli sono sostanze anfotere che possono comportarsi come acidi o basi molto deboli, a seconda delle condizioni sperimentali.

Gli alcoli sono acidi debolissimi e possono essere salificati solo reagendo con basi estremamente forti o direttamente con i metalli, formando alcolati.

$$\underset{\text{alcool}}{R-OH} + Na \longrightarrow \underset{\text{alcoolato di sodio}}{R-ONa} + 1/2\ H_2$$

Gli alcoli possono comportarsi da basi perché grazie ai doppietti solitari sull'ossigeno un alcol può legare il protone di un acido forte formando uno *ione alchilossonio.*

$$\underset{\text{alcool}}{R-OH} + HCl \longrightarrow \underset{\text{ione alchilossonio}}{R-\overset{\oplus}{O}H_2} + Cl^{\ominus}$$

La reazione più caratteristica degli alcoli è quella di **ossidazione**. Gli alcoli primari possono essere ossidati ad aldeidi oppure, in condizioni più spinte, ad acidi carbossilici. Gli alcoli secondari, invece, possono essere ossidati a chetoni.

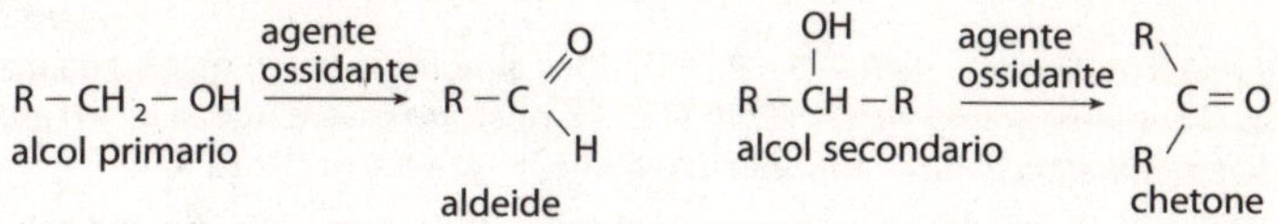

Nell'ossidazione degli alcoli primari, se si utilizza un ossidante forte ($KMnO_4$ o K_2CrO_7) l'aldeide prodotta viene a sua volta ossidata ad acido carbossilico. Per fermarsi allo stadio di aldeide è necessario trattare l'alcol primario con un ossidante blando.

Gli alcoli danno anche altre reazioni tra cui:

- disidratazione intramolecolare con formazione dell'alchene corrispondente (§ 12.8);
- disidratazione intermolecolare con formazione di un etere simmetrico (§ 13.3);
- reazione con un alogenuro alchilico e formazione di un etere asimmetrico (§ 13.3);
- reazione con un acido carbossilico e formazione di un estere (esterificazione, § 13.6);
- reazione con un acido alogenidrico e formazione di un alogenuro alchilico:

$$\underset{\text{alcool}}{\overset{\delta^+\ \ \delta^-}{R-OH}} + \overset{\delta^+\ \ \delta^-}{H-X} \longrightarrow \underset{\text{alogenuro alchilico}}{R-X} + H-OH$$

13.2.3 | Fenoli

I fenoli sono alcoli aromatici contenenti uno o più gruppi –OH legati direttamente a un residuo arilico, hanno formula generale Ar – OH, la desinenza caratteristica della classe è *-olo.* Il nome dei fenoli deriva da quello degli idrocarburi corrispondenti preceduto dal prefisso *idrossi-* e da uno o più numeri che identificano la posizione dei gruppi –OH. Sono tuttavia ancora molto utilizzati i nomi d'uso.

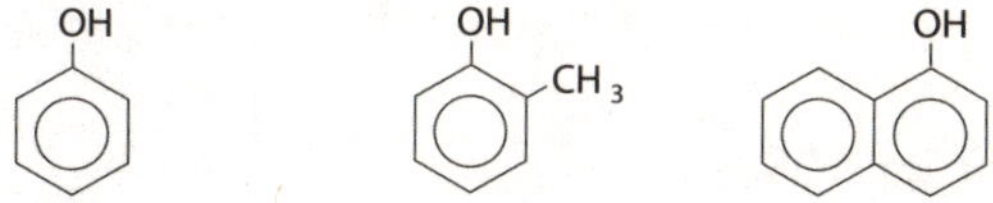

fenolo o idrossibenzene — *orto* - cresolo o 1 - idrossi - 2 - metilbenzene — α- naftolo

Come gli alcoli, i fenoli formano legami a idrogeno intermolecolari e con l'acqua, perciò sono solubili in acqua (anche se non in tutte le proporzioni), inoltre, tranne i cresoli, sono solidi il cui punto di fusione aumenta al crescere del numero dei gruppi –OH.

Le proprietà chimiche dei fenoli sono simili a quelle degli alcoli alifatici; la presenza dell'anello benzenico influenza però le proprietà del gruppo –OH, che dà reazione di dissociazione acida più facilmente degli alcoli alifatici.

13.2.4 | Tioli e tiofenoli

- I tioli hanno formula generale R – SH (tioalcoli) o Ar – SH (tiofenoli);
- il gruppo funzionale è il *gruppo solfidrilico* –SH.

Il nome di un tiolo deriva da quello dell'idrocarburo corrispondente sostituendo la lettera finale con la desinenza *-tiolo*. I tioli sono detti anche *mercaptani*.

CH_3-CH_2-SH
etantiolo o
mercaptoetanolo

$CH_3-CH_2-CH_2-CH_2-SH$
butantiolo o
mercaptobutanolo

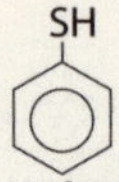
tiofenolo

13.3 | Eteri

Gli eteri hanno formula generale R – O – R. Sono formalmente derivati dall'acqua per sostituzione dei due atomi di H con due gruppi alchilici (o arilici) che possono essere uguali (*eteri simmetrici* o *semplici*) o diversi (*eteri asimmetrici* o *misti*); l'angolo di legame R – O – R è di circa 110°.

Il nome si ottiene dalla parola etere preceduta (o seguita) dal nome dei due radicali, indicati in ordine alfabetico.

$CH_3-CH_2-O-CH_2-CH_3$
etere dietilico o dietiletere (semplice)

$CH_3-O-CH_2-CH_3$
etilmetiletere (misto)

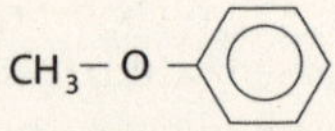
fenilmetiletere (misto)

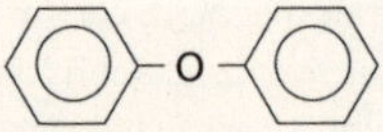
difeniletere (semplice)

Gli eteri non formano legami a idrogeno intermolecolari e hanno quindi punti di ebollizione inferiori a quelli degli alcoli. Gli eteri a basso PM sono in genere liquidi molto volatili e altamente infiammabili; sono inoltre ottimi solventi di molte sostanze organiche.

Il legame etereo è molto forte e può essere scisso solo trattando con acidi forti a caldo.

Gli eteri (semplici) si ottengono mediante una reazione di *condensazione* (disidratazione) tra due alcoli.

Una reazione di condensazione consiste, in generale, nell'unione di due molecole mediante l'eliminazione di una molecola d'acqua.

$$\underset{\text{alcol}}{R-OH} + \underset{\text{alcol}}{HO-R} \xrightarrow[140°C]{H_2SO_4} \underset{\text{etere}}{R-O-R} + H_2O$$

13.4 | Aldeidi e chetoni

La formula generaledelle aldeidi è R—C(=O)H, mentre quella dei chetoni è $R_2C=O$.

Il gruppo $\overset{\delta^+}{>C}=\overset{\delta^-}{O}$ comune alle due classi, è detto *gruppo carbonilico* o *carbonile*, tale gruppo funzionale è fortemente polarizzato e in esso il C è ibridato sp^2.

Nomenclatura

La desinenza caratteristica delle aldeidi è *-ale*, quella dei chetoni *-one*.

Il nome delle **aldeidi** deriva da quello dell'idrocarburo corrispondente sostituendo la lettera finale con la desinenza *-ale*, la catena va numerata a partire dal carbonio carbonilico.

Le aldeidi aromatiche e quelle di uso commerciale vengono spesso denominate con nomi tradizionali.

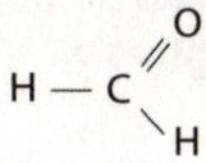

metanale o
aldeide formica

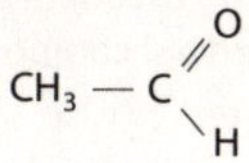

etanale o
aldeide acetica

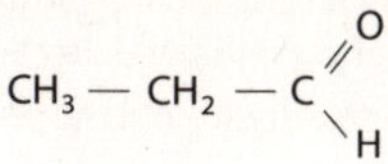

propanale o
aldeide propionica

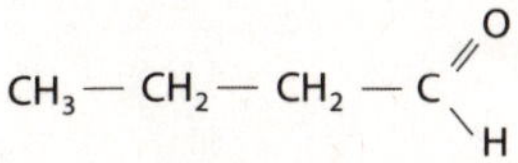

butanale o aldeide butirrica

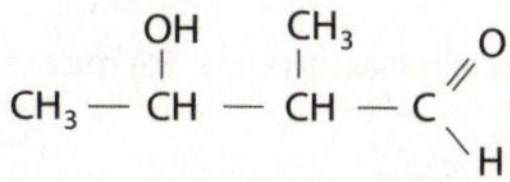

3 - idrossi - 2 - metilbutanale

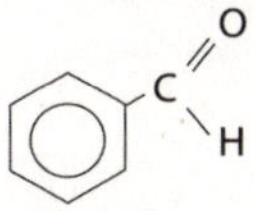

benzaldeide o
aldeide benzoica

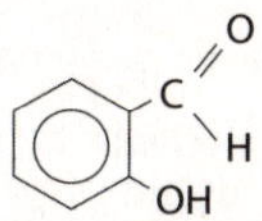

orto - idrossibenzaldeide o
aldeide salicilica

Il nome dei **chetoni** deriva da quello dell'idrocarburo corrispondente sostituendo la lettera finale con la desinenza *-one*; la catena va numerata dall'estremità più vicina al carbonio carbonilico; sono tuttora utilizzati i nomi d'uso e, per i chetoni più semplici, la parola chetone preceduta dal nome dei due radicali legati al gruppo carbonilico.

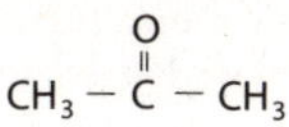

propanone o acetone
o dimetilchetone

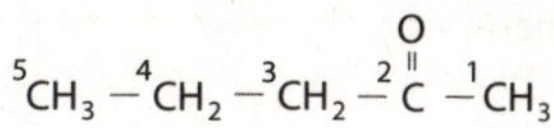

2 - pentanone
o metilpropilchetone

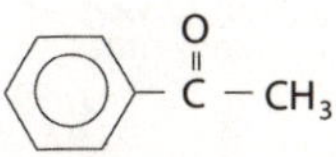

acetofenone
o fenilmetilchetone

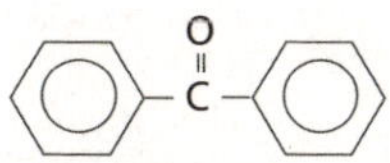

benzofenone
o difenilchetone

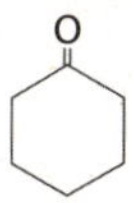

cicloesanone

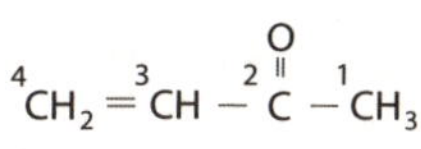

3 - buten - 2 - one

13.4.1 | Proprietà fisiche di aldeidi e chetoni

La presenza del gruppo carbonilico influenza le proprietà fisiche delle aldeidi e dei chetoni:

- sono composti polari ma non possono formare legami a idrogeno intermolecolari, quindi hanno punti di fusione ed ebollizione più alti degli idrocarburi a ugual numero di atomi di C, ma più bassi degli alcoli corrispondenti;
- possono formare legami a idrogeno con l'acqua, quindi le aldeidi e i chetoni inferiori (fino a 5 C) sono idrosolubili, mentre quelli superiori sono solubili nei solventi organici.

13.4.2 | Proprietà chimiche di aldeidi e chetoni

La presenza dell'atomo di ossigeno, molto elettronegativo, fa sì che il gruppo carbonilico sia fortemente polarizzato e quindi piuttosto reattivo. La presenza di questo gruppo funzionale sia nelle aldeidi che nei chetoni, determina la somiglianza delle proprietà chimiche di queste due classi di composti.

La reazione tipica è una reazione di addizione detta *nucleofila*, perché avviene in seguito all'attacco da parte di una base di Lewis (gruppo nucleofilo, in grado di cedere un doppietto elettronico) sul C del gruppo carbonilico, che avendo una parziale carica positiva si comporta da elettrofilo.

La reazione si può schematizzare nel modo seguente:

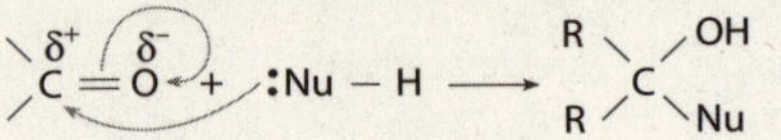

Addizione di acido cianidrico e formazione di cianidrine

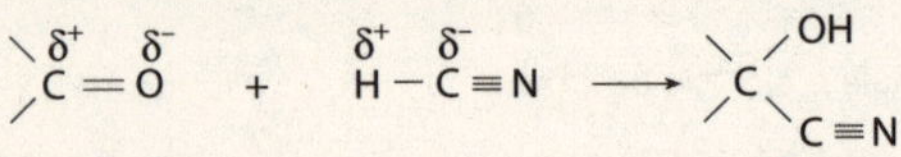

aldeide o chetone — cianidrina

Addizione di ammoniaca e derivati

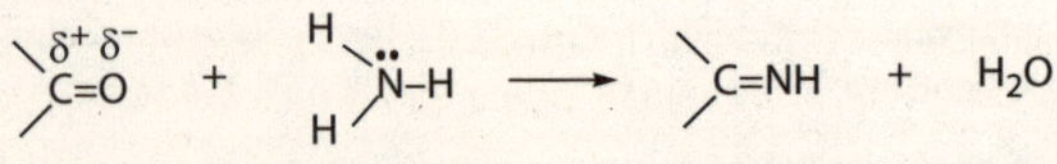

ammoniaca — immina

Addizione di idrogeno (riduzione) e formazione di alcoli

L'addizione di i idrogeno, o riduzione, di un'aldeide e di un chetone fornisce rispettivamente un alcol primario e secondario.

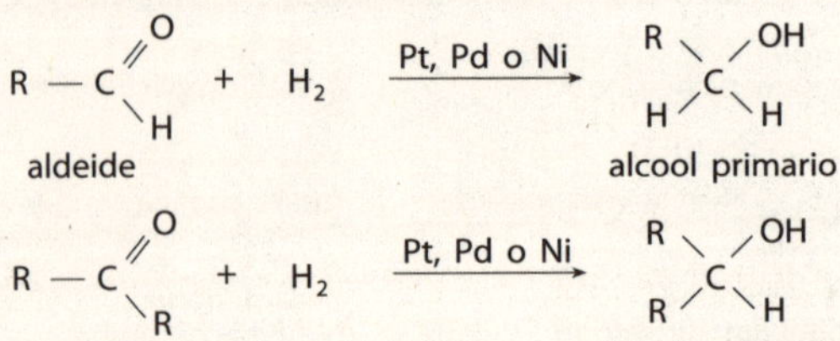

aldeide — alcool primario

chetone — alcool secondario

Addizione di alcoli e formazione di acetali e chetali

L'O del gruppo ossidrilico di un alcol (nucleofilo) può attaccare il C del gruppo carbonilico di un'aldeide o chetone (elettrofilo) formando prodotti detti rispettivamente *emiacetale* (o *semiacetale)* ed *emichetale* (o *semichetale*):

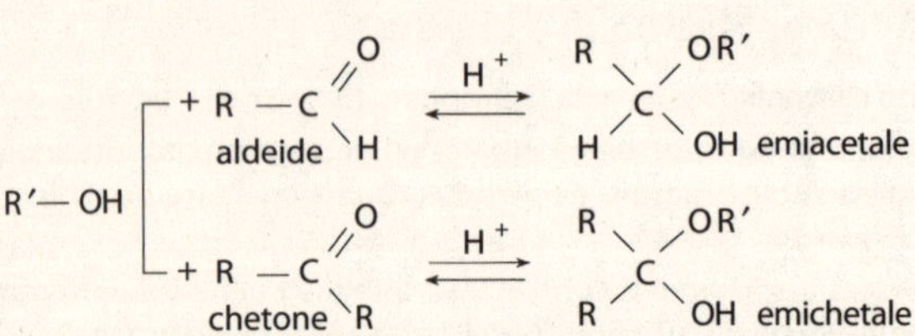

L'equilibrio della reazione è fortemente spostato verso sinistra, per questo motivo i semiacetali e i semichetali sono difficilmente isolabili. In presenza di un eccesso di alcol, però, l'equilibrio si sposta verso destra e i semiacetali e i semichetali reagiscono ulteriormente formando gli *acetali* e i *chetali*, derivati stabili e isolabili:

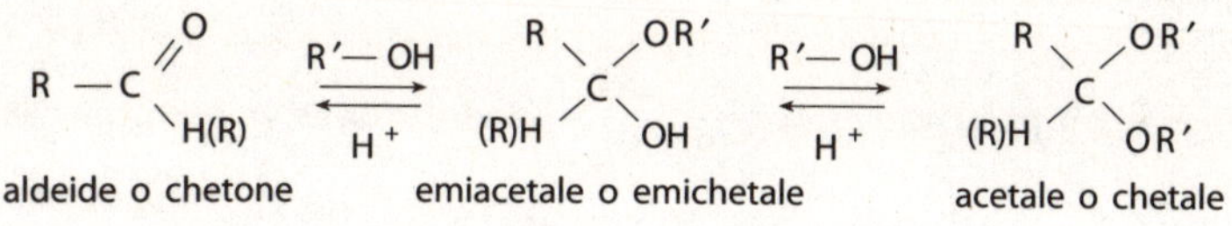

Questa reazione è molto importante per capire la struttura degli zuccheri.

Ossidazione

Le aldeidi si ossidano facilmente a dare gli acidi carbossilici corrispondenti.

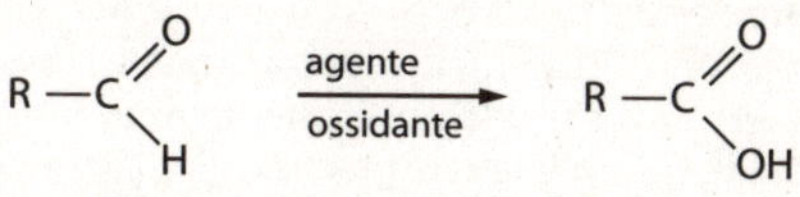

Scrivere la formula del composto prodotto dalla riduzione del propanale.

Il prodotto della riduzione di un'aldeide è l'alcol corrispondente, quindi dalla riduzione del propanale, aldeide a 3 atomi di C si formerà l'1-propanolo, alcol a 3 atomi di C, di formula: $CH_3-CH_2-CH_2-OH$.

I chetoni vengono invece ossidati solo da ossidanti forti che spezzano la catena a livello del gruppo carbonilico, dando prodotti ossidati a catena più corta.

13.4.3 | Tautomeria cheto-enolica

L'acidità dell'H legato al C α fa sì che molte aldeidi e chetoni esistano in realtà sotto forma di miscela di due specie in equilibrio, differenti per la posizione dell'H e del doppio legame:

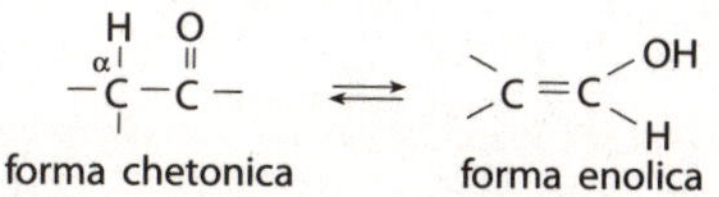

Le due forme sono isomeri di struttura non separabili e vengono dette *tautomeri*. Questo particolare tipo di isomeria di struttura prende il nome di *tautomeria cheto-enolica*

Nella miscela, le aldeidi e i chetoni più comuni si trovano prevalentemente in forma chetonica.
Aldeidi e chetoni privi dell'H legato al C α esistono solo in forma chetonica.

13.4.4 | Aldeidi e chetoni più comuni

La **formaldeide** (o aldeide formica o metanale), l'aldeide più semplice, viene commercializzata come soluzione acquosa al 37% con il nome di **formalina** e come tale impiegata come conservante e disinfettante. È utilizzata anche come materia prima per la produzione di materie plastiche. Si prepara industrialmente per ossidazione del metanolo.

L'**acetone** (o propanone), il chetone più semplice, viene largamente utilizzato come solvente perché in grado di sciogliere molte sostanze organiche, vernici, coloranti, resine e smalti per unghie. Si prepara industrialmente, per esempio per ossidazione dell'alcol isopropilico.

Le aldeidi e i chetoni sono largamente diffusi in natura e molti, specialmente quelli ad alto PM, hanno odori gradevoli; l'aldeide cinnamica, per esempio, si trova nella cannella.

13.5 | Acidi carbossilici

Gli acidi carbossilici hanno formula generale 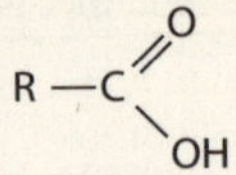 , indicata anche come RCOOH.

Il gruppo funzionale è il *gruppo carbossilico,* 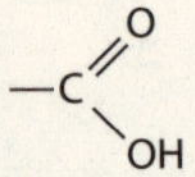 formato da un gruppo carbonilico e uno ossidrilico. Il C del gruppo carbossilico è ibridato sp^2.

Nomenclatura

La desinenza caratteristica della classe è *-oico.*

Il nome di un acido carbossilico si ottiene dal nome dell'idrocarburo corrispondente preceduto dalla parola *acido,* sostituendo la lettera finale con la desinenza *-oico,* la numerazione della catena inizia dal carbonio del gruppo carbossilico. Sono tuttora molto utilizzati i nomi d'uso, derivati dal nome della fonte originale. Quando si utilizzano i nomi d'uso la posizione degli eventuali sostituenti viene specificata indicando gli atomi di C della catena con le lettere greche α, β, γ, iniziando dal carbonio adiacente al gruppo carbossilico, cioè dal C numero 2.

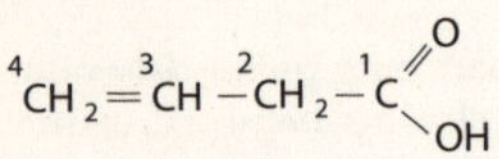

acido 3 - butenoico

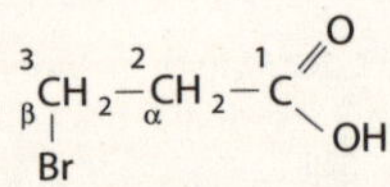

acido 3 - bromopropanoico (o β - bromopropionico)

La tabella seguente riporta i primi otto acidi carbossilici alifatici.

Nome IUPAC	Nome d'uso	Formula
metanoico	formico	$H-COOH$
etanoico	acetico	CH_3-COOH
propanoico	propionico	CH_3-CH_2-COOH
butanoico	butirrico	$CH_3-(CH_2)_2-COOH$
pentanoico	valerianico	$CH_3-(CH_2)_3-COOH$
esanoico	capronico	$CH_3-(CH_2)_4-COOH$
eptanoico	enantico	$CH_3-(CH_2)_5-COOH$
ottanoico	caprilico	$CH_3-(CH_2)_6-COOH$

L'**acido formico**, contenuto nelle secrezioni di alcuni insetti (per esempio api e formiche rosse) e alcune piante (per esempio le ortiche) è un liquido caustico di odore pungente dotato di proprietà antisettiche e utilizzato come conservante e come mordente in tintoria.

L'**acido acetico** (nome IUPAC acido etanoico) è l'acido carbossilico a due atomi di C, di formula CH_3COOH. È molto diffuso in natura come intermedio di numerose reazioni biochimiche ed è presente in particolare nell'aceto, come prodotto della fermentazione operata a partire dall'etanolo da batteri del genere *Acetobacter.* Viene utilizzato come regolatore di acidità nell'industria alimentare; è impiegato come reagente nella produzione delle colle da legno (come acetato di polivinile) oltre che di molte fibre sintetiche.

L'**acido citrico**, un acido tricarbossilico abbondante in tutti gli agrumi, si ottiene mediante la fermentazione di sostanze zuccherine ed è ampiamente utilizzato nell'industria alimentare e in quella farmaceutica. Si utilizza inoltre per la tintura e la stampa di tessuti.

13.5.1 | Proprietà fisiche degli acidi carbossilici

Gli acidi carbossilici sono *molecole polari* che possono formare legami a idrogeno intermolecolari e con l'acqua, di conseguenza:

- fino a 4 C sono completamente solubili in acqua poi la solubilità diminuisce fino ad annullarsi all'aumentare del numero di atomi di C della catena;
- hanno punti di fusione ed ebollizione abbastanza elevati e più alti degli idrocarburi e degli alcoli corrispondenti;
- quelli a basso PM (fino a 8 C) sono liquidi incolori di odore pungente, mentre quelli superiori sono solidi quasi inodori a basso punto di fusione.

13.5.2 | Proprietà chimiche degli acidi carbossilici

Le proprietà chimiche degli acidi carbossilici sono determinate essenzialmente dal gruppo carbossilico,che può dare due tipi fondamentali di reazioni.

Acidità degli acidi carbossilici-salificazione

Questi acidi in soluzione acquosa si dissociano secondo la reazione:

$$RCOOH + H_2O \rightleftarrows RCOO^- + H_3O^+$$

La dissociazione dello ione è favorita da due fattori:

- l'effetto elettronattrattore dell'O del gruppo C = O che indebolisce il legame O – H;
- la stabilizzazione per risonanza dello *ione carbossilato* (R–COO⁻), che è in realtà un ibrido di risonanza tra due forme limite:

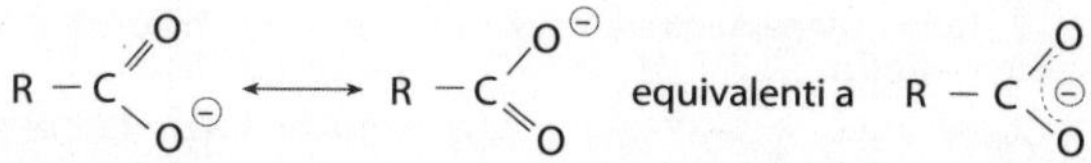

Pur essendo più acidi dell'acqua e dell'acido carbonico (H_2CO_3), tutti gli acidi carbossilici sono acidi deboli ($K_a \approx 10^{-4}$-10^{-5})

Gli acidi carbossilici si possono ottenere per ossidazione delle aldeidi (§ 13.4.2). Inversamente, trattando un acido con un riducente blando è possibile ottenere l'aldeide corrispondente; trattando l'acido con un riducente forte si ottiene invece l'alcol primario.

Sostituzione nucleofila del gruppo –OH

Attraverso questa reazione si ottengono i derivati degli acidi carbossilici, detti *derivati acilici* e aventi la formula generale riportata a lato.

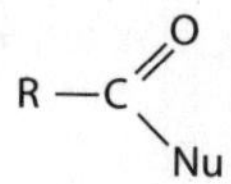

Il gruppo 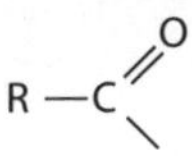 è detto *gruppo acilico* o *acile* (o radicale acido).

R – COOH +
- R′– OH (alcool) $\xrightarrow{(H^+)}$ R – COOR′ + H_2O (estere)
- R′– COOH (acido) ⟶ R – COO – CO – R′ + H_2O (anidride)
- NH_3 (ammoniaca) ⟶ R – $CONH_2$ + H_2O (ammide)
- $SOCl_2$ (agente clorurante) ⟶ R – COCl + H_2O (cloruro acilico)

13.5.3 | Acidi carbossilici polifunzionali

Acidi bicarbossilici e tricarbossilici

Contengono rispettivamente due e tre gruppi carbossilici. Secondo la nomenclatura IUPAC ricevono le desinenze *-dioico* e *-trioico*; sono tuttavia molto utilizzati i nomi d'uso.

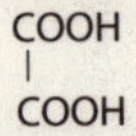

ac. etandioico o acido ossalico

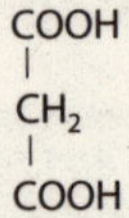

ac. propandioico o ac. malonico

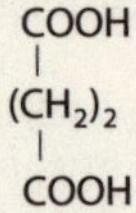

ac. butandioico o ac. succinico

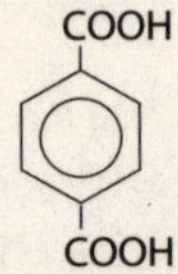

ac. *p* - carbossibenzoico o ac. tereftalico

Idrossiacidi e chetoacidi

Gli *idrossiacidi* contengono un gruppo carbossilico e un gruppo ossidrilico. Secondo la nomenclatura IUPAC la presenza del gruppo –OH va indicata con il prefisso *-idrossi*.

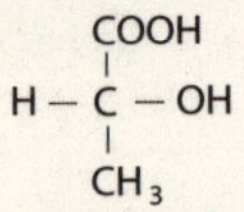

ac. 2 - idrossipropanoico o ac. α - lattico

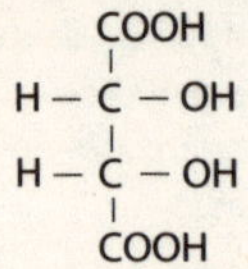

ac. 2, 3 - diidrossibutandioico o ac. tartarico

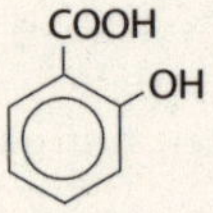

ac. *orto* - idrossibenzoico o ac. salicilico

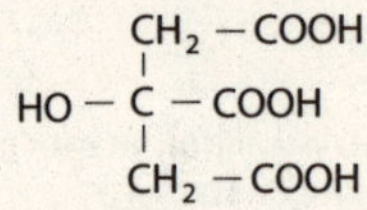

ac. citrico (idrossiacido tricarbossilico)

L'**acido citrico** è molto diffuso in natura, in particolare nel succo di limone; è anche utilizzato nell'industria alimentare, come acidulante e conservante, con la sigla E 330. Il nome IUPAC di questa sostanza è acido 3-carbossi-3-idrossi-1,5-pentandioico e la formula di struttura è indicata sotto.

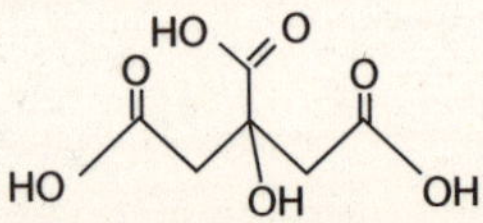

Si noti che in questo tipo di formule, molto utilizzate per i composti organici, la catena degli atomi carbonio è rappresentata da una linea spezzata dove ogni vertice è un atomo di carbonio, gli atomi di idrogeno non sono indicati, mentre sono scritti solo i legami doppi e gli atomi diversi dal carbonio.

I *chetoacidi* contengono un gruppo carbossilico e un gruppo carbonilico. Secondo la nomenclatura IUPAC la presenza del gruppo carbonilico va indicata con il prefisso *-cheto*.

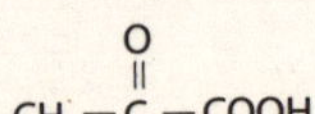

ac. chetopropanoico o ac. α - chetopropionico o ac. piruvico

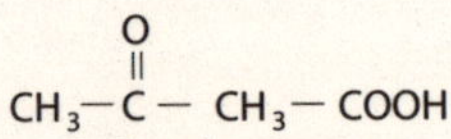

ac. 3-chetobutanoico o ac. β-chetobutirrico o ac. acetacetico

13.5.4 | Acidi grassi

Gli acidi grassi sono acidi carbossilici caratterizzati da una lunga catena idrocarburica lineare (più di 8 C) che può essere satura o insatura.

n°C	Nome IUPAC	Nome d'uso	Formula
		Acidi grassi saturi	
12	*n*-dodecanoico	laurico	$CH_3–(CH_2)_{10}–COOH$
14	*n*-tetradecanoico	miristico	$CH_3–(CH_2)_{12}–COOH$
16	*n*-esadecanoico	palmitico	$CH_3–(CH_2)_{14}–COOH$
18	*n*-ottodecanoico	stearico	$CH_3–(CH_2)_{16}–COOH$
		Acidi grassi insaturi	
16	*cis*-9-esadecenoico	palmitoleico	$CH_3–(CH_2)_5–CH=CH–(CH_2)_7–COOH$
18	*cis*-9-ottadecenoico	oleico	$CH_3–(CH_2)_7–CH=CH–(CH_2)_7–COOH$
18	*cis, cis*-9, -12-ottadecadie-noico	linoleico	$CH_3–(CH_2)_4–(CH=CH–CH_2)_2–(CH_2)_6–COOH$
18	*cis, cis, cis*-9, -12, -15-ottadecatrienoico	linolenico	$CH_3–CH_2–(CH=CH–CH_2)_3–(CH_2)_6–COOH$

Gli **acidi grassi essenziali** sono acidi grassi indispensabili, che l'organismo umano non è in grado di sintetizzare e che devono quindi essere introdotti con la dieta. I principali sono di origine vegetale. **L'acido linolenico** è il capostipite degli omega-3, acidi grassi essenziali polinsaturi; è contenuto nei semi di lino e nelle noci.

L'acido linoleico, capostipite degli omega-6, è presente in tutti gli oli vegetali.

L'**acido oleico**, insaturo, è l'acido grasso più abbondante in natura. È il costituente principale dell'olio di oliva ed è un componente dei fosfolipidi che formano le membrane cellulari.

13.6 | Esteri

Gli esteri hanno formula generale: 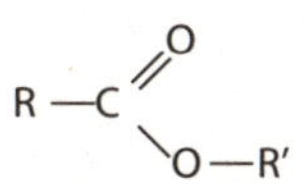 indicata anche come RCOOR′.

Sono formalmente derivati dagli acidi per sostituzione del gruppo –OH con un gruppo –OR′, detto *gruppo alcossidico*.

Il nome di un estere si ricava dal nome dell'acido sostituendo la desinenza *-ico* con la desinenza *-ato*, seguito dal nome del radicale R′ del gruppo alcossidico –OR′.

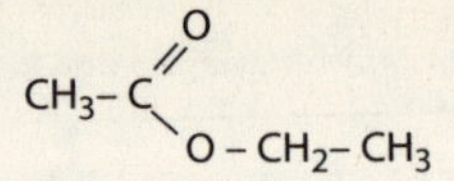

Questo composto si può considerare derivato dall'acido acetico per sostituzione di –OH con –OR′, dove R′ è un gruppo etilico ($-CH_2-CH_3$).
Il nome sarà quindi acetato di etile, o etanoato di etile.

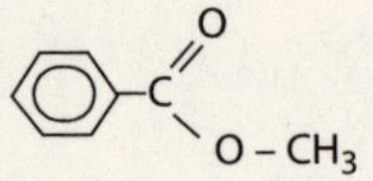

Questo composto si può considerare derivato dall'acido benzoico per sostituzione di –OH con –OR′, dove R′ è un gruppo metilico ($-CH_3$).
Il nome sarà quindi benzoato di metile.

Gli esteri si ottengono mediante una reazione di attacco nucleofilo di un alcol su un acido carbossilico (in presenza di un catalizzatore acido), detta *esterificazione*. È una reazione di *condensazione* tra due composti con eliminazione di una molecola d'acqua:

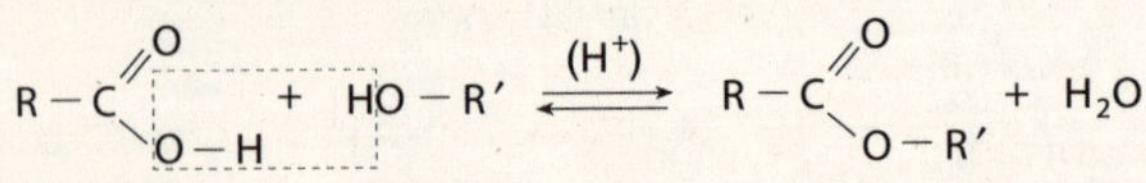

acido alcool estere

La reazione è reversibile: la reazione inversa alla condensazione è l'*idrolisi*. Idrolizzando un estere si ottengono l'acido e l'alcol di partenza. Molto importanti sono gli esteri del glicerolo con gli acidi grassi, detti *trigliceridi* (§ 14.3.1).

13.7 | Anidridi

Le anidridi hanno formula generale $R-\overset{\overset{O}{\|}}{C}-O-\overset{\overset{O}{\|}}{C}-R$, o RCOOCOR′. Il nome di un anidride deriva da quello dell'acido corrispondente sostituendo la parola *acido* con la parola *anidride*.

1) $CH_3-\overset{\overset{O}{\|}}{C}-O-\overset{\overset{O}{\|}}{C}-CH_3$

anidride acetica

2) 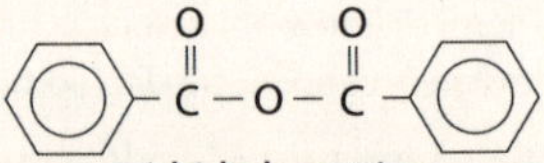

anidride benzoica

1) l'anidride derivante da due molecole di acido acetico è detta *anidride acetica*
2) l'anidride derivante da due molecole di acido benzoico è detta *anidride benzoica*

Le anidridi si preparano per condensazione tra acidi carbossilici, secondo la reazione:

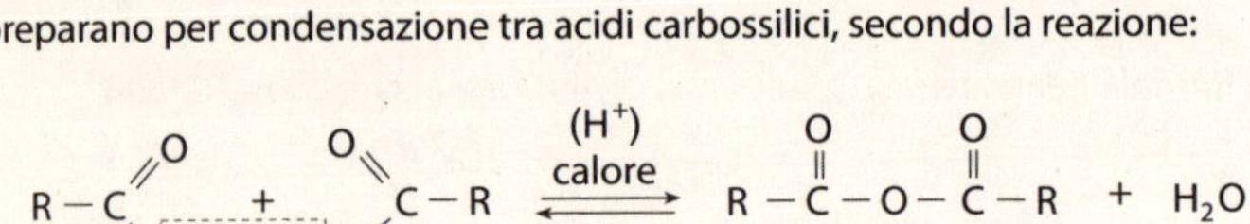

acido acido anidride

La reazione è reversibile: idrolizzando le anidridi si ottengono gli acidi di partenza.

13.8 | Ammidi

Le ammidi hanno formula generale: 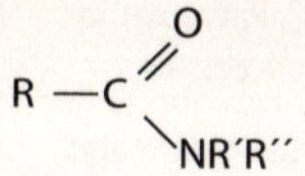 , dove: R´, R´´= H o gruppo alchilico.

Sono formalmente derivate dagli acidi per sostituzione del gruppo –OH di un acido carbossilico con un gruppo $-NH_2$ (gruppo amminico), oppure –NHR (ammina primaria) o –NR´R´´ (ammina secondaria).
Abbiamo quindi:

- ammidi primarie ($RCONH_2$) quando N lega due atomi di H; per esempio nella formammide:

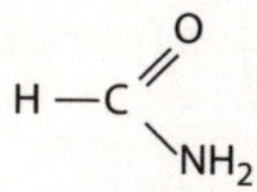

- ammidi secondarie (RCONHR´) quando N lega un H e un sostituente -R
- ammidi terziarie (RCONR´R´´) quando N lega due sostituenti -R e R´

Il nome si ricava sostituendo la desinenza *-oico* dell'acido con la desinenza *-ammide.*

Le ammine si ottengono da una reazione di condensazione tra un acido carbossilico o un suo derivato (come un estere o un'anidride) e l'ammoniaca o un'ammina primaria o secondaria..

1) dagli acidi carbossilici

La reazione di un acido carbossilico con NH_3 permette a preparazione delle ammidi, secondo lo schema seguente:

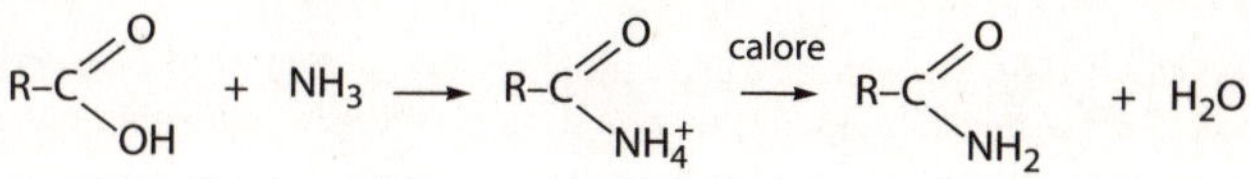

acido — ammoniaca — sale di ammonio — ammide primaria — acqua

Il secondo passaggio, dal sale d'ammonio all'ammide, richiede somministrazione di calore.

2) dagli esteri

Le ammidi si possono ottenere per reazione degli esteri con NH_3:

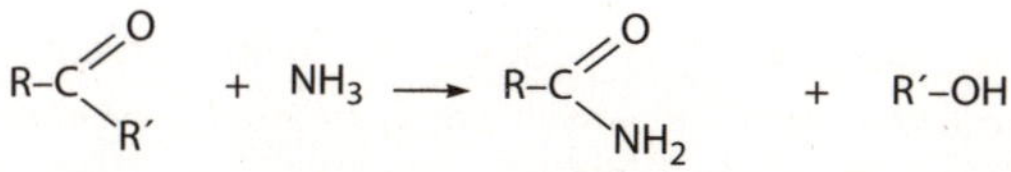

estere — ammoniaca — ammide primaria — alcol

$$R{-}COOR' + NH_3 \rightarrow R{-}COONH_2 + R'{-}OH$$

estere — ammoniaca — ammide primaria — alcol

3) dagli alogenuri aciclici

Le ammidi si possono ottenere per reazione degli alogenuri acilici con NH_3:

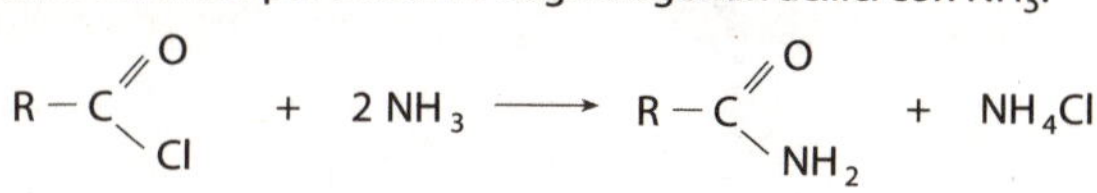

cloruro acilico — ammide

La reazione è reversibile: vengono idrolizzate in ambiente basico o acido liberando l'acido carbossilico corrispondente e ammoniaca, o ione ammonio, rispettivamente.

Le ammidi più importanti sono le proteine: polipeptidi costituiti da catene di amminoacidi legati tra loro con un legame di tipo ammidico (il legame peptidico, si veda § 14.2.2).

13.9 | Ammine

Le ammine sono formalmente derivati organici dell'ammoniaca (NH_3) ottenuti sostituendo uno o più atomi di idrogeno con altrettanti gruppi alchilici o arilici.

Si hanno quindi tre gruppi di ammine, aventi formula generale:

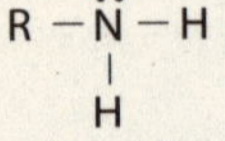
ammina primaria

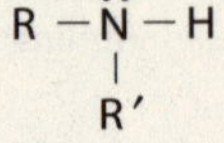
ammina secondaria

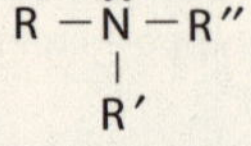
ammina terziaria

Esistono inoltre i *sali di ammonio quaternari*, la cui formula è riportata sotto, formalmente considerabili analoghi organici dello ione ammonio (NH_4^+).

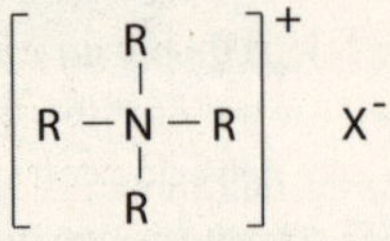

Il nome comune delle ammine si attribuisce aggiungendo la desinenza *-ammina* al nome del radicale (o dei radicali) legati all'azoto, considerandole quindi *alchilammine*.

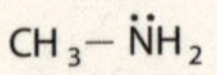
metilammina (primaria)

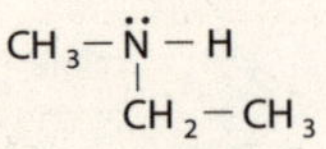
etilmetilammina (secondaria)

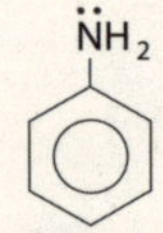
fenilammina o anilina

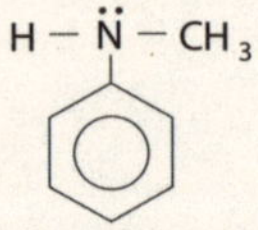
fenilmetilammina

Secondo la nomenclatura IUPAC le ammine vanno considerate *alcanammine*: il nome si attribuisce utilizzando come nome base quello della catena dell'alcano e sostituendo la desinenza *-o* con la desinenza *-ammina*.

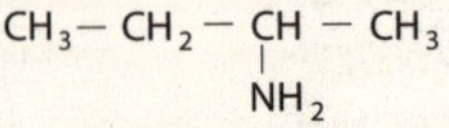
2-butanammina

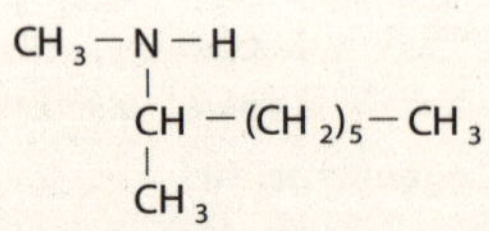
2-(N-metil) ottanammina

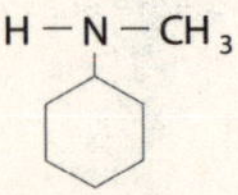
N-metilcicloesanammina

L'ammina più importante dal punto di vista commerciale è l'*anilina*, preparata industrialmente per riduzione del nitrobenzene e utilizzata soprattutto per la preparazione di coloranti, smalti e vernici. Molti composti di notevole importanza biologica, tra cui la *serotonina* (un neurotrasmettitore), la *morfina* e l'LSD sono ammine.

13.9.1 | Proprietà fisiche delle ammine

Le ammine sono molecole polari che possono formare legami a idrogeno con se stesse (a esclusione di quelle terziarie) e con l'acqua. Il legame a idrogeno nelle ammine è però meno forte che negli alcoli perché N è meno elettronegativo di O.

Di conseguenza le ammine:

- hanno *punti di fusione ed ebollizione più elevati* di quelli degli idrocarburi di uguale PM, anche se inferiori a quelli degli alcoli corrispondenti;
- sono *solubili in acqua* quando la catena carboniosa non supera i 5 C.

13.9.2 | Proprietà chimiche delle ammine

Basicità delle ammine - reazione di salificazione

Il doppietto elettronico libero presente sull'azoto spiega le *proprietà basiche* delle ammine (sono basi più deboli degli idrossidi alcalini, ma più forti dell'acqua) che possono acquistare ioni H^+ dall'acqua secondo la reazione:

$$R-NH_2 + H_2O \rightleftarrows R-NH_3^+ + OH^-$$

Grazie all'effetto elettrondonatore dei gruppi R, le ammine alifatiche sono basi più forti dell'ammoniaca. Quelle aromatiche, invece, sono basi più deboli dell'ammoniaca per l'effetto elettronattrattore dell'anello benzenico. Trattate con acidi forti, le ammine si trasformano nei corrispondenti sali di alchilammonio, che idrolizzati in ambiente basico rigenerano a loro volta le ammine di partenza:

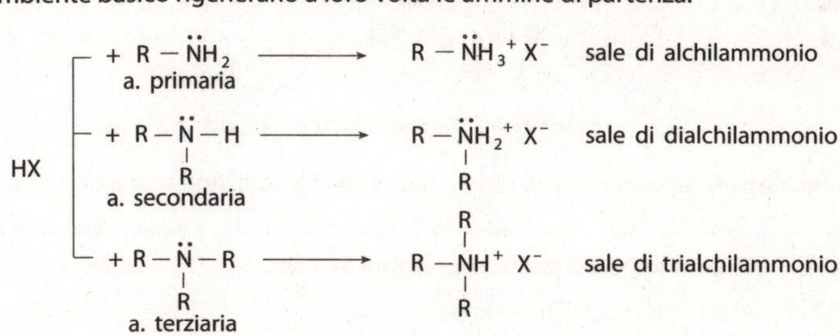

Reazione di sostituzione nucleofila con alogenuri alchilici (alchilazione)

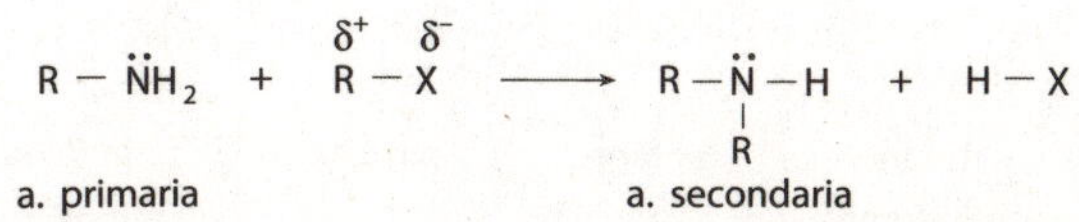

Reazione di sostituzione nucleofila con i derivati degli acidi (acilazione)

È uno dei metodi di preparazione delle ammidi: esteri, anidridi e cloruri acilici possono reagire con le ammine primarie e secondarie dando rispettivamente ammidi N - sostituite e N,N - disostituite.

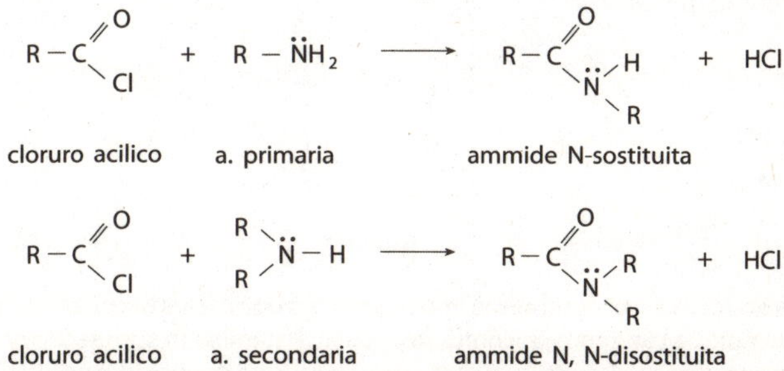

13.10 | Nitrili (o cianuri)

I nitrili hanno formula generale R–C ≡ N e sono formalmente derivati dall'acido cianidrico (HCN) per sostituzione dell'atomo di H con un gruppo alchilico o arilico; il gruppo funzionale è il gruppo –C ≡ N, detto gruppo *ciano* o *nitrile*; la desinenza caratteristica della classe è *-nitrile*.

$CH_3-CH_2-CH_2-C\equiv N$ butanonitrile o cianuro di propile

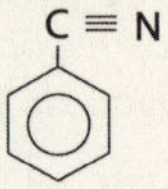

benzonitrile o cianuro di fenile

13.11 | Eterocicli (o composti eterociclici)

Gli eterocicli sono composti organici ciclici alifatici o aromatici, in cui l'anello contiene uno o più atomi diversi dal carbonio (*eteroatomi*), generalmente azoto, ossigeno o zolfo.

Gli eterocicli più comuni sono *pentatomici* (con anello a cinque atomi) ed *esatomici* (con anello a sei atomi).

In base alla struttura si dividono in *non aromatici* e *aromatici*.

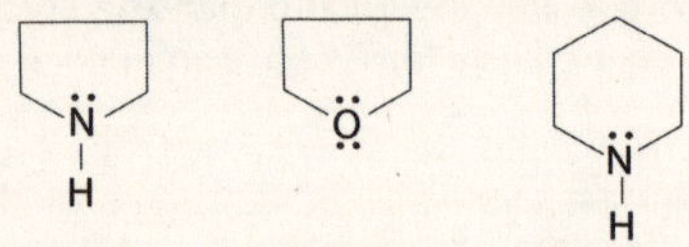

pirrolidina tetraidrofurano piperidina

La pirrolidina, il tetraidrofurano e la piperidina sono eterocicli non aromatici.

Gli eterocicli non aromatici hanno proprietà chimico-fisiche analoghe a quelle dei corrispondenti composti non ciclici in cui l'eteroatomo è legato a due gruppi alchilici.

Gli eterocicli più importanti sono quelli aromatici.

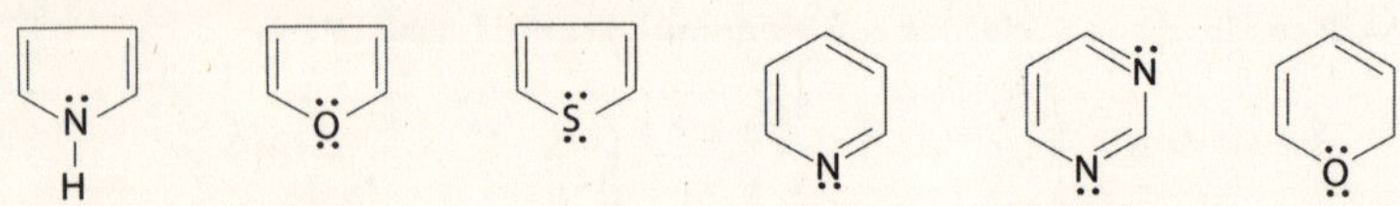

pirrolo furano tiofene piridina pirimidina α - pirano

pentatomici esatomici

In genere, gli eterocicli aromatici danno reazioni di sostituzione elettrofila come il benzene.

Oltre agli eterocicli formati da un solo anello (monociclici), esistono anche gli eterocicli formati da due o più anelli condensati (policiclici).

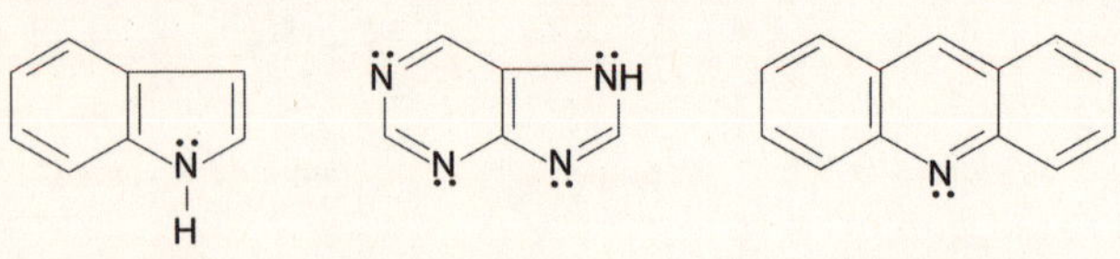

indolo purina acridina

Molti composti eterociclici hanno enorme importanza biologica e farmacologica: contengono anelli eterociclici, per esempio, la caffeina, la nicotina, la cocaina, l'istamina (responsabile delle manifestazioni allergiche), alcuni amminoacidi, molti coenzimi e le basi azotate degli acidi nucleici (DNA e RNA).

Quadro riassuntivo delle principali classi di composti organici

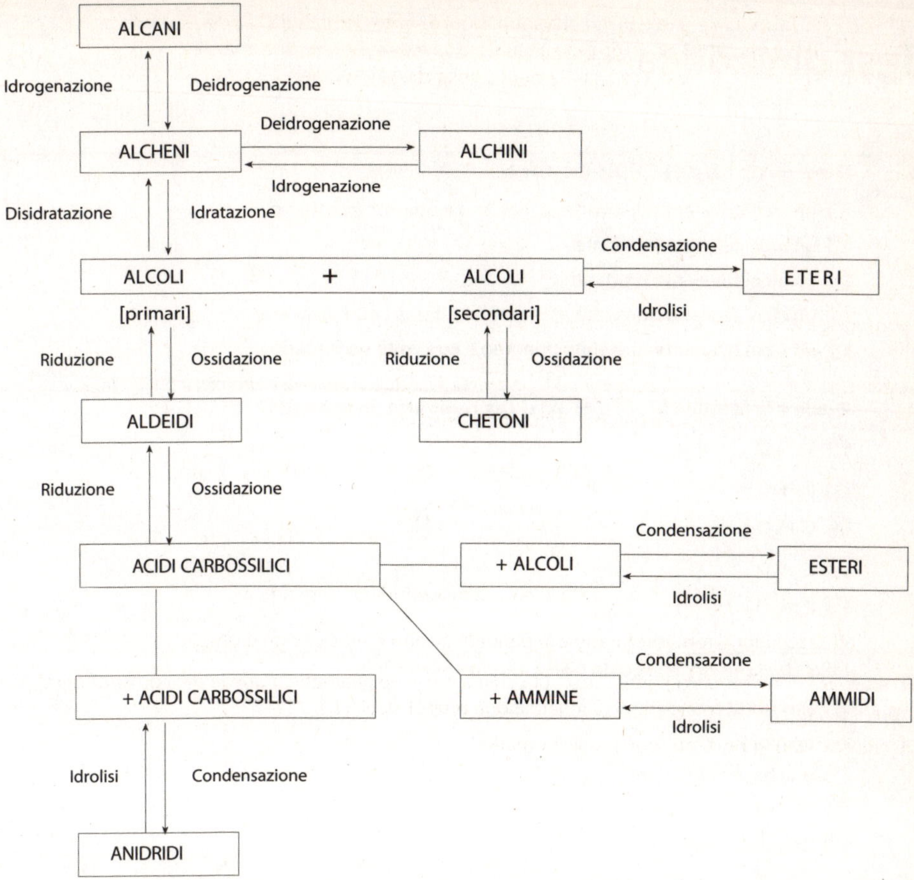

Test di verifica

1 **Il composto CH_2OH-CHOH-CH_2OH è:**

- A un alcol trivalente due volte secondario e una volta primario
- B un alcol terziario trivalente
- C un alcol trivalente primario
- D un alcol terziario due volte monovalente e una volta bivalente
- E un alcol trivalente due volte primario e una volta secondario

2 **Quale è la formula bruta dell'aldeide propionica (propanale)?**

- A C_3H_5O
- B C_2H_4O
- C $C_2H_3O_2$
- D C_3H_6O
- E $C_3H_6O_2$

3 **L'ossidazione di un'aldeide porta alla formazione di:**

- A un chetone
- B un alcol
- C una base
- D un acido
- E un carbamile

4 **L'ossidazione parziale di un alcol secondario porta a:**

- A un chetone
- B un'aldeide
- C un diolo
- D un acido carbossilico
- E CO_2

5 **La temperatura di ebollizione dell'etere dietilico, rispetto a quella dell'etanolo da cui deriva, è:**

- A maggiore perché ha una maggiore massa molecolare
- B uguale
- C minore perché esistono legami intermolecolari più deboli
- D maggiore perché tutti gli alcoli bollono a temperatura minore degli eteri
- E minore perché ha una minore massa molecolare

6 **Quale delle seguenti affermazioni è FALSA?**

- A La molecola del butano ha massa minore della molecola dell'alcol butilico
- B L'alcol butilico ha 4 atomi di C
- C Il butano è un alcano
- D Nel butano e nell'alcol butilico tutti gli atomi di carbonio hanno ibridazione sp^3
- E Tra una molecola di butano e una di alcol butilico si formano legami a idrogeno

7 **La reazione fra un acido carbossilico e un alcol con eliminazione di acqua produce:**

- A un estere
- B un etere
- C una anidride
- D un acido bicarbossilico
- E un chetone

8 **Il toluene è:**

- A un derivato del benzene con un gruppo metilico
- B un derivato del naftalene
- C un isomero del fenantrene
- D un alchene a lunga catena
- E un amminoacido

9 **Quale dei seguenti solventi, aggiunto all'acqua in volumi uguali, NON dà origine a un sistema a due fasi?**

- A Etere etilico
- B n-esano
- C Alcol etilico
- D Benzene
- E Cloroformio

10 **A quale delle seguenti formule corrisponde l'etanale?**

- A $H_2C{=}O$
- B $CH_3{-}CH_2{-}CHO$
- C $CH_3{-}CH_2{-}CH_2{-}CHO$
- D $CH_3{-}CO{-}CH_3$
- E $CH_3{-}CHO$

11 **L'acetone è:**

- A un acido impiegato per pulire le unghie
- B un chetone molto semplice
- C la più semplice aldeide
- D il prodotto di riduzione di un acido
- E un solvente inorganico

12 **I composti eterociclici sono:**

- A molecole formate da più anelli diversi
- B composti ciclici che contengono nel loro anello (o anelli) alcuni atomi diversi dal C
- C derivati del benzene che hanno un gruppo funzionale attaccato all'anello
- D composti formati dagli stessi anelli disposti in modo diverso
- E composti contenenti elementi radioattivi

13 **L'etanolo per ossidazione dà:**

- A etilene
- B etano
- C aldeide acetica
- D acetone
- E acetato di etile

14 **La molecola dei chetoni è caratterizzata dal gruppo:**

- A ossidrilico
- B ammidico
- C carbammilico
- D carbonilico
- E carbossilico

15 **Quale dei seguenti composti possiede nella molecola non più di un atomo di ossigeno?**

- A alcol etilico
- B glicole
- C acido acetico
- D diidrossichetone
- E dialdeide

16 **Quale tra i seguenti composti ha tutti gli atomi di carbonio tetraedrici?**

- A Propanone
- B Ciclopropene
- C Propano
- D Propene
- E Propino

17 **Il composto $CH_3–CH_2–NH–CH_2–CH_3$ è:**

- A un nitrile
- B un'ammina primaria
- C un'ammina secondaria
- D un'ammide
- E un nitrito

18 **L'ibridazione degli orbitali dell'atomo di azoto:**

- A è di tipo sp^3 sia nell'ammoniaca che nelle ammine
- B è di tipo sp^2 sia nell'ammoniaca che nelle ammine
- C è di tipo sp nell'ammoniaca e nelle ammine primarie, di tipo sp^2 nelle ammine secondarie, di tipo sp^3 nelle ammine terziarie
- D è di tipo sp sia nell'ammoniaca che nelle ammine
- E è di tipo sp^3 nell'ammoniaca, mentre nelle ammine non esiste ibridazione

19 **I chetoni danno reazioni di:**

- A ossidazione con formazione di esteri
- B addizione al doppio legame C=O
- C sostituzione elettrofila
- D addizione al doppio legame C=N
- E condensazione con formazione di eteri

20 **Gli acidi carbossilici:**

- A si ottengono per idrogenazione delle aldeidi
- B sono generalmente forti, a parte qualche eccezione
- C non sono generalmente in grado di formare esteri, a parte qualche eccezione
- D hanno catene sempre sature e con un massimo di 10 atomi di C
- E sono generalmente deboli, a parte qualche eccezione

21 **Quale dei seguenti fenoli ha forza acida maggiore in soluzione acquosa?**

- A p-clorofenolo
- B Fenolo
- C p-etilfenolo
- D p-nitrofenolo
- E p-cresolo (p-metilfenolo)

22 **Nella molecola di un'ammide sono contenute almeno le seguenti specie atomiche:**

- A carbonio e azoto
- B carbonio, azoto e idrogeno
- C carbonio, idrogeno, azoto e ossigeno
- D carbonio, azoto e ossigeno
- E azoto e ossigeno

23 **Quale dei seguenti composti è un acido carbossilico?**

- A $HCOOH$
- B $CH_3–CH_2–CHO$
- C $CH_3–CH_2–SH$
- D $CH_3–CO–CH_3$
- E $CH_3–CH_2–CH_2OH$

24 **Gli eteri si ottengono dalla reazione tra:**

- A due alcoli, uguali o differenti, con eliminazione di acqua
- B un acido ossigenato organico o inorganico e un alcol, con eliminazione di acqua
- C un acido ossigenato organico o inorganico e un alcol, senza eliminazione di acqua
- D un'aldeide e un alcol con eliminazione di acqua
- E un'aldeide e un alcol senza eliminazione di acqua

25 **Le ammine hanno carattere:**

- A sempre neutro
- B debolmente acido
- C fortemente acido
- D debolmente basico
- E fortemente basico

26 **Quale dei seguenti solventi è polare?**

- A Cloroformio
- B Eptano
- C Etere dimetilico
- D Metanolo
- E Tetracloruro di carbonio

27 **Qual è il nome sistematico (IUPAC) del composto $CH_3 - CH_2 - CH_2 - CO - CH_3$?**

- A Propinato di metile
- B Metil-propiletere
- C Metil-propilchetone
- D 2-pentanale
- E 2-pentanone

28 **Quale delle seguenti coppie di sostanze rappresenta due isomeri?**

- A Cloroformio, tetracloruro di carbonio
- B Metanolo, etanolo
- C Acetone, formaldeide
- D Benzene, toluene
- E Etanolo, dimetiletere

29 **I seguenti composti chimici contengono tutti almeno un doppio legame. Quale ne contiene due?**

- A 2-butene
- B Acetone
- C Acido α-cheto propanoico (acido piruvico)
- D Ciclopentene
- E Formaldeide

30 **Il glicerolo (o glicerina) è:**

A un grasso　B un polialcol　C una base　D un estere　E un fenolo

Soluzioni e commenti

1 Il composto proposto è un composto organico a tre atomi di C contenente tre gruppi ossidrilici (–OH), la cui formula di struttura è indicata sotto.
Dato che il gruppo ossidrilico è caratteristico degli alcoli, si deduce che si tratta di un alcol trivalente. Per rispondere correttamente al quesito è necessario ricordare che un alcol è detto primario, secondario o terziario a seconda che il gruppo ossidrilico sia legato a un C primario, secondario o terziario, e che un C primario è legato a un solo altro atomo di C; un C secondario è legato a due atomi di C, un C terziario è legato a tre atomi di C. Il composto considerato è due volte primario e una volta secondario; la risposta corretta è quindi la **E**.

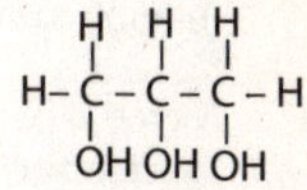

2 L'aldeide propionica è un composto organico che deriva dal propano (idrocarburo a 3 atomi di C) e, come tutte le aldeidi, contiene un gruppo carbonilico in posizione terminale; avrà quindi formula CH_3CH_2CHO, che corrisponde alla formula bruta C_3H_6O; risposta **D**.

3 Un'aldeide è un composto organico caratterizzato dal gruppo funzionale carbonilico $-\overset{\overset{\displaystyle O}{\|}}{C}-H$; l'ossidazione di un composto di questo tipo porta alla formazione di un acido carbossilico, caratterizzato dal gruppo funzionale $-\overset{\overset{\displaystyle O}{\|}}{C}-OH$; risposta **D**.

4 Un alcol è detto *secondario* quando il gruppo ossidrilico è legato a un C secondario.
L'ossidazione parziale di un composto di questo tipo produce il corrispondente chetone; l'ossidazione del 2-butanolo, per esempio, produce il 2-butanone:

2-butanolo 2-butanone

La risposta corretta è quindi la **A**.

5 L'etere dietilico ha formula $CH_3–CH_2–O–CH_2–CH_3$, mentre l'etanolo ha formula $CH_3–CH_2OH$. Grazie alla presenza del gruppo –OH, fra le molecole di etanolo si possono formare legami a idrogeno; questo non è possibile per l'etere dietilico, le cui molecole interagiscono grazie a forze intermolecolari più deboli. Per questo motivo la temperatura di ebollizione dell'etere dietilico è più bassa di quella dell'etanolo; risposta **C**.

6 Il butano è l'alcano a 4 atomi di C, e ha formula bruta C_4H_{10}; l'alcol butilico, o butanolo, deriva dal butano per sostituzione di un H con un gruppo –OH, e ha formula bruta $C_4H_{10}O$; le alternative **A**, **B** e **C** sono quindi corrette. È vero anche che nel butano e nel butanolo, essendo presenti solo legami semplici, gli atomi di C hanno ibridazione sp^3; l'affermazione falsa, risposta corretta al quesito è la **E**: tra le molecole di butano e alcol butilico non si formano legami a idrogeno, perché la differenza di elettronegatività fra H e C nel butano non è abbastanza elevata da permettere la formazione di questo tipo di legame.

7 La reazione fra un acido carbossilico e un alcol è una condensazione e produce un estere e acqua; risposta **A**.

8 Il toluene è un composto aromatico: un derivato del benzene in cui un atomo di idrogeno è sostituito da un gruppo metilico, risposta **A**. Per quanto riguarda le altre alternative, naftalene e fenantrene sono composti aromatici derivati dalla condensazione rispettivamente di due, o tre, anelli benzenici, un alchene, infine, è un idrocarburo alifatico.

9 Una sostanza si scioglie in acqua quando le molecole (o gli ioni) di cui è formata possono formare legami con le molecole di H_2O, che sono polari. Tranne l'alcol etilico, tutte le altre sostanze proposte sono apolari, non formano legami con la molecola di H_2O e mescolate con questa sostanza formano due fasi separate. L'alcol etilico invece può formare legami a H con H_2O, quindi non dà origine a un sistema a due fasi; risposta **C**.

10 Come si deduce dal prefisso *et-* e dalla desinenza *-ale*, l'*etanale* è un'aldeide a due atomi di C. Ricordando che il gruppo funzionale delle aldeidi è –CHO, possiamo dire che la formula dell'etanale è CH_3–CHO; risposta **E**.

11 L'acetone è un chetone molto semplice, di formula CH_3–CO–CH_3; risposta **B**.

12 I composti eterociclici sono composti organici ciclici, alifatici o aromatici, il cui anello contiene uno o più atomi diversi dal carbonio, generalmente azoto, ossigeno o zolfo. Risposta **B**.

13 Per rispondere al quesito è necessario ricordare che l'etanolo è un semplice alcol (primario) a due atomi di C e che l'ossidazione di un alcol primario produce una aldeide. Dall'etanolo, per ossidazione, si ottiene quindi aldeide acetica (o etanale) a due atomi di C. Risposta **C**.

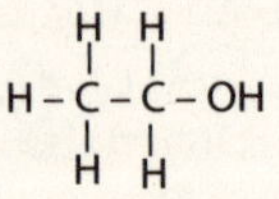

etanolo

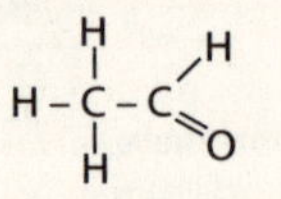

aldeide acetica

14 I composti appartenenti alla classe dei chetoni sono caratterizzati dalla presenza, nella molecola, del gruppo >C=O, detto *carbonilico*; la risposta esatta è quindi la **D**.

15 L'*alcol etilico* deriva dall'etano per sostituzione di un H con un gruppo –OH; il *glicole* è un diolo, cioè un alcol con due gruppi –OH; l'*acido acetico* (o acido etanoico) è un acido carbossilico, e come tutti i composti di questo tipo è caratterizzato dal gruppo –COOH, contenente due atomi di O; un *diidrossichetone* contiene il gruppo carbonilico (>C=O), proprio dei chetoni e delle aldeidi, e due gruppi ossidrilici (–OH); una dialdeide, infine, contiene due gruppi carbonilici. Si deduce che tutti i composti proposti dal quesito, tranne l'alcol etilico, contengono più di un atomo di ossigeno; la risposta esatta è quindi la **A**.

16 Un atomo di carbonio forma legami orientati verso i vertici di un tetraedro quando ha orbitali ibridati sp^3 e forma 4 legami semplici. Un alcano ha tutti gli atomi di carbonio tetraedrici; l'alternativa corretta è quindi il propano, risposta **C**.

17 Il composto CH_3–CH_2–NH–CH_2–CH_3 si può considerare derivato dall'ammoniaca (NH_3) per sostituzione di due atomi di H con altrettanti gruppi etilici (–CH_2–CH_3). Per rispondere al quesito è necessario ricordare che la sostituzione di un H dell'ammoniaca con un gruppo alchilico produce un'*ammina primaria*; se gli H sostituiti sono due otteniamo un'*ammina secondaria*, se sono tre, infine, un'*ammina terziaria*. Il composto considerato è quindi un'ammina secondaria; risposta **C**.

18 L'azoto ha configurazione elettronica $1s^2\,2s^2\,2p^3$, possiede quindi 5 elettroni nel livello energetica esterno e può completare l'ottetto formando tre legami covalenti. I legami covalenti che l'azoto

forma nell'ammoniaca e nelle ammine non coinvolgono però direttamente gli orbitali *p*, infatti si formano 4 orbitali ibridi di tipo sp^3, derivati dalla fusione dell'orbitale 2*s* con i tre orbitali 2*p*.

L'ammoniaca, in cui un atomo di N lega tre atomi di H, ha formula NH_3, mentre le ammine derivano dalla sostituzione di uno, due, oppure tutti e tre, gli atomi di H con gruppi alchilici. In tutti questi casi l'azoto centrale ha ibridazione di tipo sp^3 e le molecole hanno la struttura tetraedrica che permette di ottenere la minima interazione fra le quattro nuvole elettroniche corrispondenti ai quattro orbitali ibridi. La risposta corretta è la **A**.

---

19 Le reazioni caratteristiche dei chetoni sono reazioni di *addizione nucleofila*, in cui la rottura del doppio legame C = O permette l'ingresso di nuovi atomi. A causa dell'elevata elettronegatività dell'ossigeno, il C del gruppo carbonilico ha una parziale carica positiva, quindi si comporta da elettrofilo e può essere attaccato da un base di Lewis (per esempio i derivati dell'ammoniaca), che rappresenta un gruppo nucleofilo, in grado di cedere un doppietto elettronico.
La risposta esatta è la **B**.

---

20 Gli acidi carbossilici sono acidi organici con formula generale R–COOH, dove R è una catena organica che può essere corta, lunga, satura, insatura o con sostituenti aromatici. Si può pertanto escludere la risposta **D**. Gli acidi carbossilici danno facilmente derivati per sostituzione del gruppo ossidrilico (–OH) del carbossile: tra i più comuni si possono ricordare gli alogenuri acilici (R–CO–Cl), le ammidi ($R–CO–NH_2$), le anidridi (R–CO–O–CO–R') e gli esteri (R–CO–OR), quindi anche la risposta **C** può essere scartata. Poiché possono essere ottenuti per ossidazione delle aldeidi (ottenute a loro volta dall'ossidazione del corrispondente alcol primario), e non per idrogenazione, anche la risposta **A** può essere eliminata (l'idrogenazione è una reazione di riduzione mentre l'acido carbossilico è un composto più ossidato dell'aldeide). Gli acidi carbossilici sono generalmente acidi deboli (l'acido acetico, per esempio, ha $K_a \approx 10^{-5}$) e raggiungono una forza maggiore solo in casi molto particolari, quando cioè al carbossile sono attaccati gruppi fortemente elettronattrattori; questo succede, per esempio, nell'acido trifluoroacetico, CF_3–COOH, in cui i 3 idrogeni del metile sono sostituiti con atomi di fluoro molto elettronegativo.
La risposta corretta è dunque la **E**.

---

21 I fenoli sono sostanze derivate dagli idrocarburi aromatici per sostituzione di uno o più atomi di idrogeno con gruppi ossidrile (–OH). A differenza degli alcoli, con cui condividono il gruppo funzionale ossidrilico, i fenoli sono acidi, e questo accade perché l'anione che si forma per perdita dell'idrogeno del gruppo –OH è particolarmente stabile, dato che la carica negativa è dispersa, per risonanza, su tutto l'anello aromatico.

L'acidità dei fenoli aumenta in presenza di gruppi sostituenti elettronattrattori, come gli alogeni (fluoro, cloro, bromo, iodio), il gruppo nitro (NO_2), il gruppo nitrile (C≡N), i doppi e tripli legami carbonio-carbonio, perché tali gruppi migliorano l'effetto di dispersione della carica negativa dell'anione. Diversamente, i gruppi elettronrepulsori, come i gruppi alchilici, i gruppi ossidrile (OH) e alcossile (OR), i gruppi amminici (NH_2, NHR, NR_2), i gruppi tiolo (SH) e mercapto (SR), diminuiscono l'acidità.

Fra i composti proposti dal quesito, il p-nitrofenolo e il p-clorofenolo contengono gruppi elettronattrattori; dato che il gruppo nitro presenta, fra i due, un maggior effetto elettronattrattore, si deduce che il composto con maggior forza acida è il p-nitrofenolo, risposta **D**.

---

22 Le ammidi sono composti organici di formula generale 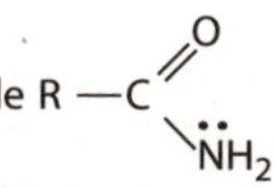 , che si possono considerare derivate dagli acidi carbossilici per sostituzione del gruppo –OH con il gruppo $–NH_2$ (gruppo amminico). Si tratta quindi di composti che contengono sempre carbonio, idrogeno, ossigeno e azoto, risposta **C**.

23 Un acido carbossilico è un composto che contiene il gruppo –COOH, la cui struttura è riportata a lato. L'unico composto di questo tipo, fra quelli proposti, è l'acido formico, di formula HCOOH; la risposta esatta è la **A**.

24 Un etere è un composto organico di formula generica R–O–R′, che si può pensare come il derivato dalla condensazione intermolecolare tra due molecole di alcol. La reazione procede con eliminazione di acqua secondo lo schema sotto riportato:

$$R-O\boxed{H \quad + \quad OH}-R' \longrightarrow R-O-R' + H_2O$$

dove R può essere uguale o diverso da R′. La risposta corretta è quindi la **A**.

- Riguardo alle altre reazioni citate nel quesito si ricorda che:
- la reazione di condensazione tra un acido e un alcol (risposte **B** e **C**) si chiama esterificazione, procede con eliminazione di acqua e porta alla formazione degli esteri;
- la reazione di condensazione di un alcol con l'aldeide (risposte **D** ed **E**) porta alla formazione di emi-acetali (aldeide + 1 molecola di alcol) o acetali (aldeide + 2 molecole di alcol) e in entrambi i casi procede senza eliminazione di acqua.

25 Le ammine sono i derivati organici dell'ammoniaca (NH_3). Il doppietto elettronico disponibile sull'azoto rende l'ammoniaca un composto a debole carattere basico, con una costante di dissociazione basica $K_b \approx 10^{-5}$. Nelle ammine uno o più idrogeni dell'ammoniaca sono sostituiti con gruppi alchilici (ammine alifatiche) o gruppi arilici (ammine aromatiche). Mentre queste ultime sono basi molto più deboli di NH_3, a causa dell'effetto di risonanza sull'anello che rende meno disponibile il doppietto elettronico sull'atomo di azoto, le ammine alifatiche sono leggermente più basiche di NH_3, per l'effetto induttivo dei gruppi alchilici sull'atomo di azoto. L'effetto è comunque molto piccolo e per le ammine alifatiche si hanno solo piccole variazioni del valore della costante di basicità. La risposta esatta è quindi la **D**.

26 L'eptano (C_7H_{16}), come tutti gli idrocarburi non sostituiti, con desinenza *-ano*, appartiene alla famiglia degli alcani, idrocarburi a polarità è molto bassa, dunque la risposta **B** è da scartare. Il cloroformio ($CHCl_3$) e il tetracloruro di carbonio (CCl_4) derivano dal metano (CH_4) per sostituzione di 3 o 4 idrogeni rispettivamente con atomi di cloro. Sebbene il cloro sia molto più elettronegativo del carbonio, la forma tetraedrica delle molecole rende minima (in $CHCl_3$) o nulla (in CCl_4) la somma vettoriale dei dipoli relativi a ogni singolo legame C–Cl. Pertanto anche la **A** e la **E** si possono eliminare. Tra il metanolo, che è un alcol (CH_3OH), e l'etere dimetilico (etere simmetrico con formula CH_3–O–CH_3), il composto più polare è senz'altro il primo, poiché il legame O–H è più polarizzato del legame O–CH_3, data la maggiore differenza di elettronegatività della coppia ossigeno/idrogeno rispetto alla coppia ossigeno/carbonio. La risposta corretta è quindi la **D**.

27 Il composto CH_3–CH_2–CH_2–CO–CH_3 è formato da una catena a 5 atomi di C e contiene un gruppo carbonilico (C=O) in posizione interna alla catena. Questo gruppo funzionale è tipico dei chetoni, composti il cui nome si ricava da quello dell'idrocarburo corrispondente, aggiungendo la desinenza *-one*. Il composto proposto è un chetone che deriva dal pentano, quindi si chiamerà *pentanone*; per avere il nome corretto è necessario indicare in quale posizione si trova il gruppo carbonilico, numerando gli atomi di C della catena in modo tale il sostituente risulti legato all'atomo di C più vicino all'"origine" della catena. In questo caso il nome sarà quindi 2-pentanone; risposta **E**.

28 Due isomeri sono composti che hanno la stessa formula bruta ma diversa formula di struttura, o diversa disposizione degli atomi nello spazio. Cloroformio è il nome comune del triclorometano, composto di formula $CHCl_3$, che deriva dal metano (CH_4) quando 3 dei 4 atomi di H del metano sono sostituiti da atomi di cloro (Cl); il tetraclorometano invece, di formula CCl_4, deriva dalla sostituzione con cloro di tutti e 4 gli atomi di H; i due composti hanno formule brute differenti, quindi non sono isomeri. Il metanolo, CH_3OH, è un alcol derivato dal metano per sostituzione di un

atomo di H con un gruppo –OH e ha formula bruta CH_4O; l'etanolo invece, CH_3CH_2OH, deriva dall'etano per sostituzione di un atomo di H con un gruppo –OH e ha formula bruta C_2H_6O; anche in questo caso si tratta di composti diversi, non isomeri. L'acetone, il più semplice chetone, è un composto a 3 atomi di C con un gruppo carbonilico in posizione centrale, il nome IUPAC è propanone, la formula di struttura condensata è $CH_3–CO–CH_3$ e la formula bruta C_3H_6O; la formaldeide è la più semplice aldeide, derivata dal metano, ha formula CH_2O e il nome IUPAC è metanale. Acetone e formaldeide non sono isomeri. Il benzene, il capostipite dei composti aromatici, ha formula bruta C_6H_6; il toluene deriva dalla sostituzione di un H del benzene con un gruppo $–CH_3$, anche in questo caso si tratta quindi di composti diversi, non isomeri. Gli eteri si ottengono da una reazione di condensazione tra due alcoli: il dimetil etere deriva dalla reazione di due molecole di metanolo, la formula di struttura condensata è $CH_3–O–CH_3$ e la formula bruta C_2H_6O. Come abbiamo già visto questa è anche la formula bruta dell'etanolo; si conclude che dimetiletere ed etanolo sono isomeri e la risposta corretta è la **E**.

---

29 Il 2-butene è un alchene a 4 atomi di C, con un doppio legame in posizione 2, con formula

$$CH_3 - CH = CH - CH_3.$$

L'acetone è un chetone a 3 atomi di C, con formula:

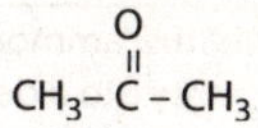

L'acido α-cheto propanoico è un acido carbossilico a 3 atomi di C, con un gruppo chetonico in posizione α, come indicato dalla formula:

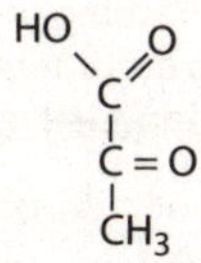

Il ciclopentene è un alchene ciclico a 5 atomi di C, che si può rappresentare con la formula:

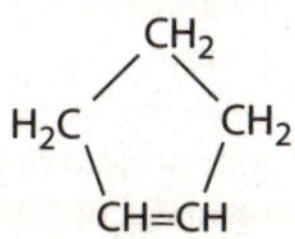

La formaldeide infine, che secondo la nomenclatura IUPAC prende il nome di metanale, è la più piccola aldeide, con un solo atomo di C e la formula:

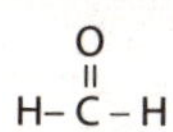

Come si può vedere dalle formule, l'unico composto che contiene due doppi legami è l'acido piruvico; risposta **C**.

---

30 Il glicerolo è un alcol a tre atomi di C, in cui a ogni atomo è legato un gruppo –OH, come si vede dalla formula di struttura, riportata a lato. Il nome IUPAC è 1,2,3 propantriolo; la risposta corretta è la **B**.

Test di approfondimento

1 **UNA sola delle seguenti affermazioni a proposito delle ammidi è CORRETTA. Quale?**

A Possiedono un gruppo carbonilico
B Derivano dall'ammoniaca per sostituzione di idrogeni con radicali alchilici
C Contengono un triplo legame carbonio-azoto
D Contengono almeno due atomi di azoto
E Sono basi forti

2 **Cosa si ottiene per idrogenazione catalitica di un acido grasso monoinsaturo?**

A Un estere dell'acido grasso
B Un tioestere dell'acido grasso
C Il corrispondente acido grasso saturo
D Un trigliceride
E Un fosfolipide

3 **La presenza di un alogeno (che è caratterizzato da un'elevata elettronegatività) su un acido carbossilico a dare un alogenuro acilico del tipo: $R-\overset{\overset{\large O}{||}}{C}-Cl$, come modifica la reattività?**

A Diminuisce la reattività nei confronti di nucleofili, in quanto rende δ^- il carbonio del gruppo C=O
B Aumenta la reattività nei confronti di nucleofili, in quanto rende ancora più δ^- il carbonio del gruppo C=O
C Diminuisce la reattività nei confronti di nucleofili, in quanto rende δ^+ il carbonio del gruppo C=O
D Aumenta la reattività nei confronti di nucleofili, in quanto rende ancora più δ^+ il carbonio del gruppo C=O
E Non modifica in nessun modo la reattività

4 **Il cicloesanone è:**

A una aldeide
B un idrocarburo aromatico
C un chetone
D un alcol
E un alchene

5 **La seguente struttura organica $CH_3COOCH_2CH_3$ corrisponde a:**

A un estere
B un etere
C un acido carbossilico
D un chetone
E un fenolo

6 Quale tipo di forze intermolecolari esiste nel tetraclorometano?

A Legame idrogeno
B Legame ionico
C Legame covalente
D Attrazione istantanea dipolo-dipolo
E Attrazione permanente dipolo-dipolo

7 Un estere può essere direttamente prodotto dalla reazione dell'acido propanoico con l'1-butanolo. Qual è la formula dell'estere?

A $C_2H_5COOC_4H_9$
B $CH_3COOC_4H_9$
C $C_4H_9COOC_3H_7$
D $C_3H_7COOC_4H_9$
E $C_2H_5COOC_2H_5$

8 Date le tre coppie di sostanze indicate di seguito, si identifichi per ogni coppia quale sostanza presenta forze intermolecolari maggiori.

1. CH_4 e CBr_4
2. N_2 e NO
3. $CH_3CH_2CH_2NH_2$ e $(CH_3)_3N$

[Si assumano temperatura e pressione standard (STP)]

A 1: CBr_4, 2: N_2, 3: $(CH_3)_3N$
B 1: CBr_4, 2: NO, 3: $CH_3CH_2CH_2NH_2$
C 1: CBr_4, 2: N_2, 3: $CH_3CH_2CH_2NH_2$
D 1: CH_4, 2: NO, 3: $(CH_3)_3N$
E 1: CH_4, 2: N_2, 3: $(CH_3)_3N$

9 In quale/i dei seguenti composti tutti gli atomi di carbonio hanno ibridazione *sp*^{2}?

1. Benzene
2. Butano
3. Dimetil-ammina
4. Cicloesene

A Solo 1 B Solo 4 C Solo 1 e 3 D Solo 2 e 4 E Solo 1, 3 e 4

10 Quando l'1-propanolo è bruciato in eccesso di ossigeno gli unici prodotti formati sono anidride carbonica e acqua. Qual è il rapporto fra le molecole $CO_2 : H_2O$ nella reazione bilanciata?

A 3 : 8 B 4 : 7 C 5 : 12 D 2 : 7 E 3 : 4

11 Il 2-2 dimetilpropano, $C(CH_3)_4$, è un isomero del pentano, $CH_3(CH_2)_3CH_3$. Il pentano ha un punto di ebollizione di 3 6°C mentre quello del dimetilpropano è 10 °C.
Quale delle seguenti affermazioni spiega le giustifica la differenza nei punti di ebollizione di queste sostanze?

A Le molecole hanno massa molecolare relativa diversa
B Le molecole con catene più lunghe, meno ramificate, hanno dipoli permanenti e indotti più forti
C Gli isomeri hanno proprietà chimiche diverse
D Il 2,2-dimetilpropano ha legami intramolecolari più forti
E Nel pentano si formano dipoli permanenti

Soluzioni e commenti

1 Le ammidi sono derivati degli acidi carbossilici in cui il gruppo ossidrile del carbossile è sostituito da un gruppo amminico $-NH_2$. Hanno formula generale:

$$R-\overset{\overset{\displaystyle O}{\|}}{C}-NH_2$$

dove il gruppo $-C=O$ è un gruppo carbonilico. La risposta corretta è pertanto la **A**.

La risposta **E** deve essere scartata perché nelle ammidi il doppietto elettronico dell'azoto è parzialmente occupato nella risonanza con il carbonile e questo rende le ammidi composti a carattere neutro.

2 L'idrogenazione è una reazione chimica attraverso la quale i legami multipli di un composto insaturo vengono trasformati in legami semplici per addizione di idrogeno alla molecola. L'idrogenazione di un acido grasso monoisaturo (con un solo legame multiplo) porta alla formazione del corrispondente acido grasso saturo; risposta **C**.

3 Nelle reazioni chimiche tra composti organici i reagenti vengono distinti in *elettrofili* e *nucleofili*. Il gruppo –COOH degli acidi carbossilici è un gruppo elettrofilo perché, a causa dell'effetto elettronattrattore degli atomi di O, l'atomo di C ha una parziale carica positiva (δ^+). La presenza di un alogeno, dotato di elevata elettronegatività, potenzia questo effetto, aumentando la reattività nei confronti dei reagenti nucleofili; risposta **D**.

4 Il cicloesanone è un composto ciclico a sei atomi di carbonio (come si deduce dal prefisso *esa-*). La desinenza *-one*, tipica dei chetoni, indica che il cicloesanone appartiene a questa classe di composti. Si tratta quindi di un chetone ciclico a sei atomi di carbonio; risposta **C**.

5 Il gruppo COOC interno alla formula proposta indica che si tratta di un estere, cioè un composto che deriva da una reazione di condensazione fra un gruppo carbossilico e un gruppo ossidrilico: risposta **A**.

6 Si escludono subito le risposte **B** e **C** perché i legami indicati sono di tipo intramolecolare. Si esclude anche la risposta **A**, perché il legame idrogeno è un legame intermolecolare che si stabilisce solo tra le molecole che contengono un atomo di idrogeno legato a uno dei seguenti elementi: fluoro, ossigeno o azoto.

Infine si esclude anche la risposta **E**, perché il composto tetraclorometano è apolare, per cui non può stabilire attrazioni permanenti dipolo-dipolo.

La risposta corretta è quindi la **D**.

L'apolarità della molecola del composto è dovuta alla sua geometria tetraedrica regolare, che rende nulla la somma vettoriale dei momenti dipolari di ciascun legame polare C-Cl.

7 Per condensazione di un acido con un alcol si ottiene un estere con uscita di una molecola d'acqua. L'acido propanoico ha formula C_2H_5COOH mentre l'1-butanolo C_4H_9OH. L'estere che si forma è il propionato di butile con formula bruta $C_2H_5COOC_4H_9$.

La risposta corretta è quindi la **A**.

8 Tra le forze intermolecolari la più forte è il legame a idrogeno dove un idrogeno è legato covalentemente a un atomo di O, N o F. Quindi nella coppia numero 3 la propilammina ($CH_3CH_2CH_2NH_2$)

è l'unica di quelle proposte in grado di formare un legame a idrogeno. Tute le altre forze intermolecolari tra molecole, che sono sempre di natura elettrostatica e quindi necessitano la formazione di un dipolo, maggiore è il dipolo che si forma e maggiore è la forza del legame. Nella coppia 2 l'NO forma un dipolo netto tra due eteroatomi mentre l'N_2 non forma nessun dipolo essendo una molecola biatomica mono specie. In ambedue le specie della coppia 1 la simmetria tetraedrica degli atomi di carbonio al centro della molecola annulla i dipoli che si formano tra i legami C–H e C–Br. Di queste due molecole però il legame C–Br è il più polare avendo il Br elettronegatività maggiore e quindi eventuali dipoli temporanei che si possono formare sono più forti nel CBr_4 che nel metano. Riassumendo si può dire che la sequenza riportata nella risposta **B** è quella che identifica correttamente le specie di ogni coppia che hanno le maggiori forze intermolecolari.

---

9 Un atomo di C è ibridato sp^2 quando forma tre legami, come accade in presenza di un doppio legame. Tutti gli atomi di C del benzene hanno questo tipo di ibridazione, mentre nel butano, che è un alcano, l'ibridazione è di tipo sp^3. La dimetil-ammina è un composto che possiamo considerare derivato dall'ammoniaca per sostituzione di due atomi H con altrettanti gruppi metilici; anche in questo composto gli atomi di C hanno ibridazione sp^3. Il cicloesene è un alcano ciclico, a 6 atomi di C, con almeno un doppio legame: gli atomi di C che partecipano al doppio legame hanno ibridazione sp^2, mentre quelli che formano legami semplici sono ibridati sp^3. Si conclude che solo nel benzene (alternativa 1) tutti gli atomi di C sono ibridati sp^2 e la risposta corretta è la **A**.

---

10 La reazione bilanciata della combustione dell'1-propanolo, composto di formula $CH_3CH_2CH_2OH$, è la seguente:

$$2\,C_3H_8O + 9\,O_2 \rightarrow 6\,CO_2 + 8\,H_2O$$

Il rapporto fra le molecole di CO_2 e H_2O è 3 : 4; risposta esatta **E**.

---

11 Il punto di ebollizione di un composto dipende dalla natura dei legami esistenti fra le particelle (ioni, atomi o molecole) di cui è composto (la **D** si può scartare). I due isomeri hanno la stessa massa molecolare e proprietà chimiche analoghe (la **A** e la **C** sono errate), il punto di ebollizione però è diverso, perché è diversa la forza dei legami intermolecolari che si creano fra le molecole di 2,2-dimetilpropano e fra quelle di pentano. Il 2,2-dimetilpropano è un composto ramificato, mentre l'isomero pentano ha struttura lineare. I dipoli permanenti della molecola di pentano riescono a interagire più efficacemente perché non ci sono ramificazioni, in parole semplici le molecole sono "impacchettate" in modo più stretto. La risposta corretta è la **B**.

14 | Composti organici di interesse biologico

I composti più importanti dal punto di vista biologico, detti anche **biomolecole**, appartengono a quattro classi: **carboidrati**, **proteine**, **acidi nucleici** e **lipidi**.

Le prime tre classi comprendono composti che possiamo considerare *polimeri* formati da unità più semplici: i carboidrati, in particolare i polisaccaridi, sono polimeri di monosaccaridi, le proteine sono polimeri di amminoacidi e gli acidi nucleici sono polimeri di nucleotidi. La classe dei lipidi comprende invece composti di struttura chimica eterogenea, accomunati principalmente dalle caratteristiche fisiche simili.

14.1 | Carboidrati

I carboidrati (detti anche *saccaridi*, *glucidi* o *zuccheri*) sono composti ternari contenenti carbonio, ossigeno e idrogeno. Gli atomi di H e O si trovano nello stesso rapporto in cui si trovano nell'acqua (da cui il nome carbo-idrati, ovvero idrati di carbonio) e possono perciò essere indicati con la formula generale $\mathbf{C_n (H_2O)_m}$, dove $n \geq m$.

✔ I carboidrati contengono vari gruppi alcolici e un gruppo aldeidico (negli *aldosi*) oppure chetonico (nei *chetosi*); possono perciò essere considerati *poliidrossialdeidi* o *poliidrossichetoni*.

Contenendo uno o più atomi di carbonio asimmetrici sono composti otticamente attivi.

La desinenza caratteristica della classe è *-osio* o *-oso.*

I carboidrati costituiscono il 60-90% del peso secco dei vegetali, mentre rappresentano solamente l'1% circa dei tessuti umani; tuttavia sono di grande importanza come fonte energetica e forniscono buona parte delle calorie totali assunte nell'alimentazione umana.

In base alla loro struttura i carboidrati vengono suddivisi in:

- *monosaccaridi* (o zuccheri semplici): non possono essere ulteriormente idrolizzati a dare zuccheri più semplici;
- *disaccaridi*: forniscono per idrolisi due molecole di monosaccaridi;
- *oligosaccaridi*: forniscono per idrolisi da tre a dieci molecole di monosaccaridi;
- *polisaccaridi*: forniscono per idrolisi un numero elevato di molecole di monosaccaridi (superiore a 100).

14.1.1 | Monosaccaridi

I monosaccaridi vengono suddivisi in aldosi e chetosi; in base al numero di atomi di carbonio presenti nella molecola possono essere anche suddivisi in:

- *triosi*: a 3 atomi di carbonio
- *tetrosi*: a 4 atomi di carbonio
- *pentosi*: a 5 atomi di carbonio
- *esosi*: a 6 atomi di carbonio

Il più importante aldoesoso è il **glucosio** (o destrosio). Altri aldoesosi abbondanti in natura sono il galattosio e il mannosio. L'unico chetoesoso abbondante in natura, in particolare nella frutta, è il **fruttosio** (o levulosio). Gli aldopentosi più importanti sono il **ribosio** e il **desossiribosio**, costituenti degli acidi nucleici (§ 14.4) e di altre biomolecole.

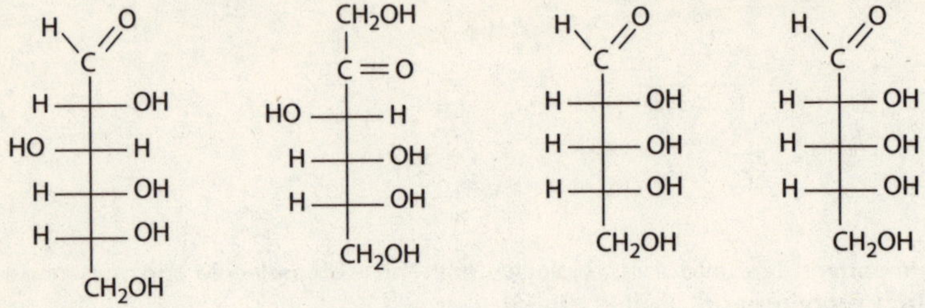

(+) glucosio (–) fruttosio (–) ribosio (–) 2 desossiribosio

In questo tipo di formula, detta *formula* o *proiezione di Fischer*, la molecola viene rappresentata come catena lineare. La catena carboniosa viene scritta in verticale, con l'atomo di carbonio più ossidato in alto e quello più ridotto in basso; all'incrocio fra i tratti orizzontali e quelli verticali si trovano atomi di C che non vengono indicati, ma sono sottintesi.

Ciclizzazione dei monosaccaridi

Alcune proprietà chimiche dei monosaccaridi non possono essere giustificate da questa struttura lineare (il glucosio, per esempio, non dà alcune reazioni tipiche delle aldeidi). Questo è dovuto al fatto che i monosaccaridi in soluzione acquosa tendono a dare una reazione di ciclizzazione intramolecolare che coinvolge il gruppo aldeidico (o chetonico) e il gruppo ossidrilico legato al C4 o al C5, e che porta alla formazione di un *emiacetale ciclico* (si veda § 13.4.2).

Il legame che si realizza tramite l'atomo di O viene detto *ponte glicosidico*. La ciclizzazione può dar luogo a due diverse strutture, chiamate *anomeri*, che differiscono solo per la posizione, rispetto al piano dell'anello, del gruppo OH legato al C1. Nell'*anomero* α l'ossidrile si trova al di sotto di tale piano, mentre nell'*anomero* β si trova al di sopra. Il C1, che nella forma emiacetalica diventa chirale, è detto *carbonio anomerico*. La reazione è una reazione di equilibrio, e quindi reversibile, ma l'equilibrio è normalmente spostato verso le forme emiacetaliche (cicliche).

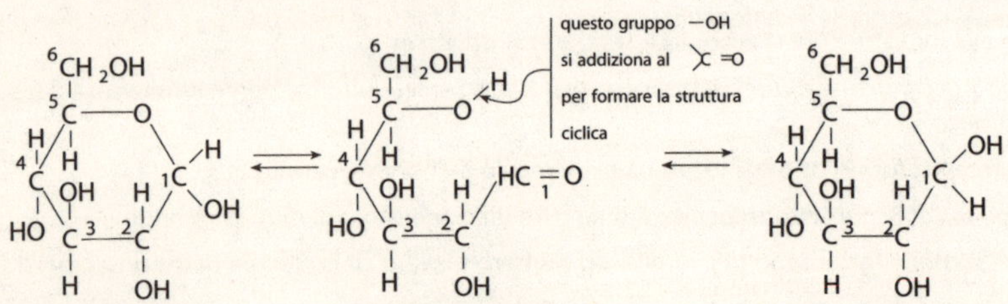

α - glucosio (forma semiacetalica) — forma aldeidica aciclica del (+) glucosio — β - glucosio (forma semiacetalica)

La miscela all'equilibrio di glucosio contiene il 36,4% dell'anomero α, il 63,6% dell'anomero β e solo lo 0,003% della forma aciclica.

Per azione di blandi ossidanti un aldoso subisce l'ossidazione del gruppo aldeidico potenziale (il gruppo sul C1) e viene trasformato nel corrispondente acido aldonico. I carboidrati che subiscono questo tipo di reazione (monosaccaridi aldosi e alcuni oligosaccaridi) vengono detti *zuccheri riducenti*.

Per determinare il potere riducente di uno zucchero vengono effettuati saggi con composti ossidanti, i saggi di Tollens, Fehling e Benedict.

14.1.2 | Disaccaridi

I disaccaridi sono formati da due monosaccaridi uniti mediante un legame, detto *legame glicosidico*, tra il carbonio anomerico di un monosaccaride e un gruppo ossidrilico dell'altro.

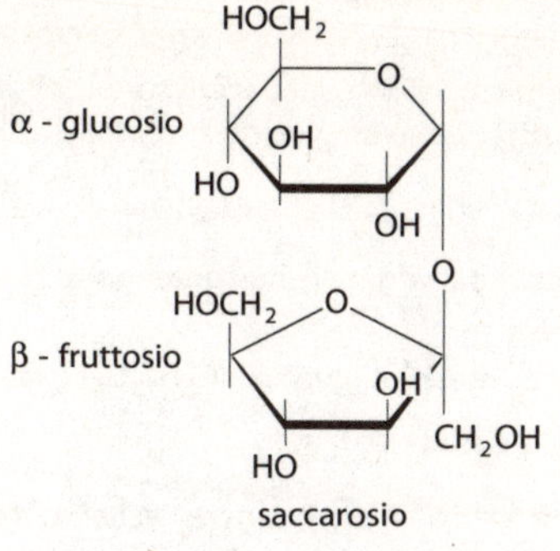

Il *saccarosio*, il comune zucchero da tavola, si estrae dalla canna da zucchero e dalla barbabietola ed è formato dall'unione di una molecola di α-glucosio e una di β-fruttosio.

Il saccarosio è uno zucchero non riducente perché entrambi gli atomi di carbonio anomerici partecipano al legame glicosidico e non vi sono gruppi aldeidici liberi.

Il *lattosio* è il principale zucchero contenuto nel latte ed è formato dall'unione di una molecola di α-glucosio con una di β-galattosio.

Il *maltosio* non è molto abbondante in natura. Si ottiene per idrolisi parziale dell'amido ed è formato dall'unione di due molecole di α-glucosio.

Il *cellobiosio* si ottiene per idrolisi parziale della cellulosa ed è formato dall'unione di due molecole di β-glucosio.

14.1.3 | Polisaccaridi

I polisaccaridi sono polimeri ad alto peso molecolare, formati dall'unione di numerose molecole di monosaccaridi legate mediante legami glicosidici.

I polisaccaridi svolgono due importanti funzioni biologiche: costituiscono una riserva di energia e fanno parte delle membrane e delle pareti cellulari, si distinguono quindi *polisaccaridi di riserva* e *polisaccaridi strutturali*.

Polisaccaridi di riserva

I principali polisaccaridi di riserva sono l'*amido* nei vegetali e il *glicogeno* negli animali.

L'*amido* è un polimero di α-glucosio; è presente nei vegetali e particolarmente abbondante nei semi. È formato da due tipi di molecole: l'*amilosio*, a catena lineare (con legami in posizione α-1, 4) e l'*amilopectina*, a catena ramificata (con legami in posizione α-1, 4 e α-1, 6).

Il *glicogeno* è un polimero di α-glucosio, come l'amido, ha un peso molecolare più alto e struttura simile all'amilopectina, pur presentando un maggior grado di ramificazione. Ha funzione di riserva negli animali e si accumula nel fegato e nei muscoli.

Polisaccaridi strutturali

Con la denominazione polisaccaridi strutturali si indicano quei polisaccaridi che fanno parte della parete cellulare delle cellule vegetali, delle membrane cellulari, dell'esoscheletro di molti invertebrati (come la chitina) e quelli che sono presenti negli spazi intercellulari e nel tessuto connettivo degli animali.

I principali polisaccaridi strutturali sono la *cellulosa* nei vegetali e i *mucopolisaccaridi acidi* negli animali.

La *cellulosa* è un polimero di β-glucosio a catena lineare, è il principale costituente delle pareti cellulari delle piante; costituisce il 50% nella composizione del legno ed è il carboidrato più diffuso in natura. L'uomo e gli animali carnivori non sono in grado di scindere i legami β-glucosidici che uniscono le molecole di glucosio nelle molecole di cellulosa, quindi non possono utilizzarla come fonte di glucosio.

La *chitina* è un altro polisaccaride molto abbondante in natura: polimero di N-acetilglucosammina, costituisce le pareti cellulari dei funghi e l'esoscheletro di insetti e crostacei.

I *glicosamminoglicani* (GAG o mucopolisaccaridi acidi) sono polisaccaridi lineari in cui si alternano due unità monomere: un amminozucchero e un glucide a carattere acido (per esempio l'*acido glucuronico*).

14.1.4 | Cenni di metabolismo del glucosio

I carboidrati vengono sintetizzati dai vegetali che contengono clorofilla attraverso la catena di reazioni che costituisce la **fotosintesi**.

Il prodotto principale della fotosintesi è il glucosio ($C_6H_{12}O_6$) e la reazione di sintesi può essere rappresentata dall'equazione:

$$6\,CO_2 + 6\,H_2O \xrightarrow{\text{luce solare}} C_6H_{12}O_6 + 6\,O_2$$

Solamente gli organismi contenenti clorofilla sono in grado di trasformare l'energia luminosa in energia chimica, sotto forma di carboidrati; per la sintesi di una mole di glucosio sono necessarie 686 kcal.

I carboidrati costituiscono circa la metà del cibo consumato dall'uomo, in generale possiamo dire che i monosaccaridi rappresentano la principale fonte di energia per la maggior parte degli organismi. La combustione completa del glucosio avviene attraverso i processi di *glicolisi* e *respirazione cellulare*, e può essere rappresentata dall'equazione:

$$C_6H_{12}O_6 + 6\,O_2 \rightarrow 6\,CO_2 + 6\,H_2O + \text{energia (686 kcal/mol)}$$

14.2 | Amminoacidi, peptidi e proteine

14.2.1 | Amminoacidi

Gli amminoacidi sono composti bifunzionali contenenti il gruppo funzionale *amminico* ($-NH_2$) e quello *carbossilico* ($-COOH$).

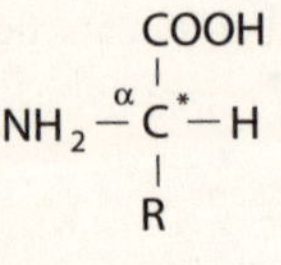

Gli amminoacidi naturali sono α-amminoacidi (il gruppo amminico è legato all'atomo di carbonio immediatamente adiacente al gruppo carbonilico) e hanno la formula generale riportata a lato; tranne la glicina (in cui R = H), tutti contengono almeno un atomo di carbonio chirale e sono quindi composti otticamente attivi.

Dei 20 amminoacidi che compongono le proteine presenti nell'organismo umano, 10 non possono essere sintetizzati, sono detti perciò *amminoacidi essenziali*, e devono essere introdotti con l'alimentazione.

In base alla natura del gruppo R che li differenzia, gli amminoacidi vengono suddivisi in:

- amminoacidi con R apolare;
- amminoacidi con R polare neutro;
- amminoacidi con R polare con carica – (acidi);
- amminoacidi con R polare con carica + (basici).

R APOLARE

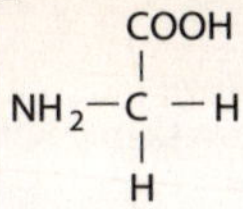
Glicina (Gly o G)

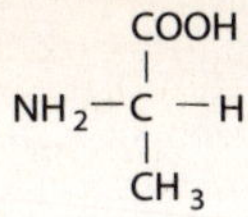
Alanina (Ala o A)

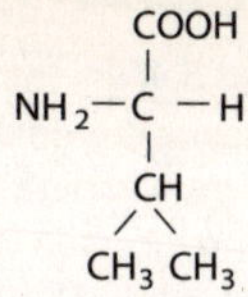
Valina (Val o V)

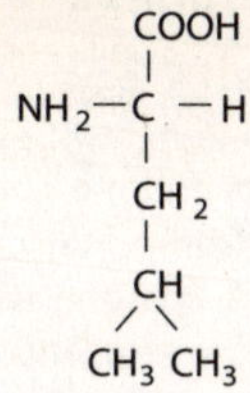
Leucina (Leu o L)

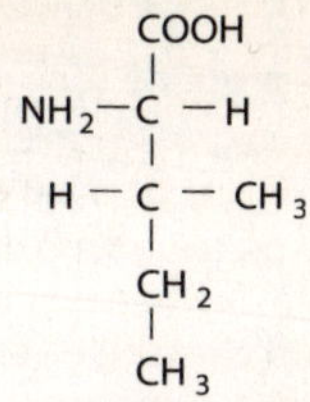
Isoleucina (Ile o I)

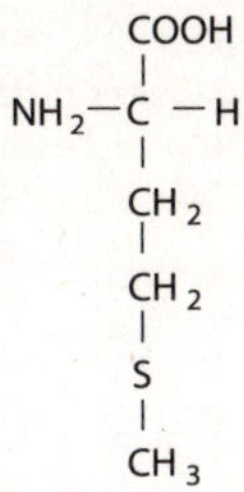
Metionina (Met o M)

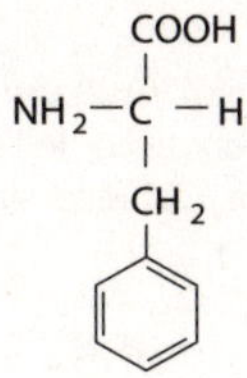
Fenilalanina (Phe o F)

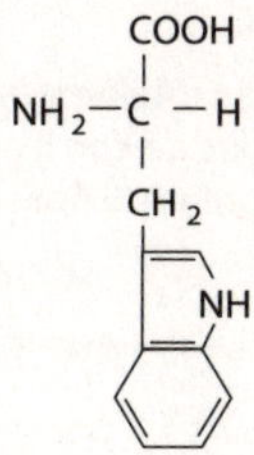
Triptofano (Trp o W)

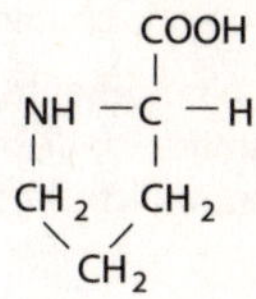
Prolina (Pro o P)

POLARI NEUTRI

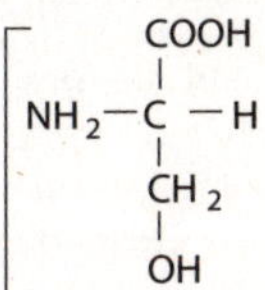
Serina
(Ser o S)

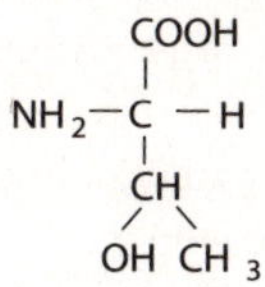
Treonina
(Thr o T)

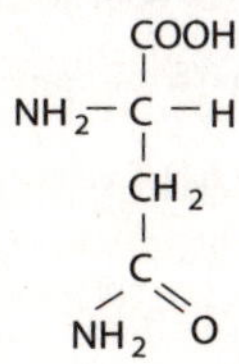
Asparagina
(Asn o N)

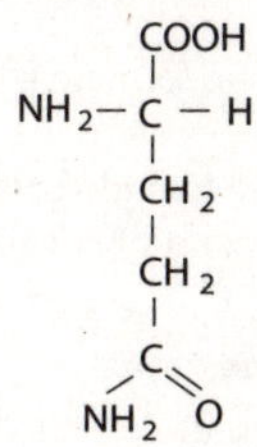
Glutammina
(Gln o Q)

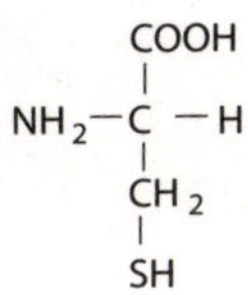
Cisteina
(Cys o C)

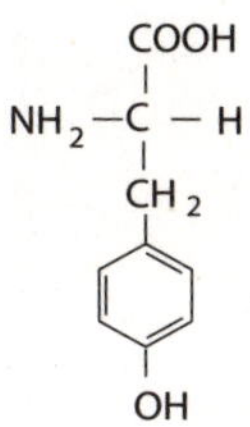
Tirosina
(Tyr o Y)

ACIDI

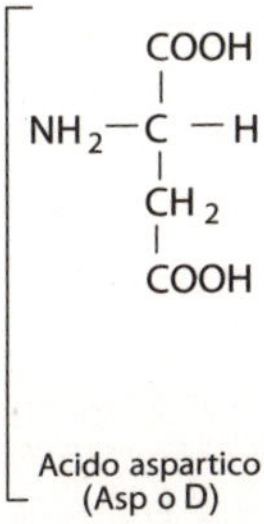
Acido aspartico
(Asp o D)

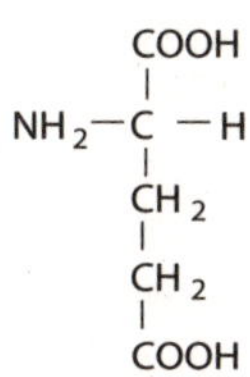
Acido glutammico
(Glu o E)

BASICI

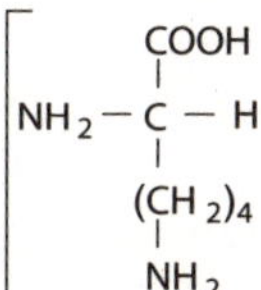
Lisina
(Lys o K)

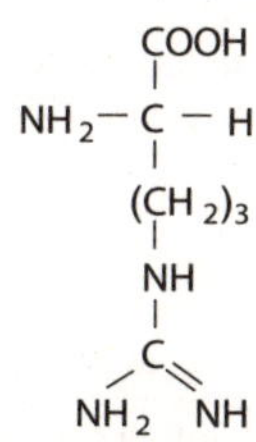
Arginina
(Arg o R)

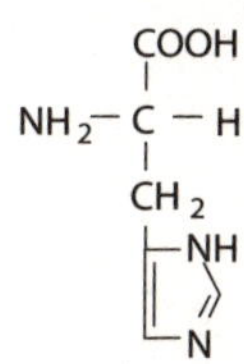
Istidina
(His o H)

14.2.2 | Peptidi e proteine

Le **proteine** sono polimeri biologici risultanti dall'unione di 20 diversi amminoacidi.

Sono grosse molecole contenenti spesso alcune centinaia di amminoacidi, la varietà di combinazioni e strutture possibili è quindi enorme, come pure la varietà di funzioni specifiche.

Le proteine sono di grande importanza in tutti gli esseri viventi, e la loro sintesi, in ogni cellula, è controllata direttamente dal DNA. Possono avere un ruolo strutturale oppure funzione catalitica, ricordiamo infatti che tutti gli enzimi che regolano i processi metabolici negli esseri viventi appartengono a questa classe di composti.

Anche i **peptidi** sono polimeri di amminoacidi, ma più semplici delle proteine, contengono infatti fino a qualche decina di amminoacidi.

> Chimicamente, peptidi e proteine sono poliammidi, risultanti dalla condensazione del gruppo amminico di un amminoacido con il gruppo carbossilico dell'amminoacido successivo; il legame ammidico che si forma prende il nome di *legame peptidico*:
>
> 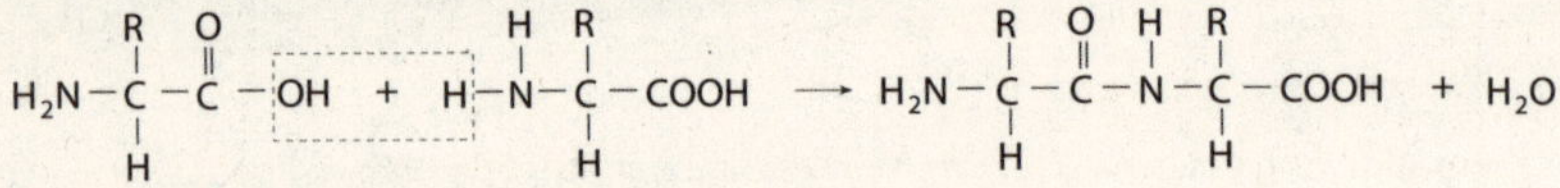

Il gruppo ammidico $-\overset{\displaystyle O}{\overset{\|}{C}}-NH_2-$ di una proteina, viene comunemente chiamato *gruppo peptidico*. L'atomo di idrogeno legato all'azoto può formare legame a idrogeno con l'ossigeno di un altro gruppo carbonilico.

Solitamente si parla di *oligopeptidi* quando contengono pochi amminoacidi (per convenzione da 2 a 10), di *polipeptidi* quando ne contengono più di 10, e di proteine quando la catena è formata da più di 100 amminoacidi.[1]

Livelli di struttura delle proteine

Una proteina può presentare quattro *livelli di struttura* (illustrati a lato):

- *struttura primaria*: è determinata dalla sequenza degli amminoacidi lungo la proteina (il polipeptide);
- *struttura secondaria*: è determinata dalla disposizione nello spazio degli amminoacidi vicini lungo la catena. Molte proteine hanno struttura secondaria ad elica detta α-elica;
- *struttura terziaria*: struttura tridimensionale caratteristica delle proteine globulari, originata dal ripiegamento su se stessa della struttura secondaria;
- *struttura quaternaria*: è data dalla presenza di due o più subunità peptidiche.

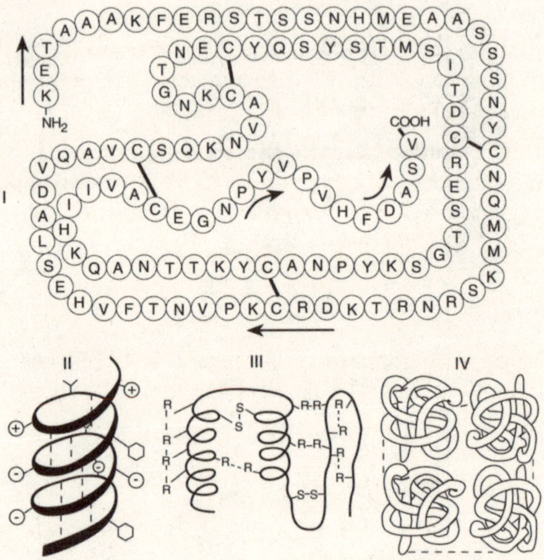

I diversi livelli strutturali di una proteina

1. Questa definizione è accettata in un contesto chimico piuttosto che e biologico, perché in biologia è più utile un approccio funzionale, secondo il quale una catena polipeptidica può essere definita proteina quando assume la struttura secondaria e terziaria che le permette di svolgere la propria funzione.

Le strutture secondaria, terziaria e quaternaria sono mantenute da legami deboli (interazioni idrofobiche, legami H, elettrostatici e di Van der Waals) e da *ponti disolfuro* (–S–S–), legami covalenti formati per ossidazione di due gruppi –SH della cisteina.

Molte proteine, esposte a valori estremi di pH o ad alte temperature, subiscono un processo di *denaturazione*, reversibile o irreversibile a seconda dei casi, che consiste nella rottura dei legami deboli e nella perdita della struttura tridimensionale della proteina.

Classificazione delle proteine	
in base alla composizione	**in base alla struttura**
semplici: formate solo da amminoacidi	**fibrose**: insolubili in acqua, flessibili e resistenti
coniugate: contenenti anche una porzione non proteica, detta *gruppo prostetico*	**globulari**: idrosolubili e di forma approssimativamente sferica

Metabolismo dei composti azotati

Gli amminoacidi (non essenziali) vengono sintetizzati tramite reazioni in cui compaiono come intermedi gli ioni ammonio (NH_4^+), ioni che risultano tossici per molti organi, quindi vengono eliminati dai reni sotto forma di urea.

L'urea è il prodotto finale del metabolismo dell'azoto e viene eliminata con le urine.

L'urea ha formula 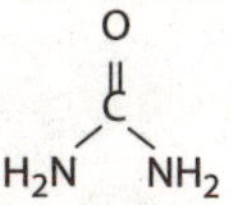, che possiamo indicare anche come NH_2CONH_2.

14.3 | Lipidi

All'ampia classe dei lipidi appartengono sostanze piuttosto eterogenee dal punto di vista chimico, accomunate soprattutto dalla somiglianza delle proprietà fisiche, in particolare l'insolubilità in acqua e la solubilità nei solventi organici non polari.

Negli organismi viventi i lipidi sono importanti sia come componenti strutturali che come riserva di energia, oltre che come "messaggeri" chimici, alcuni importanti ormoni infatti (per esempio, l'aldosterone e il testosterone), appartengono a questa classe.

I lipidi principali sono i *trigliceridi*, i *fosfolipidi* e gli *steroidi*.

14.3.1 | Trigliceridi

I *trigliceridi* hanno funzione di riserva energetica e sono formalmente derivati da una reazione di esterificazione (§ 13.6) tra il glicerolo (alcol trivalente) e tre molecole di acidi grassi:

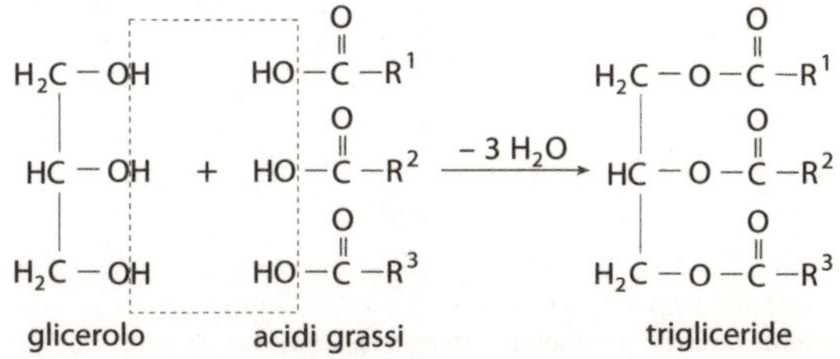

I tre gruppi R possono essere uguali (trigliceridi *semplici*) o diversi (trigliceridi *misti*). Gli *oli* e i *grassi* sono miscele di trigliceridi; gli oli a temperatura ambiente sono liquidi e contengono acidi grassi insaturi, i grassi sono solidi e contengono acidi grassi saturi.

Gli acidi grassi contenuti nei trigliceridi hanno in genere catena lineare e numero pari di atomi di carbonio.

I saponi

La reazione di idrolisi basica di un trigliceride fornisce glicerolo e i sali degli acidi grassi e prende il nome di *saponificazione*.

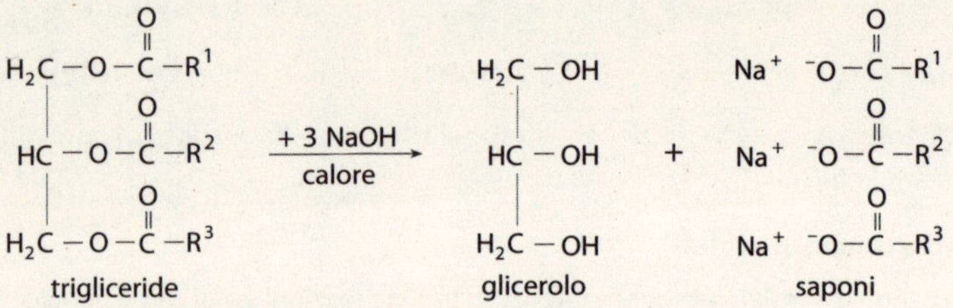

✔ I saponi sono i sali degli acidi grassi con i metalli alcalini (Na e K).

L'azione detergente dei saponi si spiega in base alla loro struttura *anfifilica* (o *anfipatica*), sono infatti formati da una porzione idrofoba (il gruppo R) e una idrofila (il gruppo COO^-Na^+). Dispersi in acqua i saponi formano micelle, aggregati sferici nei quali le porzioni idrofobe sono rivolte all'interno e interagiscono con lo sporco, mentre quelle idrofile sono rivolte all'esterno e interagiscono l'acqua, permettendo così l'eliminazione dello sporco con il risciacquo. Le particelle di sporco si sciolgono nella parte idrofoba interna, formando con le micelle un'emulsione che viene eliminata col risciacquo.

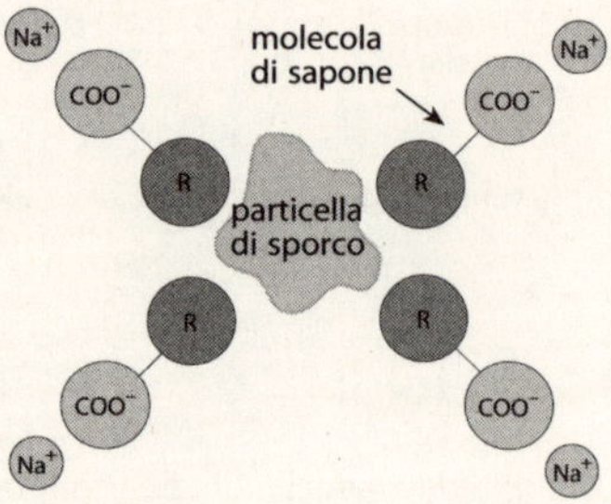

14.3.2 | Fosfolipidi

Nei fosfolipidi due gruppi –OH del glicerolo sono esterificati da due acidi grassi, mentre il terzo è esterificato dall'acido fosforico, legato a sua volta a una piccola molecola polare (un alcol). I fosfolipidi sono molecole anfipatiche formate da una "testa" polare contenente il gruppo fosfato e da una "coda" idrofobica formata dalle catene idrocarburiche degli acidi grassi. Sono i principali costituenti delle membrane cellulari, in cui si dispongono a doppio strato, rivolgendo le code idrofobiche all'interno e le teste polari all'esterno.

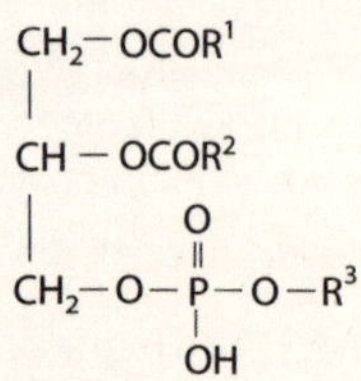

14.3.3 | Steroidi

Gli steroidi hanno una struttura base comune, costituita da quattro anelli condensati.

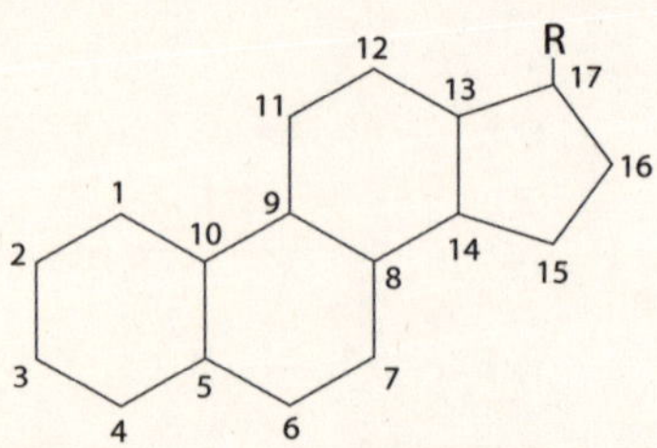

Ai quattro anelli possono essere legati vari sostituenti, portando a numerosi derivati caratterizzati da specifiche funzioni biologiche: hanno struttura steroidea, per esempio, gli ormoni sessuali, gli ormoni corticali, la vitamina D e gli acidi biliari. Gli steroidi che legano un gruppo –OH in posizione 3 e una catena alifatica in posizione 17 sono detti *steroli*.

Lo sterolo più importante, per l'uomo, è il *colesterolo*, la cui struttura è riportata sotto.

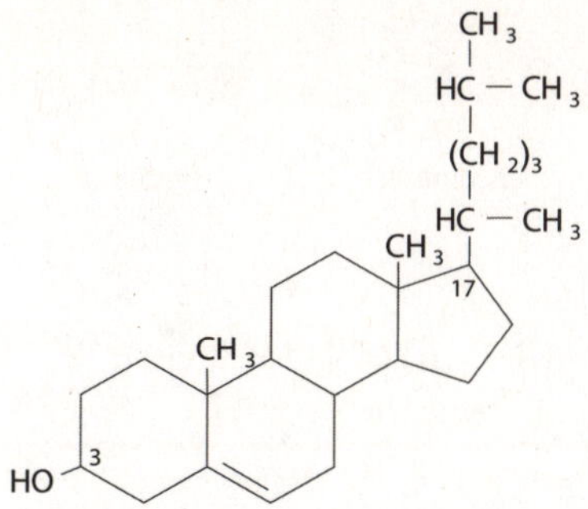

Il corpo di un adulto sano contiene circa 140 g di colesterolo, tra colesterolo libero ed esterificato. Il colesterolo viene sia sintetizzato dall'organismo sia introdotto con la dieta e ha molteplici funzioni: è il precursore per la biosintesi di vari ormoni, degli acidi biliari e della vitamina D, oltre a essere un costituente essenziale delle membrane cellulari. Data la sua natura lipidica, esso è insolubile nel sangue e per venire trasportato da un tessuto a un altro deve essere complessato con proteine particolari dette lipoproteine. Se la quantità di colesterolo nel sangue è troppo elevata, questo precipita, creando, insieme a frammenti cellulari e altre sostanze, le placche di ateroma, occlusioni che impediscono la corretta circolazione del sangue (aterosclerosi).

14.4 | Nucleotidi e acidi nucleici

Gli acidi nucleici, DNA (acido desossiribonucleico) e RNA (acido ribonucleico), rappresentano un'altra classe di polimeri biologicamente importanti e svolgono ruoli fondamentali nella trasmissione dei caratteri ereditari.

Gli acidi nucleici possono essere considerati polimeri lineari di nucleotidi.

Un *nucleotide* è formato da una base eterociclica azotata legata a uno zucchero pentoso (ribosio, nell'RNA o 2-desossiribosio, nel DNA), legato a sua volta a una molecola di acido fosforico.

Idrolizzando un nucleotide si ottiene una molecola di acido fosforico e un *nucleoside*.

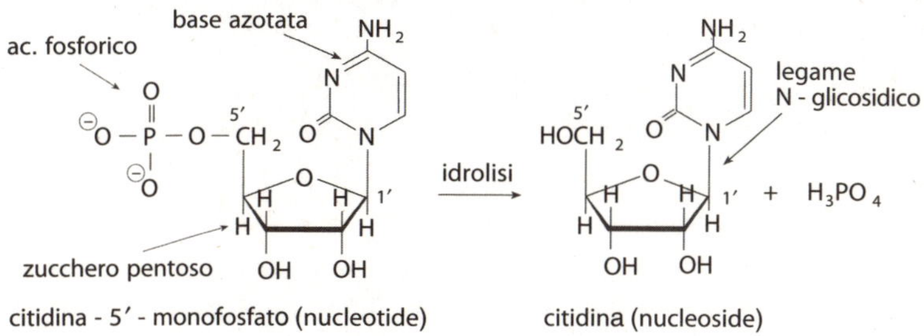

citidina - 5′ - monofosfato (nucleotide)   citidina (nucleoside)

La base eterociclica è legata tramite l'atomo di azoto al carbonio anomerico dello zucchero (C1′) con un legame N-glicosidico di tipo β.

Le basi azotate si dividono in due gruppi:

- *basi pirimidiniche* o *pirimidine*, derivate dalla pirimidina: *citosina*, *timina* e *uracile*;
- *basi puriniche* o *purine*, derivate dalla purina: *adenina* e *guanina*.

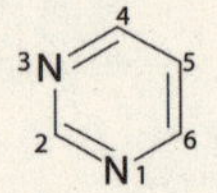

pirimidina

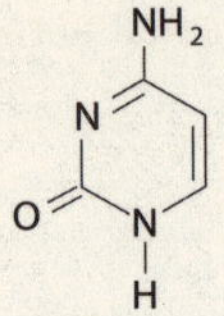

citosina (C)

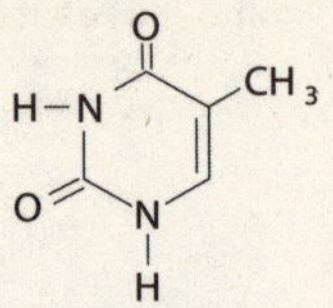

timina (T)

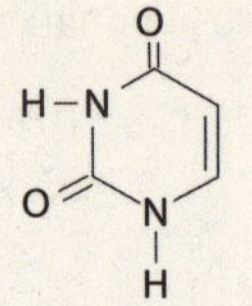

uracile (U)

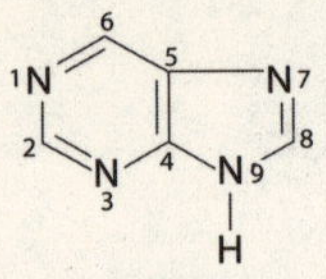

purina

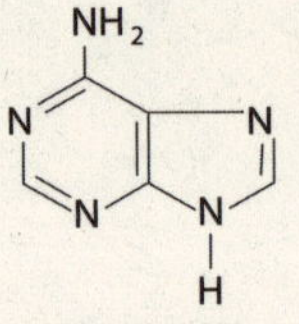

adenina (A)

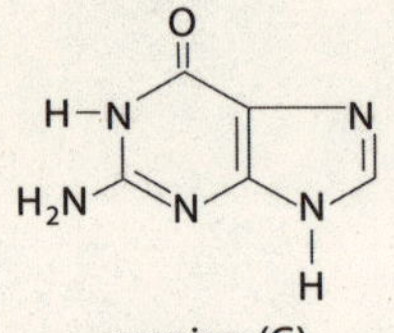

guanina (G)

La catena polinucleotidica è formata da uno scheletro di molecole di zucchero e acido fosforico alternate e legate covalentemente. Il gruppo ossidrilico del C5′ di un'unità di ribosio è legato al gruppo ossidrilico del C3′ del ribosio successivo attraverso un *legame* (o *ponte*) *fosfodiesterico*. Ad ogni molecola di zucchero è legata una base azotata.

Il **DNA** (acido desossiribonucleico) è formato da due filamenti polinucleotidici avvolti a elica intorno a un asse centrale. Ogni filamento è formato da uno scheletro di molecole di desossiribosio e gruppi fosfato alternati, dal quale sporgono lateralmente le basi azotate legate allo zucchero. I due filamenti sono tenuti uniti mediante legami a idrogeno tre le coppie di basi che si fronteggiano nella doppia elica.

Le basi appaiate sono dette **complementari**. In particolare, l'adenina si appaia con la timina mediante due legami a idrogeno, mentre la guanina si appaia con la citosina attraverso tre legami a idrogeno.

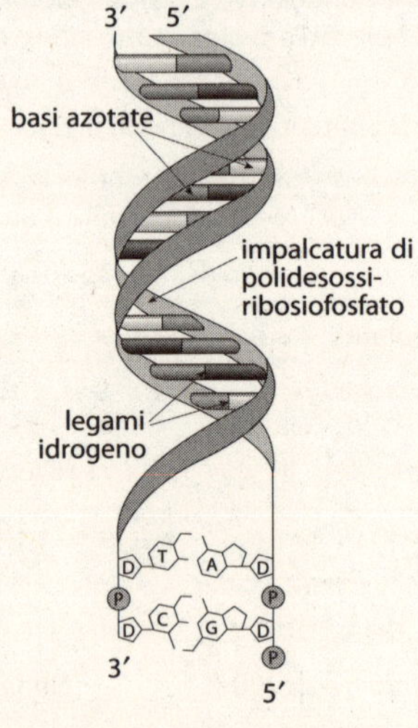

L'**RNA** (acido ribonucleico) è una molecola a filamento singolo in cui lo zucchero è il ribosio e al posto della base azotata timina si trova uracile.

Test di verifica

1 **Quale dei seguenti composti contiene soltanto glucosio?**

A Glicogeno
B Saccarosio
C Lattosio
D Fruttosio
E Ribosio

2 **Nella formazione di un disaccaride da due monosaccaridi:**

A si elimina acqua
B entrambi i monosaccaridi si riducono
C il primo monosaccaride si ossida, il secondo si riduce
D si forma in alcuni casi un legame ammidico, in altri casi un legame glicosidico
E entrambi i monosaccaridi si ossidano

3 **Glucosio e fruttosio:**

A hanno diverso numero di atomi di C
B hanno diverso gruppo funzionale
C hanno diverso peso molecolare
D sono entrambi disaccaridi
E sono entrambi polisaccaridi

4 **Il fruttosio ($C_6H_{12}O_6$) è:**

A un poliidrossichetone
B una poliidrossialdeide
C un aldoesoso
D un aldopentoso
E un idrocarburo

5 **Quando si ossida il glucosio in presenza di ossigeno in eccesso, si ottiene:**

A CH_3COOH
B $CH_3COCOOH$
C H_2O e CO
D H_2O e CO_2
E CH_3CHO

6 **L'acido glutammico è:**

- A un dolcificante prodotto dagli amidi
- B un amminoacido naturale
- C un derivato del glucosio
- D un acido corrosivo e velenoso
- E una vitamina

7 **Indicare quale tra questi composti presenta caratteristiche anfotere:**

- A amminoacidi
- B monosaccaridi
- C ammine
- D acidi bicarbossilici
- E metano

8 **Solo una delle seguenti affermazioni è CORRETTA. Quale?**

- A Alcune proteine non contengono azoto
- B Nelle proteine è sempre contenuto fosforo
- C Il carbonio è l'unico elemento obbligatoriamente presente in tutte le proteine
- D Nelle proteine è sempre contenuto ossigeno
- E Alcune proteine non contengono carbonio

9 **Gli amminoacidi naturali che costituiscono le proteine:**

- A hanno tutti un solo gruppo amminico
- B hanno tutti un gruppo amminico sul C2
- C hanno tutti almeno due gruppi amminici
- D hanno tutti un solo gruppo amminico e un solo gruppo carbossilico
- E sono tutti amminoacidi essenziali

10 **Quale delle seguenti proposizioni NON è valida per le proteine?**

- A Sono sostanze azotate
- B Hanno sempre una struttura terziaria
- C Hanno sempre una struttura quaternaria
- D Sono macromolecole
- E Sono biopolimeri

11 **Gli amminoacidi utilizzati per formare le proteine sono:**

- A 4
- B 30
- C 100
- D 45
- E 20

12 **L'idrolisi dei trigliceridi in ambiente basico conduce a:**

- A glicerolo e altri alcoli
- B aldeidi e chetoni
- C amminoacidi
- D glicerolo e saponi
- E acidi grassi

13 **Nelle proteine la struttura terziaria non è influenzata:**

- A dai legami a idrogeno
- B dai legami peptidici
- C dalle interazioni idrofobiche
- D dai legami disolfuro
- E dalla sequenza degli amminoacidi

14 **I legami idrogeno in una proteina possono influenzare la struttura ...**

- A primaria, secondaria e terziaria
- B primaria e terziaria
- C primaria e secondaria
- D secondaria, terziaria e quaternaria
- E terziaria soltanto

15 **Quale dei seguenti termini NON si riferisce alla medesima classe di composti?**

- A Carboidrati
- B Idrati di carbonio
- C Zuccheri
- D Glucidi
- E Gliceridi

16 **Quale dei seguenti composti è una proteina?**

- A $C_{12}H_{22}O_{11}$
- B $C_6H_2O_6$
- C $C_{708}H_{1130}O_{224}N_{180}S_4P_4$
- D $(C_6H_{10}O_5)_n$
- E $C_{17}H_{35}COOH$

17 **Quale, tra i seguenti composti, NON è un costituente di un generico acido nucleico?**

- A Timina
- B Adenina
- C Base purinica
- D Serina
- E Guanina

18 **L' ADP:**

- A è un nucleotide
- B è un nucleoside
- C è un dinucleotide
- D è un dipeptide
- E contiene una base pirimidinica

19 **Lo zolfo è un elemento contenuto:**

- A in alcuni zuccheri
- B in alcuni acidi nucleici
- C in alcune proteine
- D in tutti gli acidi nucleici
- E nei lipidi

20 **Quale delle seguenti vitamine è liposolubile?**

A Vit. C

B Vit. B6

C Vit. B12

D Vit. A

E Vit. PP

21 **Individuare il polimero artificiale:**

A cellulosa

B caucciù

C polivinilcloruro

D RNA

E insulina

22 **I grassi e gli oli sono costituiti essenzialmente da miscele di:**

A eteri

B esteri

C ammidi

D alcoli

E alogenuri acilici

23 **Quale di queste sostanze è un monosaccaride?**

A Maltosio

B Amilosio

C Galattosio

D Saccarosio

E Lattosio

24 **Quale affermazione sui lipidi è FALSA?**

A La vitamina D, che ha struttura steroidea, è un lipide

B Le cere appartengono alla classe dei lipidi

C I grassi solidi a temperatura ambiente contengono acidi grassi saturi

D I lipidi sono costituiti unicamente da carbonio, idrogeno e ossigeno

E Gli oli contengono acidi grassi insaturi

25 **La molecola di un trigliceride è costituita da:**

A una molecola di glicerolo e tre molecole di un acido grasso

B tre molecole di glicerolo

C tre molecole di glicerolo e tre molecole di un acido grasso

D una molecola di glicerolo e due di un acido grasso

E tre molecole di glicerolo ed una molecola di acido grasso

Soluzioni e commenti

1 Il glucosio è un monosaccaride che partecipa alla composizione di numerosi disaccaridi e polisaccaridi. Il quesito chiede di individuare, fra le sostanze proposte, quella composta esclusivamente di glucosio. Fruttosio (D) e ribosio (E) possono essere subito scartati perché sono due monosaccaridi, diversi dal glucosio. Il saccarosio è un disaccaride formato da glucosio e fruttosio, il lattosio un disaccaride formato da glucosio e galattosio, anche le alternative B e C sono quindi errate. L'alternativa corretta è la A, infatti il glicogeno è un polisaccaride formato esclusivamente da molecole di glucosio legate a formare lunghe catene ramificate.

2 La formazione di un disaccaride a partire da due monosaccaridi (o da due molecole dello stesso monosaccaride) è una condensazione tra l'ossidrile del carbonio anomerico di uno dei due monosaccaridi e un gruppo ossidrilico dell'altro. Per idrolisi del disaccaride si riottengono infatti le due molecole di monosaccaride.
La reazione di condensazione non comporta né ossidazione né riduzione (si escludono quindi le alternative B, C ed E) inoltre si forma sempre un legame glicosidico e mai quello ammidico, che è caratteristico dei peptidi (risposta D errata). La condensazione tra due gruppi ossidrilici comporta, invece, sempre l'eliminazione di una molecola d'acqua, come si vede nell'esempio seguente (formazione del saccarosio a partire dall'α-glucosio e β-fruttosio). La risposta corretta è quindi la A.

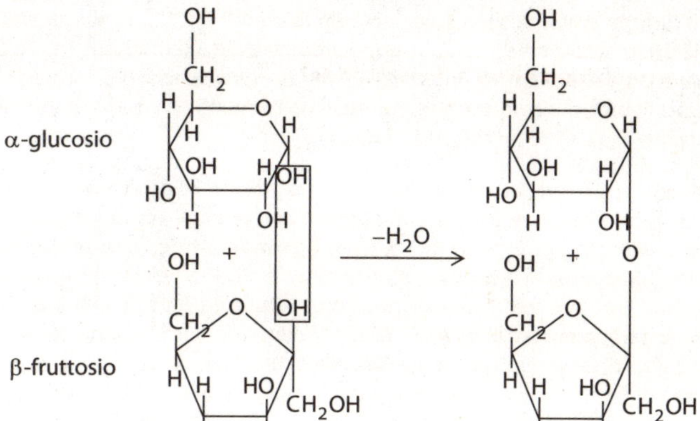

3 Glucosio e fruttosio sono due monosaccaridi a 6 atomi di C, con le formule di struttura indicate a lato, nella forma aperta. I due zuccheri hanno lo stesso numero di atomi di carbonio e la stessa formula molecolare $C_6H_{12}O_6$, quindi anche lo stesso peso molecolare. Si differenziano per il gruppo funzionale: aldeidico nel glucosio e chetonico nel fruttosio; la risposta corretta è quindi la B.

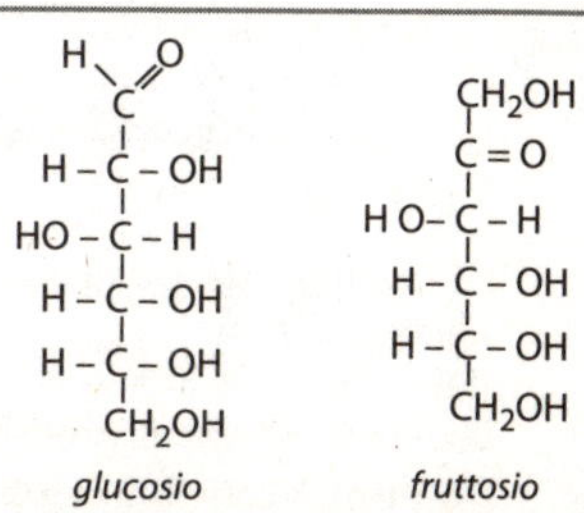

4 Il fruttosio è un monosaccaride contenente un gruppo chetonico, quindi si può definire poliidrossichetone; risposta **A**.

5 L'ossidazione del glucosio ($C_6H_{12}O_6$) in presenza di ossigeno in eccesso ha come risultato la demolizione della molecola di glucosio fino a produrre H_2O e CO_2, secondo la reazione:

$$C_6H_{12}O_6 + 6\,O_2 \rightarrow 6\,CO_2 + 6\,H_2O$$

Risposta **D**.

6 L'acido glutammico è un amminoacido naturale caratterizzato dal gruppo laterale:

$$-CH_2-CH_2-COOH$$

a carattere acido. La risposta esatta è la **B**.

7 Un *anfotero* è una sostanza che si comporta sia da acido che da base. Fra i composti proposti dal quesito, gli amminoacidi hanno caratteristiche anfotere grazie alla presenza di un gruppo amminico ($-NH_2$), basico, e di un gruppo carbossilico ($-COOH$), acido; risposta **A**.

8 Gli amminoacidi, i "mattoni" di cui sono formate le proteine, sono caratterizzati dalla presenza di un gruppo amminico $-NH_2$ e un gruppo carbossilico $-COOH$; ogni amminoacido, inoltre, contiene uno specifico gruppo laterale (–R), che può essere carico positivamente o negativamente, polare oppure neutro, può contenere zolfo oppure anelli aromatici. Poiché questo componente è diverso nei vari amminoacidi, gli elementi sempre presenti nelle proteine sono carbonio, idrogeno, ossigeno e azoto, quindi la **D** è la risposta esatta.

9 Tutti gli amminoacidi che costituiscono le proteine possiedono, oltre al gruppo carbossilico (C1), almeno un gruppo amminico legato al secondo atomo di carbonio della catena (C2). Alcuni amminoacidi hanno anche un secondo gruppo amminico; le alternative **A**, **C** e **D** sono dunque errate. Anche la **E** è da scartare, infatti solo 9 dei 20 amminoacidi che formano le proteine sono essenziali per l'uomo (cioè non sono sintetizzati dall'organismo umano quindi devono essere assunti con la dieta). La risposta corretta è la **B**.

10 Le proteine sono polimeri di amminoacidi; sono caratteristiche degli esseri viventi, formate anche da centinaia o migliaia di residui amminoacidici; dato che gli amminoacidi contengono azoto, possiamo stabilire che le affermazioni **B**, **D** ed **E** sono corrette. La *struttura primaria* di una proteina è data dalla sequenza di amminoacidi legati uno all'altro nella catena polipeptidica. La *struttura secondaria* è determinata dalla disposizione nello spazio degli amminoacidi vicini lungo la catena; la *struttura terziaria* è la configurazione tridimensionale che la proteina assume nello spazio, originata dal ripiegamento su sé stessa della struttura secondaria; la *struttura quaternaria*, infine è propria delle proteine costituite da più subunità. Da quanto appena visto si deduce che tutte le proteine hanno una struttura primaria, una struttura secondaria e una struttura terziaria, ma non tutte hanno una struttura quaternaria; la risposta corretta è quindi la **C**.

11 Le proteine sono formate da 20 amminoacidi diversi, risposta **E**.

12 I trigliceridi sono esteri di glicerolo con acidi grassi e la loro idrolisi in ambiente basico porta alla formazione di glicerolo e saponi, cioè sali degli acidi grassi con i metalli alcalini (Na e K). La risposta esatta è quindi la **D**.

13 La struttura terziaria di una proteina, cioè la definizione della struttura tridimensionale, non dipende dai legami peptidici (presenti fra gli amminoacidi costituenti), bensì da interazioni di tipo debole, come le interazioni idrofobiche, i legami a idrogeno, le interazioni di Van der Waals, oltre che dai ponti disolfuro (–S–S–), che si formano fra due gruppi –SH dell'amminoacido cisteina; le risposte **A**, **C** e **D** sono quindi da scartare.

Neppure la risposta E è corretta, infatti la sequenza degli amminoacidi influenza la struttura terziaria perché i diversi gruppi –R degli amminoacidi permettono la formazioni di interazioni di tipo differente fra un punto e l'altro della catena polipeptidica. La risposta esatta è quindi la B.

14 La struttura primaria di una proteina è data dalla sequenza di amminoacidi, legati uno all'altro da legami peptidici (covalenti). I legami a idrogeno entrano in gioco nella definizione della struttura secondaria, terziaria e quaternaria, quindi la risposta esatta è la D.

15 I carboidrati, o idrati di carbonio, sono denominati anche zuccheri o glucidi, mentre i gliceridi sono i composti che derivano dall'esterificazione di una molecola di glicerolo con acidi grassi ad elevato numero di atomi di carbonio e sono classificati come lipidi. La risposta corretta è quindi la E.

16 Le proteine sono polimeri di amminoacidi a elevato peso molecolare; sono formate da diverse decine di amminoacidi fino a diverse migliaia. Dato che ogni amminoacido contiene sempre C, H, O e N, e in alcuni casi anche S e P, ne consegue che fra le formule proposte dal quesito l'unica che può corrispondere a una proteina è la C.

17 Gli acidi nucleici sono polimeri di nucleotidi e un nucleotide è formato da uno zucchero pentoso che lega un gruppo fosfato e una base azotata. Le base può essere purinica (adenina o guanina), oppure pirimidinica (citosina, timina o uracile). La risposta esatta al quesito è la D, infatti la serina non è una base azotata bensì un amminoacido, non può quindi far parte della costituzione di un acido nucleico.

18 La sigla ADP indica il composto adenosinadifosato, che è un nucleotide; risposta A. Si noti che un nucleoside è costituito da uno zucchero pentoso che lega una base azotata, mentre un nucleotide è formato da un nucleoside che lega uno, o più gruppi fosforici.

19 Gli zuccheri (detti anche carboidrati, o glucidi) sono formati da tre soli elementi chimici: carbonio idrogeno e ossigeno; la risposta A è quindi errata. Gli acidi nucleici sono polimeri di nucleotidi e come tali contengono sempre carbonio, idrogeno, ossigeno, azoto e fosforo, anche le risposte B e D sono dunque sbagliate. La classe dei lipidi comprende sostanze eterogenee dal punto di vista chimico, i più importanti sono i trigliceridi, contenenti solo carbonio, idrogeno e ossigeno, il colesterolo (composto dagli stessi elementi chimici) e i fosfolipidi, contenenti anche fosforo; anche l'alternativa E può quindi essere scartata. Le proteine sono polimeri formati da amminoacidi di 20 tipi diversi e due di questi (la metionina e la cisteina), contengono zolfo; la risposta corretta è quindi la C.

20 Le vitamine sono sostanze indispensabili per un corretto andamento delle reazioni metaboliche, che devono essere assunte con l'alimentazione. Fra queste, le vitamine del gruppo B e la vitamina C sono idrosolubili, mentre la vitamina A, la D, la E e la K sono liposolubili. La risposta corretta è quindi la D.

21 La cellulosa è un polimero di glucosio prodotto da tutte le cellule vegetali; il caucciù, o gomma naturale, è un polimero prodotto dalla pianta tropicale *Hevea brasiliensis*; l'RNA è un acido nucleico, cioè un polimero di nucleotidi, presente in tutte le cellule; l'insulina è un ormone di natura peptidica, cioè un polimero di amminoacidi. Tutte queste sono sostanze naturali; l'unico polimero artificiale, fra quelli proposti, è il polivinilcloruro, o PVC, polimero sintetico utilizzato per produrre moltissimi oggetti. La risposta corretta è la C.

22 I grassi e gli oli sono costituiti essenzialmente da miscele di trigliceridi che dal punto di vista chimico sono esteri; risposta B.

23 Galattosio, glucosio e fruttosio sono monosaccaridi a sei atomi di carbonio (esosi); il ribosio è un monosaccaride a cinque atomi di carbonio (pentoso), mentre il maltosio è un disaccaride formato da due molecole di glucosio; risposta esatta: C.

24 La classe dei lipidi (a volte iindicati anche come grassi) comprende composti di diversa natura chimica, accomunati dal fatto di non essere solubili in acqua. I lipidi principali sono i *trigliceridi*, i *fosfolipidi* e gli *steroidi*; l'affermazione **A** è corretta, questa alternativa si può quindi escludere.

I lipidi semplici (comprendenti trigliceridi, cere e terpeni, sono formati da C, H e O. I lipidi complessi, contenti anche P e/o S, comprendono fosfolipidi, glicolipidi e solfolipidi.

I trigliceridi contenenti acidi grassi saturi (chiamati anche grassi), sono solidi e hanno prevalentemente origine animale; quelli contenenti acidi grassi insaturi, indicati come oli, si trovano principalmente nei vegetali e sono liquidi.

Si deduce che l'unica affermazione falsa, risposta esatta al quesito è la **D**: i lipidi complessi contengono altri elementi oltre a C, H e O.

---

25 Una molecola di trigliceride deriva dalla reazione di esterificazione fra una molecola di glicerolo (alcol con tre gruppi –OH) e tre molecole di acidi grassi, rappresentata dallo schema seguente. La risposta corretta è la **A**.

Test di approfondimento

1 **La glutammato deidrogenasi è un enzima allosterico complesso. Il suo peso molecolare è di circa 300.000 unità di massa atomica (u.m.a.); l'enzima è formato da sei subunità identiche, ognuna delle quali contiene una singola catena polipeptidica.**
Ammettendo che il peso molecolare medio di ciascun residuo di amminoacido sia 100 u.m.a., il numero di tali residui presente in ciascuna subunità dell'enzima è pertanto circa:

A 500 B 5000 C 300.000 D 3000 E 300

2 **Quale dei seguenti zuccheri non è riducente:**

A Saccarosio
B Glucosio
C Lattosio
D Galattosio
E Cellobiosio

3 **Gli omega tre sono:**

A acidi grassi saturi
B acidi grassi monoinsaturi
C acidi grassi ossigenati
D acidi grassi contenenti azoto
E acidi grassi polinsaturi

4 **I trigliceridi insaturi:**

A sono formati a partire da un minor numero di molecole di acidi grassi rispetto ad un trigliceride saturo
B sono formati a partire da acidi grassi con catena più corta di quelli di un trigliceride saturo
C sono formati a partire da acidi grassi con doppi legami nella catena carboniosa
D sono presenti unicamente nei vegetali
E contengono più atomi di idrogeno dei trigliceridi saturi con lo stesso numero di atomi di carbonio

5 **Si consideri un fosfolipide costituito da una testa e da una doppia coda. Quale delle seguenti affermazioni NON è corretta?**

A La testa è carica positivamente
B La testa è idrofilica
C La testa contiene un gruppo fosfato
D Le code sono idrofobiche
E La testa contiene una molecola di glicerolo

6 **Quale dei seguenti composti biochimici NON ha un numero pari di atomi di carbonio?**

- A Glucosio
- B Amilopectina
- C Deossiribosio
- D Amilosio
- E Maltosio

7 **Trigliceridi e fosfolipidi possono contenere:**

1. Catene di acidi grassi
2. Legami estere
3. Legami semplici e doppi

A Solo 1 e 2 B Tutti C Solo 1 e 3 D Solo 2 e 3 E Nessuno

8 **Quale/i dei seguenti composti è/sono un carboidrato/i?**

1. Deossiribosio
2. Glicogeno
3. Maltosio

A Solo 1 e 3 B Solo 2 e 3 C Solo 1 e 2 D Solo 3 E Tutti

9 **Quante reazioni di condensazione avvengono durante la formazione di una catena di tre nucleotidi a partire da fosfato, deossiribosio e basi azotate?**

A 2 B 5 C 6 D 8 E 0

Soluzioni e commenti

1 Per rispondere al quesito possiamo innanzitutto calcolare il peso molecolare di ciascuna catena polipeptidica, dividendo il peso molecolare dell'enzima per il numero di catene di cui è formato:

300.000 u.m.a. : 6 = 50.000 u.m.a

A questo punto possiamo ricavare il numero di residui amminoacidici che formano ogni catena, dividendo il peso molecolare di una catena per il peso medio di un amminoacido (aa):

50.000 u.m.a. : 100 u.m.a/aa = 500 aa

Possiamo dire quindi che ciascuna subunità dell'enzima glutammato deidrogenasi contiene circa 500 residui amminoacidici; risposta A.

2 Uno zucchero viene classificato come riducente o non riducente a secondo che reagisca o meno con alcuni reattivi specifici (reattivo di Fheling, di Tollens e di Benedict). Gli zuccheri non riducenti sono quelli impegnati in legami acetalici, mentre sono riducenti gli zuccheri impegnati solamente in legami semiacetalici o semichetalici. Fra i composti proposti, solo il saccarosio non è riducente; risposta A.

3 Gli omega tre sono acidi grassi insaturi la cui catena contiene diversi doppi legami, per questo vengono detti *polinsaturi*; risposta E. Sono importanti nell'alimentazione umana in quanto acidi grassi essenziali, cioè non vengono prodotti dall'organismo ma, per un suo corretto funzionamento, devono essere assunti con l'alimentazione. Gli omega-3 sono presenti in diverse varietà di pesci, negli olii di origine vegetale, nelle noci e nei legumi.

4 I trigliceridi insaturi, molecole che fanno parte della classe dei lipidi, sono sintetizzati a partire da acidi grassi insaturi, in cui cioè esistono legami doppi tra gli atomi di carbonio. Risposta esatta C.

5 Per rispondere correttamente al quesito, dobbiamo individuare l'affermazione errata. I fosfolipidi sono molecole formate da una "testa" polare, solubile in acqua (idrofila) contenente una molecola di glicerolo e un gruppo fosfato, e da una "doppia coda" apolare (idrofoba) formata dalle catene idrocarburiche dei due acidi grassi legati al glicerolo. Possiamo quindi escludere le affermazioni B, C, D ed E, corrette, e stabilire che la risposta cercata è la A: la testa infatti, per la presenza del fosfato, è carica negativamente.

6 Il desossiribosio è uno zucchero a cinque atomi di carbonio (pentoso), il glucosio è uno zucchero a sei atomi di carbonio, amilopectina e amilosio sono polimeri di glucosio e il maltosio è un disaccaride formato da due molecole di glucosio. Si deduce che tutti i composti contengono un numero di atomi di C pari a 6 o un multiplo di 6, tranne il desossiribosio.
La C è quindi la risposta cercata.

7 Trigliceridi e fosfolipidi sono composti lipidici presenti nei viventi. Un trigliceride è formato da una molecola di glicerolo che forma legami estere con tre molecole di acidi grassi. Nei fosfolipidi, invece, il glicerolo esterifica due molecole di acidi grassi, mentre il terzo gruppo ossidrile lega una molecola di acido fosforico, il quale a sua volta lega un'altra molecola organica, di piccole dimensioni e polare. Gli acidi grassi possono essere saturi, cioè contenere solo legami semplici fra atomi di carbonio, oppure insaturi, e in questo caso contengono anche doppi legami. Tutte e tre le affermazioni sono corrette, la risposta esatta è quindi la B.

8 Il desossiribosio è un monosaccaride a 5 atomi di carbonio, il glicogeno è un polimero di glucosio e il maltosio è un disaccaride formato da due molecole di glucosio. Tutti e tre i composti sono carboidrati e la risposta corretta è la E.

9 Un nucleotide è formato da uno zucchero pentoso (ribosio o desossiribosio) che lega una molecola di acido fosforico e una base azotata; le reazioni che uniscono acido fosforico e base azotata al desossiribosio sono reazioni di condensazione. Due o più nucleotidi possono legarsi l'un l'altro, formando una catena, grazie a ulteriori reazioni di condensazione.
Nel caso proposto dal quesito, ognuno dei tre nucleotidi richiede 2 reazioni di condensazione, poi altre 2 sono richieste per unire fra loro i 3 nucleotidi. In totale 8 reazioni:

$$(2 \times 3) + 2 = 8.$$

La risposta corretta è la D.

15 La chimica dalla A alla Z

Abbassamento del punto di congelamento (ΔT crioscopico): variazione della temperatura di congelamento di un liquido dovuta all'aggiunta di un soluto non volatile; è una proprietà colligativa.

Abbassamento della pressione di vapore: variazione della pressione di vapore di un liquido dovuta all'aggiunta di un soluto non volatile; è una proprietà colligativa.

Acido: composto che è in grado di cedere ioni idrogeno e/o ricevere elettroni.

Acido e base coniugati: acido e base di Brønsted legati dal trasferimento di un protone dall'uno all'altro.

Acido debole: acido che, in una soluzione acquosa, subisce una dissociazione parziale.

Acido di Arrhenius: specie che cede protoni (H^+) in una soluzione acquosa.

Acido di Brønsted: donatore di protone.

Acido di Lewis: specie in grado di accettare una coppia di elettroni.

Acido forte: acido che, in una soluzione acquosa, subisce una dissociazione totale.

Acido monoprotico: acido che può cedere unicamente un protone; la molarità di un acido monoprotico è pari alla sua normalità.

Acido poliprotico: acido capace di cedere più di un protone.

Affinità elettronica: energia liberata dall'atomo all'acquisto di un elettrone.

Agente ossidante: in una reazione redox è la specie che acquista elettroni e si riduce.

Agente riducente: in una reazione redox è la specie che perde elettroni e si ossida.

Albumine: gruppo di semplici proteine globulari, solubili in acqua, molto diffuse nei viventi; nel sangue umano, partecipano alla regolazione della pressione osmotica e al trasporto di sostanze diverse (per esempio acidi grassi e farmaci).

Alcaloidi: sostanze organiche, di varia costituzione, accomunate dall'origine vegetale e dal comportamento basico, dovuto alla presenza di uno o più atomi di azoto endociclici. Possiedono effetti fisiologici, spesso dannosi, sull'organismo umano. In piccole dosi possono avere utili impieghi farmacologici. Sono alcaloidi, per esempio, stricnina, morfina, caffeina, nicotina.

Alogeno: non metallo appartenente al gruppo 17 (VIIA) della tavola periodica; presenta una elevata elettronegatività e una elevata affinità elettronica.

Ambiente esterno: tutta la materia e l'energia non compresa nel sistema in esame.

Anione: ione dotato di carica negativa.

Base di Lewis: specie chimica in grado di cedere una

Anodo: elettrodo su cui avvengono fenomeni di ossidazione.

Antigelo: sostanza aggiunta all'acqua di un circuito di raffreddamento allo scopo di impedirne il congelamento. Nel radiatore delle automobili per esempio si utilizza *glicole etilenico* .

Antocianine: coloranti naturali rossi, viola o blu, responsabili del colore di frutta, fiori e foglie.

Antracene: idrocarburo aromatico presente nel carbone.

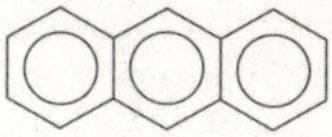

Antracite: carbone duro, lucido, con contenuto di carbonio superiore al 93%. È il carbone più pregiato.

Asbesto: (o amianto) sostanza di origine naturale di aspetto fibroso contenente alluminio e silicio; un tempo largamente impiegata nella produzione di manufatti isolanti e ignifughi, oggi è in disuso, a causa della sua pericolosità.

Asbestosi: malattia polmonare, spesso fatale, provocata dall'inalazione di fibre di asbesto.

Asfalto: miscela di bitume e materiali di origine minerale (sassi, sabbia), utilizzata per ricoprire la strade.

Aspartame: metil estere del dipeptide costituito da acido aspartico e fenilalanina, utilizzato come dolcificante.

Aspirina: acido 2-O-acetilsalicilico. Analgesico e antipiretico di largo consumo.

Atomo: forma elementare di ogni elemento esistente in natura; chimicamente parlando non può essere ulteriormente decomposto.

Azeotropica, miscela: miscela di sostanze (normalmente liquidi, per esempio acqua e etanolo) che, quando distillata, raggiunge una situazione in cui le composizioni della fase vapore e della fase liquida sono uguali: ciò preclude la possibilità di separare completamente attraverso la distillazione le sostanze presenti nella miscela.

Azoici, coloranti: composti organici aromatici contenenti una o più unità –N=N– (gruppo *azo*). Utilizzati in moltissimi campi, dalle fibre tessili alla fotografia, costituiscono la classe di coloranti più importante.

Base: composto che cede ioni idrossido o elettroni o che riceve protoni.

Base debole: base che subisce una dissociazione parziale in una soluzione acquosa.

Base di Arrhenius: specie che cede ioni OH^- in una soluzione acquosa.

Base di Brønsted: specie chimica in grado di accettare uno o più protoni cedutigli da un acido.

coppia di elettroni.

Base forte: base che subisce una dissociazione completa in una soluzione acquosa.

Bauxite: minerale costituito da ossido di alluminio idrato.

Benzina: miscela complessa di idrocarburi alifatici e aromatici (6-12 atomi di C) ottenuta per distillazione frazionata del petrolio (frazione a p.eb. = 50-120°C) o per *cracking*. La composizione può variare leggermente a seconda del luogo di origine del petrolio e dei processi subiti, e possono essere presenti anche altre sostanze. Particolarmente indesiderabile è la presenza di composti solforati, che provocano grossi danni ambientali oltre che l'inattivazione delle marmitte catalitiche. Alla "vecchia" benzina vengono aggiunte varie sostanze per renderla adatta all'impiego nei motori a scoppio: anti-detonanti (piombo tetraetile nella benzina super, benzene nella benzina verde), anti-ossidanti, antigelo, chelanti per metalli ecc.

Benzopirene: $C_{20}H_{12}$, solido giallino, presente nei residui altobollenti di catrame e petrolio; è un potente cancerogeno.

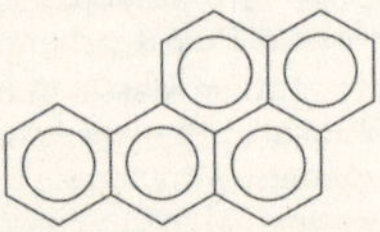

Biogas: gas (per il 50% metano) prodotto per fermentazione dalla decomposizione di rifiuti organici in assenza di aria.

Biopolimero: 1. polimero organico di origine naturale (proteine, amido e cellulosa, acidi nucleici);
2. polimero organico prodotto da batteri.
I biopolimeri sono biodegradabili.

Bronzo: lega metallica costituita da rame (>90%) e stagno (<10%) molto più resistente del rame e per questo già utilizzata dall'uomo 5000 anni fa.

Calore: forma di energia rappresentante l'energia cinetica delle molecole che si trasferisce spontaneamente da un corpo più caldo a uno più freddo.

Calore latente molare di evaporazione: ΔH necessario per trasformare una mole di liquido in vapore, a temperatura e pressione costanti.

Calore latente molare di fusione: ΔH necessario per trasformare una mole di solido in liquido, a temperatura e pressione costanti.

Calore latente molare di sublimazione: ΔH necessario per trasformare una mole di solido in gas, a temperatura e pressione costanti.

Calore specifico molare: quantità di calore necessaria per aumentare di un grado centigrado la temperatura di una mole di una sostanza.

Calore di reazione: quantità di energia termica scambiata quando una mole di una data sostanza viene fatta reagire a pressione costante.

Caloria (cal): unità di misura dell'energia termica (1 cal = 4,184 J). È l'energia necessaria per innalzare la temperatura di un grammo di H_2O da 14,5 °C a 15,5 °C (1 kcal = 1000 calorie).

Calorimetro: strumento utilizzato per misurare il calore assorbito o ceduto da una reazione.

Candeggina: soluzione acquosa diluita di ipoclorito di sodio. È impiegata come sbiancante in quanto si decompone liberando ossigeno, il quale a sua volta ossida le sostanze responsabili di macchie e aloni, trasformandole in altre, incapaci di assorbire la luce visibile.

Carbone: combustibile fossile solido presente sotto la superficie terrestre, formatosi a causa dell'arresto della decomposizione batterica di specie vegetali vissute 400-300 milioni di anni fa e dei successivi processi di condensazione e polimerizzazione sotto l'azione di temperatura e pressione. *Antracite* (95% C), *litantrace* (70-90% C), *lignite* e *torba* (50% C) sono tipi di carbone di pregio decrescente, in funzione della percentuale di carbonio presente. Le riserve mondiali di carbone sono superiori a quelle di petrolio.

Carbone attivo: carbonio trattato ad alta temperatura con vapore, aria o anidride carbonica. Presenta un'elevata area superficiale e una forte tendenza ad assorbire impurezze presenti in gas o liquidi. Per questo è impiegato in filtri per il trattamento di acqua e aria.

Carotene: $C_{40}H_{56}$, poliene di colore giallo presente in tutte le piante e in molti tessuti animali. È il responsabile della colorazione delle carote e del rosso d'uovo. Introdotto nell'organismo umano attraverso la dieta, è il precursore della vitamina A.

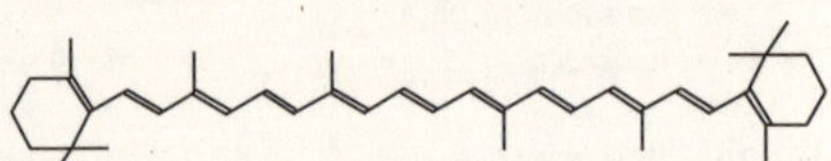

carotene

Catalisi: accrescimento della velocità di reazione mediante l'aggiunta di una sostanza che non viene modificata dalla reazione (catalizzatore). Questo si ottiene attraverso la diminuzione dell'energia di attivazione.

Catalizzatore: sostanza che incrementa la velocità di una reazione (diretta o inversa).

Catione: ione dotato di carica positiva.

Catodo: elettrodo su cui avvengono fenomeni di riduzione.

Catrame: miscela di sostanze nera e viscosa ottenuta dalla distillazione del carbone o del legno; utilizzato come impermeabilizzante.

Caustico: in grado di "bruciare" o corrodere sostanze organiche. Il termine è normalmente riferito a basi alcaline: per esempio *soda caustica* (NaOH), *potassa caustica* (KOH).

Cella a combustibile: dispositivo che converte direttamente l'energia chimica in energia elettrica. Per esempio, idrogeno (combustibile) e ossigeno, combinandosi tra loro su speciali elettrodi per produrre acqua, provocano la produzione di una corrente elettrica.

Cella di Daniell: cella elettrochimica in cui l'anodo è sede dell'ossidazione del metallo Zn mentre il catodo è sede della riduzione dello ione Cu^{2+}.

Cella elettrochimica: cella in cui avviene un fenomeno di ossidoriduzione e in cui sono presenti due elettrodi tra cui si crea una differenza di potenziale elettrico.

Cella elettrolitica: cella elettrochimica che utilizza una sorgente di differenza di potenziale (generatore) per far avvenire una reazione di ossidoriduzione non spontanea.

Cella galvanica: cella elettrochimica che sfrutta una ossidoriduzione spontanea per produrre lavoro; altrimenti chiamata cella voltaica.

Celsius (°C): scala di temperatura definita attribuendo rispettivamente i valori 0 °C e 100 °C alla temperatura di congelamento e di ebollizione dell'acqua. 0 °C = 273,16 K.

Cemento: miscela di silicati e alluminati di calcio di colore grigio utilizzata come adesivo nelle opere edili. Per addizione di acqua si ottiene una miscela alcalina piuttosto corrosiva.

Centro chirale: atomo (solitamente di C, anche se questo non è l'unico caso) con quattro sostituenti diversi tra loro. La presenza di un centro chirale rende la molecola chirale: di quel composto esisteranno due forme (enantiomeri) che sono una l'immagine speculare dell'altra.

Ceramica: materiale inorganico cristallino (esclusi metalli e loro leghe), costituito per esempio da composti di silicio, alluminio, carbonio, azoto e ossigeno, e ottenuto per mezzo di processi ad alta temperatura. La ceramica è resistente agli agenti chimici, è un buon isolante termico ed elettrico, è dura, rigida e fragile. Sono materiali ceramici le terrecotte e le porcellane, gli abrasivi e i refrattari.

Cherosene: prodotto della raffinazione del petrolio, è la frazione con temperatura di ebollizione compresa tra 160 e 250°C. Viene utilizzato come combustibile per gli aerei e per riscaldamento domestico.

Ciclo dell'acqua: processo ciclico di ridistribuzione dell'acqua tra l'atmosfera e il terreno. L'acqua cade sul terreno come pioggia, neve, nebbia, ghiaccio e riempie gli oceani, i mari e i fiumi. Da queste ampie superfici l'acqua evapora, ritornando nell'atmosfera, e il ciclo si completa. Piante e animali utilizzano l'acqua presente sulla superficie terrestre per le loro necessità e la restituiscono all'ambiente attraverso la traspirazione, la respirazione e l'escrezione.

Ciclo dell'azoto: processo ciclico di interconversione tra azoto, ammoniaca e nitrati a opera degli organismi viventi. L'azoto atmosferico viene convertito in nitrati (NO_3^-) per opera di batteri presenti nel terreno, di scariche elettriche nell'atmosfera, di processi dell'industria chimica di base. I nitrati nel terreno vengono utilizzati dalle piante per produrre amminoacidi e proteine vegetali. Queste sostanze possono poi entrare nella catena alimentare. A seguito dell'escrezione o a causa dei processi di decomposizione che intervengono alla morte dell'organismo, gli amminoacidi e le proteine vengono trasformati in ammoniaca (NH_3). L'ammoniaca viene riconvertita da altri batteri in azoto (N_2), che ritorna quindi nell'atmosfera.

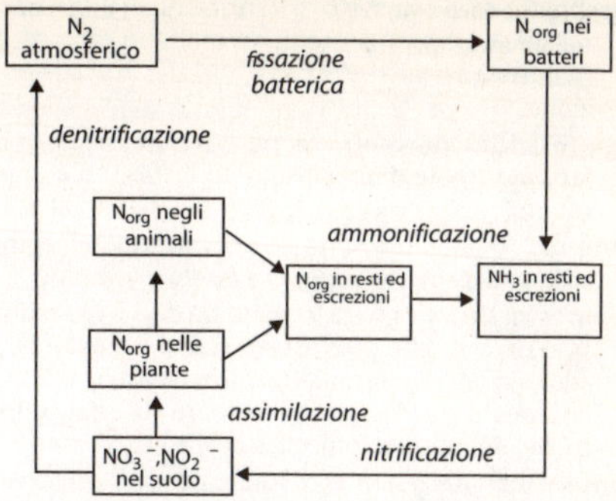

Ciclo del carbonio: processo in cui il carbonio, sotto forma di vari suoi derivati (principalmente anidride carbonica), viene riciclato sulla Terra. L'anidride carbonica viene liberata nell'atmosfera sia attraverso la respirazione di piante e animali sia attraverso la combustione di combustibili fossili. Contemporaneamente, attraverso la fotosintesi clorofilliana, l'anidride carbonica viene consumata dalle piante per sintetizzare le varie sostanze di cui sono costituite (glucosio, cellulosa). Le piante entrano nella catena alimentare di vari organismi, che, attraverso la respirazione, riemettono nell'atmosfera il carbonio come anidride carbonica e il ciclo si ripete. Il carbonio è inoltre presente nei mari e nei fiumi (sotto forma di anidride carbonica), nelle rocce (sotto forma di carbonati) e nei combustibili fossili.

Ciclo delle rocce: insieme di processi, estremamente lenti (milioni di anni), attraverso il quale le rocce presenti sulla superficie terrestre si interconvertono da un tipo all'altro. Le rocce vengono frammentate sulla superficie terrestre per erosione o altri fenomeni fisici o chimici oppure alterate o addirittura fuse sotto la superficie terrestre. Nuove rocce vengono riportate sulla superficie da movimenti tellurici o eruzioni vulcaniche e il ciclo si ripete.

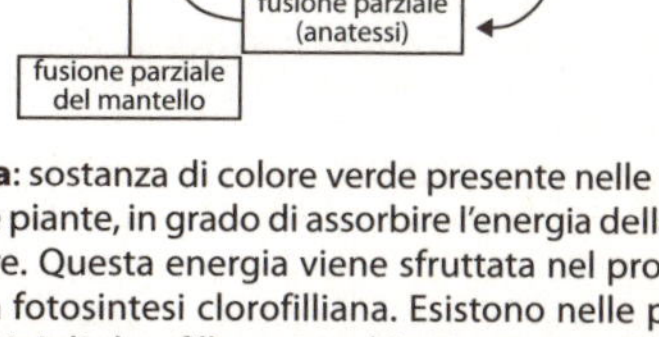

Clorofilla: sostanza di colore verde presente nelle foglie delle piante, in grado di assorbire l'energia della luce solare. Questa energia viene sfruttata nel processo della fotosintesi clorofilliana. Esistono nelle piante due tipi di clorofilla: entrambi sono composti eterociclici aromatici di grandi dimensioni complessati con magnesio. La clorofilla estratta dalle piante viene utilizzata come colorante per prodotti alimentari e farmaceutici.

Complesso attivato: stato di transizione di una reazione nel quale i legami presenti nei reagenti sono parzialmente rotti e quelli dei prodotti sono in via di formazione.

Composizione percentuale: percentuale del peso molecolare totale di un composto attribuito a un elemento.

Compost: fertilizzante naturale ottenibile per decomposizione di prodotti vegetali a opera di batteri.

Composto: sostanza pura formata da due o più atomi di tipo diverso che può essere scissa in sostanze più semplici mediante una trasformazione chimica. Un composto può essere molecolare (se costituito da molecole) oppure ionico (se costituito da ioni).

Concentrazione: quantità di soluto per unità di solvente o quantità relativa di un componente in una miscela.

Configurazione elettronica: notazione utilizzata per descrivere la distribuzione elettronica dei vari sottolivelli energetici di un atomo.

Corrosione: processo attraverso il quale rocce o metalli vengono lentamente modificati chimicamente e consumati. La corrosione è un processo che avviene sulla superficie dei materiali; il ferro, per esempio, insolubile in acqua, viene lentamente ossidato dagli agenti atmosferici a ruggine (ossido ferrico idrato), friabile e solubile in acqua. In alcuni casi, al contrario, (per esempio nell'alluminio) la corrosione superficiale produce uno strato di ossido compatto, che funge da rivestimento protettivo e impedisce il propagarsi del fenomeno. La corrosione può essere prevenuta utilizzando elettrodi sacrificali, rivestimenti metallici protettivi (deposizione elettrolitica), vernici o passivazione.

Costante dei gas (R): costante che appare nell'equazione della legge dei gas perfetti ($PV = n \cdot RT$); il suo valore dipende dalle unità di misura utilizzate per le altre grandezze.

Costante di dissociazione acida (K_a): costante di equilibrio che misura il grado di dissociazione di un acido in specifiche condizioni. Per un acido di tipo HA si ha:

$$K_a = \frac{[H_3O^+] \cdot [A^-]}{[HA]}$$

Costante di dissociazione basica (K_b): costante di equilibrio che misura il grado di dissociazione di una base in specifiche condizioni. Per una base di tipo BOH si ha:

$$K_b = \frac{[X^+] \cdot [OH^-]}{[XOH]}$$

Costante di dissociazione dell'acqua (K_w): costante di equilibrio della reazione di dissociazione dell'acqua; vale 10^{-14} a 25 °C.

Costante di equilibrio (K_{eq}): rapporto tra le concentrazioni dei prodotti e dei reagenti, tutti elevati ai coefficienti stechiometrici con cui compaiono nella reazione.

Cristallizzazione: processo attraverso il quale si ha la formazione di cristalli. In natura il fenomeno avviene quando rocce fuse si raffreddano e solidificano. In laboratorio e nell'industria chimica la cristallizzazione viene normalmente effettuata a partire da una soluzione in due modi: 1) per lenta evaporazione del solvente; 2) per lento raffreddamento di una soluzione sovrassatura calda.

Cristallo: sostanza solida in cui le particelle (atomi, ioni, molecole) sono ordinate in uno schema geometrico tridimensionale (cubico, tetraedrico, ottaedrico ecc.) detto reticolo cristallino.

Cristallo liquido: materiale caratterizzato da un grado di ordine molecolare intermedio tra quello di un cristallo (perfetto ordine tridimensionale) e quello di un liquido (assoluta mancanza di ordine). Un cristallo liquido ha caratteristiche comuni sia con i liquidi ordinari (per esempio fluidità) sia con i solidi (per esempio anisotropia ottica).

Datazione: metodo per la determinazione dell'età di reperti contenenti materiali di origine animale o vegetale. Si basa sulla determinazione dell'a isotopo radioattivo 14 del C, di cui è noto il tempo di decadimento (tempo di dimezzamento = 5730 anni). L'anidride carbonica atmosferica contiene una piccola quantità costante di ^{14}C; analogamente, tutti i derivati organici presenti negli organismi viventi contengono ^{14}C in questa stessa costante proporzione. Dal momento in cui l'organismo muore, non venendo più rinnovata la quantità di ^{14}C, la sua percentuale diminuisce. Misurando la radioattività residua è possibile risalire all'età del reperto

DDT: acronimo inglese di *diclorodifeniltricloroetano,* pesticida di largo uso nel dopoguerra, che ha contribuito a debellare malattie come la malaria. Col tempo si è però scoperto che la sostanza tende ad accumularsi nel corpo umano, dove ha effetti tossici. Il suo uso è oggi severamente regolamentato.

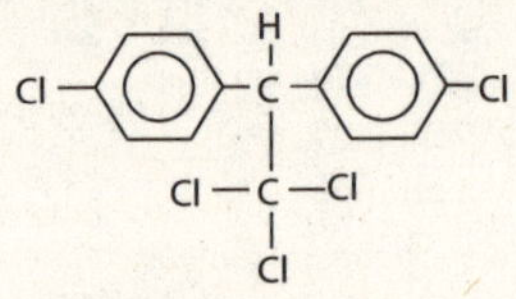

diclorodifeniltricloroetano

Densità (ρ): proprietà fisica di una sostanza definita come la quantità di massa per unità di volume.

Depurazione dell'acqua: processo per la purificazione dell'acqua proveniente da scarichi industriali o civili. Il processo, realizzato in impianti chiamati *depuratori*, viene realizzato in più fasi:

- le acque sporche vengono fatte passare attraverso griglie che trattengono oggetti solidi di grandi dimensioni e sabbia;
- le acque vengono poi trasferite in vasche di decantazione per permettere la sedimentazione di solidi fini sotto forma di fanghi. Questi fanghi, costituiti principalmente di materiale organico, vengono fatti fermentare in presenza di batteri per produrre metano, che può essere utilizzato, per esempio, per il riscaldamento. Il residuo dei fanghi così trattati può a sua volta essere utilizzato come fertilizzante;
- il liquido rimasto dopo la rimozione dei fanghi viene nebulizzato su un letto di carbone che contiene batteri, oppure addizionato di microrganismi e insufflato con aria compressa: in entrambi i casi le sostanze organiche residue dopo

la rimozione dei fanghi vengono decomposte dai microrganismi. A questo punto l'acqua purificata può essere scaricata in fiumi e laghi.

Destrosio: nome alternativo del glucosio.

Detergente: sostanza impiegata principalmente nella pulizia. Agisce in due modi:

- riduce la tensione superficiale dell'acqua e le permette di impregnare meglio i tessuti;
- crea un'emulsione con l'acqua e i grassi, rendendo così questi ultimi più facilmente asportabili.

La seconda proprietà deriva dalla struttura molecolare dei detergenti, che possiedono una *parte lipofila* (porzione idrocarburica) e una *parte idrofila*, costituita da un gruppo carbossilato (nei saponi) oppure un gruppo solfonato (nei detersivi).

Detersivo: detergente in cui è presente un gruppo solfonato come parte idrofila. La presenza del gruppo solfonato rende queste sostanze efficaci anche in acqua dura, dove invece i saponi precipitano come sali di calcio. I detergenti che contengono soltanto catene di idrocarburi lineari, in analogia ai saponi naturali, sono detti biodegradabili, in quanto vengono metabolizzati dai microrganismi e dalle piante che crescono nelle acque di scolo.

Diagramma di fase: per una sostanza pura è il grafico nel piano pressione temperatura che indica, per ogni condizione, in quale fase la sostanza può esistere.

Dialisi: processo utilizzato per purificare colloidi. Le particelle del colloide vengono trattenute da una membrana semipermeabile. I reni nei mammiferi permettono di effettuare la dialisi del sangue, rimuovendo impurezze come l'urea.

Diffusione: movimento casuale delle molecole di un gas, tendente a uniformare la distribuzione del gas nel suo contenitore.

Dinamite: esplosivo costituito da nitroglicerina (estremamente instabile) assorbita su farina fossile. Il materiale così ottenuto è stabile a temperatura ambiente e agli urti.

Dipolo elettrico: specie contenente cariche opposte separate da una certa distanza.

Disidratante: sostanza utilizzata per rimuovere l'umidità da altre sostanze, in virtù della sua grande affinità per l'acqua. Sono sostanzialmente di tre tipi: sostanze che si sciolgono in acqua (H_2SO_4, NaOH), sostanze che reagiscono con l'acqua (CaO, P_2O_5, CaH_2), oppure sali anidri che formano facilmente idrati ($CaCl_2$, Na_2SO_4).

Disinfettante: sostanza che distrugge i microrganismi ma non le spore; per esempio cloro e ipocloriti.

Distribuzione di Maxwell-Boltzmann: distribuzione delle velocità molecolari delle particelle di un gas a una data temperatura.

Dolomite: minerale di carbonato di calcio e carbonato di magnesio.

Durezza dell'acqua: concentrazione di minerali di calcio e magnesio nell'acqua. Esiste una *durezza temporanea* dovuta alla presenza nell'acqua di $Ca(HCO_3)_2$ come conseguenza della dissoluzione di rocce calcaree a opera delle piogge. In questo caso la durezza è temporanea in quanto il riscaldamento dell'acqua produce $CaCO_3$, insolubile, che precipita (depositandosi, per esempio, sulle resistenze di lavatrici e lavapiatti). Esiste inoltre una *durezza permanente* qualora siano presenti $CaSO_4$ e $MgSO_4$, che non possono essere precipitati per riscaldamento. In questo caso l'addolcimento può essere effettuato aggiungendo Na_2CO_3 per precipitare i carbonati insolubili. Un modo di ridurre la durezza dell'acqua e di aumentare l'efficacia di un detergente è l'aggiunta di notevoli quantità di fosfati, fattore che però favorisce l'eutrofizzazione.

Eccitazione: spostamento di un elettrone di un atomo o di una molecola a un livello energetico superiore.

Effetto serra: aumento della temperatura media globale, dovuto all'accumularsi di una grande quantità di gas nell'atmosfera, a causa delle attività umane. I gas immessi artificialmente incrementano il naturale effetto di riscaldamento operato dall'atmosfera. Parte dell'energia solare che arriva sulla Terra, infatti, viene riflessa dalla superficie terrestre, e questa a sua volta viene in parte intrappolata dai gas presenti nell'atmosfera (principalmente dalla CO_2) producendo un *riscaldamento dell'atmosfera* stessa. È stato stimato che la temperatura dell'atmosfera terrestre in assenza di questo fenomeno potrebbe essere inferiore di 40°C.

Elastomero: sostanza, normalmente di natura polimerica, dotata di proprietà elastiche, ovvero della capacità di venire deformata e di riassumere la forma originale quando la trazione cessi. Gli elastomeri sono inoltre buoni isolanti elettrici. Sono elastomeri la gomma naturale e la gomma sintetica.

Elemento: sostanza che non può essere scomposta per produrre altri elementi. Tutti gli atomi di uno stesso elemento hanno lo stesso numero di protoni.

Elettrodo: materiale conduttore (rame, grafite, platino) che pesca in una soluzione elettrolitica e che permette il *flusso di corrente* (e quindi di elettroni) da e verso la soluzione. Costituisce il polo di una cella elettrochimica; su di esso avviene una reazione di riduzione o di ossidazione.

Elettrolisi: processo in cui una corrente elettrica viene fatta passare in una soluzione producendo reazioni chimiche che altrimenti non avverrebbero spontaneamente.

Elettrolita: specie chimica che in acqua subisce il fenomeno di dissociazione elettrolitica con la conseguente produzione di ioni.

Elettrone (e^-): particella subatomica posta intorno al nucleo che porta una singola carica negativa ($1{,}6 \cdot 10^{-19}$). La massa di un elettrone è considerata trascurabile (1/1837 della massa del protone).

Elettrone di valenza: elettrone situato nel più alto livello energetico di un atomo, la cui tendenza a essere catturato o perso determina le caratteristiche chimiche dell'atomo a cui appartiene.

Elettronegatività: capacità di un atomo di attrarre verso di sé gli elettroni di legame. Generalmente si usa una scala comparativa da uno a quattro, dove quattro indica l'elettronegatività massima.

Elettroni accoppiati: due elettroni sullo stesso orbitale con spin opposto (+1/2 e –1/2).

Emoglobina: pigmento di colore rosso presente nei globuli rossi del sangue. Chimicamente è una proteina formata da quattro subunità polipeptidiche, ognuna delle quali lega un gruppo prostetico contente ferro. L'ossigeno reagisce reversibilmente con l'emoglobina nei polmoni per formare *ossiemoglobina*, e viene così trasportato dal sangue e rilasciato nei vari tessuti. La mancanza di una quantità sufficiente di ferro nell'organismo provoca il cattivo funzionamento di questo sistema portando a una condizione di anemia. L'ossido di carbonio è tossico per l'organismo perché forma con l'emoglobina un complesso particolarmente stabile (*carbossiemoglobina*) che le impedisce il trasporto dell'ossigeno.

Emulsionante: sostanza in grado di stabilizzare un'emulsione e di prevenire la sua separazione in fasi liquide distinte. Additivi emulsionanti naturali (come la lecitina) o artificiali sono largamente usati in prodotti alimentari, cosmetici, farmaceutici e pellicole fotografiche.

Emulsione: miscela eterogenea in cui una fase liquida è finemente dispersa in un'altra fase liquida, immiscibile con la prima.

Energia di attivazione (E_a): minimo quantitativo di energia necessario per attivare una reazione. È l'energia richiesta dai reagenti per raggiungere lo stato attivato.

Energia cinetica: l'energia che un corpo (o particella) possiede in virtù del suo movimento: maggiore è la velocità, maggiore è l'energia cinetica. Per una particella l'energia cinetica è data da:

$$E = 1/2\, mv^2$$

dove m è la massa della particella e v la velocità.

Energia di ionizzazione: energia necessaria per rimuovere un elettrone dal livello di valenza di un atomo.

Energia di legame: energia (variazione di entalpia) richiesta per rompere un legame.

Energia libera di Gibbs (G): energia totale disponibile in un sistema per creare lavoro. La variazione dell'energia libera è calcolata con la relazione:

$$\Delta G = \Delta H - T\Delta S.$$

Se ΔG è negativa, la reazione è spontanea e si dice esoergonica, mentre se ΔG è positiva la reazione non è spontanea e si dice endoergonica.

Energia reticolare: in un composto ionico, è l'energia liberata all'atto della formazione del *reticolo cristallino* per effetto delle interazioni elettrostatiche fra gli ioni positivi e gli ioni negativi nel cristallo.

Energia rotazionale: energia legata ai *moti rotazionali molecolari*. Valori tipici per l'energia rotazionale sono dell'ordine di 0,001-0,1 kcal/mole e corrispondono all'assorbimento di radiazione elettromagnetica nelle zone del lontano infrarosso e delle microonde.

Energia termica: energia risultante dal movimento di atomi e molecole; energia cinetica.

Energia vibrazionale: energia legata ai moti vibrazionali molecolari. Gli atomi in una molecola non sono fermi, ma oscillano in continuazione attorno a delle distanze medie di equilibrio, che vengono indicate come lunghezze di legame medie. Valori tipici per l'energia vibrazionale sono dell'ordine di 1–10 kcal/mole e corrispondono all'assorbimento di radiazione elettromagnetica nella regione dell'infrarosso.

Entalpia (H): quantità di calore contenuta in un sistema a pressione costante. La variazione di entalpia in una reazione è uguale alla differenza tra l'entalpia dei prodotti e l'entalpia dei reagenti.

Entropia: funzione di stato legata al grado di disordine di un sistema. Un sistema molto ordinato ha una entropia bassa; la variazione di entropia (ΔS) nel corso di una reazione è pari alla differenza tra l'entropia dei prodotti e l'entropia dei reagenti della reazione.

Epimeri: diastereoisomeri che differiscono per la configurazione a un solo centro chirale. Per esempio D-glucosio e D-mannosio.

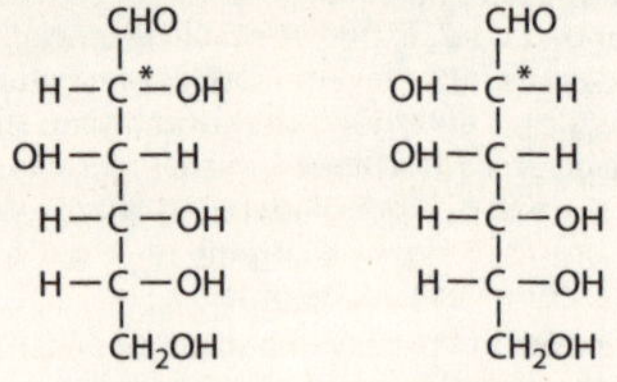

D-glucosio *D-mannosio*

Equazione chimica: espressione utilizzata per descrivere la quantità e la natura dei reagenti e dei prodotti di una reazione.

Equazione di Gibbs-Helmholtz:

$$\Delta G = \Delta H - T\Delta S.$$

Equazione di Nernst: equazione che lega il voltaggio di una cella elettrochimica alla concentrazione dei reagenti e dei prodotti nella cella.

Equilibrio: stato di una reazione chimica in cui le velocità della reazione diretta e inversa si equivalgono; un sistema in equilibrio non evolve a meno che non intervengano cambiamenti nelle condizioni della reazione.

Equilibrio di fase: coppia temperatura-pressione in cui due o tre fasi di una particolare sostanza coesistono in equilibrio.

Equivalente: la definizione di equivalente dipende dal tipo di sostanza considerata:

- un equivalente di acido o di base = quantità in grammi di acido o base che cede rispettivamente una mole di ioni H^+ o OH^- dissociandosi;
- un equivalente di ossidante o riducente = quantità in grammi di ossidante o riducente che rispettivamente acquista o cede una mole di elettroni in una reazione redox.

Esplosivo: sostanza in grado di decomporsi a una velocità estremamente elevata, liberando una grande quantità di energia chimica sotto forma di calore e un grande numero di molecole di sostanze gassose (con conseguente improvviso aumento di volume). Il calore della reazione contribuisce ad aumentare la pressione dei gas prodotti dalla reazione, provocando un'onda di pressione (onda d'urto) che è la responsabile (insieme al calore) dei danni provocati dall'esplosione. Esplosivi comuni sono polvere pirica, dinamite, nitroglicerina, TNT (trinitrotoluene), ed esplosivi al plastico (per esempio semtex). Gli airbags delle automobili si gonfiano rapidamente grazie a una piccola carica di esplosivo. Nelle esplosioni nucleari viene invece liberata la grandissima quantità di energia contenuta nel nucleo dell'atomo e vengono prodotte anche micidiali radiazioni elettromagnetiche ad alta energia.

Estrazione con solventi: tecnica di separazione di sostanze utilizzata sia per scopi analitici che preparativi. La tecnica sfrutta la solubilità in un determinato solvente di una sola delle sostanze presenti in una miscela. In una *estrazione solido-liquido* una miscela viene lavata con un opportuno solvente in modo da sciogliere solamente la sostanza che si vuole isolare. In una *estrazione liquido-liquido* la miscela viene disciolta in un solvente (per esempio acqua) e posta a contatto con un secondo solvente, immiscibile con il primo (per esempio etere, cloroformio), in cui il prodotto da isolare ha una buona solubilità.

Eutrofizzazione: fenomeno per cui nell'acqua di mari e laghi si accumulano sostanze nutrienti, come per esempio fosfati, derivanti da varie attività umane (reflui di allevamenti, fertilizzanti, detergenti). Questi nutrienti, se presenti nell'acqua in grandi quantità, provocano la proliferazione di alghe che consumano buona parte dell'ossigeno disciolto e impediscono alla luce solare di penetrare in profondità provocando la morte di altre specie acquatiche, animali o vegetali. Un corpo idrico è classificato come eutrofico se non vi è presente una quantità di ossigeno sufficiente da permettere la vita a piante e animali.

Eterogeneo: si dice di sistema a composizione non uniforme.

Faraday (F): carica totale di una mole di elettroni (1 F = 96.487 C), da non confondersi con il farad che rappresenta una unità di misura della capacità elettrica di un conduttore.

Fase: ognuno dei tre stati della materia: solido, liquido e gassoso. Una fase è una porzione di un sistema in cui le proprietà fisiche intensive (le proprietà fisiche che non dipendono dalle dimensioni del sistema, per esempio la temperatura) sono identiche in ogni punto o variano con continuità, separata dal resto da superfici limitanti.

Fermentazione: trasformazione di sostanze organiche a opera di microrganismi come lieviti e batteri, catalizzata da enzimi. Un esempio importante è la trasformazione di zuccheri in etanolo per azione di lieviti, che contengono l'enzima zimasi:

$$\underset{\text{glucosio}}{C_6H_{12}O_6} \rightarrow \underset{\text{etanolo}}{C_2H_5OH} + \underset{\text{anidride carbonica}}{2\,CO_2}$$

Fertilizzante: sostanza che viene aggiunta al terreno per rimpiazzare sostanze nutrienti che sono andate disperse o sono state consumate dalle piante. Esistono fertilizzanti naturali (concime organico, compost) e artificiali (nitrato d'ammonio o superfosfato). Composti contenenti azoto, fosforo e potassio sono i costituenti principali dei fertilizzanti artificiali. L'uso di fertilizzanti in agricoltura gioca una parte importante nel ciclo dell'azoto. Quantità eccessive di fertilizzanti hanno un effetto negativo sull'ambiente. In particolare, l'uso eccessivo di nitrati porta a un loro accumulo nelle falde acquifere, con conseguenti rischi per la salute umana. I fosfati contribuiscono al fenomeno dell'eutrofizzazione.

Fibra di vetro: materiale costituito da sottili fili di vetro, utilizzato principalmente come isolante. Gli oggetti in fibra di vetro sono in realtà materiali compositi, costituiti da fibra di vetro irrobustita e modellata grazie all'aggiunta di materie plastiche.

Formula di Lewis: metodo per rappresentare gli elettroni, condivisi e non, in un atomo, ione o molecola; è anche indicata come struttura di Lewis.

Formula molecolare o bruta: formula che mostra il numero e l'identità di tutti gli atomi presenti in una molecola o composto.

Forze di Van der Waals: forze di attrazione intermolecolari estremamente deboli legate alla formazione di *dipoli temporanei*, anche in molecole di per sé non polari, causati dal rapido moto degli elettroni intorno al nucleo.

Forza Elettromotrice (FEM): differenza di potenziale tra gli elettrodi di una cella elettrochimica non attraversata da corrente.

Forze intermolecolari: forze attrattive e repulsive tra le molecole.

Forze intramolecolari: forze attrattive e repulsive tra gli atomi di una molecola.

Fotone: quanto di onda elettromagnetica, la cui energia è pari alla costante di Planck moltiplicata per la frequenza dell'onda.

Fotosintesi: insieme di reazioni fotochimiche attraverso le quali avviene la reazione endoergonica di conversione dell'anidride carbonica in ossigeno e carboidrati:

$$6\,CO_2\,(g) + 6\,H_2O\,(l) \rightarrow C_6H_{12}O_6\,(s) + 6\,O_2\,(g)$$

La fotosintesi avviene nelle foglie delle piante ed è il modo attraverso il quale le piante realizzano il loro sostentamento e viene rilasciato ossigeno nell'aria. La reazione è permessa dalla clorofilla e l'energia necessaria per il processo è fornita dalla luce solare (luce visibile).

Frazione molare (χ): unità di misura della concentrazione; esprime il rapporto tra il numero di moli di un componente e il numero totale di moli di tutte le specie.

Funzione d'onda ψ: funzione matematica in tre variabili, estremamente complessa, che assegna alle regioni di spazio attorno al nucleo la probabilità di trovare un elettrone dotato di una certa energia, ovvero descrive un dato *orbitale*. Nelle funzioni d'onda ψ compaiono alcune costanti numeriche, dette numeri quantici. Le funzioni d'onda descrivono orbitali diversi al variare dei primi tre numeri quantici.

Funzione di stato: funzione che dipende solo dallo stato del sistema e non dal meccanismo di evoluzione dello stesso o dal cammino seguito dal sistema durante la sua evoluzione.

Galvanizzazione: processo di rivestimento del ferro e dell'acciaio con uno strato di zinco. Lo zinco è più resistente del ferro alla corrosione e quindi lo protegge. Se il rivestimento viene graffiato e ferro e zinco vengono in contatto con un liquido, si crea una cella elettrochimica in cui lo zinco viene consumato di preferenza.

Gas: stato fisico della materia a elevato disordine, nel quale le molecole interagiscono solo debolmente; in natura si parla di gas a pressioni relativamente basse e temperature alte; altrimenti si parla di vapore.

Gas ideale: gas ipotetico il cui comportamento è descritto dalla Legge dei gas ideali. Le particelle di un gas ideale hanno volume nullo e non danno luogo a fenomeni di interazione reciproca a distanza. Gli urti tra le molecole di un gas ideale sono perfettamente elastici.

Gas inerte o gas nobile: elemento appartenente al gruppo 0 (o gruppo 17) della tavola periodica. I gas inerti sono caratterizzati dall'avere una configurazione otteziale al livello più esterno; per questo motivo sono gli elementi meno reattivi della tavola periodica.

Gas reale: gas che non segue la legge dei gas ideali.

Gas serra: gas le cui molecole assorbono l'energia emessa o irradiata dalla superficie terrestre, contribuendo all'effetto serra. I gas con il più forte effetto serra sono il vapor d'acqua, l'anidride carbonica, il metano e l'ossido di diazoto. I vegetali, consumando CO_2, sono limitatori naturali della quantità di alcuni di questi gas nell'atmosfera.

Ghiaccio secco: anidride carbonica solida. Il materiale sublima senza fondere (da cui il nome di secco) a –40°C e viene utilizzato come refrigerante, oltre che per creare l'effetto "nebbia" ai concerti.

Ghisa: lega metallica tra ferro e carbonio contenente una quantità di carbonio non inferiore al 4%.

Grammo equivalente: sinonimo di equivalente.

Gomma butile: copolimero tra isobutene e isoprene (1-3%) o butadiene che, una volta vulcanizzato, è meno permeabile della gomma naturale e viene pertanto utilizzato per la costruzione di camere d'aria. È inoltre più resistente all'ozono atmosferico e viene usato in edilizia come impermeabilizzante.

Gomma naturale polimero naturale ad alto peso molecolare ottenuto dell'albero *Hevea brasiliensis* come lattice contenente 30-36% di gomma. Chimicamente è *cis-poliisoprene*.

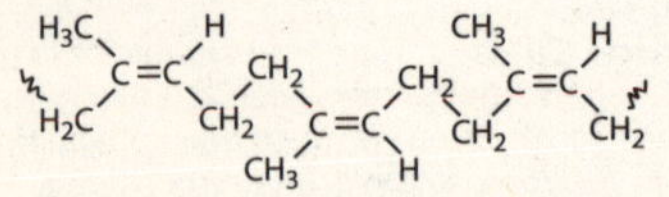

La gomma naturale viene spesso vulcanizzata e rinforzata con carbonio per migliorarne le caratteristiche di elasticità.

Gomma sintetica elastomeri ottenuti per sintesi chimica: sono gomme sintetiche la gomma butile, copolimeri etilene-propilene, vari polimeri vinilici, copolimeri butadiene-stirene, polimeri del butadiene, il neoprene.

Grafite: forma allotropica del carbonio in cui gli atomi di C, ibridati sp^2, legati tra loro in un arrangiamento esagonale, formano strutture a fogli sovrapposti molto estese.

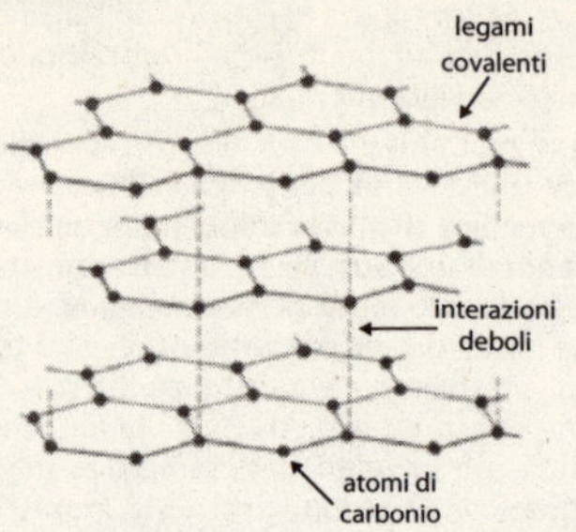

I legami tra gli atomi di C di uno stesso piano sono forti, mentre i legami tra i C di piani diversi sono deboli: i piani possono quindi scorrere facilmente uno rispetto all'altro. Per questa sua struttura la grafite è un buon lubrificante solido oltre che un buon conduttore elettrico e viene utilizzata nelle matite da disegno.

Gruppo: colonna della tavola periodica degli elementi; contiene elementi simili nelle loro proprietà fisiche o chimiche.

Ibridazione: processo di ricombinazione di due o più orbitali atomici con la conseguente formazione di nuovi orbitali isoenergetici.

Idrolisi: reazione tra acqua e una seconda specie che induce la dissociazione delle molecole dell'acqua.

Idrazina: N_2H_4, NH_2–NH_2; liquido con caratteristiche riducenti (forma azoto molecolare) utilizzato per esempio per rimuovere l'ossigeno disciolto nell'acqua. Condensa con aldeidi e chetoni a formare derivati organici per vari impieghi: combustibili, erbicidi, antiossidanti, schiumogeni.

Indicatore acido-base: sostanza utilizzata in basse concentrazioni nella titolazione di una soluzione; cambia colore in funzione del pH della soluzione.

Innalzamento del punto di ebollizione (ΔT ebullioscopico): variazione della temperatura di ebollizione di un liquido dovuta all'aggiunta di un soluto non volatile; è una proprietà colligativa.

Inquinante: sostanza chimica o entità fisica nociva per l'ambiente e per la salute. La maggior parte delle sostanze diventano pericolose e sono considerate inquinanti quando sono presenti in quantità elevate (per esempio CO_2, oppure certe radiazioni elettromagnetiche), altre sono tossiche anche in quantità minime (per esempio il benzene è talmente tossico che basta arrivare a percepirne l'odore per essere già esposti a una dose considerata pericolosa). Sono inquinanti per esempio i rifiuti solidi non trattati adeguatamente, i gas di scarico di auto e camini, i fertilizzanti, e il petrolio.

Interazione dipolo-dipolo: forza attrattiva tra due dipoli dipendente dal loro momento dipolare e dalla loro distanza.

Ione idronio: ione H_3O^+ in soluzione acquosa.

Ione idrossido: ione OH^- in soluzione acquosa.

Ioni: atomi o molecole dotati di carica elettrica a causa della perdita o acquisto di elettroni.

Isolante: sostanza incapace di condurre calore e energia elettrica. Sono buoni isolanti molti non metalli e solidi non metallici (a eccezione della grafite), quasi tutti i polimeri, la lana di vetro.

Isotopi: sono atomi con lo stesso numero di protoni, ma con differente numero di neutroni.

IUPAC: acronimo di *International Union of Pure and Applied Chemistry*, organismo internazionale preposto alle problematiche di nomenclatura e standardizzazione nel campo della chimica.

Joule (J): unità di misura dell'energia;

$$1\ J = 1\ kg{\cdot}m^2/s^2.$$

Kelvin (K): scala di temperatura (conosciuta anche come scala di temperatura assoluta) avente la stessa unità della scala Celsius e zero assoluto definito come 0 K. Si ha che 0 K = – 273,16 °C.

Lega: soluzione solida di due o più metalli. Le leghe sono molto più usate dei metalli puri perché la presenza di più elementi in proporzioni opportune determina caratteristiche (per esempio meccaniche) superiori a quelle dei singoli elementi puri. Per esempio l'alluminio è un metallo piuttosto tenero e leggero: l'aggiunta di una piccola quantità di rame permette di ottenere la lega duralluminio, che possiede le stesse caratteristiche di leggerezza ma una robustezza molto superiore. Sono leghe l'oro usato in gioielleria, l'acciaio e la ghisa, il bronzo e l'ottone.

Legame covalente: legame chimico formato tramite la condivisione di una coppia di elettroni tra due atomi. È caratterizzato dalla formazione di un orbitale molecolare responsabile della forza del legame.

Legame covalente apolare o puro: legame covalente tra due atomi aventi la stessa elettronegatività.

Legame covalente polare: legame covalente tra atomi con elettronegatività differenti nel quale la densità elettronica non è uniformemente distribuita. La forza del legame è anche dotata di una componente elettrostatica dovuta all'attrazione tra le cariche di segno opposto situate alle estremità opposte della molecola.

Legame dativo: legame covalente in cui i due elettroni di legame sono ceduti da uno solo dei due atomi coinvolti nel legame; è chiamato anche legame di coordinazione.

Legame a idrogeno: attrazione di natura elettrostatica tra un atomo di idrogeno legato con un atomo a elevata elettronegatività in una molecola e un atomo con elevata elettronegatività in un'altra molecola.

Legame ionico: legame chimico formato grazie ad attrazioni elettrostatiche tra ioni positivi e negativi.

Legame metallico: tipo di legame in cui gli elettroni di valenza degli atomi del metallo sono delocalizzati all'interno del reticolo metallico.

Legge dei gas ideali: $PV = n \cdot RT$ dove R è la costante dei gas ideali. Tale legge può essere applicata a ogni gas reale che si trovi a bassa pressione e a una temperatura superiore alla sua temperatura critica.

Legge di Boyle: legge che afferma che, a temperatura costante, il volume di una sostanza gassosa è inversamente proporzionale alla pressione esercitata su di essa.

Legge di Charles: legge che afferma che, a pressione costante, il volume di una sostanza gassosa è direttamente proporzionale alla temperatura assoluta del gas.

Legge di conservazione della massa (legge di Lavoisier): legge secondo la quale, in una reazione chimica, la massa totale delle sostanze prodotte deve essere pari alla massa totale delle sostanze che reagiscono.

Legge di Dalton: legge che afferma che la somma delle pressioni parziali dei componenti di una miscela gassosa deve eguagliare la pressione totale della miscela.

Legge di Graham: legge che afferma che la velocità di diffusione di un gas è inversamente proporzionale alla radice quadrata del peso molecolare del gas.

Legge di Henry: legge che afferma che la solubilità di un gas in una soluzione è direttamente proporzionale alla pressione parziale del gas.

Legge di Hess: legge che afferma che l'energia scambiata in una reazione complessa è pari alla somma delle energie scambiate nelle singole reazioni che la compongono. In altri termini, l'energia scambiata in una reazione è pari alla somma algebrica delle energie scambiate nelle singole reazioni in cui può essere scomposta.

Legge di Raoult: legge che afferma che la pressione parziale di un componente di una soluzione è proporzionale alla frazione molare dello stesso.

Legge di velocità: espressione matematica che lega la velocità di reazione alla concentrazione dei reagenti. La legge di velocità per una data reazione deve essere determinata sperimentalmente.

Lievito: nome generico di funghi microscopici unicellulari appartenenti agli ascomiceti. Il lievito di birra, *Saccharomyces cerevisiae*, è in grado di trasformare gli zuccheri in CO_2 e altre sostanze. Nei prodotti da forno, il lievito provoca la conversione di parte degli zuccheri contenuti nella farina in CO_2: è lo sviluppo di questo gas che fa rigonfiare l'impasto. I lieviti sono utilizzati anche nella produzione di bevande alcoliche: in questo caso gli zuccheri vengono trasformati in etanolo e CO_2.

Lievito chimico: sostanze (per esempio una miscela di $NaHCO_3$ e acido tartarico) in grado di decomporsi sviluppando CO_2 per riscaldamento. I lieviti chimici sono utilizzati nei prodotti da forno.

Liofilizzazione: tecnologia per la rimozione dell'acqua da una sostanza, sotto vuoto e a bassa temperatura. Questa tecnica viene impiegata per tutti prodotti che verrebbero danneggiati se seccati per riscaldamento.

Lipofilo: sostanza, o porzione della struttura molecolare di una sostanza, che presenta caratteristiche covalenti non polari e che viene pertanto facilmente sciolta in un solvente apolare (per esempio idrocarburi).

Liquido: stato della materia nel quale le forze molecolari sono intermedie tra quelle presenti nei gas e quelle presenti nei solidi. Si distingue dalla fase gassosa per il volume definito e dalla fase solida per il fatto che le molecole si possono mescolare liberamente tra loro.

Luce piano polarizzata qualunque radiazione elettromagnetica (e quindi anche la luce visibile) si propaga come un'onda ed è descritta da un vettore campo elettrico (e da un vettore campo magnetico) che varia di intensità in modo sinusoidale lungo la direzione di propagazione. In un fascio di luce, i vettori campo elettrico che descrivono le varie onde sono orientati in tutte le possibili direzioni perpendicolari alla direzione di propagazione del fascio. Esistono particolari materiali (detti polarizzatori) che, quando vengono colpiti da un normale fascio di luce, vengono attraversati solamente dalle onde del fascio che hanno i vettori campo elettrico orientati in una precisa direzione e paralleli tra loro. Questa luce emergente, in cui i vettori campo elettrico non sono più orientati in tutte le direzioni, ma vibrano tutti nello stesso piano, viene detta luce piano polarizzata.

Luce visibile: (o luce bianca, o luce solare) luce che può essere percepita dall'occhio umano. La luce visibile è costituita da un insieme di lunghezze d'onda comprese tra 380 e 780 nm, una porzione molto piccola dello spettro elettromagnetico. L'assenza di una di esse a causa di un assorbimento viene percepita dal nostro occhio come *colore*: il colore complementare (trasmesso) alla lunghezza d'onda assorbita.

lunghezza d'onda assorbita (nm)	colore assorbito	colore complem. (trasmesso)
380-450	viola	giallo-verde
450-495	blu	giallo
495-570	verde	viola
570-590	giallo	blu
590-620	arancio	verde-blu
620-750	rosso	blu-verde

Macromolecola: molecola di grandi dimensioni. Tipicamente le macromolecole hanno peso molecolare di varie migliaia: sono macromolecole tutti i polimeri naturali e artificiali.

Malachite: minerale di colore verde contenente carbonato di rame (II) idrato: $CuCO_3 \cdot Cu(OH)_2$.

Marmo: roccia metamorfica costituita da una forma minerale cristallina di *carbonato di calcio*. Largamente impiegato in edilizia.

Massa atomica: massa di un atomo espressa in rapporto all'u.m.a.(unità di massa atomica).

Materiale composito: materiale costituito da due o più componenti (normalmente due diverse materie plastiche) le cui proprietà si combinano a dare un materiale con caratteristiche superiori a quelle dei singoli costituenti. I compositi sono solitamente formati da strati di materiale rinforzato con fibre. Sono materiali leggeri e robusti, impiegati in automobili, aerei, barche e arredamenti.

Meccanismo di reazione: serie di passaggi che avvengono nel corso di una reazione chimica con creazione e distruzione di prodotti intermedi e di legami chimici.

Membrana semipermeabile: membrana che può essere attraversata per diffusione da alcune sostanze (ioni o piccole molecole) ma non da altre.

Metalli alcalini: elementi che si trovano nel gruppo 1 (IA) della tavola periodica. Sono altamente reattivi e cedono facilmente il loro elettrone di valenza per formare un composto ionico con un non metallo.

Metalli alcalino-terrosi: elementi che si trovano nel gruppo 2 (IIA) della tavola periodica. Le loro proprietà chimiche sono simili a quelle dei metalli alcalini se non per il fatto che gli elettroni di valenza sono due.

Metalli di transizione: elementi appartenenti al gruppo B della tavola periodica degli elementi; sono caratterizzati dall'avere i sottolivelli *d* o *f* parzialmente pieni.

Metallo: una delle classi di elementi localizzata nella parte centrale o sinistra della tavola periodica degli elementi, caratterizzata da elettronegatività ed energia di ionizzazione basse: cedono facilmente elettroni per formare legami ionici. Sono caratterizzati da elevata conduttività elettrica, lucentezza e malleabilità.

Metalloide: elemento con caratteristiche intermedie tra quelle del metallo e quelle del non metallo.

Microonde: radiazione elettromagnetica di frequenza compresa tra 10^{10} e 10^{12} Hz. L'assorbimento di radiazioni nella regione delle microonde provoca la rotazione nelle molecole. Esempi di utilizzo delle microonde sono il riscaldamento dei cibi e l'innesco di reazioni di polimerizzazione.

Modello di Bohr: modello dell'atomo di idrogeno che postula la presenza di elettroni su orbite circolari intorno a un nucleo carico positivamente.

Molalità: unità di misura della concentrazione; esprime le moli di soluto per chilogrammo di solvente.

Molarità: unità di misura della concentrazione; esprime le moli di soluto per litro di soluzione.

Mole (mol): quantità di materia che contiene un numero di entità elementari pari al numero di atomi presenti in 12 grammi di carbonio-12. Una mole di qualsiasi sostanza contiene $6{,}02 \cdot 10^{23}$ unità elementari di quella sostanza.

Molecola apolare: molecola la cui densità elettronica è uniformemente o simmetricamente distribuita sulla molecola e che non presenta quindi alcun momento dipolare netto.

Molecola polare: molecola che presenta una distribuzione di carica non omogenea.

Momento dipolare: grandezza vettoriale la cui intensità dipende dalle cariche del dipolo elettrico e dalla loro distanza. La direzione del momento dipolare è quella che va dalla carica positiva a quella negativa.

Mutageno: sostanza che provoca mutazioni a livello del DNA, ovvero è in grado di reagire con esso e modificarne la struttura, con effetti nocivi per l'organismo.

Nafta: miscela di idrocarburi a t.eb. = 80-160°C ottenuta dalla distillazione frazionata del petrolio. Spesso utilizzata a sua volta nei processi di cracking.

Neoprene: gomma sintetica ottenuta dalla polimerizzazione del cloroprene ($CH_2{=}CCl{-}CH{=}CH_2$). Il neoprene è elastico, resistente all'abrasione e ai solventi.

Viene utilizzato nei modi più disparati: come rivestimento per cavi elettrici, per parti di auto, nell'edilizia, nella produzione di articoli sportivi.

Neutrone: la più grande delle particelle subatomiche appartenenti al nucleo, priva di carica e con massa leggermente superiore a quella del protone.

Non elettrolita: composto che non si dissocia in acqua e la cui soluzione acquosa non conduce elettricità.

Non metallo: elemento con energia di ionizzazione, affinità elettronica ed elettronegatività elevate; generalmente acquista elettroni per formare anioni. I non metalli sono localizzati nella parte in alto a destra della tavola periodica degli elementi.

Normalità: unità di misura della concentrazione; esprime il numero di equivalenti di soluto per litro di soluzione.

Nucleo: parte centrale di un atomo, carica positivamente e contenente protoni e neutroni.

Nuclide: termine usato in chimica nucleare, come sinonimo di atomo, utilizzato quando si pone l'attenzione alla costituzione del suo nucleo piuttosto che alle sue caratteristiche chimiche. Sono noti più di 1600 nuclidi diversi dato che quasi tutti gli elementi chimici possiedono più isotopi.

Numero atomico: numero di protoni in un nucleo; questo numero caratterizza ogni elemento chimico e determina la sua posizione nella tavola periodica degli elementi.

Numero di Avogadro: numero di atomi o di molecole contenuti in una mole di sostanza; è pari a $6{,}022 \cdot 10^{23}$.

Numero di massa: numero totale di protoni e neutroni in un atomo.

Numero di ossidazione: dato un atomo legato ad altri atomi uguali o diversi per formare un composto, il suo stato di ossidazione (o numero di ossidazione) è il numero delle cariche che l'atomo assume se i doppietti elettronici di legame vengono assegnati formalmente all'atomo più elettronegativo.

Numero quantico: numero utilizzato per descrivere il livello energetico disponibile per un elettrone. Lo stato di un elettrone in un atomo è definito da quattro numeri quantici.

Numero quantico angolare (*l*): secondo numero quantico; indica il sottolivello a cui si trova l'elettrone; è legato al momento angolare posseduto dall'elettrone.

Numero quantico di spin (m_s): quarto numero quantico; definisce il verso di rotazione di un elettrone attorno al suo asse; può assumere solo i valori $+1/2$ e $-1/2$.

Numero quantico magnetico (m_l): terzo numero quantico; definisce il particolare orbitale del sottolivello nel quale si trova l'elettrone.

Numero quantico principale (*n*): primo numero quantico; indica il livello energetico occupato dall'elettrone.

Numero di ottano: misura delle qualità anti-detonanti della benzina, determinate per raffronto con un idrocarburo di riferimento: l'isoottano. Più alto è il numero di ottano, migliore è la qualità della benzina. In un motore a scoppio la miscela benzina-aria deve esplodere in un ben preciso istante: se la benzina ha un basso numero di ottano, la detonazione può avvenire prima del tempo e il motore "batte in testa". Il numero di ottano di una miscela di idrocarburi aumenta all'aumentare della percentuale di idrocarburi ramificati. Il numero di ottano può inoltre essere aumentato per aggiunta di additivi: nella benzina super veniva impiegato piombo tetraetile, che però produceva un inquinamento atmosferico da piombo.

Nuvola elettronica: regione di spazio che circonda l'atomo o la molecola dove è diversa da zero la probabilità di trovare gli elettroni dell'atomo o della molecola.

Nylon: famiglia di polimeri sintetici ottenuti per policondensazione tra una diammina e un acido dicarbossilico. Chimicamente sono delle poliammidi. Con questi materiali si ottengono fibre molto robuste, elastiche e non igroscopiche con cui vengono preparati vari manufatti: capi d'abbigliamento, tappeti, corde.

Olio essenziale: sostanza liquida viscosa più o meno volatile che viene estratta da piante. Esistono vari oli essenziali utilizzati nell'industria farmaceutica, cosmetica e alimentare.

Orbitale atomico: regione di densità elettronica non nulla, definita da un'unica combinazione dei primi tre numeri quantici e contenente non più di due elettroni (con spin opposto).

Orbitale molecolare: orbitale formato dalla sovrapposizione di due o più orbitali atomici di atomi che partecipano a un legame chimico; la sua energia è inferiore a quella degli orbitali atomici da cui ha origine.

Orbitali degeneri: orbitali che possiedono la stessa energia.

Orbitali delocalizzati: orbitale molecolare la cui densità elettronica è distribuita sull'intera molecola invece di essere localizzata attorno a coppie di atomi.

Ordine di reazione: esponente a cui bisogna elevare la concentrazione dei reagenti per il calcolo della velocità di reazione.

Osmosi: movimento spontaneo di un solvente attraverso una membrana semipermeabile dovuto alla differenza di concentrazione tra le soluzioni che toccano la membrana.

Ossidazione: reazione che implica una perdita di elettroni cioè un aumento del numero di ossidazione.

Ossima: composto organico derivante dalla condensazione di un'aldeide o chetone con idrossilammina. In un'ossima è presente un doppio legame carbonio azoto, in cui sia il carbonio che l'azoto hanno ibridazione sp^2.

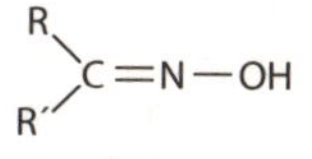

Ottetto: configurazione elettronica esterna con otto elettroni di valenza ($ns^2\ np^6$); è una configurazione elettronica particolarmente stabile.

Ottone: lega metallica tra rame e zinco (30% circa), di colore giallo dorato. Utilizzata per manufatti ornamentali e per componenti elettrici.

Ozono: O_3, forma allotropica dell'ossigeno, particolarmente abbondante nella stratosfera. L'ozono assorbe la radiazione ultravioletta di origine solare e le impedisce di raggiungere la superficie terrestre. Gas di colore blu con forte capacità ossidante e velenoso in concentrazioni elevate. Può essere prodotto artificialmente dall'ossigeno per mezzo di scariche elettriche. Viene usato come germicida e come disinfettante per l'aria e per l'acqua. Viene inoltre usato come sbiancante per carta e tessuti.

Passaggio che determina la velocità di reazione: il passaggio più lento del meccanismo di reazione è quello che determina la velocità globale della reazione.

Passivazione: trattamento superficiale di un metallo che consiste nella generazione di uno strato di ossido superficiale. Questo strato di ossido funge da strato protettivo del metallo. L'alluminio ha questo strato di ossido protettivo. Il ferro può essere passivato per immersione in acido nitrico concentrato.

Pastorizzazione: trattamento termico effettuato per ridurre il numero di microrganismi presenti in prodotti alimentari allo scopo di aumentarne la durata. Il latte, per esempio, viene pastorizzato per riscaldamento a 71,7 °C per circa 15 secondi: in questo modo può essere conservato in frigorifero per 4-5 giorni senza avariarsi.

Periodo: linea orizzontale della tavola periodica degli elementi; contiene elementi con lo stesso numero di livelli elettronici occupati o parzialmente occupati.

Perossido: composto contenente l'anione O_2^{2-} o il gruppo –O–O–. Il più comune è il perossido d'idrogeno (o acqua ossigenata, H_2O_2). I perossidi sono *ossidanti energici*, utilizzati come disinfettanti o sbiancanti. Il numero di ossidazione dell'ossigeno nei perossidi è –1.

Peso atomico: rapporto fra la massa dell'atomo e l'unità di massa atomica. La massa dell'atomo è la media delle masse dei diversi isotopi di quell'elemento chimico presenti in natura, pesata sulla loro percentuale di presenza.

Peso equivalente (PE): peso in grammi di un equivalente di sostanza.

Peso molare (PM): peso in grammi di una mole di una sostanza atomica o molecolare.

Peso molecolare: somma dei pesi atomici di tutti gli atomi che costituiscono la molecola.

pH: indice del contenuto di ioni idrogeno in una soluzione acquosa; è pari all'opposto del logaritmo della concentrazione dello ione idrogeno.

Pigmento: sostanza di origine naturale (per esempio clorofilla) o sintetica (per esempio ftalocianine), organica o inorganica (per esempio ossidi metallici), utilizzata per colorare materiali. Il pigmento più utilizzato è TiO_2, bianco.

Pioggia acida: pioggia con una concentrazione di sostanze acide superiore alla norma. La pioggia è per sua natura acida (pH = 5,6) a causa dell'anidride carbonica atmosferica disciolta in essa. Sostanze gassose acide (HCl, SO_2) prodotte da attività umane o naturali (vulcani, terremoti) contribuiscono però ad aumentare l'acidità della pioggia: sono stati misurati pH di acque piovane pari a 2,4 (un'acidità 1000 volte più alta del normale). Piogge con valori di acidità così elevati danneggiano sia gli organismi viventi che i materiali.

Pirite: minerale costituito da solfuri di ferro (formula minima FeS_2), dal caratteristico colore simile all'oro.

Pirolisi: decomposizione di una sostanza per mezzo del calore; per esempio:

$$CaCO_{3(s)} \xrightarrow{\Delta} CaO_{(s)} + CO_{2(g)}$$

Pittura: miscela di sostanze chimiche utilizzata per proteggere e/o decorare materiali. Le pitture contengono:

- pigmenti colorati;
- sostanze leganti che mantengono miscelati i vari componenti;
- solventi;
- biocidi per prevenire la formazione di muffe;
- siliconi per impartire resistenza all'acqua;
- sostanze chimiche polimerizzabili, che permettono di legare, in una matrice continua, i vari componenti e la superficie cui la pittura viene applicata.

Plastica: polimero sintetico; esempi sono il polietilene, i policarbonati e le poliammidi.

pOH: indice del contenuto di ioni idrossido in una soluzione acquosa; è pari all'opposto del logaritmo della concentrazione dello ione idrossido.

Polimorfismo: quando una sostanza si presenta in forme che differiscono solo per la struttura cristallina, si parla di dimorfismo o, più in generale, di polimorfismo (le forme differiscono solo in alcune proprietà fisiche come il punto di fusione e la densità). Il polimorfismo delle sostanze elementari viene chiamato allotropia.

Precipitato: solido non solubile; si separa da una soluzione generalmente a causa della miscelazione di due o più soluzioni o a causa di variazioni della temperatura.

Pressione: forza normale alla superficie per unità di superficie; si misura in atmosfere, torr (mmHg) o pascal.

Pressione critica: pressione di vapore di una data sostanza corrispondente alla sua temperatura critica.

Pressione di vapore: pressione esercitata da un vapore in equilibrio con la propria fase liquida; è altamente variabile al variare della temperatura del sistema liquido-vapore.

Pressione osmotica: pressione che deve essere esercitata su una soluzione per prevenire il passaggio di solvente puro attraverso una membrana semipermeabile (si veda anche osmosi).

Pressione parziale: pressione di un componente di una miscela gassosa; è pari alla pressione che eserciterebbe tale componente se occupasse da solo tutto il volume occupato dalla miscela.

Prima legge della termodinamica: legge che afferma che la variazione di energia interna di ogni sistema in natura è pari alla somma algebrica del lavoro e del calore forniti dall'esterno al sistema. Secondo il primo principio della termodinamica, l'energia in natura non si crea e non si distrugge ma può solo trasformarsi da una forma a un'altra.

Principio della massima molteplicità: principio per cui, se più elettroni occupano orbitali degeneri (di pari energia), essi si distribuiscono, con spin paralleli, sul numero massimo possibile di questi.

Principio di Aufbau: principio per cui gli elettroni si posizionano in un atomo in modo da occupare il livello a minima energia ancora disponibile: prima di iniziare a riempire un nuovo livello, l'elettrone completa quello di energia inferiore.

Principio di Avogadro: legge che afferma che, nelle stesse condizioni di pressione e temperatura, volumi uguali di gas diversi contengono lo stesso numero di molecole.

Principio di esclusione di Pauli: principio che stabilisce che in un atomo non possono esistere due o più elettroni con i quattro numeri quantici rispettivamente uguali.

Principio di indeterminazione di Heisenberg: principio che stabilisce l'impossibilità di determinare contemporaneamente e senza incertezza sia la quantità di moto che la posizione di una particella.

Principio di Le Chatelier: principio che stabilisce che, se un sistema in equilibrio viene disturbato, questo tenderà a reagire in modo da controbilanciare il disturbo e ristabilire l'equilibrio.

Processo spontaneo: processo che si verifica in natura senza l'apporto di energia dall'ambiente esterno.

Prodotto di ionizzazione: termine generale per indicare la costante di dissociazione di sali, acidi e basi deboli; è pari al prodotto tra le concentrazioni degli ioni della base e dell'acido coniugati.

Prodotto di solubilità: costante di equilibrio per una reazione di soluzione di un elettrolita debolmente solubile. È dato dal prodotto delle concentrazioni degli ioni provenienti dalla dissociazione dell'elettrolita, ove ciascuna concentrazione è elevata a un esponente pari al coefficiente stechiometrico col quale lo ione compare nella reazione di dissociazione del sale stesso.

Prodotto intermedio di reazione: specie che non appare tra i prodotti finali di reazione ma che è presente temporaneamente nel corso della reazione.

Proprietà chimiche: proprietà di una sostanza, come l'energia di ionizzazione e l'elettronegatività, legate ai cambiamenti chimici che la sostanza subisce.

Proprietà colligative: proprietà di una soluzione dipendenti unicamente dal numero di particelle di soluto e non dalla natura delle stesse.

Proprietà fisiche: proprietà di una sostanza, come la massa, legate alle sue caratteristiche fisiche e non chimiche.

Protone: particella subatomica dotata di carica positiva e massa leggermente inferiore a quella del neutrone.

Pulitura a secco: tecnica di pulitura di indumenti che verrebbero danneggiati per lavaggio con acqua. Per la pulitura a secco si utilizzano idrocarburi clorurati.

Punto di congelamento: temperatura alla quale, a una data pressione, le fasi solida e liquida coesistono in equilibrio.

Punto di ebollizione: temperatura alla quale la pressione di vapore di un liquido eguaglia la pressione esterna.

Punto di fusione: temperatura alla quale le fasi liquida e solida di una sostanza coesistono in equilibrio.

Punto triplo: pressione e temperatura alle quali solido, liquido e vapore di una sostanza coesistono in equilibrio.

Quarzo: minerale costituito da ossido di silicio (SiO_2) utilizzato per strumenti ottici. Il quarzo è più trasparente del vetro alle radiazioni ultraviolette.

Radicale: 1. specie chimica ad alta energia, contenente un *elettrone spaiato* e formatasi per scissione omolitica di un legame. I radicali sono coinvolti in numerosi processi naturali, dall'invecchiamento dei tessuti all'irrancidimento dei grassi. I radicali liberi vengono rappresentati con un puntino scritto accanto all'atomo a indicare l'elettrone spaiato, nel modo seguente: $A^{\bullet}$.

2. In chimica organica il termine è usato anche come sinonimo di gruppo funzionale.

Radioattività: capacità di alcuni isotopi instabili di subire trasformazioni nucleari spontanee con emissione di una o più particelle. La natura della particella emessa determina il tipo di decadimento radioattivo.

Raggi gamma: radiazione elettromagnetica ad altissima energia. I raggi gamma vengono prodotti nelle reazioni nucleari e hanno un altissimo potere di penetrazione. Hanno caratteristiche simili ai raggi X, ma energia maggiore di questi. Vengono utilizzati nelle terapie anticancro (uccidono le cellule dei tessuti) e possono essere a loro volta causa di tumori e leucemie. Vengono inoltre impiegati per sterilizzare alimenti e strumenti chirurgici.

Raggi X: radiazione elettromagnetica ad alta energia prodotta dal bombardamento di metalli con elettroni. I raggi X hanno un elevato potere di penetrazione: attraversano facilmente i tessuti molli ma sono fermati dalle ossa e da altri materiali densi, come per esempio i metalli. I raggi X hanno lunghezze d'onda dello stesso ordine di grandezza degli atomi e sono diffratti da essi: su questo si basano alcune tecniche di determinazione delle strutture molecolari (diffrazione dei raggi X) largamente utilizzate in chimica.

Raggio atomico: metà della distanza tra i nuclei di due atomi della stessa specie in una molecola biatomica (raggio covalente); per esempio il raggio atomico dell'idrogeno è la metà della distanza internucleare nella molecola di idrogeno H–H. La ragione di questa definizione deriva dal fatto che la nube elettronica di un atomo non ha un confine ben definito e non è quindi possibile, se non in modo arbitrario, definirne il diametro. I raggi atomici, dedotti da misure di distanza tra i centri di atomi adiacenti, sono dell'ordine di grandezza degli Å (10^{-10} m). Il raggio atomico dei diversi elementi varia con regolarità nella tavola periodica: decresce da sinistra a destra lungo i periodi e cresce lungo i gruppi dall'alto verso il basso.

Rayon: fibra semisintetica ottenuta dalla cellulosa attraverso una serie di trattamenti chimici che ne aumentano le dimensioni delle fibre. Il rayon è utilizzato nell'industria tessile.

Reagente in eccesso: in una reazione chimica è il reagente in eccesso rispetto ai prodotti che possono essere formati.

Reagente limitante: in una reazione chimica è il reagente presente in minore quantità che limita la quantità di prodotti ottenibili.

Reagente stechiometrico: reagente presente in quantità esattamente uguale, come numero di moli, rispetto a quella richiesta dall'equazione chimica bilanciata per consumare completamente l'altro reagente.

Reazione fotochimica: reazione che viene attivata e ha luogo per azione della *luce*. La fotosintesi clorofilliana è un esempio di reazione fotochimica. In una reazione fotochimica, diversamente da tutte le altre reazioni, le molecole che reagiscono sono in uno stato elettronico eccitato e non allo stato fondamentale.

Reazione di neutralizzazione: reazione di acidi e basi nelle quali ioni H^+ e OH^- si combinano per produrre acqua e una soluzione neutra.

Reazione nucleare: reazione in cui avvengono modificazioni nel nucleo di un atomo, con eventuale formazione di un nuovo elemento. La maggior parte degli elementi ha sia isotopi *stabili* che *instabili* (radioattivi): per esempio il carbonio esiste in natura con gli isotopi stabili ^{12}C e ^{13}C e l'isotopo radioattivo ^{14}C. Alcuni elementi (per esempio uranio, plutonio) hanno solo isotopi radioattivi. In generale, l'instabilità dipende dal numero di neutroni e di protoni presenti nel nucleo. Quando un isotopo è instabile possono avvenire varie reazioni nucleari:

- *fissione*: un isotopo si scinde in due nuovi isotopi stabili di elementi differenti. Contemporaneamente viene liberata una grande quantità di energia;
- *fusione*: due atomi si fondono a formare un nuovo atomo più pesante;
- un neutrone si decompone in un protone e un elettrone. L'elettrone (*particella beta*) viene espulso dal nucleo e il numero atomico dell'atomo aumenta di una unità cioè si trasforma in un altro elemento;
- un atomo può espellere una *particella alfa*, cioè un atomo di elio privo dei suoi due elettroni;
- un atomo instabile può emettere raggi *gamma*. Ciò spesso avviene a seguito dell'emissione di una particella beta.

Le reazioni nucleari sono usate in vari modi. Nelle centrali nucleari il calore prodotto dalla fissione di uranio, plutonio, torio, viene usato per generare vapore d'acqua che a sua volta fa girare delle turbine ad alta pressione che producono energia elettrica. Le radiazioni gamma sono utilizzate per sterilizzare alimenti e nella terapia antitumorale. Le reazioni nucleari, soprattutto se accompagnate dalla produzione di radiazioni gamma, sono comunque pericolose e possono produrre effetti letali sull'organismo umano (tumori, leucemie) e sugli organismi viventi in generale.

Reazione di ossido-riduzione: reazione che combina processi di ossidazione e di riduzione, chiamata anche redox.

Reazione endotermica: reazione che, per avere luogo, necessita calore dall'esterno (ΔH positivo).

Reazione esotermica: reazione che libera calore verso l'esterno (ΔH negativo).

Reforming: processo utilizzato negli stabilimenti petrolchimici. Il *reforming* permette di modificare le strutture molecolari degli idrocarburi senza modificare le dimensioni delle catene idrocarboniche. Viene usato per esempio per trasformare idrocarburi lineari in idrocarburi ramificati allo scopo di ottenere benzine con un più alto numero di ottano.

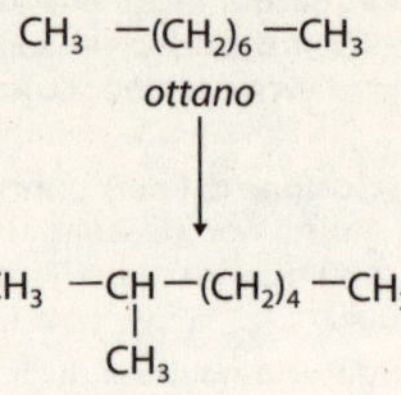

2-metileptano (isottano)

Refrattario, materiale: materiale che non fonde e non subisce alcuna modificazione se scaldato fino a 1500°C. Sono refrattari i materiali ceramici, la silice, l'allumina e la bauxite.

Regola dell'ottetto: la configurazione di otto elettroni s^2p^6 prende il nome di ottetto ed è una configurazione di grande stabilità, alla quale gli atomi tendono quando si legano con altri atomi. La regola viene meno quando un atomo, in un certo composto, impegna anche orbitali di tipo *d* oltre a quelli di tipo *s* e *p* per formare legami.

Regola di Hund: o Principio della massima molteplicità. Se più elettroni occupano orbitali degeneri (di pari energia), essi si distribuiscono, con spin parallelo, sul numero massimo possibile di questi.

Resina epossidica: polietere ottenuto per poliaddizione tra *polialcoli* ed *epossidi* funzionalizzati. Le resine epossidiche necessitano di un catalizzatore per formarsi. Sono materiali plastici termoindurenti, robusti e chimicamente stabili utilizzati come adesivi, isolanti elettrici e nella produzione di compositi.

Resina a scambio ionico: materiale polimerico costituito per esempio da polistirene funzionalizzato con gruppi solfonici acidi ($-SO_3H$) nelle resine cationiche, oppure con gruppi ammonio ($-NR_3^+$, OH^-), nelle resine anioniche. Le resine cationiche sono in grado di liberare ioni H^+ e trattenere cationi (Na^+, Ca^{2+} ecc.); le resine anioniche sono in grado di liberare OH^- e trattenere anioni (Cl^-, CO_3^{2-} ecc.).

Resine fenolo-formaldeide: materiali plastici ottenuti per policondensazione tra a fenoli e metanale. Sono state le prime materie plastiche prodotte. Termoindurenti, di colore nero, sono impiegate come isolanti elettrici (spine, plafoniere) e come isolanti termici (manici delle pentole).

Respirazione: processo attraverso il quale gli organismi viventi producono l'energia necessaria per la loro sopravvivenza. Negli animali il cibo (per esempio carboidrati) viene decomposto durante la digestione in molecole più semplici (per esempio glucosio). L'ossigeno atmosferico attraverso i polmoni viene immesso nel sangue e trasportato alle varie cellule. Qui avviene l'ossidazione (combustione) del glucosio, con rilascio di energia. L'anidride carbonica prodotta dalla reazione viene emessa all'esterno tramite i polmoni.

L'equazione globale della respirazione cellulare è la seguente:

$$C_6H_{12}O_6\,(s) + 6\,O_2\,(g) \rightarrow 6\,CO_2\,(g) + 6\,H_2O\,(l)$$

Riciclaggio: riutilizzo di materiali. Il riciclaggio diventa più importante man mano che le materie prime diventano sempre più rare e costose. Il riciclaggio riduce i costi di produzione e rende un paese meno dipendente dall'importazione di materie prime. Carta, vetro, materiali ferrosi e alluminio sono esempi comuni di materiali riciclabili. Gli scarti di origine organica possono anch'essi essere riciclati per produrre concimi o energia.

Rocce ignee: rocce formate per solidificazione del magma vulcanico. Le rocce ignee hanno struttura cristallina. Costituiscono il 90% della crosta terrestre. Esempi di rocce ignee sono il granito e il basalto.

Rocce metamorfiche: rocce formatesi per azione del calore e/o della pressione da rocce ignee o sedimentarie. Il marmo è un esempio di roccia metamorfica.

Rocce sedimentarie: rocce formatesi per sedimentazione di materiali solidi sul fondo del mare nell'arco di milioni di anni. L'aumento della pressione all'aumentare dello spessore del materiale ha provocato la compressione delle particelle a formare rocce. I sedimenti originali erano costituiti di sabbia e fango prodotti dall'azione degli agenti atmosferici sulle rocce esistenti. Esempi di rocce sedimentarie sono il *calcare* e l'*argilla*.

Riduzione: reazione che comporta un guadagno di elettroni e la riduzione del numero di ossidazione.

Rotazione specifica: parametro fisico caratteristico di una sostanza otticamente attiva (enantiomeri), simboleggiato con [a]. Viene determinata con uno strumento chiamato polarimetro, con cui è possibile misurare l'angolo di rotazione a impartito al piano di una luce piano polarizzata che attraversi uno spessore l di soluzione della sostanza. La rotazione specifica viene calcolata dalla relazione:

$$[\alpha] = \frac{\alpha}{l \cdot c}$$

dove c è la concentrazione della soluzione espressa in g/ml.

Ruggine: sostanza friabile di colore marrone rossiccio derivante dalla corrosione (ossidazione) del ferro a opera degli agenti atmosferici. È costituita di carbonato basico idrato di ferro.

Sabbia: miscela di fini frammenti di rocce, costituita principalmente da silice (SiO_2).

Salamoia: soluzione di cloruro di sodio in acqua, a concentrazione maggiore che nell'acqua marina. Viene usata come conservante nell'industria alimentare.

Sale: solido ionico formato da un anione e da un catione che non siano rispettivamente ioni idrossido o protoni.

Secondo principio della termodinamica: vi sono tre enunciati equivalenti tra loro:

1) enunciato di Kelvin: è impossibile realizzare, con una macchina termica, una trasformazione il cui unico risultato sia quello di trasformare integralmente in lavoro il calore assorbito da una sorgente;
2) enunciato di Clausius: il calore passa spontaneamente dai corpi caldi ai corpi freddi e non viceversa;
3) terzo enunciato: in un sistema isolato, ogni trasformazione spontanea (irreversibile) comporta un aumento di entropia del sistema.

Semiconduttori: particolari conduttori elettrici la cui conducibilità aumenta all'aumentare della temperatura o della quantità di impurezze o imperfezioni presenti. Sono ottenuti dalla cristallizzazione di isolanti elettrici (per esempio silicio) in presenza di quantità prestabilite di altre sostanze, normalmente metalloidi, per esempio arsenico, germanio, gallio.

Semisintetico: materiale ottenuto attraverso una semplice modificazione chimica di una sostanza di origine naturale. Per esempio l'acetato di cellulosa, con cui sono realizzati i filtri delle sigarette, viene preparato per acetilazione della cellulosa naturale.

Semireazione: è la reazione che avviene a un elettrodo di una cella elettrochimica. La riduzione o l'ossidazione rappresentano la metà di una reazione di ossidoriduzione.

Serie omologa: serie di composti organici aventi stessa struttura e gruppi funzionali, che differiscono tra loro solo per la lunghezza della catena idrocarbonica. Per esempio gli alcoli primari metanolo, etanolo, 1-propanolo, 1-butanolo ecc. costituiscono una serie omologa: ciascuno differisce dal successivo per un gruppo metilenico $-CH_2-$.

Sistema aperto: sistema che può scambiare sia energia sia materia con l'ambiente esterno.

Sistema chiuso: sistema che può scambiare con l'esterno energia ma non materia.

Sistema isolato: sistema che non può scambiare né materia né energia con l'ambiente esterno.

Solido: stato della materia caratterizzato dall'assenza di fluidità. Un solido ha volume e forma propri. Un solido può essere amorfo o cristallino. In un solido cristallino ogni atomo, ione o molecola che costituisce la sostanza è fermo in una posizione precisa all'interno di un reticolo cristallino, a causa di legami ionici (per gli ioni) o di forze intermolecolari e legami covalenti (per le sostanze covalenti). Benché gli atomi e le molecole non siano liberi di muoversi, essi possono però vibrare attorno a delle posizioni medie.

Solido ionico: solidi costituiti da ioni positivi e negativi, legati tra loro da legami ionici.

Solubilità: quantità di soluto che può essere disciolto in un solvente a una determinata temperatura senza che si formi il corpo di fondo.

Soluto: componente di una soluzione che è presente in concentrazioni inferiori rispetto al solvente.

Soluzione: miscela omogenea di due o più componenti. Può contenere componenti in ogni fase disciolti in altre fasi.

Soluzione acida: soluzione acquosa che contiene più ioni H^+ che ioni OH^-; il pH di tale soluzione è inferiore a 7.

Soluzione acquosa: soluzione in cui il solvente è l'acqua.

Soluzione basica: soluzione acquosa che contiene più ioni OH^- che ioni H^+; il pH di tale soluzione è superiore a 7.

Soluzione neutra: soluzione acquosa in cui la concentrazione degli ioni H^+ è uguale a quella degli ioni OH^- (pH = 7).

Soluzione non satura: soluzione in cui può essere ancora disciolto del soluto.

Soluzione satura: soluzione nella quale è disciolta la massima quantità di soluto possibile a una data temperatura.

Solvente: componente di una soluzione presente con la concentrazione maggiore e in cui viene disciolto il soluto.

Sostanza elementare: sostanza che non può essere ulteriormente scomposta in sostanze più semplici, perché formata da atomi uguali (dello stesso elemento). Esempi di sostanze elementari sono l'idrogeno (H_2), il ferro (Fe) e l'ossigeno (O_2). Occorre notare che spesso si usa il termine elemento (insieme di atomi con le medesime caratteristiche: numero atomico, peso atomico, elettronegatività ecc.) come sinonimo di sostanza elementare, anche se ciò non è concettualmente corretto e genera confusione.

Sostanza pura: porzione di materia con *composizione uniforme* e ben definita. A differenza di una miscela, una sostanza pura è formata da un solo tipo di unità fondamentale (atomo, molecola o la cella elementare di un reticolo cristallino tridimensionale). In base alla possibilità di scindere o meno una sostanza in componenti più semplici si distinguono due tipi di sostanze:

- i *composti*, che possono essere scissi in sostanze più semplici (per esempio l'acqua, l'acido acetico), perché costituiti da atomi di elementi diversi;
- le *sostanze elementari*, che non possono essere ulteriormente scomposte in sostanze più semplici (per esempio l'ossigeno elementare O_2).

Sottolivello: suddivisione dei livelli elettronici o energetici definita da particolari valori del numero quantico angolare (l). I principali sottolivelli sono s, p e d. Ognuno dei quali è composto da più orbitali che differiscono tra loro per il valore del terzo numero quantico m.

Sottolivello *d*: sottolivello corrispondente a $l = 2$ (l = numero quantico del momento angolare). Si trova a partire dal terzo livello energetico principale, e contiene cinque orbitali di tipo d.

Sottolivello *p*: sottolivello corrispondente a $l = 1$; si trova a partire dal secondo livello energetico principale (nþŠþ2). Contiene tre orbitali di tipo p orientati ad angolo retto tra loro e chiamati orbitali p_x, p_y e p_z.

Sottolivello *s*: sottolivello corrispondente $l = 0$; contiene un solo orbitale di forma sferica ed è presente in tutti i livelli energetici.

Sottoprodotto: molto spesso in una reazione chimica non si formano solamente i prodotti voluti (quelli indicati dalla equazione chimica), ma anche quantità più o meno grandi di altri prodotti, derivanti da reazioni parassite e indesiderate. Questi prodotti vengono genericamente indicati come sottoprodotti.

Specie anfotere: specie in grado di reagire sia con ioni H^+ che con ioni OH^- in funzione del tipo di reazione. Si comportano da acidi o da basi a seconda del composto con cui reagiscono.

Spettro elettromagnetico: intervallo in cui sono comprese le lunghezze d'onda delle radiazioni elettromagnetiche. Poiché questo intervallo è estremamente ampio, viene suddiviso in intervalli contigui, detti *zone spettrali* (per esempio radiazione visibile, infrarossa, ultravioletta, raggi gamma), ciascuno caratterizzato da particolari proprietà.

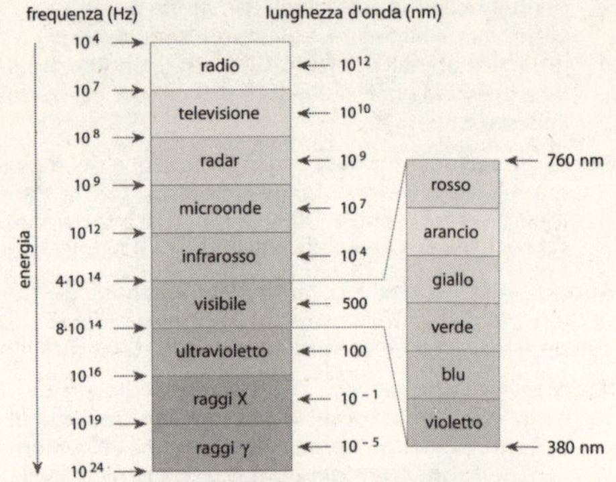

Zone spettrali dello spettro elettromagnetico

Spettroscopia: insieme di tecniche fisiche che permettono di studiare la struttura e le caratteristiche qualitative o quantitative della materia osservando le sue interazioni con le radiazioni elettromagnetiche.

Spin elettronico: numero legato alla rotazione di un elettrone attorno al proprio asse; sono possibili due soli stati: + 1/2 e – 1/2, corrispondenti ai due valori del numero quantico di spin dell'elettrone.

Stato: Insieme di proprietà macroscopiche definite che possono essere specificate per la riproduzione esatta del sistema.

Stato eccitato: stato elettronico a energia superiore a quella dello stato fondamentale.

Sterilizzazione: trattamento che viene effettuato per ridurre il numero di microrganismi. La sterilizzazione viene spesso effettuata per riscaldamento. La sterilizzazione di oggetti, soprattutto per uso chirurgico, viene invece realizzata con raggi gamma.

Strato di ozono: parte dell'atmosfera terrestre che contiene ozono. Nell'atmosfera terrestre, circa una molecola ogni dieci milioni è una molecola di ozono. Data l'ampiezza dell'atmosfera terrestre, questo significa che ci sono svariate migliaia di milioni di tonnellate di questo gas, concentrati principalmente in una fascia di 20 km di spessore nella stratosfera. La funzione dello strato di ozono è quello di assorbire la radiazione ultravioletta proveniente dal sole, che renderebbe impossibile la vita sulla Terra. La radiazione ultravioletta trasforma continuamente l'ozono in ossigeno elementare e l'ossigeno elementare in ozono: si è stimato che circa 300 milioni di tonnellate di ozono vengano distrutte e rigenerate ogni giorno nella stratosferae. A partire dagli anni Ottanta, la quantità di ozono presente nella stratosfera, in particolare sui poli, si è ridotta. La causa di ciò è stata attribuita ai CFC, che accumulandosi nell'atmosfera, sono in grado di reagire con l'ozono consumandolo. Le emissioni di questi gas sono state limitate a partire dal 1987, dal protocollo di Montreal, a oggi sottoscritto da 192 nazioni.

Sublimazione: passaggio di stato da solido a gassoso.

Superfosfato: fertilizzante utilizzato come fonte di fosforo. È formato principalmente da calcio diidrogenofosfato $Ca(H_2PO_4)_2$ (solubile) e solfato di calcio. Viene ottenuto dal riscaldamento sotto pressione di acido solforico e fosfato di calcio (insolubile).

Surfattante: termine utilizzato per indicare sostanze (chimicamente sono detergenti) che possiedono proprietà schiumogene, impregnanti, detergenti o emulsionanti, in grado di formare micelle oppure monostrati orientati all'interfaccia tra due fasi.

Tavola periodica: tabella che contiene tutti gli elementi chimici conosciuti organizzati in righe (periodi) e colonne (gruppi) a seconda della loro struttura elettronica e del loro numero atomico.

Temperatura: misura dell'energia cinetica media delle particelle di un sistema.

Temperatura critica: temperatura massima alla quale le fasi liquido e vapore di una sostanza possono coesistere; è anche la temperatura al di sopra della quale la sostanza non diviene liquida per nessun valore di pressione. È la temperatura al di sopra della quale i gas reali hanno un comportamento vicino a quello dei gas ideali.

Teoria cinetica molecolare: teoria formulata per spiegare il comportamento dei gas; ipotizza che le molecole del gas siano puntiformi, senza volume, in costante movimento casuale e non sottoposte a forze intermolecolari, eccetto quando subiscono collisioni con il recipiente che le contiene o con altre molecole.

Terpeni: classe di composti organici di origine vegetale, volatili, lipofili, di odore gradevole. I terpeni sono idrocarburi, spesso ciclici, ottenuti formalmente dall'isoprene. Sono terpeni i costituenti principali di molti oli essenziali. Il mentolo è un esempio di terpene.

Terza legge della termodinamica: legge che stabilisce che l'entropia di un cristallo perfetto allo zero assoluto è nulla.

Titolazione acido-base: processo utilizzato per la determinazione della concentrazione di una soluzione.

Torr: unità di misura della pressione; è pari a 1 mmHg.

Trasformazione adiabatica: processo nel quale non si verificano scambi di calore tra sistema e ambiente.

Trasformazione isobara: processo che avviene a pressione costante.

Trasformazione isocora: processo che avviene a volume costante.

Trasformazione isotermica: processo che avviene a temperatura costante. Possono esserci variazioni di entalpia a causa di scambi di calore o di variazioni di volume e pressione ma la temperatura deve rimanere costante.

Unità di massa atomica (u.m.a.): un dodicesimo (1/12) della massa di un atomo dell'isotopo 12 del carbonio (^{12}C).

Urea: (o carbammide) CH_4N_2O. Solido cristallino incolore. Prima sostanza organica preparata artificialmente, viene usata come fertilizzante, nella produzione di polimeri e adesivi e nell'industria farmaceutica. L'urea è il prodotto finale del metabolismo dell'azoto nei mammiferi e viene eliminata con le urine.

Veleno: qualunque sostanza pericolosa per l'organismo umano. I veleni possono essere gas che vengono respirati (per esempio acido cianidrico e monossido di carbonio), possono essere ingeriti (ossido arsenioso e stricnina) oppure possono essere assorbiti dalla pelle (benzene e gas nervini).

Velocità di reazione: velocità con cui una sostanza viene prodotta o consumata in una reazione.

Vetro: miscela dura e trasparente di silicati. Il vetro è un solido amorfo o, come spesso viene definito, un liquido a viscosità infinita. Il vetro comune viene ottenuto fondendo insieme sabbia, carbonato di sodio e ossido di calcio e raffreddando rapidamente la fusione, in modo che il materiale non abbia il tempo di cristallizzare. Nel cosiddetto "cristallo", il carbonato di sodio è sostituito dall'ossido piomboso: il vetro che si ottiene ha un elevato indice di rifrazione. Il vetro pyrex, resistente agli sbalzi termici, contiene silicati di boro.

Vino: bevanda alcolica ottenuta dalla fermentazione dell'uva in presenza di microrganismi. Il vino è una soluzione acquosa contenente principalmente alcol etilico, zuccheri, glicerina, acido tartarico, acido acetico, tannini (polifenoli), anidride carbonica e anidride solforosa.

Viscosità: misura della resistenza a fluire di un liquido.

Vita media: tempo necessario alla concentrazione di un reagente per decrescere fino alla metà del valore iniziale.

Vitamina: sostanza che deve essere introdotta con la dieta (*essenziale*), e che non è né uno zucchero, né una proteina, né un acido grasso né un sale minerale. Esistono varie vitamine, normalmente indicate con una lettera maiuscola. La mancanza o scarsità di vitamine provoca l'insorgere di disfunzioni e malattie. Dal punto di vista chimico, le varie vitamine hanno strutture molecolari molto diverse tra loro e non sono riconducibili a una particolare classe di composti.

Volatile: che può essere facilmente trasformato in vapore. Le sostanze volatili sono liquidi con temperatura di ebollizione vicina alla temperatura ambiente (per esempio etere etilico e benzina) o solidi che sublimano facilmente (per esempio ghiaccio secco). Liquidi che sono sia volatili che infiammabili possono esplodere facilmente.

Vulcanizzazione: processo di lavorazione della gomma che consiste nella addizione di zolfo. Lo zolfo lega tra loro le catene polimeriche, limitandone la possibilità di scorrimento reciproco. In questo modo il materiale diventa più rigido, senza però perdere completamente le sue caratteristiche elastiche.

Vuoto: pressione inferiore alla pressione atmosferica. Può essere realizzato con dispositivi di vario tipo. Con un semplice dispositivo in vetro è facilmente ottenibile un vuoto di 20-25 torr, pari al 3% della pressione atmosferica. Per vuoti più spinti si utilizzano pompe meccaniche.

Zero assoluto: temperatura alla quale tutte le sostanze non presentano energia termica; 0 K = – 273,16 °C. È una temperatura non raggiungibile in natura.

Zimasi: enzima presente nei lieviti e responsabile della trasformazione degli zuccheri in etanolo e anidride carbonica.

Zwitterione: (o ione doppio, o sale interno) termine riferito a sostanza che ha sia carica positiva che negativa. Per esempio un amminoacido, possedendo all'interno della medesima molecola sia una funzionalità acida (–COOH) che una funzionalità basica ($-NH_2$), esiste sotto forma di sale interno o zwitterione: $NH_3^+-CHR-COO^-$.

16 | Appendici

Unità di misura nel sistema internazionale

Il *Sistema Internazionale della Unità di Misura* (S.I.) è stato adottato nel 1960 dall'*Ufficio Internazionale dei Pesi e delle Misure*, per semplificare le comunicazioni scientifiche fra le diverse parti del mondo. Le unità fondamentali del S.I. sono elencate nella tabella seguente:

Unità fondamentali del S.I.		
Grandezza	**Unità**	**Simbolo**
Lunghezza	metro	m
Massa	chilogrammo	kg
Tempo	secondo	s
Temperatura	kelvin	K
Quantità di sostanza	mole	mol
Corrente elettrica	ampere	A
Intensità luminosa	candela	cd

Queste unità di misura possono essere modificate, per renderle più idonee alle nostre esigenze, utilizzando i *fattori moltiplicativi* elencati nella tabella seguente, insieme ai prefissi usati per identificarli:

Fattori moltiplicativi delle unità di misura					
Prefisso	**Simbolo**	**Fattore moltiplicativo**	**Prefisso**	**Simbolo**	**Fattore moltiplicativo**
tera	T	10^{12}	deci	d	10^{-1}
giga	G	10^{9}	centi	c	10^{-2}
mega	M	10^{6}	milli	m	10^{-3}
chilo	k	10^{3}	micro	m	10^{-6}
etto	h	10^{2}	nano	n	10^{-9}
deca	da	10	pico	p	10^{-12}

Costanti di ionizzazione per gli acidi (K_a) a 25 °C

FORZA CRESCENTE ↑

Nome	Formula	K_a (25 °C)
Acido perclorico	$HClO_4$	grande
Acido iodidrico	HI	grande
Acido bromidrico	HBr	grande
Acido solforico	H_2SO_4	grande
Acido cloridrico	HCl	grande
Acido nitrico	HNO_3	grande
Acido iodico	HIO_3	$2 \cdot 10^{-1}$
Acido tricloroacetico	Cl_3CCOOH	$1{,}29 \cdot 10^{-1}$
Acido solfammico	NH_2SO_3H	$1{,}1 \cdot 10^{-1}$
Acido ossalico	$HOOCCOOH$	$6{,}5 \cdot 10^{-2}$
Acido solforoso	H_2SO_3	$1{,}2 \cdot 10^{-2}$
Ione bisolfato	HSO_4^-	$1{,}0 \cdot 10^{-2}$
Acido fosforico	H_3PO_4	$7{,}5 \cdot 10^{-3}$
Acido citrico	$H_3C_6H_5O_7$	$7{,}1 \cdot 10^{-4}$
Acido fluoridrico	HF	$5{,}8 \cdot 10^{-4}$
Acido nitroso	HNO_2	$4{,}6 \cdot 10^{-4}$
Acido arsenico	H_3AsO_4	$2{,}5 \cdot 10^{-4}$
Acido formico	$HCOOH$	$2{,}0 \cdot 10^{-4}$
Acido barbiturico	$HC_4H_3\ N_2O_3$	$9{,}8 \cdot 10^{-5}$
Acido ascorbico	$H_2C_6H_6O_6$	$7{,}9 \cdot 10^{-5}$
Acido benzoico	C_6H_5COOH	$6{,}3 \cdot 10^{-5}$
Acido acetico	$HC_2H_3O_2$	$1{,}8 \cdot 10^{-5}$
Acido carbonico	H_2CO_3	$4{,}2 \cdot 10^{-7}$
Acido solfidrico / Solfuro di idrogeno (aq)	H_2S	$1{,}0 \cdot 10^{-7}$
Ione fosfato bibasico	$H_2PO_4^-$	$6{,}2 \cdot 10^{-8}$
Ione bisolfito	HSO_3^-	$5{,}6 \cdot 10^{-8}$
Acido ipocloroso	$HOCl$	$3{,}2 \cdot 10^{-8}$
Acido borico	H_3BO_3	$6{,}0 \cdot 10^{-10}$
Acido arsenioso	H_3AsO_3	$6{,}0 \cdot 10^{-10}$
Ione ammonio	NH_4^+	$5{,}6 \cdot 10^{-10}$
Acido cianidrico (aq)	HCN	$4{,}0 \cdot 10^{-10}$
Fenolo	C_6H_5OH	$1{,}1 \cdot 10^{-10}$
Ione bicarbonato	HCO_3^-	$4{,}8 \cdot 10^{-11}$
Ione fosfato monobasico	HPO_4^{2-}	$1{,}0 \cdot 10^{-12}$
Ione bisolfuro	SH^-	$1{,}0 \cdot 10^{-13}$

Costanti di ionizzazione per le basi (K_b) a 25 °C

FORZA CRESCENTE

Nome	Formula	K_b (25 °C)
Ione solfuro	S^{2-}	$7{,}7 \cdot 10^{-1}$
Ione fosfato	PO_4^{3-}	$2{,}2 \cdot 10^{-2}$
Piperidina	$C_5H_{11}N$	$1{,}3 \cdot 10^{-3}$
Dietilamina	$(CH_3CH_2)_2NH$	$8{,}5 \cdot 10^{-4}$
Dimetilamina	$(CH_3)_2NH$	$5{,}9 \cdot 10^{-4}$
Trietilamina	$(CH_3CH_2)_3N$	$5{,}3 \cdot 10^{-4}$
Metilamina	CH_3NH_2	$4{,}8 \cdot 10^{-4}$
Etilammina	$CH_3CH_2NH_2$	$4{,}3 \cdot 10^{-4}$
Ione carbonato	CO_3^{2-}	$2{,}1 \cdot 10^{-4}$
Etilendiamina	$NH_2C_2H_4NH_2$	$8{,}5 \cdot 10^{-5}$
Trimetilamina	$(CH_3)_3N$	$6{,}3 \cdot 10^{-5}$
Etanolammina	$HOC_2H_4NH_2$	$3{,}2 \cdot 10^{-5}$
Ammoniaca	NH_3	$1{,}8 \cdot 10^{-5}$
Ione cianuro	CN^-	$1{,}6 \cdot 10^{-5}$
Idrazina	H_2NNH_2	$1{,}3 \cdot 10^{-6}$
Ione ipoclorito	ClO^-	$3{,}3 \cdot 10^{-7}$
Ione fosfato monobasico	HPO_4^{2-}	$1{,}6 \cdot 10^{-7}$
Ione solfito	SO_3^{2-}	$1{,}5 \cdot 10^{-7}$
Ione bisolfuro	SH^-	$1{,}1 \cdot 10^{-7}$
Ione bicarbonato	HCO_3^-	$2{,}6 \cdot 10^{-8}$
Idrossilamina	$HONH_2$	$9{,}1 \cdot 10^{-9}$
Piridina	C_5H_5N	$9{,}1 \cdot 10^{-9}$
Ione acetato	$C_2H_2O_3^-$	$5{,}7 \cdot 10^{-10}$
Anilina	$C_6H_5NH_2$	$4{,}0 \cdot 10^{-10}$
Ione ascorbato	$HC_6H_6O_6^-$	$1{,}3 \cdot 10^{-10}$
Ione barbiturato	$HCHO_2$	$1{,}0 \cdot 10^{-10}$
Ione formiato	CHO_2^-	$5{,}6 \cdot 10^{-11}$
Ione fluoruro	F^-	$1{,}5 \cdot 10^{-11}$
Ione citrato	$H_2C_6H_5O_7^-$	$1{,}4 \cdot 10^{-11}$
Ione nitrito	NO_2^-	$1{,}4 \cdot 10^{-11}$
Ione fosfato bibasico	$H_2PO_4^-$	$1{,}4 \cdot 10^{-12}$
Ione solfato	SO_4^{2-}	$9{,}8 \cdot 10^{-13}$
Ione bisolfito	HSO_3^-	$8{,}1 \cdot 10^{-13}$
Ione nitrato	NO_3^-	molto piccola
Ione cloruro	Cl^-	molto piccola
Ione bisolfato	HSO_4^-	molto piccola
Ione bromuro	Br^-	molto piccola
Ione ioduro	I^-	molto piccola
Ione perclorato	ClO_4^-	molto piccola

Prodotti di solubilità (K_{ps}) di alcuni composti a 25 °C

Tipo	Formula	Sostanza	Ioni del sale	K_{ps} (25 °C)
Alogenuri	BaF_2	Fluoruro di bario	$Ba^{2+} + F^-$	$1,7 \cdot 10^{-6}$
	CaF_2	Fluoruro di calcio	$Ca^{2+} + F^-$	$3,2 \cdot 10^{-11}$
	$AgCl$	Cloruro di argento	$Ag^+ + Cl^-$	$2,8 \cdot 10^{-10}$
	$CuCl$	Cloruro di rame(I)	$Cu^+ + Cl^-$	$1,2 \cdot 10^{-6}$
	Hg_2Cl_2	Cloruro di mercurio(I)	$2Hg^+ + 2Cl^-$	$1,3 \cdot 10^{-18}$
	$AgBr$	Bromuro di argento	$Ag^+ + Br^-$	$5,0 \cdot 10^{-13}$
	$CuBr$	Bromuro di rame(I)	$Cu^+ + Br^-$	$5,2 \cdot 10^{-9}$
	Hg_2Br_2	Bromuro di mercurio(I)	$2Hg^+ + 2Br^-$	$5,8 \cdot 10^{-23}$
	AgI	Ioduro di argento	$Ag^+ + I^-$	$8,5 \cdot 10^{-17}$
	CuI	Ioduro di rame(I)	$Cu^+ + I^-$	$5,1 \cdot 10^{-12}$
	Hg_2I_2	Ioduro di mercurio(I)	$2Hg^+ + 2I^-$	$4,5 \cdot 10^{-29}$
	MgF_2	Fluoruro di magnesio	$Mg^{2+} + 2F^-$	$7,0 \cdot 10^{-9}$
	PbF_2	Fluoruro di piombo	$Pb^{2+} + 2F^-$	$3,6 \cdot 10^{-8}$
	$PbCl_2$	Cloruro di piombo	$Pb^{2+} + 2Cl^-$	$2,4 \cdot 10^{-4}$
	$PbBr_2$	Bromuro di piombo	$Pb^{2+} + 2Br^-$	$2,1 \cdot 10^{-6}$
	PbI_2	Ioduro di piombo	$Pb^{2+} + 2I^-$	$8,3 \cdot 10^{-9}$
Idrossidi	$Al(OH)_3$	Idrossido di alluminio	$Al^{3+} + 3OH^-$	$3 \cdot 10^{-34}$
	$Be(OH)_2$	Idrossido di berillio	$Be^{2+} + 2OH^-$	$7,0 \cdot 10^{-22}$
	$Ca(OH)_2$	Idrossido di calcio	$Ca^{2+} + 2OH^-$	$5,5 \cdot 10^{-6}$
	$Cd(OH)_2$	Idrossido di cadmio	$Cd^{2+} + 2OH^-$	$2,0 \cdot 10^{-14}$
	$Cu(OH)_2$	Idrossido di rame(II)	$Cu^{2+} + 2OH^-$	$1,6 \cdot 10^{-19}$
	$Fe(OH)_2$	Idrossido di ferro(II)	$Fe^{2+} + 2OH^-$	$1,6 \cdot 10^{-14}$
	$Fe(OH)_3$	Idrossido di ferro(III)	$Fe^{3+} + 3OH^-$	$1,1 \cdot 10^{-36}$
	$Mg(OH)_2$	Idrossido di magnesio	$Mg^{2+} + 2OH^-$	$1,2 \cdot 10^{-11}$
	$Mn(OH)_2$	Idrossido di manganese(II)	$Mn^{2+} + 2OH^-$	$2,0 \cdot 10^{-13}$
	$NI(OH)_2$	Idrossido di nichel	$Ni^{2+} + 2OH^-$	$1,6 \cdot 10^{-16}$
	$Sn(OH)_2$	Idrossido di stagno	$Sn^{2+} + 2OH^-$	$1,0 \cdot 10^{-18}$
	$Zn(OH)_2$	Idrossido di zinco	$Zn^{2+} + 2OH^-$	$3,0 \cdot 10^{-16}$
Solfuri	Ag_2S	Solfuro di argento	$2Ag^+ + S^{2-}$	$1,5 \cdot 10^{-49}$
	Bi_2S_3	Solfuro di bismuto	$2Bi^{3+} + 3S^{2-}$	$1,0 \cdot 10^{-97}$
	CdS	Solfuro di cadmio	$Cd^{2+} + S^{2-}$	$6,0 \cdot 10^{-27}$
	CoS	Solfuro di cobalto	$Co^{2+} + S^{2-}$	$5,0 \cdot 10^{-22}$
	CuS	Solfuro di rame	$Cu^{2+} + S^{2-}$	$4,0 \cdot 10^{-36}$
	FeS	Solfuro di ferro(II)	$Fe^{2+} + S^{2-}$	$1,5 \cdot 10^{-18}$
	HgS	Solfuro di mercurio(II)	$Hg^{2+} + S^{2-}$	$1,0 \cdot 10^{-50}$
	MnS	Solfuro di manganese(II)	$Mn^{2+} + S^{2-}$	$8,0 \cdot 10^{-14}$
	NiS	S9olfuro di nichel	$Ni^{2+} + S^{2-}$	$1,0 \cdot 10^{-22}$
	PbS	Solfuro di piombo	$Pb^{2+} + S^{2-}$	$1,0 \cdot 10^{-29}$
	SnS	Solfuro di stagno	$Sn^{2+} + S^{2-}$	$1,0 \cdot 10^{-22}$
	ZnS	Solfuro di zinco	$Zn^{2+} + S^{2-}$	$1,0 \cdot 10^{-20}$

Tipo	Formula	Sostanza	Ioni del sale	K_{ps} (25 °C)
Carbonati	Ag_2CO_3	Carbonato di argento	$2Ag^+ + CO_3^{2-}$	$8{,}2 \cdot 10^{-12}$
	$BaCO_3$	Carbonato di bario	$Ba^{2+} + CO_3^{2-}$	$2{,}0 \cdot 10^{-9}$
	$CaCO_3$	Carbonato di calcio	$Ca^{2+} + CO_3^{2-}$	$4{,}8 \cdot 10^{-9}$
	$CdCO_3$	Carbonato di cadmio	$Cd^{2+} + CO_3^{2-}$	$2{,}5 \cdot 10^{-14}$
	$CoCO_3$	Carbonato di cobalto	$Co^{2+} + CO_3^{2-}$	$1{,}0 \cdot 10^{-10}$
	$MgCO_3$	Carbonato di magnesio	$Mg^{2+} + CO_3^{2-}$	$2{,}6 \cdot 10^{-5}$
	$NiCO_3$	Carbonato di nichel	$Ni^{2+} + CO_3^{2-}$	$1{,}3 \cdot 10^{-7}$
	$PbCO_3$	Carbonato di piombo	$Pb^{2+} + CO_3^{2-}$	$1{,}5 \cdot 10^{-13}$
	$SrCO_3$	Carbonato di stronzio	$Sr^{2+} + CO_3^{2-}$	$9{,}3 \cdot 10^{-10}$
	$ZnCO_3$	Carbonato di zinco	$Zn^{2+} + CO_3^{2-}$	$1{,}0 \cdot 10^{-10}$
Cromati	Ag_2CrO_4	Cromato di argento	$2Ag^+ + CrO4^{2-}$	$1{,}9 \cdot 10^{-12}$
	$BaCrO_4$	Cromato di bario	$Ba^+ + CrO4^{2-}$	$8{,}5 \cdot 10^{-11}$
	$PbCrO_4$	Cromato di piombo	$Pb^+ + CrO_4^{2-}$	$2{,}0 \cdot 10^{-16}$
Solfati	$AgSO_4$	Solfato di argento	$Ag^{2+} + SO_4^{2-}$	$7{,}0 \cdot 10^{-5}$
	$BaSO_4$	Solfato di bario	$Ba^{2+} + SO_4^{2-}$	$1{,}5 \cdot 10^{-10}$
	$CaSO_4$	Solfato di calcio	$Ca^{2+} + SO_4^{2-}$	$2{,}4 \cdot 10^{-5}$
	$PbSO_4$	Solfato di piombo	$Pb^{2+} + SO_4^{2-}$	$1{,}3 \cdot 10^{-8}$
	$SrSO_4$	Solfato di stronzio	$Sr^{2+} + SO_4^{2-}$	$3{,}2 \cdot 10^{-7}$
Ossalati	BaC_2O_4	Ossalato di bario	$Ba^{2+} + C_2O_4^{2-}$	$1{,}5 \cdot 10^{-8}$
	CaC_2O_4	Ossalato di calcio	$Ca^{2+} + C_2O_4^{2-}$	$2{,}6 \cdot 10^{-9}$
	CdC_2O_4	Ossalato di cadmio	$Cd^{2+} + C_2O_4^{2-}$	$1{,}5 \cdot 10^{-8}$
	MgC_2O_4	Ossalato di magnesio	$Mg^{2+} + C_2O_4^{2-}$	$9{,}0 \cdot 10^{-5}$
	PbC_2O_4	Ossalato di piombo	$Pb^{2+} + C_2O_4^{2-}$	$4{,}8 \cdot 10^{-10}$
	SrC_2O_4	Ossalato di stronzio	$Sr^{2+} + C_2O_4^{2-}$	$3{,}8 \cdot 10^{-7}$
	ZnC_2O_4	Ossalato di zinco	$Zn^{2+} + C_2O_4^{2-}$	$2{,}8 \cdot 10^{-8}$
Iodati	$AgIO_3$	Iodato di argento	$Ag^+ + (IO_3)^-$	$3{,}1 \cdot 10^{-8}$
	$Ba(IO_3)_2$	Iodato di bario	$Ba^{2+} + 2(IO_3)^-$	$1{,}5 \cdot 10^{-9}$
	$La(IO_3)_3$	Iodato di lantanio	$La^{3+} + 3(IO_3)^-$	$6{,}0 \cdot 10^{-10}$
	$Pb(IO_3)_2$	Iodato di piombo	$Pb^{2+} + 2(IO_3)^-$	$3{,}2 \cdot 10^{-13}$
Arseniati	Ag_3AsO_4	Arseniato di argento	$3Ag^+ + (SO_4)^{3-}$	$1{,}0 \cdot 10^{-22}$
Fosfati	Ag_3PO_4	Fosfato di argento	$3Ag^+ + (PO_4)^{3-}$	$1{,}3 \cdot 10^{-20}$
	$MgNH_4PO_4$	Fosfato di ammonio e magnesio	$Mg^{2+} + NH_4^+ + (SO_4)^{3-}$	$2{,}5 \cdot 10^{-13}$
Tiocianati	AgSCN	Tiocianato di argento	$Ag^+ + SCN^-$	$1{,}0 \cdot 10^{-12}$
	CuSCN	Tiocianato di rame(I)	$Cu^+ + SCN^-$	$4{,}8 \cdot 10^{-15}$
Cianuri	AgCN	Cianuro di argento	$Ag^+ + CN^-$	$5{,}0 \cdot 10^{-12}$
	$Ni(CN)_2$	Cianuro di nichel	$Ni^{2+} + 2CN^-$	$6{,}4 \cdot 10^{-17}$
	$Zn_2Fe(CN)_6$	Ferrocianuro di zinco	$2Zn^{2+} + [Fe(CN)_6]^{4-}$	$4{,}1 \cdot 10^{-16}$

Potenziali standard di riduzione

Elettrodo	Reazione elettrodica			E° (V)
Li^+ / Li	$Li^+ + 1\,e^-$	⇆	Li	– 3,04
K^+ / K	$K^+ + 1\,e^-$	⇆	K	– 2,92
Ba^{2+} / Ba	$Ba^{2+} + 2\,e^-$	⇆	Ba	– 2,9
Ca^{2+} / Ca	$Ca^{2+} + 2\,e^-$	⇆	Ca	– 2,87
Na^+ / Na	$Na^+ + 1\,e^-$	⇆	Na	– 2,71
Mg^{2+} / Mg	$Mg^{2+} + 2\,e^-$	⇆	Mg	– 2,37
Al^{3+} / Al	$Al^{3+} + 3\,e^-$	⇆	Al	– 1,67
H_2O / H_2	$2\,H_2O + 2\,e^-$	⇆	$H_2 + 2\,OH^-$	– 0,83
Zn^{2+} / Zn	$Zn^{2+} + 2\,e^-$	⇆	Zn	– 0,76
Cr^{3+} / Cr	$Cr^{3+} + 3\,e^-$	⇆	Cr	– 0,74
Fe^{2+} / Fe	$Fe^{2+} + 2\,e^-$	⇆	Fe	– 0,44
Cd^{2+} / Cd	$Cd^{2+} + 2\,e^-$	⇆	Cd	– 0,40
Co^{2+} / Co	$Co^{2+} + 2\,e^-$	⇆	Co	– 0,29
Ni^{2+} / Ni	$Ni^{2+} + 2\,e^-$	⇆	Ni	– 0,25
Sn^{2+} / Sn	$Sn^{2+} + 2\,e^-$	⇆	Sn	– 0,14
Pb^{2+} / Pb	$Pb^{2+} + 2\,e^-$	⇆	Pb	– 0,13
Fe^{3+} / Fe	$Fe^{3+} + 3\,e^-$	⇆	Fe	– 0,037
Cu^{2+} / Cu	$Cu^{2+} + 2\,e^-$	⇆	Cu	+ 0,34
O_2 / OH^-	$O_2 + 2\,H_2O + 4\,e^-$	⇆	$4\,OH^-$	+ 0,40
Cu^+ / Cu	$Cu^+ + 1\,e^-$	⇆	Cu	+ 0,53
I_2 / I^-	$I_2 + 2\,e^-$	⇆	$2\,I^-$	+ 0,54
Fe^{3+} / Fe^{2+}	$Fe^{3+} + 1\,e^-$	⇆	Fe^{2+}	+ 0,77
$Hg_2{}^{2+} / Hg$	$Hg_2{}^{2+} + 2\,e^-$	⇆	$2\,Hg$	+ 0,79
Ag^+ / Ag	$Ag^+ + 1\,e^-$	⇆	Ag	+ 0,80
O_2 / H_2O (pH 7)	$O_2 + 4\,H^+ + 4\,e^-$	⇆	$2\,H_2O$ (pH 7)	+ 0,82
Hg^{2+} / Hg	$Hg^{2+} + 2\,e^-$	⇆	Hg	+ 0,85
Br_2 / Br^-	$Br_2 + 2\,e^-\ 2$	⇆	Br^-	+ 1,08
O_2 / H_2O	$O_2 + 4\,H^+ + 4\,e^-$	⇆	$2\,H_2O$	+ 1,23
MnO_2 / Mn^{2+}	$MnO_2 + 4\,H^+ + 2\,e^-$	⇆	$Mn^{2+} + 2\,H_2O$	+ 1,23
$Cr_2O_7{}^{2-} / Cr^{3+}$	$Cr_2O_7{}^{2-} + 14\,H^+ + 6\,e^-$	⇆	$2\,Cr^{3+} + 7\,H_2O$	+ 1,33
Cl_2 / Cl^-	$Cl_2 + 2\,e^-$	⇆	$2\,Cl^-$	+ 1,36
PbO_2 / Pb^{2+}	$PbO_2 + 4\,H^+ + 2\,e^-$	⇆	$Pb^{2+} + 2\,H_2O$	+ 1,46
$MnO_4{}^- / Mn^{2+}$	$MnO_4{}^- + 8\,H^+ + 5\,e^-$	⇆	$Mn^{2+} + 4\,H_2O$	+ 1,51
F_2 / F^-	$F_2 + 2\,e^-$	⇆	$2\,F^-$	+ 2,87

Tavola periodica degli elementi

Legenda

82 S 1,8 4/2 207,2 **Pb** (Xe)$4f^{14}5d^{10}6s^{2}6p^{2}$ Piombo

- Numero atomico
- Stati di ossidazione (in **grassetto** il più stabile)
- Simbolo⁺
- Nome
- S = solido*, L = liquido*, G = gas*, A = artificiale
- Elettronegatività
- Peso atomico (in *corsivo* quello dell'isotopo più comune)
- Configurazione elettronica

* In condizioni standard

⁺ In grigio gli elementi artificiali

	1 I A	2 II A	3 III B	4 IV B	5 V B	6 VI B	7 VII B	8	9 VIII B	10
1	1 G 2,1 1/–1 1,0079 **H** $1s^1$ Idrogeno									
2	3 S 1,0 1 6,941 **Li** (He)$2s^1$ Litio	4 S 1,5 2 9,01218 **Be** (He)$2s^2$ Berillio								
3	11 S 0,9 1 22,98977 **Na** (Ne)$3s^1$ Sodio	12 S 1,2 2 24,305 **Mg** (Ne)$3s^2$ Magnesio								
4	19 S 0,8 1 39,0983 **K** (Ar)$4s^1$ Potassio	20 S 1,0 2 40,08 **Ca** (Ar)$4s^2$ Calcio	21 S 1,3 3 44,9559 **Sc** (Ar)$3d^1 4s^2$ Scandio	22 S 1,5 4/3/2 47,88 **Ti** (Ar)$3d^2 4s^2$ Titanio	23 S 1,6 5/4/3/2 50,9415 **V** (Ar)$3d^3 4s^2$ Vanadio	24 S 1,6 6/3/2 51,996 **Cr** (Ar)$3d^5 4s^1$ Cromo	25 S 1,5 7/6/4/3/2 54,9380 **Mn** (Ar)$3d^5 4s^2$ Manganese	26 S 1,8 3/2 55,847 **Fe** (Ar)$3d^6 4s^2$ Ferro	27 S 1,8 3/2 58,9332 **Co** (Ar)$3d^7 4s^2$ Cobalto	28 S 1,8 3/2 58,69 **Ni** (Ar)$3d^8 4s^2$ Nichel
5	37 S 0,8 1 85,4678 **Rb** (Kr) $5s^1$ Rubidio	38 S 1,0 2 87,62 **Sr** (Kr)$5s^2$ Stronzio	39 S 1,3 3 88,9059 **Y** (Kr)$4d^1 5s^2$ Ittrio	40 S 1,4 4 91,22 **Zr** (Kr)$4d^2 5s^2$ Zirconio	41 S 1,6 5/3 92,9064 **Nb** (Kr)$4d^4 5s^1$ Niobio	42 S 1,8 6/5/4/3/2 95,94 **Mo** (Kr)$4d^5 5s^1$ Molibdeno	43 A 1,9 7 *98* **Tc** (Kr)$4d^6 5s^1$ Tecnezio	44 S 2,2 8/6/4/3/2 101,07 **Ru** (Kr)$4d^7 5s^1$ Rutenio	45 S 2,2 4/3/2 102,9055 **Rh** (Kr)$4d^8 5s^1$ Rodio	46 S 2,2 4/2 106,42 **Pd** (Kr)$4d^{10} 5s^0$ Palladio
6	55 L 0,7 1 132,9054 **Cs** (Xe)$6s^1$ Cesio	56 S 0,9 2 137,33 **Ba** (Xe)$6s^2$ Bario	57 S 1,1 3 138,9055 **La*** (Xe)$5d^1 6s^2$ Lantanio	72 S 1,3 4 178,49 **Hf** (Xe)$4f^{14}5d^2 6s^2$ Afnio	73 S 1,5 5 180,9479 **Ta** (Xe)$4f^{14}5d^3 6s^2$ Tantalio	74 S 1,7 6/5/4/3/2 183,85 **W** (Xe)$4f^{14}5d^4 6s^2$ Tungsteno	75 S 1,9 7/6/4/2/ 186,207 **Re** (Xe)$4f^{14}5d^5 6s^2$ Renio	76 S 2,2 8/6/4/3 190,2 **Os** (Xe)$4f^{14}5d^6 6s^2$ Osmio	77 S 2,2 6/4/3/2 192,22 **Ir** (Xe)$4f^{14}5d^7 6s^2$ Iridio	78 S 2,2 4/2 195,08 **Pt** (Xe)$4f^{14}5d^9 6s^1$ Platino
7	87 L 0,7 1 *223* **Fr** (Rn)$7s^1$ Francio	88 S 0,9 2 226,0254 **Ra** (Rn)$7s^2$ Radio	89 S 1,1 3 227,0278 **Ac**** (Rn)$6d^1 7s^2$ Attinio	104 A *261* **Rf** (Rn)$5f^{14}6d^2 7s^2$ Rutherfordio	105 A *262* **Db** (Rn)$5f^{14}6d^3 7s^2$ Dubnio	106 A *266* **Sg** (Rn)$5f^{14}6d^4 7s^2$ Seaborgio	107 A *264* **Bh** (Rn)$5f^{14}6d^5 7s^2$ Bohrio	108 A *277* **Hs** (Rn)$5f^{14}6d^6 7s^2$ Hassio	109 A *268* **Mt** (Rn)$5f^{14}6d^7 7s^2$ Meitnerio	110 A *271* **Ds** (Rn)$5f^{14}6d^9 7s^1$ Darmstadtio

*	58 S 1,1 4/3 140,12 **Ce** (Xe)$4f^2 5d^0 6s^2$ Cerio	59 S 1,1 4/3 140,9077 **Pr** (Xe)$4f^3 5d^0 6s^2$ Praseodimio	60 S 1,2 3 144,24 **Nd** (Xe)$4f^4 5d^0 6s^2$ Neodimio	61 A 3 *145* **Pm** (Xe)$4f^5 5d^0 6s^2$ Promezio	62 S 1,2 3/2 150,36 **Sm** (Xev)$4f^6 5d^0 6s^2$ Samario	63 S 3/2 151,96 **Eu** (Xe)$4f^7 5d^0 6s^2$ Europio	64 S 1,1 3 157,25 **Gd** (Xe)$4f^7 5d^1 6s^2$ Gadolinio
**	90 S 1,3 4 232,0381 **Th** (Rn)$5f^0 6d^2 7s^2$ Torio	91 S 1,5 5/4 231,0359 **Pa** (Rn)$5f^2 6d^1 7s^2$ Protattinio	92 S 1,7 6/5/4/3 238,0289 **U** (Rn)$5f^3 6d^1 7s^2$ Uranio	93 A 1,3 6/5/4/3 237,0482 **Np** (Rn)$5f^4 6d^1 7s^2$ Nettunio	94 A 1,3 6/5/4/3 *244* **Pu** (Rn)$5f^6 6d^0 7s^2$ Plutonio	95 A 1,3 6/5/4/3 *243* **Am** (Rn)$5f^7 6d^0 7s^2$ Americio	96 A 4/3 *247* **Cm** (Rn)$5f^7 6d^1 7s^2$ Curio

Metalli — Semimetalli — Non metalli — Gas nobili

11 I B	12 II B	13 III A	14 IV A	15 V A	16 VI A	17 VII A	18 Gas Nobili	Livelli riempiti lungo il periodo
							2 G — 0 4,0026 **He** $1s^2$ Elio	$1s$
		5 S 2,0 3 10,81 **B** (He)$2s^2 2p^1$ Boro	6 S 2,5 ±4/2 12,011 **C** (He)$2s^2 2p^2$ Carbonio	7 G 3,0 5/4±3/1 14,0067 **N** (He)$2s^2 2p^3$ Azoto	8 G 3,5 −2 15,9994 **O** (He)$2s^2 2p^4$ Ossigeno	9 G 4,0 −1 18,998403 **F** (He)$2s^2 2p^5$ Fluoro	10 G — 0 20,179 **Ne** (He)$2s^2 2p^6$ Neon	$2s$, $2p$
		13 S 1,5 3 26,98154 **Al** (Ne)$3s^2 3p^1$ Alluminio	14 S 1,8 ±4 28,0855 **Si** (Ne)$3s^2 3p^2$ Silicio	15 S 2,1 5/4/±3/1 30,97376 **P** (Ne)$3s^2 3p^3$ Fosforo	16 S 2,5 6/4/±2 32,06 **S** (Ne)$3s^2 3p^4$ Zolfo	17 G 3,0 7/5/3/±1 35,453 **Cl** (Ne)$3s^2 3p^5$ Cloro	18 G — 0 39,948 **Ar** (Ne)$3s^2 3p^6$ Argon	$3s$, $3p$
29 S 1,9 2/1 63,546 **Cu** (Ar)$3d^{10} 4s^1$ Rame	30 S 1,6 2 65,38 **Zn** (Ar)$3d^{10} 4s^2$ Zinco	31 L 1,6 3 69,72 **Ga** (Ar)$3d^{10} 4s^2 4p^1$ Gallio	32 S 1,8 4 72,59 **Ge** (Ar)$3d^{10} 4s^2 4p^2$ Germanio	33 S 2,0 5/±3 74,9216 **As** (Ar)$3d^{10} 4s^2 4p^3$ Arsenico	34 S 2,4 6/4/−2 78,96 **Se** (Ar)$3d^{10} 4s^2 4p^4$ Selenio	35 L 2,8 5/±1 79,904 **Br** (Ar)$3d^{10} 4s^2 4p^5$ Bromo	36 G 0 83,80 **Kr** (Ar)$3d^{10} 4s^2 4p^6$ Cripto	$4s$, $3d$, $4p$
47 S 1,9 2/1 107,868 **Ag** (Kr)$4d^{10} 5s^1$ Argento	48 S 1,7 2 112,41 **Cd** (Kr)$4d^{10} 5s^2$ Cadmio	49 S 1,7 3 114,82 **In** (Kr)$4d^{10} 5s^2 5p^1$ Indio	50 S 1,8 4/2 118,69 **Sn** (Kr)$4d^{10} 5s^2 5p^2$ Stagno	51 S 1,9 5/±3 121,75 **Sb** (Kr)$4d^{10} 5s^2 5p^3$ Antimonio	52 S 2,1 6/4/−2 127,60 **Te** (Kr)$4d^{10} 5s^2 5p^4$ Tellurio	53 S 2,5 7/5/±1 126,9045 **I** (Kr)$4d^{10} 5s^2 5p^5$ Iodio	54 G 0 131,29 **Xe** (Kr)$4d^{10} 5s^2 5p^6$ Xeno	$5s$, $4d$, $5p$
79 S 2,4 3/1 196,9665 **Au** (Xe)$4f^{14} 5d^{10} 6s^1$ Oro	80 L 1,9 2/1 200,59 **Hg** (Xe)$4f^{14} 5d^{10} 6s^2$ Mercurio	81 S 1,8 3/1 204,383 **Tl** (Xe)$4f^{14} 5d^{10} 6s^2 6p^1$ Tallio	82 S 1,8 4/2 207,2 **Pb** (Xe)$4f^{14} 5d^{10} 6s^2 6p^2$ Piombo	83 S 1,8 5/3 208,99804 **Bi** (Xe)$4f^{14} 5d^{10} 6s^2 6p^3$ Bismuto	84 S 2,0 6/4/2 *209* **Po** (Xe)$4f^{14} 5d^{10} 6s^2 6p^4$ Polonio	85 S 2,2 7/5/3/±1 *210* **At** (Xe)$4f^{14} 5d^{10} 6s^2 6p^5$ Astato	86 G 0 *222* **Rn** (Xe)$4f^{14} 5d^{10} 6s^2 6p^6$ Rado	$6s$, ($4f$), $5d$, $6p$
111 A *272* **Rg** (Rn)$5f^{14} 6d^{10} 7s^1$ Roentgenio	112 A 285 **Cn** (Rn)$5f^{14} 6d^{10} 7s^2$ Copernicio	113 A *284* **UUt** (Rn)$5f^{14} 6d^{10} 7s^2 7p^1$ Ununtrio	114 A *289* **Fl** (Rn)$5f^{14} 6d^{10} 7s^2 7p^2$ Flerovio	115 A *288* **UUp** (Rn)$5f^{14} 6d^{10} 7s^2 7p^3$ Ununpentio	116 A *292* **UUh** (Rn)$5f^{14} 6d^{10} 7s^2 7p^4$ Ununhexio	117 A *310* **UUs** (Rn)$5f^{14} 6d^{10} 7s^2 7p^5$ Ununseptio	118 A *314* **UUo** (Rn)$5f^{14} 6d^{10} 7s^2 7p^6$ Ununoctio	$7s$, ($5f$), $6d$

65 S 1,2 4/3 158,9254 **Tb** (Xe)$4f^9 5d^0 6s^2$ Terbio	66 S 3 162,50 **Dy** (Xe)$4f^{10} 5d^0 6s^2$ Disprosio	67 S 1,2 3 164,9304 **Ho** (Xe)$4f^{11} 5d^0 6s^2$ Olmio	68 S 1,2 3 167,26 **Er** (Xe)$4f^{12} 5d^0 6s^2$ Erbio	69 S 1,2 3/2 168,9342 **Tm** (Xe)$4f^{13} 5d^0 6s^2$ Tulio	70 S 1,1 3/2 173,04 **Yb** (Xe)$4f^{14} 5d^0 6s^2$ Itterbio	71 S 1,2 3 174,967 **Lu** (Xe)$4f^{14} 5d^1 6s^2$ Lutezio
97 A 4/3 *247* **Bk** (Rn)$5f^9 6d^0 7s^2$ Berchelio	98 A 3 *251* **Cf** (Rn)$5f^{10} 6d^0 7s^2$ Californio	99 A 3 *252* **Es** (Rn)$5f^{11} 6d^0 7s^2$ Einsteinio	100 A 3 *257* **Fm** (Rn)$5f^{12} 6d^0 7s^2$ Fermio	101 A 3/2 *258* **Md** (Rn)$5f^{13} 6d^0 7s^2$ Mendelevio	102 A 3/2 259 **No** (Rn)$5f^{14} 6d^0 7s^2$ Nobelio	103 A 3 *260* **Lr** (Rn)$5f^{14} 6d^1 7s^2$ Laurenzio

17 Leggi e decreti sul numero programmato

LEGGE 2 agosto 1999, n. 264
NORME IN MATERIA DI ACCESSI AI CORSI UNIVERSITARI.
GU n. 183 del 6-8-1999

Art. 1.

1. Sono programmati a livello nazionale gli accessi:

a) ai corsi di laurea in medicina e chirurgia, in medicina veterinaria, in odontoiatria e protesi dentaria, in architettura, nonché ai corsi di diploma universitario, ovvero individuati come di primo livello in applicazione dell'articolo 17, comma 95, della legge 15 maggio 1997, n.127, e successive modificazioni, concernenti la formazione del personale sanitario infermieristico, tecnico e della riabilitazione ai sensi dell'articolo 6, comma 3, del decreto legislativo 30 dicembre 1992, n.502, e successive modificazioni, in conformità alla normativa comunitaria vigente e alle raccomandazioni dell'Unione europea che determinano standard formativi tali da richiedere il possesso di specifici requisiti;

b) ai corsi di laurea in scienza della formazione primaria e alle scuole di specializzazione per l'insegnamento secondario, di cui, rispettivamente, all'articolo 3, comma 2, e all'articolo 4, comma 2, della legge 19 novembre 1990, n.341;

c) ai corsi di formazione specialistica dei medici, disciplinati ai sensi del decreto legislativo 8 agosto 1991, n.257;

d) alle scuole di specializzazione per le professioni legali, disciplinate ai sensi dell'articolo 16 del decreto legislativo 17 novembre 1997, n.398;

e) ai corsi universitari di nuova istituzione o attivazione, su proposta delle università e nell'ambito della programmazione del sistema universitario, per un numero di anni corrispondente alla durata legale del corso.

Art. 2.

1. Sono programmati dalle università gli accessi:

a) ai corsi di laurea per i quali l'ordinamento didattico preveda l'utilizzazione di laboratori ad alta specializzazione, di sistemi informatici e tecnologici o comunque di posti-studio personalizzati;

b) ai corsi di diploma universitario, diversi da quelli di cui all'articolo 1, comma 1, lettera a), per i quali l'ordinamento didattico prevede l'obbligo di tirocinio come parte integrante del percorso formativo, da svolgere presso strutture diverse dall'ateneo;

c) ai corsi o alle scuole di specializzazione individuate dai decreti attuativi delle disposizioni di cui all'articolo 17, comma 95, della legge 15 maggio 1997, n.127, e successive modificazioni.

2. Sono programmati dall'università di Trieste gli accessi al corso di laurea in scienze internazionali e diplomatiche con sede in Gorizia, in ragione dei particolari compiti di collaborazione transfrontaliera e internazionale adempiuti da tale corso.

Art. 3.

1. Il Ministro dell'università e della ricerca scientifica e tecnologica, nell'emanazione e nelle modificazioni del regolamento di cui all'articolo 9, comma 4, della legge 19 novembre 1990, n.341, come modificato dall'articolo 17, comma 116, della legge 15 maggio 1997, n.127, si conforma alle disposizioni di cui agli articoli 1 e 2 della presente legge e si attiene ai seguenti principi e criteri direttivi:

a) determinazione annuale, per i corsi di cui all'articolo 1, comma 1, lettere a) e b), del numero di posti a livello nazionale con decreto del Ministro dell'università e della ricerca scientifica e tecnologica, sentiti gli altri Ministri interessati, sulla base della valutazione dell'offerta potenziale del sistema universitario, tenendo anche conto del fabbisogno di professionalità del sistema sociale e produttivo;

b) ripartizione dei posti di cui alla lettera a) tra le università, con decreto del Ministro dell'università e della ricerca scientifica e tecnologica, tenendo conto dell'offerta potenziale comunicata da ciascun ateneo e dell'esigenza di equilibrata attivazione dell'offerta formativa sul territorio;

c) determinazione da parte delle università dei posti relativi ai corsi di cui all'articolo 1, comma 1, lettera e), nonché di cui all'articolo 2, previa valutazione della propria offerta potenziale;

d) previsione di attività di informazione e orientamento degli studenti da parte degli atenei e del Ministero dell'università e della ricerca scientifica e tecnologica, introduzione graduale dell'obbligo di preiscrizione alle università, monitoraggio e valutazione da parte del citato Ministero dell'offerta potenziale degli atenei.

2. La valutazione dell'offerta potenziale, al fine di determinare i posti disponibili di cui alle lettere a), b) e c) del comma 1, è effettuata sulla base:

a) dei seguenti parametri:
   1) posti nelle aule;
   2) attrezzature e laboratori scientifici per la didattica;
   3) personale docente;
   4) personale tecnico;
   5) servizi di assistenza e tutorato;

b) del numero dei tirocini attivabili e dei posti disponibili nei laboratori e nelle aule attrezzate per le attività pratiche, nel caso di corsi di studio per i quali gli ordinamenti didattici prevedono l'obbligo di tirocinio come parte integrante del percorso formativo, di attività tecnico-pratiche e di laboratorio;

c) delle modalità di partecipazione degli studenti alle attività formative obbligatorie, delle possibilità di organizzare, in più turni, le attività didattiche nei laboratori e nelle aule attrezzate, nonché dell'utilizzo di tecnologie e metodologie per la formazione a distanza.

Art. 4.

1. L'ammissione ai corsi di cui agli articoli 1 e 2 è disposta dagli atenei previo superamento di apposite prove di cultura generale, sulla base dei programmi della scuola secondaria superiore, e di accertamento della predisposizione per le discipline oggetto dei corsi medesimi, con pubblicazione del relativo bando almeno sessanta giorni prima della loro effettuazione, garantendo altresì la comunicazione dei risultati entro i quindici giorni successivi allo svolgimento delle prove stesse. Per i corsi di cui all'articolo 1, comma 1, lettere a) e b), il Ministro dell'università e della ricerca scientifica e tecnologica determina con proprio decreto modalità e contenuti delle prove di ammissione, senza oneri aggiuntivi per il bilancio dello Stato.

2. I requisiti di ammissione alle tipologie di corsi e titoli universitari, da istituire con le procedure di cui all'articolo 17, comma 95, della legge 15 maggio 1997, n.127, e successive modificazioni, in aggiunta o in sostituzione a quelli previsti dagli articoli 1, 2, 3, comma 1, e 4, comma 1, della legge 19 novembre 1990, n.341, sono determinati dai decreti di cui al citato articolo 17, comma 95, della legge n.127 del 1997, i quali comunque non possono introdurre fattispecie di corsi ad accesso programmato ulteriori rispetto a quanto previsto dalla presente legge.

Art. 5.

1. Sono regolarmente iscritti ai corsi universitari per il rilascio dei titoli di cui all'articolo 1, comma 1, lettere a) e b), della legge 19 novembre 1990, n.341, gli studenti nei confronti dei quali i competenti organi di giurisdizione amministrativa, anteriormente alla data di entrata in vigore della presente legge, abbiano emesso ordinanza di sospensione dell'efficacia di atti preclusivi della iscrizione ai predetti corsi. Sono validi ai sensi e per gli effetti della legislazione universitaria gli esami sostenuti dagli studenti di cui al presente articolo.

2. Sono altresì regolarmente iscritti ai corsi universitari di cui al comma 1 gli studenti che siano stati comunque ammessi dagli atenei alla frequenza dei corsi dell'anno accademico 1998-1999 entro il 31 marzo 1999.

3. Le disposizioni di cui all'articolo 1, comma 1, lettera e), acquistano efficacia a decorrere dall'anno accademico 2000-2001.

4. Fino alla data di entrata in vigore di specifiche modificazioni del regolamento adottato con decreto del Ministro dell'università e della ricerca scientifica e tecnologica 21 luglio 1997, n.245, pubblicato nella Gazzetta Ufficiale n.175 del 29 luglio 1997, le università determinano i posti per i corsi di cui all'articolo 2, comma 1, lettera a), e comma 2, conformandosi ai criteri di cui all'articolo 3, comma 2, e disponendo prove d'ammissione ai sensi dell'articolo 4, comma 1.

La presente legge, munita del sigillo dello Stato, sarà inserita nella Raccolta ufficiale degli atti normativi della Repubblica italiana. È fatto obbligo a chiunque spetti di osservarla e di farla osservare come legge dello Stato.

I posti disponibili per l'immatricolazione ai singoli corsi universitari devono quindi essere resi noti dalle singole università attraverso la pubblicazione di apposito bando almeno 60 giorni prima della data di svolgimento della prova. Inoltre il Ministero emana annualmente con proprio decreto le modalità e i contenuti delle prove di ammissione. A titolo indicativo si riporta il decreto del 30 giugno 2016 relativo all'anno accademico 2016-2017.

Modalità e contenuti prove di ammissione corsi di laurea e laurea magistrale a ciclo unico ad accesso programmato a livello nazionale a.a. 2016-17

Articolo 1

(Disposizioni generali)

1. Per l'anno accademico 2016-2017, l'ammissione dei candidati ai corsi di laurea di cui all'articolo 1, comma 1, lettera a) della legge 2 agosto 1999, n.264, previo accreditamento dei corsi stessi ai sensi del DM 47/2013 citato in premessa, avviene a seguito di superamento di apposita prova sulla base delle disposizioni di cui al presente decreto.

Articolo 2

(Prova di ammissione ai corsi di laurea magistrale in medicina e chirurgia e in odontoiatria e protesi dentaria)

1. La prova di ammissione ai corsi di laurea magistrale in Medicina e Chirurgia e in Odontoiatria e Protesi dentaria, alla quale partecipano i candidati comunitari, i candidati non comunitari di cui all'articolo 39, comma 5, del d.l. n.286/1998 citato in premessa e i candidati non comunitari residenti all'estero, è unica per entrambi i corsi ed è di contenuto identico in tutte le sedi in cui si svolge la prova. Essa è predisposta dal Ministero dell'istruzione, dell'università e della ricerca (MIUR) avvalendosi di soggetti con comprovata competenza in materia, individuati nel rispetto dei principi di imparzialità, trasparenza e riservatezza, tenuti al più rigoroso rispetto del segreto professionale e d'ufficio e di una commissione di esperti, costituita con il decreto ministeriale n. 312/2016 citato in premessa, per la validazione delle domande.
2. La prova di ammissione consiste nella soluzione di sessanta quesiti che presentano cinque opzioni di risposta, tra cui il candidato ne deve individuare una soltanto, scartando le conclusioni errate, arbitrarie o meno probabili, su argomenti di: cultura generale e ragionamento logico; biologia; chimica; fisica e matematica. Sulla base dei programmi di cui all'allegato A, che costituisce parte integrante del presente decreto, vengono predisposti: due (2) quesiti di cultura generale, venti (20) di ragionamento logico, diciotto (18) di biologia, dodici (12) di chimica e otto (8) di fisica e matematica.
3. La prova di ammissione ha inizio alle ore 11.00 e per il suo svolgimento è assegnato un tempo di 100 minuti.
4. Le procedure relative allo svolgimento della prova sono indicate nell'allegato 1, che costituisce parte integrante del presente decreto.
5. I candidati allievi della Scuola Superiore S.Anna di Pisa che intendono avvalersi della riserva di posti prevista nella convenzione stipulata con l'Università di Pisa, devono superare la prova di ammissione al corso di laurea magistrale in Medicina e Chirurgia in una delle sedi universitarie statali con un punteggio pari o superiore a quello dell'ultimo avente titolo all'immatricolazione nell'Università di Pisa all'atto del primo scorrimento della graduatoria.

Articolo 3

(Corso di laurea magistrale in Medicina e Chirurgia in lingua inglese)

1. Le modalità, i contenuti della prova di accesso e i posti disponibili per i corsi di laurea magistrale a ciclo unico in Medicina e Chirurgia in lingua inglese sono definiti con specifico Decreto del Ministro dell'Istruzione, dell'Università e della Ricerca.

Articolo 4

(Prova di ammissione ai corsi di laurea magistrale in Medicina Veterinaria)

1. La prova di ammissione ai corsi di laurea in Medicina Veterinaria, alla quale partecipano i candidati comunitari, i candidati non comunitari di cui all'articolo 39, comma 5, del d.l. n. 286/1998 citato in premessa e i candidati non comunitari residenti all'estero, è unica per entrambi i corsi ed è di contenuto identico in tutte le sedi di prova. Essa è predisposta dal Ministero dell'istruzione, dell'università e della ricerca (MIUR) avvalendosi di soggetti con comprovata competenza in materia, individuati nel rispetto dei principi di imparzialità, trasparenza e riservatezza, tenuti al più rigoroso rispetto del segreto professionale e d'ufficio e di una commissione di esperti, costituita con il decreto ministeriale n. 312/2016 citato in premessa, per la validazione delle domande.
2. La prova di ammissione consiste nella soluzione di sessanta quesiti che presentano cinque opzioni di risposta, tra cui il candidato ne deve individuare una soltanto, scartando le conclusioni errate, arbitrarie o meno probabili, su argomenti di: chimica; cultura generale e ragionamento logico; biologia; fisica e matematica. Sulla base dei programmi di cui all'allegato A, che costituisce parte integrante del presente decreto, vengono predisposti: due (2) quesiti di cultura generale, venti (20) di ragionamento logico, sedici (16) di biologia, sedici (16) di chimica e sei (6) di fisica e matematica.
3. La prova di ammissione ha inizio alle ore 11.00 e per il suo svolgimento è assegnato un tempo di 100 minuti.
4. Le procedure relative allo svolgimento della prova sono indicate nell'allegato 1, parte integrante del presente decreto.

Articolo 5

(Prova di ammissione ai corsi di laurea e di laurea magistrale a ciclo unico, direttamente finalizzati alla formazione di Architetto)

1. La prova di ammissione ai corsi di laurea magistrale a ciclo unico direttamente finalizzati alla formazione di Architetto, alla quale partecipano i candidati comunitari, i candidati non comunitari di cui all'artico-

lo 39, comma 5, del d.l. n. 286/1998 citato in premessa e i candidati non comunitari residenti all'estero, è unica ed è di contenuto identico sul territorio nazionale. Essa è predisposta dal Ministero dell'istruzione, dell'università e della ricerca (MIUR) avvalendosi di soggetti con comprovata competenza in materia, individuati nel rispetto dei principi di imparzialità, trasparenza e riservatezza, tenuti al più rigoroso rispetto del segreto professionale e d'ufficio e di una commissione di esperti, costituita con il decreto ministeriale n. 312/2016 citato in premessa, per la validazione delle domande.

2. La prova di ammissione consiste nella soluzione di sessanta quesiti che presentano cinque opzioni di risposta, di cui il candidato ne deve individuare una soltanto, scartando le conclusioni errate, arbitrarie o meno probabili, su argomenti di: cultura generale e ragionamento logico; storia, disegno e rappresentazione; matematica e fisica. Sulla base dei programmi di cui all'allegato B, che costituisce parte integrante del presente decreto, vengono predisposti: due (2) quesiti di cultura generale, venti (20) di ragionamento logico, sedici (16) di storia, dieci (10) di disegno e rappresentazione: dodici (12) di fisica e matematica.
3. La prova di ammissione ha inizio alle ore 11.00 e per il suo svolgimento è assegnato un tempo di 100 minuti.
4. Le procedure relative allo svolgimento della prova sono indicate nell'allegato n.1, parte integrante del presente decreto.

Articolo 6

(Corsi di laurea e di laurea magistrale a ciclo unico, finalizzati alla formazione di Architetto con didattica prevalentemente erogata in lingua inglese)

1. Nelle università in cui sono attivati corsi di studio organizzati anche in percorsi erogati prevalentemente in lingua inglese e su richiesta delle stesse, la prova è predisposta anche nella suddetta lingua.
2. La prova in inglese può essere svolta dai candidati comunitari, dai candidati non comunitari, di cui all'articolo 39, comma 5, del d.l. n. 286/1998 citato in premessa, e dai candidati non comunitari residenti all'estero che formulino espressa richiesta al momento della presentazione della domanda di partecipazione alla prova.
3. Sono ammessi ai percorsi erogati prevalentemente in lingua inglese i candidati di cui al comma 2 del presente articolo che hanno sostenuto e superato la prova di accesso in lingua inglese, secondo l'ordine del punteggio ottenuto, tenuto conto delle modalità riportate nel bando dell'ateneo.
4. La prova di ammissione ha inizio alle ore 11.00 e per il suo svolgimento è assegnato un tempo di 100 minuti.
5. Le procedure relative allo svolgimento della prova sono indicate nell'allegato 1, parte integrante del presente decreto.

Articolo 7

(Prova di ammissione ai corsi di laurea delle professioni sanitarie)

1. Per l'accesso ai corsi di laurea delle professioni sanitarie, la prova di ammissione è predisposta da ciascuna università ed è identica per l'accesso a tutte le tipologie dei corsi attivati presso il medesimo Ateneo.
2. La prova di ammissione verte sugli argomenti di cui al precedente articolo 2, comma 2, ed è definita sulla base dei programmi di cui all'allegato A, che costituisce parte integrante del presente decreto.
3. La prova di ammissione ha inizio alle ore 11.00 e per il suo svolgimento è assegnato un tempo di 100 minuti.
4. Ciascun ateneo assicura lo svolgimento della prova in conformità ai principi generali di cui all'allegato 1 del presente decreto.
5. Ciascun ateneo è tenuto a definire procedure idonee a consentire ai candidati di esprimere l'ordine di preferenza per i corsi di laurea per la cui ammissione hanno sostenuto la prova.

Articolo 8

(Accademie Militari)

1. Le disposizioni di cui agli articoli 2 e 4 non si applicano ai candidati dell'Accademia Navale di Livorno, dell'Accademia Militare di Modena e della Accademia Aeronautica di Pozzuoli che intendono avvalersi della riserva di posti prevista rispettivamente con le Università di Pisa, Bologna, di Modena-Reggio Emilia e di Napoli "Federico II", tenuto conto che i relativi bandi di concorso, secondo le intese intercorse con il Ministero dell'istruzione, dell'università e della ricerca, prevedono la somministrazione di quesiti a risposta multipla individuati con decreto interdirigenziale del Ministero della Difesa in data 31 dicembre 2015 n. 302/1D e successive modificazioni con riferimento ai programmi previsti dall'allegato A del presente decreto e che, in quanto tali, soddisfano le condizioni per l'accesso ai corsi di laurea magistrale previste dalla normativa che li disciplina.

Articolo 9

(Calendario delle prove di ammissione)

1. La prova di ammissione ai corsi di cui agli articoli 2, 4, 5, 6 e 7 si svolge presso le sedi universitarie secondo il seguente calendario:
   - Medicina e Chirurgia e Odontoiatria e Protesi Dentaria: 6 settembre 2016
   - Medicina Veterinaria: 7 settembre 2016
   - Corsi di laurea e di laurea magistrale a ciclo unico, direttamente finalizzati alla formazione di architetto: 8 settembre 2016
   - Corsi di laurea delle professioni sanitarie: 13 settembre 2016
   - Medicina e Chirurgia in lingua inglese: 14 settembre 2016

Articolo 10

(Graduatorie, Soglia di punteggio minimo e Valutazione delle prove)

1. Nell'ambito dei posti disponibili per le immatricolazioni, sono ammessi ai corsi di laurea e di laurea magistrale, di cui agli articoli 2, 4, 5 e 6 i candidati comunitari e non comunitari di cui all'articolo 39, comma 5, del d.l. n. 286/1998 nonché, nell'ambito della relativa riserva di posti, i candidati non comunitari residenti all'estero, secondo l'ordine decrescente del punteggio ottenuto alla prova.
2. Sono idonei all'ammissione ai corsi di laurea di cui al presente decreto i candidati comunitari e non comunitari di cui all'articolo 239, comma 5, del d.l. n. 286/1998 e i candidati non comunitari residenti all'estero che abbiano ottenuto alla prova un punteggio minimo pari a venti (20) punti. I candidati non idonei non sono inseriti in graduatoria
3. I posti eventualmente non utilizzati nella graduatoria dei cittadini extracomunitari residenti all'estero non potranno essere utilizzati a beneficio dei cittadini comunitari e non comunitari di cui all'articolo 39, comma 5, del d.l. n. 286/1998.
4. Per la valutazione delle prove di cui agli articoli 2, 4, 5, 6 e 7 sono attribuiti al massimo novanta (90) punti e si tiene conto dei seguenti criteri:
   - 1,5 punti per ogni risposta esatta;
   - meno 0,4 (-0,4) punti per ogni risposta errata;
   - 0 punti per ogni risposta omessa;
5. Per i corsi di cui agli articoli 2, 4, 5 e 6 il Cineca, sulla base del punteggio ottenuto da ciascun candidato calcolato secondo i criteri di cui al comma 4, redige una graduatoria unica nazionale per i candidati comunitari e non comunitari , di cui all'articolo 39, comma 5, del d.l. n. 286/1998, secondo le procedure di cui all'allegato 2, che costituisce parte integrante del presente decreto.
6. La graduatoria per i candidati non comunitari residenti all'estero è definita dalle Università.
7. Per i corsi di cui all'articolo 7 le Università, sulla base del punteggio ottenuto alla prova calcolato secondo i criteri di cui al comma 4, redigono due distinte graduatorie, una per i candidati comunitari e non comunitari 39, comma 5, del d.l. n. 286/1998, e l'altra per i candidati non comunitari residenti all'estero.
8. In caso di parità di punteggio si applicano i seguenti criteri:
   - per la graduatoria dei corsi di laurea magistrale in medicina e chirurgia e in odontoiatria e protesi dentaria e per le graduatorie dei corsi di laurea delle professioni sanitarie, prevale in ordine decrescente il punteggio ottenuto dal candidato nella soluzione, rispettivamente, dei quesiti relativi agli argomenti di ragionamento logico, cultura generale, biologia, chimica, fisica e matematica;
   - per la graduatoria del corso di laurea magistrale in medicina veterinaria prevale in ordine decrescente il punteggio ottenuto dal candidato nella soluzione, rispettivamente, dei quesiti relativi agli argomenti di chimica, ragionamento logico, cultura generale, biologia, fisica e matematica;
   - per la graduatoria dei corsi di laurea e di laurea magistrale a ciclo unico direttamente finalizzati alla formazione di architetto, prevale in ordine decrescente il punteggio ottenuto dal candidato nella soluzione, rispettivamente, dei quesiti relativi agli argomenti di ragionamento logico, cultura generale, storia, disegno e rappresentazione, fisica e matematica.

   In caso di ulteriore parità, prevale il candidato anagraficamente più giovane.
9. La graduatoria dei corsi di cui agli articoli 2, 4, 5 e 6 si chiude con provvedimento ministeriale da emanarsi entro e non oltre la conclusione delle attività didattiche del primo semestre accademico, al fine di consentire agli studenti di raggiungere la frequenza obbligatoria minima per poter sostenere i singoli esami. Gli eventuali posti che alla data della chiusura delle graduatorie dovessero risultare non coperti anche a seguito di rinunce successive all'immatricolazione non vengono riassegnati.
10. La condizione di idoneo non vincitore si riferisce alla sola procedura selettiva in atto: da essa non scaturisce alcun diritto in relazione all'accesso ai corso di cui al presente decreto in anni successivi a quello in cui si è sostenuta la prova.

Articolo 11

(Candidati con disabilità e candidati con diagnosi di DSA)

1. Le prove di cui al presente decreto sono organizzate dagli Atenei tenendo conto delle singole esigenze dei candidati con disabilità, a norma dell'articolo 16 della legge n. 104/1992.
2. I candidati con diagnosi di disturbi specifici di apprendimento (DSA), di cui alla legge n.170/2010 citata in premessa, devono presentare idonea certificazione rilasciata da non più di 3 anni da strutture del SSN o da specialisti e strutture accreditati dallo stesso. A tali candidati è concesso un tempo aggiuntivo pari al 30% in più rispetto a quello definito per le prove dai precedenti articoli 2, 4, 5, 6 e 7.

Articolo 12

(Trasparenza delle fasi del procedimento)

1. I bandi di concorso delle Università sono emanati con Decreto Rettorale entro il termine di 60 giorni prima dello svolgimento delle prove e prevedono le disposizioni atte a garantire la trasparenza di tutte le fasi del procedimento ai sensi della legge n. 241/1990 e successive modificazioni.
2. I bandi di concorso definiscono, altresì, gli adempimenti per l'accertamento dell'identità dei candidati e gli obblighi degli stessi nel corso dello svolgimento delle prove.

Articolo 13

(Informativa ai sensi dell'articolo 13 del Codice in materia di protezione dei dati personali)

1. Ai sensi dell'articolo 13 del decreto legislativo 30 giugno 2003, n. 196, viene predisposta l'informativa, di cui all'allegato 3 che costituisce parte integrante del presente decreto, nella quale vengono esplicitate le finalità e le modalità del trattamento dei dati personali forniti da ciascun candidato. Tale informativa è inserita nel portale Universitaly in modo visibile a ciascun candidato che dovrà prenderne visione all'atto dell'iscrizione alla prova prima del conferimento dei dati personali, secondo le procedure indicate nell'allegato 2 al presente decreto.

Articolo 14

(Posti disponibili)

1. I posti relativi ai corsi di laurea magistrale a ciclo unico di cui agli articoli 2, 3, 4, 5 e 6 destinati ai candidati comunitari e non comunitari residenti in Italia, di cui all'articolo 39, comma 5, del d.l. n.286/1998, sono ripartiti fra le Università secondo la tabella dell'allegato 4 che costituisce parte integrante del presente decreto. Ai candidati stranieri residenti all'estero sono destinati i posti secondo la riserva contenuta nel contingente di cui alle disposizioni interministeriali citate in premessa.
2. Fatto salvo quanto previsto in premessa e fermo restando il contingente minimo dei posti disponibili cui al comma 1, con successivi decreti sarà determinata la programmazione in via definitiva.

Il presente decreto è pubblicato sulla Gazzetta Ufficiale della Repubblica Italiana.

IL MINISTRO

Prof. ssa Stefania Giannini

Allegato A

Programmi relativi ai quesiti delle prove di ammissione ai corsi di laurea magistrale in Medicina e Chirurgia, in Odontoiatria e Protesi Dentaria, in Medicina Veterinaria e ai corsi di laurea delle professioni sanitarie

Per l'ammissione ai corsi è richiesto il possesso di una cultura generale, con particolari attinenze all'ambito letterario, storico- filosofico, sociale ed istituzionale, nonché della capacità di analisi su testi scritti di vario genere e da attitudini al ragionamento logicomatematico.

Peraltro, le conoscenze e le abilità richieste fanno comunque riferimento alla preparazione promossa dalle istituzioni scolastiche che organizzano attività educative e didattiche coerenti con i Programmi Ministeriali, soprattutto in vista degli Esami di Stato e che si riferiscono anche alle discipline scientifiche della Biologia, della Chimica, della Fisica e della Matematica.

Cultura generale e ragionamento logico

Accertamento delle capacità di usare correttamente la lingua italiana e di completare logicamente un ragionamento, in modo coerente con le premesse, che vengono enunciate in forma simbolica o verbale attraverso quesiti a scelta multipla formulati anche con brevi proposizioni, scartando le conclusioni errate, arbitrarie o meno probabili.

I quesiti verteranno su testi di saggistica scientifica o narrativa di autori classici o contemporanei, oppure su testi di attualità comparsi su quotidiani o su riviste generalistiche o specialistiche; verteranno altresì su casi o problemi, anche di natura astratta, la cui soluzione richiede l'adozione di forme diverse di ragionamento logico.

Quesiti relativi alle conoscenze di cultura generale, affrontati nel corso degli studi, completano questo ambito valutativo.

Biologia

La Chimica dei viventi.

I bioelementi. L'importanza biologica delle interazioni deboli. Le proprietà dell'acqua.

Le molecole organiche presenti negli organismi viventi e rispettive funzioni. Il ruolo degli enzimi.

La cellula come base della vita.

Teoria cellulare. Dimensioni cellulari. La cellula procariote ed eucariote. La membrana cellulare e sue funzioni.

Le strutture cellulari e loro specifiche funzioni.

Riproduzione cellulare: mitosi e meiosi. Corredo cromosomico.

I tessuti animali.

Bioenergetica.

La valuta energetica delle cellule: ATP. I trasportatori di energia: NAD, FAD. Reazioni di ossido-riduzione nei viventi. Fotosintesi. Glicolisi. Respirazione aerobica. Fermentazione.

Riproduzione ed Ereditarietà.

Cicli vitali. Riproduzione sessuata ed asessuata.

Genetica Mendeliana. Leggi fondamentali e applicazioni.

Genetica classica: teoria cromosomica dell'ereditarietà; cromosomi sessuali; mappe cromosomiche.

Genetica molecolare: DNA e geni; codice genetico e sua traduzione; sintesi proteica. Il DNA dei procarioti. Il cromosoma degli eucarioti. Regolazione dell'espressione genica.

Genetica umana: trasmissione dei caratteri mono e polifattoriali; malattie ereditarie.

Le nuove frontiere della genetica: DNA ricombinante e sue possibili applicazioni biotecnologiche.

Ereditarietà e ambiente.

Mutazioni. Selezione naturale e artificiale. Le teorie evolutive. Le basi genetiche dell'evoluzione.

Anatomia e Fisiologia degli animali e dell'uomo.

Anatomia dei principali apparati e rispettive funzioni e interazioni.

Omeostasi. Regolazione ormonale. L'impulso nervoso. Trasmissione ed elaborazione delle informazioni. La risposta immunitaria.

Chimica

La costituzione della materia: gli stati di aggregazione della materia; sistemi eterogenei e sistemi omogenei; composti ed elementi.

La struttura dell'atomo: particelle elementari; numero atomico e numero di massa, isotopi, struttura elettronica degli atomi dei vari elementi.

Il sistema periodico degli elementi: gruppi e periodi; elementi di transizione; proprietà periodiche degli elementi: raggio atomico, potenziale di ionizzazione, affinità elettronica; metalli e non metalli; relazioni tra struttura elettronica, posizione nel sistema periodico e proprietà.

Il legame chimico: legame ionico, legame covalente; polarità dei legami; elettronegatività.

Fondamenti di chimica inorganica: nomenclatura e proprietà principali dei composti inorganici: ossidi, idrossidi, acidi, sali; posizione nel sistema periodico.

Le reazioni chimiche e la stechiometria: peso atomico e molecolare, numero di Avogadro, concetto di mole, conversione da grammi a moli e viceversa, calcoli stechiometrici elementari, bilanciamento di semplici reazioni, vari tipi di reazioni chimiche.

Le soluzioni: proprietà solventi dell'acqua; solubilità; principali modi di esprimere la concentrazione delle soluzioni.

Ossidazione e riduzione: numero di ossidazione, concetto di ossidante e riducente.

Acidi e basi: concetti di acido e di base; acidità, neutralità, basicità delle soluzioni acquose; il pH.

Fondamenti di chimica organica: legami tra atomi di carbonio; formule grezze, di struttura e razionali; concetto di isomeria; idrocarburi alifatici, aliciclici e aromatici; gruppi funzionali: alcooli, eteri, ammine, aldeidi, chetoni, acidi carbossilici, esteri, ammidi.

Fisica e Matematica

Fisica

Le misure: misure dirette e indirette, grandezze fondamentali e derivate, dimensioni fisiche delle grandezze, conoscenza del sistema metrico decimale e dei Sistemi di Unità di Misura CGS, Tecnico (o Pratico) (ST) e Internazionale (SI), delle unità di misura (nomi e relazioni tra unità fondamentali e derivate), multipli e sottomultipli (nomi e valori).

Cinematica: grandezze cinematiche, moti vari con particolare riguardo a moto rettilineo uniforme e uniformemente accelerato; moto circolare uniforme; moto armonico (per tutti i moti: definizione e relazioni tra le grandezze cinematiche connesse).

Dinamica: vettori e operazioni sui vettori. Forze, momenti delle forze rispetto a un punto. Composizione vettoriale delle forze. Definizioni di massa e peso. Accelerazione di gravità. Densità e peso specifico. Legge di gravitazione universale, 1°, 2° e 3° principio della dinamica. Lavoro, energia cinetica, energie potenziali. Principio di conservazione dell'energia.

Meccanica dei fluidi: pressione, e sue unità di misura (non solo nel sistema SI). Principio di Archimede. Principio di Pascal. Legge di Stevino.

Termologia, termodinamica: termometria e calorimetria. Calore specifico, capacità termica. Meccanismi di propagazione del calore. Cambiamenti di stato e calori latenti. Leggi dei gas perfetti. Primo e secondo principio della termodinamica.

Elettrostatica e elettrodinamica: legge di Coulomb. Campo e potenziale elettrico. Costante dielettrica. Condensatori. Condensatori in serie e in parallelo. Corrente continua. Legge di Ohm. Resistenza elettrica e resistività, resistenze elettriche in serie e in parallelo. Lavoro, Potenza, effetto Joule. Generatori. Induzione elettromagnetica e correnti alternate. Effetti delle correnti elettriche (termici, chimici e magnetici).

Matematica

Insiemi numerici e algebra: numeri naturali, interi, razionali, reali. Ordinamento e confronto; ordine di grandezza e notazione scientifica. Operazioni e loro proprietà. Proporzioni e percentuali. Potenze con esponente intero, razionale) e loro proprietà. Radicali e loro proprietà. Logaritmi (in base 10 e in base e) e loro proprietà. Cenni di calcolo combinatorio. Espressioni algebriche, polinomi. Prodotti notevoli, potenza n-esima di un binomio, scomposizione in fattori dei polinomi. Frazioni algebriche. Equazioni e disequazioni algebriche di primo e secondo grado. Sistemi di equazioni.

Funzioni: nozioni fondamentali sulle funzioni e loro rappresentazioni grafiche (dominio, codominio, segno, massimi e minimi, crescenza e decrescenza, ecc.). Funzioni elementari: algebriche intere e fratte, esponenziali, logaritmiche, goniometriche. Funzioni composte e funzioni inverse. Equazioni e disequazioni goniometriche.

Geometria: poligoni e loro proprietà. Circonferenza e cerchio. Misure di lunghezze, superfici e volumi. Isometrie, similitudini ed equivalenze nel piano. Luoghi geometrici. Misura degli angoli in gradi e radianti. Seno, coseno, tangente di un angolo e loro valori notevoli. Formule goniometriche. Risoluzione dei triangoli. Sistema di riferimento cartesiano nel piano. Distanza di due punti e punto medio di un segmento. Equazione della retta. Condizioni di parallelismo e perpendicolarità. Distanza di un punto da una retta. Equazione della circonferenza, della parabola, dell'iperbole, dell'ellisse e loro rappresentazione nel piano cartesiano. Teorema di Pitagora.

Probabilità e statistica: distribuzioni delle frequenze a seconda del tipo di carattere e principali rappresentazioni grafiche. Nozione di esperimento casuale e di evento. Probabilità e frequenza.

Allegato B
Programmi relativi alla prova di ammissione ai corsi di laurea e di laurea specialistica/magistrale a ciclo unico, direttamente finalizzati alla formazione di architetto

Per l'ammissione ai corsi è richiesta una sufficiente cultura generale, con particolari attinenze all'ambito storico, sociale e istituzionale, affiancata da capacità di lavoro su testi scritti di vario genere (artistico, letterario, storico, sociologico, filosofico, ecc.) e da attitudini al ragionamento logico-astratto sia in ambito matematico che linguistico.

Cultura generale e ragionamento logico

Accertamento della capacità di completare logicamente un ragionamento, in modo coerente con le premesse, che vengono enunciate in forma simbolica o verbale attraverso quesiti a scelta multipla.

I quesiti verteranno su testi di saggistica scientifica o narrativa di autori classici o contemporanei, oppure su testi di attualità comparsi su quotidiani o su riviste generalistiche o specialistiche; verteranno altresì su casi o problemi, anche di natura astratta, la cui soluzione richiede l'adozione di forme diverse di ragionamento logico.

Quesiti relativi alle conoscenze di cultura generale completano questo ambito valutativo.

Storia

La prova è mirata ad accertare coerenti criteri generali di orientamento cronologico rispetto a protagonisti e fenomeni di rilievo storico (dell'Età antica, dell'alto e basso medioevo, dell'età moderna, dell'età contemporanea). Tali orientamenti storico-cronologici generali saranno verificati anche attraverso l'accertamento di conoscenze intrecciate alle specifiche vicende artistico-architettoniche (opere di architettura o correnti artistiche).

Disegno e Rappresentazione

La prova è mirata all'accertamento della capacità di analizzare grafici, disegni, e rappresentazioni iconiche o termini di corrispondenza rispetto all'oggetto rappresentato della padronanza di nozioni elementari relative alla rappresentazione (piante, prospetti, assonometrie).

Matematica e Fisica

La prova è mirata all'accertamento della padronanza di:

- insiemi numerici e calcolo aritmetico (numeri naturali, relativi, razionali, reali; ordinamento e confronto di numeri; ordine di grandezza; operazioni, potenze, radicali, logaritmi), calcolo algebrico, geometria euclidea (poligoni, circonferenza e cerchio, misure di lunghezze, superfici e volumi, isometria, similitudini e equivalenze, luoghi geometrici), geometria analitica (fondamenti), probabilità e statistica (fondamenti), elementi di trigonometria (fondamenti);
- nozioni elementari sui principi della Meccanica: definizione delle grandezze fisiche fondamentali (spostamento, velocità, accelerazione, massa, quantità di moto, forza, peso, lavoro e potenza); legge d'inerzia, legge di Newton e principio di azione e reazione), fondamenti di statica;
- nozioni elementari sui principi della Termodinamica (concetti generali di temperatura, calore, calore specifico, dilatazione dei corpi);
- nozioni elementari di Elettrostatica ed Elettrodinamica: legge di Coulomb, campo e potenziale elettrico, condensatori, condensatori in serie e in parallelo, corrente continua, resistenza elettrica, legge di Ohm, resistenze in serie e in parallelo.
- nozioni elementari sui principi della Termodinamica (concetti generali di temperatura, calore, calore specifico, dilatazione dei corpi)

Programmi relativi alla prova di ammissione alla laurea magistrale a ciclo unico per l'insegnamento nella scuola dell'infanzia e nella scuola primaria

Competenza linguistica e ragionamento logico

I quesiti mirano ad accertare la capacità di usare correttamente la lingua italiana, di comprendere un testo scritto e di completare logicamente un ragionamento, in modo coerente con le premesse, che sono enunciate in forma simbolica o verbale attraverso quesiti a scelta multipla formulati anche con brevi proposizioni.

I quesiti verteranno su testi di saggistica o narrativa di autori classici o contemporanei, oppure su testi di attualità comparsi su quotidiani o su riviste generaliste o specialistiche; verteranno altresì su casi o problemi, anche di natura astratta, la cui soluzione richiede l'adozione di diverse forme di ragionamento logico.

Cultura letteraria, storico-sociale e geografica

La prova è mirata all'accertamento delle capacità di:

a) individuare le caratteristiche proprie dei generi letterari, orientarsi nella collocazione storicoculturale di un testo classico italiano, riconoscere opere e autori rilevanti della tradizione italiana;

b) distinguere tipologia e rilevanza delle fonti nella ricerca storica, orientarsi nella cronologia degli eventi cruciali, riconoscendo le tappe fondamentali della storia italiana ed europea con riferimento alla specificità dell'organizzazione politica, economica e sociale e ai principali fenomeni politico-culturali dell'età moderna e contemporanea;

c) distinguere e descrivere gli elementi di base della geografia astronomica, fisica, antropica, sociale ed economica.

Cultura matematico-scientifica

La prova è mirata all'accertamento delle capacità di risolvere semplici problemi valutando criticamente le strategie da utilizzare e di descrivere ed interpretare da un punto di vista scientifico eventi semplici del mondo circostante e della vita quotidiana, facendo riferimento alle conoscenze di base nelle seguenti aree disciplinari:

a) matematica ed informatica (insiemi numerici e calcolo aritmetico, calcolo algebrico, geometria euclidea, probabilità, analisi-elaborazione-presentazione dell'informazione);

b) scienze della terra e della vita (ambiente ed ecosistema, atmosfera, clima, acque, vita e organismi viventi, evoluzione biologica);

c) scienze della materia (elementi e sostanze chimiche, legami e reazioni chimiche, produzione dell'energia, fotosintesi, misura delle grandezze fisiche, principi di dinamica, termodinamica, ottica, elettricità, magnetismo, astronomia, mondo microscopico).

Indice analitico

T

U

V

Z